论要素比价、劳动报酬与居民消费

Lun Yaosu Bijia Laodong
Baochou Yu
Jumin Xiaofei

李文溥 龚敏 等 著

人民出版社

责任编辑:陈 登

图书在版编目(CIP)数据

论要素比价、劳动报酬与居民消费/李文溥 龚 敏 等著.
－北京:人民出版社,2013.12
ISBN 978－7－01－012864－1

Ⅰ.①论… Ⅱ.①李… Ⅲ.①居民收入-收入分配-关系-国民经济增长-
研究-中国 Ⅳ.①F126.2②F124

中国版本图书馆 CIP 数据核字(2012)第 280960 号

论要素比价、劳动报酬与居民消费

LUN YAOSU BIJIA LAODONG BAOCHOU YU JUMIN XIAOFEI

李文溥 龚 敏 等著

人民出版社 出版发行
(100706 北京市东城区隆福寺街 99 号)

北京新魏印刷厂印刷 新华书店经销

2013 年 12 月第 1 版 2013 年 12 月北京第 1 次印刷
开本:710 毫米×1000 毫米 1/16 印张:41.25
字数:630 千字

ISBN 978－7－01－012864－1 定价:80.00 元

邮购地址 100706 北京市东城区隆福寺街 99 号
人民东方图书销售中心 电话 (010)65250042 65289539

中国的故事中国梦

——写在书前

　　《论要素比价、劳动报酬与居民消费》一书是我承担的 2008 年度国家社会科学基金重大项目《扩大国内需求的宏观经济政策研究》（08&ZD034）的结题成果，也是我和厦门大学宏观经济研究中心的师生们近年来合作研究中国宏观经济的一个总结。各章作者辛勤研究之外，宏观经济研究中心的学术秘书崔庆炜同志及博士生陈婷婷等同学在书稿的数据更新、图表绘制、体例调整、文字校对等方面做了大量工作，人民出版社的陈登同志在选题入选、编辑加工等方面付出了巨大努力，是书方能得以面世。作为课题首席专家，我对参与诸君深表感谢。没有各位的辛勤劳动、通力协作，本课题的研究是难以完成的，也就没有现在呈现在读者面前的这本书，尽管它还很不成熟。

　　厦门大学宏观经济研究中心在教育部众多人文社会科学重点研究基地中，是建立较晚的。中心建立之初，我们便把工作重心定位于应用现代经济学的理论与方法研究中国宏观经济。因此，首先着手中国季度宏观经济模型（CQMM）的研制与每年两次的中国宏观经济预测。经过八年的持续努力，现在，CQMM 已经成为国内最好的宏观经济预测模型之一，并于2012 年秋季起，由全球最大的学术出版公司之一——德国的 Springer 出版公司每年两次无限期地出版预测报告的英文版：*China's Macroeconomic Out-look—Quarterly Forecast and Analysis Report*，向全世界发行，这是国内第一个走向世界的中国宏观经济预测与分析报告。

　　在从事宏观经济分析与预测，持续追踪中国宏观经济运行的研究过程中，我们发现，进入 21 世纪以来，中国经济运行的一个重要特征是：就经济增长率、通货膨胀率等而言，可以说是相当不错的，2002—2007 年，经济增长率都超过了 10%，通货膨胀率也在低位运行。如此增速，如此组合，不仅在当今世界，而且在世界经济史上，也是不多见的。然而，与此同时，国民收入支出的"两高一低"（高投资、高净出口、低消费）结构失衡却日趋严重。2007 年，中国的资本形成和净出口占 GDP 的比重分别达到 42.1%、8.9%，消费却下降至 49%。经济的高增长如此严重地依赖投资与外部市场，一则十分脆弱，二则高增长的社会目的及意义何在呢？果不其然，2008 年的国际金融危机，使当年中国经济增长率从上年的 14.17% 一下子跌落到 9.63%。现在，7.5% 则已被认为是合理的经济运行区间了。

外需急剧萎缩，生产能力严重过剩，企业投资裹足不前，政府的"铁公基"投资只能一时救急。即使如此，4 万亿的反危机投资计划也带来了诸多负面影响。从长远看，希望只能寄托在国内消费需求的扩张上。然而，国内消费中，政府消费已经过大。政府消费与居民消费之比，1996 年已经是 1∶3.41，2007 年上升到 1∶2.68，2011 年更上升到了 1∶2.59！这个比例，在全世界也是名列前茅的。但是，居民消费却是相形见绌，乏善可陈。尽管采取了诸多措施，始终萎靡不振。从 2000 年占 GDP 的 46.4% 一路下滑至 2011 年的 35.4%，年均下降了 0.92 个百分点。占人口 50% 左右的农村居民消费这七八年来已经降至不到 GDP 的 10%！在世界 189 个国家按购买力平价以及可比价（2005 年价格）计算的人均 GDP 排序中，2010 年中国的人均 GDP 为 7746 美元，列第 91 位；但是居民消费率只有44.2%，仅列第 171 位。[①] 这两个位次的差距，进一步凸显了我国经济的高增长没能快速提高居民收入、进而导致居民消费增长缓慢的严峻事实。

支出来自收入。2011 年，我国人均 GDP 是 1978 年 16 倍，但是，城镇居民可支配收入及农村人均纯收入分别仅为 1978 年的 10.5 倍和 10.6 倍。收入增长缓慢，居民的边际消费倾向却在不断下降。1993—2000 年，我国居民的平均边际消费倾向是 0.78。就世界范围而言，已属较低水平。可是到了 2001—2008 年，却进一步下降至 0.569。2010 年，中国城镇居民的平均储蓄率已经超过了 30%。如此一来，居民消费增长自然更加缓慢。我们

---

① 美国宾夕法尼亚大学生产、收入和价格国际比较研究中心（CIC），Penn World Table 7.1。

曾经以国际金融危机爆发的 2008 年为例做过计算。令人惊讶地发现：如果 2008 年的居民收入占比恢复到 1998 年的水平，当年居民可支配收入将增加 29816.6 亿，居民消费将因此增加 16965.65 亿；如果居民边际消费倾向恢复到 1993—2000 年的平均水平，居民消费将增加 44784.03 亿。两者合计，当年的居民消费将增加 61749.68 亿元！如果如此，我们还需要那 4 万亿的反危机投资计划吗？

冰冻三尺非一日之寒。令人吃惊的事实不能不使人深思：这一切是怎么发生的？

我们把目光投向了国民收入分配结构。发现 1994 年是一个转折点。从 1978 年到 1994 年，随着计划经济的解体，国民收入分配发生了向居民部门的倾斜。居民部门收入占 GDP 之比从 1978 年的 50.5% 上升至 69.6%，劳动报酬占 GDP 的比重在 1990 年达到了 53.42%，这一期间的最高点。相应地，政府部门收入占比从 31.6% 下跌至 10.9%，企业部门的收入占比基本稳定，略有上升，从 17.9% 提高到 19.5%。国民收入分配结构格局的这一改变，奠定了中国向市场经济转轨的经济基础，然而，令人意外的是，此后十余年里，国民收入分配格局却发生了令人遗憾的逆转。到 2009 年，居民部门的可支配收入占比降到了 60.53%，劳动报酬占 GDP 的比重更低于 40%。与此同时，政府部门的可支配收入占比上升至 18.28%，企业部门的可支配收入占比上升到 21.19%。如果将国有企业的净收入也视为政府可支配的资源，我们的研究发现：2010 年，中国政府实际可支配资源占 GDP 的比重是 40.5%。考虑到这一口径与 1978 年的政府财政收入占比口径大致相近，那么，一个令人吃惊的结论是：目前，我国政府的收入占 GDP 的比重比计划经济时期还高！这还不包括各级政府利用其融资平台获得的大量信贷资金。然而，政府所承担的社会支出责任，却比计划经济时期缩小了许多。在这期间，企业的价格加成从而盈利能力也大幅度上升了。Wind 资讯数据显示，中国全部 A 股上市公司价格加成比率从 1998 年的 29% 上升至 2012 年的 43%。

在居民可支配收入占比下降的同时，住房、文教卫生、社会保障体制的改革，使居民的支出范围大幅度扩大了，负担大幅度增加了。在这种情况下，储蓄率大幅度上升，居民消费不振，也就不难理解了。

马克思的社会再生产理论告诉我们：生产决定分配。国民收入分配是社会再生产运动的结果。因此，国民收入分配结构的变化，不能不从社会再生产过程以及决定它的社会经济体制变化中去寻找理解的线索。

导致国民收入"两高一低"结构失衡的根本原因是社会经济体制的转型受到了阻滞。从计划经济转为政府主导型的市场经济，固然是巨大的历史进步，但是，这仅仅是"在路上"，仅此是远不足以实现建成现代发达经济，实中华民族伟大复兴的中国梦的。关于这一点，我们只要看一看以出口劳动密集型产品为导向的粗放型经济发展方式如何从最初适应资源禀赋结构，促进了中国经济的起飞，到如今却成为导致国民收入"两高一低"结构失衡的主要原因，就可以得到一些启示。

在正常的市场经济条件下，从粗放型经济发展向集约型经济的转化，是一个随着经济发展，人均 GDP 的提高，要素比价的变化而渐进演变的自然历史过程。然而，经历了 35 年接近 10% 的高速增长，我国的人均 GDP 增长了 15 倍以上，从改革开放之初世界上最不发达的经济体之一上升到了中等偏上收入组经济体。可是，令人遗憾的是，经济发展方式仍然与改革开放初期没有太大区别。关键原因就在于经济体制从计划经济转到了政府主导型市场经济之后，就相对固化下来了。它阻碍了经济发展方式随着经济发展水平的提高而渐进转化。为了追求 GDP 与财政收入增长最大化，政府用行政手段压低劳动、土地、资源、环境、资金价格，鼓励高投资，导致了市场扭曲、要素比价扭曲，导致了广大居民作为要素所有者的收入低于市场均衡水平，导致了国民收入分配结构在 20 世纪 90 年代中期发生逆转，导致了收入分配差距的扩大……，最后集中反映为国民收入支出结构的"两高一低"结构失衡，反映为社会再生产循环的实现困难，不得不严重依赖国际市场，消化过剩产能，实现市场出清。

社会经济体制决定了社会再生产的条件。因此，社会再生产过程是否正常进行，扩大的社会再生产能否顺利地实现，也就成为了社会经济体制合理与否的指示器之一。如果说，社会再生产的个别环节、个别领域出现了问题，需要的是体制的相应微调，那么，当社会再生产的循环出现了实现困难，那么，它所预示的社会经济体制变革需要在何种深度、广度展开，也就可以想知了。

　　如同35年前一样，中国的社会经济发展再次走到了十字路口。何去何从呢？争论激烈。显然，倒退回计划经济时代是没有出路的。经历过那个时代的人民，是不会答应走回头路，再去吃二遍苦，受二茬罪的。无视现有体制渐趋明显的弊病，正在不断产生、加深的社会经济矛盾，盲人骑瞎马地鼓噪所谓的"中国模式"，企图固守既得利益，总有一天将积重难返，事与愿违。孙中山先生说得好：世界潮流，浩浩荡荡，顺之则昌，逆之者亡。固然，继续前行，筚路蓝缕之余，未来前景仍有诸多不定因素，似乎不免让人担忧。然而，生活在风雨如磐的那个时代，中山先生尚且对社会发展前景充满信心，如此乐观，我想，我们更没有理由悲观失望。因为，我们和中山先生一样，心中都有一个梦，一个中华民族伟大复兴的中国梦。正是因为心怀着这个中国梦，我们花了数年的努力，去讲这样的一个中国故事，去上下求索这个故事的前因后果。

　　当然，这一切都是"在路上"的故事，因此，我们的探索也"在路上"，① 正是因此，我们怀着忐忑的心情，期待着读者的批评。

李文溥记于厦门大学北村

2013年7月30日

时年岁在甲子

---

　　① 十分高兴的是，最近接到通知，在此研究基础上，我们申请的2013年国家社科基金重大项目"经济持续健康发展与收入倍增计划的实现路径研究"（13&ZD029）已经被批准立项。

目　录

第　一　篇

第 二 篇

第 三 篇

第四篇

第五篇

第 六 篇

第一篇

第一章　中国经济高增长与
居民消费率的变化[①]

第一节　1978—2011 年中国国内消费率变动趋势

一、1978—2011：中国持续下降的消费率

改革开放以来，我国经济在较短时间内摆脱了计划经济时期长期缓慢增长的状态，进入了长达三十余年的高速增长期。1977 年，我国按国内生产总值计算（GDP，现价）的经济总量仅为3021.9 亿元。美国宾夕法尼亚大学生产、收入和价格国际比较研究中心（CIC）计算的经过购买力平价调整的 1977 年我国国内生产总值（以 2005 年不变价格计），为8697.27 亿美元；1977 年人均 GDP（现价）仅为 339.00 元，经过购买力平价调整的人均 GDP（2005 年不变价）为 919.28 美元，同年排名世界倒数 27 位。2011 年，我国 GDP（现价）总量到达 472881.56 亿元[②]，居世界第二；2010 年经过购买力平价调整的 GDP（2005 年不变价）为 103033.63 亿美元，同样位居世界第二。2010 年我国人均 GDP（现价）扩大到 35181.24

---

① 本章作者：李文溥、龚敏、李昊。
② 2013 年 1 月 18 日，国家统计局公布，初步核算结果，2012 年中国的国内生产总值达 519322 亿元。

元，按当年汇率换算，人均 GDP 达到 5197 美元。按照世界银行的分类标准，已进入中等偏上收入国家组①。事实上，1978—2011 年，扣除物价变动因素后，中国 GDP 增长了 22.5 倍，年均增长 9.89%；工业产值增长了 35.95 倍，年均增长 11.47%；人均国内生产总值增长了近 16 倍，年均增长 8.77%（见图 1 – 1）。

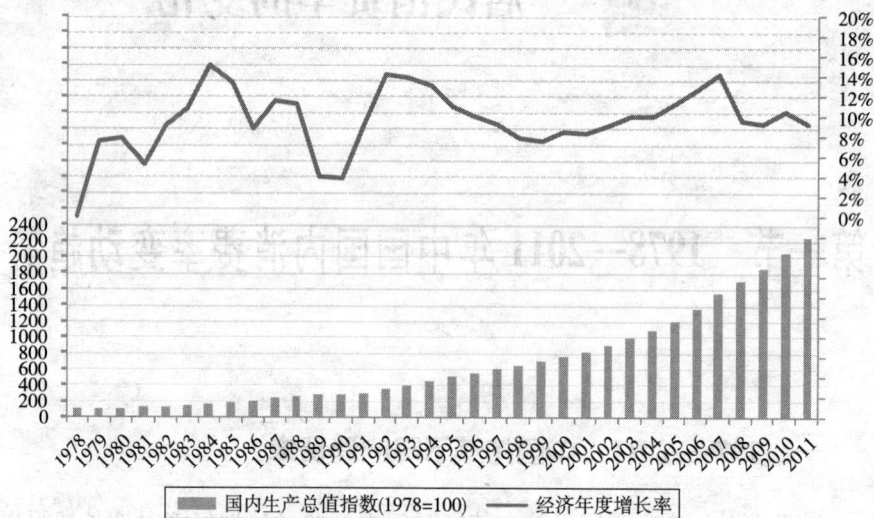

图 1 – 1　1978—2011 年中国 GDP 增长率的变化
资料来源：《中国统计年鉴 2012》。

发展中经济体实现经济起飞的一个必要先决条件是提高国民经济的储蓄率。因此，通过高储蓄提高投资率，一直是我国自 1949 年以来的重要政策导向。但是，投资率的提高，不仅取决于政策意愿，而且取决于经济可能。1978 年以前，我国尽管通过实行计划经济、统购统销、工农产品价格剪刀差等高度集中的体制与方法推行了高积累政策，但是，由于经济发展水平及人均收入水平较低，尽管实行了严格的低消费政策，但是每年生产

---

① 根据 Penn World Table 7.1 数据：2010 年我国经过购买力平价调整的国内生产总值（2005 年不变价，亿美元）为：103033.63 亿美元。位列世界第二，人均 GDP（2005 年不变价，美元）7746.07 美元，排名世界第 91 位；另一种数据为 7129.74 美元，排名世界第 99 位。

所得，扣除必要的生活消费之后，所余投资来源仍然是极为有限的。1952—1977年，国内消费占GDP的比重平均为70%左右。改革开放后，投资资金来源的多元化，大幅度地扩张了我国的投资需求。投资率的提高加之体制改革导致的经济活力释放、资源利用效率提高，使经济增长速度得到了迅速提高。1978—1993年GDP年均增长率达到了9.81%，较1952—1977年（年均增长率5.93%）提高了3.88个百分点。相应地，虽然人均收入水平的提高导致人均绝对消费水平也得到了较快增长，但是消费的增长却慢于人均GDP的增长，从而国内消费率较之改革开放前，有了较大幅度的下降。1978—1993年，我国国内消费（居民消费＋政府消费）占GDP的比重从1952—1977年的70%左右降至60%左右。1994—2000年，我国GDP年均增长9.58%，同期国内消费占GDP的比重逐渐降低到60%以下。2001—2011年，我国经济年均增长10.37%，同期国内消费占GDP的比重却从62.3%急剧降到了49.1%，年均下降了1.1个百分点，是改革开放以来国内消费占GDP比重下降最快的十年（见图1-2、图1-3）。

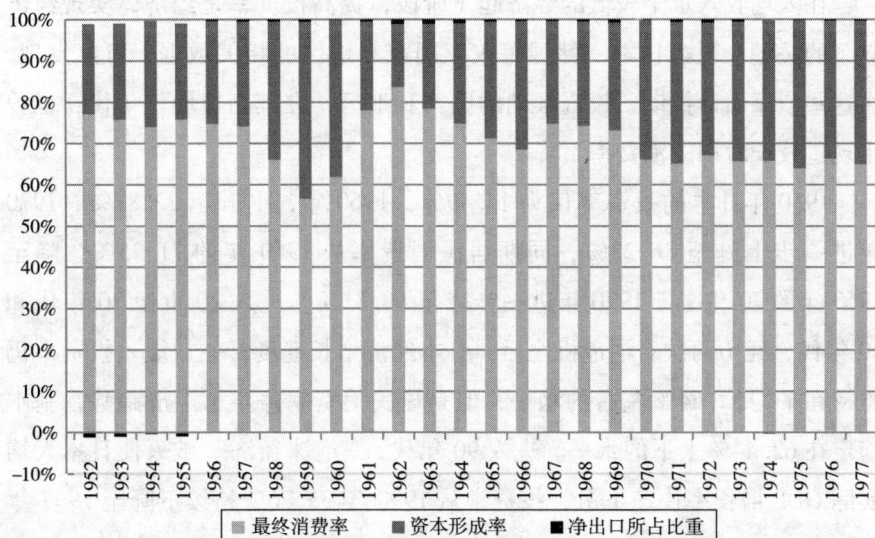

图1-2 1952—1977年中国国内消费占GDP比重（支出法GDP核算）

资料来源：《中国统计年鉴2012》。

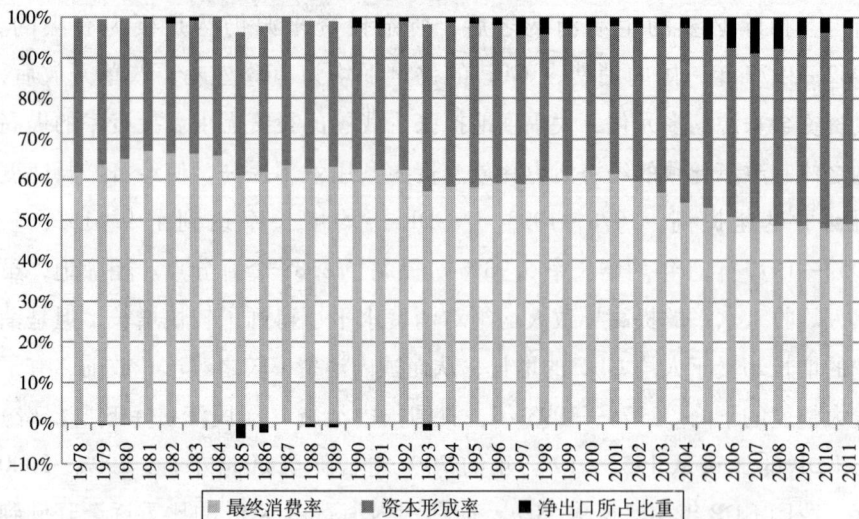

图 1-3　1978—2011 年中国国内消费占 GDP 比重（支出法 GDP 核算）

资料来源：《中国统计年鉴 2012》。

二、赶超型经济体经济增长与消费率变化的国际比较

在人均收入水平较低的经济起飞阶段，提高投资率是经济体实现经济起飞的关键。观察日本、韩国等东亚国家和地区的相关数据，可以发现，在这些依靠出口拉动、投资推动的国家和地区，在其高速增长年代，也曾出现过较长时期的消费率下降。

1950 年日本的投资率仅为 14.49%，1960 年，上升至 22.87%，1970 年进一步上升至 36.22%；同期居民消费率从 1950 年的 71.35%，降至 1960 年的 70.96%，1970 年进一步降至 60.81%。进入 20 世纪 70 年代和 80 年代，经历两次石油危机之后，日本经济增长速度开始放缓。投资率仍维持在平均 32.64% 左右的水平，但是居民消费率停止了下滑趋势，基本稳定在 62.44% 上下的水平。进入 90 年代，"泡沫经济"破灭使日本人均实际 GDP 增长率快速下滑，投资率从 1990 年 35.76% 持续下降至 1997 年的 32.94%；与此同时，消费率逐渐回升至 61.76%。亚洲金融危机爆发后，尽管日本政府连续使用扩张性财政货币政策刺激经济，但是人均 GDP 增长率接近于零，投资率继续下滑，2010 年降至 23.13%，消费率缓慢回升到 66.08%。见图 1-4、图 1-5。

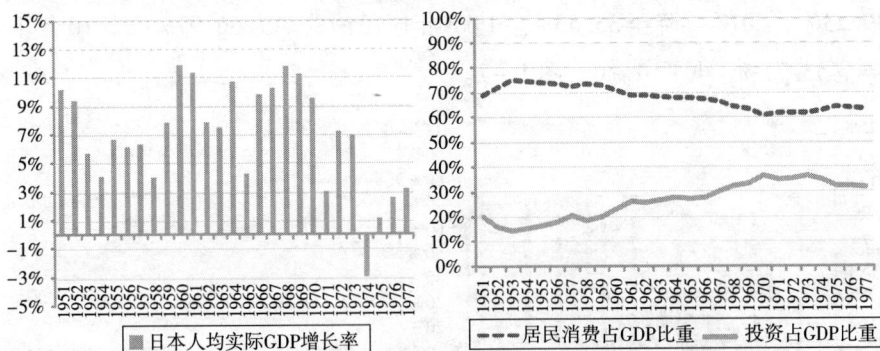

（a）日本人均实际GDP增长率变化趋势　（b）日本居民消费率、投资率的变化趋势

图 1-4　1951—1977 年日本人均实际 GDP 增长率、投资率、居民消费率的变化趋势

资料来源：Penn World Table 7.1。

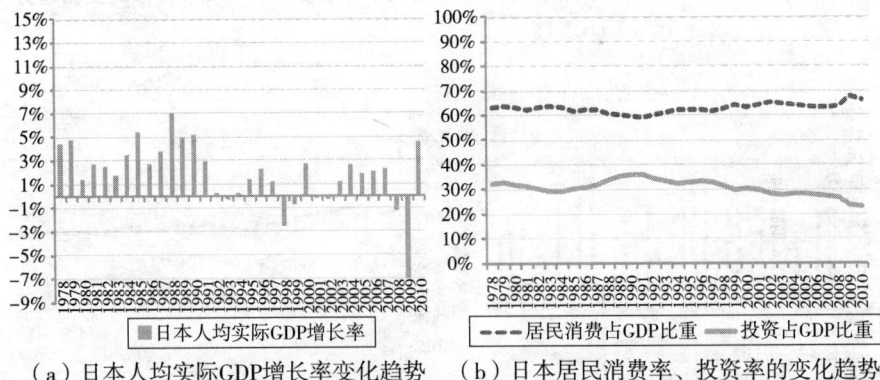

（a）日本人均实际GDP增长率变化趋势　（b）日本居民消费率、投资率的变化趋势

图 1-5　1978—2010 年日本人均实际 GDP 增长率、投资率、居民消费率的变化趋势

资料来源：Penn World Table 7.1。

1953 年，韩国的投资率仅为 12.17%，消费率高达 77.28%。20 世纪 60 年代中期开始，韩国出口劳动密集型产品为导向的经济增长方式使其人均实际 GDP 快速增长。期间投资率迅速攀升。从 1960 年的 8.14% 上升到 1970 年的 20.69%，1979 年上升至 36.43%，1991 年甚至高达 45.36%；居民消费率在经济高速增长开始时也呈现快速下滑态势，1960 年为

81.92%，1975 年下降到 72.13%，1988 年下降到 57.81%。亚洲金融危机后，韩国人均实际 GDP 增长率转为下滑，投资率大幅下跌，2000 年仅为 39.23%，2010 年降至 33.53%。1998 年居民消费率为 56.97%，2010 年下降至 53.71%。见图 1-6、图 1-7。

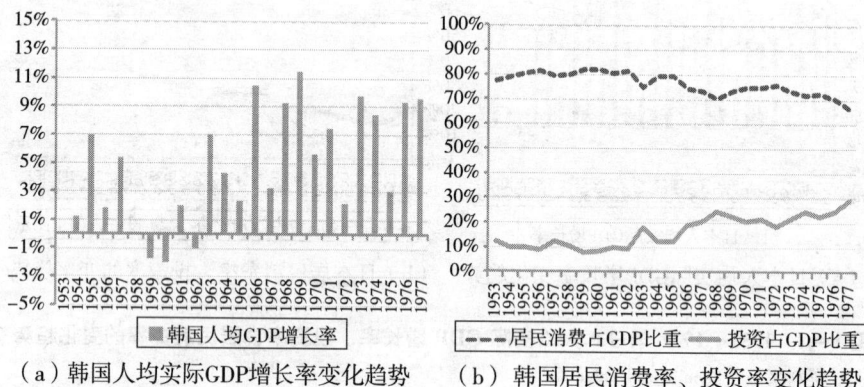

（a）韩国人均实际GDP增长率变化趋势　　（b）韩国居民消费率、投资率变化趋势

图 1-6　1953—1977 年韩国人均实际 GDP 增长率、投资率、居民消费率的变化趋势
资料来源：Penn World Table 7.1。

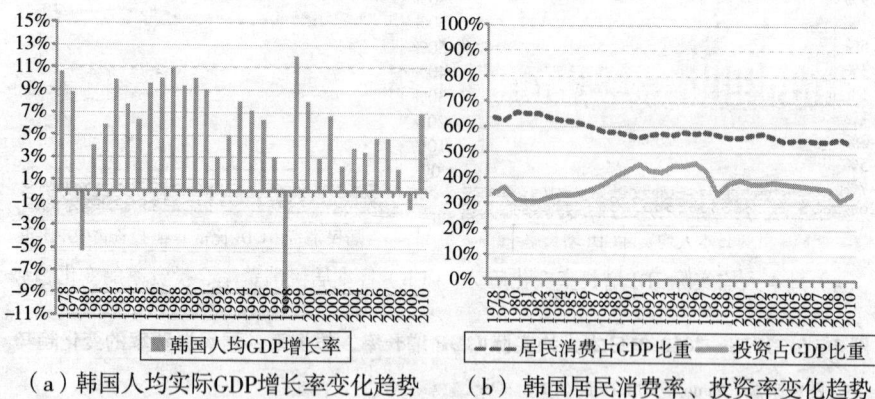

（a）韩国人均实际GDP增长率变化趋势　　（b）韩国居民消费率、投资率变化趋势

图 1-7　1978—2010 年韩国人均实际 GDP 增长率、投资率、居民消费率的变化趋势
资料来源：Penn World Table 7.1。

中国台湾地区在 20 世纪 50 年代初的投资率也非常低，1952 年仅为 11.89%，消费率为 71.15%。由于投资率低，台湾地区 50 年代的年度经济增长率大部分低于 5%。从 50 年代末开始，台湾转向发展出口导向型产

业，投资率开始高速上升，从 1960 年的 14.96% 一路上升至 1974 年的
31.23%，经济增长率因此有了较大幅度提高。20 世纪七八十年代的两次
石油危机均对台湾地区经济增长产生了重大影响，经济增速均出现大幅下
跌。在此期间投资率呈现了先升后降的趋势，直至 1985 年跌至 22.99% 后
开始回升，之后均稳定在 30% 左右。90 年代末的亚洲金融危机使台湾地区
经济出现了较大动荡，尤其 2001 年更是出现了第二次世界大战后首次负增
长。此后投资率一路走低，从 1998 年的 32.99% 下跌至 2009 年的
16.88%。与经济的高速增长相伴随的则是消费率的持续下降，1952 年台
湾地区消费率为 71.15%，1987 年仅有 54.33%。此后 15 年，消费率稳步
回升，2001 年达到 64.63%。2008 年国际金融危机之后，台湾地区的消费率
出现明显下滑，至 2010 年已跌至 53.21% 的历史新低。见图 1-8、图 1-9。

实行两头在外、出口劳动密集型产品导向经济增长模式的日本、韩国
和中国台湾地区，在其经济高增长年代，经济高投资和高出口的特征十分
明显，同时，居民消费率迅速下滑。随着高增长带动了这些国家收入快速
增长之后，居民消费率的下滑态势一定程度上得到遏制，但是始终回升乏
力。亚洲金融危机剧烈冲击了日本、韩国、中国台湾等国家和地区的出口
导向型经济。近十年来，尽管日本、韩国和台湾地区当局竭力扩大内需，
但是，事与愿违，其出口增长模式并未成功实现转型，投资率持续下降
了，居民消费率却未能相应稳步回升。

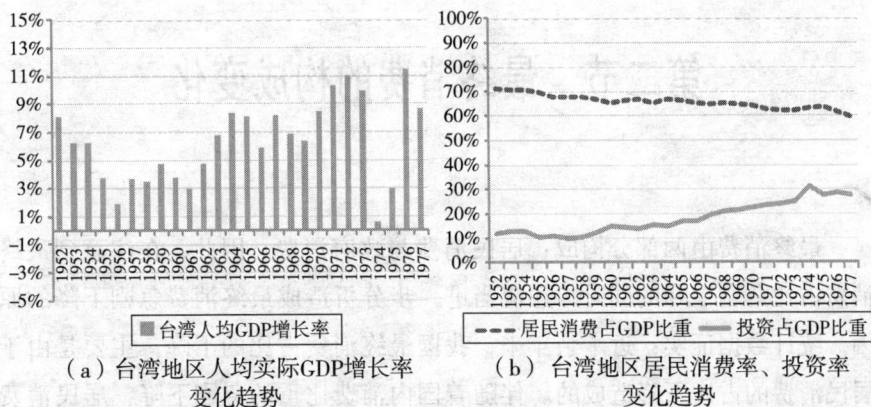

（a）台湾地区人均实际GDP增长率
变化趋势

（b）台湾地区居民消费率、投资率
变化趋势

图 1-8　1952—1977 年台湾地区人均实际 GDP 增长率、投资率、居民消费率的变化趋势
资料来源：Penn World Table 7.1。

（a）台湾地区人均实际GDP增长率
变化趋势

（b）台湾地区居民消费率、投资率
变化趋势

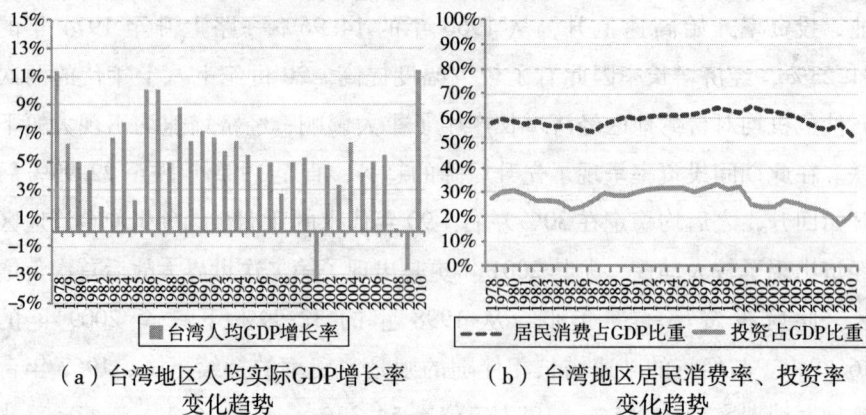

图1-9　1978—2010年台湾地区人均实际GDP增长率、投资率、居民消费率的变化趋势

资料来源：Penn World Table 7.1。

一国和地区——尤其是大国——的经济增长不能长期依靠外需拉动。没有最终消费需求，尤其是居民消费需求的稳定增长，投资需求也不能持久扩张。因此，在两头在外、出口劳动密集型产品为导向的经济增长模式成功地使本国经济起飞之后，如何使GDP增长更多转为本国居民收益，增长动力更多来自国内，来自居民消费，就成为值得认真思考的问题，它既关系到高增长的可持续性，更关系到增长的终极目标与意义。

第二节　最终消费的构成变化

最终消费由两部分构成：居民消费与政府消费。因此，在注意到最终消费占比急剧下降的同时，还应当进一步分析造成最终消费急剧下降的原因。统计数据证实：近十余年来，我国最终消费占比的下降，主要是由于居民消费的占比下降造成的。伴随着国内消费比重的急剧下降，居民消费占最终消费的比重也不断下降。居民消费从1998年占最终消费的76%下降至2011年的72.2%（见图1-10）。

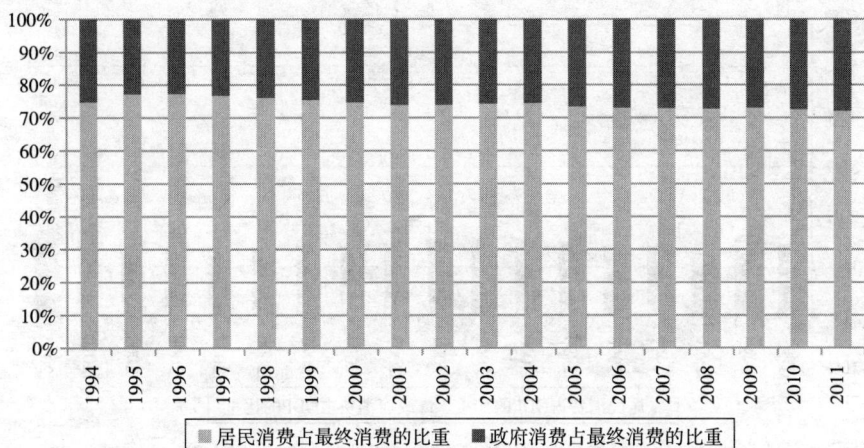

图1-10 1994—2011年中国最终消费构成变化

资料来源:《中国统计年鉴2012》。

比较同期居民消费和政府消费占 GDP 的比重变化,可以发现,居民消费占比下降的幅度更为明显(见图1-11)。1998年我国居民消费占 GDP 的比重为45.34%,2000年提高到46.44%,提高1.1个百分点;而同期,政府消费占 GDP 的比重提高了1.58个百分点。2000年之后,居民消费占 GDP 的比重开始显著下滑,从 2000 年的46.44%下降到2011 年的35.42%,年均下降了1.002个百分点;政府消费占 GDP 比重从2000年的15.86%下降到2011年的13.66%,年均下降0.2个百分点。居民消费占比下降明显快于政府消费占比的下降。在居民消费中,农村居民的消费水平始终比城镇居民低得多,而且自1997年以来,农村居民的实际收入增速一直低于城镇居民,这一态势直至2010年方才有所改变。2000年至2011年,城镇居民消费占 GDP 比重从31.1%下降到27.39%;而占人口50%以上的农村居民消费占 GDP 比重从15.34%下降到了8.03%①,前者下降了3.71个百分点,后者却下降了7.31个百分点,下降幅度是前者的近两倍(见图1-12)。

① 根据第六次人口普查数据,2010年我国的人口城市化率为49.68%,也就是说,此前的农村人口占比始终超过50%。

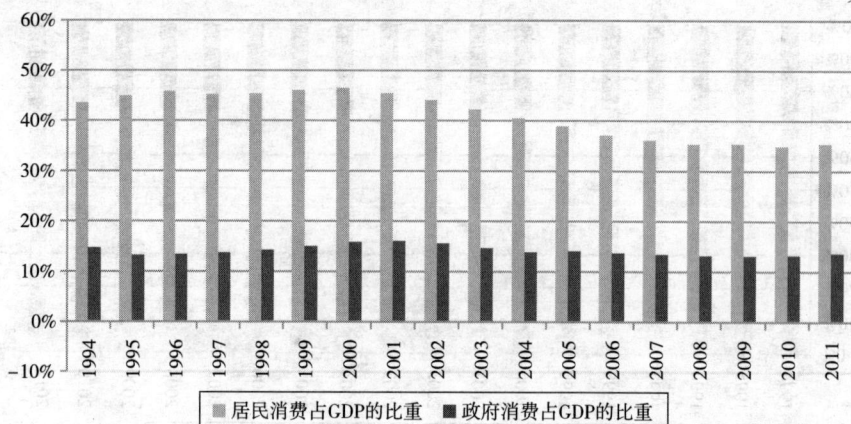

图 1-11　1994—2011 年中国居民消费与政府消费占 GDP 的比重

资料来源：《中国统计年鉴 2012》。

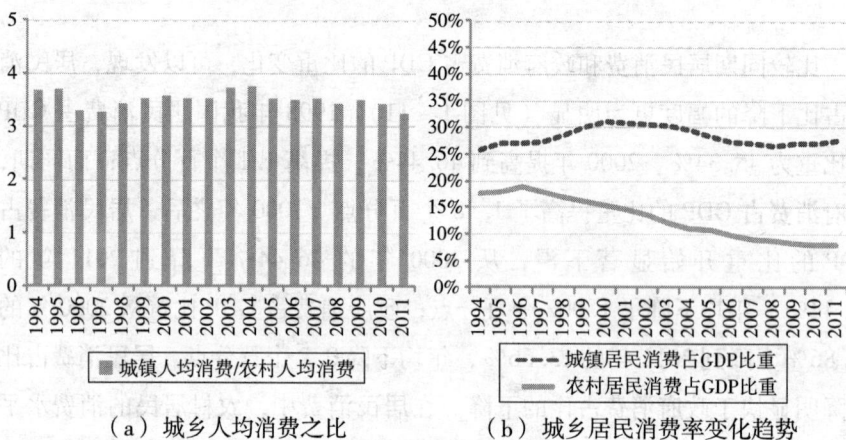

（a）城乡人均消费之比　　　（b）城乡居民消费率变化趋势

图 1-12　1994—2011 年中国城乡居民消费变化

资料来源：《中国统计年鉴 2012》。

　　在国内消费占 GDP 比重不断下降的同时，国内消费中政府消费的比重不断扩大，1998 年，政府消费占国内消费的比重为 23.96%，2011 年上升到 27.83%。相应地，居民消费与政府消费之比，1998 年为 3.17：1，2011 年变为 2.59：1（见图 1-13）。

　　在经济高速增长长达数十年之后，投资率仍然不断上升，国内消费尤其是居民消费占 GDP 的比重不断下降，并导致了国内消费需求不振则是我

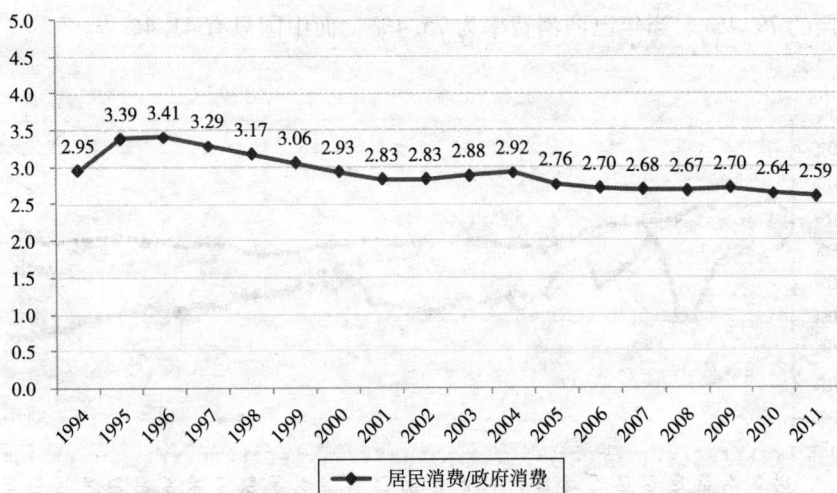

图 1-13　1994—2011 年中国居民消费与政府消费比例变化

资料来源:《中国统计年鉴 2012》。

国近年来经济增长中逐渐凸显出来的重大结构失衡问题之一。与日本、韩国以及我国台湾地区高速增长年代的居民消费率数据相比,我国目前的居民消费率偏低问题甚至更为严重(见图 1-14),更值得决策当局及学界高度重视。

现阶段中国居民消费率严重偏低,也可以从人均 GDP 与居民消费率的国际排行榜的位次差中看出。美国宾夕法尼亚大学生产、收入和价格国际比较研究中心(CIC)的数据表明,在世界 189 个国家按购买力平价以及可比价(2005 年价格)计算的人均 GDP 中[1],2010 年中国为 7746 美元,在 189 个国家中列第 91 位;而居民消费率为 44.2%,列第 171 位[2]。我国居民消费率排序大大低于人均 GDP 在世界上的排序,说明与人均收入水平相近的经济体相比,我国居民消费比重明显偏低。与收入水平相近的经济体相比,中国居民消费比重低得令人惊讶。2009 年中国人均实际 GDP 为

[1]　Alan Heston, Robert Summers and Bettina Aten, Penn World Table Version 7.1, Center for International Comparisons of Production, Income and Prices at the University of Pennsylvania, July 2012.

[2]　同一数据来源的另一口径计算的结果为:2010 年中国为 7130 美元,列第 99 位;中国居民消费率为 35.3%,位列第 180 位。

巴西的 79.4% 。当年巴西消费率为 75.4% ，而中国只有 41.4%[①] 。

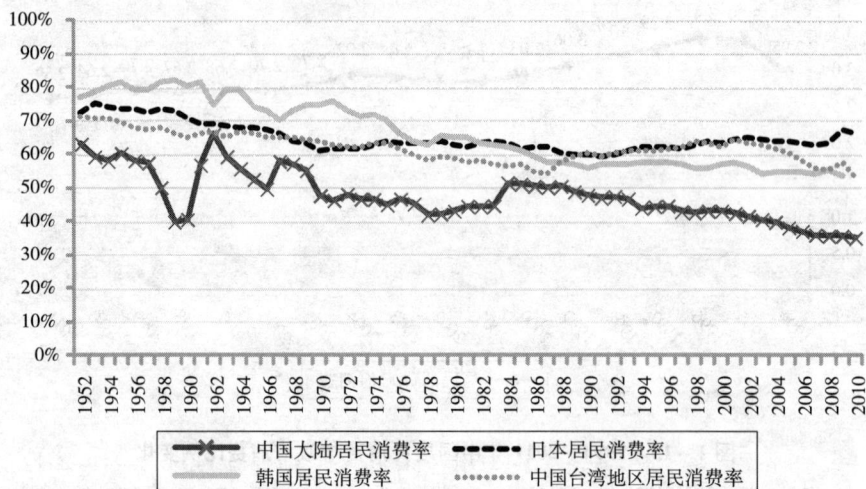

图 1-14　1952—2010 年日本、韩国、中国大陆及台湾地区居民消费率变化
资料来源：Penn World Table 7.1。

第三节　居民消费率下降与国民收入
支出结构失衡

收入决定支出。居民消费率的下降，最重要的原因之一是国民收入分配结构发生了重要变化。

一、收入分配向企业、政府部门倾斜，居民部门收入占比
持续下降

国家统计局公布的资金流量表数据表明，2000—2009 年，初次分配中

---

① Penn World Table 7.0, Copyright © 2011 Center for International Comparisons of Production, Income and Prices (CIC) , University of Pennsylvania。按购买力平价及 2005 年价格计算。

居民部门收入占比从 67.2% 下降至 60.7%，政府部门收入占比从 13.1%
上升至 14.6%，企业部门收入占比从 19.7% 上升至 24.7%。由于收入税
以及社保缴费快速增加，居民部门的再分配收入相对缩水：2000 年，居民
部门的可支配收入是其初次分配收入的 1.01 倍，2009 年仅为 1.004 倍。
在全社会可支配收入中，居民部门占比从 2000 年 67.5% 下降到 2009 年的
60.5%。相反，政府的可支配收入却较大幅度地上升了，2000 年其可支配
收入是其初次分配收入的 1.11 倍，2009 年上升为 1.26 倍，同时，其在全
社会可支配收入中的占比从 2000 年的 14.5% 上升至 2009 年 18.3%。企业
经过再分配后，2000 年的可支配收入是其初次分配收入的 1.58 倍，2009
年上升至 1.65 倍，同时其在全社会可支配收入中的占比从 2000 年的
17.9% 上升至 2009 年 21.2%（见表 1−1）。

表 1−1 中国国民收入分配结构

年份	政府			住户		
	初次分配总收入占比（%）	可支配总收入占比（%）	可支配收入比初次分配收入	初次分配总收入占比（%）	可支配总收入占比（%）	可支配收入比初次分配收入
1992	16.57	19.96	1.21	66.06	68.34	1.04
1995	15.22	16.55	1.09	65.25	67.23	1.03
2000	13.13	14.53	1.11	67.15	67.54	1.01
2001	12.67	15.01	1.19	65.93	66.07	1.01
2002	13.94	16.23	1.18	64.49	64.43	1.01
2003	13.62	16.09	1.19	64.09	63.97	1.01
2004	13.74	16.43	1.21	61.14	61.05	1.01
2005	14.20	17.55	1.25	61.28	60.84	1.00
2006	14.53	18.21	1.27	60.73	60.25	1.00
2007	14.74	19.01	1.30	59.61	58.89	1.00
2008	14.73	18.98	1.30	58.66	58.28	1.00
2009	14.58	18.28	1.26	60.69	60.53	1.00

年份	非金融企业			金融企业		
	初次分配总收入占比（%）	可支配总收入占比（%）	可支配收入比初次分配收入	初次分配总收入占比（%）	可支配总收入占比（%）	可支配收入比初次分配收入
1992	14.94	10.55	0.71	2.44	1.16	0.48
1995	17.61	14.75	0.84	1.93	1.47	0.77
2000	18.91	17.41	0.93	0.81	0.53	0.65
2001	20.00	17.77	0.89	1.39	1.15	0.83
2002	19.87	17.74	0.90	1.70	1.60	0.95
2003	20.10	17.84	0.90	2.18	2.10	0.97
2004	23.19	20.61	0.90	1.93	1.91	1.00
2005	22.62	19.93	0.89	1.90	1.67	0.89
2006	22.32	19.57	0.89	2.42	1.97	0.82
2007	23.09	20.13	0.88	2.56	1.96	0.77
2008	23.61	20.52	0.88	3.00	2.23	0.75
2009	21.53	18.74	0.88	3.20	2.45	0.77

资料来源：CEIC 中国经济数据库。

二、劳动者报酬比重不断下降

资金流量表的数据同时显示：居民收入占比下降主要缘于劳动者报酬比重持续下降。在初次分配中，劳动者报酬占初次分配收入的比重从 2000 年的 53.4% 下降至 2009 年的 49.1%，10 年下降 4.27 个百分点。在全部劳动者报酬中，非金融企业支付的劳动者报酬虽然在 2000—2009 年间扩大了 2.94 倍，但其占劳动者报酬总额的比重却从 2000 年的 47.9% 下降到 2009 年的 44.2%，下降 3.74 个百分点；金融企业支付的劳动者报酬同期总体扩大了 3 倍，其占劳动者报酬总额的比重从 2000 年的 3.15% 略微下降到 2009 年的 2.96%，下降 0.19 个百分点；然而，政府部门支付的劳动者报酬同期扩大了 4.27 倍，其占劳动者报酬总额的比重从 2000 年的 12.3% 上升到 2009 年的 16.46%，提高了 4.15 个百分点；居民部门的劳动者报酬同期总体扩大了 3.15 倍，其占劳动者报酬总额的比重从 2000 年的

36.59%下降到 2009 年的 36.02%，下降了 0.57 个百分点。

三、竞争性行业与非竞争性行业之间工资收入差距不断扩大

进一步考察不同行业间工资收入的差距变化，可以发现：劳动报酬比重下降主要发生在城乡竞争性行业。2011 年，制造业的工资水平在我国国民经济 19 个部门中位居第 13 位，仅为金融业的 45.20%（见表 1－2）。

表 1－2　2004—2011 年中国国民经济各部门的年平均工资水平

（单位：元）

	2004	2005	2006	2007	2008	2009	2010	2011
农、林、牧、渔业	7497	8207	9269	10847	12560	14356	16717	19469
采矿业	16774	20449	24125	28185	34233	38038	44196	52230
制造业	14251	15934	18225	21144	24404	26810	30916	36665
电力、燃气及水的生产和供应业	21543	24750	28424	33470	38515	41869	47309	52723
建筑业	12578	14112	16164	18482	21223	24161	27529	32103
交通运输、仓储及邮政业	18071	20911	24111	27903	32041	35315	40466	47078
信息传输、计算机服务和软件业	33449	38799	43435	47700	54906	58154	64436	70918
批发和零售业	13012	15256	17796	21074	25818	29139	33635	40654
住宿和餐饮业	12618	13876	15236	17046	19321	20860	23382	27486
金融业	24299	29229	35495	44011	53897	60398	70146	81109
房地产业	18467	20253	22238	26085	30118	32242	35870	42837
租赁和商务服务业	18723	21233	24510	27807	32915	35494	39566	46976
科学研究、技术服务和地质勘查业	23351	27155	31644	38432	45512	50143	56376	64252
水利、环境和公共设施管理	12884	14322	15630	18383	21103	23159	25544	28868
居民服务和其他服务业	13680	15747	18030	20370	22858	25172	28206	33169
教育	16085	18259	20918	25908	29831	34543	38968	43194
卫生、社会保障和社会福利业	18386	20808	23590	27892	32185	35662	40232	46206
文化、体育和娱乐业	20522	22670	25847	30430	34158	37755	41428	47878

	2004	2005	2006	2007	2008	2009	2010	2011
公共管理和社会组织	17372	20234	22546	27731	32296	35326	38242	42062

资料来源：CEIC 中国经济数据库。

而发达国家制造业与金融业的工资水平则十分接近。与中国相比，反差极大（见表1-3）。

表1-3　2010 年部分国家分行业平均周薪对比

（单位：美元）

	美国	德国	英国	日本	俄罗斯	中国
产品制造部门	819.18	1092.99	—			
采矿和伐木	1063.28	1454.54	—	1054.29	215.26	125.54
建筑	891.85	767.79	826.66	1062.77	114.24	78.19
制造业	765.08	1145.87	809.67	1031.76	102.94	87.82
服务部门	606.11	798.01	674.47	—	—	
贸易运输	559.62	779.18	458.27	853.39	118.70	148.99
信息业	938.69	—		1345.38		
金融活动	776.82	904.15	891.69	1362.14	270.44	199.25
职业和商业服务	798.59					
教育和卫生服务	646.52	843.66		983.84	80.39	114.21
餐饮、休闲娱乐服务	280.87	407.18		363.87	72.66	80.98
公共部门及防卫	—	1047.06	718.38		135.55	108.62
其他服务	524.02	718.40		774.61	88.34	

注：美国的数据来自美国劳工部数据库，其余国家的数据整理自 CEIC 中国经济数据库。部门分类以美国为准。其他国家的个别部门数据，取近似或均值，如教育和卫生服务；德国为 2009 年的数据。

然而，长期以来，各级地方政府都以劳动力质优价廉为吸引外资的重要优势之一，对于制造业劳工工资的上涨十分敏感。不少论者也因此颇为忧虑提高工资水平将使我国制造业丧失国际竞争力。然而，对劳工工资水平及变动趋势的国际比较分析研究发现：直至 2009 年，我国制造业的相对单位产出劳动力成本仍仅为我国产品主要竞争对象国（韩国、墨西哥、马来西亚、泰国、菲律宾、越南）加权平均水平的 2/3 左右，更大大低于发达国家水平（王燕武等，2011）。仅就劳动力成本而言——更不用说稳定的政治局势、良好的基础设施、完善的产业配套能力、巨大的国内市场——中国制造业仍然具有较大竞争优势。近年来，尽管我国制造业工资水平有了较大提高，但劳动生产率增长得更快，2009 年中国制造业单位产出劳动力成本与十年前的 1999 年相比，不仅没有提高，相反，下降了 11.1 个百分点。而且，2006 年以来的数据显示：近年来，尽管制造业劳工工资水平有相当幅度的提高，但是企业的利润率、利润总额不仅没有下降，相反，都在不断地上升，大部分行业的国际贸易竞争指数也进一步提高了（李文溥等，2011）。

竞争性行业劳动报酬严重偏低与中国劳动力市场结构密切相关。中国劳动力市场是典型的非均衡市场：供给近乎无限且呈原子式分散状态，需求方则居明显优势地位，而且受到各级地方政府强力支持。可以想见，如此市场结构，劳动者势必居弱势地位，劳动报酬必然低于供需双方力量势均力敌情况下的劳动报酬均衡点。

四、居民内部收入差距不断扩大

利用中国健康和营养调查（CHNS）数据库（1989—2006）进行的计算发现，1999 年，我国的基尼系数就已经超过国际上收入分配贫富差距的"警戒线"水平（0.4），而且增速较快，到 2005 年，我国的基尼系数已经高达 0.4629（陈建宝等，2012）。2013 年 1 月 18 日，国务院新闻办公室举行新闻发布会，国家统计局局长马建堂在会上公布了国家统计局最新的计算结果，根据新的中国统一城乡可比的统计标准分类口径，国家统计局对历史的分城乡的老口径的住户基础资料，特别是收入资料，进行了整理、计算，然后得出 2003 年到 2011 年中国居民基尼系数。中国居民收入的基尼系数，2003 年是 0.479，2004 年是 0.473，2005 年是 0.485，2006 年是 0.487，2007 年是 0.484，2008 年是 0.491。然后逐步回落，2009 年是 0.490，2010 年是 0.481，2011 年是 0.477，2012 年是 0.474。对于国家统计局公布的基尼系数，国内学界多数认为偏低①。即使按照国家统计局公布的官方数据，也可以看出，中国的收入差距到了国际公认的差距较大，接近收入差距悬殊的水平②。

根据国家统计局调查总队公布的住户调查数据，1990—2011 年，我国城乡居民收入之比（城镇人均可支配收入比农村人均纯收入）从 2.2：1 扩大到 2009 年的 3.3：1，2011 年微降至 3.1：1。与此同时，城乡居民内部的收入差距也在迅速扩大。城镇居民最高收入与最低收入组的收入比从 2000 年的 5.02：1 扩大到 2011 年的 8.56：1，农村居民高收入组与低收入组的收入比从 6.47：1 扩大为 8.39：1。收入差距扩大导致了普遍的"收入被增长"现象。统计分析发现，当实际人均 GDP 增长 1 个百分点时，在现有的收入分配格局下，只有占城镇人口比重 20% 的高收入及最高收入组的居民收入增长可以超过 1%，剩下的 80% 城镇居民的收入增长都将低于 1%，其中，占城镇人口 10% 的最低收入组居民的收入只能增长 0.56%。占总人口 50% 左右的农村居民的收入增长更是大大低于全国的实际人均 GDP 增长水平，占农村人口 20% 的高收入组居民在全国的实际人均 GDP 增长为 1% 时，收入只能增长 0.70%，而农村最低收入组居民（占农村人口 20%）的收入增长水平则更低，只有 0.47%。居民内部收入差距不断扩大，进一步导致了居民边际消费倾向的整体下降。

五、居民消费行为的变迁

金融部门的低利率直接抑制了居民财产性收入的提高。2011 年城镇居民的人均收入中，工资性收入占 64.3%，转移性收入占 23.8%，财产性收入仅占 2.7%。与此同时，20 世纪 90 年代中期以来的社会经济体制改革促使居民边际消费倾向大幅度下降。资金流量表数据显示：1993—1999 年，

① 例如，西南财经大学中国家庭金融调查发布的数据显示，2010 年中国家庭的基尼系数为 0.61，大大高于 0.44 的全球平均水平。2010 年中国家庭的基尼系数为 0.61，城镇家庭内部的基尼系数为 0.56，农村家庭内部的基尼系数为 0.60。分地区看，中国东部地区基尼系数为 0.59，中部地区的基尼系数为 0.57，西部地区为 0.55。调查组认为东、中、西部收入差距与其市场经济发达程度密切相关（http://www.menhuzhijia.com/news/china/2773.html）。

② 按照联合国有关组织规定：基尼系数若低于 0.2 表示收入绝对平均；0.2—0.3 表示比较平均；0.3—0.4 表示相对合理；0.4—0.5 表示收入差距较大；0.5 以上表示收入差距悬殊。

我国居民平均边际消费倾向为 0.731，这在世界范围已属低水平，到了 2000—2007 年，更大幅降至 0.572，平均下降了 0.159 个点。与此同时，居民部门的储蓄率大幅上升：2000 年居民部门储蓄占可支配收入的比重为 31.1%，2005 年为 35.4%，2009 年进一步升至 40.4%。居民边际消费倾向的下降与储蓄率的大幅上升，与住房商品化、教育、医疗制度的改革、社会保障体系建设滞后有密切的关系。

六、高投资与高资本收入占比

过高的投资率除了各级政府对 GDP 的追求之外，资本偏向型技术进步也是重要原因。现有体制使要素比价扭曲，提高了要素替代弹性，从而产生了资本偏向型技术进步及金融的过度深化，加速了资本深化，导致了中国劳动报酬比重过快下降（龚敏等，2010）。

参考文献

［1］李文溥、龚敏：《出口劳动密集型产品为导向的粗放型增长与国民收入结构失衡》，《经济学动态》2010 年第 7 期。

［2］陈建宝、段景晖：《基于家庭收入分布的全国基尼系数的演变及其城乡分解》，李文溥主编：《中国宏观经济分析与预测（2012）》，经济科学出版社 2012 年版。

［3］龚敏、李文溥：《中国高资本报酬率与低消费率的一个解释》，《学术月刊》2013 年第 9 期。

［4］李文溥、李静：《要素比价扭曲、过度资本深化与劳动报酬比重下降》，《学术月刊》2011 年第 2 期。

［5］王燕武、李文溥、李晓静：《基于单位劳动力成本的中国制造业国际竞争力研究——兼论劳工工资的上涨空间》，《统计研究》2011 年第 10 期。

［6］李文溥、郑建清、林金霞：《制造业劳动报酬水平与产业竞争力变动趋势探析》，《经济学动态》2011 年第 8 期。

第二章 中国国民收入分配结构的演变①

近十余年来，居民消费占 GDP 比重的大幅度下降源于国民收入分配格局的演变。因此，分析居民消费下降，必须从研究国民收入分配格局的变化入手。本章从国民收入分配格局的演变入手，梳理改革开放，尤其是 20 世纪 90 年代中期以来，政府部门、居民部门、企业部门在初次分配、再次分配中的流量变化及趋势，考察国民收入分配格局的演变及特征。

第一节　历史回顾

随着经济的市场化转轨进程，1978—1994 年，我国国民收入分配格局呈现出：居民收入占比大幅上升，政府收入占比大幅下降，企业收入占比稳中有降的显著特征。在这 16 年间，居民收入占国民收入最终分配的比重从 50.5% 迅速上升到 66.0%，上升了 15.5 个百分点；政府收入占比从 31.6% 下降到 18.0%，下降了 13.6 个百分点；企业收入占比从 17.9% 微降至 16.0%，下降了 1.9 个百分点（见图 2－1）。由此可见，在这期间，国民收入分配格局的总体变化特征是向居民部门倾斜。

分析这 16 年间国民收入分配格局演变，大致可以分为以下三个阶段：第一阶段（1979—1984 年），这一时期，农村普遍实行了家庭联产承包责任制，同时国家大幅提高了农副产品的收购价格，调减粮食收购基数，

---

① 本章作者：谢攀。

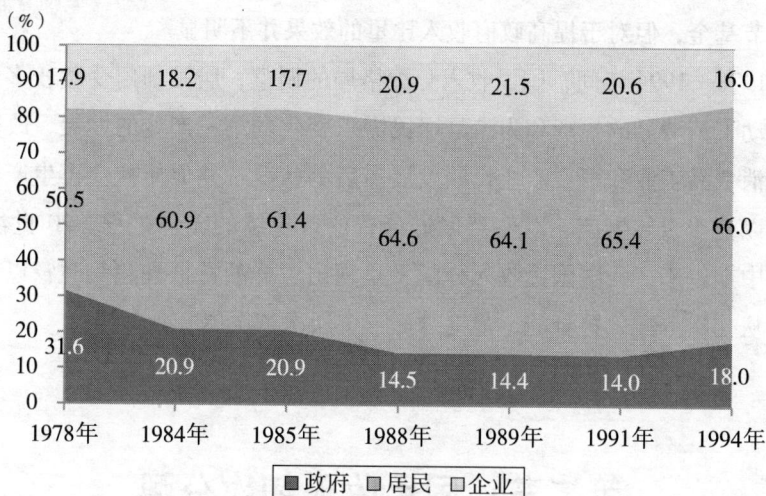

图 2 - 1 1978—1994 年中国国民收入最终分配格局

注：由于统计数据来源不一和官方核算结果多次调整的原因，个别年份可能存在细微差异，但不影响此处对国民收入分配格局趋势的判断。

资料来源：根据《新中国 55 年统计资料汇编》、《中国统计年鉴 2012》整理。

对农村非农产业的发展给予减免税优惠。国家还调整了政府与企业的分配关系，增加了企业的利润留成，将折旧基金全部留给企业。因此，这一阶段国民收入格局变化的主要特征是国家所得减少，居民尤其是农民所得增加。第二阶段（1984—1988 年），我国经济体制改革的重点转到城市，企业开始实行多种形式的承包责任制。其核心是政府对企业的减税让利，特别是在企业新增的利润中，政府所得的份额明显减少。国家减税让利的初衷，主要是为了增加企业积累和弥补更新改造的欠账，但由于当时的国有企业并未建立完善的法人治理结构，因此政府、企业、职工三方博弈的结果是，不少企业把新增加的所得份额中的大部分通过工资、资金、福利的渠道转为个人收入。这一阶段分配格局变化的特点是政府所得的份额继续向企业和个人（主要是城镇居民）让渡。第三阶段（1988—1994 年），政府收入继续通过各种形式和途径流向居民和企业。由于政府在向企业减税让利、放开企业分配自主权的同时，并没有建立起企业分配的自我约束机制，造成部分企业发生了侵蚀国有资产，增加职工收入的情况。这期间，政府虽然也出台了一些集中收入的措施，如征收能源交通建设基金、预算外调节基金，但对于提高政府收入比重的效果并不明显。

1978—1994 年间，国民收入分配格局的调整，居民部门受益较多，直接拉动了消费品的生产和为满足居民需求变化的第三产业的发展，改变了我国消费品工业和第三产业长期发展滞后的状况，并促使社会再生产逐步进入以消费引导生产、以生产促进消费的可持续的循环过程。20 世纪 90 年代中期以来，我国国民收入分配又呈现出怎样的特征和趋势呢？以下的研究从初次分配、再分配、最终分配三个层次依次展开。

第二节 国民收入初次分配

初次分配是生产活动形成的净成果，即增加值在参与生产活动的生产要素的所有者及政府之间的分配。初次分配结果反映了各收入主体对国民收入的"原始贡献"，形成各个机构部门的初次分配总收入。

一、政府部门

按照 SNA1993 体系，政府部门初次分配收入是间接税净额，即间接税减津贴。转型时期，中国政府部门初次分配与发达市场经济国家的差异在于，发达市场经济国家的政府津贴主要是农业生产部门的津贴，而我国政府的津贴主要是针对亏损企业的亏损补贴。由于补贴对象的差异，在计算增加值时，遵循郭树清、韩文秀（1991）的做法，将我国政府的企业亏损补贴列为政府部门的再分配过程中的转移支出，而非负值的间接税。

表 2 - 1 显示了我国政府部门初次分配总收入状况。1994—2007 年，政府部门初次分配收入从 7588.4 亿元增加至 49010.0 亿元，年均增长14.25%。政府部门初次分配收入占初次分配总收入的比重从 16.26% 上升至 18.30%，14 年提高了 2.04 个百分点。

表 2 - 1   1994—2007 年政府部门初次分配总收入

(单位：亿元)

项目 \ 年	1994	1995	1996	1997	1998	1999	2000
政府初次分配收入	7588.4	8705.35	10381.47	11829.72	12983	13654.71	14737.24
初次分配总收入	46670.12	57494.88	66850.56	73142.02	76967.31	80579.22	88288.62
政府初次分配收入占初次分配总收入的比重（%）	16.26	15.14	15.53	16.17	16.87	16.95	16.69

项目 \ 年	2001	2002	2003	2004	2005	2006	2007
政府初次分配收入	17573.36	18167.1	20991.3	27010.5	32414.5	38928.0	49010.0
初次分配总收入	95726.93	103936	116742	159587.0	185808.6	217522.7	267763.6
政府初次分配收入占初次分配总收入的比重（%）	18.36	17.48	17.98	17.84	17.45	17.90	18.30

资料来源：根据相关年份《中国统计年鉴》中的现金流量表（实物交易）整理。

仔细观察政府部门初次分配收入来源（见表 2 - 2），可以发现：

第一，工商税、关税是政府部门初次分配收入比重上升的主要来源。20 世纪 80 年代中期，工商税由单一税种改为增值税、营业税、消费税等多个税种，占间接税征收总额的 80% 以上。从各种税的总量上看，1994—2007 年，我国各项税收总额由 4418.39 亿元增加到 45621.97 亿元，年均增长 19.67%。其中，企业所得税、工商税收、农业各税和关税均保持了两位数以上的增长率，年均增长率分别达到 21.36%、18.08%、15.09%、12.58%。企业所得税占各项税收的比重从 16.03% 升至 19.24%，工商税收、农业各税、关税占各项税收的比重分别从 88.59%、5.24%、6.17% 下降至 74.46%、3.15%、3.14%。尽管 1994 年以来工商税收相对比重下降了，但仍然是我国间接税的主要来源。

第二，预算外收入、其他收入增势强劲。1994—2007 年，我国政府预算外收入由 1862.53 亿元增加至 6820.32 亿元，年均增长 10.49%。"其他收入"从 1998 年的 833.3 亿元，跃升至 2007 年的 5420.44 亿元，年均增长 14.31%，占预算外收入的比重从 27.04% 增至 79.47%。可以看出，其他收入的强劲增长对政府部门初次分配收入增长起到了积极的拉动作用。

表 2 - 2 1994—2007 年政府部门初次分配收入来源

（单位：亿元）

项目 \ 年	1994	1995	1996	1997	1998	1999	2000
1. 间接税	4186.9	4881.51	5571.88	6873.38	7938.46	9447.67	11116.57
工商税收	3914.22	4589.68	5270.04	6553.89	7625.42	8885.44	10366.09
关税	272.68	291.83	301.84	319.49	313.04	562.23	750.48
2. 教育费附加收入	64.2	83.4	96.04	103.29	113.34	126.1	147.52
3. 其他收入	280.18	396.19	724.66	682.3	833.3	925.43	944.98
4. 预算外收入	1862.53	2406.5	3893.34	2826	3082.29	3385.17	3826.43
行政事业性收费*	1722.5	2234.85	3395.75	2424.32	1981.92	2354.28	2654.54
国有企业和主管部门收入					54.67	50.11	59.22
总计	6393.81	7767.6	10285.92	10484.97	11967.39	13884.37	16035.5

项目 \ 年	2001	2002	2003	2004	2005	2006	2007
1. 间接税	12188.81	13835.81	16226.03	19306.16	22498.22	26680.71	35403.63
工商税收	11348.29	13131.54	15302.9	18262.39	21432.05	25538.93	33971.06
关税	840.52	704.27	923.13	1043.77	1066.17	1141.78	1432.57
2. 教育费附加收入	166.6	198.05	232.39	300.4	356.18	446.85	556.91
3. 其他收入	1218.1	1328.74	1691.93	2148.32	2707.83	3689.22	5420.44
4. 预算外收入	4300	4479	4566.8	4699.18	5544.16	6407.88	6820.32
行政事业性收费*	3090.00	3238	3335.74	3208.42	3858.19	4216.8	4681.05
国有企业和主管部门收入	60	72	52.3	64.12	47.6	44.91	40.16
总计	17873.51	19841.6	22717.15	26454.06	31106.39	37224.66	48201.3

　　注：行政事业性收费一部分纳入预算管理，另一部分按预算外资金管理。在《关于公布取消和停止征收 100 项行政事业性收费项目的通知》中，财政部、国家发展和改革委联合要求，自 2009 年 1 月 1 日起，在全国统一取消和停止征收 100 项行政事业性收费。

　　资料来源：根据《中国财政年鉴 2008》整理。

二、居民部门

表2-3显示了我国居民部门初次分配总收入状况。1994—2007年，居民部门初次分配收入从29913.22亿元增加至150152亿元，增长了4.1倍，年均增长13.21%。居民部门初次分配收入占初次分配总收入的比重从64.10%下降至57.92%，14年下降了6.18个百分点。

表2-3 1994—2007年居民部门初次分配总收入

（单位：亿元）

项目＼年	1994	1995	1996	1997	1998	1999	2000
居民初次分配收入	29913.22	37224.41	44946.63	48061.36	50495.15	52360.74	56826.77
初次分配总收入	46670.12	57494.88	66850.56	73142.02	76967.31	80579.22	88288.62
居民初次分配收入占初次分配总收入的比重（%）	64.10	64.74	67.23	65.71	65.61	64.98	64.36

项目＼年	2001	2002	2003	2004	2005	2006	2007
居民初次分配收入	60814.03	67845	73780.8	92045.6	109698.1	125794.4	150152
初次分配总收入	95726.93	103936	116742	159587.1	184088.7	213131.8	259258.9
居民初次分配收入占初次分配总收入的比重（%）	63.53	65.28	63.20	57.68	59.59	59.02	57.92

资料来源：根据历年《中国统计年鉴》整理。

具体从居民部门内部来观察，对城镇居民收入，根据全国抽样调查的城镇家庭平均每人全年实际收入与城镇总人口数相乘得到城镇居民总收入。与此类似，对农村居民收入，根据全国抽样调查的农村家庭人均年总收入与乡村人口数相乘得到农村居民总收入（见表2-4）。注意到，根据以上方法分别得到的城镇居民收入和农村居民收入，加总后并不等于居民部门初次分配总收入。可能的原因有以下三点：一是，城镇居民全年实际收入并不完全等于城镇居民初次分配总收入，因为还有实物收入和其他形式的收入，如自有住宅虚拟折旧等等；二是，城镇居民全年实际收入，因对城镇人口的低估而偏小。城镇家庭平均每人全年实际收入是对全部城镇家庭居民收入状况的调查统计数据，样本每五年换一次，考虑到 20 世纪 90 年代以来，农业剩余劳动力大量转移，非农业人口仅是城镇人口中的一部分，特别是在我国户籍制度没有根本性变革的前提下，农业剩余劳动力迁入地非农业人口的增加远远小于实际流入规模。三是，农村家庭人均年总收入没有包括农村居民自有固定资产（如自有住宅和农具等其他自有固定资产）的虚拟折旧收入，此外，统计低估的情况也是存在的，如对实物收入的虚拟折旧收入。鉴于以上几方面存在收入测算过程和方法上的局限，在表 2 - 4 项目栏，增加了"其他"这一项来弥补和调整，显示与资金流量表中住户部门初次分配总收入的差异。

表 2 - 4　1994—2007 年居民部门初次分配总收入部门内部构成情况

（单位：亿元）

年\项目	1994	1995	1996	1997	1998	1999	2000
城镇居民总收入	11967.04	15051.02	18072.97	20468.27	22674.28	25656.89	28902.00
农村居民总收入	15331.59	20093.29	23881.06	25246.37	24908.31	24508.36	25433.02
其他	2614.59	2080.09	2992.60	2346.72	2912.56	2195.49	2491.75
总计	29913.22	37224.41	44946.63	48061.36	50495.15	52360.74	56826.77

年\项目	2001	2002	2003	2004	2005	2006	2007
城镇居民总收入	33014.68	41060.36	47459.05	54980.59	63636.48	73397.36	88525.84
农村居民总收入	26310.85	26982.35	27531.26	30581.79	34522.89	37055.94	42130.40
其他	1488.50	- 197.71	- 1209.50	6483.22	11538.73	15341.10	19495.77
总计	60814.03	67845	73780.8	92045.6	109698.1	125794.4	150152

资料来源：根据历年《中国统计年鉴》测算。

从表 2 - 4 可以看出，1994—2007 年城镇居民总收入和农村居民总收入分别增长了 6.4 倍和 1.8 倍，年均分别增长 16.64% 和 8.1%。其中，难以进行确切统计的居民部门其他收入增长地更快，以年均 16.71% 的速度递增。

三、企业部门

企业部门初次分配收入包括其营业盈余和折旧。表 2-5 显示了企业部门初次分配收入在 1994—2007 年间的变化状况。1994—2007 年，企业部门初次分配收入从 9168.51 亿元增加到 58511.2 亿元，增长了近 5.4 倍，年均增长 15.32%。企业部门初次分配收入大幅上升主要是缘于要素价格扭曲降低了成本，提高了产业资本经济效益。以工业企业为例，其利润总额年均增长 21.41%，有利于科技创新和扩大再生产。

表 2-5 1994—2007 年企业部门初次分配总收入

（单位：亿元）

项目＼年	1994	1995	1996	1997	1998	1999	2000
企业初次分配收入	9168.51	11565.12	11522.47	13250.94	13489.32	14563.77	16724.61
初次分配总收入	46670.12	57494.88	66850.56	73142.02	76967.31	80579.22	88288.62
企业初次分配收入占初次分配总收入的比重（%）	19.65	20.12	17.24	18.12	17.53	18.07	18.94

项目＼年	2001	2002	2003	2004	2005	2006	2007
企业初次分配收入	17339.54	17923.9	21969.9	39076.5	42220.1	47722	58511.2
初次分配总收入	95726.93	103936	116742	159587.1	184088.7	213131.8	259258.9
企业初次分配收入占初次分配总收入的比重（%）	18.11	17.25	18.82	24.49	22.93	22.39	22.57

资料来源：根据历年《中国统计年鉴》整理。

四、初次分配格局

将政府部门、居民部门、企业部门的收入状况综合起来便勾勒出了国民收入初次分配的概貌。表 2-6 显示了国民收入初次分配过程中不同部门收入绝对量的变化情况。1994—2007年，国民总收入年均增长14.10%，其中政府部门、居民部门、企业部门年均增长率分别为15.71%、13.21%、15.32%。居民部门收入增长率分别低于国民总收入、企业部门、政府部门年均增长率0.89、2.11、2.5个百分点。这表明，居民部门收入在国民收入初次分配中呈显著萎缩之势，而政府部门、企业部门收入在国民收入初次分配中明显扩张。其中，政府部门收入扩张程度更甚。

表2-6 1994—2007年中国国民收入初次分配（总量）

（单位：亿元）

项目 ＼ 年	1994	1995	1996	1997	1998	1999	2000
政府部门	7588.4	8705.35	10381.47	11829.72	12983	13654.71	14737.24
居民部门	29913.22	37224.41	44946.63	48061.36	50495.15	52360.74	56826.77
企业部门	9168.51	11565.12	11522.47	13250.94	13489.32	14563.77	16724.61
初次分配总收入	46670.12	57494.88	66850.56	73142.02	76967.31	80579.22	88288.62

项目 ＼ 年	2001	2002	2003	2004	2005	2006	2007
政府部门	17573.36	18167.1	20991.3	28465	32170.5	39615.4	50595.7
居民部门	60814.03	67845	73780.8	92045.6	109698.1	125794.4	150152
企业部门	17339.54	17923.9	21969.9	39076.5	42220.1	47722	58511.2
初次分配总收入	95726.93	103936	116742	159587.1	184088.7	213131.8	259258.9

资料来源：根据历年《中国统计年鉴》整理。

从各部门收入占国民收入比重的变化可以发现（见表2-7），在国民收入初次分配中，企业部门收入所占的比重由1994年的19.65%上升到2007年的22.57%，增加了2.92个百分点。细分区间后，观察到企业收入在1994—2003年相对稳定，占比保持在17%—19%的水平，但在2004年突然升高了5.67个百分点。可能的原因有以下两点：第一，随着现代企业制度确立，企业盈利能力逐步增强，市场化程度的提高，资源再配置，劳动生产率的提高等原因。全部国有及规模以上非国有工业企业2003年和2004年利润总额分别达到8337.24亿元和11929.3亿元，2004年同比增长

43.08%，远远超出 2001 年 7.74% 的利润总额增长率①。第二，受到统计核算口径调整的影响，企业部门营业利润增加。2004 年之后，根据国家统计局的规定，"对于个体经济来说，其所有者所获得的劳动报酬和经营利润不易区分，这两部分视为营业利润，而劳动者报酬仅包括个体经济中的雇员报酬"（国家统计局国民经济核算司，2007，2008）。

表 2 – 7   1994—2007 年中国国民收入初次分配结构

（单位:%）

项目 ＼ 年	1994	1995	1996	1997	1998	1999	2000
企业部门占比	19. 65	20. 12	17. 24	18. 12	17. 53	18. 07	18. 94
政府部门占比	16. 26	15. 14	15. 53	16. 17	16. 87	16. 95	16. 69
居民部门占比	64. 10	64. 74	67. 23	65. 71	65. 61	64. 98	64. 36
初次分配总收入	100	100	100	100	100	100	100

项目 ＼ 年	2001	2002	2003	2004	2005	2006	2007
企业部门占比	18. 11	17. 25	18. 82	24. 49	22. 93	22. 39	22. 57
政府部门占比	18. 36	17. 48	17. 98	17. 84	17. 48	18. 59	19. 52
居民部门占比	63. 53	65. 28	63. 20	57. 68	59. 59	59. 02	57. 92
初次分配总收入	100	100	100	100	100	100	100

注：政府部门、企业部门、住户部门初次分配收入占比为各部门初次分配收入占初次分配总收入的比重。

资料来源：根据历年《中国统计年鉴》整理。

从表 2 – 7 还可以发现，政府部门收入在 1994—2007 年呈现出明显增加的趋势。1994—2007 年，政府部门收入占比从 16.26% 上升至 19.52%，增长了 3.26 个百分点。政府部门收入占比的变化可以划分为两个阶段：第一阶段（1994—2000 年），政府部门收入占比相对稳定在 15.14%—16.95% 之间。第二阶段（2001—2007 年），政府部门收入占比先降后升。

---

① 参见相关年份《中国统计年鉴》。

尤其是 2001 年比上年增加了 1.67 个百分点。这在一定程度上可以看作是 2001 年以综合预算编制为出发点，以预算外资金管理为重点的"收支两条线"改革深化的结果。行政事业性收费从 2000 年的 2654.54 亿元增至 2001 年的 3090 亿元，同比增长率从 12.75% 跃升至 16.40%。

与企业部门、政府部门收入持续增加形成鲜明对比的是，居民部门收入在国民收入初次分配中占比持续下降。居民部门收入占初次分配总收入的比重从 1994 年的 64.1% 降至 2007 年的 57.92%，减少了 6.18 个百分点，平均每年下降 0.44 个百分点。

总之，企业部门和政府部门收入占比双双上升，居民部门收入占比迅速下降，以及它们之间明显的此消彼长关系是我国 1994—2007 年国民收入初次分配结构演变的基本趋势。

第三节　国民收入再次分配

国民收入初次分配是形成国民收入最终分配格局的一个重要的基础，国民收入再分配是以间接分配手段实现的分配。在国民收入再分配过程中，各收入主体通过多种形式从其他主体那里转移过来部分收入，同时也将初次分配收入的一部分转移出去。转移收入净值对国民收入最终分配格局产生实质影响。

一、政府部门

表 2 - 8 反映了我国政府部门在国民收入再分配过程中经常转移收入与经常转移支出的情况。1994—2007 年，转移收入、转移支出分别从 1936.8 亿元、1097.35 亿元增加至 22769.7 亿元和 10280.9 亿元年均增长 20.87% 和 18.78%；转移收入净额从 839.45 亿元跃升至 12488.8 亿元，增长了近 14 倍，年均增长 23.08%。再分配过程中，政府部门转移收入净额不仅是正值，而且增速分别高于转移收入、转移支出增长率 2.21 和 4.3 个百分

点。这意味着政府部门在再分配过程中转移出去的收入不仅绝对量小于获得的收入，而且通过再分配获得的净收入呈现扩张的趋势。政府部门转移收入净额占国民收入的比重先下降后上升，拐点出现在 1998 年。

1998 年政府部门转移收入净额占比的骤然下降，主要是由于为了应对亚洲金融危机、百年一遇的大洪水等自然灾害、国有企业冗员下岗等，转移支出增加较多。1998 年和 1999 年，政府大幅增加了社会保障等支出，不仅连续两年社会保险福利增加额大于社会保障缴款增加额，而且 1998 年转移支出中"其他经常转移"较上年增加 224.48 亿元，同比大幅增长 98.2%。1999 年之后政府部门再分配收入迅速上涨，主要是因为以下几个方面的原因：首先，最重要的是政府性基金收入的飙升。2008 年，全国政府性基金收入 1.56 万亿元，相当于同期财政收入的 25.5%，2009 年这一比例达到 26.78%，2010 年更是跃升至 43.07%。从收入归属看，中央基金收入占比为 8.9%，地方为 91.1%。其次，是随着社会保障覆盖面的扩大，政府社会保险缴款规模快速增大，由 1994 年的 716.61 亿元增加到 2007 年的 10812 亿元增长了 14 倍，同期社会保险福利支出从 665.75 亿元增加到 7888 亿元，增长 10.8 倍，由于该项支出年均增速（20.94%）低于收入年均增速（23.21%），从而有利于政府转移收入净额的上升。最后，是国有企业改制并建立现代企业制度，经营效益逐渐好转，企业部门向政府部门缴纳的所得税快速增长。1999 年转移收入中"收入税"达到 1961.85 亿元，同比增长 42.43%，2000 年增加至 2695.28 亿元，几乎是 1998 年的两倍。

表 2 - 8　1994—2007 年政府部门再分配收入与支出

（单位：亿元）

项目　　　　　　年	1994	1995	1996	1997	1998	1999	2000
1. 转移收入	1936.8	2169.4	2765.35	3294.36	3484.2	4030.46	5199.08
收入税	842.01	870.88	1205.7	1291.96	1377.4	1961.85	2695.28
社会保险缴款	716.61	970.74	1207.0	1453.4	1562.6	2052	2491.59
其他经常转移	378.18	327.78	352.65	549	544.2	16.61	12.21

续表

年\项目	1994	1995	1996	1997	1998	1999	2000
2. 转移支出	1097.35	1370.13	1653.99	2245.98	2911.2	2638.75	2583.46
社会保险福利	665.75	858.37	1055.1	1311.76	1574.7	1988	2347.09
社会补助	416.6	509.1	592.38	705.58	883.38	197.23	228.6
其他经常转移	15	2.66	6.51	228.64	453.12	453.52	7.77
3. 转移收入净额	839.45	799.27	1111.36	1048.38	573	1391.71	2615.62

年\项目	2001	2002	2003	2004	2005	2006	2007
1. 转移收入	6221.55	7855.6	9357.3	10667.0	13436.8	18141.7	22769.7
收入税	3122.12	3799.8	4465.0	4878.7	6457.6	9493.3	11955.0
社会保险缴款	3088.0	4048.7	4882.9	5780.3	6975.2	8643.2	10812.0
其他经常转移	11.43	7.2	9.4	8.1	4.0	5.2	2.7
2. 转移支出	3463.14	4502.1	4525.3	6216.9	7356.0	8735.7	10280.9
社会保险福利	2738.0	3470.8	4016.4	4627.4	5400.8	6477.4	7888.0
社会补助	708.19	1018.0	500.1	563.5	716.4	907.7	1043.8
其他经常转移	16.95	13.3	8.8	1026.1	1238.8	1350.6	1349.1
3. 转移收入净额	2758.41	3353.5	4832	4450.1	6080.8	9406	12488.8

资料来源：根据历年《中国统计年鉴》整理。

　　仔细分类，我国政府部门的转移收入主要包括六个部分：（1）直接税。主要有企业所得税、农业各税等；（2）能源交通重点建设基金；（3）预算调节基金收入；（4）教育费附加收入；（5）财政预算内其他收入；（6）财政预算外收入。其中，行政事业性收费已归入政府部门初次分配收入。国有企业和主管部门收入原则上应视为企业部门收入。地方财政预算外资金属于政府部门转移收入，乡镇自筹、统筹资金和预算外其他收入属于政府部门转移收入。经过汇总整理后的政府部门再分配收入如表2-9所示。

表 2-9　1994—2007 年政府部门再分配收入

（单位：亿元）

项目＼年	1994	1995	1996	1997	1998	1999	2000
1. 转移收入							
直接税收入	939.98	1156.53	1337.94	1360.66	1324.34	1234.91	1464.94
农业各税	231.49	278.09	369.46	397.48	398.8	423.5	465.31
企业所得税	708.49	878.44	968.48	963.18	925.54	811.41	999.63
能源交通基金收入	53.96	17.42	3.78	—	—	—	—
预算内调节基金收入	59.1	34.92	11.09	—	—	—	—
教育费附加收入	64.2	83.4	96.04	103.29	113.34	126.1	147.52
预算内其他收入	280.18	396.19	724.66	682.3	833.3	925.43	944.98
预算外收入	—	—	—	—	1045.7	980.78	1112.66
政府性基金收入					478.41	396.51	383.51
乡镇统筹、自筹资金	—	—	272.9	295.78	337.31	358.86	403.34
其他收入	—	—			229.98	225.41	325.81
企业亏损补贴	-366.22	-327.77	-337.4	-368.49	-333.49	-290.03	-278.78

项目＼年	2001	2002	2003	2004	2005	2006	2007
1. 转移收入							
直接税收入	3112.57	3800.64	3791.28	4859.52	6280.32	8123.64	10218.34
农业各税	481.7	717.85	871.77	902.19	936.4	1084.04	1439.09
企业所得税	2630.87	3082.79	2919.51	3957.33	5343.92	7039.6	8779.25
能源交通基金收入	—	—	—	—	—	—	—
预算内调节基金收入	—	—	—	—	—	—	—
教育费附加收入	166.6	198.05	232.39	300.4	356.18	446.85	556.91
预算内其他收入	1218.1	1328.74	1691.93	2148.32	2707.83	3689.22	5420.44
预算外收入	1150	1169	1178.73	1426.64	1638.47	2146.17	2099.11
政府性基金收入	380	376	287.1	351.29	359.29	376.49	—

续表

项目 / 年	2001	2002	2003	2004	2005	2006	2007
乡镇统筹、自筹资金	410	272	293.14	213.09	192.94	221.29	180.25
其他收入	360	521	598.49	862.26	1086.24	1548.39	1918.86
企业亏损补贴	-300.04	-259.6	-226.38	-217.93	-193.26	-180.22	-277.54

资料来源：根据《中国财政年鉴 2008》整理。

从收入结构看，政府性基金收入中最大的一块是土地出让收入。2010年全国政府性基金收入达 3.578 万亿元，其中，土地出让收入高达 2.9 万亿元，约占基金收入的 82%。土地出让收入的飙升，导致了房价急剧上升，使城市居民承担了巨大的隐形税负（龚敏、李文溥，2008）。追根溯源，这与分税制改革后，既有体制尚未形成必要的公共财政权力制衡格局有关。1994 年实施的分税制改革，改变了中央政府和地方政府的财政收入分配格局，扭转了中央财政收入必须依靠地方财政上缴收入才能维持平衡的局面。然而，中央政府主导的分税制改革必然是一种权力主导型的分税制改革，中央政府是强势主体，地方政府是弱势主体，因此在其制度设计及执行过程中，不可避免地出现了财权一级级向上转移，而事权却相对下移的趋势。财政因此渐渐陷入困窘的地方政府不敢也无力与中央政府讨价还价，只能目光向下，另辟蹊径。正好此时蓬勃发展的工业化和城市化为解决地方政府的财政困难提供了机会。2002 年 7 月 1 日实施的招标拍卖挂牌出让国有土地使用权制度，使地方政府利用土地出让收入改善财政状况的愿望获得了实现的可能，使得土地出让收入成为地方政府财政收入的主要来源。地方政府为了刺激工业化和城市化的发展，并分享工业增长和城市发展带来的税收增长，以压低土地价格的方式将农村土地转化为城市建设用地，由此产生的拆迁补偿纠纷此起彼伏，也在一定程度上侵蚀了农民的利益。这种政府主导型的"廉价"工业化和城市化模式，诱使政府部门从再分配中获取更多的利益，短期导致很多如果加入资源环境成本后便无利可图的项目因为土地、资源、环境的价格低廉而变得有利可图，扭曲了稀缺资源的配置，土地、资金、劳动力、自然资源价格过低，使企业丧失了自觉转变经济发展方式，提高资源利用效率的内在动力，最终使得中央力图转变粗放型经济发展方式的意愿迟迟难以实现。

二、居民部门

表 2-10 反映了我国居民部门在国民收入再分配过程中转移收入与转移支出的情况。居民部门是经常转移的净流入方。1994—2007 年，居民部门转移收入、转移支出分别从 2138.12 亿元、1189.33 亿元增加至 14927.4 亿元和 14263.1 亿元，年均分别增长 16.12%、21.06%；转移收入净额从 948.79 亿元降至 664.3 亿元，年均下降 2.7%；转移收入的年均增长率低于转移支出年均增长率 4.94 个百分点，这意味着居民部门在再分配过程中转移出去的收入绝对量大于获得的收入，通过再分配获得的净收入规模在逐渐萎缩。在转移支出中，社会保险缴款和收入税是两大支出项目，所占比重均明显上升，到 2007 年，这两项支出占居民部门转移支出总额的 98% 左右。

表 2-10　1994—2007 年居民部门再分配收入与支出

（单位：亿元）

年\\项目	1994	1995	1996	1997	1998	1999	2000
1. 转移收入	2138.12	2734.79	3334.98	4338.89	4691.79	4543.09	4118.86
社会保险福利	665.75	858.37	1055.1	1311.76	1574.71	1988	2347.09
社会补助	503.6	640	671.72	792.89	974.38	257.77	308.60
其他经常转移	968.77	1236.42	1608.16	2234.24	2142.7	2297.32	1463.17
2. 转移支出	1189.33	1468.02	1838.7	2278.93	2498.38	2549.53	3382.92
收入税	75	131.5	193.19	259.93	338.65	427.77	671.6
社会保险缴款	716.61	970.74	1207.0	1453.4	1562.63	2052	2491.59
其他经常转移	397.72	365.78	438.51	565.6	597.1	69.76	219.73
3. 转移收入净额	948.79	1266.77	1496.28	2059.96	2193.41	1993.56	735.94

项目 \ 年	2001	2002	2003	2004	2005	2006	2007
1. 转移收入	4804.79	6047.0	6954.0	8961.5	10137.5	11986.6	14927.4
社会保险福利	2738.0	3470.8	4016.4	4627.4	5400.8	6477.4	7888.0
社会补助	778.24	1086.6	548.4	617.9	779.0	979.6	1126.6
其他经常转移	1288.55	1489.6	2389.1	3716.2	3957.8	4529.6	5912.8
2. 转移支出	4119.61	5443.7	6646.6	7619.2	9226.1	11252.0	14263.1
收入税	996.19	1211.1	1417.3	1736.2	2094.0	2453.7	3185.5
社会保险缴款	3088.0	4048.7	4882.9	5780.3	6975.2	8643.2	10812.0
其他经常转移	35.42	183.9	346.3	102.7	156.9	155.1	265.6
3. 转移收入净额	685.18	603.3	307.4	1342.3	911.4	734.6	664.3

资料来源：根据历年《中国统计年鉴》整理。

三、企业部门

表 2 - 11 反映了我国企业部门在国民收入再分配过程中转移收入与转移支出的情况。企业部门是经常转移的净流出方。1994—2007 年，转移收入、转移支出分别从 450.18 亿元、2123.19 亿元增加至 882.9 亿元和 11095.7 亿元，年均分别增长 5.32%、13.56%。转移支出净额从 1673.01 亿元增加到 10212.8 亿元，增长了 5.1 倍，年均递增 1.49 个百分点。转移收入净额为负值，这是区别于政府部门和居民部门再分配收入状况的最大特征，而且转移支出的年均增长率高出转移收入年均增长率 8.25 个百分点，这意味着企业部门在再分配过程中转移支出绝对量大于转移收入，而且净支出规模在逐渐扩大。经常转移支出项目中收入税仅在 1995 年同比下降，其后逐年上升，收入税占转移支出的比重从 1994 年的 36.1% 大幅上升至 2007 年的 79.03%。另外，从细分转移收入来源来看，其中国有企业和主管部门收入先上升再下降，2007 年的绝对量低于 1998 年 14.5 亿（见表 2 - 12）。

表 2 - 11　1994—2007 年企业部门再分配收入与支出

（单位：亿元）

年 项目	1994	1995	1996	1997	1998	1999	2000
1. 转移收入	450.18	449.94	532.08	672.5	608.3	592.7	521.99
其他经常转移	450.18	449.94	532.08	672.5	608.3	592.7	521.99
2. 转移支出	2123.19	2396.22	2961.93	3354.84	3020.26	3568.73	3351.07
收入税	767.01	739.38	1012.51	1032.03	1038.76	1534.08	2023.68
社会补助	87	130.9	79.34	87.31	91	60.54	80.0
其他经常转移	1269.18	1525.94	1870.08	2235.5	1890.5	1974.11	1247.39
3. 转移支出净额	1673.01	1946.28	2429.85	2682.34	2411.96	2976.03	2829.08

年 项目	2001	2002	2003	2004	2005	2006	2007
1. 转移收入	677.3	754.6	859.1	305.6	649.5	726.4	882.9
其他经常转移	677.3	754.6	859.1	305.6	649.5	726.4	882.9
2. 转移支出	3417.72	3636.3	4539.0	4201.9	5562.3	8539.2	11095.7
收入税	2125.93	2588.7	3047.6	3142.5	4363.6	7039.6	8769.5
社会补助	70.05	68.6	48.3	54.4	62.6	71.9	82.7
其他经常转移	1221.74	979.1	1443	1005.0	1136.1	1427.7	2243.4
3. 转移支出净额	2740.42	2881.7	3679.9	3896.3	4912.8	7812.8	10212.8

资料来源：根据历年《中国统计年鉴》整理。

表 2 - 12　1994—2007 年企业部门转移收入

（单位：亿元）

年份	1994	1995	1996	1997	1998	1999	2000
国有企业和主管 部门收入	—	—	—	—	54.67	50.11	59.22

年份	2001	2002	2003	2004	2005	2006	2007
国有企业和主管 部门收入	60	72	52.3	64.12	47.6	44.91	40.16

资料来源：根据《中国财政年鉴 2008》数据整理。

四、再分配格局

首先，可以从各收入主体转移收入净额来考察国民收入再分配格局。表 2-13 显示了国民收入再分配过程中政府、居民、企业三部门转移收入净额的变化情况。可以看出，在再分配过程中，政府部门、居民部门转移收入净增加，与企业部门和国外部门收入净减少是完全对应的。在企业部门和国外部门净转移出去的收入中，居民部门所获得的份额越来越小，由 1994 年的 53.06% 降低到 2007 年的 5.05%，相比之下，政府部门所获得的份额越来越大，由 1994 年的不到一半的水平提高 2007 年的 90% 以上。这表明，国民收入再分配越来越向政府部门倾斜。

表 2-13　1994—2007 年中国国民收入再分配（净额）

项目	年	1994	1995	1996	1997	1998	1999	2000
总量（亿元）	政府部门	839.45	799.27	1111.36	1048.38	573	1391.71	2615.62
	居民部门	948.79	1266.77	1496.28	2059.96	2193.41	1993.56	735.94
	企业部门	-1673.01	-1946.28	-2429.85	-2682.34	-2411.96	-2976.03	-2829.08
	国外部门	-115.23	-119.76	-177.79	-426	-354.45	-409.24	-522.48
结构（%）	政府部门	46.94	38.69	42.62	33.73	20.71	41.11	78.04
	居民部门	53.06	61.31	57.38	66.27	79.29	58.89	21.96
	企业部门 + 国外部门	-100	-100	-100	-100	-100	-100	-100

项目	年	2001	2002	2003	2004	2005	2006	2007
总量（亿元）	政府部门	2758.41	3353.5	4832	4450.1	6080.8	9406	12488.8
	居民部门	685.18	603.3	307.4	1342.3	911.4	734.6	664.3
	企业部门	-2740.42	-2881.7	-3679.9	-3896.3	-4912.8	-7812.8	-10212.8
	国外部门	-703.17	-1075.1	-1459.5	-1896.1	-2079.4	-2327.8	-2940.3

续表

	年 项目	2001	2002	2003	2004	2005	2006	2007
结构 （%）	政府部门	80.10	84.75	94.02	76.83	86.97	92.76	94.95
	居民部门	19.90	15.25	5.98	23.17	13.03	7.24	5.05
	企业部门 + 国外部门	−100	−100	−100	−100	−100	−100	−100

注：负号表示净转移支出。因政府部门和居民部门净增加的收入，正是来自企业和国外部门净减少的收入。按照资金流量表记录规则，同一科目"运用"和"来源"数额相当，但方向相反。此处为示方向区别，保证等式结构平衡，故在"来源"方前加负号强调。

资料来源：根据历年《中国统计年鉴》整理。

其次，对再分配在全部国民收入分配中的地位状况进行考察。表2−14 表明，国民收入再分配的地位从 1994 年以来逐渐上升，但有以下几方面的特点值得注意：第一，各部门转移收入净额占国民收入的比重上升的幅度（5.07% −3.83% =1.24%）远远低于各部门转移收入在国民收入中的比重（14.88% −9.7% =5.18%），各部门转移收入净额的年均增长率（16.59%）略低于各部门转移收入的年均增长率（17.92%），这意味着尽管再分配在国民收入中的地位越来越重要，但各收入主体通过再分配所获的净收益并未保持同步上升。第二，转移收入净额占国民收入的比重维持在 3%—5% 左右，这种相对稳定性掩盖了转移收入净额分配结构向政府部门倾斜的事实（见表2−15）。

表2−14 1994—2007 年转移收入在国民收入中的地位

（单位：亿元）

年 项目	1994	1995	1996	1997	1998	1999	2000
1. 国民收入	46670.12	57494.88	66850.56	73142.02	76967.31	80579.22	88288.62
2. 转移收入	4525.1	5354.13	6632.41	8305.75	8784.29	9166.25	9839.93
（1）政府部门	1936.8	2169.4	2765.35	3294.36	3484.2	4030.46	5199.08
（2）居民部门	2138.12	2734.79	3334.98	4338.89	4691.79	4543.09	4118.86
（3）企业部门	450.18	449.94	532.08	672.5	608.3	592.7	521.99

续表

项目 \ 年	1994	1995	1996	1997	1998	1999	2000
3. 转移收入占国民收入的比重（%）	9.70	9.31	9.92	11.36	11.41	11.38	11.15
4. 转移收入净额	1788.24	2066.04	2607.64	3108.34	2766.41	3385.27	3351.56
（1）政府部门	839.45	799.27	1111.36	1048.38	573	1391.71	2615.62
（2）居民部门	948.79	1266.77	1496.28	2059.96	2193.41	1993.56	735.94
（3）企业部门	—	—	—	—	—	—	—
5. 转移收入净额占国民收入比重（%）	3.83	3.59	3.90	4.25	3.59	4.20	3.80

项目 \ 年	2001	2002	2003	2004	2005	2006	2007
1. 国民收入	95726.93	103936	116742	159857.1	184088.7	213131.8	259258.9
2. 转移收入	11703.64	14657.2	17170.4	19934.1	24223.8	30854.7	38580
（1）政府部门	6221.55	7855.6	9357.3	10667.0	13436.8	18141.7	22769.7
（2）居民部门	4804.79	6047.0	6954.0	8961.5	10137.5	11986.6	14927.4
（3）企业部门	677.3	754.6	859.1	305.6	649.5	726.4	882.9
3. 转移收入占国民收入的比重（%）	12.23	14.10	14.71	12.47	13.16	14.48	14.88
4. 转移收入净额	3443.59	3956.8	5139.4	5792.4	6992.2	10140.6	13153.1
（1）政府部门	2758.41	3353.5	4832	4450.1	6080.8	9406	12488.8
（2）居民部门	685.18	603.3	307.4	1342.3	911.4	734.6	664.3
（3）企业部门	—	—	—	—	—	—	—
5. 转移收入净额占国民收入比重（%）	3.60	3.81	4.40	3.62	3.80	4.76	5.07

资料来源：根据表 2 - 10，表 2 - 11，表 2 - 13 计算。

表 2 - 15 1994—2007 年三部门经常转移收支净额占国民收入的比重

（单位：%）

年份	1994	1995	1996	1997	1998	1999	2000	2001	2002	2003	2004	2005	2006	2007
政府部门	1.80	1.39	1.66	1.43	0.74	1.73	2.96	2.88	3.23	4.14	2.78	3.30	4.41	4.82
居民部门	2.03	2.20	2.24	2.82	2.85	2.47	0.83	0.72	0.58	0.26	0.84	0.50	0.34	0.26
企业部门	3.58	3.39	3.63	3.67	3.13	3.69	3.20	2.86	2.77	3.15	2.44	2.67	3.67	3.94

资料来源：根据表 2 - 14 计算。

总之，再分配在国民收入分配中的地位在波动中缓慢上升，再分配过程向政府部门严重倾斜，是1994—2007年我国国民收入再分配的基本发展趋势。国民收入再分配本是政府调节收入分配，匡正初次分配比例的重要手段，但是，我国目前的国民收入再分配显然并没有充分发挥其调整、匡正初次分配比例，促进社会公正的应有作用，在初次分配出现居民部门收入占比大幅度下降的情况下，并没能通过再分配缓解更不用说扭转这一趋势。

第四节 国民收入最终分配

国民收入最终分配格局是初次分配过程和再分配过程共同作用的结果。各收入主体初次分配收入与再分配收入净值之和构成了其最终分配收入。各收入主体最终分配收入在全部国民收入中的份额及其变化形成了国民收入的最终分配格局。

一、政府部门

政府部门最终分配收入是政府部门初次分配收入与再分配收入净额之和，再分配收入是其转移收入与转移支出之差。从总量规模上看，政府部门最终分配收入经历了一个快速增加的过程，1994—2007年间增长了近6.3倍，年均增长15.25%（见表2-16）。

表2-16 1994—2007年政府部门最终分配收入

（单位：亿元）

项目 \ 年	1994	1995	1996	1997	1998	1999	2000
初次分配收入	7588.4	8705.35	10381.47	11829.72	12983	13654.71	14737.24
再分配收入（净额）	839.45	799.27	1111.36	1048.38	573	1391.71	2615.62
最终分配收入	8427.85	9504.62	11492.83	12878.1	13556	15046.42	17352.86
同比增长率（%）	—	12.78	20.92	12.05	5.26	10.99	15.33

续表

项目 \ 年	2001	2002	2003	2004	2005	2006	2007
初次分配收入	17573.36	18167.1	20991.3	27010.5	32414.5	38928.0	49010.0
再分配收入（净额）	2758.41	3353.5	4832	4450.1	6080.8	9406	12488.8
最终分配收入	20331.77	21520.6	25823.3	31460.6	38495.3	48334	61498.8
同比增长率（%）	17.17	5.85	19.99	21.83	22.36	25.56	27.24

资料来源：根据表2-1、表2-8有关数字计算。

再从同比增长率观察，政府部门最终分配收入年增长率仅在1998年和2002年回落至5%左右，其余年份均保持在两位数以上，而且有6个年份的增长率接近或超过20%。对此的理解有以下三点。

第一，政府部门收入占比在20世纪90年代中后期的缓慢回升，首先是国家对改革开放前15年国民收入分配向居民主体倾斜局面的一种主动"调整"。改革初期，与市场经济相适应的多元化的利益机制在经济体制转型的过程得以不断培育和加强。在农村，随着人民公社制度的瓦解，逐步确立的家庭联产承包责任制，实质上将农业剩余由增量上缴国家，彻底转变为增量归农户个人所有；在城市，"放权让利"式的改革，使仍然在"计划经济身份"——终身雇佣制护佑下的个人获得了相对独立的权利和最大化个人利益的能力。结果，国家向企业放权让利实质上演变为企业向个人"放权让利"。个人利益的扩张和国家利益的削弱，集中表现为财政收入占GDP的比重持续下降，从1978年的31.3%，降至1995年10.3%的奇低水平。政府财力窘迫到一度只能确保必不可少的行政支出等"吃饭"需求。直到1994年分税制体制建立之后，中央预算收支占全部预算收支不断下降的趋势才得到根本扭转。

第二，从2000年开始，政府部门收入占比逐年上升，平均每年递增1.01个百分点，则是"吃饭"需求缓解后，"建设财政"的集中体现。以经济建设为中心，就必须尽可能地多投入建设资金，财政作为其要来源，则尽可能地增加投资支出。2007年，财政收入5.13万亿，与1994年相比年增长了8.8倍，年均增长19.23%，财政收入占GDP的比重达到

20.57%，与1986年的水平相当。财政支出规模也持续扩大，财政支出占GDP的比重从1994年的12.02%增加至2007年的19.95%，接近1986年的水平，14年增长了7.6倍，年均增长17.99%。然而，"建设财政"的出发点是为了经济高增长而尽可能增加政府收入，而不是服务市场。财政成了政府追求政绩，而不是服务市场的工具。"建设财政"不是以服务市场为基点，显然更不是以服务民生为基点的财政。这就解释了，为什么财政改革这么多年，政府的政绩工程仍然屡见不鲜，而教育、医疗、住房、就业、社保等民生问题却越来越尖锐。

表 2 – 17　1994—2007 年财政收支及其占国内生产总值的比重

（单位：亿元）

项目＼年	1994	1995	1996	1997	1998	1999	2000
国内生产总值	48197.9	60793.7	71176.6	78973.0	84402.3	89677.1	99214.6
财政收入	5218.1	6242.2	7407.99	8651.14	9875.95	11444.08	13395.23
财政收入占国内生产总值的比重（%）	10.83	10.27	10.41	10.95	11.70	12.76	13.50
财政支出	5792.62	6823.72	7937.55	9233.56	10798.18	13187.67	15886.5
财政支出占国内生产总值的比重（%）	12.02	11.22	11.15	11.69	12.79	14.71	16.01

项目＼年	2001	2002	2003	2004	2005	2006	2007
国内生产总值	109655.2	120332.7	135822.8	159878.3	183217.4	211923.5	249529.9
财政收入	16386.04	18903.64	21715.25	26396.47	31649.29	38760.20	51321.78
财政收入占国内生产总值的比重（%）	14.94	15.71	15.99	16.51	17.27	18.29	20.57
财政支出	18902.58	22053.15	24649.95	28486.89	33930.28	40422.73	49781.35
财政支出占国内生产总值的比重（%）	17.24	18.33	18.15	17.82	18.52	19.07	19.95

注：本表财政收入不包括国内外债务收入。

资料来源：根据《中国财政年鉴2008》数据整理。

建立社会主义市场经济体制的改革方向确立后，由经济建设型政府向公共服务型政府转型的滞后，政府（特别是地方政府）没有承担起市场经济中政府应当承担的职责，对教育、医疗、保障性住房等公共产品和服务的财力投入严重不足，其结果是民生问题日趋恶化。

第三，宏观税负的提高是阻碍劳动报酬比重改善的重要原因（谢攀、李静，2010）。宏观税负代表着一定时期内一国政府通过税收等形式占有的社会财富总量。从劳动报酬比重与宏观经济税负的关系来看（见图 2 - 2），劳动报酬与宏观经济税负之间呈现出明显的负向关系。在劳动报酬比重下降的同时，29 个省（市）的预算收入占 GDP 比重的平均水平却从 1994 年的 16.20% 跃升至 2007 年的 20.93%。从结构上看，中国政府收入来源可分为预算内、预算外和制度外三大来源。其中，预算收入 = 地方财政决算收入 + 地方财政预算外收入。鉴于目前没有分省（市）的预算外收入统计数据，而预算外收入又与一个地区的生产总值存在一定程度的正向关系，故用（地区生产总值/国内生产总值）作为权重再乘以全国预算外收入，推算宏观税负。

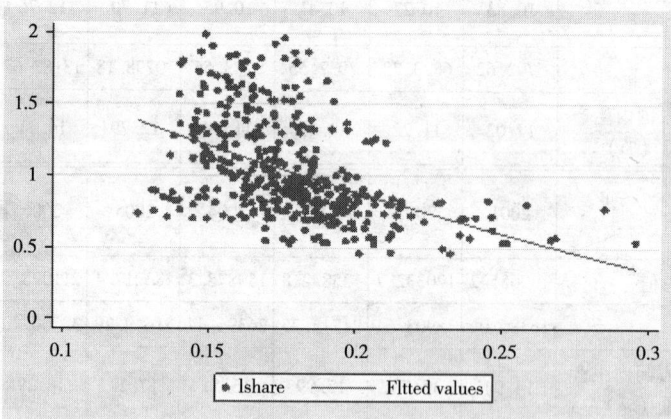

图 2 - 2　劳动报酬比重与宏观经济税负的关系

资料来源：根据《中国国内生产总值核算历史资料》和《中国统计年鉴》计算得出。

大多数研究从产业结构和工业部门进行分析（白重恩等，2008；李稻葵等，2009），忽略了 1994 年前后分税制改革的影响。中央财政决算收入占国家财政决算收入的比重从 1993 年的 22% 突升至 1994 年的 56%，在

2008 年达到 53%。地方财政决算本级支出占国家财政决算本级支出的比重却从 1994 年的 69.7% 上升到 2008 年的 78.7%。在地方政府官员晋升的锦标赛模式激励（周黎安，2008）下，事权与财权的严重不对等，迫使地方政府另辟蹊径，从而导致既不纳入预算内又不纳入预算外管理的制度外收入快速增加。据估算，全国制度外收入大概占到 GDP 的 10% 左右[1]，加上预算收入占到 GDP 的 20% 左右，整个国民经济宏观上税负比重高达 30% 以上。如此高的宏观税负是阻碍劳动报酬比重改善的重要原因。

二、居民部门

居民部门最终分配收入是居民部门初次分配收入与再分配收入净额之和，再分配收入是其转移收入与转移支出之差。表 2-18 显示了居民部门最终分配收入的变化情况。可以看出，在总量规模上，居民部门最终分配收入持续增长，1994—2007 年间增长了 3.89 倍，年均增长 12.98%。再从同比增长率观察，居民部门最终分配收入增长率经历了一个先下降后缓慢回升的过程，2005 年以来，增长率大体保持在 14%—19% 的水平。

表 2-18　1994—2007 年居民部门最终分配收入

（单位：亿元）

年 项目	1994	1995	1996	1997	1998	1999	2000
初次分配收入	29913.22	37224.41	44946.63	48061.36	50495.15	52360.74	56826.77
再分配收入（净额）	948.79	1266.77	1496.28	2059.96	2193.41	1993.56	735.94
最终分配收入	30862.01	38491.18	46442.91	50121.32	52688.56	54354.3	57562.71
同比增长率（%）	—	24.72	20.66	7.92	5.12	3.16	5.90

年 项目	2001	2002	2003	2004	2005	2006	2007
初次分配收入	60814.03	67845	73780.8	92045.6	109698.1	125794.4	150152
再分配收入（净额）	685.18	603.3	307.4	1342.3	911.4	734.6	664.3

---

[1] "制度外收入规模也十分庞大，近 13 年来一直占 GDP 的 10% 以上。"参见刘涵、毕美家：《制度外收入的理论诠释与测算方法改革》，《现代财经》2008 年第 9 期。

续表

项目 \ 年	2001	2002	2003	2004	2005	2006	2007
最终分配收入	61499.21	68448.3	74088.2	93387.9	110609.5	126529	150816.3
同比增长率（%）	6.84	11.30	8.24	26.05	18.44	14.39	19.20

资料来源：根据表2-3、表2-10有关数字计算。

在居民部门整体收入增加的过程中，考虑到我国城乡二元结构，城镇居民内部和农村居民内部收入分配又呈现出怎样的特征呢？

1. 城镇居民内部收入分配

20世纪90年代中期以来，城镇居民收入差距持续扩大。1997年，城镇最高收入组与最低收入组之间的收入比例为4.22倍（见表2-19）。2008年，城镇居民中最高10%收入组和最低10%收入组的人均可支配收入分别为43613.75元和4753.59元，差距扩大到9.17倍。从增长率来看，1997—2008年，城镇居民中最高10%收入组可支配收入年均增长17.46%，高于最低收入组9.72个百分点。从收入来源可以发现，1990—2008年，尽管经营性收入和转移性收入在居民总收入中的比重分别上升了7.04和1.56个百分点，但工薪收入依然是我国城镇居民最主要的收入来源（见图2-3），可见工薪收入差距是城镇居民收入差距扩大的主要原因。

表2-19　1997—2008年分组的城镇居民家庭人均可支配收入

（单位：元）

年份	人均可支配收入							最高/最低倍数
	最低（10%）	低收（10%）	中低（20%）	中等（20%）	较高（20%）	高收（10%）	最高（10%）	
1997	2430.24	3223.37	3966.23	4894.66	6074.17	7460.70	10250.93	4.22
2000	2653.02	3633.51	4623.54	5897.92	7487.37	9434.21	13311.02	5.02
2001	2802.83	3319.70	4946.60	6366.24	8164.22	12662.60	15114.85	5.39
2002	2408.60	3032.11	4931.96	6656.81	8869.51	15459.49	18995.85	7.89
2003	2590.17	3295.38	5377.25	7278.75	9763.37	17471.79	21837.32	8.43

续表

年份	人均可支配收入							最高/最低倍数
	最低（10%）	低收（10%）	中低（20%）	中等（20%）	较高（20%）	高收（10%）	最高（10%）	
2004	2862.39	3642.24	6024.10	8166.54	11050.89	20101.55	25377.17	8.87
2005	3134.88	4017.28	6710.58	9190.05	12603.37	22902.32	28773.11	9.18
2006	3568.73	4567.05	7554.16	10269.70	14049.17	25410.80	31967.34	8.96
2007	4210.06	6504.60	8900.51	12042.32	16385.80	22233.56	36784.51	8.74
2008	4753.59	7363.28	10195.56	13984.23	19254.08	26250.10	43613.75	9.17
年均复合增长率（%）	7.74	9.61	11.06	12.37	13.68	15.00	17.46	

资料来源：根据中经网统计数据库综合年度库整理。

造成工薪收入差距的主要因素有：所在工作单位的类型、工作所在的产业、劳动市场对临时就业者的歧视、受教育程度等等。其中，有的主要是由劳动市场的需求结构决定的，如劳动力在不同工作层次的分配、产业结构等；有的主要是制度因素，如一些行业具有垄断性质等；而有的则主要是自然因素，如工作年数、健康状况。

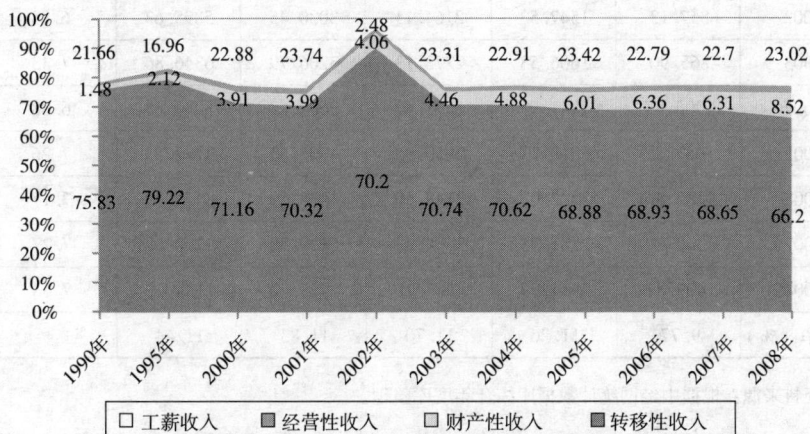

图2-3 1990—2008年中国城镇居民家庭收入结构

资料来源：根据相关年份《中国统计年鉴》整理。

2. 农村居民内部收入分配

由于受到数据可得性的限制，对农村居民内部收入分配的统计从 2002 年开始，当时农村较高收入组与最低收入组之间的纯收入比例为 6.88 倍（见表 2 - 20）。2008 年，农村家庭最高 20% 收入组和最低 20% 收入组的人均可支配收入分别为 11290.2 元和 1499.81 元，差距扩大到 7.53 倍。从增长率来看，2002—2008 年，农村家庭较高 20% 收入组可支配收入年均增长 11.44%，高于最低收入组 1.67 个百分点。对此的理解是，由于低收入农户对农业收入依赖程度更高。在农村中，达不到平均水平的农户人均纯收入主要依赖农业生产。2008 年，农村低收入户人均纯收入来源于家庭经营的比重高达 52.08%，而高收入户这一比重仅有 48.83%；同年，农村低收入户人均纯收入来源于工资性收入的比重仅有 35.25%，而高收入户这一比重高达 40.08%（见图 2 -4、图 2 -5）。

表 2 - 20 　2002—2008 年分组的农村家庭纯收入

（单位：元）

年份	人均纯收入					最高/最低倍数
	最低（20%）	低收（20%）	较低（20%）	中等（20%）	较高（20%）	
2002	857.13	1547.53	2164.11	3030.45	5895.63	6.88
2003	865.90	1606.53	2273.13	3206.79	6346.86	7.33
2004	1006.87	1841.99	2578.49	3607.67	6930.65	6.88
2005	1067.22	2018.31	2850.95	4003.33	7747.35	7.26
2006	1182.46	2222.03	3148.50	4446.59	8474.79	7.17
2007	1346.89	2581.75	3658.83	5129.78	9790.68	7.27
2008	1499.81	2934.99	4203.12	5928.60	11290.2	7.53
增长率（%）	9.77	11.26	11.70	11.83	11.44	

资料来源：根据中经网统计数据库综合年度库整理。

对此的理解是：第一，受农业比较效益偏低和低收入者面向市场，扩大农业生产规模障碍相对较多等不利因素影响，农村低收入者的收入增长更加不稳定且增速慢，低收入农户进入市场困难，自给性农业生产比重高。第二，相对较低收入的农户家庭要素资源对收入的贡献相对较小。农村居民间的收入差异，与他们所拥有的资源状况关系极大，尤其是人力资源状况对收入差异具有决定性的影响。近年来农村中低收入户劳动力中小学、文盲和半文盲的比重高出高收入者近20个百分点。第三，因病致穷也是农村中较为普遍的现象。最后，低收入者劳动力所负担的人口相对较多，而所拥有的生产性固定资产和经营土地面积相对较少，贷款困难，从而抑制其经营性收入的增加。

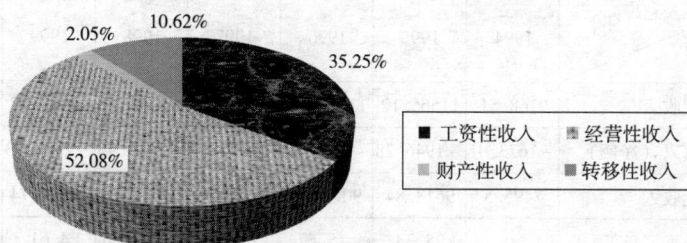

图 2 - 4　2008 年中国农村最低收入家庭收入来源构成

资料来源：根据中经网统计数据库综合年度库计算。

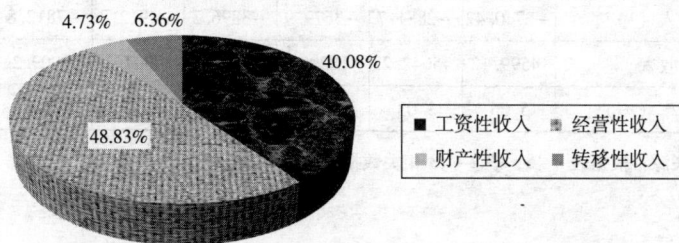

图 2 - 5　2008 年中国农村较高收入家庭收入来源构成

资料来源：根据中经网统计数据库综合年度库计算。

三、企业部门

企业部门最终分配收入是企业部门初次分配与再分配收入净额之和。从表 2 - 21 可以发现，企业部门最终分配收入保持了较快的增速，1994—

2007 年间增长了 5.44 倍，年均增长 15.41%。这表明，随着改革的深入，一部分经历了市场磨练的非公经济企业，盈利能力提升；另一方面，国有经济的战略性调整完成后的国有和国有控股企业掌控国民经济命脉，因行业集中度的提高而获益。但也注意到，企业部门最终分配收入增长率呈现出较大起伏，甚至在 1996 年出现了一次负增长，这说明我国企业的市场竞争力还有待进一步提高。

表 2 - 21　1994—2007 年企业部门最终分配收入

（单位：亿元）

项目 \ 年	1994	1995	1996	1997	1998	1999	2000
初次分配收入	9168.51	11565.12	11522.47	13250.94	13489.32	14563.77	16724.61
再分配收入（净额）	-1673.01	-1946.28	-2429.85	-2682.34	-2411.96	-2976.03	-2829.08
最终分配收入	7495.5	9618.84	9092.62	10568.6	11077.36	11587.74	13895.53
同比增长率（%）		28.33	-5.47	16.23	4.81	4.61	19.92

项目 \ 年	2001	2002	2003	2004	2005	2006	2007
初次分配收入	17339.54	17923.9	21969.9	39076.5	42220.1	47722	58511.2
再分配收入（净额）	-2740.42	-2881.7	-3679.9	-3896.3	-4912.8	-7812.8	-10212.8
最终分配收入	14599.12	15042.2	18290	35180.2	37307.3	39909.2	48298.4
同比增长率（%）	5.06	3.03	21.59	92.35	6.05	6.97	21.02

资料来源：根据表 2 - 5，表 2 - 13 相关数据计算。

四、最终分配格局

国民收入最终分配格局可以从总量和结构两个侧面加以考察。表 2 - 22 描绘了 1994—2007 年我国国民收入最终分配的总量变化状况。不同收入主体的最终分配收入增长过程中的速度特征可以概括为：政府部门、企业部门收入的年均增长速度均高于国民总收入增长速度；居民部门收入年均增长速度则低于国民收入增长速度。具体观察，居民部门最终收入年均增长率分别低于政府部门、企业部门、国民总收入 3.76、2.43、1.11 个百分点。增长速度的落差导致收入分配格局呈现有利于政府部门和企业部门的趋势。

表 2 - 22　1994—2007 年中国国民收入最终分配

（单位：亿元）

年 项目	1994	1995	1996	1997	1998	1999	2000
国民收入	46670.12	57494.88	66850.56	73142.02	76967.31	80579.22	88288.62
政府部门	8427.85	9504.62	11492.83	12878.1	13556	15046.42	17352.86
居民部门	30862.01	38491.18	46442.91	50121.32	52688.56	54354.3	57562.71
企业部门	7495.5	9618.84	9092.62	10568.6	11077.36	11587.74	13895.53
国外部门＊	- 115.24	- 119.76	- 177.8	- 426	- 354.61	- 409.24	- 522.48

年 项目	2001	2002	2003	2004	2005	2006	2007
国民收入	95726.93	103936	116742	159857.1	184088.7	213131.8	259258.9
政府部门	20331.77	21520.6	25823.3	32915.1	38251.3	49021.4	63084.5
居民部门	61499.21	68448.3	74088.2	93387.9	110609.5	126529	150816.3
企业部门	14599.12	15042.2	18290	35180.2	37307.3	39909.2	48298.4
国外部门＊	- 703.17	- 1075.1	- 1459.5	- 1626.1	- 2079.4	- 2327.8	- 2940.3

注：表中负号表示来自国外的净要素收入。

资料来源：根据表 2 - 14、表 2 - 16、表 2 - 21 有关数字计算。

对国民收入最终分配结构最鲜明的表达方式是不同部门最终分配收入占国民总收入的比重状况。1994—2007 年间国民收入最终分配结果如图 2 - 6 所示：

第一，政府部门最终分配收入占比上升。政府部门最终分配收入占比由 18.01％升至 24.06％，增加了 6.05 个百分点。期初，政府部门收入占比先下探至 16.5％，此后一路上升，2001 年时一跃超过 20％，并维持在 20％以上，而且近两年仍在上升。

第二，企业部门最终分配收入占比起伏较大。企业部门最终分配收入占比先由 16.02％降至 14.31％，2000 年回升至 15.65％，四年后达到峰值

21.79%，此后略有降低但保持在 18% 以上。

第三，与政府部门、企业部门的趋势相反，居民部门最终分配收入占比大幅下降。1994—2002 年，居民部门最终分配收入占国民收入的比重先上升再下降，保持在 64%—68% 之间。此后居民收入占比逐年下降，从 2003 年的 62.68% 降至 2007 年的 57.52%。1994—2007 年累计降低了 8.45 个百分点，平均每年下降 0.6 个百分点。可以说，居民部门收入的大幅下降是这十几年来我国国民收入分配结构演变过程中一个最显著的特征。这一特征与居民部门最终分配收入占国民收入的比重持续上升（郭树清、韩文秀，1991）的 1979—1988 年形成鲜明的对比。

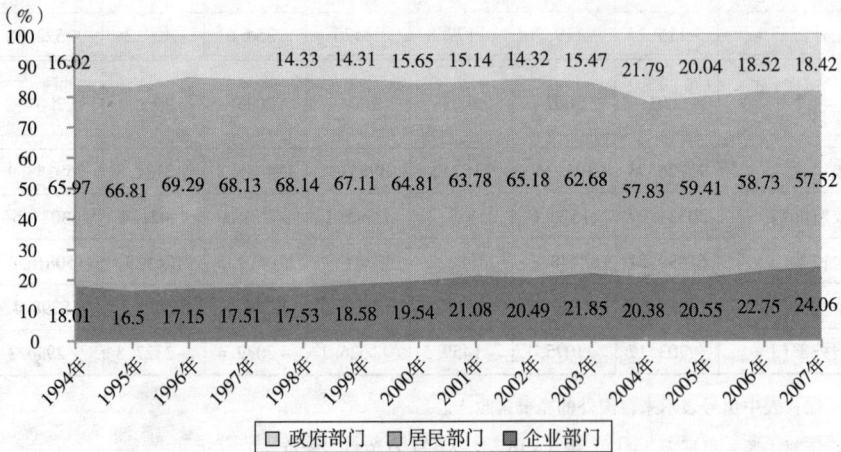

图 2-6　1994—2007 年中国国民收入最终分配结构

资料来源：根据表 2-22 有关数字计算。

第五节　总　结

1994—2007 年，国民收入初次分配中，企业部门和政府部门收入占比双双上升，居民部门收入占比迅速下降。十几年间居民部门收入占初次分配总收入的比重下降了 6.18 个百分点,平均每年下降 0.44 个百分点。城镇居民收入差距持续扩大,农村低收入家庭对农业收入依赖程度较高。再分配在国民收入分配中的地位在波动中缓慢上升,再分配过程向政府部门倾斜。居民部门在企业部门和国外部门净转移出去的收入中所获得的比重越来越小,由 1994 年的 53.06% 下降到 2007 年的 5.05%,相比之下,政府部门所获得的比重越来越大,由 1994 年的不到一半的水平提高 2007 年的 90% 以上。

初次分配和再分配之后,国民收入最终分配呈现出:政府部门、企业部门收入的年均增长速度均高于国民收入增长速度;居民部门收入年均增长速度则低于国民收入增长速度的显著特征。政府部门收入占比的缓慢回升,一方面是对改革开放前 15 年利益分配向个别利益主体倾斜局面的一种调整,也是"吃饭"需求缓解后,政府职能未及时转向公共服务的体制背景下,"建设财政"需求的集中体现。

参考文献

[1] 白重恩、钱震杰:《国民收入的要素分配:统计数据背后的故事》,《经济研究》2009 年第 3 期。

[2] 厦门大学中国宏观经济季度模型(CQMM)课题组:《中国宏观经济预测与分析——2011 年春季报告》,2011 年 2 月 26 日。

[3] 罗长远、张军:《经济发展中的劳动收入占比——基于中国产业数据的实证研究》,《中国社会科学》2009 年第 4 期。

[4] 黄先海、徐圣:《中国劳动收入比重下降成因分析——基于劳动节约技术进步的视角》,《经济研究》2009 年第 7 期。

[5] 李稻葵、刘霖林、王红领:《GDP 中劳动份额演变的 U 型规律》,《经济研究》2009 年第 1 期。

[6] 郭树清、韩文秀:《中国 GNP 的分配和使用》,中国人民大学出版社 1991 年版。

[7] 龚敏、李文溥:《论扩大内需政策与转变经济增长方式》,《东南学术》2009 年第 1 期。

［8］ 谢攀、李静：《宏观税负与中国劳动报酬份额——基于省级面板数据的研究》，《国际商务》2010 年第 5 期。

［9］ 刘涵、毕美家：《制度外收入的理论诠释与测算方法改革》，《现代财经》2008 年第 9 期。

第三章 经济发展与国民收入分配
格局变化：国际比较[①]

考察国民收人分配格局是否合理，既需要做纵向梳理，也需要做横向比较。本章选取若干可比性强的市场经济国家作为样本，探寻其经济发展过程中收入分配格局的演变特征；并以之为参照系，对我国国民收入分配格局的演变轨迹进行国际分析比较。

第一节　样本国家现阶段国民收入分配特征

一、样本国家的选取

基于数据的可得性，我们选择美国、日本、巴西等国作为比较的样本国家。选取它们的原因是：第一，美国的经济社会发展综合实力位居世界前列，具有先行者特征。与北欧的福利国家相比，美国是发达国家中收入分配不平等程度较大的国家，具有典型性。第二，日本作为东亚近邻，曾长期是工业化国家中储蓄率最高的国家，20 世纪 50 年代末开始的经济高速成长，持续了二十余年，为正在迅速发展的中国提供了借鉴和参考。此外，日本是发达国家中收入分配不平等程度较低的国家之一。第三，巴西作为阿根廷、墨西哥、委内瑞拉等南美诸国的代表，在第二次世界大战后至 20 世

---

① 本章作者：谢攀。

纪80年代迅速发展，之后长期停滞不前，而且收入差距一度扩大。分析其陷入"中等收入陷阱"的原因，对我国全面建设小康社会具有警示意义。

二、测算说明

由于雇主混合收入和自给劳动者混合收入的特殊属性，将其简单归入企业部门收入或居民部门收入都不大恰当。因此，为了增强可比性，在对我国居民部门收入的具体处理方式上，参照美国、日本等国家的做法，首先将我国居民部门中收入项下的劳动报酬分解为三个部分，然后将分解后的雇员收入并入劳动报酬项下，将雇主混合收入和农业自给劳动者混合收入以业主收入名称单独列示，调整成与美国、日本基本协调的口径。

具体估算过程是：第一步，用《中国统计年鉴2008》中2007年农村居民家庭人均年纯收入①乘以该年度农村平均人口数，估算出2007年农业自给劳动者混合收入。第二步，根据《中国经济普查年鉴2004》的个体经营户经营情况，得到2004年个体经济雇员报酬，并以2004—2007年"其他"类型就业人员平均劳动报酬的年均增长率②，估算得到2007年个体经济雇员报酬总额。第三步，以2007年资金流量表中居民部门来源项下劳动报酬总额扣减估算的农业自给劳动者混合收入、个体经济雇员报酬总额，推算出2007年个体经济雇主混合总收入。

三、初次分配

1. 初次分配调整计算的结果

将2007年中国、日本、美国等国民收入初次分配资料按照统一口径

---

① 纯收入是指农村居民当年从各个来源得到的总收入相应地扣除所发生的费用后的收入总和。计算方法：

纯收入＝总收入－税费支出－家庭经营费用支出－生产性固定资产折旧－赠送农村亲友支出。纯收入主要用于再生产投入和当年生活消费支出，也可用于储蓄和各种非义务性支出。"农民人均纯收入"按人口平均的纯收入水平，反映的是一个地区或一个农户农村居民的平均收入水平。（中国国家统计局，2009）

② 由于我国对个体经济的统计资料很不完善，个体经济雇员报酬总额仅在《经济普查年鉴2004》有列示，故为了得到2007年的个体经济雇员报酬总额，在此以《中国统计年鉴2008》的各地区按登记注册类型分城镇单位就业人员平均劳动报酬中"其他"类型平均劳动报酬增长率作为个体经济雇员报酬总额增长率的近似。

重新测算，三国调整后的雇员劳动报酬、业主混合收入①、政府部门生产
税净额、企业部门营业盈余和固定资产折旧在 GDP 中的构成如表 3 - 1
所示。

表 3 - 1　2007 年中国、美国、日本初次分配收入占 GDP 的比重

（单位:%）

项　目	国家		
	中国	美国	日本
1. 居民劳动和经营收入	56. 91 *	63. 37	58. 49
（1）雇员劳动报酬	42. 09 *	51. 75	51. 31
其中：政府	6. 21	8. 78	—
（2）业主混合收入	14. 82 *	11. 62	7. 18
其中：农业	10. 93 *	0. 3	—
2. 政府生产税净额	14. 81	6. 92	7. 83
3. 企业部门营业盈余及全社会固定资产折旧	28. 28	29. 71	33. 68
其中：（1）营业盈余	14. 12 *	17. 11	12. 53
（2）固定资产折旧	14. 16	12. 6	21. 15

资料来源：①标 * 数据根据《中国统计年鉴 2008》、《中国经济普查年鉴 2004》推算得出；②美国数据系作者根据美国商务部经济分析局网站（http：//www. bea. gov/）有关数据计算而得；③日本数据系作者根据日本总务省统计局网站（http://www. stat. go. jp/english/data/nenkan/）《日本统计年鉴 2009》等有关数据计算而得。

2. 初次分配的特征

表 3 - 1 反映了目前中国、美国、日本等三国居民劳动与经营收入、政府生产税净额以及企业部门营业盈余及全社会固定资产折旧所占的比重。与我国相比，比较样本国家初次分配特征主要表现为以下三个方面。

第一，样本国家的国民收入分配格局呈现的"两高一低"与中国的"两低一高"反差明显。美国、日本两国居民劳动和经营收入占比较高，

---

① 国内统计时，企业部门的国民经济初次分配收入具体包含两部分：固定资产折旧和营业盈余，而国际口径则划分为营业盈余和混合收入两部分。其中，混合收入指居民所拥有的非公司组织形式的企业形成的营业盈余。

企业收入占比较高，政府生产税净额占比较小。这反映出典型的小政府大社会的构架。相比而言，当前我国居民劳动和经营收入占比较低，企业收入占比较低，政府生产税净额占比较高，业主收入占比较高，具有大政府小社会的特征。

第二，美国、日本的税制结构以直接税为主，而我国以间接税为主，政府收入占 GDP 的比重在初次分配环节较高。2007 年，我国政府间接税收入占 GDP 的比重为 14.2%，但生产税净额占比分别为美国的 2.1 倍、日本的 1.9 倍。

第三，无论是非农业主收入与雇员收入之比，还是非农业主收入与非政府雇员收入之比，美国、日本的相对比重均高于我国（见表 3 - 2）。这说明，现阶段我国生产组织方式中非企业组织比重依然较高，现代工业化程度与美国、日本还存在一定差距。

表 3 - 2　2007 年中国、美国、日本业主收入与雇员收入比较

项　目	国家		
	中国	美国	日本
非农业主收入与全部雇员收入之比	1：10.9	1：4.57	1：7.15
非农业主收入与非政府雇员收入之比	1：9.22	1：3.80	—

资料来源：根据表 3 - 1 计算得出。

四、再次分配

1. 再分配计算结果

根据支出的性质，此处将我国政府总支出界定为一般预算支出、预算外资金支出两项之和。当前，美国、日本和中国政府转移支出规模占其政府总支出和 GDP 的比重如下所示。

表 3 - 3　2007 年中国、美国、日本政府总支出及再分配支出

（单位:%）

项　目	国家		
	中国	美国	日本
政府总支出占 GDP 的比重	21.7	31.5	34.4
再分配支出占政府总支出比重	18.4	39.4	60.1
再分配支出占 GDP 比重	4	12.4	20.7

资料来源：根据《中国统计年鉴 2008》、美国商务部经济分析局网站数据库、《日本统计年鉴 2009》整理得出。

2. 再分配的特征

从表 3 - 3 来看，在政府总支出中，美国约 40%、日本 60% 都用于转移支付项目。从再分配支出占 GDP 的比重来看，美国、日本的政府再分配支出比重为 12.4% 和 20.7%，分别是中国的 3.1 倍和 5.2 倍。无论再分配支出占政府总支出的比重，还是从再分配支出占 GDP 的比重，美国、日本的政府再分配支出相对规模都要远远高于我国。我国政府再分配支出比重显著低于美国、日本两国的主要原因有以下三点：一是政府总支出较小，制约了再分配支出规模扩大。2007 年我国政府总支出占 GDP 的比重分别低于美国、日本 9.8 和 12.7 个百分点；二是我国政府"建设型财政"的支出导向，制约了再分配支出结构向民生领域的倾斜。按功能性质分类，从国家财政各项支出占财政总支出的比重来看（见图 3 - 1），2009 年，交通运输等支出占 6.09%，医疗卫生、社会保障和就业支出占 15.2%，比 2007 年分别增长了 2.24 个百分点和 0.26 个百分点。教育、科技、文体传媒支出占 19.1%，却比 2007 年下降了 0.59 个百分点。对交通运输等基础设施的支出大幅提高，但是，属于民生支出的占比却没有显著增加①；三

---

①　所谓"民生"，狭义地指的是"人民的生计"或"人民的生活或人民维持生活的办法"（《现代汉语词典》，1997）。在 2007 年的中共十七大报告中，民生内容包含教育、就业、收入分配、社会保障、基本医疗卫生、社会管理等；在 2008 年的政府工作报告中，民生内容包含教育、卫生、就业、社会保障、居民收入和消费、社会管理、住房保障以及人口和计划生育等；在 2008 年的政府预算报告中，民生支出包含教育、医疗卫生、社会保障、就业、廉租住房、文化、环境保护和生态建设以及公共服务和公共安全等。这表明，对民生支出范围目前尚无一致的界定。考虑到 2007 年前后国家财政按功能性质分类支出统计口径的调整，为了保持数据可比性，此处将医疗卫生、社会保障和就业、教育、科技、文体传媒等支出视为民生支出。

是美日的情形与其人口结构有关。美国早在 20 世纪 40 年代就已进入老龄化社会，但由于其较高的生育率，特别是持续吸纳了大量青壮年移民，一定程度上缓解了人口老龄化的进程。不过，日本人口结构失衡比较严重。由于生育率和死亡率持续下降，老龄化问题日趋加深，并直接导致社会保障压力增大，社保基金的收入和支出甚至出现不平衡。从 1990 年到 2007 年，日本政府社会保障支出占国内生产总值的比重从 11.3% 上升至 18.7%，社会保障支出增长的部分基本上由政府发行中长期债券来弥补，转嫁给了下一代。

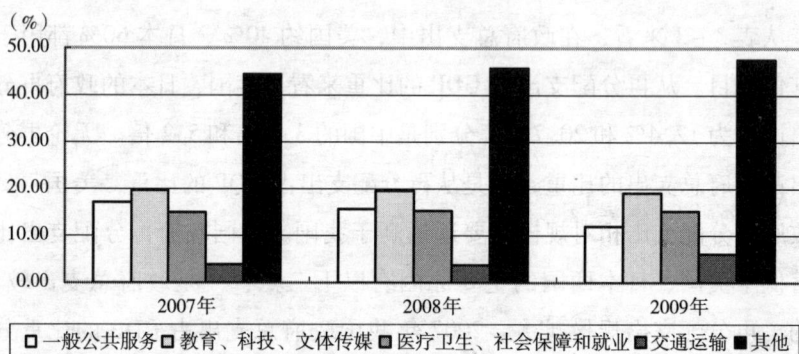

图 3-1　2007—2009 年中国财政支出构成

资料来源：CEIC 中国经济数据库（http：//www.ceicdata.com）。

五、最终分配

1. 最终分配计算结果

通过经常转移项目收支调整后，中国、美国、日本三国的居民部门、政府部门以及企业部门可支配收入占全国可支配总收入的比重如表 3-4 所示。

表 3 - 4   2007 年中国、美国、日本政府、居民、企业可支配收入比重

（单位:%）

项　目	国家		
	中国	美国	日本
1. 居民可支配收入	57.52	72.5	62.59
2. 政府可支配收入	24.06	13.78	15.0
3. 企业可支配收入及固定资产折旧	18.42	13.72	22.41
其中：（1）企业可支配收入	4.26	1.15	1.66
（2）固定资产折旧	14.16	12.57	20.75

资料来源：根据《中国统计年鉴 2008》、美国商务部经济分析局网站数据库、《日本统计年鉴2009》整理得出。

2. 最终分配格局比较

当前，美国、日本最终分配格局呈现出以下两个鲜明特点：第一，居民部门可支配收入占可支配总收入的比重较大，政府部门占比较小。第二，与初次分配格局相比，通过再分配，美国、日本两国居民部门收入占可支配总收入的比重都有明显提高，这表明再分配收入主要向居民部门倾斜。

横向比较进一步发现，虽然居民均是三国可支配收入占比最大的群体，但企业部门、政府部门的境况则迥然不同。日本企业部门再分配占比远高于政府部门，美国企业部门与政府部门平分秋色。这一方面与 2007 年"次贷危机"引发的金融海啸导致美国企业盈利下降有关；另一方面也是政府积极削减赤字，主动控制运营成本的结果。我国政府部门可支配收入占比显著高于企业部门，居民可支配收入占比低于美国、日本。这折射出国内企业承载的税费负担着实不轻，在流转税为主的税制结构下，税负进一步转嫁至居民，从而挤压了居民可支配收入的增长。另外，"投资驱动、出口拉动"的增长模式下，投资决策更多由政府部门或国有部门主导，也制约了投资效率提高。

第二节　样本国家相近发展阶段的
国民收入分配特征

一、相近发展阶段

中共十七大报告将实现人均国内生产总值到 2020 年比 2000 年翻两番确立为我国全面建设小康社会的重要目标。据此，与比较样本国家相近发展阶段进行比较的思路是：首先确定 2000 年我国人均 GDP 数值（现价美元），并以此为起点；其次，将我国 2000 年 GDP 数值 4 倍，作为达到全面建设小康社会的目标；最后，以某年不变价美元为标准，倒推确定比较样本国家人均 GDP 所对应的阶段。这一方法既考虑到了国家横向间的可比性，同时以某年不变价美元为基准，也剔除了货币内在价值变化的影响。

目前，不同货币单位的换算主要有两类方法：第一类，按照官方汇率法（Offical Exchange Rate）折算。国家统计局修订后的 2000 年中国人均 GDP 为 7858 元①（现价），修订后数据比修订前高出 11.02%，按当年汇率折算为约 949 美元。如果 2020 年实现翻两番，那么到时候人均 GDP 应该达到 3796 美元左右。据此，以人均 GDP 指标作为参考，将比较样本国家相近发展阶段划定为：以现价美元和当期官方汇率换算得出的人均 GDP 949—3796 美元。第二类，按照购买力平价法（Purchasing Power Parity, PPP），根据世界银行统计数据，2000 年中国 PPP 法人均 GDP 3976 国际元②，翻两番即为 15904 国际元，从而我国全面建设小康社会阶段对应的

---

① 资料来源：《中国统计年鉴 2001》、《中国统计年鉴 2006》。

② 资料来源：《国际统计年鉴 2002》。国际元，又称吉尔里—哈米斯元（Geary-Khamis dollar），在特定时间与美元有相同购买力的假设通货单位。1990 年或 2000 年常用作基准，与其他年份作比较。国际元由罗伊·C. 吉尔里于 1958 年提出，萨利姆·汉纳·哈米斯于 1970—1972 年发展而成。

PPP 法人均 GDP 区间为 3976—15904 国际元。另外，根据 Maddison（2009），2000 年中国 PPP 法人均国内生产总值 3421 国际元（1990 为不变价）①，翻两番即为 13684 国际元，从而我国全面建设小康社会阶段对应的 PPP 法人均 GDP 区间为 3421—13684 国际元。

用当期汇率法测算，美国现价人均 GDP 分别在 1942 年和 1962 年超过 1000 美元和 3000 美元，而用购买力平价法，美国在 20 世纪 50 年代中期人均 GDP 超过 15000 美元。不同测算方法划定的相近发展阶段也不尽相同（见表 3 - 5），鉴于购买力平价法避免了由于汇率换算和相对价格差异所造成的影响，而且本章涉及大量的横向比较，综合考虑后，拟以购买力平价法为基础，确定比较样本国家与我国全面建设小康社会阶段相对应的发展阶段。综合考虑以上因素，确定美国 20 世纪初至 20 世纪中叶对应我国"全面建设小康"阶段。按照同样的方法，可推断日本、巴西等比较样本国家对应我国全面建设小康社会的历史阶段。

表 3 - 5　汇率法与购买力平价法测算的比较样本国家相近发展阶段

国家	汇率法（现价）①	汇率法（现价）②	PPP 法（2003 年不变价）③	PPP 法（1990 年不变价）④
	(949—3796 美元)		(3976—15904 国际元)	(3421—13684 国际元)
美国	1942—1962 年	1942—1964 年	1915—1955 年	1891—1966 年
日本	1966—1973 年	1966—1973 年	1955—1973 年	1959—1981 年
巴西	1975—1990 年	1974—1995 年	1972—	1972—

资料来源：①United Nations Statistics Division, *National Accounts Main Aggregates Database*, http://unstats. un. org /unsd；②*World Development Indicators & Global Development Finance*, The World Bank, 19 April, 2010；③世界银行统计数据，源自《国际统计年鉴 2005》，中国统计出版社；④根据 Angus Maddision, 2009, *Statistics on World Population*, *GDP*, *Per capita GDP*, 1 - 2008 AD。

二、要素收入分配格局

1. 美国相近发展阶段要素收入结构变动

从表 3 - 6 可以发现，1929—1965 年美国雇员劳动报酬比重显著上升，

---

① Angus Maddision, 2009, *Statistics on World Population*, *GDP*, *Per capita GDP*, 1 - 2008 AD.

经营性及财产性收入占比明显下降。生产税净额占比先上升后下降，1946年后趋于平稳，保持在7%—8%之间。

表3-6 1929—1965年美国要素收入占国内生产总值比重

（单位:%）

年份	雇员报酬比重	经营及财产收入比重	生产税净额比重	年份	雇员报酬比重	经营及财产收入比重	生产税净额比重
1929	49.71	34.53	6.61	1948	52.61	29.77	7.19
1930	51.20	31.22	7.64	1949	53.43	28.00	7.76
1931	52.58	27.34	8.72	1950	53.08	29.21	7.66
1932	53.25	22.77	11.13	1951	54.04	28.89	7.18
1933	52.95	22.00	12.16	1952	55.17	27.28	7.51
1934	52.29	25.00	10.98	1953	56.01	26.22	7.73
1935	50.88	28.71	10.20	1954	55.46	26.27	7.69
1936	51.94	28.45	10.05	1955	54.77	27.36	7.69
1937	52.23	28.84	9.47	1956	55.69	26.02	7.72
1938	52.69	26.81	9.95	1957	55.87	25.50	7.79
1939	52.92	27.83	9.24	1958	55.68	25.25	7.89
1940	52.04	29.51	9.17	1959	55.54	25.88	7.90
1941	51.27	31.65	8.54	1960	56.25	24.81	8.25
1942	52.40	32.49	6.82	1961	56.01	25.09	8.25
1943	54.69	31.19	5.99	1962	55.90	25.58	8.22
1944	55.85	29.33	5.89	1963	55.83	25.59	8.28
1945	56.25	27.69	6.43	1964	55.93	25.81	8.24
1946	54.14	28.27	7.06	1965	55.68	26.43	8.06
1947	53.74	27.95	7.40				

资料来源：根据美国商务部经济分析局网站数据库有关数据计算。

后工业化时期服务业的发展是美国雇员报酬比重上升的重要原因。20世纪的科技革命加快了美国产业变革，以信息业、金融保险房地产和租赁业、专业化和商务服务业为代表的生产性服务业蓬勃发展，其增加值占

GDP 的比重在 20 世纪 80 年代末期就已升至 30.3%。产业结构的优化和升级，进一步推动了就业结构的巨大变化，生产性服务业从业人员占全部从业人员的比重从 1920 年的 2.8% 增至 1991 年的 14.0%，结果促使 1965 年美国农业业主收入占比较 1929 年下降了约 4 个百分点，而同期非农产业雇员报酬比重仅下降不足 1 个百分点。

2. 日本相近发展阶段要素收入结构变动

从表 3-7 可以发现，1955—1975 年日本雇员劳动报酬比重上升了 16.83 个百分点，经营性及财产性收入占比则大幅下降。与美国相似，服务业的发展带来产业结构变化也是日本在相近发展阶段要素收入结构变动的重要原因。其中，生产性服务业从业人员占全部从业人员的比重从 1920 年的 0.8% 上升至 1990 年的 9.6%。更重要的是，20 世纪 60 年代，日本随着充实社会资本、产业结构高级化、促进贸易、振兴科技、减税、增加教育医疗支出等一系列"国民收入倍增计划"的实施，在增加就业的同时，推动了国民收入水平的快速提升，国内生产总值和国民收入的实际年平均增长率达到 11.6% 和 11.5%，超过计划设定的目标。

表 3-7　1955—1975 年日本的要素收入构成

（单位:%）

年份	雇员报酬比重	营业盈余及财产性收入比重	个体业主经营收入比重	农业主收入比重
1955	50.49	49.51	39.95	23.90
1956	51.88	48.12	37.71	19.92
1957	50.52	49.48	35.03	15.94
1958	53.52	46.48	32.65	14.71
1959	52.78	47.22	31.68	13.64
1960	49.93	50.07	29.97	11.90
1961	48.97	51.03	30.23	10.43
1962	51.99	48.01	28.73	10.27
1963	52.55	47.45	28.57	9.09
1964	53.04	46.96	27.90	8.49

年份	雇员报酬比重	营业盈余及财产性 收入比重	个体业主经营 收入比重	农业主收入 比重
1965	55.43	44.57	27.19	8.29
1966	55.03	44.97	25.68	8.06
1967	53.41	46.59	24.24	8.12
1968	52.73	47.27	24.65	7.06
1969	52.80	47.20	22.95	5.86
1970	53.78	46.22	20.86	4.98
1971	58.40	41.60	19.34	4.05
1972	59.02	40.98	19.12	4.12
1973	60.11	39.89	19.28	4.30
1974	64.05	35.95	17.76	3.96
1975	67.32	32.68	16.60	4.21

资料来源：张小平、王迎春：《转型期我国收入分配问题研究》，科学出版社 2009 年版，第 137 页。

3. 巴西收入分配状况

对巴西收入分配状况的考察，可以发现以下两个特点：第一，20 世纪 70 至 90 年代，巴西居民收入分化十分严重。居民家庭收入基尼系数一直在 0.6 以上。据官方统计，巴西占总人口 10% 的高收入阶层的收入在总收入中的比重：1960 年为 39.6%，80 年代接近 50%，90 年代初为 53.2%。而占总人口 10% 的赤贫者仅得到社会总收入的 0.6%。第二，20 世纪 90 年代以来，巴西收入差距有所缩小。1994 年，巴西政府开始实施"雷亚尔计划"，该计划主要目标是控制通货膨胀、稳定和发展经济、改善社会和经济发展的不平衡局面。从此，巴西宏观经济相对稳定，低收入人群的收入显著提高，收入不平等度得到改善，贫困人口显著下降。

表 3 – 8　1970—1995 年巴西家庭收入不平等状况

年份	1970	1976	1980	1988	1990	1995
基尼系数	0.63	0.63	0.62	0.63	0.62	0.59

资料来源：Fernando de Holanda Barbosa，"Economic development：the Brazil experience"，Hosono，Neantro，*Development Strategies in East Asia and Latin America*，New York：St. Martin's Press，1998.

与美国、日本等发达国家相比，巴西、阿根廷等经济体陷入"中等收入陷阱"的主要原因在于：一是经济发展中进口替代工业化进程具有鲜明的资本密集型特征。资本密集型的工业化发展模式对劳动力尤其是简单劳动力的需求大大低于劳动密集型工业模式。这种模式一方面限制了工业充分吸收农业剩余劳动力，另一方面工业劳动人口比重偏低，降低了这部分人口对服务业产品需求，也限制了农业人口向服务业的转移，造成农业人口比重偏大，较多劳动力无法获得较高劳动报酬的局面。二是体制变革严重滞后。在拉美国家，体制变革受到利益集团羁绊，严重滞后于经济发展，精英集团的"现代传统主义"片面追求经济增长和财富积累，反对在社会结构、价值观念和权力分配等领域进行变革，或者把这种变革减少到最低限度。经济财富过度集中，利益集团势力过于强大，造成寻租、投机和腐败现象蔓延，市场配置资源的功能受到严重扭曲。三是过早开放资本项目和不成熟的金融自由化增加了金融风险，导致了大量短期资本为主导的外资（债券、间接投资、商业银行贷款）流入，加剧了地区经济体系脆弱性，导致金融危机濒发。四是盲目追求"大城市化"，奉行"城市化等同于现代化"理念，导致城市贫困化和边缘化相伴而生。在工业化阶段，拉美国家不顾经济发展水平和社会发展承受力的限制，加速推进城市化进程，导致一些中心城市人口数量在短期内迅猛增加，由于缺乏相应的就业、住房、教育和医疗等配套措施，大量进城农民沦为城市贫民和流浪人口，形成城市边缘地带，城市化进程与现代化进程明显脱节。五是忽视农民利益，导致农民运动高涨，政局不稳。拉美国家在土地改革和城市化进程中，草率处理土地问题。大量土地集中在少数人手中，无地农民大规模地涌入城市，农业人口大量流失，农业发展滞后，农民生活条件改善缓慢，农民运动持续高涨。

三、国民收入分配格局

1. 美国国民收入分配格局变化特征

1929—1965 年，初次分配后美国国民收入分配格局的特征可以概括为"两升一降"。1965 年，政府部门和企业部门初次分配收入占比分别比 1929 年上升了 2.86 和 2.72 个百分点，居民部门相应下降了 5.58 个百分点（见表 3 - 9）。

在国民收入再分配过程中，美国政府部门是再分配收入的净流入方。1929—1965 年，再分配收入净额占国民总收入比重从 2.42% 增至 11.09%，上升了 8.67 个百分点。企业部门是再分配收入的净支出方。企业部门经常性转移收入几乎可以忽略，其再分配支出占国内收入比重从 1929 年的 1.16% 上升至 1965 年的 5.03%。居民部门也是再分配收入的净支出方，再分配净支出额占国民总收入比重从 0.58% 增至 6.25%，升高了 5.67 个百分点（见表 3 - 10）。

表 3 - 9 1929—1965 年美国国民收入初次分配、最终分配结构

（单位:%）

年份	初次分配			最终分配		
	政府	企业	居民	政府	企业	居民
1929	6.18	12.74	81.08	8.59	10.91	80.50
1930	7.24	10.31	82.46	9.10	8.88	82.02
1935	9.55	10.64	79.81	10.50	8.59	80.90
1940	8.48	14.89	76.63	12.62	11.64	75.74
1945	9.50	13.67	76.83	23.26	8.47	68.27
1950	8.17	16.78	75.05	18.11	10.38	71.51
1955	8.65	16.73	74.61	20.61	11.11	68.27
1960	9.21	14.38	76.41	20.88	9.71	69.41
1965	9.04	15.46	75.50	20.12	10.62	69.25

注：国民收入指国民净收入，不包括固定资产折旧。
资料来源：根据美国商务部经济分析局网站数据库有关数据计算。

表 3 – 10 1929—1965 年美国民收入再分配状况

年份	政府				企业		居民			
	再分配收入		再分配支出		再分配支出		再分配收入		再分配支出	
	金额(十亿美元)	比重(%)	金额(十亿美元)	比重(%)	金额(十亿美元)	比重(%)	金额(十亿美元)	比重(%)	金额(十亿美元)	比重(%)
1929	3.3	3.19	0.8	0.77	1.9	1.16	1.2	1.16	1.8	1.74
1930	2.6	2.85	0.9	0.99	1.3	1.43	1.3	1.43	1.7	1.86
1935	2.3	3.14	1.6	2.18	2	2.73	2	2.73	1.2	1.64
1940	6.6	6.51	2.4	2.37	2.7	2.66	2.7	2.66	3.6	3.55
1945	35.8	16.05	5.1	2.29	5.6	2.51	5.6	2.51	24.7	11.07
1950	42.6	14.50	13.4	4.56	14	4.77	14	4.77	24.4	8.30
1955	64.4	15.53	14.8	3.57	15.7	3.78	15.7	3.78	42	10.13
1960	85.8	16.30	24.4	4.64	25.7	4.88	25.7	4.88	62.5	11.87
1965	113.6	15.80	33.9	4.71	36.2	5.03	36.2	5.03	81.1	11.28

注：比重是指占国民总收入的比重。
资料来源：根据美国商务部经济分析局网站数据库有关数据计算。

2. 日本国民收入分配格局变化特征

日本国民收入初次分配呈现出居民部门所得份额最大，企业部门次之，政府部门最小的格局（见表 3 – 11）。1955—1975 年，居民部门、企业部门、政府部门初次分配总所得在国民收入中所占比重的年均值分别为81.78%、10.22% 和 8%。就国民收入初次分配格局的变化趋势而言，政府部门初次分配所得占国民收入的比重逐渐下降，从 1955 年的 9.03% 下降至 1975 年的 6.03%，下降了 3 个百分点；企业部门初次分配所得占国民收入的比重在 4%—12% 之间波动；居民部门初次分配所得占国民收入的比重在波动中小幅上升，从 1955 年的 85.75% 上升至 1975 年的89.30%，上升了 3.55 个百分点。

日本国民收入最终分配格局呈现以下特征：一是 1970 年前居民部门最终分配所得份额在波动中下降，之后缓慢上升，1975 年居民部门最终分配所得份额甚至超过 1955 年 2.03 个百分点。二是 1970 年企业部门最终分配收入份额在达到 11.03% 的峰值后持续下降。三是政府部门最终分配所得份额起伏不大，在 14%—17% 之间窄幅波动（见表 3 - 11）。

表 3 - 11　1955—1975 年日本国民收入初次分配和最终分配状况

（单位：%）

年份	初次分配			最终分配		
	政府	企业	居民	政府	企业	居民
1955	9.03	5.22	85.75	14.64	2.00	83.35
1956	9.10	5.65	85.25	15.14	2.13	82.73
1957	9.06	8.93	82.01	15.46	4.71	79.83
1958	9.50	7.49	83.01	15.00	3.57	81.43
1959	9.32	8.47	82.21	14.64	4.34	81.02
1960	8.90	12.22	78.88	15.26	7.65	77.10
1961	8.98	12.57	78.46	15.94	7.70	76.37
1962	8.75	10.85	80.41	16.23	5.89	77.88
1963	8.49	10.31	81.21	15.90	5.65	78.45
1964	8.28	10.07	81.65	15.65	5.53	78.82
1965	8.13	8.36	83.51	15.37	4.23	80.40
1966	7.64	10.20	82.16	14.68	6.31	79.00
1967	7.35	13.22	79.43	14.86	9.17	75.97
1968	7.16	13.37	79.47	14.91	9.11	75.98
1969	7.02	14.72	78.26	15.21	10.13	74.66
1970	7.26	15.66	77.08	15.97	11.03	73.00
1971	7.35	12.35	80.30	16.92	7.46	75.62
1972	7.13	12.10	80.77	16.12	7.67	76.21
1973	7.12	11.00	81.89	17.00	6.11	76.89
1974	6.47	7.15	86.39	17.64	0.80	81.55
1975	6.03	4.67	89.30	15.13	-0.52	85.38

注：国民收入指国民净收入，不包括固定资产折旧

资料来源：张小平、王迎春：《转型期我国收入分配问题研究》，科学出版社 2009 年版，第 139 页。

对此的理解是，在国民收入再分配过程中，第二次世界大战后日本十

分重视调节和改善收入分配，1961 年就建立以全体国民为对象，以"国民皆保险、国民皆年金"为标志的社会保障制度。此后，就业、环境等社会福利法律政策陆续出台，逐步形成了较为完善的社会保障体系，与此相适应的国民收入再分配规模也逐渐扩大。1955 年，政府、企业、居民三部门再分配支出已占到国内生产总值的 14.58%，超过美国相近发展阶段期初水平（3.67%）近 11 个百分点。日本在战后较早地建立起社会保障制度，对保障每个人的生存权，稳定生活与经济，进而对经济恢复和高速增长起了极其重要的作用。

分部门来看，日本政府部门是再分配收入的净流入方。1955—1975 年，再分配收入净额占国民总收入比重从 5.01% 提高至 7.89%，上升了 2.88 个百分点（见表 3 – 12）。同期，企业部门再分配支出占国内收入比重仅上升了 1.62 个百分点。居民部门是再分配收入的净流出方，再分配支出净额占国民总收入比重从 2.14% 增至 3.39%，升高了 1.25 个百分点。

表 3 – 12　1955—1975 年日本国民收入再分配状况

年份	政府				企业		居民			
	再分配收入		再分配支出		再分配支出		再分配收入		再分配支出	
	金额（十亿日元）	比重（%）	金额（十亿日元）	比重（%）	金额（十亿日元）	比重（%）	金额（十亿日元）	比重（%）	金额（十亿日元）	比重（%）
1955	819.5	9.79	400.1	4.78	240.7	2.88	400.1	4.78	578.8	6.92
1956	919.9	9.76	414	4.39	294.8	3.13	414	4.39	625.1	6.63
1957	1060.8	9.77	441.2	4.06	409.2	3.77	441.2	4.06	651.6	6.00
1958	1071.2	9.28	511.9	4.44	398.5	3.45	511.9	4.44	672.7	5.83
1959	1210.2	9.17	591.5	4.48	480.5	3.64	591.5	4.48	729.7	5.53
1960	1541.9	9.63	640.5	4.00	648.8	4.05	640.5	4.00	893.1	5.58
1961	1954	10.11	764.5	3.95	832.3	4.30	764.5	3.95	1121.7	5.80
1962	2331.7	10.63	900.7	4.10	948.5	4.32	900.7	4.10	1383.2	6.30
1963	2743.2	10.92	1111.4	4.43	1024.6	4.08	1111.4	4.43	1718.6	6.84
1964	3217.5	10.89	1345.6	4.55	1153.6	3.91	1345.6	4.55	2063.9	6.99

续表

年份	政府				企业		居民			
	再分配收入		再分配支出		再分配支出		再分配收入		再分配支出	
	金额（十亿日元）	比重（%）	金额（十亿日元）	比重（%）	金额（十亿日元）	比重（%）	金额（十亿日元）	比重（%）	金额（十亿日元）	比重（%）
1965	3666.8	11.16	1622.8	4.94	1164.6	3.54	1622.8	4.94	2502.2	7.61
1966	4205.8	11.02	1897	4.97	1274.6	3.34	1897	4.97	2931.2	7.68
1967	5051.1	11.29	2137.1	4.78	1572	3.51	2137.1	4.78	3479.1	7.78
1968	6073.5	11.46	2535.8	4.79	1944.1	3.67	2535.8	4.79	4129.4	7.80
1969	7335.9	11.79	2951.6	4.74	2457.3	3.95	2951.6	4.74	4878.6	7.84
1970	9131	12.45	3599.9	4.91	2937	4.00	3599.9	4.91	6194	8.45
1971	10762.2	13.34	4114.1	5.10	3399.8	4.21	4114.1	5.10	7362.4	9.12
1972	12226.2	13.23	5031.9	5.45	3544.5	3.84	5031.9	5.45	8681.7	9.40
1973	15876.6	14.11	6141.4	5.46	4814.4	4.28	6141.4	5.46	11062.2	9.83
1974	21637.9	16.12	8648.1	6.44	7374.1	5.49	8648.1	6.44	14263.8	10.63
1975	23594.4	15.91	11895.9	8.02	6669.4	4.50	11895.9	8.02	16925	11.41

注：比重是指占国民总收入的比重。

资料来源：张小平、王迎春：《转型期我国收入分配问题研究》，科学出版社 2009 年版，第 140 页。

第三节　比较结论及原因分析

一、要素收入分配的比较

从美国、日本与中国相近发展阶段要素分配的比较中可以归纳出以下特点：

第一，中国劳动报酬比重在波动中下降，美国、日本在相近发展阶段劳动报酬比重均呈现出上升的趋势。第二，美国、日本在相近发展阶段资本性收入比重均缓慢下降，中国资本性收入比重略有上升。1994—2003 年中国固定资产折旧和营业盈余占 GDP 的比重在 35%—38% 之间先下降后上升，2003 年以后保持在 44%—45% 之间，这可能既受益于要素价格扭曲带来低成本，导致企业盈利能力增强，也与 GDP 核算方法和统计口径调整有关。第三，美国、日本在相近发展阶段生产税净额比重升幅较小，而中国生产税净额比重升幅较大。

二、主体收入分配的比较

1. 初次分配格局比较

第一，与美国、日本相比，我国政府部门在初次分配中获得的收入份额较高。美国、日本在相近发展阶段政府部门收入的比重均超过 10%，而我国政府部门收入的比重则在波动中上升，保持在 16%—19%（见表 3 - 1）。第二，与美国、日本相比，我国居民部门在初次分配中获得的收入份额较低。尽管在相近发展阶段美国居民部门收入比重略有下降，日本居民部门收入比重先降后升，但两国都保持了较高的比重水平。2007 年我国居民部门收入比重分别比美国、日本低 17.6 个百分点和 31 个百分点。第三，我国企业部门收入比重呈现在波动中下降的趋势，而美国、日本企业部门收入比重则是在波动中缓慢上升。

2. 再次分配格局比较

当前我国政府再分配支出相对规模比美国相近发展阶段初期高，比日本略低。2007 年我国政府再分配支出占 GDP 的比重为 4%（见表 3 - 3），与美国、日本相近发展阶段相比，高出 1929 年美国政府再分配支出占 GDP 的比重 3.2 个百分点，低于 1955 年日本政府再分配占 GDP 的比重 0.78 个百分点。

3. 最终分配格局比较

第一，当前我国政府部门最终分配收入比重已远高于美国相近发展阶段初期政府收入比重，与美国相近发展阶段 20 世纪 60 年代中后期的政府收入比重相当（见表 3 - 9、表 3 - 10）。与日本相比，我国不仅 1994 年已经超过日本相近发展阶段政府收入占比，而且差距还呈扩大的趋势（见表 3 - 11、表 3 - 12）。第二，我国居民部门最终分配收入比重远低于美国、日本相近发展阶段居民收入比重。在相近发展阶段，无论是日本居民部门最终分配收入比重在波动中上升，还是美国居民部门最终分配收入比重在波动中下降，中国居民部门最终分配收入比重均值（63.96%）分别低于美国（73.99%）、日本（79.17%）均值10个百分点和15个百分点。第三，在与我国发展相近的阶段，美国企业部门收入比重介于8%—12%之间；日本企业部门收入比重先在波动中上升，而后迅速下降。我国企业部门收入比重现阶段虽在波动中下降，但其水平仍然高于美国、日本。

三、原因分析

从部门收入所占比重看，与美国、日本等市场经济国家相比，我国20世纪90年代中期以来初次分配直接导致国民收入向政府部门倾斜，再分配加剧了这一倾斜。原因何在？我们认为根本原因在于，从计划经济转向市场经济，从封闭经济走向开放经济，从单一公有制变为多种所有制并存的市场化改革进程中，我国政府的职能没有适应经济社会转型的需要及时调整。

改革开放后到20世纪90年代初期，生产力解放，总体上解决了私人产品的供给短缺问题，这是我们这些年市场化改革最成功的地方。90年代中期以来，随着市场经济体系的逐步确立，社会再生产由过去的以温饱为目标的生存性阶段，进入到以人自身发展为目标的发展性新阶段。社会矛盾由私人产品短缺演变成了公共产品短缺。教育、医疗、养老、就业、基本住房保障、资源、环境等公共产品问题逐渐凸显。政府职能应当及时向公共服务型转变，提供公共产品，创造公平竞争的市场环境，充分调动企业和个人创造财富的活力。然而，事实却不尽如此。

我国经济改革伊始就带有浓厚的政府主导型特色。如果说改革开放初期政府支出中保持较大份额的经济建设支出，反映了工业化、城市化起步和经济转型伊始对政府履行经济职能的客观合理要求，那么随着社会再生产矛盾的转变和市场化进程的推进，政府的职能应及时地转向公共产品供给。而现实却是1994年分税制改革以后，受财权与事权不对称的影响，地方政府的"GDP锦标赛"愈演愈烈，"建设型财政"积重难返。政府在转型期承担的经济建设职能过多，公共服务职能过少，导致政府支出中经济建设支出比重偏高，民生保障等支出偏低。从图3－2可以发现，尽管我国财政支出中用于经济建设的支出比重不断下降，但2006年以前，此项支出依然占总支出的1/4以上。

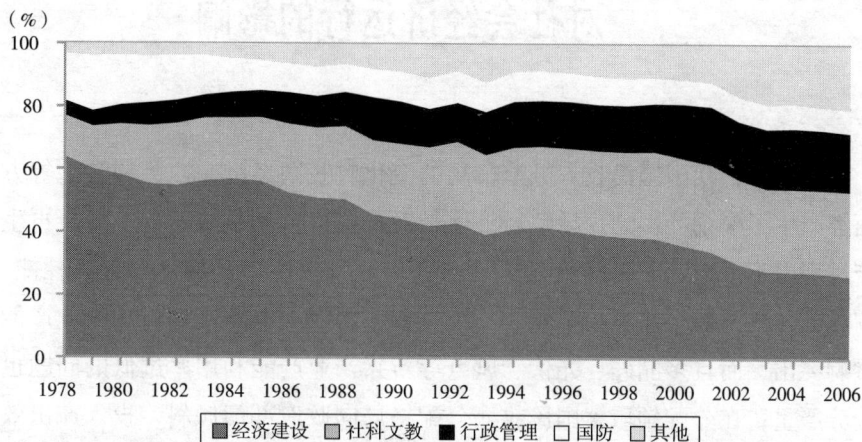

图3－2　1978—2006年中国财政支出按功能性质的分类结构
资料来源：中经网统计数据库综合年度库。

具体来看，政府承担过多的经济建设职能主要集中表现在以下几个方面：一是由政府控制的行业比重偏高，需要相应的政府资金投入。当前，我国政府居于绝对和相对控制地位的行业主要包括能源、电力、通信、铁路、高速公路、航空、港口、金融、保险、烟草等众多领域。从市场经济相对成熟的国家来看，航空、汽车制造、军工等，由民间资本运营的效率要高于国有资本。因此，今后应进一步拓宽民间投资的领域和范围，完善"新三十六条"相关配套措施。二是主要面向国有企业的挖潜改造和科技三项费用依然保持较大规模。2006年该笔支出总额为1744.56亿元，同比增长16.72%。随着市场化改革的深入，应逐步减少对国有企业的类似流动性资金的一般性支出。

第四节　当前中国国民收入分配格局对社会经济运行的影响

近年来，我国国民收入分配格局的变化对我国经济、社会和政治等方面都产生了深刻的影响，导致经济增长对投资的依赖越来越高，社会再生产过程中不平衡、不可持续的问题日益突出。在生产领域，部分高耗能、高污染、资源性企业屡禁不止，不仅钢铁、水泥、电解铝等传统行业产能过剩突出，而且多晶硅、光伏、风电等新兴产业产能利用率过低的问题也十分严重；在分配领域，国民收入分配格局向政府部门倾斜，投入产出效率低；交换过程，资本、劳动力、土地等要素价格被人为扭曲；消费过程，居民消费率持续下降……这一切使得社会再生产难以持续地良性循环。具体影响表现在以下几个方面：

一、不利于扩大国内消费需求

国民收入分配格局向政府倾斜，藏富于国而非藏富于民，导致消费对经济增长的贡献率和拉动力下降，从 1985 年的 85.5% 和 11.5 个百分点下降到 2007 年的 39.4% 和 4.7 个百分点，使得经济增长对投资和出口的依赖十分严重，其造成的结果是：其一，经济增长的成果没有形成有效的国民福利。社会生产的最终目的是消费，投资和出口只是生产的手段，依靠投资和出口的经济高速增长对国民福利的增进相对有限。其二，经济增长的波动性加大。社会消费相对比较稳定，而投资和出口受各种外在因素影响比较大，一旦有外部的需求冲击，经济增长的压力就十分巨大。1998 年亚洲货币危机和 2008 年的全球金融危机就对我国经济增长造成了巨大的影响。

社会消费水平的高低与居民可支配收入水平以及边际消费倾向都呈正相关关系。我国居民收入占初次分配的比重不断下降，经再次分配后居民的可支配收入占国民收入的比重仍呈下降态势，必然导致社会消费水平增长的相对滞后。同时，根据边际消费倾向递减规律，随着收入水平提高，边际消费倾向有不断下降的趋势。收入水平越高的人边际消费倾向越低，而收入水平越低的人边际消费倾向越高。在其他条件不变的情况下，社会收入分配差距越大，边际消费倾向越低。我国近年来的高收入阶层的收入呈加速增长之势，大量的收入形成了储蓄甚至是流向境外，没有形成国内的消费需求；而广大的中低收入居民由于收入增长缓慢，有较强的消费欲望而无支付能力，也不能形成适度经济增长的消费需求。

二、政府机关、事业单位受益

收入分配格局向政府倾斜直接让机关工作人员受益，而且促使在行政管理方式上重管理、轻服务，重事前审批、轻事后监管，行政管理带有明显的趋利特征，权与责脱节，权与利挂钩。国民经济按单位性质不同，可分为企业、事业、机关。表3-13表明，作为社会再生产主体的企业，其工资水平最低。1995—2008年，企业在岗职工工资年均增速低于全国平均增速0.07个百分点；事业单位工资收入和增长幅度居中；政府机关部门工资收入最多，增速最快，年均达到14.94%，分别超过企业、事业单位1.24和1.07个百分点。政府机关在岗职工平均工资与企业的差距，从1995年的1.04倍，扩大至1.19倍。

表3-13　1995—2008年按企业、事业和机关分组在岗职工平均工资

（单位：元）

年 单位 性质	1995	2002	2003	2005	2006	2007	2008	年均增长率 （%）
全国	5462	12422	14040	18364	21001	24932	29229	13.77
企业	5345	11873	13578	17853	20555	24046	28359	13.70
事业	5499	13246	14564	18720	21259	25805	29758	13.87
机关	5542	14005	15736	20828	23360	28763	33869	14.94
机关/企业	1.04	1.18	1.16	1.17	1.14	1.20	1.19	

资料来源：根据历年《中国劳动统计年鉴》整理。

三、行业间工资差距扩大

收入分配格局向政府倾斜导致行业间工资差距扩大。2008 年，信息、金融、科技服务、电力、文化体育娱乐、卫生保障、交通仓储邮政、租赁商务、房地产、公共管理社会组织等行业的平均工资较高，而农业、制造业、建筑和住宿餐饮业等行业平均工资较低。十年来电力、金融、科研、信息等收入最高行业的工资，与农业等收入最低行业工资的差距无论是绝对差距还是相对差距都在扩大；其工资收入之比从 1994 年的 2.38 倍扩大到 2008 年的 4.77 倍（见表 3－14）。可见，高收入行业主要集中在垄断性行业（如电力、电信、烟草、金融、保险、民航、铁路、邮电等）、科技含量高的行业和新兴产业（如信息、科研和技术服务、文化卫生、社会福利事业等）以及公共管理部门社会组织。这些高收入行业职工的平均货币工资加实物分配等，明显高于其他行业。这表明资本密集型领域和技术密集型领域的劳动者的收入提高较快。而收入较低的行业主要集中在传统劳动密集型行业（如农林牧渔业和地质水利业）以及一些充分竞争性行业（如社会服务业、餐饮业和建筑业）。

表 3－14 1978—2008 年按行业分职工平均工资

（单位：元）

年份 行业	1978	1994	2000	2005	2006	2007	2008	年均增长率（%）
全国	615	4538	9371	18364	21001	24932	29229	8.46
农、林、牧、渔业	470	2819	5184	8309	9430	11086	12958	6.76
采掘业	676	4679	8340	20626	24335	28377	34405	10.65
制造业	597	4283	8750	15757	17966	20884	24192	7.53
电力、煤气及水的生产供应业	850	6155	12830	25073	28765	33809	39204	8.31
建筑业	714	4894	8735	14338	16406	18758	21527	6.65
交通运输、仓储和邮政业	694	5690	12319	21352	24623	28434	32796	7.24

续表

行业＼年份	1978	1994	2000	2005	2006	2007	2008	年均增长率（％）
信息传输、计算机服务和软件				40558	44763	49225	55642	11.12
批发和零售业	551	3537	7190	15241	17736	20888	25538	9.48
住宿和餐饮业				13857	15206	17041	19481	12.02
金融业	610	6712	13478	32228	39280	49435	61841	11.50
房地产业	548	6288	12612	20581	22578	26425	30327	6.47
租赁和商务服务业				20992	23648	26965	31735	14.77
科研、技术服务和地质勘查业	669	6162	13620	27434	31909	38879	46003	9.08
水利、环境和公共设施管理业	708	5450	9622	14753	16140	19064	22182	6.15
居民服务和其他服务业	392	5026	10339	16642	18935	21550	23801	6.14
教育	545	4923	9482	18470	21134	26162	30185	8.62
卫生、社会保障和社会福利业	573	5126	10930	21048	23898	28258	32714	8.15
文化体育和娱乐业	545	4923	9482	22885	26126	30662	34494	9.66
公共管理和社会组织	655	4962	10043	20505	22883	28171	32955	8.86
最高行业	电力	金融	科研	信息	信息	信息	金融	
最低行业	居民服务	农业	农业	农业	农业	农业	农业	
高低之比（倍）	2.17	2.38	2.63	4.88	4.75	4.44	4.77	

注：信息传输、计算机服务和软件，住宿和餐饮业，租赁和商务服务业年均增长率的计算区间为2005—2008年，其余行业为1994—2008年。

资料来源：根据《中国劳动统计年鉴2009》整理。

四、生产要素比价严重扭曲

收入分配格局向政府倾斜，生产要素的稀缺性难以在价格上得到合理反映。具体来看，一是企业环保成本外部化。目前我国环保制度建设正处于起步阶段，无论是法律制度还是与之配套的司法体系、行政体系均不够健全。出于追求经济发展政绩的需要，地方政府执行环保制度的积极性也普遍不高。从总体上说，在我国企业排污成本远低于治污成本，以至于相当数量的企业选择排污而不是治污。因此，我国已有三分之一的河段、75%的湖泊受到污染，饮用受污染水源的人口已高达 3 亿多。另据环保总局公布的数据，我国 2004 年环境退化成本高达 5118 亿元，治理成本高达 2874 亿元，合占 GDP 的 4.13%，而这还远未涵盖整治环境污染的全部成本。企业环保成本外部化，其当期的影子成本和将来治理污染的成本都转移给社会来承担。竭泽而渔，使政府及子孙后代不得不付出高昂得多的治污成本，并由此带来了怪病增加、生活质量下降、国际收支失衡及贸易争端激增等一系列问题。二是土地、水、电、油等资源价格偏低。同时，一些重要资源如水、电、油的价格均未反映真实成本，未完全实现市场化运作。比如，煤电联动政策长期得不到落实，石油价格未如实反映国际市场价格。同时，工业用地价格低廉已经成为一些地方招商引资的重要法宝。有些地方政府为了吸引投资，对工业用地长期实行零地价或低地价的政策，还有的甚至实行"重外轻内"的土地政策，外资享受的地价要大幅低于中资企业所付出的价格。

第五节　结论与启示

从国民收入分配格局的国际比较中可以发现以下三个显著特征：首先看初次分配。第一，美国、日本居民劳动和经营收入占比较高，企业收入占比较高，政府生产税净额占比较小，中国则恰好相反；第二，美国、日本的税制结构以直接税为主，而我国以间接税为主，政府收入占 GDP 的比重在初次分配环节较高；第三，美国、日本无论是非农业主收入与雇员收入比，还是非农业主收入与非政府雇员收入之比均高于中国。其次，看再分配结构。美国、日本的政府不仅再分配支出比重分别是中国的 3.1 倍和 5.2 倍，而且政府再分配支出相对规模要远远高于我国。最后，最终分配格局揭示了美国、日本两国居民部门可支配收入占可支配总收入的比重较大，政府部门收入占比较小，再分配收入主要向居民部门倾斜的显著特征。

以购买力平价法为基础，确定我国全面建设小康阶段分别对应美国20世纪20年代至60年代，日本20世纪50年代至70年代。在此阶段，美国、日本雇员劳动报酬比重显著上升，而服务业的发展带来产业结构变化恰恰是两国要素收入结构变动的重要原因。经过国际比较，我们认为，劳动报酬比重降低，居民收入比重下降，并不是经济转型发展中必然产生的。当前国民收入分配格局向政府倾斜的根本原因在于，从计划经济转向市场经济，从封闭经济走向开放经济，从单一公有制变为多种所有制并存的市场化改革进程中，政府职能没有适应经济社会转型及时调整。从而，对生产、分配、交换、消费过程产生了深远的影响。在生产领域，高耗能、高污染、资源性屡禁不止，分配格局向政府部门倾斜，资源运用效率低，交换过程要素价格被人为扭曲，居民消费率持续下降，社会再生产难以维系。

通过国际比较和对当前我国国民收入分配格局导致后果的分析，得到以下几点启示：

第一，遵循比较优势原则，不易过分偏重资本密集型的工业化模式。

在典型国家的工业化进程中，美国、日本均经历了工业化的充分发展。在其工业化初期和中期，纺织、轻工机械等劳动密集型工业都得以充分发展。劳动密集型工业的充分发展，有效吸纳了农业部门的剩余劳动力，这不仅有利于充分就业目标的实现，而且为劳动力从第一产业到第二产业再到第三产业的顺利转移创造了条件。同时，因为工业部门所吸收的大量就业人员，尤其是从农业部门转移而来的低收入人口能够直接分享工业化的成果，这部分人口的收入得以提高，有利于缩小收入差距。而巴西则因为过分偏重资本密集型的工业化模式，在改善收入分配方面遭遇了挫折。分析20世纪美国、日本、巴西产业结构的特征可以发现，巴西第二产业劳动力占比始终低于第二产业GDP占比10个百分点以上，日本多数年份在10个百分点以内，而美国多数年份第二产业劳动力占比高于第二产业GDP占比。这表明，在人均GDP 1000—3000美元发展阶段，第二产业对劳动力的吸纳能力，巴西要显著低于美国、日本。这意味着巴西产业结构演进过程中有更多的劳动力未能进入第二产业。与该阶段巴西迅速发展的第二产业相比，其第一和第三产业发展速度远远滞后于第二产业。于是，反映在收入方面，得以充分分享经济增长成果的少部分第二产业雇员的收入，与未能充分分享经济增长成果的大量其他低收入产业部门的从业人员的收入之间差距持续拉大。在工业化进程中，相同规模产值资本密集型或技术密集型模式所能吸纳的劳动力数量远低于劳动力密集型模式。未被第二产业吸收的农业劳动力向进入门槛较低的服务业转移，要么继续留在农业领域，从而造成收入差距扩大。

第二，大力发展职业教育，适应经济发展方式转变和产业结构调整要求，满足经济社会对高素质劳动者和技能型人才的需要。

越来越多的研究表明，教育是影响收入分配的最重要的因素之一。教育程度的提高，劳动者技艺的娴熟和多种才能，对美国国民收入增长的贡献显著（Edward F. Dension，1985）。依照 Dension 的测算，美国在 1929—1982 年所取得的实际经济增长中，教育程度的提高所起的作用要占 14%。另外，日本自明治维新以后也一直非常重视教育。一方面表现在，政府教育经费支出在国民收入中的比重逐步上升，20 世纪 50—60 年代在 5% 左右，70 年代上升到 6%—7%，1980 年达到 7.2%。另一方面，在人才结构方面，日本政府根据不同时期经济结构的发展变化，调整教育重点：在经济恢复时期，为了提高劳动者的文化素质，把普及初等义务教育作为重点；20 世纪 50 年代后期和 60 年代，国家大力发展重化工业，就把培养中级技术人才作为教育发展重点；70 年代以后，日本产业结构从资本密集型的重化工业转向知识密集型产业，政府又把培养能自主开发新技术的高级人才和熟练运用新兴技术的中级人才作为教育的重点。日本长期坚持"教育先行"的战略，这为经济发展保证了人才资源。相比之下，我国高等教育存在的核心问题是，教育结构失衡，普通高校精英教育比例较大，而应用型技术型高等教育比例小。职业技术教育发展相对滞后，长期以来主要是靠当地政府的投入和学校自主筹资，国家和社会团体对其支持力度不大，职业院校教育资金的匮乏是限制和约束我国职业教育发展的重要因素，导致了"学校办学条件差—老师和学生素质难于提高—学生就业难—

学校招生情况不理想"的恶性循环。因此，未来应不断完善相关政策措施，以适应产业结构调整和经济转型的需要；改进教育管理模式，制定适应职业教育的教学形式和评价体系；建立多元化的职业教育投入机制。

第三，完善财税体制，优化税收结构，逐步加大累进税比重。

从税收结构上来看，现代美国税收体系以累进税为其构成主体。以累进税为主体的税收制度对收入分配的改善起到了一定的积极作用。第二次世界大战期间，美国联邦政府大幅提高了税率，大大提高了税收的累进性，对20世纪30—40年代美国收入分配的迅速改善起了积极的作用。相比之下，在我国的税制结构中，尽管直接税比重有所上升，但仍以间接税为主，而且增值税、消费税累退性显著。因此，未来应加快改革流转税制度，通过设置零税率、降低税率、扩大税基等措施弱化其累退程度。

参考文献

［1］张小平、王迎春：《转型期我国收入分配问题研究》，科学出版社2009年版。

［2］Edward F. Denision，"Trends in American Economic Growth，1929 - 1982"，Washington D. C.：The Brookings Institution，1985.

［3］Fernando de Holanda Barbosa，"Economic development：the Brazil experience"，Hosono，Neantro，*Development Strategies in East Asia and Latin America*，New York：St. Martin's Press，1998.

第四章　中国国民收入支出结构失衡原因探析[①]

第一节　国民收入支出结构失衡的生产性原因探析

社会再生产是一个相互联系、彼此决定的循环过程，在社会再生产的诸环节中，生产决定着分配、流通与消费，反之，后者也影响、制约着前者。因此，国民收入支出结构的"两高一低"失衡，也即国民收入消费结构的失衡，尽管发生在消费环节，但却必须从分配、生产环节探索其原因。

从日本、韩国经济高速增长阶段的国民收入支出数据可以看出：国民收入的"两高一低"支出结构是开放经济条件下劳动密集型产业出口导向型经济体的一个共同特征，作为发展的一个历史阶段的产物，难以避免。但是，随着经济的增长，人均 GDP 水平的提高，各种要素的相对稀缺状况从而价格将发生变化，引导企业逐步调整生产方式，在我国目前的政府主导型经济体制及高度强烈的赶超型战略作用下，有着进一步强化，更加难以转变的危险。其所以如此，是因为在现有体制下，各级地方政府有着追求 GDP 及财政收入增长最大化的强烈动机，有着不计成本引进外资，推行

---

① 本章作者：李文溥、龚敏。

出口劳动密集型产品为导向的粗放经济发展方式的强大能力。这是导致我国的经济发展方式未能随着人均国民收入水平的提高而适时从粗放型向集约型转变的主要原因。粗放型经济发展方式不能转变，国民收入支出结构的"两高一低"失衡就将继续加剧。其危害性在于使经济发展脱离了它应有的终极目标，逐步走向其初衷的反面，其严重性在于终将危及社会再生产的正常进行。

在讨论这个问题之前，或许需要对粗放型经济发展与集约型经济发展予以界定。在《政治经济学辞典》中，"粗放经营"是"指一定量的生产资料和劳动，投在较多的土地上，进行粗耕简作的经营方式。在粗放经营中，机器装备等先进生产手段和农业科学技术没有得到广泛应用（或没有应用），主要的生产要素是劳动和土地，增加农作物总产量主要依靠扩大耕地面积"。"集约经营"则是"指在一定的土地面积上，集中投入较多的生产资料和劳动，采用新的技术措施进行精耕细作的经营方式"。把这个定义推广至全社会，我们就得出了粗放型经济发展方式与集约型经济发展方式的定义：粗放型经济发展方式是一种主要依靠增加劳动与土地、自然资源投入，较少增加资本与技术投入的经济发展方式；集约型经济发展方式是一种通过较多增加资本与技术投入，较少增加劳动与土地、自然资源投入，主要依靠提高劳动生产率与土地利用率、自然资源利用率实现扩大再生产的经济发展方式。

长期以来，粗放型与集约型经济发展方式被赋予了不同的价值评价。大体是贬前褒后。事实上，不同的经济发展方式，自有其形成的条件。在不同的资源约束条件下，人们理性地选择不同的经济发展方式，是实现自己经济利益最大化的需要。经济发展方式无论是粗放型还是集约型，都有存在价值，无所谓此高彼低之说。问题是在特定时空条件下，选择哪一种经济发展方式更为符合特定的资源约束条件，更能优化资源配置，取得最大收益。

改革开放初期，我国东部沿海开放地区相当程度上是依靠引进外资，发展两头在外、大进大出的加工贸易、贴牌生产实现经济高速增长的。这种引进外资，以加工出口劳动密集型产品为导向的发展方式显然不是集约型经济发展方式，而是一种粗放地利用本国生产要素——土地、劳动、环境与自然资源——的经济发展方式。但是，这却是当时历史条件下，沿海开放地区发展经济的理性选择。1978 年，我国人均 GDP 仅为 381 元（当年价格）。储蓄率极低，资本严重短缺，相对而言，土地与劳动力却比较充裕；收入水平低，对环境等不可再生资源的估价也低。显然，这样的资源赋存结构及要素比价下，要想实行更多依靠资本和技术投入的集约型经济发展方式，无论是依靠国内资本还是利用外资，都是不可能的。因此，对外开放引进的第一批外资，首先选择了大量利用当地廉价劳动力及土地，节约资本投入的劳动密集型出口加工业，绝非偶然。这是当时条件下外商投资的理性选择，也是沿海开放地区所能获得的最好的优化资源配置、加快经济发展的方式。因此，改革开放初期，开放地区选择引进外资，以加工出口劳动密集型产品为导向的经济发展方式尽管是一种粗放型的经济发展方式，但却是符合当时当地资源赋存条件的合理选择。它优化了沿海地区的资源配置状况，使经济得到迅速增长，居民收入水平也因此有了较快提高。

超过人口增长率的经济增长水平使人均收入水平逐渐提高。它必然提高人均消费水平，劳动力的再生产费用因之上升。人均收入水平提高的另一个结果是：劳动者不仅进行劳动力的简单再生产，而且进行劳动力的扩大再生产。通过人力资本投资，劳动者及其后代的人力资本存量将逐渐提高，可以从事更复杂的劳动。更高质量的劳动力当然要求更高的劳动报酬。因此，人均收入水平提高，必然提高劳动力的绝对价格和相对价格，无论这些劳动力来自何地。另一个生产要素——土地因其不可再生性，基本上可以视为是定量的生产要素。在经济发展过程中，它必然逐渐稀缺而昂贵起来。环境及自然资源也是如此。然而，劳动、土地、环境和自然资源之外的第三类生产要素——资本和技术的变动趋势却是相反的。经济发展使储蓄率及投资率上升，资本的稀缺性将不断降低，其价格和边际报酬率也就随之下降。

经济发展中三类生产要素的相对价格变动趋势，会使发展初期曾是经济合理的粗放型经济发展方式逐渐失去合理性。劳动力和土地、环境和自然资源的相对价格上升，将使企业家更倾向于用资本替代劳动力和土地，采用新技术，加强管理，主要依靠提高劳动生产率与土地利用率、自然资源利用率实现扩大再生产与经济增长。也就是说，在正常的市场机制作用下，由于要素比价变化，经济发展方式自身是会逐步地从粗放转向集约的。

这个轨迹在日本、韩国及中国台湾地区得到了体现。图 4 - 1 给出了按 2005 年不变价和 PPP 计算的单位工人实际 GDP 的水平（Real GDP Chain per worker）。

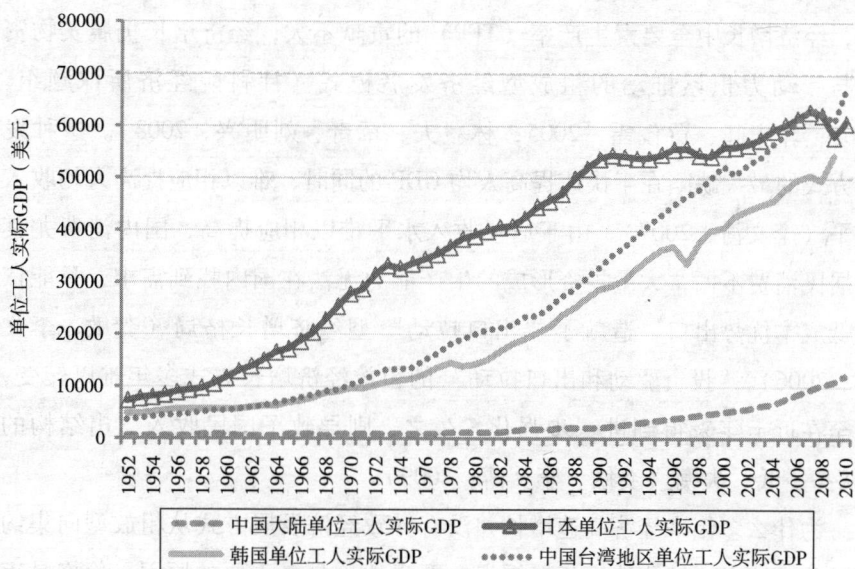

图 4 - 1　1952—2010 年日本、韩国、中国大陆及台湾地区劳动生产率的变化
资料来源：Penn World Table 7.1。

从 1960 年到 1990 年，日本单位劳动力实际 GDP 快速增长，1990 年达到劳均 53668.40 美元，是 1960 年的 4.64 倍。韩国和台湾地区的单位劳动力实际 GDP 的快速增长是从 20 世纪 70 年代初开始的，至 2000 年，韩国劳均 GDP 水平比 1970 年提高了 4.42 倍，同期台湾地区提高了 5.17 倍。进入 21 世纪后，日本、韩国和台湾地区的劳均 GDP 水平增长有所放缓，2010 年分别为 2000 年的 1.09、1.37 和 1.28 倍。

在存在着劳资工资争议集体谈判机制条件下，劳均 GDP 水平是决定劳动力价格的一个主要因素。因此，这些经济体在经济高速增长的同时都出现了工资水平的快速上升。它一方面为这些经济体的人力资本快速积累创造了条件，另一方面通过劳动力成本上涨迫使资方用资本及技术替代劳动，加快产业结构升级，同时把贸易顺差转化为资本输出（FDI），逐步实现了经济发展从粗放向集约的转化。

但是，令人难以理解的是：尽管近三十年来，中国经济以年均近10%的速度高速增长，1978年至2010年，人均GDP 33年增长了14倍以上①，但是，发展方式转变却相对缓慢。对我国经济增长的核算表明，时至今日，经济增长中全要素生产率（TFP）的贡献不大，经济增长仍属实物资本与劳动力积累推动的粗放型经济发展模式（社科院经济所课题组，2005；郭庆旺、贾俊雪，2005；林毅夫、章奇、刘明兴，2003）。这种发展方式的最大缺陷在于快速提高人均GDP的同时，难以相应提高人均收入水平（李文溥，2007）。由于居民收入水平难以相应提高，国内消费尤其是居民消费不振，大量投资形成的生产能力无法在国内找到需求，只能依靠低成本优势出口，造就了"出口拉动"型经济增长格局（龚敏、李文溥，2006）。"投资驱动和出口拉动"的粗放经济增长方式多年难以转变，甚至在近十年来得到进一步强化，久之，则导致了国民收入支出结构的"两高一低"失衡（龚敏、李文溥，2009）。

为什么多年来经济高速增长并没有导致经济发展方式从粗放型向集约型转化？或者说转化速度相对缓慢？要素比价是最重要的原因。价格是市场经济首要的信息传递机制、调节资源配置的基本利益杠杆。资源比价关系不合理，要求经济主体根据资源的真实社会成本优化资源利用方式，显然是不可能的。多年高速增长之后，我国经济发展方式之所以未能及时发生转型，或者说粗放型经济发展方式仍然成为企业家的理性选择，一个合理的推断是：尽管人均GDP有了巨大提高，但是劳动、土地、自然资源和环境等要素对资本的比价仍然大体维持数十年前经济发展初期阶段的格局。

但是，如果经济增长是真实的，资本、劳动、土地、自然资源和环境

---

① 按照宾夕法尼亚大学Penn World Table 7.1 按购买力平价计算的数据，则2010年仅是1978年的7.665倍（以2005年不变价美元计算）。

的相对稀缺程度不可能不发生变化。因此，可能情况是：尽管要素的相对稀缺程度发生了重大变化，但是劳动、土地、自然资源和环境等要素对资本的比价关系仍然大体维持不变，也就是发生了要素比价扭曲。那么，究竟是什么力量形成并维持了要素比价扭曲？

政府定价严重背离供求关系，是计划经济的常态。在实现了竞争均衡的市场经济中，则不太可能发生并长期保持。但是，在政府主导型市场经济中，如果发生了作用于市场的诸种力量对比失衡，这种情况却是有可能发生的。由于是政府主导型经济，因此，可以认定，尽管推动这一失衡状况的社会力量可能不止一种，但是，政府却是实现它的唯一可能力量。

但是，政府为什么要在要素相对稀缺程度已经发生了重大变化的情况下，尽可能地维持劳动、土地、自然资源和环境等要素对资本的原有比价关系？

目标决定行为。尽管传统的政治经济学教科书中对政府行为目标的理想模式有很多描述与分析，但是，在现实的政府主导型市场经济中，政府尤其是各级地方政府对当地经济增长及相伴随的财政收入增长高度关注，却是不争的事实。各级地方政府为实现本地经济增长及财政收入最大化而展开的竞争，迫使政府在要素相对稀缺程度发生了重大变化的情况下，尽可能地维持所在辖区范围内劳动、土地、自然资源和环境等要素对资本的原有比价关系。

追求经济增长，必然使各级地方政府千方百计地扩大投资。各国实践证明，在不发生重大技术突破的情况下，每年资源利用效率的提高是相当有限的。即使是科技创新能力较强的发达国家，每年劳动生产率提高对经济增长的贡献，若就增长的绝对值而论，相当有限，往往不超过一个百分点（D. W. 乔根森，2001）。如果资源利用效率不变，那么，增加投入是实现增长的唯一途径。在资本短缺情况下，资本投入对经济增长的作用更是决定性的。由于本地资本短缺（在经济发展初期，主要是人均 GDP 太低，储蓄率低造成的。在经济发展到一定阶段后，则未必是储蓄率低造成的，而是储蓄不能顺利、有效转化为投资导致的），各级地方政府不能不把目光盯在了外部资本尤其是 FDI。各地政府为追求本地经济增长最大化而竞相展开的引资竞争，必然以压低当地生产要素价格为重要的引资手段。因为，当与资本结合的土地、劳动力等生产要素的质量及可能的效率既定情况下，这些要素的价格越低，也就意味着在同等条件下，资本收益率将越高。资本收益率越高的地区，无疑是对资本有更大吸引力的地区。

以压低本国生产要素价格为代价的引进外资虽然在促进经济增长方面是成功的，但并非没有成本。成本之一：相对于最终产品市场，要素市场的市场化改革滞后；要素比价人为扭曲，粗放型经济增长方式因此得以长期维持，造成了资源配置效率的严重损失，技术进步缓慢，产业结构升级迟滞。成本之二：收益分配向资本倾斜，资本要素报酬偏高，劳动、土地等要素报酬偏低，本国要素（劳动、土地、银行利息、环境）报酬偏低，国外要素报酬偏高。根据收入法 GDP 核算，劳动报酬比重在 1990 年到达改革开放以来的最高点（53.42%），1995 年以后逐年下降并延续至 2007 年（39.74%）。2008 年以来，劳动报酬比重开始回升，2012 年为 45.59%（见图 4-2）。然而，企业的利润率却上升了。根据 Wind 资讯数据，1998 年以来，分布在国民经济各个行业以及 30 个省、直辖市和自治区的上市公司的价格加成逐步上升，尽管由于加入 WTO，导致了 2003 年之后的价格加成小幅回落，但依然保持在 0.43 以上，是 1998 年的 1.5 倍。其中，国资属性上市公司（包括中央国有企业、地方国有企业）2012 年价格加成幅度较 1998 年增长了近三成，对所属行业的控制力与影响力逐步增强。同时，收入分配差距扩大，社会各利益群体之间关系日趋紧张。成本之三：由于国内居民尤其是劳动者报酬增长长期低于经济增长率，居民消费不振，难以拉动增长，为了实现高增长，不得不依靠投资驱动、出口拉动，久之，国民收入支出结构失衡，并且不断加剧。成本之四：由于劳动、土地、环境与资源、本地资金等要素的价格长期低于资本，势必使企业更多地使用劳动、土地、环境与资源、本地资金等本地要素替代资本，劳动密集型产业长期维持较强的竞争力，难以随着经济的高速增长，人均 GDP 的上升，逐渐被资本密集型、技术、知识密集型产业所替代，产业升级缓慢，以出口劳动密集型产品为导向的粗放型经济发展方式也就迟迟难以向以内需拉动、国内消费推动的集约型经济发展方式转换。成本之五：由于经济增长没有带来居民收入的同步增长，日益成为实现政绩及增加财政收入的手段，增长与居民福利改善之间的关系日趋淡化，增长的终极意义日渐难以得到说明，久之，有可能走向其初衷的反面。

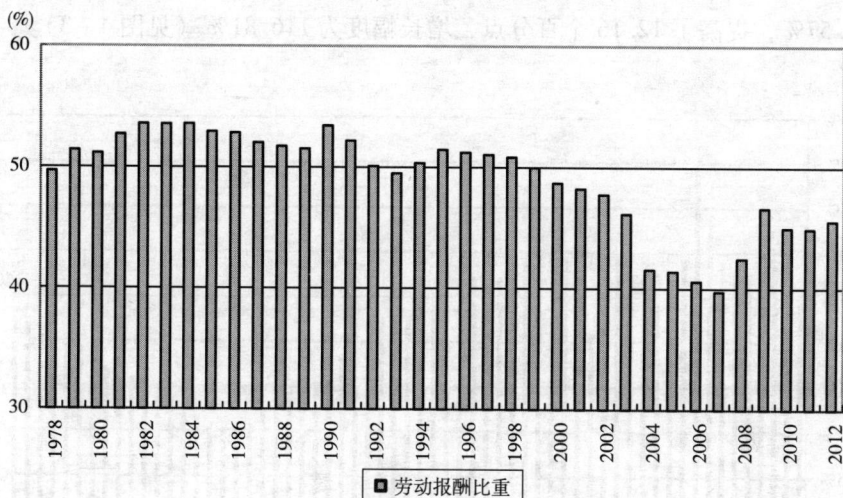

图4－2　中国劳动者报酬占GDP的比重

　　资料来源：作者利用 Hsieh 和 Li（1999）、《中国统计年鉴》、CEIC 中国经济数据库的有关数据计算整理；1992 年之前的数据来自 Hsieh 和 Li（1999）；1993—2004 年采用《中国国内生产总值核算历史资料：1952—2004》的数据；2005—2007 年采用《中国统计年鉴》的数据；2008—2012 年则源自 CEIC 中国经济数据库。

第二节　国民收入支出结构失衡的分配性原因探析

　　国民收入支出结构失衡也是国民收入分配结构失衡的结果。改革开放至今，我国的国民收入分配结构经历了两次重大变化。20 世纪 90 年代中期之前，我国国民收入分配格局变化的趋势是：财政收入占 GDP 比重逐渐下降，居民收入比重逐渐上升。1994 年，国家所得占 GDP 比重从 1978 年的 31.06% 下降到 10.83%，居民所得从 50.5% 上升到 69.6%。这一变化奠定了计划经济向市场经济转轨的国民收入分配基础（王春正，1995）。

但是，此后却发生了反向变化。1986—2012 年，财政收入占 GDP 比重变化呈"U 型"，1996—2012 年，财政收入占 GDP 比重从 10.41% 上升至 22.57%，提高了 12.16 个百分点，增长幅度为 116.81%（见图 4 - 3）。

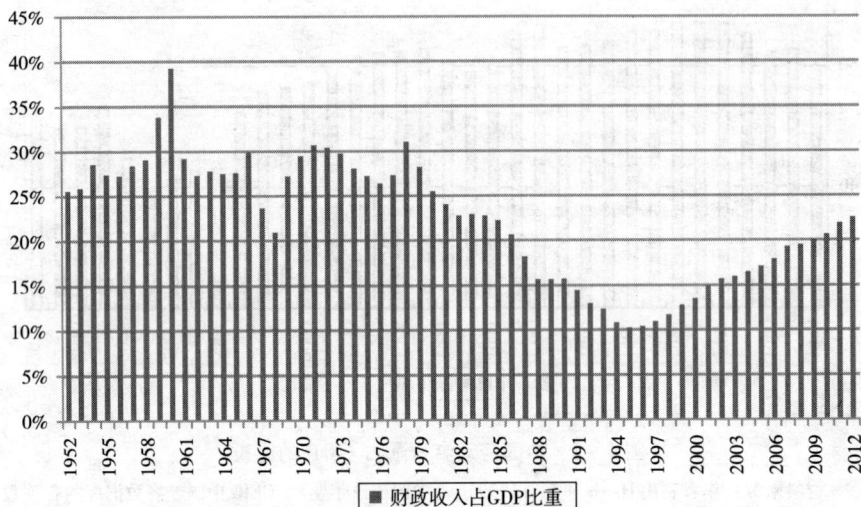

图 4 - 3　中国财政收入占 GDP 的比重

资料来源：CEIC 中国经济数据库。

财政收入增速多年大幅度地超过 GDP 增速的同时，城乡居民收入增长率却持续低于 GDP 增长率。以 1978 年为 100，1996 年我国人均 GDP 指数、城镇家庭人均可支配收入指数以及农村居民家庭人均年纯收入指数分别为 433.9、301.6 和 418.1；2007 年，三个指数分别为 1129.6、752.5 和 734.4；2011 年分别为 1600.9、1046.3 和 1063.2。人均收入指数逐渐落后于人均 GDP 指数。

与此同时，居民储蓄率却不断上升（见图 4 - 4）。1990 年，城镇居民家庭储蓄率不过 15.32%，2000 年起开始快速上升，2008 年达到 28.76%，2011 年进一步上升至 30.49%，比 1990 年上升了 15.17 个百分点。农村居民的储蓄率也呈现出上升的趋势。

国民收入分配结构中居民收入与财政收入的此消彼长，与这一时期的一些制度安排有着密切关系。

第一，税收占居民收入的比重逐渐提高了。根据4万户以上城镇家庭住户调查的数据，2001年之前，城镇家庭的人均可支配收入与人均收入之比接近100%，之后快速下降，2008年仅为92.5%。这意味着城镇家庭的税负在不断提高。

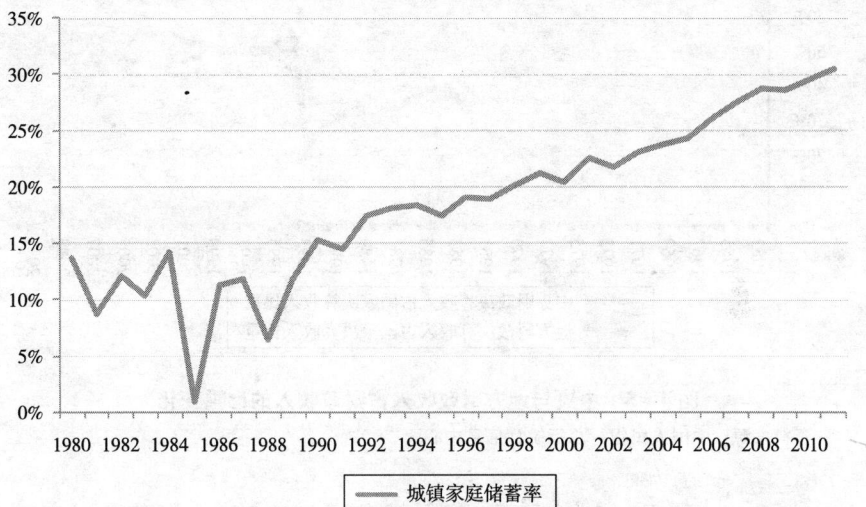

图4-4 1980—2011年中国城镇家庭储蓄率
资料来源：CEIC中国经济数据库。

第二，中央与地方财政收支结构的调整。1994年的税制改革，使中央与地方的财政收入比例发生了重大变化（见图4-5）。

实行分税制改革的当年，中央财政收入占比在一年之内，从22.02%跃升至55.70%，地方财政收入从77.98%骤跌至44.30%，促使地方政府寻求新的收入来源。同期，工业化推动的城市化使城市周边地区的土地急剧升值，地方政府因此找到了新的财源。巨额的土地批租收入在相当程度上弥补了地方政府因税制改革而锐减的收入。2007年国家土地所有权有偿出让收入与财政收入之比高达25.3%。有些地方甚至超过了同期本级财政收入。地方政府获得巨额土地批租收入的同时，城市房地产价格迅速上涨。住房商品化使城市居民承担了房价飞涨的大部分成本。房价上涨等间接加诸居民的高额隐形税收改变了居民与政府的实际收入分配比例，相当程度上抑制了居民正常的消费意愿。

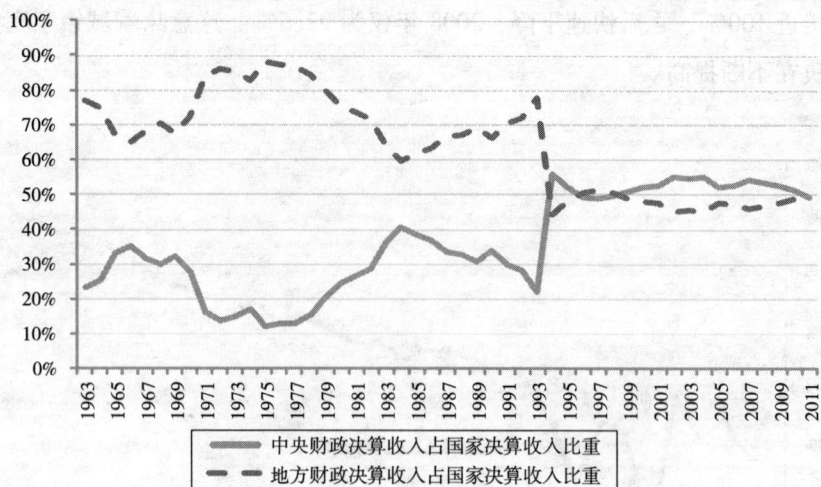

图4-5　中央与地方财政收入占财政收入的比重变化

资料来源：中国人民银行总行统计信息中心。

　　第三，政府投资中，用于教育以及卫生、社会保障和社会福利业的投资份额不断下降，教育、医疗卫生、社保等公共产品供给不足，不仅阻碍了人力资本积累的速度，抑制产业结构的转换和升级，而且强化了城乡居民预防性储蓄倾向，直接抑制了居民的消费需求。然而，近期实行的扩大财政支出政策，在改变这一趋势方面，成绩却相当有限。

　　综上分析，可以认为，目前国民收入"两高一低"结构失衡与长期以来以出口劳动密集型产品为导向的粗放型经济发展方式始终未能转变有着密切关系。或者说，积极鼓励出口劳动密集型产品而形成的粗放型经济发展方式是国民收入支出结构失衡的生产性原因，其次，国民收入分配向资本收益和政府倾斜是加剧"两高一低"结构矛盾的分配性原因（见图4-6）。

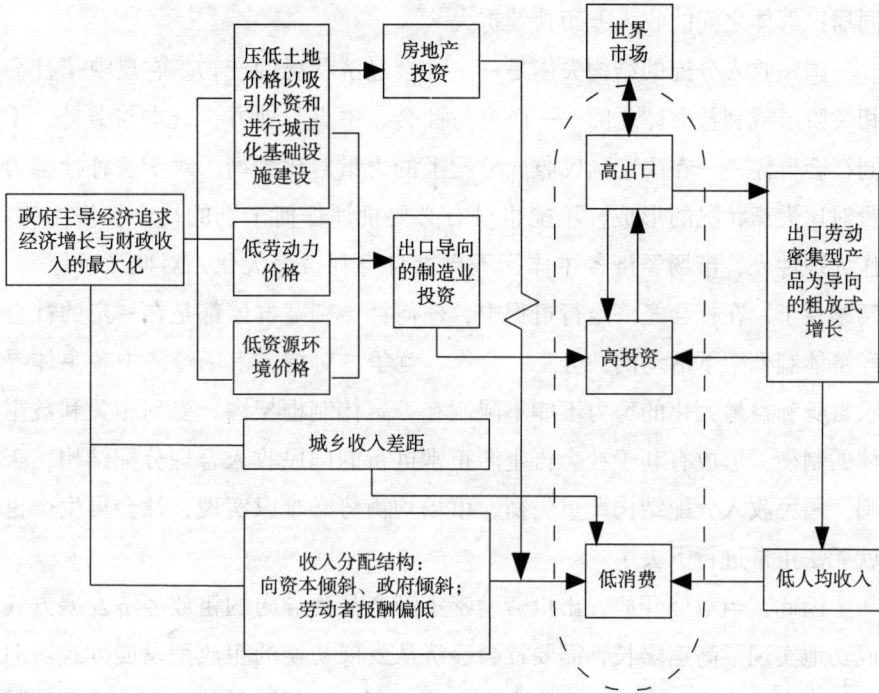

图 4-6　中国"两高一低"不平衡结构特征的形成机理

第三节　国民收入支出结构失衡的
体制性因素探析

　　以出口劳动密集型产品为导向的粗放型经济发展方式未能及时转变，导致了国民收入支出的"两高一低"结构性失衡，它其实是国民收入分配结构失衡的结果。近十多年来，我国国民收入分配结构的重大比例变化，举其要者，大致如下：（1）财政收入占 GDP 的比重大幅度上升；（2）财政收入中，中央政府收入所占比重大幅度提高；（3）企业营业余额占 GDP 比重大幅度上升，同期劳动者报酬占 GDP 的比重却大幅度下降；（4）不同居民群体之间的收入差距持续扩大①。

国民收入分配的结构失衡是一定社会经济状况的产物。它反映了社会相关阶层或利益群体之间——政府与社会、中央与地方、资本与劳动、不同社会群体——在决定国民收入分配上的力量对比失衡。对于这种社会力量对比失衡状况的形成，不能也没有必要批评任何个别的社会经济主体。作为理性人，市场经济各主体无不寻求自身利益最大化，对此无可厚非。问题在于，在社会经济运行过程中，任何社会利益群体都是在一定的社会经济体制框架下活动的：分工、合作、竞争、对抗。市场经济中各主体寻求自身利益最大化的努力不能不限制在一定体制框架内，受到相关利益主体的制衡，形成有利于社会再生产正常进行的国民收入合理分配结构，否则，国民收入分配结构严重失衡，市场均衡势必难以实现，社会再生产也就无法正常进行下去了。

因此，当对外开放，出口劳动密集型产品为导向的粗放经济发展方式成功地实现了高速增长，需要社会经济从发展初期的粗放型发展方式转向集约型发展方式，扭转国民收入支出的"两高一低"结构失衡，必须调整国民收入分配的结构失衡之时，我们不能不从决定现有社会利益群体相互利益分配关系从而国民收入分配结构失衡的体制结构寻求解释，从调整现有体制结构实现各种社会利益群体利益均衡来寻求问题的解决途径。

当然，由于前者有相当难度，或许有人会提出这样的问题：在现有的体制结构框架内，难道就无法实现出口劳动密集型产品为导向的粗放型经济发展方式向集约型经济发展方式转变么？答案是否定的。因为，导致开放经济条件下出口劳动密集型产品为导向的粗放型经济发展方式，是既有体制框架下的增长目标所决定的，这个增长目标决定了扭曲要素比价的社会合力。当本国生产要素：劳动、土地、环境因这一增长目标而不断地被

---

① 这一点不仅与劳动与资本的收益分配比例向资本倾斜有关，而且与城乡居民的收入差距扩大有关。在居民消费占 GDP 的比重急剧下降中，农村居民消费比重比城镇居民消费比重下降得更多。2011 年城镇和农村消费占 GDP 比重分别为 27.39% 和 8.03%，比 2000 年下降 3.71 和 7.31 个百分点。与自然垄断部门的体制改革滞后有关，自然垄断部门企业获取了大量超经济收益，自然垄断部门与市场竞争部门员工收入差距扩大有关。与政府公务员与国有事业单位、企业员工的收入差距扩大有关。与不同地区同类劳动者（政府公务员、国有事业单位、企业员工等）的收入差距扩大有关。

压低报酬率时，有什么理由指望用资本、技术替代"廉价"——尽管就真实的社会成本而言它已经不再廉价——的劳动、土地和环境呢？当出口劳动密集型产品是有利可图的，企业为什么要投入巨资实现技术创新，产业升级换代呢？在整个社会生产以劳动密集型为主的情况下，即使政府与个人投入巨资进行人力资本投资，形成的复杂劳动力又如何找到它的社会需求呢？显然，既有利益格局下，国民收入分配结构失衡的趋势是难以根本扭转的。

或问，以出口劳动密集型产品为导向的粗放型经济发展方式所导致的国民收入支出结构失衡是否严重如此，以致不调整就无法继续维持社会再生产的正常进行？

前述的日本和韩国近半个世纪以来的经济增长轨迹不能不引起重视。可比口径的数据表明：我国目前的国民收入支出结构失衡，某种程度上说，比当年的日韩更甚（见图 4 - 7、图 4 - 8、图 4 - 9）。

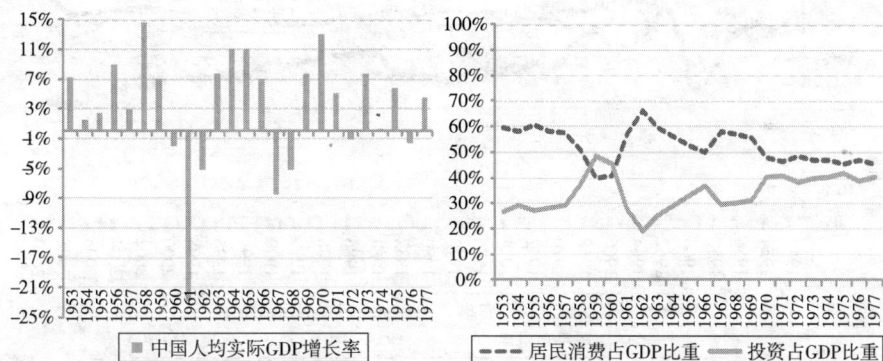

（a）中国人均实际GDP增长率变化趋势　　（b）中国居民消费率、投资率变化趋势

图 4 - 7　1953—1977 年中国经济增长率与投资率、消费率变化趋势

资料来源：Penn World Table 7.1。

那么，国际金融危机过后，我国能否继续以出口劳动密集型产品为导向的粗放型经济发展方式，首先取决于危机之后国际经济环境是否仍然依旧。2008 年的国际金融危机起因于美国为首的发达国家高负债、低储蓄为特征的结构失衡。次贷危机前，美国的居民消费率高达 70%；个人储蓄率

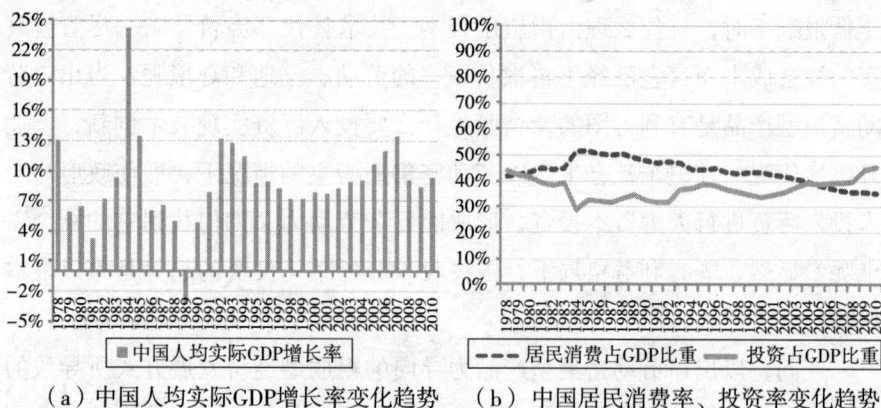

（a）中国人均实际GDP增长率变化趋势　（b）中国居民消费率、投资率变化趋势

图4-8　1978—2010年中国经济增长率与投资率、消费率变化趋势

资料来源：Penn World Table 7.1。

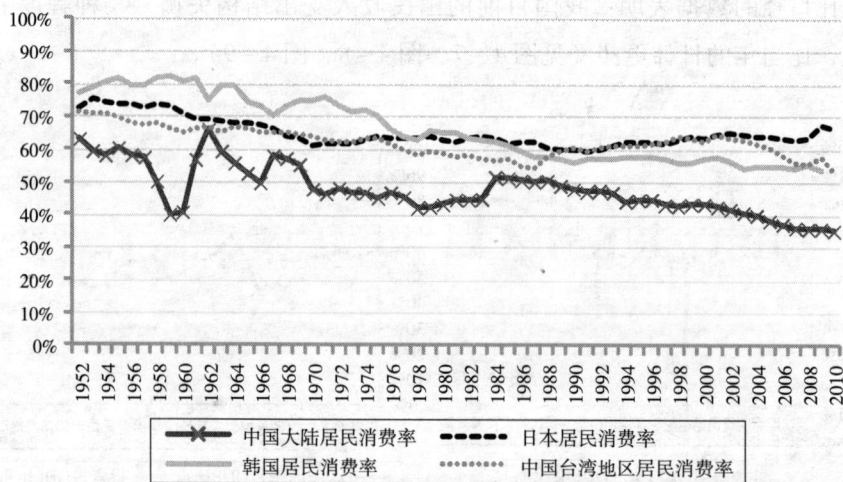

图4-9　1952—2010年日本、韩国、中国大陆及台湾地区居民消费率比较

资料来源：Penn World Table 7.1。

几乎为零。2006年个人储蓄率为负1%，创1933年以来最低。储蓄率过低和消费率过高，也反映在巨额的贸易逆差与经常项目赤字上。美国经常项目赤字规模从1991年起开始放大，2001年后急速攀升，2006年突破了8000亿美元，约占GDP的7%（吴一群、刘榆，2009）。然而，2008年8月，美国个人储蓄率开始回升，2009年5月达到6.9%，创1993年12月以来新高。如果这一消费—储蓄模式的变化不是一种临时性的调整，那么，它对我国宏观经济运行的影响，则不容忽视（CQMM 课题组，2009）。其次，即使国际经济环境依旧，继续实行这种代价高昂，但却与提高居民收入、改善居民福利状况渐行渐远的粗放型经济发展方式，其价值合理性将如何从我们的社会发展目标中得到证明呢？

参考文献

［1］许涤新：《政治经济学辞典》，人民出版社 1981 年版。

［2］中国社会科学院经济研究所经济增长前沿课题组：《高投资、宏观成本与经济增长的持续性》，《经济研究》2005 年第 10 期。

［3］郭庆旺、贾俊雪：《中国全要素生产率的估算：1979—2004》，《经济研究》2005 年第 6 期。

［4］林毅夫、章奇、刘明兴：《金融结构与经济增长：以制造业为例》，《世界经济》2003 年第 1 期。

［5］李文溥：《中国宏观经济预测与分析——2006》，经济科学出版社 2007 年版。

［6］龚敏、李文溥：《东北亚经济一体化：中、日、韩贸易相互依存关系分析》，《南京大学学报（哲学社会科学版)》2006 年第 2 期。

［7］龚敏、李文溥：《论扩大内需政策与转变经济增长方式》，《东南学术》2009 年第 1 期。

［8］D. W. 乔根森：《生产率（第一卷）战后美国经济增长》；《生产率（第二卷）经济增长的国际比较》，中国发展出版社 2001 年版。

［9］中国社会科学院工业经济研究所：《中国企业竞争力报告（2007）——盈利能力与竞争力》，社会科学文献出版社 2007 年版。

［10］王春正：《我国居民收入分配问题》，中国计划出版社 1995 年版。

［11］吴一群、刘榆：《刍议 2008 年全球金融危机的影响及启示》，《东南学术》2009 年第 1 期。

［12］中国季度宏观经济模型（CQMM）课题组：《2009—2010 年中国宏观经济分析与预测》，《厦门大学学报（哲社版)》2009 年第 5 期。

第二篇

第五章 高资本报酬率与低居民消费率[①]

第一节 引 言

居民消费率（居民消费/GDP）低而且不断迅速下降，已成为制约中国经济长期持续稳定发展的突出问题。中国居民消费率在 20 世纪 80 年代基本维持在 50% 的水平；1990 年降至 48.8%，之后持续下降；2004 年降至 39.8%；2008 年仅为 35.3%[②]。居民消费率低而且长期持续下降，抑制了国内消费需求对增长的拉动作用，使我国经济增长严重依赖"出口拉动、投资驱动"。经济稳定性下降，难以抵御外部经济波动的冲击。

世界各国经济增长的实践表明，赶超型经济体在起飞阶段，人均消费增长通常会滞后于人均收入和财富的增长，因此居民消费率在一定时期内呈持续下降态势。随着人均收入水平的进一步提高，居民消费率则会逐步趋于稳定，而后开始提高。根据美国宾夕法尼亚大学生产、收入和价格国际比较研究中心（CIC）编制的购买力平价 GDP 国际比较数据[③]，日本在 20 世纪 50、60 年代的高速增长时期，人均实际 GDP 从 1950 年的 2793.98 美元（PPP，2005 年美元价格，下同）快速提高到 1967 年的 10095.84 美元，居民消费率从 1953 年的 75.12% 下降至 1970 年的 60.81%；1983 年，

---

① 本章作者：龚敏、李文溥。李昊协助更新了部分数据。
② 数据引自中经网统计数据库。
③ 按购买力平价及 2005 年不变价美元计算，见 Penn World Table 7.1。

日本人均实际 GDP 逐步提高到超过 20000 美元水平，达到 20093.77 美元，同期居民消费率稳定在 60% 上下；1993 年人均实际 GDP 到达 28453.35 美元后，居民消费率开始缓慢回升（见图 5－1）。韩国经济在 20 世纪 60 年代开始起飞，随着人均实际 GDP 的快速提高，居民消费率同样呈现快速下滑的态势：从 1960 年的 81.92% 下降到 1975 年的 72.13%，再下降到 1988 年的 57.81%。1988 年其人均实际 GDP 到达 9673.04 美元，2007 年进一步提高到 24788.47 美元，居民消费率快速下降的趋势逐渐得到抑制，并开始稳定在 54% 左右的水平。日本和韩国的情况表明，居民消费率在一段时期内呈下降的趋势可能是后发国家在经济起飞阶段共同的特征表现。在经济发展到达一定水平（人均实际 GDP 提高到接近或超过 20000 美元）之后，居民消费率的下降趋势才可能停止，或转向上升。

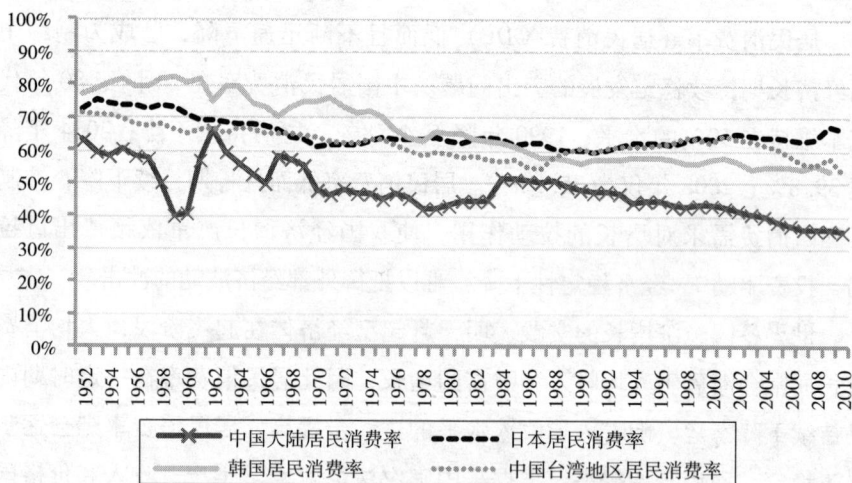

图 5－1　部分国家和地区消费率比较

资料来源：数据来自 Penn World Table 7.1；按购买力平价及 2005 年不变价美元计算。

改革开放以来，中国实现了人均实际 GDP 的快速提高：2007 年达到 5511.36 美元，分别为 1993 年的 3.46 倍和 1978 年的 11.03 倍（PPP，2005 年美元价格，下同）；与此同时，居民消费率不断下降。其过程颇为类似日本、韩国等赶超型经济体此前的表现。但是，中国居民消费率下降的幅度远远大于日本、韩国（见图 5－1），是否仍位于赶超经济体在起飞阶段居民消费率下降的合理范围内？有研究认为中国现行的粗放经济增长方式在带动人均 GDP 快速提高的同时不能快速提高人均收入水平（龚敏和李文溥，2009），从而抑制了居民消费的扩张。此外，居民收入占比不断下降，居民收入中工资性收入比重过高、财产性收入比例过低等也被认为直接间接地抑制了消费需求的扩张。

然而，这些基本是从逻辑分析和统计、计量分析得出的结论：居民收入由于增长方式或收入分配等原因而增长缓慢，消费需求疲弱，因而消费占 GDP 的比重不断下降。但是难以回答中国居民消费率在近 20 年的快速下降，是各国经济增长必然要经历的一般过程表现，还是中国经济本身特有问题的表现，抑或两者叠加放大的结果？现有的消费率水平是否合理，其变化趋势是否符合现阶段中国经济应有的动态特征？自 2004 年开始不足40％ 的居民消费率是否低于现阶段我国应有的合理水平？

本章试图基于新古典增长理论对中国经济增长过程中消费率长期持续下降的趋势进行解释。通过构建一个单一部门无限期存活的竞争性市场增长模型，利用 1993—2007 年间中国经济增长的特征表现对模型进行校准后，基于模型所进行反事实（counterfactual）分析及预测分析。研究结果表明：（1）中国资本报酬率的变化对居民消费率的长期动态特征有重要影响。较高的资本报酬率可能是导致居民消费率不仅偏低而且长时期不断下降的主要原因；（2）2004—2007 年我国居民消费率的实际均值为 37.95％（PPP，2005 年美元价格），低于模型估计的 47.5％。居民边际消费倾向的大幅下降是导致实际消费率大幅偏离现阶段应有的消费率水平的重要原因之一；（3）降低资本报酬率，例如下降到 40％，并通过改善社会保障体系等，促使不断下降的居民边际消费倾向逐步回升，可以遏制消费率的下降态势，并使其在 2020 年转向逐步上升。

第二节　文献综述

现有文献关于中国低消费的原因，主要从居民储蓄的角度进行解释。主要观点归纳如下：（1）基于生命周期理论分析中国人口增长率以及人口构成变化对消费、储蓄行为的影响，认为总人口中劳动年龄人口比例的提高直接提高了经济的储蓄率（Cai，Fang & Wang，2005；Modigliani & Cao，2004；Bloom，Canning & Sevilla，2002；等等）。Wei 和 Zhang（2009）还进一步研究了中国人口的性别构成变化对储蓄、消费行为的影响。（2）中国社会保障制度不健全，使国民不得不通过强制性、预防性储蓄来实现自我保障，因而居民边际储蓄倾向较高（Chamon & Prasad，2010；Blanchard & Giavazzi，2005；等等）。（3）金融市场不完善使消费者面临信贷约束，提高了家庭的储蓄倾向，使家庭在持久收入提高时储蓄得更多（Wen，2009）。同时，长期的低储蓄利率通过负收入效应进一步提高了居民的储蓄倾向。（4）现阶段中国经济的"投资驱动和出口拉动"的增长模式，使生产超过本国国民有支付能力的需求，从而对内导致储蓄增加，对外导致顺差积累。

此外，还有些研究从文化等方面对中国的消费、储蓄行为提供解释，认为传统的儒家文化鼓励节俭和储蓄；也有研究认为低估的人民币汇率也可能导致低消费，因为低估的币值鼓励低附加价值的劳动密集型出口生产，从而抑制了工资的提高。

上述研究一定程度上解释了中国居民低消费率、高储蓄率的事实，但却难以解释近20年来居民消费率不断下降的趋势特征。事实上，上述分析中所研究的一些影响消费、储蓄行为的因素近期已不同程度地减弱，但是，消费率下降的趋势不仅没有得到扭转相反却更为剧烈了。决定居民消费率长期变化趋势的因素究竟是什么？

利用动态一般均衡模型探讨经济体在趋向稳态过程中消费与储蓄的动

态行为特征，有利于揭示决定经济体长期增长的各种因素，如资本报酬率、技术进步率、折旧率以及人口增长等因素对居民消费、储蓄等长期行为的影响（Cole & Ohanian，1999；Kehoe & Prescott，2002）。Chen 等（2006，2007，2009）对日本及美国经济的研究发现，一个封闭经济下无限期存活的完全竞争市场的一般均衡模型不仅能够解释美国也能够解释日本在过去30年里储蓄和消费率的变化趋势。提出 TFP 增长率和较低的初始资本存量是决定日本净国民储蓄长期变化趋势的主要因素（Hayashi，1986）①。Wen（2009）以及 Aziz（2006、2007）基于新古典增长模型研究了中国的家庭借贷约束对消费行为的影响。但是，这些研究大多假定中国资本报酬率是一个常数，如0.3（Song & Zheng 等，2009；Ding & Knight，2008；何立新等，2008），忽略了中国国民收入分配格局（资本报酬或劳动报酬占 GDP 的比重）的变化对消费行为的影响。

本章通过构建一个单一部门无限期存活的竞争性市场增长模型，利用1993—2007 年中国经济增长的特征表现对模型进行校准，重点分析资本报酬率的变化对消费行为的影响，以研究国民收入分配格局的调整对居民消费率的影响机制。本章余下的部分包括：在第3节给出用于分析问题的理论模型及求解方法；第4节在对模型进行校准后，展开反事实分析和区间外预测；最后，第5节是结论。

第三节　理论模型

首先在一个标准的增长模型框架下推导消费率的动态变化路径，证明在一定条件下，一个经济体在向稳态趋近的过程中，居民消费占 GDP 的比重会呈现单调下降的长期态势（Guha，2008；Hashmi，2009）；之后，在

---

① 一方面，TFP 的增长提高了资本边际报酬，引发了高投资，带动经济增长；另一反面，TFP 的增长通过工资的上升提高了持久收入，带动储蓄的提高。

模型中引入政府，加入税收等因素讨论政府的税收与财政支出政策对消费率动态路径的影响。最后给出模型的求解方法。

一、基准的动态一般均衡模型

基于新古典的 Ramsey-Cass-Koopmans 增长模型的假定，沿着最优增长路径，按有效劳动平均的消费（$\hat{c}$）和资本存量（$\hat{k}$）的动态轨迹需满足以下微分方程组：

$$\frac{\dot{\hat{c}}}{\hat{c}} = \frac{\alpha\hat{k}^{\alpha-1} - \delta - \rho - \theta x}{\theta} \tag{5-1}$$

$$\dot{\hat{k}} = \hat{k}^{\alpha} - (\delta + n + x)\hat{k} - \hat{c} \tag{5-2}$$

这里 ρ、θ 分别为将来效用的贴现率和代表性家庭的跨期消费替代弹性（或风险回避系数）；α、δ、x 分别为资本报酬占国民收入的比重、折旧率和技术进步率（TFP）；n 为人口增长率。在经济到达稳态状态时，消费率和储蓄率都将维持在一个稳定的水平上。其中，储蓄率为：

$$s^{ss} = \frac{\alpha(\delta + n + x)}{\delta + \rho + \theta x} \tag{5-3}$$

定义消费占 GDP 的比重为 $z = \frac{\hat{c}}{\hat{y}}$，我们有：$\frac{\dot{z}}{z} = \frac{\dot{\hat{c}}}{\hat{c}} - \frac{\dot{\hat{y}}}{\hat{y}} = \frac{\dot{\hat{c}}}{\hat{c}} - \alpha\frac{\dot{\hat{k}}}{\hat{k}}$。

将上述（5-1）式、式（5-2）式关于（$\hat{c}$，$\hat{k}$）的微分方程组转换为关于消费率 z 和有效劳动平均的资本存量 $\hat{k}$ 的微分方程组，可得：

$$\frac{\dot{z}}{z} = \alpha\left(\frac{1}{\theta} - 1\right)\hat{k}^{\alpha-1} + \alpha z\hat{k}^{\alpha-1} + \alpha(\delta + n + x) - \frac{\delta + \rho + \theta x}{\theta} \tag{5-4}$$

$$\frac{\dot{\hat{k}}}{\hat{k}} = \hat{k}^{\alpha-1} - (\delta + n + x) - z\hat{k}^{\alpha-1} \tag{5-5}$$

在稳态状态让 $\dot{\hat{k}} = 0$，我们有

$$z = 1 - (\delta + n + x)\hat{k}^{1-\alpha} \tag{5-6}$$

让 $\dot{z} = 0$，我们有

$$z = 1 - \frac{1}{\theta} + \varphi\hat{k}^{1-\alpha} \tag{5-7}$$

其中 $\varphi = \dfrac{\delta + \rho + \theta x}{\alpha \theta} - (\delta + n + x)$。

利用（5-3）式，可得：

$$\varphi = \frac{\delta + \rho + \theta x}{\alpha}\left[\frac{1}{\theta} - \frac{\alpha(\delta + n + x)}{\delta + \rho + \theta x}\right] = \frac{\delta + \rho + \theta x}{\alpha}\left(\frac{1}{\theta} - s^{ss}\right) \quad (5-8)$$

由（5-8）式可知[①]，在（z，$\hat{k}$）的空间，如果满足下述条件，$\dot{z} = 0$ 为一条负斜率的曲线。

$$s^{ss} = \frac{\alpha(\delta + n + x)}{\delta + \rho + \theta x} > \frac{1}{\theta} \Rightarrow \varphi < 0 \quad (5-9)$$

否则，当 $s^{ss} < \dfrac{1}{\theta}$ 时，$\varphi > 0$，$\dot{z} = 0$ 为一条正斜率的曲线；当 $s^{ss} = \dfrac{1}{\theta}$ 时，$\varphi = 0$，$\dot{z} = 0$ 为一条水平线。把对应于 $\varphi < 0$ 的相位图表示在图 5-2 中，可以看到，从某个初始状态的 $\hat{k}_0$ 出发，伴随着经济趋向稳态的增长，居民消费占产出的比重（$z = \hat{c}/\hat{y}$）将呈现单调不断下降的趋势。

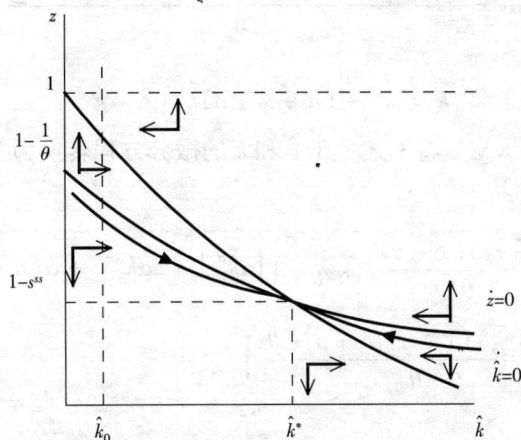

图 5-2　消费率的动态过程

（5-9）式表明，资本报酬率 α_t、资本折旧率 δ_t、TFP 增长率 x_t、人口增长率 n_t、将来效用的贴现率 ρ 以及跨期消费替代弹性 θ 等都是决定居民消费率是否单调下降的因素。在其他条件不变时，如果资本报酬占国民

———

① 这里 $\theta > 1$。

收入的比重（α）较高，那么，经济在其向稳态趋近的高速增长时期，消费增长的速度就可能滞后于收入增长的速度，导致居民消费率不断下降。李稻葵等（2009）计算了 1960—2005 年部分国家调整后可比的资本报酬率水平，其中美国为 0.39，日本为 0.44，韩国为 0.46，中国为 0.48[①]。这说明赶超型经济体的资本报酬率要高于发达经济体，它一定程度上决定了赶超经济体的居民消费率在实行赶超的一定阶段里将呈下降趋势。

二、引入政府的模型

假设政府对代表性家庭征收资产税 τ_a，对企业征收收益税 τ_f；政府支出占 GDP 的比重给定为 η；政府维持平衡预算[②]。那么，经济沿着最优增长路径，按有效劳动平均的消费（$\hat{c}$）和资本存量（$\hat{k}$）的动态轨迹需满足以下微分方程组：

$$\frac{\dot{\hat{c}}}{\hat{c}} = \frac{(1-\tau_a)(1-\tau_f)[\alpha k^{\alpha-1} - \delta] - \rho - \theta x}{\theta} \quad (5-10)$$

$$\dot{\hat{k}} = \hat{k}^{\alpha} - (n + x + \delta)\hat{k} - \hat{c} - \hat{g} \quad (5-11)$$

这里 $\hat{g} = \eta \times \hat{y}$。将上述关于 $\hat{c}$ 和 $\hat{k}$ 的微分方程转换为关于 z 和 $\hat{k}$ 的微分方程组，可得：

$$\frac{\dot{z}}{z} = \left[\frac{(1-\tau_a)(1-\tau_f)}{\theta} + \eta - 1\right]\alpha\hat{k}^{\alpha-1} + z\alpha\hat{k}^{\alpha-1} + \alpha(n + x + \delta)$$

$$- \left[\frac{(1-\tau_a)(1-\tau_f)\delta + \rho + \theta x}{\theta}\right] \quad (5-12)$$

$$\frac{\dot{\hat{k}}}{\hat{k}} = \hat{k}^{\alpha-1} - (n + x + \delta) - z\hat{k}^{\alpha-1} - \eta\hat{k}^{\alpha-1} \quad (5-13)$$

稳态状态的总储蓄率为：

$$s_T^{ss} = 1 - (\hat{c}/\hat{y})^{ss} = \eta + \frac{(1-\tau_a)(1-\tau_f)\alpha(\delta + n + x)}{\delta + \rho + \theta x} \quad (5-14)$$

[①] 李稻葵等（2009）也给出了调整前的数据，其中美国为 0.42，日本为 0.47，韩国为 0.60，中国为 0.67。

[②] 由于模型中没有考虑劳动供给的因素，因此没有对劳动收入的征税。

重新定义（5-8）式中的 φ 为：

$$\varphi = \frac{(1-\tau_a)(1-\tau_f)\delta + \rho + \theta x}{\alpha}\left[\frac{1}{\theta} - \frac{\alpha(\delta + n + x)}{\delta + \rho + \theta x}\right]$$

那么，要使（5-12）、（5-13）式组成的动态系统中 $\dot{z} = 0$ 为一条负斜率的曲线，需要 $\varphi < 0$，也就是

$$\varphi = \frac{(1-\tau_a)(1-\tau_f)\delta + \rho + \theta x}{\alpha}\left[\frac{1}{\theta} - \frac{s_T^{ss}}{(1-\tau_a)(1-\tau_f)}\right] \quad (5-15)$$

即

$$s_T^{ss} > \frac{(1-\tau_a)(1-\tau_f)}{\theta} \quad (5-16)$$

上式给出了经济趋于稳态时消费率不断下降的条件[①]。与没有考虑政府的情形相似，在其他条件不变的情况下，较高的资本报酬率、较高的政府支出比重以及较高的税率等因素，将可能导致经济在向稳态趋近的高速增长时期，消费率呈现单调下降的态势。

三、模型求解

参照 Hayashi 和 Prescott（2002）以及 Barro-Salai-Martin（2004），我们用"猜"（shooting algorithm）的方法寻找经济从某个初始状态出发到达稳态的最优路径，从而模拟经济趋向稳态的动态过程。

从一个给定的初始资本存量 K_0 出发，我们猜一个内生的初始消费水平 C_0，使用等式（5-17）、（5-18）获得内生变量诸如消费率（C_t/Y_t）等随时间变化而变化的动态路径。如果此路径没有趋向稳态，则修改所选的初始消费水平 C_0，直至"猜中"某个水平由其生成的动态路径趋向于稳态值。

$$\frac{C_{t+1}}{N_{t+1}} = \frac{C_t}{N_t} \times \frac{1}{(1+\eta)} \times \left[\frac{1 + (1-\tau_{k,t+1})(\alpha A_{t+1} K_{t+1}^{\alpha-1} N_{t+1}^{1-\alpha} - \delta_{t+1})}{(1+\rho)}\right]^{1/\theta}$$

$$(5-17)$$

$$K_{t+1} = A_t K_t^{\alpha} N_t^{1-\alpha} - (1-\delta_t)K_t - C_t - G_t \quad (5-18)$$

---

① 与基准模型相比，这里 $\theta \geqslant 1$ 可以等于1。

这里，效用贴现率为 $\beta = 1/(1+\rho)$，有效劳动的增长率为 $\eta = (1 + n)(1+x)^{1/(1-\alpha)}$，$\tau_{k,t}$ 为总税率。不考虑随机因素，进行确定性模拟；并重点考察资本报酬率 α 对消费率动态路径的影响。在上述动态一般均衡分析的框架下，资本报酬率（也即国民收入的分配格局）的变化对居民消费率的影响机制为：一方面资本报酬率 α 进入生产函数，直接影响投入对产出的结果；另一方面，资本报酬率决定要素的边际产出，从而进入家庭的预算，影响消费支出的决策。这两方面的结果共同决定了居民消费占产出比重的动态变化路径。(5-9) 式、(5-15) 式的条件及图 5-2 表明，资本报酬率较高的经济体，在一定时期内居民消费率将呈不断下降的态势。

第四节　模型校准及实证结果

基于上述构建的单一部门的新古典增长模型，利用中国 1993—2007 年的数据进行模型校准，在确定性条件下利用模型模拟生成中国消费率变化的动态路径；在此基础上，分析资本报酬率的变化对消费率的长期影响机制。这里，在 (5-12) 式、(5-13) 式组成的动态一般均衡模型中，模型的参数包括代表性家庭对将来效用的贴现率 ρ 以及跨期消费替代弹性 θ；涉及企业生产技术的参数：A_t 及其外生的增长率 x_t（即 TFP 增长率），资本折旧率 δ_t，国民收入中资本或劳动所占的比重 α_t；人口增长率 n_t；政府支出占 GDP 的比重 η_t，对居民及企业的税率 τ_{at}，τ_{ft}；以及初始资本存量水平 K_0。

一、模型校准

1. 资本报酬率 α_t（或劳动报酬率，$1-\alpha_t$）

可从两个渠道获得中国的劳动报酬率（劳动报酬/GDP）：一是利用各省收入法核算的 GDP 数据[①]；二是利用资金流量表（实物交易）计算。此

---

① 收入法核算的地区生产总值包括劳动报酬、生产税净额、固定资产折旧和营业盈余四个部分。

外，白重恩和钱震杰（2009）对收入法核算的各省 GDP 数据进行调整，提供了另一组中国劳动报酬率的数据。本章附录附表 5 - 1 给出了用这三种不同方法计算的资本报酬率。

2. TFP 的增长率 x_t

使用王小鲁等（2009）计算的不变价全国固定资本存量、GDP 及劳动人口，利用上一小节中的资本报酬率，按照 $A_t = Y_t / (K_t^\alpha L_t^{1-\alpha})$ 计算1993—2007 年我国 TFP 的增长率，即 $x_t = A_t / A_{t-1} - 1$，结果见本章附录附表 5 - 1。

3. 折旧率 δ

在资本存量的运动方程 $K_{t+1} = (1-\delta)K_t + i_t$ 中代入资本产出率 k_t / y_t、投资产出率 i_t / y_t、折旧率 δ_t 以及 TFP 增长率 x_t，得下式：

$$(1 + x_t) \times \frac{k_t}{y_t} = (1 - \delta_t) \times \frac{k_t}{y_t} + \frac{i_t}{y_t} \qquad (5-19)$$

利用各年资本产出率、投资占 GDP 比重以及由上一小节得到的 x_t，即可计算各年的折旧率。由于理论模型是在封闭条件下构建的，因此，对应的投资占 GDP 的比重还包括了净出口占 GDP 的比重，结果见本章附录表5 - 1。值得注意的是，由此计算的资本折旧率大致保持在 10%—14% 的水平，高于现有文献中使用的 5%—8% 的水平。

4. 效用贴现率 ρ 和跨期替代弹性 θ

依据家庭效用最大化的一阶条件（（5 - 10）式），稳态状态时这两个参数应满足：

$$\rho = (1 - \tau_a)(1 - \tau_f)\left[\alpha \frac{\hat{y}}{\hat{k}} - \delta\right] - \theta x \qquad (5-20)$$

因此，对应于不同的 θ 值，可计算对应的贴现率 ρ。有些研究使用对数线性效用函数，取 $\theta = 1$。但是，如（5 - 9）式所示，$s^{ss} > \frac{1}{\theta}$ 是保证居民消费率单调下降的条件。因此，要使理论模型所生成的消费率路径在趋势上吻合中国居民消费率的实际变化特征，需要 θ 取一个较高的值。顾六宝和肖红叶（2004）用两种统计估算方法得出的估计值分别高达 3.169 和 3.916。但是，Cohcrane（1991）建议 θ 值不应大于 3。此外，要保证利用（5 - 20）式计算的贴现率 ρ 为正，θ 的取值也不能超过 2.5。以下分别让

$\theta = 1.8, 2, 2.5$，ρ 分别对应地取 0.0303、0.0221 和 0.0014，以对比分析模拟结果，说明模型结果的稳定性。

5. 其他参数

政府支出所占比重 η_t，取各年《中国统计年鉴》中支出法核算的政府支出占 GDP 的比重。税率 τ_t，取资金流量表（实物交易）中生产税净额与收入税的加总占国民收入的比重。简化起见，模型中不再区分家庭财产税和企业营利税。人口增长率 n_t，取《中国统计年鉴》中的人口自然增长率（见本章附录附表 5-2）。初始资本存量设定为 1993 年按可比价计算的固定资本存量 26611 亿元（王小鲁等，2009）。

二、模型模拟及反事实分析

在基准模型中，假定效用贴现率 ρ 和跨期替代弹性 θ 为固定参数，其他所有参数均随时间的变化而变化，包括资本报酬比重 α_t、技术进步率（TFP）的变化率 x_t、折旧率 δ_t、人口增长率 n_t、政府支出占 GDP 的比重 η_t 以及总税率 τ_t。对于样本区间内（1993—2007 年）的模拟，我们使用相关参数各年的实际值来计算；对于区间外（2008 年以后）的预测模拟，各参数均取 2000—2007 年间的均值。

根据三组资本报酬率的数据运行基准模型，我们分别模拟生成了1993—2007 年间居民消费率的动态变化路径，并与实际的消费率变化路径进行比较。图 5-3 中按资金流量表计算的资本报酬率各年均较低，2000—2007 年的均值为 40.1%；按收入法核算的省际 GDP 计算的资本报酬率各年均较高，均值为 55.7%；按白重恩等（2009）计算的资本报酬率居中，均值为 48.4%。如图 5-3 所示，在均值为 48.4% 的资本报酬率水平下，由基准模型模拟生成的消费率路径在 1993—2003 年期间与实际的消费率路径不仅水平而且变化趋势都最为吻合，一定程度上说明了基准模型对现实经济的解释力。均值较低的资本报酬率对应一条较高水平的消费率路径，其整体趋势相对平稳，仅在 1997—2003 年期间表现出下降的趋势。均值较高的资本报酬率对应一条较低水平的消费率路径，而且期间内整体下降的趋势较为明显。结果表明，较高的资本报酬率对应着一条不仅水平较低而且呈下降趋势的消费率路径，随着资本报酬率的降低，不仅消费率不断提高，而且下降的趋势逐渐趋缓。

但是，上述三种情形模拟生成的消费率在2004—2007年期间都明显高于实际的消费率。由基准模型得到的消费率可以认为是其他条件不变、现有国民收入分配格局下，居民消费率应当保持的合理水平。对应于不同的资本报酬率，模拟结果表明：在此期间，居民消费率的均值应分别保持在44.2%、47.5%及53.5%的水平，但是，同期我国实际的居民消费率均值仅为39.6%（见图5-3）[1]。这说明，在此期间有一些模型中假定不变的条件发生了改变，从而降低了实际消费率水平。其中之一，可能是居民边际消费倾向的大幅度下降。按照资金流量表（实物交易）计算，1992—2000年间我国居民的边际消费倾向为0.712，2001—2007年间骤降为0.493。如此大的居民边际消费倾向下降可能是导致模型模拟结果与实际数据出现偏差的主要原因。

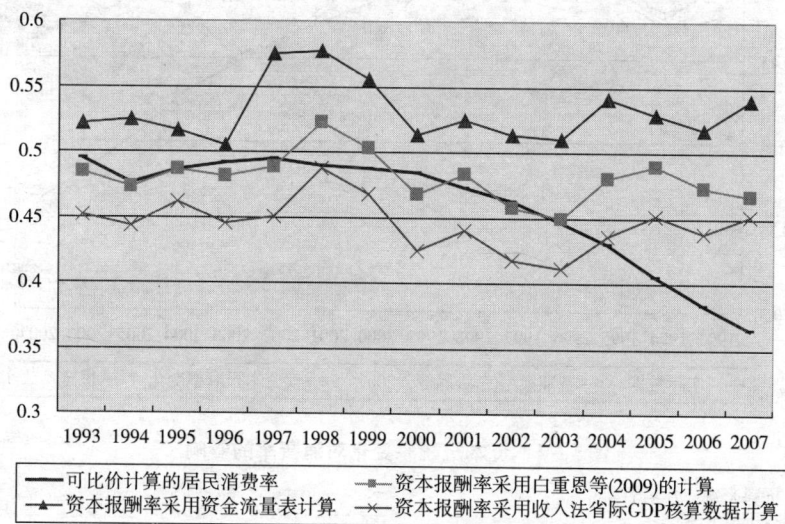

图5-3　基于基准模型模拟的居民消费率
资料来源：作者计算。

---

[1]　需要指出，由于模拟所用的资本报酬率是2000—2007年实际值的平均数，它已经偏高，因此，模拟得出这个居民消费率是偏低的。

为了分离出资本报酬率对消费率变化的影响，我们利用基准模型进行反事实分析。以资本报酬率均值维持在 48.4% 为例（见图 5 - 4）。首先让所有参数都取 2000—2007 年间的实际均值（见本章附录附表 5 - 1），模拟消费率的动态路径。如图 5 - 4，它是一条较为平缓的消费率路径。其次，我们继续保持其他参数取其均值，唯独让资本报酬率每年发生变化，以此分离出资本报酬率变化对消费率变化的影响[①]。结果表明，资本报酬率的变化对消费率的动态路径有重要影响。保持其他参数不变、仅资本报酬率变化得到的消费率路径基本接近允许所有参数都变化的基准模型获得的模拟结果。这一反事实分析的结果表明，在影响消费率路径的各因素中，资本报酬率起着重要的作用：不仅决定消费率的高低，而且决定着消费率长期变化的趋势。

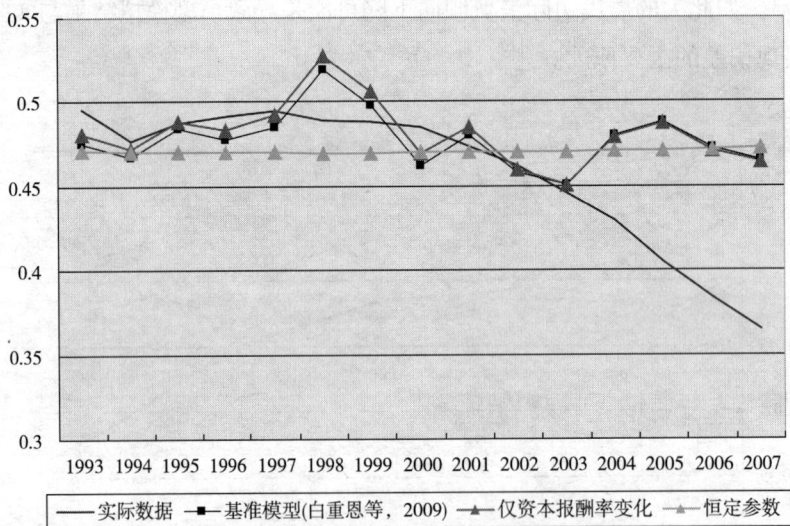

图 5 - 4　资本报酬率变化对消费率的影响

资料来源：作者计算。

综上，我们认为，不考虑随机因素、利用动态一般均衡模型对中国 1993—2007 年的数据校准后所生成的消费率路径在一定程度上拟合了实际消费率的长期变化情况；在其他外生变量中，资本报酬率的变化对消费率

---

① 事实上，对其他参数的影响我们也逐一进行了模拟，限于篇幅，结果不再给出。

具有重要影响；较高的资本报酬率可能是导致中国经济在向稳态趋近的高速增长时期居民消费率长期持续下降的主要原因。

三、预测分析

在上述基准模型的基础上，我们对居民消费率在今后 20 年即到 2030 年的可能变化路径进行预测分析，并讨论调整国民收入分配格局对居民消费率的影响。

考虑到今后一段时期中国的人口增长率还可能进一步下降，预测时我们适当降低了人口的增长率，从 2000—2007 年的均值 0.615% 降到 0.58%；仅让资本报酬率在 0.35—0.6 的区间内变化，其他所有的参数均取 2000—2007 年间的均值①；同时假定居民能维持 2000 年之前的平均消费倾向（0.712），运行模型观察今后的 20 年内居民消费率的动态路径②（见图 5 - 5）。

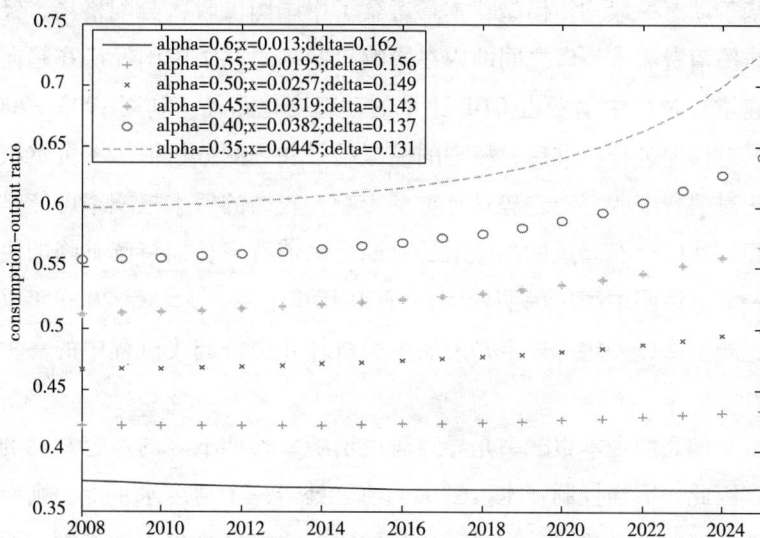

图 5 - 5　不同资本报酬率假定下的期间外预测

资料来源：作者计算。

---

①　由于参数之间具有的内在联系，资本报酬率的变化将影响 TFP 的增长率以及折旧率的水平，见 5.4.1 小节。

②　我们对跨期替代弹性取不同的数值，可发现跨期替代弹性值越大，消费率下降的趋势越明显，下降持续的时间也越长。

结果表明，随着资本报酬率的提高，居民消费率水平不断降低，而且消费率保持下降趋势的时期也将不断延长。如果当前中国国民收入分配格局进一步向资本倾斜，使资本报酬率提高到60%，那么，即使到2025年，居民消费率仍将低于40%。反之，如果降低资本报酬率，例如下降到50%，那么，居民消费率将可能停止下滑的趋势；如果进一步降低资本报酬率，例如下降到40%，那么，居民消费率自2020年起就会转向上升。

第五节　结　论

基于动态一般均衡模型，本章考察了中国国民收入分配格局、经济增长、居民消费需求三者之间的内在影响机制，研究了中国经济在趋向稳态的高速增长过程中消费占GDP比重的动态变化路径。利用1993—2007年的数据对模型进行校准后，模型的模拟结果和预测分析揭示了资本报酬率的变化对消费率的变动趋势具有重要影响，较高的资本报酬率可能是导致中国经济在向稳态趋近的高速增长时期居民消费率长期持续下降的主要原因之一。这说明中国居民消费率在近20年里下降，尤其是2000年以来的再度急剧下降，一定程度上是发展中经济体在经济起飞过程中的一种必然趋势。

由于偏高的资本报酬率是导致居民消费率长期下降的不容忽视的重要原因，因此，适当控制资本报酬率，使之处于一个适度水平上，则有利于遏制消费率的下降趋势。如果对过高的资本报酬率不仅不加控制，而且继续实行向资本倾斜的国民收入分配政策，将使居民消费率在今后相当长时期内仍可能维持在较低水平，那么，中国在今后较长时期内仍将困扰于内需尤其是居民消费不足，经济增长不得不继续依靠出口拉动、投资推动；反之，将资本报酬率控制在适当水平上，居民消费率下降的趋势将有可能较快（相比较较高的资本报酬率而言）得以扭转，并使经济增长的驱动力从外需和投资转向国内居民消费。与此同时，2004—2007年中国居民的实际消费率与模型模拟值的比较说明，目前居民的实际消费率大幅低于现阶段中国经济增长过程中、现有国民收入分配格局下应有的消费率。基于居民边际消费倾向自 2001 年以来有较明显下降的事实，因此可以得出的另一个结论是：中国居民消费率的提高，不仅要调整国民收入的分配格局，适度降低资本报酬率，而且必须着力提升居民的边际消费倾向，至少使之逐步恢复到 1992—2000 年的平均水平上。

确认中国的资本报酬率偏高，必然会问：中国的资本报酬率为什么不仅高于美国，而且高于日本和韩国？显然，从逻辑上说，作为一个比日本、韩国更为后发而且至今经济发展水平仍低于它们的经济体，中国在其经济起飞阶段，人均 GDP 水平更低，资本更为稀缺，资本报酬率更高是可以理解的。在经济赶超阶段，较高的资本边际产出是投资扩张的主要驱动力。由此导致的资本报酬率的上升必然对应着劳动报酬率的下降。而后者一定程度上也体现中国经济结构调整的结果（白重恩和钱震杰，2009）。随着经济结构从劳动报酬比重较高的农业部门为主转向资本报酬比重较高、劳动报酬比重较低的工业部门为主，客观上国民收入分配中劳动报酬率会不断下降。

但是，与此同时，我们不能不关注中国现行政治经济体制对这一趋势的叠加影响。从图 5-1 可知，2000 年之后中国居民消费率再度急剧下降。一个经济体在实现了经济高速增长 20 年之后，资本的稀缺状况应有所缓解，资本报酬率应当低于经济起飞的初始阶段，但是，2000 年之后的居民消费率再度急剧下降却意味着资本报酬率的相反变动趋势[①]。这显然不能再用赶超经济体经济起飞阶段的一般趋势予以解释，而必须关注中国现行政治经济体制对这一趋势的叠加影响。在中国目前的政府主导型经济体制下，各级政府追求经济增长及财政收入最大化，不计成本地引资。在初次分配环节，或对资本以种种方式予以补贴，或坐视劳资双方力量对比失衡，容忍利润侵蚀工资，对劳动以或明或暗的方式进行剥夺。这些不仅扭曲了要素比价，导致了以出口劳动密集型产品为导向的粗放型经济发展方

---

① 资金流量表（实物交易）给出了 2007 年中国企业部门所得占全社会可支配收入的比重（18.4%）比 1997 年（13.1%）上升了 5.3 个百分点。

式长期难以转变，产业结构升级缺乏动力，而且扭曲了国民收入的分配结构，致使劳动报酬率过快下降；在再分配环节，收入分配向政府倾斜，与此同时，政府在城市居民住宅、社保以及教育、卫生等公共服务领域的投入不足①，不仅进一步降低了居民收入增长速度，而且大幅度地降低了居民的边际消费倾向，再度抑制了居民消费的扩张。中国现行政治经济体制对居民消费率变动趋势的影响显然亟须关注，而且必须通过体制改革与政策调整予以改善的。

居民消费率在一定时期内下降，尽管是赶超经济体在经济起飞阶段不可避免的趋势，但是，其存在的合理性是以一定的度为界限的。首先，居民消费率的下降应以不导致该经济体社会再生产的不可持续为限，以服务于该经济体的较快稳定增长为前提。当居民消费率的长期持续下降抑制了最终消费对经济增长的拉动作用，使经济增长严重依赖"出口拉动、投资驱动"，经济稳定性下降，难以抵御外部经济波动的冲击，其合理性也就值得考虑了。其次，从根本而言，它应以未来居民消费的更大扩张为补偿。否则，将何以说明我们这个社会经济增长的终极目标的合理性呢？

参考文献

［1］白重恩、钱震杰：《国民收入的要素分配：统计数据背后的故事》，《经济研究》2009 年第 3 期。

［2］龚敏、李文溥：《论扩大内需政策与转变经济增长方式》，《东南学术》2009 年第 1 期。

［3］顾六宝、肖红叶：《中国消费跨期替代弹性的两种统计估算方法》，《统计研究》2004 年第 9 期。

［4］何立新、封进、佐藤宏：《养老保险改革对家庭储蓄率的影响：中国的经验证据》，《经济研究》2008 年第 10 期。

［5］李稻葵、刘霖林、王红领：《GDP 中劳动份额演变的 U 型规律》，

---

① 2007 年政府部门所得占全社会可支配收入的比重（24.1%）比 1997 年（18.3%）提高了 5.8 个百分点（资金流量表（实物交易））。

《经济研究》2009 年第 1 期。

[6] 王小鲁、樊纲、刘鹏：《中国经济增长方式转换和增长可持续性》，《经济研究》2009 年第 1 期。

[7] Aziz,J. and C. ,Li,"Explaining China's Low Consumption:The Neglected role of Household Income", IMF Working Paper,2007,WP/07/181.

[8] Aziz,J. ,"Rebalancing China's Economy:What Does Growth Theory Tell Us?" IMF Working Paper,2006,WP/06/291.

[9] Barro,R. J. And Salai-Martin,X. ,*Economic Growth*,Second Edition,the MIT Press,2004.

[10] Blanchard,O. J. and F. ,Giavazzi,"Rebalancing Growth in China:A Three-Handed Approach",MIT Department of Economics Working Paper,2005,No. 05-32.

[11] Bloom,D. E. ,Canning,D. ,and Sevilla,J. ,"The Demographic Dividend:A New Perspective on the Economic Consequences of Population Change",Santa Monica,Calif. :RAND,MR-1274,2002.

[12] Cai,F. and D. ,Wang,"China's demographic transition:Implications for growth",in Ross Garnaut and Ligang Song,eds. ,*The China Boom and Its Discontents*,Canberra:Asia Pacific Press,2005,pp. 34-52.

[13] Chen,K. ,İmrohoroǧlu,A. ,and İmrohoroǧlu,S. ,"A Quantitative Assessment of the Decline in the U. S. Current Account",*Journal of Monetary Economics*,Vol. 56(8),2009.

[14] Chen,K. ,İmrohoroǧlu,A. ,and İmrohoroǧlu,S. ,"The Japanese saving rate between 1960 and 2000:productivity,policy changes,and demographics",*Economic Theory*, vol. 32(1),2007,pp. 87-104.

[15] Chen,K. ,İmrohoroǧlu,A. ,and İmrohoroǧlu,S. ,"The Japanese Saving Rate",*American Economic Review*,vol. 96(5),2006,pp. 1850-1858.

[16] Chamon,M. and E. ,Prasad,"Why Are Saving Rates of Urban Households in China Rising?" *American Economic Journal*:Macroeconomics,American Economic Association,vol. 2(1),2010,pp. 93-130.

[17] Cole,H. L. and L. E. Ohanian,"The Great Depression in the United

States from a Neoclassical Perspective", *Federal Reserve Bank of Minneapolis Quarterly Review*,23,1999,2-24.

[18] Cochrane,H. J. ,"A Simple Test of Consumption Insurance",*Journal of Political Economy*,Vol. 99(5),1991,pp. 957-976.

[19] Ding,S. and J. ,Knight,"Can the Augmented Solow Model Explain China's Economic Growth? A Cross-Country Panel Data Analysis",Economics Series Working Papers 380, University of Oxford, Department of Economics, 2008.

[20] Guha,S. ,"Dynamics of the Consumption-Capital Ratio, the Saving Rate,and the Wealth Distribution in the Neoclassical Growth Model",*Macroeconomic Dynamics*,12,2008,pp. 481-502.

[21] Hashmi,A. R. ,"A Note on the Transitional Behaviour of the Saving Rate in the Neo-classical Growth Model", http://mpra. ub. uni-muenchen. de/ 14128,2009.

[22] Hayashi,F. and E. Prescott,"The 1990s in Japan: A Lost Decade", *Review of Economic Dynamics*,Vol. 5(1),2002,206-235.

[23] Hayashi,F. ,"Why is Japan's Saving Rate so Apparently High?" in Stanley Fischer, ed. , *NBER Macroeconomics Annual*, Cambridge, MIT Press,1986.

[24] Kehoe,T. and E. Prescott,"Great Depressions of the 20th Century", *Review of Economic Dynamics*,Vol. 5,2002,pp. 1-18.

[25] Modigliani,F. and S. L. , Cao, "The Chinese Saving Puzzle and the Life Cycle Hypothesis",*Journal of Economic Literature*,42,2004,pp. 145-170.

[26] Song, Z. M. , S. , Kjetil and F. , Zilibotti, "Growing like China", CEPR Discussion Papers,2009,7149.

[27] Wei,S. and X. Zhang,"The competitive saving motive:Evidence from rising sex ratios and saving rates in China",NBER Working Paper,2009,15093.

[28] Wen,Y. ,"Saving and growth under borrowing constraints explaining the 'high saving rate' puzzle",Working Papers 2009-045,Federal Reserve Bank of St. Louis,2009.

附　　录

附表 5 – 1　资本报酬率、技术进步率与折旧率计算

年份	资本报酬率			技术进步率			折旧率		
	省际收入法	资金流量表	白重恩和钱震杰（2009）	省际收入法	资金流量表	白重恩和钱震杰（2009）	省际收入法	资金流量表	白重恩和钱震杰（2009）
1993	0.5046	0.3739	0.4242	0.05	0.05	0.05	0.0713	0.0740	0.0740
1994	0.4974	0.3485	0.4158	0.0524	0.0523	0.0609	0.1080	0.1081	0.0995
1995	0.4857	0.3475	0.4090	0.0332	0.0579	0.0459	0.1328	0.1081	0.1201
1996	0.4924	0.3637	0.4131	0.0387	0.0592	0.0450	0.1217	0.1013	0.1154
1997	0.4937	0.3398	0.4132	0.0321	0.0311	0.0390	0.1231	0.1241	0.1162
1998	0.4929	0.3393	0.4142	0.0159	0.0313	0.0246	0.1346	0.1193	0.1260
1999	0.4990	0.3495	0.4228	0.0218	0.0370	0.0297	0.1215	0.1063	0.1136
2000	0.5130	0.3661	0.4332	0.0321	0.0461	0.0380	0.1082	0.0942	0.1023
2001	0.5177	0.3870	0.4397	0.0240	0.0395	0.0312	0.1164	0.1009	0.1091
2002	0.5225	0.3946	0.4460	0.0277	0.0410	0.0356	0.1155	0.1022	0.1076
2003	0.5385	0.4030	0.4638	0.0243	0.0402	0.0334	0.1253	0.1093	0.1162
2004	0.5845	0.4232	0.5163	0.0092	0.0316	0.0175	0.1444	0.1220	0.1361
2005	0.5860	0.4041	0.5179	0.0068	0.0374	0.0166	0.1513	0.1207	0.1415
2006	0.5939	0.4098	0.5269	0.0091	0.0387	0.0191	0.1504	0.1207	0.1403
2007	0.6026	0.4209	0.5300	0.0062	0.0342	0.0205	0.1522	0.1242	0.1379
2000—2007年平均	0.5573	0.4011	0.4842	0.0174	0.0386	0.0265	0.1306	0.1094	0.1215

附表 5 – 2　人口增长率、政府支出占比及总税率

年　份	人口增长率（n_t）	政府支出占比（η_t）	总税率（τ_t）
1993	1.145	0.14857	0.18218
1994	1.121	0.14732	0.170168
1995	1.055	0.13254	0.156615
1996	1.042	0.13435	0.166421
1997	1.006	0.13739	0.171998
1998	0.914	0.14283	0.180416
1999	0.818	0.15052	0.180268
2000	0.758	0.15860	0.185601
2001	0.695	0.16211	0.198583
2002	0.645	0.15887	0.200197
2003	0.601	0.15114	0.201512
2004	0.587	0.14474	0.178008
2005	0.589	0.14100	0.194514
2006	0.528	0.13588	0.209632
2007	0.517	0.13344	0.219592
2000—2007 年平均	0.615	0.14822	0.19845

第六章 高储蓄、高投资与 经济的动态效率[①]

第一节 问题的提出

改革开放以来，中国始终维持着 30% 以上的储蓄率和投资率。而且自 1981 年以来，基本上呈上升趋势。2000 年之后，储蓄率急剧上升，2002 年突破 40%，2008 年更是超过了 50%，为世界各大国最高水平（见图 6-1）。

面对上述数据，人们的直觉是中国的储蓄率和投资率过高，因而研究大都围绕着"中国的储蓄和投资过高的原因"、"如何提高中国的消费率"等展开（齐天翔，2000；李扬、殷剑峰，2007 等）。然而，高储蓄率不等于储蓄率过高，高投资率也不等于投资过度。尽管储蓄率和投资率的国际比较不无借鉴参考价值，但是，我们不能简单地因为中国的储蓄率比欧美等国高就得出中国储蓄和投资水平过高的判断。所谓储蓄和投资水平过高，从理论上说，可以视为资本的过度积累。在这种情况下，降低本期的储蓄率和投资率，增加本期的消费，未来的消费将不因此受到损害。因此，储蓄率和投资率是否过高问题也就是 Diamond（1965）提出的经济动态效率问题。

本章基于帕累托效率准则及其动态跨期福利比较原理，在理论与实证

---

① 本章作者：李文溥、肖正根、刘榆。张俊远、李昊协助更新了相关数据。

上研究了中国经济的动态效率，以判断自 1978 年以来，中国是否存在着资本的过度积累。本章安排如下：第二节介绍经济动态效率的概念和检验方法；第三节介绍国内现有研究及其不足；第四节基于一个更谨慎的框架重新计算了中国的投资和资本回报；第五节运用 AMSZ 准则和重新计算的数据，对全国的经济动态效率进行分析；第六节对各地区（东部、中部、西部）的经济动态效率进行比较分析；第七节是结论和讨论。

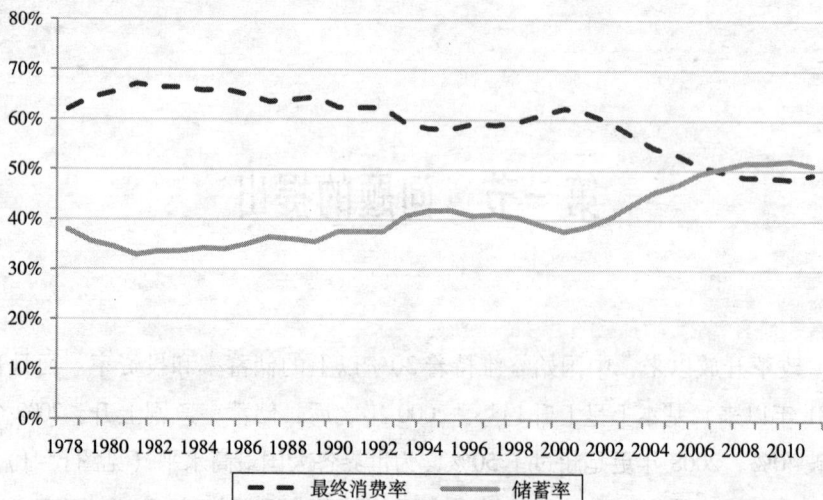

图 6 - 1　1978 年以来中国的储蓄率和最终消费率

注：储蓄用"资本形成总额 + 货物和服务净出口"作为估计值。

资料来源：CEIC 中国经济数据库。

第二节　经济动态效率的基本概念与研究方法

一、经济动态效率：基本概念

Cass（1972）把动态无效率定义为资本的过度积累。在动态无效率状态下，降低本期储蓄率（或投资密度）可以增加当代人的消费，未来人的消费却不因此降低。Blanchard 和 Fischer（1989）进一步量化了概念：当实际利息率小于经济增长率时，经济是动态无效率的。Barro 和 Sala-i-Martin（1995）认为：当实际经济的储蓄率大于黄金规则的储蓄率时，经济是动态无效率的。

Diamond（1965）表明，一个竞争性的经济有可能达到一种资本存量过高的稳态均衡。以下根据 Diamond 模型论证资本存量过高的一个命题。假设在完全竞争市场中，规模收益不变的总生产函数为 $Y_t = F(K_t, L_t) = K_t^{\alpha} L_t^{1-\alpha}$，其中 L_t 代表出生于 t 时期的人口数，α 代表资本弹性，$0 < \alpha < 1$。

命题一： 当 α 足够小时，稳态的资本存量大于黄金率的资本存量（$\bar{k} > k_{GR}$），即经济中存在资本的过度积累，降低资本存量可以使经济实现帕累托改进。

证明： 第一步，证明稳态的资本存量（$\bar{k}$）由 $f'(\bar{k}) = \dfrac{\alpha}{1-\alpha}(1+n)(2+\rho)$ 决定，其中 $\rho > -1$，用于刻画消费者的时间偏好，n 为人口增长率。

在 Diamond 模型中，代表性个人只活两期，即年轻期和年老期。年轻时工作，年老时退休。考虑时期 t 出生的个人：在时期 t（作为年轻人）的消费记为 c_{1t}，在时期 $t+1$（作为老年人）的消费记为 c_{2t+1}，在时期 t 的工资记为 w_t，利率记为 r_t。

首先，决定工资和利率。总生产函数两边同除以 L_t 得 $y_t = f(k_t) = k_t^{\alpha}$。由零利润条件可得 $r_t = f'(k_t) = \alpha k_t^{\alpha-1}$ 和 $w_t = f(k_t) - r_t k_t = (1-\alpha)k_t^{\alpha}$。其次，代表性消费者的效用和预算约束分别为 $u_t = \log(c_{1t}) + \dfrac{1}{1+\rho}\log(c_{2t+1})$ 和 $c_{1t} + \dfrac{1}{1+r_{t+1}}c_{2t+1} = w_t$。最优解为 $c_{1t} = \dfrac{1+\rho}{2+\rho}w_t$，储蓄 - 工资比为 $s = \dfrac{1}{2+\rho}$。再次，社会资本存量等于工资总量乘以储蓄率，即 $K_{t+1} = sL_t w_t$，两边除以 L_{t+1} 得 $k_{t+1} = \dfrac{(1-\alpha)k_t^{\alpha}}{(1+n)(2+\rho)}$，由此求出稳态解 $(\bar{k})$ 并代入 $f'(\bar{k}) = \alpha \bar{k}^{\alpha-1}$ 即得最终结论：$f'(\bar{k}) = \dfrac{\alpha}{1-\alpha}(1+n)(2+\rho)$。

第二步，找出 $\bar{k} > k_{GR}$ 的充分条件。黄金率的资本存量（k_{GR}）是由 $f'(k_{GR}) = n$ 决定的。由于 $f'(k)$ 是 k 的减函数，$\bar{k} > k_{GR}$ 的充分必要条件为 $f'(\bar{k}) < f'(k_{GR})$，等价地 $\dfrac{\alpha}{1-\alpha}(1+n)(2+\rho) < n$，此不等式成立的充分条件为 α 足够小。此时，$\bar{k} > k_{GR}$，即经济中存在资本的过度积累。

二、检验经济的动态效率

实践中有三种方法常用来判断一个国家经济的动态效率：（1）比较资本存量与黄金率的资本存量；（2）比较边际生产率与经济增长率；（3）AMSZ法则——比较资本回报与总投资。对现实经济的动态效率进行经验研究时，所采用的检验方法和标准不同，得出的经济的动态效率的结论也不完全相同。Abel等（1989）证明，AMSZ法则具有一般性，是可以用以识别不确定的市场经济是否动态有效的主要途径。

AMSZ 准则（Abel，1989）：如果对于所有时期 t 和所有自然状态，$\dfrac{R_t}{V_t} > 0$ 成立，则均衡经济是动态效率的；如果对于所有时期 t 和所有自然状态，$\dfrac{R_t}{V_t} < 0$ 成立，则均衡经济是动态无效率的。其中，V_t 是经济在 t 期有形资产的总价值，R_t 是 t 期总资本的净收益，即总收益减去总投资。

在一定条件下，当经济中的投资大于回报时，经济是动态无效率的：可以在当期多消费一部分资本，与此同时，以后各期的消费都不下降。这正是 AMSZ 准则可以被用以检验现实经济是否具有动态效率的理论基础。下面的命题是 AMSZ 准则的一个改进版。

命题二：假定其他条件不变①，如果经济中的资本总回报小于总投资，即 $F_K K_t < I_{t+1}$，则经济是动态无效率的。其中：$F(K_t, L_t)$ 为生产函数，K_t 为资本存量，L_t 为劳动力；偏导数 $F_K = F_K(K_t, L_t)$ 为资本的边际产出②，$t \geqslant 1$。

---

① 尤其是，不存在制度等的外生变化。

② 在规模收益不变的前提下，$F(K_t, L_t) = F_K(K_t, L_t)K + F_L(K_t, L_t)L$，简记为 $F(K_t, L_t) = F_K K + F_L L$。

动态无效率表明，我们可以消费掉一部分的资本使某一期的消费得以提高，而所有其他时期的消费都不降低。以下证明，存在 $dK_2, dK_3,$ $dK_4, \cdots < 0$ 使得 $dC_1 > 0$ 且 $dC_t \geqslant 0, t \geqslant 2$。其中：$K_t$ 为资本存量，L_t 为劳动力，C_t 为总消费，δ 为折旧率。

证明： t 时期的资本 – 消费恒等式可写为：

$$(1 - \delta)K_t + F(K_t, L_t) = C_t + K_{t+1} \tag{6-1}$$

消费 C_1 只能通过降低资本积累 K_2 的方式提高，即 $dC_1 = - dK_2 > 0$；由（6-1）式，为弥补 K_2 的下降所带来的产出损失：$(1 - \delta + F_K)dK_2$，使第 2 期的消费 C_2 不降低，必须降低资本存量 K_3，使得：

$$- dK_3 \geqslant - (1 - \delta + F_K)dK_2 \tag{6-2}$$

依次类推，对任意的 $t \geqslant 1$，可得：

$$- dK_{t+2} \geqslant - (1 - \delta + F_K)dK_{t+1} \tag{6-3}$$

$$dK_{t+2} \leqslant (1 - \delta + F_K)dK_{t+1} \tag{6-4}$$

下面证明存在 $dK_2, dK_3, dK_4, \cdots < 0$ 使（6-4）式成立，因此投资大于回报的经济是动态无效率的。

当投资大于回报，即 $F_K K_t < I_{t+1}$ 时，结合恒等式 $I_{t+1} \equiv K_{t+1} - (1 - \delta)K_t$，可得 $F_K K_t < K_{t+1} - (1 - \delta)K_t$ 即：

$$(1 - \delta + F_K)K_t < K_{t+1} \tag{6-5}$$

已知 K_2 的下降量必须满足 $dC_1 = - dK_2 > 0$。

我们可以选取 K_3 的下降量，使之满足 $\dfrac{dK_2}{K_2} \geqslant \dfrac{dK_3}{K_3}$，结合（6-5）式可得 $dK_3 \leqslant (1 - \delta + F_K)dK_2$，即（6-4）式在 $t = 1$ 时成立。

依次类推，对于任意的 $t \geqslant 2$，如果选取的 K_{t+1} 的下降量满足 $\dfrac{dK_t}{K_t} \geqslant \dfrac{dK_{t+1}}{K_{t+1}}$，则（6-4）式成立。

综上所述，我们可以找到一条经济的帕累托改进路径：$0 > \dfrac{dK_2}{K_2} \geqslant \dfrac{dK_3}{K_3} \geqslant \dfrac{dK_4}{K_4} \geqslant \cdots$，使得 $dC_1 = - dK_2 > 0$，且 $dC_t = | dK_{t+1} | - | (1 - \delta + F_K)dK_t | \geqslant 0$（$t \geqslant 2$）。因此，投资大于回报的经济是动态无效率的。

这样，研究现实经济的储蓄率和投资率是否适当，研究因资本过度积累而产生的经济动态无效率问题，就转化为研究经济中投资和资本回报的关系。

第三节　中国经济的动态效率研究：一个评价

对中国经济动态效率做过研究的学者，有袁志刚（2000，2003）、史永东（2001，2002）等。其基本结论是：中国经济是动态无效率的，储蓄率过高，存在着资本的过度积累。袁志刚、宋铮（2000）讨论了中国的最优储蓄率，认为由于综合存贷差额、降息政策和资本外逃等原因，中国的储蓄不能有效地转化为投资，个人最优储蓄率可能偏离了黄金律，降低储蓄率将得到一个帕累托改进。根据 AMSZ 准则，史永东、齐鹰飞（2002）关于 1992—1998 年的中国数据计算和袁志刚、何樟勇（2003）关于 1996—2001 年的中国数据计算都表明，中国的资本净收益为负，经济处于动态无效率状态（见表 6 - 1、表 6 - 2）。据此，他们认为，在所研究的时段里，中国的储蓄率过高，存在资本的过度积累。

表 6 - 1　史永东、齐鹰飞：1992—1998 年中国经济的动态效率

年　份	1992	1993	1994	1995	1996	1997	1998
净收益/GDP（%）	- 4.12	- 8.63	- 6.06	- 4.84	- 3.81	- 3.85	- 4.08

表 6 - 2　袁志刚、何樟勇：1996—2001 年中国经济的动态效率

年　份	1996	1997	1998	1999	2000	2001
净收益/GDP（%）	- 0.76	- 0.52	- 3.36	- 2.64	- 2.2	- 6.62

然而，中国至今仍是一个资本稀缺的国家。樊纲等（2003）估算，2002 年中国人均资本额仅为 3673 美元，而美国为 100636 美元，中国只有

美国人均水平的 3.65%。当然，即使是资本短缺的国家，在一定时期内，资本积累率也不能无限提高。但是，一个悖论却不能无视：在这些研究者所研究的时段里，中国的储蓄率越下降，研究所认定的经济动态无效率却越严重。根据表 6-2，1996—2001 年间，中国经济的动态无效率总体上趋于严重。然而，图 6-1 表明，1994—2001 年，中国的储蓄率是在下降的。

以上研究可能存在一些不足：首先，数据长度过短。史永东、齐鹰飞（2002）仅计算了 1992—1998 年共 7 年的数据，袁志刚、何樟勇（2003）仅计算了 1996—2001 年共 6 年的数据；其次，资本总收益计算的方法存在修正的空间。"总投资＝固定资产投资＋存货投资"，一般并无疑义。问题在于如何确定中国的资本收益，因为国民收入账户对各要素报酬的区分不够详细。

AMSZ 准则的原意，资本总收益是资本部门的现金流入，然而在 Abel 等（1989）的文章中，并未仔细区分各要素的收入以便相对精确地计算资本收益，只是用"总资本收入＝国民收入＋对消耗资本的补偿－对被雇佣者的报酬－资本所有者的劳动收入[①]"。Ahn（2003）对 AMSZ 准则中的总资本收入做了较详细的解释，他指出，在 Abel 的上述计算公式中，西方发达国家的资本所有者收入的 67% 被算为资本所有者的劳动收入。这一比例对亚洲国家来说，并不适用，需要重新估算；此外，他认为在计算总资本收入时，地租也必须予以考虑。考虑到中国数据的可得性，运用国民收入账户统计数据，袁志刚等用公式"总收益＝GDP－间接税－企业补贴－劳动者报酬"来估算中国经济的资本总收益。在计算间接税时，以流转税和关税为代表。这存在改进的空间：（1）企业缴纳的交易税或增值税等间接税通常由企业和消费者共同负担，如能适当估计企业和消费者对间接税的负担比例，其中企业负担的部分应被理解为资本回报的一部分；（2）以流转税和关税作为间接税的代表，可能会小幅放大总资本收入。我们以"间接税＝营业税＋增值税＋消费税＋关税"进行计算；（3）鉴于中国土地价格不断上升，有必要考虑土地要素的报酬，但不应把它作为总资本的收入；（4）中国民营资本日益庞大，有必要估算中国资本所有者的劳动收

---

① 参考 Christensen（1971）的文章，资本所有者收入中的 67% 属于资本所有者的劳动收入。

入，它不应被视为总资本收入的组成部分。

第四节 中国的投资和资本回报：数据计算

我们用 2004 年全国经济普查调整后的国民经济数据计算中国的总投资和资本回报。由于 AMSZ 准则考察的是与生产部门相关的现金流，只要投资和资本回报数据采用的是同一种计价方式（现价或不变价），就无需涉及折旧或通胀问题。这正是 AMSZ 准则的优势所在。

投资等于"固定资产投资 + 存货投资"，国民经济核算有比较详细的统计①。

中国的资本回报数据比较复杂。国民收入账户统计虽然也报告"营业盈余"等数据，但由于统计口径问题，这些数据只能对计算中国的资本回报提供一个初步参考。

估算中国经济的资本收益的公式为：资本回报 = 国内生产总值 − 劳动者报酬 − 消费者承担的间接税 − 净补贴收入 − 土地要素报酬，这是对袁志刚等（2003）的公式的改进。使用公式的几点说明：（1）数据长度。我们把研究区间延伸至 1978—2008 年的所有年度，以便更全面地反映改革开放以来中国经济的资本回报的事实和趋势。（2）资本所有者收入。在计算资本回报时，资本所有者收入是一个问题。相当多资本所有者同时也是劳动者，其收入的一部分应被视为劳动报酬而非资本回报。在西方，一般认为资本所有者总收入中的 67% 属于劳动收入（Christensen，1971；Abel，

---

① "总投资 = 固定资产投资 + 存货增加"。许宪春（2000）认为，有两点原因使得这一数据不能准确地反映中国资本存量的变化。首先，这一指标包括购买土地、旧机器和房屋的支出，这些支出不能增加可再生资本。其次，它只统计了一定规模以上的投资项目，低估了总投资。我们也使用"总投资 = 资本形成总额"进行计算，结果类似。

下一节，在省际数据中，鉴于相当多的省份的总投资数据（固定资产投资 + 存货增加）未详细报告，我们将以"资本形成总额"作为省际投资数据的代表。由于涉及省和区域的计算的主要目的在于比较它们的资本收益的相对差别，这种近似处理不会对比较的结果造成方向性的影响。

1989）。考虑到东方国家企业家报酬较低的事实，Ahn（2003）认为这一比例并不适用于亚洲各国。就我国而言，由于数据获取的困难，使我们不得不暂时忽略这个问题。（3）税收。袁志刚、何樟勇（2003）以流转税和关税代表间接税，可能会小幅放大总资本收入，因此，我们以公式"间接税＝营业税＋增值税＋消费税＋关税"来计算。然而，这并不是问题的全部和关键。卢峰等（2007）认为，企业需要缴纳的交易税或增值税等间接税通常由企业和消费者共同负担，其中企业负担的部分应被理解为资本回报的一部分。我们以"劳动者报酬/GDP×间接税"来大致估算由消费者承担的部分。（4）企业的补贴收入。补贴收入＝国家财政决算支出中政策性补贴支出＋国家财政决算收入中企业亏损补贴，为避免重复计算，应扣除这一转移收入。（5）土地要素报酬。在相当的一段时间内，中国的城市用地是行政划拨使用的。近年来，改为拍卖使用权而且土地价格不断上升。但是，土地对经济的贡献并不因此改变。Ahn（2003）认为，和西方国家相比，东亚国家的土地要素回报非常低，仅占 GDP 的 2% 左右。当然，这是比较粗糙的。我们仅仅在确认中国资本净收益正负号的显著性时，考虑土地要素的报酬。

　　由图 6 - 2 和本章附表 6 - 1 可见，1978—1985 年，中国资本回报率呈下降趋势。1986—1989 年基本稳定在 40% 左右。从 1990 年开始，不断攀升，2004 年以后，超过 50%。

第五节　中国经济的动态效率：全国

　　从表 6 - 3 和图 6 - 2 可以得到三个有关中国经济动态效率的重要结果。表 6 - 3 报告了中国经济的投资和资本回报；为便于比较，表 6 - 3 还列出了史永东、齐鹰飞（2002）和袁志刚、何樟勇（2003）的计算结果；为检测结论的可靠性，最后一列列出了扣除占 GDP 的 2% 的土地要素报酬后的净收益。

到 2005 年为止，仅有 1985 年的资本净收益占 GDP 的比重是负数，其绝对值占 GDP 的 1.7%，扣除了土地要素报酬之后，也仅有 1985 年、1986 年和 1988 年的资本净收益占 GDP 的比重是负数；在图 6-2 中，2005 年之前，除 1985 年之外，整个资本回报曲线（未扣除土地要素报酬）一直是在总投资曲线的上方。因此，和袁志刚、何樟勇（2003）及史永东、齐鹰飞（2002）的研究结果不同，我们的计算表明，到 2005 年为止，中国经济并不存在明显的动态无效率。在史永东、齐鹰飞和袁志刚、何樟勇所研究的 1992—2001 年里，中国经济是动态有效率的。但是，2005 年之后，则出现了连续三年的动态无效率。

表 6-3　1978—2008 年中国经济的动态效率：投资和资本回报

年份	GDP（亿元）	资本回报（亿元）	总投资（亿元）	净收益（亿元）	净收益/GDP（%）	比较数据（%）	考虑土地（%）
1978	3645.2	1590.0	1008.1	581.9	15.9		13.9
1979	4062.6	1724.4	1112.6	611.9	15.1		13.1
1980	4545.6	1915.5	1188.2	727.3	16.0		14.0
1981	4891.6	2037.8	1251.9	785.9	16.1		14.1
1982	5323.4	2245.9	1511.4	734.5	13.8		11.8
1983	5962.7	2533.9	1745.8	788.1	13.2		11.2
1984	7208.1	3091.2	2201.0	890.2	12.4		10.4
1985	9016.0	3175.8	3328.7	-152.9	-1.7		-3.7
1986	10275.2	3954.3	3922.8	31.5	0.3		-1.7
1987	12058.6	4732.7	4455.0	277.7	2.3		0.3
1988	15042.8	6004.9	5752.1	252.8	1.7		-0.3
1989	16992.3	6721.5	6323.7	397.8	2.3		0.3
1990	18667.8	7637.6	6436.2	1201.4	6.4		4.4
1991	21781.5	9284.9	7392.2	1892.7	8.7		6.7
1992	26923.5	11838.7	9652.7	2186.0	8.1	-4.1	6.1
1993	35333.9	16584.5	15480.8	1103.7	3.1	-8.6	1.1
1994	48197.9	22917.5	20070.5	2846.9	5.9	-6.1	3.9
1995	60793.7	28410.2	24604.4	3805.8	6.3	-4.8	4.3

续表

年份	GDP（亿元）	资本回报（亿元）	总投资（亿元）	净收益（亿元）	净收益/GDP（％）	比较数据（％）	考虑土地（％）
1996	71176.6	33274.3	27650.3	5624.0	7.9	−0.8	5.9
1997	78973.0	36332.6	28944.1	7388.5	9.4	−0.5	7.4
1998	84402.3	38248.5	31151.4	7097.1	8.4	−3.4	6.4
1999	89677.1	41199.1	32278.9	8920.2	9.9	−2.6	7.9
2000	99214.6	46032.4	33916.1	12116.3	12.2	−2.2	10.2
2001	109655.2	51874.1	39228.4	12645.7	11.5	−6.6	9.5
2002	120332.7	56885.0	45432.8	11452.2	9.5		7.5
2003	135822.8	64941.0	58038.9	6902.1	5.1		3.1
2004	159878.3	82627.8	74528.1	8099.7	5.1		3.1
2005	183217.4	92215.8	92115.1	100.7	0.1		−1.9
2006	211923.5	107261.9	114249.3	−6987.4	−3.3		−5.3
2007	257305.6	135502.5	142807.5	−7305.0	−2.8		−4.8
2008	314045.0	161074.6	180231.3	−19156.7	−6.1		−8.1

注：（1）总投资＝固定资产投资总额＋存货增加，1978 年、1979 年数据缺，用资本形成总额的调整值；（2）净收益＝资本净收益＝资本净回报＝资本回报−总投资；（3）"比较数据"与"净收益/GDP"口径类似，其中，1992—1995 年数据取自史永东、齐鹰飞（2002）的计算结果，1996—2001 年数据取自袁志刚、何樟勇（2003）的计算结果；（4）"考虑土地"指"净收益/GDP"减去 2％后的数值。

资料来源：中经网统计数据库。

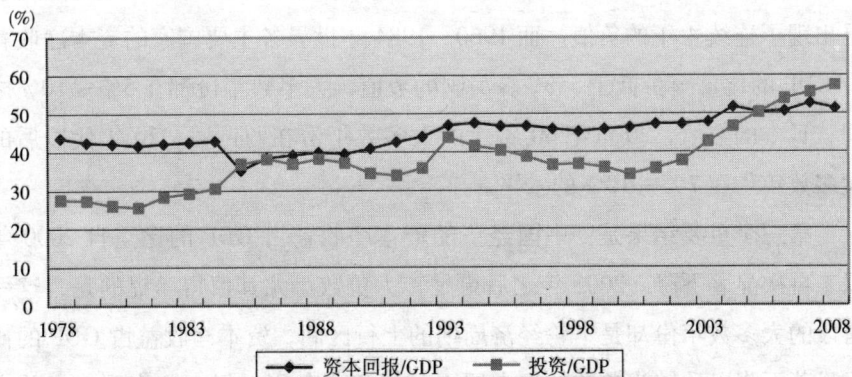

图 6－2　1978 年以来中国的资本回报和投资占 GDP 的比重

注：投资率＝总投资/GDP；资本回报率＝资本回报/总投资。

资料来源：中经网统计数据库。

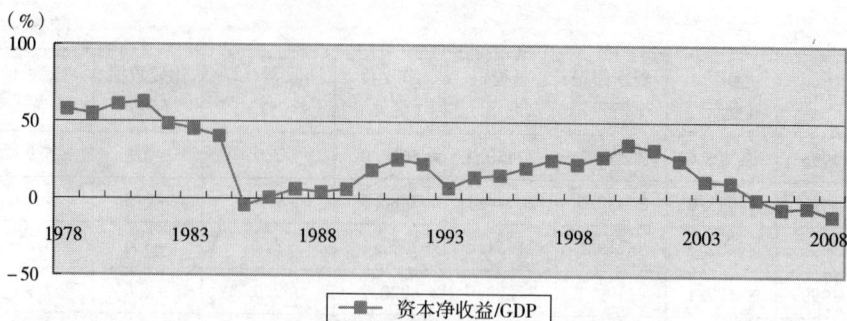

图 6 - 3　1978 年以来中国的资本净收益占 GDP 的比重

注：资本净收益占 GDP 的比重 = 净收益/GDP。

资料来源：中经网统计数据库。

因此，我们得到的第一个重要结果是：基于 AMSZ 准则，1978—2005 年，中国基本上不存在投资大于资本回报的状况。因此认为在此期间中国经济存在资本过度积累的动态无效率结论似乎难以成立，即使考虑了土地收益的扣除，到 2004 年为止，这个判断也是成立的。

第二个重要结果是：和欧美等国比，特别是在考虑了土地要素的报酬后，中国经济的动态效率水平是比较低的。

在以"固定资产投资 + 存货增加"计量总投资数据的情形中，和发达经济体比，中国经济的动态效率水平并不高。在所研究的时段里，有近一半年份（15 年）的资本净收益占 GDP 的比重低于 5%，2005 年之后，更是出现了连续 4 年的负值。而 1960—1984 年世界各主要国家的资本净收益占 GDP 的比重很少低于 5%[①]。美国的数值，大多数年份都在 5%—10% 之间；日本的数值，20 世纪 60 年代的大多数年份在两位数，70 年代以后的大多数年份在 7%—10% 的水平。

第三个重要结果是：中国经济的资本净收益占 GDP 的比重自 2000 年以来再次显著下降。2005 年之后更是转为负数。尤其值得一提的是，这一时段的大多数年份却是本轮经济周期的上行区间，资本净收益占 GDP 的比重显著下降以致转为负数的根本原因是投资率急剧上扬。这表明，目前中

---

① 具体数字见本章附表 6 - 2。

国经济已经因过度投资滑入了动态无效率区间。

第六节　中国经济的动态效率：地区差异

上一节讨论了 1978—2008 年中国经济整体的动态效率状况。本节的分区域数据则显示了这一时期里中国经济动态效率状况的地区性差异。

相对而言，东部地区经济的动态效率状况是东中西三地区中最好的（见表 6－4 及本章附表 6－3）。整个东部从 1978 年到 2008 年，始终保持了良好的动态效率，没有出现过投资大于资本回报的状况；与中、西部比较，东部的资本净收益占 GDP 的比重始终明显高一大截（见图 6－4）；从动态上看，近十年更是进入了改革开放后的第二个高资本收益率期（之前是 1978—1984 年）；分省而言，情况有所差别，总体上是南高北低。广东、江苏、山东、浙江、辽宁、福建、上海等省市资本净收益占 GDP 的比重基本上呈正值而且显著[①]。在东部地区，出现经济动态无效率年数最多的是北京，31 年里有 13 年的投资大于资本回报，主要集中在 1987—1999 年。其次是河北、天津和海南。其资本回报为负数的年份分别为 11、10、9 年。

中部地区经济的动态效率状况明显不佳（见表 6－4 及本章附表 6－4）。整个中部在这 31 年里，有 8 年，也即超过四分之一的年份，资本净收益占 GDP 的比重是负数[②]；1989 年之后，资本净收益占 GDP 的比重虽然转为正数，但仍与东部存在明显差距，2000 年之前，基本上低于 5%，2005 年之后，再次下降；分省而论，9 个省份中仅黑龙江和山西没有出现过投资大于资本回报的情况。吉林和江西的动态无效率比较严重，31 年里分别有 27 和 23 年投资大于资本回报，河南、湖北、湖南、安徽各有 18、

---

① 上海、福建、辽宁各有一年的负值，其中上海、福建的负值是比较轻微的。
② 这 8 年集中在 1978—1988 年，不由得人不联想到经济体制对经济动态效率的影响。

表 6－4 1978—2008 年中国各区域的资本净收益和动态效率

年份	东 部			中 部			西 部 1			西 部 2		
	GDP（亿元）	净收益（亿元）	百分比	GDP（亿元）	净收益（亿元）	百分比	GDP（亿元）	净收益（亿元）	百分比	GDP（亿元）	净收益（亿元）	百分比
1978	1743.6	267.6	15.3	1006.6	-62.6	-6.2	634.6	-80.4	-12.7	654.2		
1979	1956.4	339.1	17.3	1172.7	-26.5	-2.3	709.5	-75.3	-10.6	731.1		
1980	2202.4	389.0	17.7	1300.7	16.2	1.2	779.4	-37.8	-4.9	804.0		
1981	2402.3	472.7	19.7	1432.1	43.3	3.0	845.6	-18.2	-2.2	873.4		
1982	2678.2	452.6	16.9	1567.6	18.3	1.2	961.1	-27.2	-2.8	989.6		
1983	2986.9	536.1	17.9	1790.0	-0.6	-0.03	1074.8	-14.9	-1.4	1105.9		
1984	3600.8	516.1	14.3	2110.5	-19.7	-0.9	1253.1	-32.2	-2.6	1291.5		
1985	4395.8	357.7	8.1	2511.6	-119.5	-4.8	1504.3	-97.7	-6.5	1552.4		
1986	4937.5	347.4	7.0	2819.3	-105.9	-3.8	1683.7	-83.3	-4.9	1735.1		
1987	5934.9	455.7	7.7	3311.4	-91.2	-2.8	1975.6	-60.0	-3.0	2032.9		
1988	7608.5	542.9	7.1	4069.8	-107.5	-2.6	2510.7	-77.7	-3.1	2581.2		
1989	8653.2	778.2	9.0	4599.9	67.8	1.5	2873.0	-42.2	-1.5	2954.1		
1990	9450.6	994.1	10.5	5150.8	125.8	2.4	3657.5	128.2	3.5	3746.7		
1991	11124.4	1217.8	10.9	5677.3	241.2	4.2	4223.8	134.7	3.2	4326.1		
1992	13946.7	935.2	6.7	6818.7	181.4	2.7	4997.4	42.4	0.8	5113.9		
1993	19184.4	1170.6	6.1	8588.2	736.4	8.6	6305.0	17.3	0.3	6446.9	-3.8	-0.1
1994	25704.9	1622.2	6.3	11205.7	683.6	6.1	8252.3	237.5	2.9	8434.6	215.7	2.6

续表

年份	东　部 GDP（亿元）	东　部 净收益（亿元）	东　部 百分比	中　部 GDP（亿元）	中　部 净收益（亿元）	中　部 百分比	西　部1 GDP（亿元）	西　部1 净收益（亿元）	西　部1 百分比	西部2 GDP（亿元）	西部2 净收益（亿元）	西部2 百分比
1995	32639.4	1721.8	5.3	14414.9	314.5	2.2	10249.7	252.8	2.5	10481.0	221.9	2.1
1996	38264.8	2426.8	6.3	17187.0	273.9	1.6	12044.4	529.6	4.4	12312.3	496.8	4.0
1997	43275.4	3307.3	7.6	19307.8	342.0	1.8	13454.2	557.0	4.1	13756.1	532.7	3.9
1998	47096.2	2567.1	5.5	20673.2	51.9	0.3	14452.2	188.9	1.3	14789.1	143.9	1.0
1999	50830.3	3759.5	7.4	21734.1	622.3	2.9	15280.7	414.5	2.7	15651.2	353.0	2.3
2000	57411.9	5496.8	9.6	24003.7	1392.1	5.8	16675.8	559.5	3.4	17088.6	476.8	2.8
2001	63610.3	6845.5	10.8	26207.8	1547.0	5.9	18251.6	165.7	0.9	18728.2	48.8	0.3
2002	71176.7	8072.0	11.3	28680.6	1718.1	6.0	20174.7	182.1	0.9	20718.4	35.5	0.2
2003	82967.4	8364.1	10.1	32590.4	2870.4	8.8	23061.9	-484.8	-2.1	23696.3	-664.8	-2.8
2004	99494.7	11959.4	12.0	39489.0	4792.0	12.1	27846.0	223.9	0.8	28603.5	2.4	0.0
2005	117933.7	14087.8	11.9	46362.1	4937.3	10.6	32636.0	-598.7	-1.8	33493.3	-842.6	-2.5
2006	137542.3	17133.3	12.5	53446.2	3855.5	7.2	38494.0	-1124.5	-2.9	39495.8	-1408.3	-3.6
2007	163369.9	22441.2	13.7	64390.6	3948.6	6.1	46632.8	-909.9	-2.0	47864.1	-1203.6	-2.5
2008	191041.1	19786.2	10.4	77922.1	1291.6	1.7	56762.2	-3445.6	-6.1	58256.6	-3927.5	-6.7

注：（1）东、中、西部的划分依据参考魏锋、曹中：《我国服务业发展与经济增长的因果关系研究——基于东、中、西部面板数据的实证研究》，《统计研究》2007 年第 12 期；（2）宁夏 1978—1989 年、西藏 1978—1991 年"资本形成总额"数据缺失；（3）"西部 1"1978—2008 年数据不含宁夏、西藏，"西部 2"1993—2008 年数据含宁夏及西藏；（4）净收益的核算方法详见附表 6－3；（5）百分比 = $\frac{净收益}{GDP} \times 100\%$，代表资本的动态效率。

资料来源：中经网统计数据库、《中国统计年鉴》。

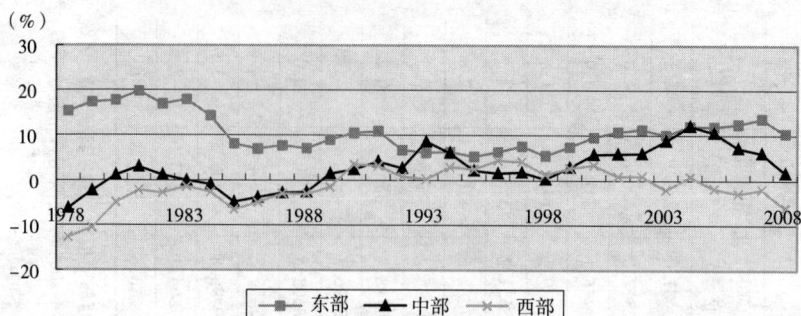

图 6 – 4　中国东、中、西部的资本净收益占 GDP 的比重

注："西部 1"因数据原因不包括宁夏、西藏；根据表 6 – 4 数据制图，详细计算过程见表 6 – 4 注。

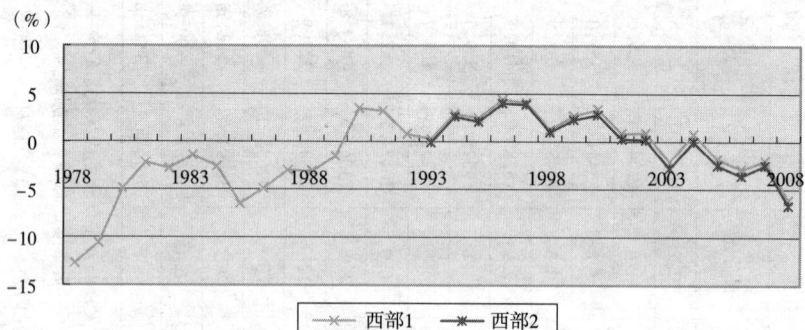

图 6 – 5　中国西部的资本净收益占 GDP 的比重——西部两种口径的比较

注："西部 1"因数据原因不包括宁夏、西藏；"西部 2"包括宁夏、西藏。根据表 6 – 4 数据制图，详细计算过程见表 6 – 4 注。

18、10、9 年的资本净收益占 GDP 的比重是负数。尤其令人担忧的是，尽管时值本轮经济周期的上行区间，但是，自 2004 年起，中部的经济动态效率却再度急剧下降了。

西部地区经济的动态效率令人堪忧（见表 6 – 4 及本章附表 6 – 5）。在这 31 年里，西部地区一半以上年份（17 年）的资本净收益占 GDP 的比重是负数[1]。出现正值的年份，资本净收益占 GDP 的比重也都在 5% 以下。

---

[1]　这个判断根据不含西藏、宁夏的西部 1 的数据，因为，包含所有西部省份数据的西部 2 仅有 16 年的统计。从图 6 – 5 可以看出，西部 2 与西部 1 的走势完全一致。因此，可以用西部 1 的计算结果代表整个西部。

尤其值得注意的是，近十年，西部的资本净收益占 GDP 的比重不断下降，在本轮经济周期的上行区间，更是跌落为负数；分省而论，西部所有省份都出现过投资大于资本回报的动态无效率状况。其中，宁夏和西藏有完整统计数据的所有年份，新疆除 2000 年以外的所有年份，青海除 1994 年以外的所有年份，资本净收益占 GDP 的比重都是负值，而且普遍低于 −10%。西藏基本维持在 −20% 以下。宁夏、青海则有严重恶化的趋势。在西部，相对动态有效率的是云南和甘肃，分别只有 3 和 7 年的资本净收益占 GDP 的比重是负值，其中云南的资本净收益占 GDP 的比重在大部分年份里都是良好的正值，它即使摆在东部地区，也属于动态效率较好的省份。

第七节　结论与讨论

1978 年以来，中国的储蓄率和投资率一直很高。进入 21 世纪以来，更是跃上了一个新台阶。在中国目前的发展阶段上，到底应当维持怎样的储蓄率和投资率，既能保持经济的较快稳定增长，又能使居民收入和生活水平随着经济增长而相应提高，显然是值得认真研究的重要理论与政策问题。

基于 AMSZ 准则，我们对这一问题进行了研究。研究结论是：

第一，1978—2004 年，中国经济在整体上不存在投资大于资本回报的动态无效率状况。因此，可以认为，现阶段中国的黄金储蓄率和投资率要高于西方发达国家。但是，进入 21 世纪之后，我国的储蓄率和投资率再度急剧上升，2004 年超过了 45%，随后连续四年出现了较严重的净资产回报率为负数的情况。这表明目前中国的储蓄率和投资率已经过高。

第二，分地区进行的经济动态效率研究发现：我国中西部地区投资和资本密度相比东部地区而言较小，但是反而出现了投资大于资本回报的结果。根据 AMSZ 准则，这些地方存在着严重的资本过度积累的动态无效率。

在这种状态下，正确的政策似乎是减少这些地区的投资和资本积累速度。这样的结论显然是不合理的。换言之，简单地根据 AMSZ 准则做出的结论和推断，有可能是错误的。在一个国家不同地区的比较中，只有投资环境①相同时，"资本密度越小，越可能动态无效率"才是悖论。否则，"资本密度小的地方反而是动态无效率的"是正常的。空间经济学和城市经济学的模型都证明了（Liu, 2005；Anas, 1992）：在完全竞争的市场经济中，基于边际产出的投资在一定时刻后会使"旧的城市"过于拥挤，"新的城市"难以建立，最终导致整个社会的福利全面下降。因此，政府需要"补贴新的城市"以吸引投资者到"低利润率"地区。因此，正确的做法可能不是减少这些地区的投资，而是寻找资本回报率低的原因，有效地提高这些地区的投资回报率。

在现阶段，地区间的经济动态效率的不平衡可以说是中国经济发展以及市场经济发育程度不平衡，部分地区的投资存在着较多非经济决定的必然结果。这种体制因素导致的经济动态无效率不是 Cass（1972）所定义的动态无效率，而是一种"伪资本过度积累"。这是国外既有理论所不曾考虑到的。

因此，应当区分政府的投资与竞争市场中市场主体的自主投资。政府作为一个非市场主体，其投资的理性程度是值得关注的，尤其在我国现行的体制及官员政绩考核机制下，要防止政府片面追求投资的倾向而带来的动态无效率。这在政府可获得的资源越来越多的今天，不能不引起必要的关注。

第三，统计分析表明：东部地区大多数省份，尤其是东南沿海省份的投资效率比较高，按照 AMSZ 准则，这些地区到目前为止也不存在着动态无效率状况。但是，是否就能确定地得出这样的结论呢？问题在于分析的前提。AMSZ 准则的前提是市场竞争均衡，各生产要素的价格由竞争市场决定，不存在人为干预导致的畸高畸低。现有的国民收入分配格局、资本回报、工资、土地价格是基本合理的。但是，在我国，即使是市场发育程度较高的东部地区，也存在着地方政府为追求当地经济增长与政府收入最大化而展开的引资竞争，这一竞争势必导致政府有意无意地压低劳动、土

---

① 包括基础设施、交通、劳动力技能、对外开放程度、市场经济发育水平、体制因素等。

地、环境等要素的报酬，使资本报酬偏高。因此，即使是按照 AMSZ 准则得出的结果，也还须结合中国的实际情况做进一步分析。

显然，相对于问题本身，我们现有的研究仍然有限：（1）只探讨了经济的动态效率，尚未涉及动态效率与增长的关系；（2）没有对决定动态效率的微观基础进行研究；（3）长期以来，东中西部的资本收益率不但没有趋同，相反，却有发散的趋势，其中原因显然值得深入研究；（4）现有的计算建立在既有数据基础上，没有对中国特有的要素价格扭曲进行校正；（5）严格地说，福利最大化与消费最大化并非完全一致，如何基于福利最大化研究宏观经济的动态效率也值得进一步探索。

参考文献

［1］CCER "中国经济观察" 研究组：《我国资本回报率估测（1978—2006）》，《经济学季刊》2007 年第 4 期。

［2］樊纲：《中国财富为何低效》，《发展导报》2003 年 2 月 18 日。

［3］李杨、殷剑峰：《中国高储蓄率问题探究——1992—2003 年中国资金流量表的分析》，《经济研究》2007 年第 7 期。

［4］齐天翔：《经济转轨时期的中国居民储蓄研究——兼论不确定性与居民储蓄的关系》，《经济研究》2000 年第 9 期。

［5］史永东、杜两省：《资产定价泡沫对经济的影响》，《经济研究》2001 年第 10 期。

［6］史永东、齐鹰飞：《中国经济的动态效率》，《世界经济》2002 年第 8 期。

［7］许宪春：《中国的国内生产总值核算》，北京大学出版社 2000 年版。

［8］袁志刚、何樟勇：《20 世纪 90 年代以来中国经济的动态效率》，《经济研究》2003 年第 7 期。

［9］袁志刚、宋铮：《人口年龄结构、养老保险制度与最优储蓄》，《经济研究》2000 年第 11 期。

［10］魏锋、曹中：《我国服务业发展与经济增长的因果关系研究——

基于东、中、西部面板数据的实证研究》,《统计研究》2007 年第 12 期。

[11] Abel, A. Mankiw, G. Summers, L. and Zeckhauser, R. "Assessing Dynamic Efficiency:Theory and Evidence", *Review of Economic Studies*, 56, 1989, pp. 1-20.

[12] Ahn A. , "Are East Asian Economy Dynamically Efficient?", *Journal of Economic Development*, 28, June 2003, pp. 101-110.

[13] Anas, A. , "On the Birth and Growth of Cities:Laissez-Faire and Planning Compared", *Regional Science and Urban Economics*, 22, 1992, pp. 243-258.

[14] CASS, D. , "On Capital Over-accumulation in the Aggregative Neoclassical Model of Economic Growth:A Complete Characterization", *Journal of Economic Theory*, 4, 1972, pp. 200-223.

[15] CHRISTENSEN, L. , "Entrepreneurial Income:How Does it Measure Up?", *American Economic Review*, 61, 1971, pp. 575-585.

[16] Diamond, P. , "National Debt in a Neoclassical Growth Model", *American Economic Review*, 55, 1965, pp. 1126-1150.

[17] Feldstein, M. S. , "Does the United States Save Too Little"? *American Economic Review*, 67, 1977, pp. 116-121.

[18] Feldstein, M. S. and Summers, L. , "Is the Rate of Profit Falling?", Brooking Papers in Economic Activity, 1977, pp. 211-227.

[19] Ibbotson, R. G. , "Stock s, Bonds, Bills, and Inflation, Market Results for 1926-1986", *1987 Yearbook*, Chicago:R. G. Ibbotson Associates, Inc.

[20] Liu, Y. , "Formation of subcenter – A NEG model", unpublished PhD dissertation, State University of New York at Buffao, 2005.

[21] Miskin, F. S. , "The Real Interest Rate:A Multi-Country Empirical Study", *Canandian Journal of Economics*, 17, 1984, pp. 283-311.

[22] Solow, Robert M. , *Growth theory:An Exposition*, Oxford University Press, 1970.

[23] Tobin, J. , "Economic Growth as an Objective of Government Policy, in Essays in Economics", Volume 1, *Macroeconomics*, North-Holland Publishing Company, 1965, pp. 174-194.

附 录

附表 6-1 1978—2008 年中国的资本回报

(单位：亿元)

年份	GDP	劳动者报酬	消费者承担的间接税	净补贴收入	资本回报
1978	3645.2	2028.1	16.0	11.1	1590.0
1979	4062.6	2244.6	14.4	79.2	1724.4
1980	4545.6	2494.0	18.4	117.7	1915.5
1981	4891.6	2664.9	29.4	159.4	2037.8
1982	5323.4	2879.7	25.7	172.2	2245.9
1983	5962.7	3202.5	28.9	197.4	2533.9
1984	7208.1	3843.6	55.0	218.3	3091.2
1985	9016.0	4772.8	298.6	768.8	3175.8
1986	10275.2	5399.8	338.9	582.3	3954.3
1987	12058.6	6290.5	364.4	671.0	4732.7
1988	15042.8	7789.2	485.3	763.3	6004.9
1989	16992.3	8733.2	565.2	972.4	6721.5
1990	18667.8	9522.3	548.2	959.7	7637.6
1991	21781.5	11026.6	586.0	884.0	9284.9
1992	26923.5	13525.8	792.0	766.6	11838.7
1993	35333.9	16934.5	1104.3	710.6	16584.5
1994	48197.9	22829.0	1770.7	680.7	22917.5
1995	60793.7	29596.8	2094.0	692.7	28410.2
1996	71176.6	34703.6	2407.4	791.3	33274.3
1997	78973.0	38954.5	2765.4	920.5	36332.6
1998	84402.3	41960.5	3147.7	1045.6	38248.5
1999	89677.1	44082.2	3408.2	987.7	41199.1
2000	99214.6	47977.7	3883.5	1321.1	46032.4
2001	109655.2	52351.3	4388.3	1041.6	51874.1

年份	GDP	劳动者报酬	消费者承担的间接税	净补贴收入	资本回报
2002	120332.7	57576.8	4966.3	904.7	56885.0
2003	135822.8	64271.5	5766.6	843.7	64941.0
2004	159878.3	69639.6	6597.1	1013.7	82627.8
2005	183217.4	81888.0	7921.9	1191.7	92215.8
2006	211923.5	93822.8	9271.0	1567.7	107261.9
2007	257305.6	109532.3	10936.7	1334.1	135502.5
2008	314045.0	138392.4	13203.4	1374.7	161074.6

注：（1）间接税＝"关税＋增值税＋营业税＋消费税"，消费者承担部分采用"（劳动者报酬/GDP）×间接税"进行估算，其中"国家财政预算中的关税"、"国家财政预算中的增值税"、"国家财政预算中的营业税"、"国家财政预算中的消费税"是统计数据；（2）净补贴收入＝国家财政决算支出中政策性补贴支出＋国家财政决算收入中企业亏损补贴，其中"国家财政决算支出中粮、棉、油价格补贴"、"国家财政决算支出中平抑物价和储备糖等补贴"、"国家财政决算收入中企业亏损补贴"是统计数据；（3）净补贴收入中各项统计数据因为政策原因，只统计到2006年，2007年、2008年数据采用近似的方法，即将2006年及以前之数据对年份进行回归，从而预测2007年、2008年的数据；（4）劳动者报酬数据是唯一来自《中国统计年鉴》的数据，在"分地区收入法国民生产总值核算"页有各省劳动者报酬数据，进行各省加总后得全国数据，而统计路径的问题，1978—1992年、2008年数据缺失，我们将1993—2007年的"劳动者报酬占GDP的比重"对年份进行回归，从而推断1978—1992年、2008年数据；（5）资本回报＝GDP－净补贴收入－消费者承担的间接税－劳动者报酬，这里的"资本回报"未考虑土地报酬。

资料来源：中经网统计数据库、《中国统计年鉴》。

附表 6－2　1960—1984 年部分国家的资本净收益占 GDP 的比重

（单位:%）

年份	美国	英国	法国	德国	意大利	加拿大	日本
1960	6.3	11.8	18.2	12.4	22.1	12.7	17.6
1961	7.5	10.6	17.4	10.9	21.0	14.0	9.5
1962	6.9	11.5	16.2	10.0	19.9	14.0	14.6
1963	8.0	12.1	15.3	10.7	17.8	14.4	13.7
1964	7.3	8.8	12.9	9.2	19.1	12.8	12.4
1965	6.9	9.4	13.6	8.5	22.9	9.4	15.2
1966	5.9	8.7	12.9	9.9	24.1	8.3	15.4
1967	6.9	8.3	13.5	13.7	22.5	9.4	14.2
1968	6.2	7.7	13.6	13.5	23.1	10.7	12.9
1969	5.7	8.3	11.9	10.3	22.1	9.4	12.1

续表

年份	美国	英国	法国	德国	意大利	加拿大	日本
1970	5.6	7.5	11.8	7.8	18.9	10.5	11.6
1971	6.8	8.9	12.3	7.5	19.1	8.9	11.2
1972	6.5	10.4	12.0	2.7	19.9	9.2	11.4
1973	5.7	7.8	10.9	7.9	15.4	9.4	8.1
1974	5.5	4.4	8.7	10.0	12.2	8.2	5.2
1975	14.4	6.0	10.9	12.4	16.6	9.0	6.8
1976	10.3	5.5	8.9	11.5	13.5	7.5	7.8
1977	9.6	9.1	9.9	11.9	14.6	7.9	7.8
1978	9.9	9.6	11.0	12.1	16.4	10.5	8.9
1979	12.4	8.4	10.0	9.8	16.7	10.5	7.2
1980	10.2	10.1	8.3	8.4	12.9	12.4	7.5
1981	7.1	11.9	10.4	10.8	15.1	9.3	7.3
1982	7.9	12.9	9.4	13.1	16.5	12.9	8.1
1983	9.3	13.2	11.7	13.6	17.1	15.3	9.4
1984	6.7	13.9	12.9	13.8	17.3	17.3	9.4

注：表中各数值是资本净收益除以 GNP 后的百分比值。

资料来源：Abel,A.,N.G.Mankiw,L.H.Summers,and R.Zeckhauser,"Assessing Dynamic Efficiency:Theory and Evidence", *Review of Economic Studies*,56(January 1989).

附表 6-3　1978—2008 年中国东部各省份的资本净收益占 GDP 的比重

（单位:%）

年份	北京	福建	广东	海南	河北	江苏	辽宁	山东	上海	天津	浙江
1978	28.8	-1.2	2.6	33.6	-10.2	14.0	17.4	4.7	46.3	0.2	27.3
1979	26.7	2.5	7.3	34.3	-7.9	17.1	18.7	7.5	48.6	-2.4	30.0
1980	26.4	3.4	8.6	35.3	-1.9	15.8	25.3	7.9	42.5	0.2	26.7
1981	29.8	8.3	4.1	27.6	5.6	19.0	27.3	12.3	40.3	12.6	29.2
1982	35.5	7.9	4.4	20.8	0.2	13.1	24.8	10.1	37.1	6.6	28.1
1983	27.8	9.1	7.3	19.5	-1.1	15.2	23.0	11.9	43.5	4.3	31.6
1984	21.4	9.9	7.1	8.4	-2.6	9.8	18.1	10.6	37.9	6.8	23.8
1985	4.5	6.4	2.0	-0.8	-6.5	7.0	14.1	7.3	23.4	-9.7	20.5
1986	2.7	2.7	5.1	-3.2	-3.0	3.2	12.5	7.6	17.4	-10.0	18.4
1987	-6.2	5.2	7.3	5.3	1.6	4.9	12.9	4.5	19.7	1.1	16.6

续表

年份	北京	福建	广东	海南	河北	江苏	辽宁	山东	上海	天津	浙江
1988	-3.5	8.6	7.1	7.6	2.0	6.3	10.9	5.9	12.2	-10.4	17.1
1989	-7.7	11.5	8.8	4.3	1.9	10.5	13.9	6.2	13.4	-2.8	20.6
1990	-3.9	13.8	9.6	-7.7	1.6	9.4	12.9	6.3	21.4	3.7	28.3
1991	3.5	12.9	11.6	-4.1	4.2	8.1	12.6	4.4	25.0	0.4	25.6
1992	-2.4	11.2	5.1	-17.2	4.1	1.9	12.6	2.6	20.2	-5.9	17.8
1993	-4.1	4.5	3.5	-11.1	10.6	4.0	10.7	4.5	13.9	0.5	11.0
1994	-13.1	4.7	7.1	-15.3	4.8	5.2	12.8	8.4	6.9	-1.9	12.7
1995	-12.4	1.4	10.1	-9.9	-1.1	4.6	14.8	8.7	0.8	0.3	6.8
1996	-1.1	1.9	10.1	2.0	0.5	5.9	15.7	8.5	-2.6	-1.1	10.1
1997	-2.5	2.9	13.9	4.4	-0.2	8.7	17.0	5.8	5.4	-2.8	9.9
1998	-2.9	0.3	7.8	3.4	-1.9	5.8	15.6	4.3	9.6	-5.8	8.1
1999	-2.6	2.4	11.1	2.0	-3.5	6.8	18.7	4.5	14.6	0.1	11.4
2000	1.5	7.5	16.8	2.6	1.0	5.7	21.7	1.5	16.3	8.4	12.3
2001	3.5	8.9	17.9	3.1	3.9	6.4	21.8	2.8	15.4	9.3	14.8
2002	1.4	9.0	18.3	3.3	8.4	7.7	19.8	4.2	14.8	10.7	14.9
2003	0.3	8.4	19.1	2.3	9.0	3.5	14.7	5.2	14.6	12.9	10.4
2004	1.6	11.7	20.6	2.0	14.6	5.1	7.3	14.2	16.1	11.3	8.7
2005	-0.5	9.8	21.4	1.3	11.8	6.7	4.1	13.7	15.6	13.8	10.7
2006	1.6	6.4	22.8	0.8	11.6	8.4	1.1	15.4	14.9	12.2	11.6
2007	4.3	5.3	23.7	10.7	11.4	13.2	0.5	15.6	16.4	9.2	13.4
2008	12.4	1.0	24.9	-2.5	7.3	6.2	-21.1	14.1	16.7	2.2	11.6
负值年数	13	1	0	9	11	0	1	0	1	10	0

注：（1）表中各值等于 $\frac{净收益}{GDP} \times 100\%$，其中净收益 = 资本回报 - 资本形成总额，其中"资本形成总额"是统计数据；（2）各省（市、自治区）净补贴数据等于"地方财政决算支出中政策性补贴支出"，其中"地方财政决算支出中政策性补贴支出"为统计数据；（3）各省（市、自治区）消费者承担的间接税核算方法详见附表 6-1 注，各省（市、自治区）间接税数据中，因为省级（市、自治区）没有关税、消费税，而且增值税、营业税在 1997 年之前不列入统计项目，其中"地方财政决算收入中增值税"、"地方财政决算收入中营业税"是统计数据；（4）劳动者报酬核算见附表 6-1 注；（5）宁夏 1978—1989 年、西藏 1978—1991 年"资本形成总额"数据缺失。

资料来源：中经网统计数据库、《中国统计年鉴》。

附表 6 – 4 **1978—2008 年中国中部各省份的资本净收益占 GDP 的比重**

（单位:%）

年份	安徽	河南	黑龙江	湖北	湖南	吉林	江西	山西
1978	0.1	– 13.4	19.4	– 8.5	– 15.5	– 22.1	– 32.0	7.8
1979	2.8	– 11.6	19.5	– 4.1	– 8.8	– 10.3	– 28.5	17.0
1980	3.7	– 8.6	22.5	2.2	– 4.8	– 9.2	– 21.9	17.5
1981	9.8	– 7.5	19.8	1.0	– 2.2	– 3.9	– 15.5	21.1
1982	3.3	– 2.6	14.4	– 2.5	– 3.0	– 6.8	– 15.0	17.7
1983	2.1	– 9.3	12.4	– 0.9	– 1.9	– 2.1	– 14.2	14.2
1984	– 1.2	– 8.2	12.6	– 2.8	0.9	– 8.0	– 14.1	9.1
1985	– 4.1	– 9.8	9.0	– 6.2	– 3.5	– 14.6	– 14.3	0.8
1986	– 3.7	– 6.6	7.1	– 4.1	– 4.7	– 11.2	– 14.6	3.7
1987	– 1.1	– 5.3	8.7	– 2.2	– 4.2	– 9.4	– 14.4	1.5
1988	0.7	– 8.3	11.3	– 4.3	– 4.7	– 7.2	– 16.0	6.8
1989	5.4	– 6.4	12.6	4.4	1.9	– 7.4	– 10.6	9.2
1990	5.4	– 3.4	12.4	1.9	4.9	– 11.3	– 3.4	10.3
1991	6.3	– 3.3	17.2	3.2	4.0	– 8.9	– 3.3	16.8
1992	5.1	– 6.3	16.7	3.2	2.1	– 4.3	– 9.2	13.9
1993	– 0.4	5.2	22.9	9.9	12.4	5.9	– 5.3	13.4
1994	3.9	– 0.7	23.6	3.1	9.7	– 2.7	– 3.6	14.0
1995	– 1.2	– 2.9	14.9	– 4.9	3.1	– 2.7	– 0.5	18.7
1996	– 1.0	– 0.1	14.3	– 12.4	5.5	– 7.5	– 0.8	18.9
1997	– 3.4	2.0	17.4	– 16.2	5.3	– 1.1	– 4.5	18.9
1998	– 0.9	2.8	11.1	– 16.7	5.8	– 4.4	– 4.3	8.4
1999	4.8	4.4	17.4	– 16.6	8.9	– 4.4	– 2.7	10.2
2000	8.7	7.4	22.3	– 16.0	10.4	1.6	1.4	10.8
2001	11.7	9.0	18.0	– 10.6	8.4	– 7.4	2.6	12.2
2002	13.5	10.8	14.0	– 7.8	7.4	– 6.7	0.4	10.6
2003	17.9	14.6	18.6	– 0.3	8.6	– 8.2	– 4.2	12.7
2004	10.4	10.2	26.8	9.0	14.3	9.0	3.0	12.6
2005	9.0	7.1	27.4	8.7	14.0	2.8	4.3	10.4

年份	安徽	河南	黑龙江	湖北	湖南	吉林	江西	山西
2006	7.6	4.9	24.7	9.4	8.4	-12.9	3.0	6.8
2007	8.2	2.3	19.7	9.4	8.5	-15.5	3.9	9.6
2008	8.8	0.9	14.6	2.4	3.1	-33.2	3.6	5.9
负值年数	9	18	0	18	10	27	23	0

资料来源：中经网统计数据库、《中国统计年鉴》。

附表 6 - 5　1978—2008 年中国西部各省份的资本净收益占 GDP 的比重

（单位：%）

年份	甘肃	广西	贵州	内蒙古	宁夏	青海	陕西	重庆	四川	西藏	新疆	云南
1978	-12.9	-19.5	-40.9	-26.6		-36.4	-20.3		-2.4		-15.0	13.9
1979	-9.2	-13.9	-30.9	-24.4		-50.4	-19.1		-1.9		-11.5	13.2
1980	3.0	-11.5	-22.9	-14.0		-21.0	-8.9		-1.1		-9.9	17.1
1981	5.2	-9.3	-13.5	-8.8		-12.1	-9.7		0.0		-8.7	23.0
1982	4.5	-2.8	-13.3	-10.8		-22.8	-13.0		-0.9		-11.6	20.7
1983	4.0	-2.0	-9.8	-14.6		-13.1	-8.4		-0.7		-7.5	24.5
1984	4.5	-1.0	-12.3	-14.9		-14.2	-10.1		-0.1		-11.4	18.9
1985	1.4	-9.6	-15.5	-15.0		-31.2	-21.3		-1.0		-14.9	19.0
1986	-2.3	-9.2	-14.1	-8.7		-16.4	-17.9		-1.0		-8.8	18.8
1987	2.2	-5.9	-11.1	-5.7		-27.3	-16.7		-1.2		-8.5	23.5
1988	1.3	-4.9	-10.1	-12.6		-18.4	-13.0		-0.5		-11.7	22.4
1989	1.0	0.5	-8.8	-9.6		-4.2	-17.0		2.2		-14.2	22.2
1990	0.0	6.9	-3.5	-7.4	-9.4	-2.6	-6.5		6.5		-10.8	24.4
1991	2.2	5.6	-1.1	-4.6	-8.2	-5.3	-4.5		5.9		-8.9	17.8
1992	3.5	-1.8	-1.1	-11.2	-7.7	-3.4	1.9		5.4	-31.4	-19.8	12.7
1993	7.6	2.0	6.5	-14.7	-6.0	-4.0	-7.7	14.1	5.5	-39.7	-26.1	6.5
1994	10.0	-1.2	9.2	-8.0	-2.0	1.6	-3.9	17.4	8.5	-41.2	-26.0	11.6
1995	9.5	-7.3	3.4	-3.3	-1.9	-1.4	-4.2	14.1	7.9	-49.2	-14.5	11.7
1996	6.5	2.7	3.2	-2.2	-4.9	-9.6	0.6	12.6	7.0	-35.1	-7.9	10.9
1997	6.0	4.4	2.3	1.4	-1.6	-16.4	5.9	7.7	6.1	-26.8	-11.3	9.7

年份	甘肃	广西	贵州	内蒙古	宁夏	青海	陕西	重庆	四川	西藏	新疆	云南
1998	4.6	2.2	-3.3	-1.5	-11.3	-17.5	0.8	4.8	4.8	-18.9	-22.0	10.1
1999	2.7	4.6	-11.7	2.8	-12.0	-16.9	5.2	7.6	3.3	-28.1	-8.1	9.9
2000	-1.3	6.7	-10.1	6.5	-12.8	-15.8	-3.6	5.6	1.7	-38.1	3.5	16.8
2001	-2.1	6.7	-13.5	10.4	-17.9	-23.3	-3.5	2.8	1.3	-40.5	-6.3	6.6
2002	-0.4	6.6	-12.3	6.3	-22.6	-27.1	-0.5	0.1	-0.7	-36.8	-6.8	12.8
2003	3.1	8.1	-12.7	-4.9	-24.2	-25.1	-2.2	-6.8	-0.8	-38.3	-13.3	5.5
2004	3.8	10.3	-1.0	-8.8	-26.9	-18.5	3.9	-8.8	6.2	-35.0	-14.6	7.0
2005	15.4	6.2	0.0	-15.8	-28.9	-17.3	-0.2	-14.0	7.0	-27.3	-12.4	-5.5
2006	3.9	6.1	1.2	-13.6	-24.5	-15.0	-2.3	-13.4	4.8	-37.6	-12.0	-6.6
2007	6.0	1.5	1.3	-9.2	-20.6	-10.4	0.5	-14.7	3.4	-32.2	-5.5	-2.8
2008	-6.7	-2.1	1.1	-11.4	-33.5	-13.6	-7.9	-27.2	-3.7	-28.9	-1.4	6.1
负值年数	7	15	23	26	19	30	24	6	13	17	30	3

资料来源：中经网统计数据库、《中国统计年鉴》。

第七章　中国的要素替代弹性[①]

第一节　引　言

20 世纪 90 年代中期以来，中国劳动报酬占 GDP 的比重逐年下降，而资本产出比逐年上升（见图 7 – 1）。这种现象与发达国家的发展经验有所违背。在资本深化的进程中，发达国家的劳动报酬比重要么恰如"卡尔多事实[②]"（Kaldor，1961）所描述的那样长期保持一定的稳定性，要么将随着资本劳动比的上升提高了劳动报酬比重。为什么会出现这种"违背"呢？

本章认为要素替代弹性的差异是一个非常重要的解释。在新古典经济学的分析框架内，要素替代弹性的大小决定了资本深化进程中，要素报酬比重的变化方向[③]。在宏观经济学和经济增长理论中，研究者们习惯使用

---

① 本章作者：李静。

② 长期经济增长过程中，要素报酬占总产出的比重是一个常数，详见 Kaldor，N，"Capital accumulation and economic growth"，in F. A. Lutz and D. C. Hague，eds，*The Theory of Capital*，New York St Martin Press，1961。

③ 当资本和劳动的价格等于其边际产出时，劳动报酬比重的决定方程为：$S_L = 1 - ak^{\frac{(\sigma-1)}{\sigma}}$，其中：$a$ 为生产函数中的要素相对重要性参数；$k = \dfrac{K}{Y}$，为资本产出比；σ 为要素替代弹性。当资本与劳动有较强替代关系，即资本对劳动替代的弹性 $\sigma > 1$ 时，劳动报酬比重随着资本产出比增加（即加速的资本深化）而减少；当资本与劳动的替代关系较弱，即 $\sigma < 1$ 时，劳动报酬比重随着资本产出比的增加而增加；当 $\sigma = 1$ 时，劳动报酬比重将保持不变。

科布－道格拉斯生产函数（CD）来描述产出总量的行为，因而接受了 Cobb-Douglas 生产函数中所蕴含的假设，资本劳动的要素替代弹性为 1，从而资本利得或劳动报酬在产出中所占的比重是一个常量。这一假设也被卡尔多（Kaldor，1961）的典型事实和其他的实证研究所支持，令研究者们相信在总量经济中，存在一个很稳定的等于 1 的总替代弹性。Gollin（2002）在考虑了自我雇佣收入后，确信"Kaldor 事实"是存在的，Cobb-Douglas 函数也仍然有效。

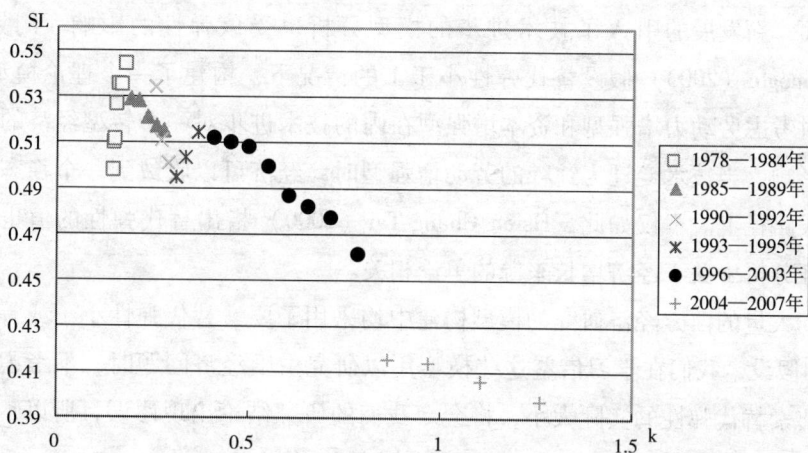

图 7－1 改革开放以来中国资本劳动比——劳动报酬比重的演变

注：每一个系列都是时间序列，资本深化水平都是随着时间增加的。

资料来源：资本存量数据是中国社科院在《经济研究》2010 年第五期上发表的《资本化扩张与赶超型经济的技术进步》中计算的地区资本存量的加总；劳动力从业人数来自中经网；劳动报酬比重 1993 年之前的数据来自 Hsueh 和 Li（1999），1993—2004 年数据来自《中国国内生产总值核算历史资料：1952—2004》中地区收入法 GDP 的加总数据，2005—2007 年数据来自 2006—2008 年《中国统计年鉴》。

然而，早在 1961 年，Arrow，Chenery，Minhas 和 Solow 在其论文《资本劳动的替代和经济效率》[①] 中就提出了这样一个猜测：要素替代弹性是随着时间和经济发展的阶段演化的。不少研究者从理论层面证实了这一猜

---

① Solow et al, "Capital-LaborSubstitution and Economic Efficiency", *Review of Economics and Statistics*, 43, 1961, pp. 225-250.

测。上述的"违背"恰好反映出中国的要素替代弹性的值可能与发达国家的发展时期不同。

要素替代弹性是一个非常重要的假设，经济增长和总体收入分布状况都或多或少地被要素替代弹性决定着。从更广泛的角度看，要素替代弹性是传统和现代经济增长理论的核心。一方面，在新古典增长模型的分析框架内，没有技术进步却可以永续增长取决于替代弹性是大于、等于还是小于1，只要替代弹性足够大，经济可以持续增长（Rainer Klump, Olivier de La Grandville（2000）；Kaz Miyagiwa, Chris Papageorgious（2006））。另一方面，新发展的引入了技术进步的模型分析也受该弹性的影响。例如，Acemoglu（2003）假设替代弹性小于1的情况下，构建了一个理论模型，同时考虑劳动力增强型和资本增强型在内的技术进步对一个转型经济的动态影响，当技术变迁为纯粹的劳动增强型时，经济可以收敛到一个稳态的增长路径上。不仅如此，Hsieh Chang-Tai（2000）指出替代弹性的值也与实证分析中关于经济增长来源的争论相关。

大量的西方经济研究的模型构建中均采用了要素替代弹性小于或等于1的假设，我们在学习借鉴这些模型用以研究中国经济问题时，不考虑中国要素替代弹性的实际大小，将会令我们的研究结论出现谬误，所以，对中国要素替代弹性的测算非常必要和迫切。

本章第2节将从生产函数的发展中总结要素替代弹性测算方法的变化；第3节介绍测算要素替代弹性的三种基本模型；第4节说明测算要素替代弹性的线路以及指标的选取和数据的计算过程；第5节得到测算结果，总结出中国改革开放以来，要素替代弹性的变化轨迹；第6节总结本章的内容和主要观点，讨论要素替代弹性的决定因素。

第二节　文献综述

要素替代弹性的概念由希克斯（Hicks）在其著作《工资理论》（*The*

Theory of Wages，1932）提出来，用于分析在经济增长中的资本和劳动的收入比重的变化，这个概念在经济学的很多分支中都有广泛和重要的应用。其定义式为：

$$\sigma = \frac{(Y_K Y_L)}{(Y_{KL} Y)} , \qquad (7-1)$$

其中，$Y = Y(K,L)$ 表示生产函数，Y 是产出，K 是资本，L 是劳动力。Y 的下标字母表示 Y 对 K 或者 L 的偏导数，经济含义分别为：Y_K 表示资本的边际产出；Y_L 表示劳动的边际产出；Y_{KL} 表示劳动对资本边际产出的影响，即劳动的一单位变动将会引起资本边际产出的变化量。

罗宾逊（Joan Robinson）独立地定义了更为一般的弹性概念（见 Blackorby & Russell（1989））：

$$\sigma \equiv -\frac{\left(\left(\frac{\mathrm{d}K}{K}\right) - \left(\frac{\mathrm{d}L}{L}\right)\right)}{\left(\left(\frac{\mathrm{d}P^K}{P^K}\right) - \left(\frac{\mathrm{d}P^L}{P^L}\right)\right)} = -\frac{\left(\mathrm{d}\log\left(\frac{K}{L}\right)\right)}{\left(\mathrm{d}\log\left(\frac{P^K}{P^L}\right)\right)} \qquad (7-2)$$

其中，P^K 和 P^L 分别是资本和劳动力的价格。等式（7-1）和等式（7-2）只有在规模报酬不变时才是一致的。罗宾逊的定义式不用考虑市场均衡能否实现，可用于分析各种市场状况下的要素替代弹性，所以更实用，得到了更为广泛的应用。

要素替代弹性测算和生产函数的发展交替促进，相辅相成。1928 年美国数学家 Charles Cobb 和经济学家 Paul Douglas，利用 1899—1922 年的数据，发现资本对产出的弹性是四分之一，劳动对产出的弹性是四分之三，从而导出著名的 CD 生产函数。直到 Solow 指出 Cobb-Douglas 生产函数其实是要素替代弹性为 1 的一种特殊的生产函数形式，以及在 Arrow 进一步总结常弹性（CES）生产函数之后，随着计量技术的发展，才出现了大量的对国家、地区、行业以及企业的不同时段上的生产函数参数的估算和要素替代弹性的测算。总体看来，要素替代弹性在经济增长理论中的作用越来越关键，但是对其测算值的分歧越来越大[①]。

---

① Chirinko，R. S.，"Sigma：The Long and Short of It"，*Journal of Macroeconomics*，30，2008，pp. 671-686.

一、要素替代弹性与生产函数

Arrow，Chenery，Minhas 和 Solow（1961）提出了资本劳动的总替代弹性（Aggregate Elasticity of Substitution，AES）会随着经济发展过程而变化这一猜想，"系统地给定各部门内的替代弹性的差别和需求的收入弹性，经济发展过程本身很可能改变总的替代弹性"。所以，有一部分的文献试图将要素替代弹性内生化，这主要是从两个角度展开研究：一个是考虑到经济体中的不同部门，资本和劳动的替代弹性不同，随着经济增长，这些部门在经济中所占的结构发生变化，从而经济体总要素替代弹性（AES）也发生变化；另一个角度是在生产函数上建立要素替代弹性与资本产出比的线性关系。

第一个内生化要素替代弹性的角度首先由 Hicks（1932，1963）系统地提出猜想，在一个多部门的经济体中，如果，部门间的替代弹性较大，或者部门的要素集中度的差距很大，或者消费者的商品替代弹性很大，再或者技术创新令部门间的和商品间的替代弹性增大，都可以令总替代弹性（AES）变大。Kaz Miyagiwa，Chris Papageorgious（2006）采用一个简单的动态多部门增长模型证实了这两个猜想（经济内部的各种弹性大令总弹性较大和总弹性随着经济增长而增长），首次在经济增长的路径上内生化了AES，并且发现该弹性与经济发展呈现正向的关系。但是，这一类的研究角度还是假设了单个部门的要素替代弹性是一个不变的常数，取值范围是零到正无穷大区间。

第二个内生化的角度是直接考虑要素替代弹性与经济发展结构的关系。John Wise 和 Y. H. Yeh（1965）比较了多个国家的生产函数，发现一开始资本替代弹性随着资本劳动比的增加而增加到大于 1 的某个值，然后随着资本劳动比增加而减少到小于 1 的某个值。替代弹性可不可以随着资本劳动比变化呢？可变替代弹性（Variable Elasticity of Substitution，VES）生产函数应运而生。Sato 和 Hoffman（1968）较为全面地总结了 VES 生产函数的几种形式，分别假设劳动报酬比重是资本劳动比的线性函数（$S_L = c(1) \times \frac{K}{L} + c(2)$）；要素替代弹性是资本劳动比的线性函数（$\sigma = c(3) \times$

$\dfrac{K}{L} + c(4)$ ）；以及要素替代弹性是时间的线性函数（ $\sigma = c(5) \times t + c$

(6)）[1]；得到三种情形下的生产函数的一般形式以及估计的计量理论模型，并用美国和日本的数据回归分析，发现弹性的变化在统计上是显著的。Revankar（1971）总结了一系列 VES 生产函数的形式，其基本的特征是假设要素替代弹性的影响函数是资本产出比的线性方程（且截距项为 1），此类 VES 仍可以写成单位劳动力的形式，即生产函数对资本和劳动力满足零次齐次，他明确指出此类 VES 展现的是一个线性经济关系的逻辑，而 CES 展现的是对数线性的逻辑。

二、要素替代弹性的测算

根据已有文献处理实际数据的短期性与待估参数的长期性矛盾的方式，测算弹性的实证方法可以分为四种：第一种是直接采用一阶条件方程式估计，假设短期数据中的调整成本很小，短期数据与长期实际值之间的差距被放入误差项中，得到的弹性数值差异很大，见表 7－1。第二种方法是假设不可观察的长期变量值时间序列之间是协整的关系。Caballero（1994）利用协整的方法估计了替代弹性。但是，估计值会因为被解释变量与误差性之间的相关性而产生偏误，Stock 和 Watson（1993）采用增加被解释变量差分项的预测值和滞后值来纠正了这一偏误。第三种方法是直接采用长期变量数据。即对短期数据进行移动平均的调整，得到长期变量数据，然后用差分方程进行估计。第四种方法用非参数方法估计参数非线性计量模型。

表 7－1　要素替代弹性的估计值（采用资本存量数据）

文献	替代弹性估计值	研究数据和估计方法
1. 没有调整的一阶条件法		
Lucas（1969）	0.30—0.60	全部一阶导数形式

---

[1]　其中 c（1）－c（6）为参数，K 为资本存量，L 为劳动力，S_L 为劳动报酬比重，σ 为要素替代弹性，t 为时间。

续表

文章作者	替代弹性估计值	研究数据和估计方法
Berndt（1976）	0—1.24	全部一阶导数形式
Berndt（1991）	0.97	超越对数系统
Jorgensen 和 Yun（2001）		超越对数系统
企业部门	0.50	
非企业部门	0.70	
C. M. Pereira（2003）	美国：1.49（1946—1992） 1.67（1946—2000） 英国：0.76（1946—1991） 日本：2.94（1946—1991）	美国、英国、日本总量数据，CES 和 VES 以及 Box-Cox 转换
Antras（2004）	0.641—0.892	美国总量数据，技术偏向
Chirinko 等人（2007）	0.52	美国面板数据
Klump 等人（2007）	0.60	三个方程的系统，美国数据
Klump 等人（2008）	0.70	三个方程的系统，欧洲地区数据
2. 协整调节方法		
Caballero（1994）	0.65	美国总量数据
Caballero 等人（1995）	0.70	美国工厂面板数据
Schaller（2006）	1.20	加拿大总量数据
Ramirez-Verdugo（2006）	3.40	墨西哥面板数据和主要税收改革
Barnes 等人（2006）	0.32—0.42	英国面板数据
Chirinko 等人（2007）	0.54	美国面板数据
Smith（2008）	0.40	英国面板数据
3. 移动平均调整法		
Barnes 等人（2006）	0.32	英国面板数据
Chirinko 等人（2007）	0.40	美国面板数据
Chirinko 和 Mallick（2007a）	0.33	美国产业面板数据

注：本表在 Chirinko（2008）的表 1 整理的基础上添补新文献。

从表 7-1 可以看出，对于劳动报酬比重比较稳定的英国美国，前三种方法估计的值依次减少。除少数外，大部分的弹性估计值都是小于 1 的，位于 0.40—0.60 之间。不过，这些估计值还是很明显得拒绝了 Cobb-Douglas 函数的单位弹性的假设，也就是说实证中采用 Cobb-Douglas 生产函数是不合适的。

另外，采用了技术进步偏向的生产函数后，要素替代弹性变小了，而且明显小于 1，有些研究者据此认定 Cobb-Douglas 生产函数不适用于实证分析（例如 Pol Antras（2004）），本章认为技术进步的方向确实会改变资本深化对劳动报酬比重的影响力，但是技术进步具体函数的设定，可能会带来更大的估计偏差。然而，技术进步具体函数的设定却是非常主观的判断，所以，弹性估值情况才会如此五花八门。Chirinko（2008）进行了如下总结：绝大部分的要素替代弹性估计值位于 0.4 – 0.6 之间，几乎没有证据能够支持 Cobb-Douglas 生产函数。

第三节　测算模型

测算要素替代弹性的计量模型大体可以分为三种：（1）生产函数模型；（2）一阶条件等式模型；（3）弹性定义方程。生产函数模型是根据确定的生产函数，直接推演成合适的计量模型。一阶条件等式模型，则是在一般均衡框架中，根据市场均衡的条件，最大化生产函数需要满足的一阶条件等式得到的计量模型，回归中需要知道各种要素的价格。弹性定义方程，则是根据 Robinson（1933）对要素替代弹性的定义式来直接计算每一个时期要素需求相对变化量与要素价格相对变化量的比值即为要素之间的替代弹性，这种方法不考虑经济中的波动性和随机性，得到的估计值变化较大。

一、生产函数模型

设定生产函数的一般形式为 $Y = F(K, L)$，如果是 CES（常弹性）生产函数，通过取对数和泰勒展开式将生产函数调整成参数线性的基本计量模型；如果是 VES（变弹性）生产函数，无法调整到合适参数线性形式，就直接采用非线性的估计方法估计。

1. CES 生产函数模型

设定 CES 生产函数的一般形式如下：

$$Y = A[\delta K^{\frac{\sigma-1}{\sigma}} + (1-\delta)L^{\frac{\sigma-1}{\sigma}}]^{\frac{\sigma}{(\sigma-1)}} \qquad (7-3)$$

其中 A 表示希克斯中性的技术进步指数，δ 表示资本 K 的相对重要性。先取对数，再利用泰勒展开式将方程右边部分展开为多项式的和，线性化参数，就可以采用一般的最小二乘法或者时间序列的处理方法估计弹性值。式子（7-3）在 $\sigma = 1$ 处泰勒二阶展开后的形式为：

$$\ln\left(\frac{Y}{L}\right) = c_1 + c_2\ln\left(\frac{K}{L}\right) + c_3\left[\ln\left(\frac{K}{L}\right)\right]^2$$

其中：

$$c_1 = \ln(A) + \frac{\sigma}{\sigma-1}\ln2 + \frac{\sigma}{\sigma-1}\ln(\delta) + \frac{\sigma}{2}\ln\left(\frac{1-\delta}{\delta}\right) + \frac{\sigma(\sigma-1)}{4}\left[\ln\left(\frac{1-\delta}{\delta}\right)\right]^2$$

$$c_2 = \frac{\sigma}{2} - \frac{\sigma(\sigma-1)}{2}\ln\left(\frac{1-\delta}{\delta}\right)$$

$$c_3 = \frac{\sigma(\sigma-1)}{4}$$

通过计量回归，根据系数估计值，便可以算出 σ 的估计值。这种方法，比较直接，需要用的变量较少，只有总产出 Y、总资本存量 K，劳动力投入量 L，没有使用相关的价格变量。但是这种方法，不能直接显示弹性的估计值，还要另外计算；另一方面，信息量较少，出现偏误不容易发现，不如一阶条件等式模型使用广泛。

2. 考虑技术进步增强性的 CES 生产函数模型

当考虑到了技术进步的增强性后，设定生产函数的一般形式如下：

$$Y_t = A_t[\delta(B_t^K K_t)^{\frac{\sigma-1}{\sigma}} + (1-\delta)(B_t^L L_t)^{\frac{\sigma-1}{\sigma}}]^{\frac{\sigma}{(\sigma-1)}} \qquad (7-4)$$

其中，A_t 表示希克斯中性技术进步指数，B_t^K 表示资本增强性技术进步指数，B_t^L 表示劳动力增强性技术进步指数，下标 t 表示时间，其余变量保持一贯含义。将其整理成基准形式：

$$\frac{Y_t}{L_t} = A_t B_t^K \delta^{\frac{\sigma}{\sigma-1}}\left[\left(\frac{K_t}{L_t}\right)^{\frac{\sigma-1}{\sigma}} + \left(\frac{1-\delta}{\delta}\right)\left(\frac{B_t^L}{B_t^K}\right)^{\frac{\sigma-1}{\sigma}}\right]^{\frac{\sigma}{\sigma-1}}$$

等式两边取对数，在 $\sigma = 1$ 处泰勒二阶展开后的形式为：

$$\ln\left(\frac{Y}{L}\right) = b_1 + b_2\ln\left(\frac{K}{L}\right) + b_3\left[\ln\left(\frac{K}{L}\right)\right]^2$$

其中：

$$b_1 = \ln(A_t B_t^K) + \frac{\sigma}{\sigma-1}\ln2 + \frac{\sigma}{\sigma-1}\ln(\delta) + \frac{\sigma}{2}\ln\left(\left(\frac{(1-\delta)}{\delta}\right)^{\frac{\sigma}{\sigma-1}}\left(\frac{B_t^L}{B_t^K}\right)\right)$$

$$+ \frac{\sigma(\sigma-1)}{4}\left[\ln\left(\left(\frac{(1-\delta)}{\delta}\right)^{\frac{\sigma}{\sigma-1}}\left(\frac{B_t^L}{B_t^K}\right)\right)\right]^2$$

$$b_2 = \frac{\sigma}{2} - \frac{\sigma(\sigma-1)}{2}\ln\left(\left(\frac{(1-\delta)}{\delta}\right)^{\frac{\sigma}{\sigma-1}}\left(\frac{B_t^L}{B_t^K}\right)\right)$$

$$b_3 = \frac{\sigma(\sigma-1)}{4}$$

回归估计后，得到含有五个未知数的三个方程，只能求出 σ，但是可以判断其余参数之间的关系。令 $M = \left(\frac{(1-\delta)}{\delta}\right)^{\frac{\sigma}{\sigma-1}}\left(\frac{B_t^L}{B_t^K}\right)$，所以第二个估计值改写为：$b_2 = \frac{\sigma}{2} - \frac{\sigma(\sigma-1)}{2}\ln(M)$，可以计算得到 M 的值。M 衡量技术进步和生产函数技术对劳动和资本的增强性，M 大于 1，说明技术进步是劳动增强型的。

3. VES 生产函数模型

要素替代弹性可变生产函数的设定需要预先假设替代弹性的行为方程，当我们对要素替代弹性受哪些因素影响，以及如何影响的情况不了解的时候，就很难构造出 VES 生产函数，而且，VES 生产函数对要素替代弹性行为方程的设定非常敏感，形式稍有出入，最后利用 VES 生产函数估计的弹性值变化很大。Sato 和 Hoffman（1968）对 VES 生产函数的构造过程有详细的论证和解释，本章想强调的一个对中国劳动报酬比重研究比较有借鉴意义的行为方程：劳动报酬比重是资本劳动比的线性函数，即 $S_L\left(\frac{K}{L}\right) = -a\left(\frac{K}{L}\right) + 1 - b$，换算成资本报酬比重的形式为：$S_K\left(\frac{K}{L}\right) = a\left(\frac{K}{L}\right) + b$。通过设定这个行为方程，最后反向推导出来的 VES 生产函数形式为①：

$$\frac{Y}{L} = Ae^{a\left(\frac{K}{L}\right)}\left(\frac{K}{L}\right)^{b} \tag{7-5}$$

两边同时取对数，得到计量方程

$$\ln\left(\frac{Y}{L}\right) = \ln A + a\left(\frac{K}{L}\right) + b\ln\left(\frac{K}{L}\right)$$

根据要素替代弹性的定义式子（7-1），导出要素替代弹性为：

$$\sigma = \frac{\left(a\left(\frac{K}{L}\right) + b\right)^{2} - \left(a\left(\frac{K}{L}\right) + b\right)}{\left(a\left(\frac{K}{L}\right) + b\right)^{2} - b}$$

由 a 的正负号决定了要素替代弹性 σ 是大于 1 还是小于 1。或者说，虽然要素替代弹性的值一直在变化，只要劳动报酬比重与资本深化的关系的方向确定了（a 大于 0 还是小于 0），就确定了 σ 是大于 1 还是小于 1。所以，只要根据实际数据和理论分析确定了要素替代弹性的行为方程，就可以计算出 VES 生产函数的具体形式，然后再求出要素替代弹性的表达式，得到变化中的 σ。这种方法是根据实际数据之间相关性判断的基础上推导出理论模型的具体形式，对现实会有比较强的解释力，缺点在于行为方程的构造很容易因为个人的观念不同产生预设偏误。

二、一阶条件等式模型

直接根据生产函数来估算资本劳动替代的好处就是涉及的变量少，易得，但这在某种程度上来看，也是一种缺点：信息量很少，缺乏比较判别的基础。在一般均衡框架内的均衡增长路径上，资本和劳动的边际产出等于其价格，据此得到一阶条件等式也可以更直接地估算出替代弹性值，并且通过多个估算方程的比较验证估计值的合理性。这也是国际上测算要素替代弹性值时普遍使用的计量模型。

自由竞争市场，给定要素价格，生产者选择资本投入 K 和劳动力投入

---

① 参考 Sato 和 Hoffman（1968）的论文中第一种行为方程的设定。鉴于我国劳动报酬比重在下降期间，与资本劳动比存在着较为明显的线性函数关系，所以特意强调了推导出来的 VES 生产函数形式。

L 来最大化生产函数（式子（7-3）），得到两个一阶条件如下[①]：

$$\ln\left(\frac{K_t}{Y_t}\right) = \sigma\ln(\delta) - \sigma\ln\left(\frac{P_t^K}{P_t^Y}\right) + \ln(A_t^{\sigma-1}B_t^{K(\sigma-1)})$$

$$\ln\left(\frac{L_t}{Y_t}\right) = \sigma\ln(1-\delta) - \sigma\ln\left(\frac{P_t^L}{P_t^Y}\right) + \ln(A_t^{\sigma-1}B_t^{L(\sigma-1)})$$

继续调整变量，还可以得到如下对称的四个基本方程：

$$\ln\left(\frac{K_t}{L_t}\right) = \sigma\ln\left(\frac{\delta}{(1-\delta)}\right) + \sigma\ln\left(\frac{P_t^L}{P_t^K}\right) + \ln(B_t^{L(1-\sigma)}B_t^{K(\sigma-1)})$$

$$\ln\left(\frac{P_t^K}{P_t^Y}\right) = \left(\frac{1}{\sigma}\right)\ln(\varphi) + \left(\frac{1}{\sigma}\right)\ln\left(\frac{Y_t}{K_t}\right) + \ln(A_t^{\frac{\sigma-1}{\sigma}}B_t^{K\frac{\sigma-1}{\sigma}})$$

$$\ln\left(\frac{P_t^L}{P_t^Y}\right) = \left(\frac{1}{\sigma}\right)\ln(1-\delta) + \left(\frac{1}{\sigma}\right)\ln\left(\frac{Y_t}{L_t}\right) + \ln(A_t^{\frac{\sigma-1}{\sigma}}B_t^{L\frac{\sigma-1}{\sigma}})$$

$$\ln\left(\frac{P_t^L}{P_t^K}\right) = \left(\frac{1}{\sigma}\right)\ln\left(\frac{(1-\delta)}{\delta}\right) + \left(\frac{1}{\sigma}\right)\ln\left(\frac{K_t}{L_t}\right) + \ln(B_t^{L\frac{\sigma-1}{\sigma}}B_t^{K\frac{(1-\sigma)}{\sigma}})$$

总共六个方程，涉及的变量有总产出、资本存量、劳动力投入量以及它们的价格。由于多出来三个价格变量，信息丰富，总产出的价格一般选用 GDP 的平减指数表示，劳动力的价格选用单位小时工资，资本的价格选用投资的利润率来表示。中国的国民经济统计起步较晚，统计数据落后于国际水准，这三个价格指数缺乏，只能采用其他方式去估算，容易造成偏差。

三、弹性定义方程

根据罗宾逊对替代弹性的定义（见式子（7-2）），我们可以计算局部的要素替代弹性的大小，但是局部值衡量的是某个时点上的资本劳动替代情况，长期来看，根据定义式计算出来的时间序列，受到随机影响的冲击很多，会出现变动幅度大的情况，不能反映经济结构内在的资本劳动替代水平。所以，将式子（7-2）求微分，把波动因素和经济冲击因素归入扰动项 c，可以得到

---

① 推导过程见本章附录 A。

$$\log\left(\frac{K}{L}\right) = -\sigma\log\left(\frac{P^K}{P^L}\right) + c \qquad (7-6)$$

通过时间序列的回归，得到 σ 的平均值。如果认为 σ 是时变的，估计的值才会与一阶条件等式模型的估计值不同，但是，时变估计方法需要较大规模的数据才比较可靠，鉴于中国数据较短，且结构性变化较多，所以，本章将不采用弹性定义方程来估计。

第四节　弹性测算线路与数据说明

本章将采用生产函数模型和一阶条件等式模型，比照两种估计结果的合理性。涉及到的变量有产出 Y、资本存量 K、劳动力投入 L 和劳动报酬比重 S_L，以及劳动力价格 P^L 和资本价格 P^K。

一、测算线路

由于中国幅员广阔，存在市场化程度差异、制度差异和技术差异，要素替代弹性的地区差异性很大，所以采用地区面板数据来估算全国的要素替代弹性是不合适的，也就是说各个地区的生产函数差异很大，不能用一个平均的生产函数来概括。采用各个地区的加总数据，更合适来表达中国总量生产函数的一般情况。由于地区数据加总不等于全国数据，所以，每个指标都采用地区数据的加总值获得。

要素替代弹性是否大于1，决定了资本劳动比与劳动报酬比重单调相关性的方向；所以，资本劳动比与劳动报酬比重单调相关性的方向也反映了替代弹性是否大于1。劳动报酬比重随着资本深化而下降，意味着要素替代弹性大于1。首先看一下改革开放以来，中国劳动报酬比重与资本深化的单调相关性方向的变化情况。

改革开放以来，劳动报酬比重与资本深化（资本产出比）的关系大体上可以划分为四个阶段（见图 7-1）。第一阶段：1978—1984 年，资本产出比稳步增加，劳动报酬比重随着资本产出比增加。第二阶段：1985—1992年，总体上是劳动报酬比重随着资本深化加深而减少，又可以划分为两个小阶段，因为1990年统计口径的调整，年末从业人员数比1989年突然提高了17%，所以导致资本劳动比绝对数量的下降，劳动报酬比重跳跃上升，但是1991年开始，两者的变化趋势没有改变，所以将这两个小阶段视为一个大的阶段来分析是合理的。第三阶段：1993—1995年，这三年的变化方向突然扭转了，1992年末确立了社会主义市场经济的改革目标后，随后的三四年是中国各项改革政策密集出台的时期，具体如1994年财政上的分税制改革和1995年的国企改制，资源配置做了巨大的结构性调整，调整的结果是随着资本深化，劳动报酬比重有所增加。第四阶段：1996年至今，劳动报酬比重随着资本深化呈现出显著的持续性下降的趋势。由于2003年统计范围的调整，农民收入从自营性收入转为劳动报酬，而私营企业主的收入从劳动报酬转为自营性收入，所以劳动报酬比重出现较大降幅，但是，劳动报酬比重与资本深化的关系还是负向的状态。

所以，本章将采用地区数据加总的总量数据，设定1990年和2004年两个时间虚拟变量，测算七个时间段内的生产函数模型和一阶条件等式模型的要素替代弹性的大小。

二、数据说明

总产出 Y：地区实际 GDP 的加总额。利用1978年为基期的居民消费价格指数（CPI）平减各地区 GDP 数据，得到各地区历年的实际 GDP，然后加总得到历年全国总量的实际 GDP 的值。涉及到的 GDP 和 CPI 数据来源于中经网。

劳动力 L：将各省劳动力从业人员数加总。

资本存量 K：采用《经济研究》2010年第5期发表的《资本化扩张与赶超型经济的技术进步》一文中计算的地区资本存量的加总，1978年为基期。关于地区资本存量的数据，目前有三个来源，除本章选择的来源外，另外两个来源分别是张军、章元在2003年第7期《经济研究》上发表的《对中国资本存量 K 的再估计》和单豪杰在2008年第10期《数量经济技术经济研究》发表的论文《中国资本存量 K 的再估算：1952—2006年》，三个数据来源得到的资本劳动比变化趋势一致（见图7－2）。最新数据计算到了2007年，所以我们最终选用《资本化扩张与赶超型经济的技术进步》中的数据。

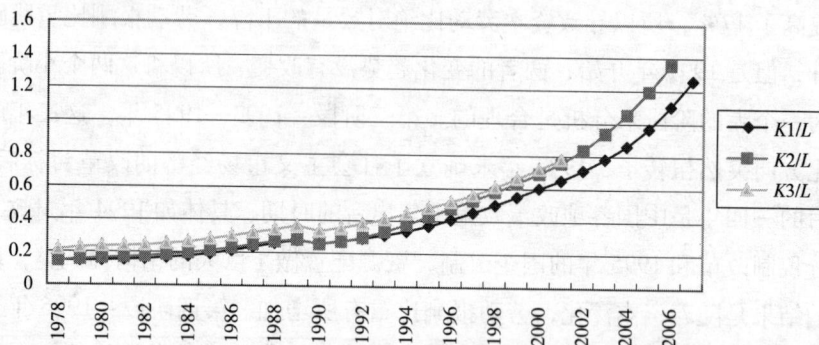

图7－2　三个资本存量来源的全国平均资本劳动比数据比较

注：K1是来源于《资本化扩张与赶超型经济的技术进步》；K2是来源于单豪杰的'《中国资本存量K的再估算：1952—2006年》；K3是来源于张军等人的《对中国资本存量K的再估计》。

劳动报酬比重 S_L：1993年之前的数据源自 Hsueh 和 Li（1999），1993—2004年数据来自于《中国国内生产总值核算历史资料：1952—2004》中地区收入法 GDP 的加总数据，2005—2007年数据来源于时间两年后的《中国统计年鉴》中的地区收入法 GDP 项目。

资本的价格租金率 P^K：用收入法 GDP 中资本的收益（营业盈余＋资产折旧）除以资本存量。

劳动力的价格 P^L：用收入法 GDP 中劳动者报酬除以劳动力人数得到。

第五节　测算结果分析

一、生产函数模型的估计结果

按照测算线路，将测算结果整理成表7－2和表7－3。生产函数模型中，不同的生产函数对参数有一定的范围限制，如果估计出来的值不符合这些范围限制，说明这种生产函数的模型不适合样本数据。CES 生产函数要求 log（K/L）平方项的系数 $c3$ 不能小于 -0.0625[①]；VES 生产函数要求 alog（K/L）$+b$ 的值大于 0 小于 1[②]；加上计量回归对 DW 值，显著性，以及拟合度 R^2 的一般判断，表 7 - 2 中要素替代弹性值（sigma 值）有阴影部分是可信的回归。

表 7 - 2　生产函数模型系数估计值比较

时间	模型	sigma	M	常数项	log（K/L）	log（K/L）平方	K/L	DW	辅助项	R^2
1978—1984	CES	无解		-0.96 （-0.11）	-0.17 （-0.02）	-0.48 （-0.18）		1.96		0.97
	CES	1		0.64 ** （2.77）	1.6 *** （12.7）			1.92		0.97
	VES	<1		3.08 （0.21）	2.47 （0.48）		-5.34 （-0.17）	1.95		0.97
1985—1982	CES	2.74	1.08	1.05 （0.35）	3.84 （0.93）	1.19 （0.84）		1.26		0.57
	CES	1		-1.08 （-2.12）	0.62 （1.61）			1.12		0.55
	VES	<1		-7.54 （-1.09）	-2.11 （-0.74）		10.52 （0.89）	1.28		0.57
1978—1992	CES	无解		-3.89 *** （-5.308）	-3.14 *** （-3.32）	-1.24 *** （-4.15）		1.73	d1990	0.96
	CES	1		-1.04 *** （-4.52）	0.65 *** （4.99）			1.10	ar（1）	0.94
	VES	>1		5.41 *** （4.33）	3.19 *** （5.10）		-11.6 *** （-3.87）	1.66	d1990	0.96
1993—1995	CES	1		-0.79 ** （-47.7）	0.75 ** （49.2）			2.99		0.99
	CES	无解		-1.20 *** （-67.87）		-0.35 ** （-23.4）		2.99		0.99
	VES	<1		-2.36 *** （2.22）			2.21 *** （273.9）	2.98		1

① 数理证明见本章附录 B。

② 因为资本报酬比重的形式被设定为 $S_K\left(\dfrac{K}{L}\right) = a\left(\dfrac{K}{L}\right) + b$，其在（0，1）的区间。

时间	模型	sigma	M	常数项	log（K/L）	log（K/L）平方	K/L	DW	辅助项	R²
1993—2007	CES	1.63	2.94	−0.584 *** （−62.07）	1.23 *** （35.23）	0.259 *** （7.73）		1.409	d2004	0.99
	VES	<1		−1.36 *** （−11.3）	0.48 *** （5.95）		0.76 *** （6.36）	1.35	d2004	0.99
1996—2007	CES	1.58	3.37	−0.53 *** （−52.9）	1.22 *** （25.38）	0.21 *** （4.51）		1.355	d2004	0.99
	VES	<1		−1.17 *** （−5.82）	0.63 *** （4.23）		0.58 ** （2.95）	1.26	d2004	0.99
1978—2007	CES	1.31	15.9	−0.59 *** （−31.88）	1.11 *** （23.96）	0.10 *** （−2.35）		1.531	1，4，	0.99
	VES	<1		−1.01 *** （−10.03）	0.74 *** （14.26）		0.41 *** （4.72）	1.46	1，4	0.99

注：所有时间序列的单位根检验收集在本章附录 C 中。

分析表 7 - 2，可以得出如下几个结论：

1. 1978—1984 年，生产函数适宜采用 VES 形式，资本报酬比重是资本劳动比的线性函数，且关系为负。1985—1995 年，实际的生产函数比较复杂，要素替代弹性值难以确定范围。1993 年之后以及时间跨度较长的时间段适宜采用 CES 生产函数形式。

2. 1993 年之前，要素替代弹性值倾向于小于 1，或者等于 1；而 1993 年开始，要素替代弹性值倾向于大于 1。1978—2007 年，要素替代弹性的平均值为 1.31。

3. 1993 年开始，资本和劳动力之间是显著的高度替代关系时，由于技术进步增强性偏向于劳动力，缓解了资本深化过程中对劳动报酬比重的负向作用力。根据 CES 生产函数计算资本报酬比重与劳动报酬比重的比例：

$$\frac{S_K}{S_L} = （M）^{\frac{1-\sigma}{\sigma}} \left(\frac{K}{L}\right)^{\frac{\sigma-1}{\sigma}}，\text{且 } M = \left(\frac{（1-\delta）}{\delta}\right)^{\frac{\sigma}{\sigma-1}} \left(\frac{B_t^L}{B_t^K}\right)$$

M 较大，说明技术进步劳动增强性较大，弹性保持不变时，如果要素替代弹性 sigma >1，M 越大，劳动报酬比重越大。1996—2007 年的 M 值大于 1993—2007 年的 M 值，说明劳动增强性技术进步缓解了资本深化带来的劳动报酬比重下降趋势。

二、一阶条件等式模型的估计结果

由于生产函数模型仅从产出角度考虑，为获得更多的信息，本章尝试构造了劳动力价格指数和资本价格指数，采用一阶条件等式模型中资本劳动比与工资租金比的计量关系模型回归，$\ln\left(\dfrac{P_t^L}{P_t^K}\right)$ 的回归系数即为要素替代弹性估计值，进行了单位根及协整检验之后，采用最小二乘法进行估计：

$$\ln\left(\frac{K_t}{L_t}\right) = \sigma\ln\left(\frac{\delta}{(1-\delta)}\right) + \sigma\ln\left(\frac{P_t^L}{P_t^K}\right) + \ln(B_t^{L(1-\sigma)}B_t^{K(\sigma-1)})$$

得到的回归结果如表 7-3。

回归结果可信，比较符合中国 1978 年来劳动报酬比重与资本深化的关系。并且进一步验证了前一个模型的回归结论。1978—2007 年资本和劳动之间总体上呈现高度替代关系，1993 年之前，资本和劳动之间是低度替代性，且 1978—1984 年替代性最低；1985—1992 年，渐渐转为高度替代关系；1996 年开始，要素替代弹性最高。此处需要注意的是：采用生产函数模型估计比采用一阶条件等式和弹性定义模型更可靠。理论上一阶条件等式和弹性定义模型中劳动力价格应当是市场上所决定的平均劳动报酬水平，但是由于中国统计数据有限，并没有经济总体上的合适的劳动报酬的指标，本章采用的劳动力价格是用劳动报酬总额除以劳动力人数推算出来的平均劳动报酬水平，已经包含了劳动报酬比重下降的因素，所以回归得到的要素替代弹性仅仅是衡量了资本与劳动的替代关系。而生产函数模型估计中不涉及到劳动力价格，所以估计值更可靠。

表 7-3　一阶条件等式模型系数估计值

时间	$\ln\left(\dfrac{P_t^L}{P_t^K}\right)$	常数项	DW 值	辅助项	R^2
1978—1984	0.52 *** (12.22)	-5.85 *** (-17.83)	1.75		0.967
1985—1992	1.08 *** (7.81)	-10.29 *** (-9.03)	1.70		0.911

续表

时间	$\ln\left(\dfrac{P_t^L}{P_t^K}\right)$	常数项	DW 值	辅助项	R^2
1978—1992	0.94 *** (17.54)	−9.15 *** (−21.25)	0.94		0.959
1993—1995	0.72 ** (33.02)	−7.26 ** (−38.81)	2.99		0.999
1996—2007	1.87 *** (9.26)	−17.2 *** (−9.46)	0.88		0.89
1993—2007	1.47 *** (8.47)	−13.6 *** (−8.81)	1.66	d2004 ar (1) ar (2)	0.994
1978—2007	1.29 *** (10.53)	−12.05 *** (−11.08)	1.48	d2004 ar (1)	0.993

注：所有时间序列的单位根检验收集在本章附录 C 中。

第六节　结　论

本章采用生产函数模型和一阶条件等式模型分析地区数据加总得到的总量数据，测算改革开放以来中国的要素替代弹性值，发现：1978—2007年要素替代弹性大于 1，资本和劳动之间总体上呈现高度替代关系；1993年之前要素替代弹性小于 1，资本和劳动之间是低度替代性，且 1978—1984 年替代性最低；1985—1992 年，渐渐转为高度替代关系；1996 年开始，要素替代弹性最高。

在文献综述中，已经初步探讨了资本要素替代弹性的决定因素，理论研究和实证研究却很少来讨论它们。实际上，理论界之所以长期忽视了要素替代弹性对经济增长的决定性作用，Klump 等人（2000）认为一部分原因是对 CES 系列的生产函数的控制技术上的困难，另外的原因就是对要素替代弹性的决定因素知之甚少。Hicks（1963）最早探讨了要素替代弹性的决定因素，他描述了三种可能导致要素之间出现替代性的情况：部门内部的生产中发生的替代，部门间已知的生产技术的替代，创新导致的要素替代。而这些替代的发生被总结为不仅受到技术作用，也受到制度环境的作用。要素替代弹性作为"生产系统效率的衡量"（de La Grandville，1989），对解释亚洲增长奇迹有重要作用。Yuhn（1991）研究了韩国的经济增长，认为政府对价格扭曲的政策使得资本价格低廉，导致韩国相对很高的要素替代弹性。除了技术和制度外，金融和货币系统对要素替代弹性的影响也非常重要，如果货币不能充分履行可靠的交换和计量功能的话，要素再配置就要大打折扣了（Klump 等，2000）。

中国的要素替代弹性自 1978 年大体上逐渐变大，从资本劳动间的低度替代关系发展到目前的高替代性。当然，市场化会提高要素替代弹性，但是，大部分传统的市场经济国家的要素替代弹性都是小于 1 或者等于 1 的，如此明显大于 1 的情况很少见到，市场化是不足以解释中国资本要素的高替代性的。直觉上，中国的制度因素是关键性的因素。限于理论的薄弱和技术工具的匮乏，还无法直接分析制度和技术因素如何导致了要素替代弹性从小于 1 变化到大于 1 的过程和机制，目前，只能从逻辑上论证要素替代弹性大于 1 是由这一经济环境中的制度和科学技术水平决定的。

参考文献

[1] 中国经济增长与宏观稳定课题组：《资本化扩张与赶超型经济的技术进步》，《经济研究》2010 年第 5 期。

[2] 国家统计局国民经济核算司：《中国国民经济核算》，中国统计出版社 2004 年版。

[3] 国家统计局国民经济核算司：《中国国内生产总值核算历史资料：1996—2002》，中国统计出版社 2004 年版。

[4] 国家统计局国民经济核算司：《中国国内生产总值核算历史资料：1952—2004》，中国统计出版社 2007 年版。

[5] 国家统计局国民经济核算司：《中国经济普查年度国内生产总值核算方法》，中国统计出版社 2007 年版。

[6] 国家统计局国民经济核算司：《中国非经济普查年度国内生产总

值核算方法》,中国统计出版社 2008 年版。

［7］张军、章元:《对中国资本存量 K 的再估计》,《经济研究》2003 年第 7 期。

［8］单豪杰:《中国资本存量 K 的再估算:1952—2006 年》,《数量经济技术经济研究》2008 年第 10 期。

［9］Hsush,Tierr tung and Qiang Li,*China's National Income*:1952—1995, Westview Press,1999.

［10］Hicks,J. R. *The Theory of Wages*,second ed. ,MacMillan & Co. ,London(first edtion published in 1932),1963.

［11］Blackorby,C. ,Russell,R. R,"Will the elasticity of substitution please stand up? (A comparison of the Allen Uzawa and Morishima elasticities)", *American Economic Review*,79,September 1989,pp. 882-888.

［12］Kaldor,N. ,"Capital Accumulation and Economic Growth",in F. A. Lutz and D. C. Hague, eds, *The Theory of Capital*, New York St Martin Press. 1961.

［13］Cobb,Charles W. and Douglas,Paul H. ,"A Theory of Production", *American Economic Review*,18(1),1928,pp. 139-165.

［14］Solow, Robert M. ,"A Contribution to the Theory of Economic Growth", *Quarterly Journal of Economics*,70(1),1956,pp. 65-94.

［15］Arrow, Kenneth J. , Chenery, Hollis B. , Minhas, Bagicha S. , and Solow,Robert M. ,"Capital-Labor Substitution and Economic Efficiency",*Review of Economics and Statistics*,43(3),1961,pp. 225-247.

［16］Acemoglu, D. , "Directed Technical Change", *Review of Economic Studies*,69,2002,pp. 781-809.

［17］Acemoglu,D. ,"Why do New Technologies Complement Skills? Directed Technical Change and Wage Inequality",*The Quarterly Journal of Economics*, 113(4),1998,pp. 1055-1089.

［18］Acemoglu, D. and Zilibotti, F. , "Productivity Differences", *The Quarterly Journal of Economics*,116(2),2001,pp. 563-606.

［19］Klump, R. , and de La Grandville, O. , "Economic Growth and the

Elasticity of Substitution: Two Theorem and Some Suggestions", *American Economic Review*, 90, 2000, pp. 282-291.

[20] Kaz Miyagiwa, and Chris Papageorgious, "Endogenous Aggregate Elasticity of Substitution", *Journal of Economic Dynamics & Control*, 31, 2007, pp. 2899-2919.

[21] Hsieh, Chang-Tai, "Measuring Biased Technological Change", Princeton University, mimeo, working paper.

[22] Gollin, D., "Getting income share right", *Journal of Political Economy*, 110(2), 2002, pp. 458-475.

[23] de La Grandville, O., "In Quest of the Slutsky Diamond", *American Economic Review*, 79, 1989, pp. 468-481.

[24] Yuhn, Ky-Hyang, "Economic Growth, Technical Change Biases, and the Elasticity of Substitution: A Test of the de La Grandville Hypothesis", *Review of Economics and Statistics*, 73(2), 1991, pp. 340-346.

[25] Cronin, Francis D., Colleran, Elizabeth and Gold, Mark., "Telecommunication, Factor Substitution and Economic Growth", *Contemporary Economic Policy*, 15(2), 1997, pp. 21-31.

[26] de La Grandville, O. and Solow, R. M., "Capital-Labour Substitution and Economic Growth", In: de La Grandville, O. (ED.), *Economic Growth: A Unified Approach*, Cambridge University Press, Cambrige, UK, 2009.

[27] Debdulal Mallick, "Capital-labor Substitution and Blanced Growth", *Journal of Macroeconomics*, 2010, in press.

[28] Kaz Miyagiwa, and Chris Papageorgious., "Elasticity of Substitution and Growth: Normalized CES in the Diamond Model", *Economic Theory*, 21, 2003, pp. 155-165.

[29] Allen, R. G. D., *Mathematical Analysis for Economists*, London: Macmillian, 1956.

[30] Wise, J., and Y, Yeh., "Economstric Techniques for Analyzing Wage and Productivity Differentials with Applications to Manufacturing Industries in U. S. A., India and Japan", paper presented at the Annual Meeting of the Eco-

nomic Society, New York, December, 1965.

[31] Sato, R. and Hoffman, R. F. , "Production Function with Variable Elasticity of Factor Substitution: Some Analysis and Testing", *The Review of Economics and Statistics*, 50(4), 1968, pp. 453-460.

[32] Revankar, N. S. , "A Class of Variable Elasticity of Substitution Production Functions", *Econometrica*, 39(1), 1971, pp. 61-71.

[33] Caballero, R. J. , "Small Sample Bias and Adjustment Costs", *The Review of Economics and Statistics*, 76, 1994, pp. 52-58.

[34] Stock, J. H. and Watson, M. W. , "A Simple MLE of Cointegrating Vectors in Higher Order Integrated Systems", *Econometrica*, 61, 1993, pp. 783-820.

[35] Chirinko, R. S. , "Sigma: The Long and Short of It", *Journal of Macroeconomics*, 30, 2008, pp. 671-686.

[36] Lucas, R. E. , "Labor-Capital Substitution in US Manufacturing", In: Harberger, A. C. (ED.), *The Taxation of Income from Capital*, Brookings Insitution, Washiongton, 1969, pp. 223-274.

[37] Berndt, E. R. , *The Practice of Econmometrices: Classic and Contemporary*, Addison-Wesley, Reading, MA. 1991.

[38] Jorgenson, D. W. , Yun, K. Y. , *Lifting the Burden: Tax Reform, The Cost of Capital, and US Economic Growth*, MIT press, Cambridge, 2001.

[39] Klump, R. , McAdam, P. , Willman, A. , "Unwrapping Some Euro Aero Growth Puzzles: Factor Substitution, Productivity and Unemployment", *Journal of Macroeconomics*, 30(2), 2008, pp. 645-666.

[40] Caballero, R. J. , Engel, E. M. R. A. , Haltiwanger, J. C. , "Plant-level Adjustment and Aggregate Investment Dynamics", *Brookings Papers on Economic Activity*(2), 1995, pp. 1-54.

[41] Schaller, H. , "Estimating the Long-run User Cost Elasticity", *Journal of Monetary Economics*, 53(5), 2006, pp. 725-736.

[42] Ramirez-Verdugo, *Tax Incentives and Business Investment*, MIT, 2006.

[43] Barnes, Sebastian, Sebastia-Barriel, Maria, Price, Simon, "The Elasticity of Substitution: Evidence from a UK Firmlevel Data Set", Bank of England,

2006,9.

[44] Smith, J., "That Elusive Elasticity and the Ubiquition Bias: Is Panel Data A Panaces?", *Journal of Macroeconomics*, 30(2), 2008, pp. 760-779.

[45] Antras, Pol, "Is the U. S. Aggregate Production Function Cobb-Douglas? New Estimates of the Elasticity of Substitution", Contributions to Macroeconomics, 2004, 4(1), available in heep://www. bepress. com/bejm.

附　录

A. 一阶条件等式模型

生产函数为

$$Y_t = A_t \left[\varphi (B_t^K K_t)^{\frac{(\sigma-1)}{\sigma}} + (1 - \varphi) (B_t^L L_t)^{\frac{(\sigma-1)}{\sigma}} \right]^{\frac{\sigma}{(\sigma-1)}}$$

P_t^Y、P_t^L 和 P_t^K 分别表示产品、劳动力和资本的价格，生产者选择资本和劳动力的投入量的最大化其利润：

$$\underset{K,L}{\mathrm{Max}} \, R_t = P_t^Y Y_t - P_t^K K_t - P_t^L L_t$$

一阶条件为：

$$\frac{\partial R_t}{\partial K_t} = P_t^Y \frac{\partial Y_t}{\partial K_t} - P_t^K = 0$$

$$\frac{\partial R_t}{\partial L_t} = P_t^Y \frac{\partial Y_t}{\partial L_t} - P_t^L = 0$$

整理得到

$$\frac{P_t^K}{P_t^Y} = \frac{\partial Y_t}{\partial K_t} = \varphi (A_t B_t^K)^{\frac{\sigma-1}{\sigma}} \left(\frac{K_t}{Y_t} \right)^{-\frac{1}{\sigma}}$$

$$\frac{P_t^L}{P_t^Y} = \frac{\partial Y_t}{\partial L_t} = (1 - \varphi) (A_t B_t^L)^{\frac{\sigma-1}{\sigma}} \left(\frac{L_t}{Y_t} \right)^{-\frac{1}{\sigma}}$$

将上式取对数得到

$$\ln\left(\frac{K_t}{Y_t} \right) = \sigma \ln(\varphi) - \sigma \ln\left(\frac{P_t^K}{P_t^Y} \right) + \ln(A_t^{\sigma-1} B_t^{K(\sigma-1)}) \tag{1}$$

$$\ln\left(\frac{L_t}{Y_t} \right) = \sigma \ln(1 - \varphi) - \sigma \ln\left(\frac{P_t^L}{P_t^Y} \right) + \ln(A_t^{\sigma-1} B_t^{L(\sigma-1)}) \tag{2}$$

将（1）式和（2）式相减得到

$$\ln\left(\frac{K_t}{L_t} \right) = \sigma \ln\left(\frac{\delta}{(1-\delta)} \right) + \sigma \ln\left(\frac{P_t^L}{P_t^K} \right) + \ln(B_t^{L(1-\sigma)} B_t^{K(\sigma-1)}) \tag{3}$$

将（1）式、（2）式和（3）式移动一下，得到

$$\ln\left(\frac{P_t^K}{P_t^Y}\right) = \left(\frac{1}{\sigma}\right)\ln(\varphi) + \left(\frac{1}{\sigma}\right)\ln\left(\frac{Y_t}{K_t}\right) + \ln\left(A_t^{\frac{(\sigma-1)}{\sigma}}B_t^{K\frac{(\sigma-1)}{\sigma}}\right)$$

$$\ln\left(\frac{P_t^L}{P_t^Y}\right) = \left(\frac{1}{\sigma}\right)\ln(1-\delta) + \left(\frac{1}{\sigma}\right)\ln\left(\frac{Y_t}{L_t}\right) + \ln\left(A_t^{\frac{(\sigma-1)}{\sigma}}B_t^{L\frac{(\sigma-1)}{\sigma}}\right)$$

$$\ln\left(\frac{P_t^L}{P_t^K}\right) = \left(\frac{1}{\sigma}\right)\ln\left(\frac{(1-\delta)}{\delta}\right) + \left(\frac{1}{\sigma}\right)\ln\left(\frac{K_t}{L_t}\right) + \ln\left(B_t^{L\frac{(\sigma-1)}{\sigma}}B_t^{K\frac{(1-\sigma)}{\sigma}}\right)$$

B. 对生产函数的泰勒展开

生产函数一般形式为

$$Y = A[\delta K^{\frac{(\sigma-1)}{\sigma}} + (1-\delta)L^{\frac{(\sigma-1)}{\sigma}}]^{\frac{\sigma}{(\sigma-1)}}$$

将其视为 σ 的函数，即

$$Y(\sigma) = A[\delta K^{\frac{(\sigma-1)}{\sigma}} + (1-\delta)L^{\frac{(\sigma-1)}{\sigma}}]^{\frac{\sigma}{(\sigma-1)}}$$

在 $\sigma = 1$ 处，泰勒二阶展开式为

$$Y(\sigma) = Y(1) + \frac{Y'(1)(\sigma-1)^1}{1!} + \frac{Y''(1)(\sigma-1)^2}{2!}$$

其中 $Y'(1)$ 表示生产函数对要素替代弹性 σ 求一阶导数，并取值为 1，同理 $Y''(1)$ 表示生产函数对要素替代弹性 σ 求二阶导数，并取值为 1。

所以，得到该生产函数的二阶泰勒展开式为：

$$\ln\left(\frac{Y}{L}\right) = c_1 + c_2\ln\left(\frac{K}{L}\right) + c_3\left[\ln\left(\frac{K}{L}\right)\right]^2$$

其中：

$$c_1 = \ln(A) + \frac{\sigma}{\sigma-1}\ln 2 + \frac{\sigma}{\sigma-1}\ln(\delta) + \frac{\sigma}{2}\ln\left(\frac{1-\delta}{\delta}\right) + \frac{\sigma(\sigma-1)}{4}\left[\ln\left(\frac{1-\delta}{\delta}\right)\right]^2$$

$$c_2 = \frac{\sigma}{2} - \frac{\sigma(\sigma-1)}{2}\ln\left(\frac{1-\delta}{\delta}\right)$$

$$c_3 = \frac{\sigma(\sigma-1)}{4}$$

且 $c_3 = \frac{\sigma(\sigma-1)}{4} = \frac{(\sigma-0.5)^2 - 0.25}{4} \geq -0.0625$

同理，当生产函数的形式为

$$Y_t = A_t [\delta (B_t^K K_t)^{\frac{(\sigma-1)}{\sigma}} + (1 - \delta)(B_t^L L_t)^{\frac{(\sigma-1)}{\sigma}}]^{\frac{\sigma}{(\sigma-1)}}$$

其在 $\sigma = 1$ 处，泰勒二阶展开式为

$$\ln\left(\frac{Y}{L}\right) = b_1 + b_2 \ln\left(\frac{K}{L}\right) + b_3 \left[\ln\left(\frac{K}{L}\right)\right]^2$$

其中：

$$b_1 = \ln(A_t B_t^K) + \frac{\sigma}{\sigma - 1}\ln 2 + \frac{\sigma}{\sigma - 1}\ln(\delta) + \frac{\sigma}{2}\ln\left(\left(\frac{(1-\delta)}{\delta}\right)^{\frac{\sigma}{\sigma-1}}\left(\frac{B_t^L}{B_t^K}\right)\right)$$

$$+ \frac{\sigma(\sigma - 1)}{4}\left[\ln\left(\left(\frac{(1-\delta)}{\delta}\right)^{\frac{\sigma}{\sigma-1}}\left(\frac{B_t^L}{B_t^K}\right)\right)\right]^2$$

$$b_2 = \frac{\sigma}{2} - \frac{\sigma(\sigma - 1)}{2}\ln\left(\left(\frac{(1-\delta)}{\delta}\right)^{\frac{\sigma}{\sigma-1}}\left(\frac{B_t^L}{B_t^K}\right)\right)$$

$$b_3 = \frac{\sigma(\sigma - 1)}{4}$$

C. 单位根检验

全国总量数据单位根检验

变量		类型	Augmented Dickey-Fuller 统计量	Phillips-Perron 统计量
人均产出（万元/人）	log（Y/L）	C（1, c, t）	−4.008 **	−3.763 **
人均资本存量（万元/人）	log（Y/L）	C（1, c, t）	−3.855 **	−3.84 **
工资资本价格比（元）	log（W/R）	C（1, c, t）	−4.30 ***	−4.277 **
劳动报酬比重	log（SL）	C（1, 0, 0）	−4.024 ***	−4.033 ***
资本产出比	log（Z1A）	C（1, 0, 0）	−3.428 ***	−3.424 ***
资本劳动比（万元/人）	log（Z1B）	C（1, c, 0）	−2.276 *	−2.767 *

注：前一种检验需要假设趋势项和常数项，后一种检验无须做事先假定。 *** 、 ** 、 * 分别表示在1%、5%、10%的显著性水平上拒绝原假设。

第八章　过度资本深化与劳动
报酬比重下降[①]

第一节　导　言

近十五年来，居民收入尤其是劳动报酬占 GDP 的比重以及居民边际消费倾向不断下降所导致的内需不足逐渐引起了高度关注（白重恩、钱震杰，2009；CQMM 课题组，2010）。同期，中国出现了加速的资本深化：1978—1995 年，我国的资本产出比大体围绕着 1.63[②] 上下波动，但是，1995 年之后，资本产出比显著地持续性地增加，资本加速深化（见图 8 - 1）。

二者之间是否存在着因果关系[③]，甚至因资本深化引发了经济危机（周为民，2010）？劳动报酬占 GDP 的比重变化与中国现有体制之间究竟是何种关系（史晋川、赵自芳，2007）？本章试图就资本深化与劳动报酬占 GDP 的比重变化的关系予以理论分析。分析中国现有体制背景下，资本深化影响劳动报酬占总产出比重的内在机制。提供一个对我国劳动报酬比重 20 世纪 90 年代中期以来显著下降，国民收入结构变化的理论解释。

---

① 本章作者：李文溥、李静。
② 1.63 为 1978—1995 年资本产出比的平均数。
③ 图 8 - 1 (a) 是 1978 年以来劳动报酬比重与资本产出比的散点图，从 1995 年开始（右下区间），两者在统计分布上呈现显著的负单调关系。

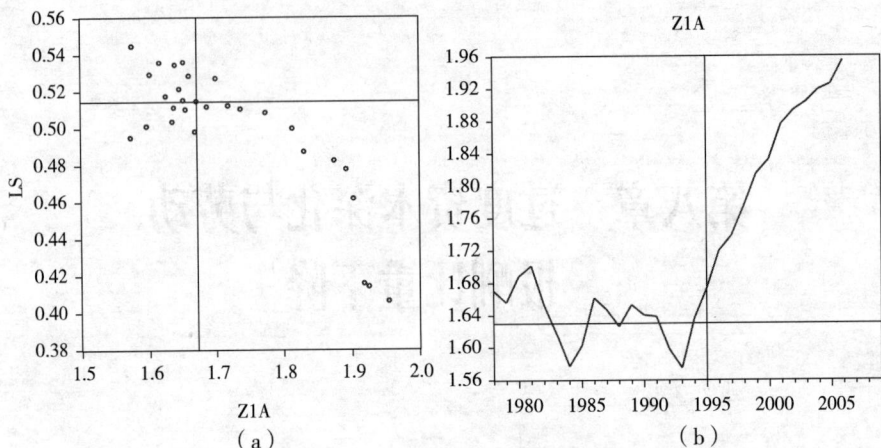

图 8 - 1　1978—2007 年中国资本产出比与劳动报酬比重的
散点分布及资本产出比变化

注：以 1995 年的数据组划分为四个象限，Z1A 表示资本产出比，LS 为劳动报酬比重。

资料来源：劳动报酬比重的数据，1993 年之前的来自 Hsueh 和 Li（1999），1993—2004 年的来自《中国国内生产总值核算历史资料：1952 – 2004》中地区收入法 GDP 的加总数据，2005—2007 年的来自 2006—2008 年《中国统计年鉴》。资本存量数据来自中国经济增长与宏观稳定课题组《资本化扩张与赶超型经济的技术进步》（《经济研究》2010 年第 5 期）中计算（1978 = 100）的地区资本存量的加总。地区 GDP 数据来源于中经网数据库，用 1978 = 100 的 CPI 平减。

第二节　不同类型的资本深化

　　资本深化指经济增长过程中，资本积累快于劳动力积累，人均资本存量或者资本—劳动比率的增加。当人均资本存量增长速度快于人均产出增长速度，从而导致资本存量占总产出的比重增加时，则发生了加速的资本深化。马克思虽然没有直接使用资本深化这一概念，但在《资本论》中应用资本的有机构成、技术构成等范畴，探讨了经济增长过程中的人均资本存量上升的后果，认为资本深化的长期趋势是劳动者失业和经济增长停滞。资本深化的定义最早由萨缪尔森（Samuelson，1962）给出：资本深化是人均资本量随着时间推移而增长的过程[①]。简单地说，即人均资本存量的增加。新古典经济学认为：在长期的经济增长中，资本存量的增速与产出的增速大体相当，资本产出比基本维持不变。但是，由于资本存量的增速往往高于劳动力的增长，人均资本存量总是处于增长状态，因而产生了资本深化。泊美斯特尔和特诺瓦斯基（Burmeister & Turnovsky, 1972）进一步认为资本深化是作为对稳态利息率或收益率下降的反应而产生的资本劳动比率的均衡增加[②]。稳态的利息率或者收益率即是资本边际报酬，根据资本边际报酬递减律，资本边际报酬随着资本存量的扩张呈下降趋势，所以，当没有发生技术进步或者规模报酬递增改善资本边际报酬的情况下，为了维持一定的经济增速，人均资本存量的增长即资本的积累将是经济增长的主要动力。

存在着不同类型或方向的资本深化，它们深刻地影响着初次分配中的劳动报酬比重变化趋势。

宏观经济理论认为：在规模报酬不变、中性技术进步的经济中，劳动报酬比重是由资本产出比与资本劳动替代弹性决定的。当资本和劳动的价格等于其边际产出时，劳动报酬比重的决定方程为：

$$S_L = 1 - ak^{\frac{(\sigma-1)}{\sigma}} \qquad (8-1)$$

其中：a 为生产函数中的要素相对重要性参数[③]，$k = \dfrac{K}{Y}$，为资本产出比；$\sigma = -\dfrac{\left(\text{dlog}\left(\dfrac{K}{L}\right)\right)}{\left(\text{dlog}\left(\dfrac{P^K}{P^L}\right)\right)}$，为资本劳动替代弹性，d 表示取一阶差分；$K$ 和 L 分别为资本存量和劳动力数量，P^K 和 P^L 分别是资本和劳动力的价格。但资本与劳动有较强替代关系，即资本对劳动替代的弹性 $\sigma > 1$ 时，劳动报酬

①　Samuelson. , "The Pure Theory of Public Expenditure ", *Review of Economics and Statistics*, 26, 1962, pp. 387-389.

②　Burmeister, E. , and Turnovsky, S. J. , "Capital Deepening Response in An Economy with Heterogeneous Capital Goods", *The American Economic Review*, 62, 1972, pp. 842-853.

③　例如生产函数的形式为 $Y = A\left[aK^{\frac{(\sigma-1)}{\sigma}} + (1-a)L^{\frac{(\sigma-1)}{\sigma}}\right]^{\frac{\sigma}{(\sigma-1)}}$，$0 < a < 1$，a 即为要素相对重要性参数。

比重随着资本产出比的增加（即加速的资本深化①）而减少；当资本与劳动的替代关系较弱，即 $\sigma < 1$ 时，劳动报酬比重随着资本产出比的增加而增加；当 $\sigma = 1$ 时，劳动报酬比重将保持不变。劳动报酬比重与资本产出比的单调相关性大体可以反映资本劳动替代弹性的大小。

从厂商角度分析。当要素的替代弹性不变，厂商投入资本、劳动力，在既定技术水平下将获得相应产出。在走向均衡增长路径的过程中，厂商为追求利润最大化，将追加各种生产要素，增加产出，从而获得更多利润，所以，如果技术水平不改变，即资本与劳动的边际产出保持不变的比例，因此新投入的资本与新投入的劳动力比例将相当，从而资本劳动比不会发生明显变化，资本利润或者劳动报酬占总产出的比重也保持相对稳定。所以，在均衡增长路径上，发生的仅仅是资本广化：资本增速等于劳动力增速加上资本折旧速度。当发生了中性的技术进步时（即技术进步对资本和劳动力的边际产出促进作用相同），如果要素替代弹性保持为1，显然，各个生产要素的边际产出虽然都有所增加，但是资本和劳动的边际产出比仍将保持不变，从而，资本和劳动的投入量也相对不变，即资本和劳动是成比例增加的，资本产出比因此不变，其结果是要素报酬占产出的比重也保持不变。

如果技术进步仍然保持中性，但是要素替代弹性不为1，意味着边际产出比例的相对变动率与要素投入比例的相对变动率之比不为1。要素替代弹性受到要素价格和要素投入量的影响，具体地说，要素价格的变化能力以及要素资源禀赋都可能影响经济中要素替代弹性的大小。在完全竞争的市场经济中，要素的价格是由市场决定的，要素替代弹性应该为1。当是，当出现垄断，或者政府对要素价格进行控制，或者影响要素资源的供给时，都会令要素替代弹性不为1，要素价格被扭曲。例如，当要素替代弹性大于1时，资本劳动比增加，资本与劳动的边际产出比例的相对变动

---

① 资本劳动比（$\frac{K}{L}$）的增加即为一般意义上的资本深化，当资本产出比（$\frac{K}{Y}$）也增加时，说明资本劳动比的增速大于人均产出（$\frac{Y}{L}$）的增速，出现了加速的资本深化。$\frac{K}{Y} = \dfrac{\left(\frac{K}{L}\right)}{\left(\frac{Y}{L}\right)}$。

率大于他们的投入比例的相对变动率，从而资本的投入量与其边际产出的乘积即资本报酬总额将会相对增加，使得资本的回报占产出的比重增加，反之亦然。

技术进步也可以是非中性的，出现了资本深化，即单位劳动力所使用的资本存量增加。资本存量的增加可以物化在机器设备上。此时，技术进步可以表现为更多的机器、更简单的劳动、更多的劳动力（但是慢于机器的增速）；也可以表现为更好的机器、更复杂的劳动、更少的劳动力。这两种类型资本深化都体现了技术进步，但是方向有所不同。前者是资本增强型技术进步，它使资本深化主要体现为资本存量的增速快于简单劳动力的增速；后者是劳动增强型技术进步，它使资本深化主要体现为简单劳动力数量的减少和复杂劳动力数量的增加，也就是说资本深化导致了劳动力结构的改变。对这两种类型的资本深化，学界有过较为深入的研究（见艾斯莫格鲁和达伦（Acemoglu & Daron K., 2007）的总结）。当技术进步是有方向的，更有利于提高某类要素在经济生产中的效用，那么它将会相应地改变此类要素报酬占总产出的比重。技术进步的方向在实际的经济运行中可以理解为工业化的不同内涵，如果工业化过程中，劳动密集型的工业得到更大规模的发展，可以认为技术进步是偏向劳动的；反之，如果资本密集型的工业得到较快发展，则技术进步是偏向资本的。

从理论上说，技术进步的方向和要素替代弹性的大小，是决定着资本深化进程中要素报酬比重变化的两个重要因素。此外，在现实经济过程中，资本深化还受到资源资本化的影响。资源资本化使社会生产所使用的资源都被当成了资本，其所有者要求按照资本的平均利润率索取资本报酬。因此，资源资本化加快了资本深化过程。它会扩大资本报酬在初次分配中的份额。经济增长过程中，资源的资本化是一种普遍现象。经济增长的早期阶段，首先被资本化的主要是实体经济中的土地、设备、厂房、自然资源和基础设施等。经济的进一步发展，将使资本化的对象转向对未来现金流的贴现定价、价值挖掘和重估。当今世界上，一个普遍现象是实行开放经济的发展中国家的隐性资产在全球市场系统中不断地被重估和再定价。这也就带来了发展中国家资本存量的快速上升。这种资本深化也可以被理解为是经济发展过程中的一种金融深化。因为，金融深化既可以理解为金融对经济的参与程度，也可以直接表现为经济的货币化程度。资本深化往往带来金融深化。麦金农（McKinnon，1973）认为在投资的不可分割性的假设下，金融资产对资本积累存在"渠道效应"，即资本积累和金融资产积累之间存在正的相关关系。实行开放经济的发展中国家的隐性资产在全球市场系统中被资产重估和再定价所导致的资本深化对劳动报酬占GDP的比重的影响在于：当潜在的隐性资产被重估和再定价之后，它们将按照重估的价值要求平均利润，从而提高了资本收益的比重，相应也就降低了劳动报酬的比重。

可以发现，近三十年来，尤其是20世纪90年代之后，中国这种因隐性资产在全球市场系统中被重估和再定价的资本深化过程正在不断地展开。它成为影响中国劳动报酬占GDP比重的另一个重要因素。或问，这一过程将在何时结束呢？有研究指出："在纯粹经济学意义上，只有当隐性的固定资产存量基本被显性化（重估效应趋近为0）、资产溢价回归基本价值（升值效应趋近为0）、随资本积累扩大的'干中学'效应已经衰竭（技术进步水平接近国际前沿）三个条件被满足的前提下。一个发展中经济体才可能从实物资本积累为主的增长模式，真正转向以知识、技术等广义资源显性化、资本化为特征的创新性经济增长"[1]。以此论之，尚有时日。

因此，从理论上说，影响劳动报酬占初次分配比重的因素可以归结为要素市场的偏差对要素替代弹性的影响（要素价格扭曲）、技术进步的方向，以及经济资源资本化程度（金融深化）。

第三节　资本深化与劳动报酬比重下降

以上的理论分析说明，只有当要素替代弹性大于1时，或者发生了资

---

[1]　中国经济增长与宏观稳定课题组：《资本化扩张与赶超型经济的技术进步》，《经济研究》2010年第5期，第8页。

本偏向的技术进步，资本深化过程中，劳动报酬比重会出现下降趋势。

那么，在中国的实践中，是什么原因导致了自20世纪90年代中期以来劳动者报酬在初次分配中的比例下降呢？

统计数据说明：1978年以来，伴随着经济增长，我国的资本积累也出现了加速的增长态势。1990年之前，资本劳动比缓慢上升，略有波动；1990年之后，资本劳动比显著地持续上升，发生了显著的资本深化（见图8－2）。

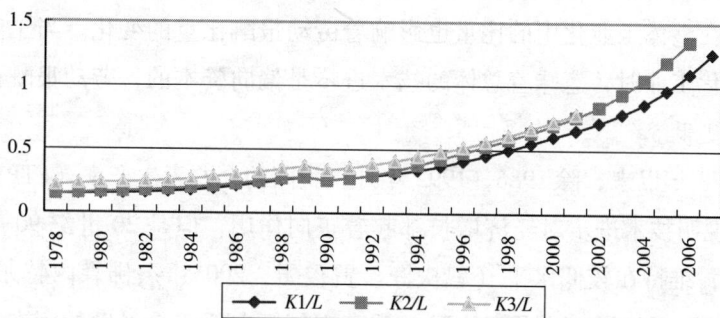

图8－2　三个资本存量来源的全国平均资本劳动比数据比较

注：K1来自《资本化扩张与赶超型经济的技术进步》；K2来自单豪杰的《中国资本存量K的再估算：1952—2006年》；K3来自张军等人的《对中国资本存量K的再估计》。

在现实经济生活中，资本深化如何导致初次分配中劳动报酬比重下降呢？

一、经济发展、产业结构变迁

经济发展必然导致产业结构变迁。一般而言，在工业化进程中，工业的人均资本存量较高，而且要素替代弹性也比较高；相反，农业的资本有机构成一般是最低的，要素替代弹性也最低①。所以，当经济增长使经济的重心从农业逐渐转向工业和服务业时，可以预见将出现资本深化。社会平均的资本产出比会有一个"倒U型"的变化过程。劳动报酬比重则随之

---

①　这个判断对于发展中国家来说是可以成立的，至于对已经完全实现了农业现代化的发达国家来说，则另当别论。

产生先下降后上升的变化趋势。因为，在工业化初期，资本对劳动力的替代是不利于劳动报酬比重的提升的，但是，到了工业化后期，第三产业的蓬勃发展尤其是生产性服务业的发展将有利于劳动报酬比重的上升。对中国经济的近期实证研究（李稻葵等，2009；罗长远等，2009b）发现：经济发展水平与劳动收入份额呈现"U"型关系，而中国目前还处于下行的区间上。

当然，仅仅运用工业化进程还不足以充分解释劳动报酬比重变化。工业化的内涵，也即偏向资本密集型的重化工业化还是偏向劳动密集型的轻工业化在整体工业化中的比重也影响着劳动报酬比重的变化。当工业化偏向于重化工业时，意味着总体的技术进步是偏向资本的，劳动报酬比重则会降得更低。

1978年以来，除1986—1992年外，我国的全要素生产率（FTP）都大于1，说明技术进步对经济增长都起着正向作用，但是20世纪90年代中期以来，维持在较低水平（郭庆旺、贾俊雪，2005；杰佛森内特尔（Jeffersonetal），2000）（见图8-3）。现有文献倾向认为是过度的资本深化主导了经济发展，削弱了技术进步的力量（张军，2005），即过度的工业化或者重工业化偏向的工业化，成为资本深化的主要力量。

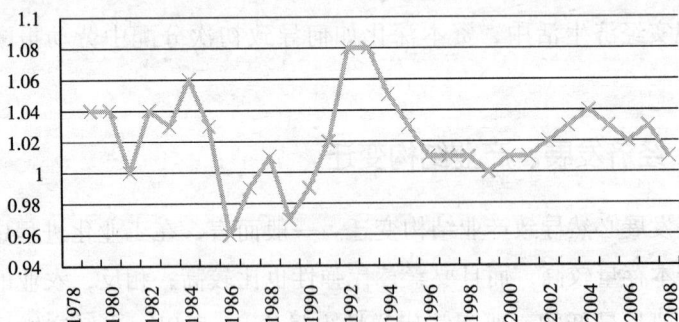

图8-3 中国全要素生产率（FTP）的变化

注：技术进步采用全国的全要素生产率来表示，数据来源于中国经济增长与宏观稳定课题组的《资本化扩张与赶超型经济的技术进步》中列出的 TFP 估计值。

进一步观察我国的工业化及重化工业化进程。非农产业比重与农业比

重的比值可以在一定程度上反映工业化进程。观察图 8 - 4，可以发现，
1978—1990 年，我国的工业化进程是比较缓慢的，但是，1991 年开始，工业化进入了较快发展阶段。与此同时，重工业化进程也逐渐加快。重工业化水平分别在 1990 年、1993 年、2004 年左右跃上了三个台阶，从 0.20 左右增加到 0.36。蔡昉（2005）认为：重工业部门领先增长，重工业比重畸高，并非新事，20 世纪 90 年代后期以来，重工业领先增长的趋势再度出现，1999—2003 年，重工业增长了 98.13%，轻工业仅增长了 61.11%，重工业领先系数为 1.61。在这个时期，无论是东部、中部还是西部，都有部分省份的重工业领先系数超过或相当于改革前的水平，即 3.00 以上。然而，这种重化工业化的新趋势是否标志着中国工业化新阶段的到来，或者说这个过程是否是水到渠成的发展结果，却是值得质疑的。

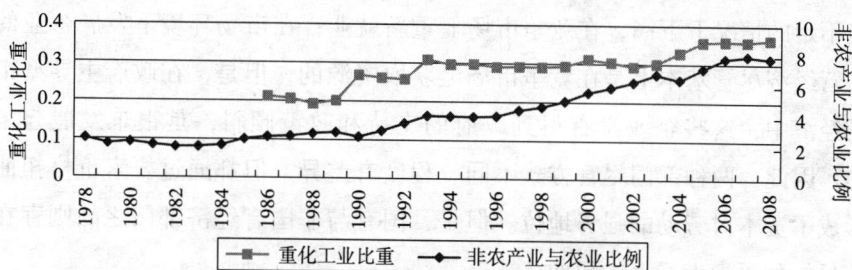

图 8 - 4　中国非农产业与农业比例、重化工业产值占工业总产值比重的变化

　　注：重化工业比重用重化工业产值比重来表示，具体选择了煤炭开采和选洗业、石油和天然气开采业、电力、热力的生产和供应业、化学原料和化学制品制造业、石油加工、炼焦及核燃料加工业、有色金属矿采选业、黑色金属矿采选业、黑色金属冶炼及压延加工业、有色金属冶炼及压延加工业九个工业的总产值来代表重化工业。非农产业与农业比例等于非农产业比重除以农业比重。

　　工业化以及重工业化进程也即资本深化进程是我国劳动报酬比重出现下降趋势的重要原因之一，但是，白重恩、钱震杰的实证研究（2009）发现，近十五年来，不仅整个经济因产业结构变迁导致的资本深化影响了劳动报酬比重的变化，而且三次产业内部的劳动报酬比重也明显地下降了。因此，仅仅用产业结构变迁引发的资本深化还不足以解释我国总体劳动报酬比重的变化。

二、转轨经济的增长方式扭曲了要素价格，提高了要素替代弹性

中国经济体制改革是按照两种方式推进的：一是在传统计划体制部门内逐步地引入市场机制，使其逐步演变为市场导向的经济部门，这主要针对国有经济和集体经济，尤其是国有大型企业；其二是在传统计划体制部门之外发展市场主导型非国有经济，这部分经济基本上面临竞争市场环境，企业目标也较为单一，追求利润最大化。两种不同的改革方式，导致这两个经济部门获取生产要素的不同方式。当然，这仅仅就改革方式而言。在现实经济中，两个部门获取生产要素的方式互有交叉：例如，20 世纪 90 年代中期的国有经济战略性调整，就将大部分的国有中小型企业及城镇集体企业或破产、或拍卖、或转制，使之完全市场化。数千万职工在补偿不足的情况下下岗，在竞争市场上重新就业；在市场环境下发展企业的私营经济尽管基本上是在竞争市场上获取资源的，但是，在政府主导型市场经济中，这些企业没有得到政府的支持和政策倾斜，是很难发展起来的。因此，两种部门尽管方式不同、程度有差异，但都通过要素价格扭曲形成了资本对劳动的强势地位。但是，国有与非国有经济部门之间则存在着另一种要素市场上的扭曲。

首先，资本市场扭曲。我国国有投融资体制改革并没有取得实质性进展。尽管国有经济产出占 GDP 的比重日趋下降，非国有经济迅速发展并成为经济增长的主要动力，但是非国有经济在资金市场上仍受到歧视性待遇。过去十几年里，非国有经济部门获得的银行贷款不到 20%，其余 80%以上都流向了国有部门（罗斯·加诺特（Ross Garnaut）等，2000）。我们的计算结果是：私营及个体企业、乡镇企业、农业及三资企业短期贷款之和占金融机构贷款总额的比重，1994 年是 10.2%，1999 年上升到 15.5%，然后持续下降到 2009 年的 9.99%。同时，国有经济的资本使用价格显著低于非国有经济。卢峰、姚洋的研究（2005）表明，中国官方利率一直比正式信贷市场利率低 50%—100%，并且，国家银行在向中小企业提供信贷时可采用比官方利率高 10%—50% 的利率。根据史晋川、赵自芳（2007）的测算，相对于国有经济和外资经济来说，集休和私营经济在资

本要素使用成本上总体要高出近15—20个百分点。国有经济的低资本要素价格，主要是政府的财政补贴、税收减免等优惠措施造成的；外资经济较低的资本要素价格则因其融资不以国内资本市场为主，从而避免了较高的交易费用，另一方面，由于各地政府不计成本地招商引资，外资经济获得了低廉的土地以及其他形式的财政补贴，这也是其资本要素价格（或者说投资成本）较低的原因之一。相反，其他非国有经济在国内融资市场上支付了较高的资金使用成本，资本要素价格偏高。这种扭曲正是第二种扭曲：不同的部门面对不一样的要素市场价格。

户籍制度至今仍是劳动力跨地区和跨行业、部门流动的重要制度障碍。改革开放后，户籍制度的逐步松动促进了农村剩余劳动力的跨地区与跨部门流动。劳动力流动提高了要素配置效率，促进了经济增长。但是，制约劳动力流动的制度障碍——户籍制度并没有被彻底清除。它仍然是分割中国劳动力市场的基本制度设计。当前，它主要体现在户籍制度仍与教育、再就业、社保、福利及相关公共物品的权利相关联。现存的户籍制度使进城务工的农村劳动力实际上被排除在这些权利安排之外。人虽然进了城，制度上还被关在城外。国有经济改制在下岗了大批员工之后，存留员工仍旧保持了高福利的报酬制度。企业不仅要向员工支付工资，而且还要按照政策规定提供养老、医疗、失业、工伤等社会保障和其他福利。人事安排上基本上按旧有体制运行，体制外人员难以进入；与此同时，非国有经济面对大量进城务工和下岗的廉价劳动力，体制上的双轨制使非国有企业与国有企业员工的社会保障和福利水平差距甚大。造成了不同部门劳动力价格的较大差异。据史晋川、赵自芳（2007）的测算，不论是单个年份内还是所有年份，国有经济的劳动力价格都是最高的，外资经济次之，私营和集体经济最低。如果按照所有年份的平均水平来看，国有经济部门的劳动力价格是私营经济部门的3倍多，是集体经济部门的4倍多[①]。

要素市场上的价格扭曲，主要表现为国有经济面对较低的资本价格和较高的劳动力价格，非国有经济（不含外资经济）面对较高的资本价格和较低的劳动力价格。在资本深化过程中，国有经济倾向于用资本替代劳

---

① 史晋川、赵自芳：《所有制约束与要素价格扭曲》，《统计研究》2007年第6期。

动；非国有经济则倾向于劳动密集型生产，甚至用廉价劳动力替代设备更新和技术进步，两种倾向的结果是两类企业的要素密集度的差距扩大了。要素密集度差距扩大对经济的总要素替代弹性会产生什么影响呢？希克斯（Hicks（1932，1963））曾指出：在多部门经济体中，如果部门间替代弹性较大，或者部门间要素集中度差距很大，或者消费者的商品替代弹性很大，再或者技术创新令部门间的和商品间的替代弹性增大，都会令总替代弹性（AES）变大。前面分析指出：劳动报酬比重的决定式为：$S_L = 1 - ak^{\frac{\sigma-1}{\sigma}}$，保持资本劳动比不变，较大的要素替代弹性，会得到更小的劳动报酬比重。

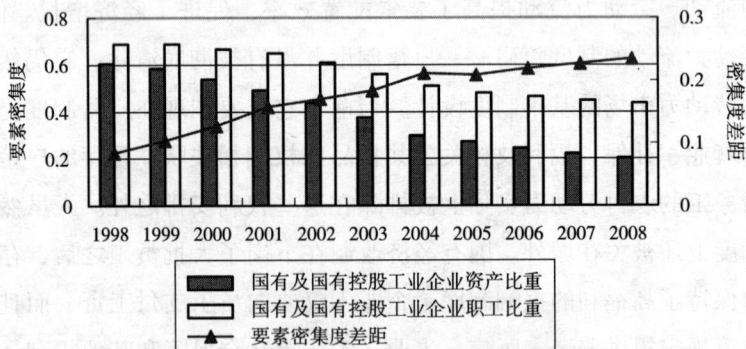

图 8 - 5　1998 年以来中国国有与非国有工业企业要素密集度差距变化
资料来源：中经网数据库。

我国劳动报酬比重从 1996 年开始显著下降。图 8 - 5 表明，1998 年以来，国有经济和非国有经济的要素密集度差距扩大了。因此，可以看出，由于我国资本劳动替代弹性过高，在资本深化过程中，要素市场价格的不对称扭曲强化了劳动报酬比重下降的趋势。

三、要素价格扭曲使不同所有制经济部门采取了不同的技术进步方式

要素市场的不对称扭曲使不同所有制经济部门倾向不同的技术进步方式。国有经济面对低资本价格，高劳动力价格，倾向于采用节约劳动力的

技术，所以，国有经济大量进入石化等重化工业行业，降低劳动报酬比重；非国有经济面对高资本价格、低劳动力价格，倾向于采用节约资本的技术，大量使用流水线简单化手工操作来替代先进自动化技术，虽然采用节约资本的技术会提高劳动报酬比重的份额，但是，由于劳动报酬总额的增加来自于最低收入水平的劳动力人数增加，对全国劳动报酬总额的贡献有限，不足以影响劳动报酬比重下降的趋势。

四、资源资本化

发展重化工业需要大量投资，需要集聚大量物质资本，投资冲动诱发经济主体为了投资而积累金融资产，产生了较高货币需求。通过货币对资本积累的"渠道效应"（麦金农（McKinnon），1973），资本深化促进了金融深化。观察 M2/GDP 的变化，发现我国经济货币化程度自 1990 年以来持续上升，目前维持在 1.5 左右，出现了显著的金融深化（见图 8-6）。

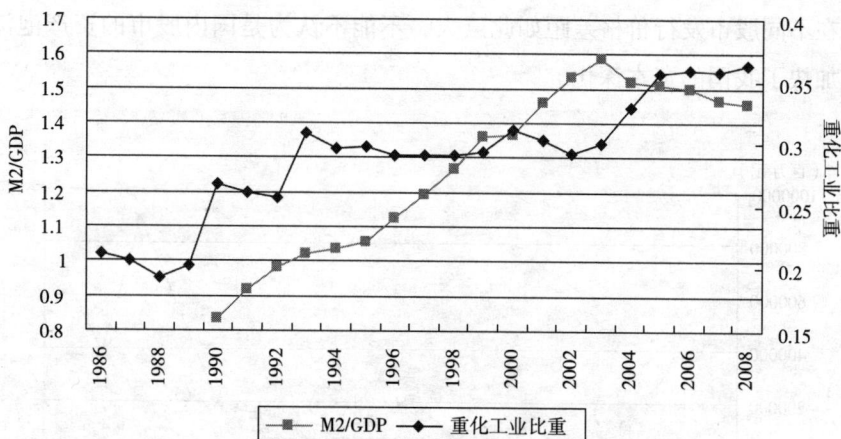

图 8-6　中国 M2/GDP、重化工业产值占工业总产值比重的变化

注：重化工业指标的计算同图 8-4。货币化程度，用 M2 与 GDP 的比值表示经济体货币化的程度，可以在某种程度上衡量资本深化。

由资本深化带来的金融深化的主要途径有：FDI 流入、企业上市融资，土地价格上涨或土地价值重估。FDI 如果流入企业，投资生产，直接提高了一般资本存量，如果投入房地产和股市，则推高了房地产和股市价格，间接提高了资本存量。

首先，观察一下企业融资上市（见图8-7）。1990年上海证券交易所开业，我国上市筹资总额从20世纪90年代中后期开始迅速增长，持续了十年左右。股份公司通过股票市场筹集的资金总额，主要是对公司未来现金流通过股票市场进行定价，从而资本化。由于普遍存在着一次性IPO溢价和后续资产升值带来的高额租金，大量企业都把上市当做圈钱的主要渠道。上市公司的IPO、配股、增发、可转债的转股价格、转股比例设计上都实行高溢价发行机制。巨大的"高溢价"产生了过高的资本化租金。上市公司每股净资产倍增，这是可重估的资本存量的价格重估令这部分存量的价值倍增。比较我国上市公司在境内外股票市场上的不同发行价格，可以明显看出国内市场普遍存在高溢价发行。中石油香港发行价仅1.1港元，大陆发行价16.7元人民币，后者高10多倍。仅0.1元面值的紫金矿业A股发行价人民币7.13元，H股复权发行价0.33港元，相差20倍。如果承认港股市场化程度更高，更能反映股票的相对真实价格。那么，同一个企业在不同股市发行价格差距如此巨大，不能不认为是国内股市的资产泡沫化加快了我国的资本深化。

（百万元）

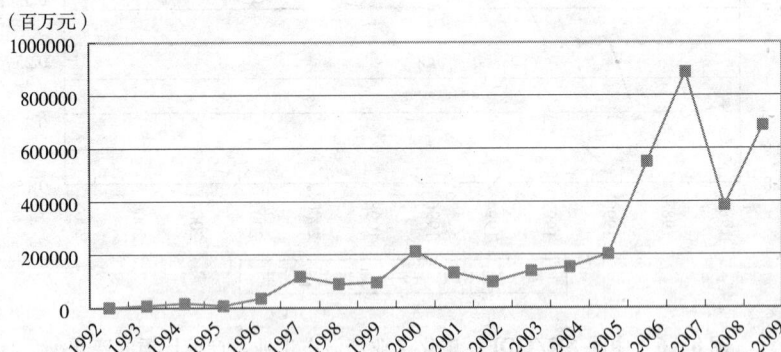

图8-7　国内外上市筹资总额

资料来源：中经网数据库。

其次，地价（见图8-8）。土地使用权由政府出售后，在二级市场上可以交易，使之具备了资本属性，而且是相对独立于土地之外的资本。全社会的资本供给也因此增加。在经营性、行政事业性和资源性三大类国有资产中，以土地为载体的资源增值最快最大，可以说主导了经济流程，并带动了地面建筑物价格的快速上扬[①]。

（元/平方米）

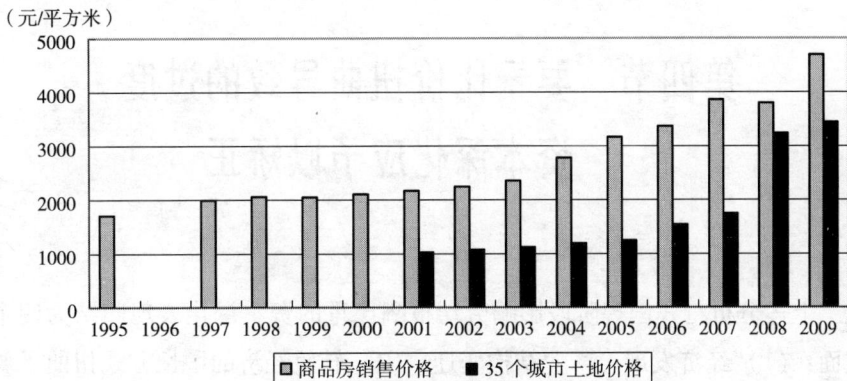

图 8 - 8　中国 35 个城市的土地价格

资料来源：CEIC 中国经济数据库。

从图 8 - 8 可以看出，2000 年之后，商品房销售价格开始快速上涨；随后 35 个城市的平均土地价格也开始上涨。从 1998 年开始，国有企业占用的土地须按土地市价估值计为国有资本或者国有净资产。因此，2003 年（房地产价格的第一个高速增长阶段）以后，国有资本形成中，相当部分是国有土地使用权资本化的结果。我国工业化、城市化进程中土地资本化收益分配因工业用地和商住用地而不同。在工业用地转让中，政府由于追求经济增长和财政收入最大化，往往以极低的用地价格（甚至低于土地收购、整理成本）鼓励和吸引投资，但是企业低价获得土地后，仍旧按照土地的市场价格计算资产，计入企业资产额。国有企业原来占用的土地资源在 1998 年之后，也按照土地市价进行估值，计入国有资本或者国有资产。所以，工业用地价值重估的资本收益大部分转为企业收入，大大加速了企业的资本深化过程。商住用地采用招拍挂市场程序运作，一级市场转让价

---

① 中国经济增长与宏观稳定课题组：《资本化扩张与赶超型经济的技术进步》，《经济研究》2010 年第 5 期。

格较高，价值重估产生的增值主要为政府所获取，企业因其而资本深化的部分有限，但是由于城市化使土地价格增速过快，同样产生了一定程度的资本加速深化。

第四节　要素比价扭曲导致的过度资本深化应予以矫正

上述分析将我国现阶段影响劳动报酬比重的资本深化表现归结为四个方面：（1）经济发展、产业结构变迁；（2）转轨经济的增长方式扭曲了要素价格，提高了要素替代弹性；（3）要素价格扭曲使不同所有制经济部门倾向不同的技术进步方式；（4）资源资本化进程中的资源价格重估和再定价。

正常的资本深化在经济发展的特定阶段必然产生。日本、韩国等经济体在其经济起飞阶段，也经历了投资率和净出口比重迅速上升，居民收入和消费比重迅速下降的类似过程（见图8－9）。

龚敏和李文溥通过构建一个单一部门无限期存活的竞争性市场增长模型，基于新古典增长理论对中国经济增长过程中消费率长期持续下降的趋势进行研究。利用1993—2007年间中国经济增长的特征表现对模型进行校准后获得的研究结论之一是：中国资本报酬率的变化对居民消费率的长期动态特征有重要影响。较高的资本报酬率可能是导致居民消费率不仅偏低而且长时期不断下降的主要原因（龚敏、李文溥，2010）。而较高的资本报酬率正是促进资本深化的重要因素。

经济发展特定阶段正常的资本深化引发的劳动报酬比重下降不可避免。但是，要素价格扭曲产生的高要素替代弹性下的加速资本深化以及资源资本化所产生的资本加速深化导致的劳动报酬比重过快下降却值得关注和矫正。

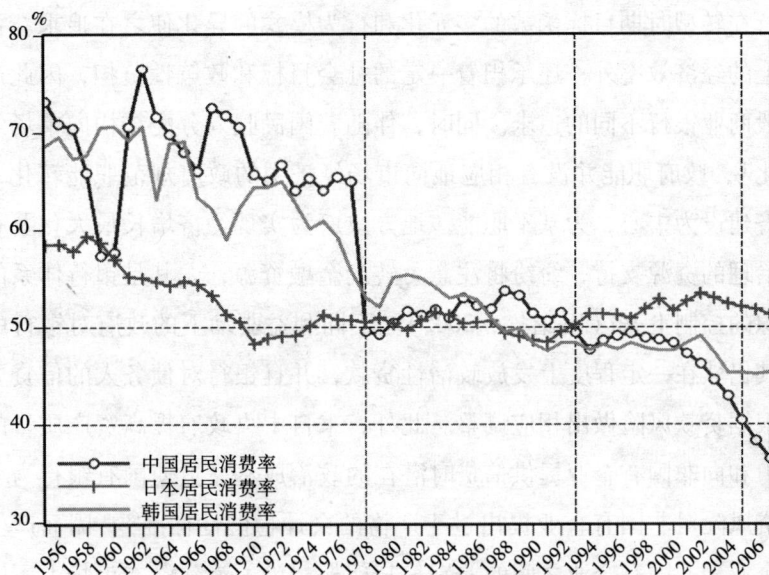

图 8 − 9　1954—2007 年中国、日本、韩国消费率比较

注：按购买力平价及 2005 年不变价美元计算。

资料来源：数据来自 Penn World Table 6.3。

从图 8 − 9 可以看出，尽管中国、日本、韩国三个东亚国家在高增长阶段都出现了消费率的较快下降，但是，中国在 20 世纪 90 年代中期之后的下降速度及幅度都是惊人的。根据美国宾夕法尼亚大学生产、收入和价格国际比较研究中心（CIC）编制的购买力平价 GDP 国际比较数据，2007 年，世界 196 个国家按消费率从高到低排列，中国位于第 166 位。2007 年中国人均实际 GDP 为 8510.6 美元（购买力平价，2005 年价格），接近巴西的人均实际 GDP 水平（9644 美元）。当年巴西消费率为 64%，而中国只有 36.51%，在同期世界人均国民收入水平相近的国家中是比较低的（CQMM 课题组，2010a）。

要素价格被扭曲，根源之一是要素市场被分割，不同所有制经济面对不同的资本价格和劳动力价格。

1. 资本市场

国有银行至今仍基本控制着全国的金融资源，资本市场只起了较小作用，银行信贷仍然是企业主要的融资模式。尚未彻底商业银行化的国有商业银行在转型时期目标函数的多元化和行为模式的异化使之在追求新古典意义上的经济效率外，还承担着一定的社会目标和政策性负担，因此产生与一般商业银行不同的追求。同时，伴随着国民收入分配结构向市场经济型转化①，政府职能并没有相应地向市场经济中的政府规范职能转化，仍以经济建设为中心，为基本职能。地方政府为实现经济增长最大化及有效地方治理的资源支持，纷纷将注意力转到金融资源，尤其是银行体系的信贷资源的控制上来（巴曙松，2005）。不同利益驱动下的政府对银行的干预使其仍然在一定程度上发放政治性贷款，并且银行对债务人的信贷要求不能根据贷款风险做出相应调整。此外，来自中央政府提高资产质量的政治压力和向非国有企业提供信贷时潜在的政治成本又迫使国有银行为了控制信贷风险对非国有企业提出过于严格的会计稳健性标准②，因而产生了国有企业和非国有企业之间的差别信贷门槛。为了消除资本市场上不同所有制企业的筹资成本扭曲，降低因此而产生的过大的要素替代弹性，银行及资本市场的进一步市场化改革显然是必要的。

2. 劳动力市场

首先，在分割的劳动力市场上，不同所有制经济面对不同的劳动力价格，导致了较大的要素替代弹性，更小的劳动报酬比重，导致了不同所有制经济部门倾向不同的技术进步方式。显然，进一步推动全国统一的劳动市场的形成，建立真正统一、覆盖全社会的社会保障体系，使政府部门、事业单位、不同所有制企业都面对一个统一的劳动力市场，是降低要素替代弹性，遏制劳动报酬比重因要素价格扭曲而过度下降的有效措施之一。其次，劳动力市场上的劳资双方力量均衡的重建。由于劳动力市场被分割，不同的劳动力市场上的劳资力量对比都出现了失衡，劳动要素价格因此出现了不同方向的扭曲。在传统的正规劳动力市场上，政府部门、国有

① 这一转化在20世纪90年代之交基本完成，但是从90年代中期起有所逆转。

② 由于东南亚金融危机后，中央政府对资产质量高度重视，银行为弥补各种政治性贷款造成的资产质量下降，对非国有企业要求更加严格的信贷要求，同时，在中国的银行业中，国有企业不偿还贷款被认为是可以接受的，但是，如果给予非国有企业的贷款出现坏账，有关负责人就会被怀疑收受了贿赂，从而承担国有资产流失的压力（卢峰、姚洋，2004），这种政治成本的存在迫使银行管理层和信贷人员在向非国有企业发放贷款时施加了更加严厉的信贷政策。

事业、国有企业的正规就业者基本上是不可退出的。不可退出也就形成了绑架机制，它与政府部门的创制功能、国有经济的软预算约束结合在一起，导致了过高的劳动力成本，而这一"正规的劳动力市场"内部却是一再分割的，就业者不因其工作而因就业单位不同而劳动报酬差距甚大，因此极大地影响了工作积极性，降低了劳动效率；非正规劳动力市场是高度市场化的，完全由市场决定劳动力价格，似乎不存在着要素价格扭曲。其实不然。现代企业制度下，个别劳工与资方之间的力量是如此悬殊，因而，这种市场决定的"均衡"劳动价格必然低于真正劳资力量均衡下的劳动价格。以经济建设为中心，追求 GDP 和财政收入最大化的各级政府，迫于引资压力，在劳资纠纷中往往向资方倾斜①。实践证明：劳资双方就劳动报酬进行集体协商，在政府工会及资方组织的企业工会主导下，也不能实现劳资双方在劳动力市场上的力量均衡。因此，由自主的劳工组织与资方进行劳动报酬协商，是恢复劳动市场均衡的必要手段，同时也是促进技术进步，特别是矫正目前更多偏向资本增强型技术进步的倾向，推动产业升级，转变经济发展方式的有力措施。

3. 政府职能的根本性转变

无论是资本还是劳动力价格的扭曲，都源于尚未完成的市场化导致的制度扭曲。然而，深化体制改革，首先要求转换政府职能。政府继续以经济建设为中心，经济体制转轨也就只能以政府主导型市场经济为限。政府主导型经济，必然追求经济增长和财政收入最大化，必然不计成本地招商引资，必然扭曲要素比价，在劳资关系上向资本利益倾斜，必然导致过度资本深化和粗放型经济增长。

因此，应当推动政府职能从以经济建设为中心转向以公共管理与提供公共产品及公共服务为中心；推动我国经济体制的继续转轨，从政府主导型市场经济向市场经济一般过渡；从为政绩增长而强制增长转向社会成员主导下为实现每一个社会成员全面自由地发展而集约增长。

4. 资源资本化

实行开放经济的发展中国家的隐性资产在全球市场系统中不断地被重

———————

① 当然，以不危及稳定为限。

估和再定价势不可免。问题在于：

　　首先，如何避免在我国资本市场还不够完善的情况下，在资源再定价引起的资本深化过程中产生过高的寻租空间，如何规范、预防和控制资产价格泡沫。

　　其次，固然，潜在的隐性资产被重估和再定价之后，它们将按照重估的价值要求平均利润，从而增加了资本的收益比重，相应地也就降低了劳动报酬在初次分配中的比重。但是，潜在的隐性资产被重估和再定价之后的溢价分配，如能采用更适当的分配方式，虽然并不能直接提高初次分配中的劳动报酬比重，但却能在整个国民收入的分配中直接间接地提高劳动者的收入，改善劳动者的福利状况，一定程度上扩大居民的消费。

参考文献

　　[1] 周卫民：《资本深化带来了经济危机吗?》，《经济学家》2010 年第 4 期。

　　[2] 蔡昉：《发展阶段判断与发展战略选择——中国又到了重工业化阶段吗?》，《经济学动态》2005 年第 9 期。

　　[3] 白重恩、钱震杰：《谁在挤占居民的收入——中国国民收入分配格局分析》，《中国社会科学》2009 年第 5 期。

　　[4] 白重恩、钱震杰：《我国资本收入份额影响因素及变化原因分析——基于省际面板数据的研究》，《清华大学学报（哲学社会科学版)》2009 年第 4 期。

　　[5] CQMM 课题组 a：《中国宏观经济预测与分析——2010 年春季报告》，厦门大学宏观经济研究中心，2010 (2)。

　　[6] CQMM 课题组 b：《中国宏观经济预测与分析——2010 年秋季报告》，厦门大学宏观经济研究中心，2010 (9)。

　　[7] 罗长远、张军 a：《经济发展中的劳动收入占比——基于中国产业数据的实证研究》，《中国社会科学》2009 年第 4 期。

　　[8] 罗长远、张军 b：《劳动收入占比下降的经济学解释——基于中国省级面板数据的分析》，《管理世界》2009 年第 5 期。

[9] 张军、章元：《对中国资本存量 K 的再估计》，《经济研究》2003年第7期。

[10] 单豪杰：《中国资本存量 K 的再估算：1952—2006年》，《数量经济技术经济研究》2008年第10期。

[11] 卢峰、姚洋：《金融抑制下的法治、金融发展和经济增长》，《中国社会科学》2004年第1期。

[12] 张军、吴桂英、张吉鹏：《中国省际物质资本存量估算：1952—2000》，《经济研究》2004年第10期。

[13] 李稻葵、刘霖林、王红领：《GDP 中劳动份额演变的 U 型规律》，《经济研究》2009年第1期。

[14] 巴曙松、刘孝红、牛播坤：《转型时期中国金融体系中的地方治理与银行改革的互动研究》，《金融研究》2005年第5期。

[15] 龚敏、李文溥：《中国高资本报酬率与低消费率的一个解释》，《学术月刊》2013年第9期。

[16] Hicks, J. R. *The Theory of Wages*, second ed., MacMillan & Co., London(first edtion published in 1932), 1963.

[17] Acemoglu, Daron K., "Equilibrium Bias of Technology", *Econometrica*, 75(5), 2007, pp. 1371-1409.

[18] McKinnon. R., *Money and Capital in Economic Development*, Washington, DC: Brookings Institution.

第九章 劳动报酬比重下降的
影响因素分析[①]

　　资本劳动替代弹性是否大于 1 决定了资本深化过程中劳动报酬比重变化的方向，尽管这一变化过程是漫长的[②]。中国劳动报酬占 GDP 比重长期持续下降，是哪些因素强化了劳动报酬比重下降的过程？第八章的研究认为，高资本劳动替代弹性下的高速资本深化是中国劳动报酬比重迅速下降的主要因素。生产要素市场价格的扭曲提高了总的资本劳动替代弹性；而以企业上市和土地房产价格高涨的资本深化方式，使资本深化速度过快，共同作用导致中国劳动报酬比重自 1996 年以来显著地持续下降。

　　本章通过构造计量模型实证分析了影响中国资本劳动替代弹性和资本深化的经济制度因素，采用全国数据和地区面板数据全面分析了中国劳动报酬比重持续性显著下降的原因。

第一节　文献述评

　　在新古典理论中，劳动报酬比重与资本深化的关系取决于资本劳动替

---

　　① 本章作者：李静。

　　② Hing-Man Leung（2007）在工作论文 "Un-Balanced Economic Growth" 中，探讨了非平衡动态增长模型，发现模型从初始状态调整到稳定状态时要花上几百年的时间，相关文献见 Atkinson, Antony B., "The Timescale of Economic Models: How Long is the Long Run?", *Review of Economic Studies*, 36(2), 1969, pp. 137-152。

代弹性的大小。替代弹性等于 1 时，要素报酬的比重是一个常数；弹性大于 1 时，资本和劳动之间的替代性很强，在资本深化过程中，会导致资本对劳动的替代，从而降低了劳动报酬比重；弹性小于 1 的时候，资本和劳动之间是互补关系，资本深化时，对劳动的需求同时在增长，从而提高了劳动报酬比重。

1930 年以来，长期的经济增长特征被总结为具有稳定的要素报酬比重，20 世纪六七十年代 OECD 国家劳动报酬比重出现了先升后降，引起了人们对单位要素替代弹性的质疑，然而要素替代弹性测算值差异很大，所以，除了少量文献讨论了资本深化可能对这一变化的影响以及较高要素替代弹性可能导致的恶化劳动者收入分配状态外①，并无文献详细分析要素替代弹性在劳动报酬比重变化中所起到的作用。实际上，中国劳动报酬比重出现如此长时间（10 年以上），在较低水平的基础上大幅度（10 个百分点）下降的情况在世界范围内是罕见的，要素替代弹性对资本深化过程中中国劳动报酬比重变化方向的决定性作用不容忽视。

除了本章所关注的要素替代弹性、资本深化、技术进步的偏向性对劳动报酬比重的影响外，鉴于 20 世纪八九十年代以来世界范围内普遍存在劳动报酬比重变化的状况，出现了大量文献从不同角度给予解释：第一，产品市场的不完全竞争，垄断形成产品价格的成本加成定价，从而劳动报酬比重受到加成比重的影响（Bentolina & Saint-Paul，2003）；第二，劳动力市场的供求关系，分析劳动力市场供给冲击对经济的短期和长期影响的不同（Acemoglu，2002）；第三，工会力量强弱和工资合同方面对劳资谈判能力的影响，从而影响劳动报酬比重（Blanchard，1997；Bentolina & Saint-Paul，2003），类似的研究角度是研究全球化，资本流动性增强，导致资本的谈判地位得到加强，劳动报酬比重下降（Harrison，2002；Diwan，2000，2001；Askenazy，2005）；第四，从产业结构和经济发展的层面研究社会总

---

① Bentolina 和 Saint-Paul（2003）认为劳动报酬比重是资本深化的函数，其他因素引起劳动报酬比重与资本深化的曲线向水平方向或者垂直方向的移动，但是其并没有强调要素替代弹性对该曲线形状的决定作用。Yuhn（1991）则利用韩国 20 世纪 60 年代经济高速增长时期的数据测算制造业要素替代弹性值为 0.908，证明 de La Grandville 的高要素替代弹性可能导致高增长的猜想，并进一步分析高要素替代弹性可能带来的收入分配效应。

体劳动报酬比重，不同产业部门劳动报酬比重不同，随着经济发展，产业结构发生变化，根据总劳动报酬比重分解，得到总劳动报酬比重等于各个产业部门的劳动报酬比重的产出比重加权平均，产业结构的变迁导致总劳动报酬比重呈现"Kuznets"式的变化，先下降后上升（Kongsamut 等，2001；Acemoglu & Guerrieri，2008；Zuleta，2007；Zuleta & Young，2007）。另外还有大量的实证文献或全面或重点地从上述角度展开研究，如 Jaumotte 和 Tytell（2007）总结劳动报酬比重变化的原因为全球化、技术进步以及劳动力市场的正常变化，技术进步是劳动报酬比重下降的主要原因，全球化也在一定程度上使得劳动报酬比重下降，劳动力市场的政策性变化使得劳动报酬比重在小范围内上升。

李扬（1992）首次计算了新中国成立后到 1990 年间的劳动报酬比重，发现改革开放前劳动报酬比重被抑制在较低的水平，而改革开放后劳动报酬比重逐渐增加。向书坚（1997）、杨少华和徐学清（2000）等对 1978—1995 年间要素分配份额的研究，也得到了类似结果。但是，对中国的劳动报酬比重的观察发现，20 世纪 90 年代中期是一个分水岭。白重恩、谢长泰和钱颖一（2007）的研究发现，自 20 世纪 90 年代中期以来资本收入份额持续增加。李扬和殷剑峰（2007）利用资金流量表，计算了居民部门的劳动报酬和财产收入在 GDP 中的比重，发现两者在近年来同时下降。

不少文献对劳动报酬比重下降从不同的角度给予解释。白重恩和钱震杰（2009）发现劳动报酬比重在 1978—1995 年基本保持不变，但自 1995 年以来却下降了约 10 个百分点，认为农业部门向非农业部门转型的产业结构性变化和工业部门劳动报酬比重降低是全国劳动报酬比重下降的主要原因，国有企业改制和垄断程度的增加等非技术因素是工业部门劳动报酬比重降低的主要原因。罗长远和张军（2009a）从产业的角度分析，得到类似的结论，即 1996 年之后，劳动收入占比的下降与工业化达到一定高度之后现代化推进速度较慢有关，即第一产业比重不断下降，但第三产业比重却没有得到足够的提升，而且三次产业的劳动收入占比均出现下降也是主要原因。他们的研究抓住了产业结构变迁对劳动报酬比重的影响作用，并且承认除了产业结构变迁导致的总体劳动报酬比重正常降低外，三次产业的劳动报酬比重均出现了下降。这与资本深化密不可分，但是他们却没有注意到资本深化的力量，以及对内在的机制作出进一步的解释。

黄先海和徐圣（2009）认为资本深化能提高劳动报酬比重，但大于0小于1的乘数效应缩小了其对劳动报酬比重的正向拉动作用，而劳动节约型技术进步是劳动密集型和资本密集型部门劳动报酬比重下降的最主要的原因。这与本章的猜想是相反的，在他们采用的理论模型中，由于已经预先设定了时间 t 作为技术进步指数，所以才会得到资本深化能提高劳动报酬比重的结论。但是，实际上中国技术进步的方式能否用时间指数来表示非常值得商榷。中国经济增长的性质或模式为要素投入型增长或者资本积累型增长。大量研究也表明全要素生产率对中国经济增长的作用非常有限，所以，设定时间为技术进步指数方式会放大技术进步作用，从而降低了资本劳动替代弹性的估计值。

罗长远和张军（2009b）运用 1987—2004 年省级面板数据对中国劳动收入占比下降的事实进行实证研究，发现 FDI、经济发展水平以及民营化都不利于劳动收入占比的改善。其中，FDI 与劳动报酬占比之间的双向负向的相关关系，是"谈判力量"机制在地区间招商引资竞争的背景下发生效力的结果；经济发展水平与劳动收入占比之间存在"U"型关系，但中国目前还处于下行区间上；民营化对劳动收入占比的负效应与"工资侵蚀利润"的现象被扭转以及劳动力供给的正向冲击有关。

张玉梅和赵勇（2005）、张展新（2007）认为主要是劳动者在生产要素分配中的弱势地位导致劳动报酬比重的下降，因此，应该通过提高劳动分配率、保护劳动者权益的办法来提高劳动者报酬在 GDP 中的比重。张红奎（2006）发现非熟练劳动力密集型产业的普通工人工资的外生上涨无助于解决中国的收入差距问题。赵俊康（2006）认为劳动报酬比重下降的主要原因是技术进步、资本对劳动的相对价格下降、市场需求不足，其政策建议是使用节约资本的技术，改善市场环境，调整生产要素的相对价格。王德文（2007）认为中国应该制定就业优先的政策目标以缓解就业压力，矫正产品和要素市场扭曲，打破垄断体制，提高劳动者的人力资本。姜磊和王昭凤（2008），基于中国省级面板数据说明就业压力导致劳动报酬比重下降。赵学清（2007）、黄世贤（2007）、姜学霞（2008）、孙亚萍和徐晓（2008）等对提高劳动报酬比重的理论和实践进行了全面的分析。

上述对中国劳动报酬比重的研究从产品市场不完全竞争、劳动力市场供给冲击、资本和劳动力谈判力量对比、全球化、产业结构和经济发展的角度，均做了一些实证分析，但是还存在不足。现有研究几乎都忽视了资本劳动替代弹性的关键作用，然而，正是资本劳动替代弹性是否大于 1 决定了资本深化过程中劳动报酬比重变化的方向，其他的因素只是增强或者减弱了劳动报酬比重在这个方向上的变化程度。

从常替代弹性（CES）生产函数生成的劳动报酬比重的决定式子可以发现：

$$S_L = 1 - ak^{(\sigma-1)/\sigma} \tag{9-1}$$

其中，$k = \dfrac{K}{Y}$ 为资本产出比。

劳动报酬比重的决定因素主要是资本产出比和替代弹性[①]，资本产出比是衡量资本深化程度的，而要素替代弹性衡量的是要素价格变动与要素使用量的变动的关系。所以，可从资本深化和要素替代两个方面考量影响劳动报酬比重的经济制度因素。

首先，从资本深化的角度，有如下因素可能发挥作用：第一，资本深化程度本身，资本产出比的大小，也可以用资本劳动比来度量，第八章已经论述了，在要素替代弹性大于 1 的前提下，资本深化程度加深，会降低劳动报酬比重；第二，资本深化的方式转变，从实体经济的资本深化方式，转向对可重估资本存量相对价格上涨的资本深化方式，对劳动报酬比重的影响是不同的，具体可以采用 FDI、土地价格指数（或者土地出让金）以及企业通过国内外股市的总筹资额来衡量资本深化方式的转变；第三，经济货币化程度的指标（如 M2/GDP）也可以反映经济存量被货币化的状态，即资本化状态，可作为一个资本深化的参考变量；第四，重化工业的比重，重化工业由于产业特性，具有较高的资本深化程度，如果工业总量中，重化工业比重较高，可以预计整个经济的资本深化程度也较深。后三个都是直接反映经济存量资本深化方式的指标。

---

① a 在生产函数中衡量资本投入对产出水平的相对重要性时，也可以经过变形衡量技术进步增强性对劳动报酬比重的影响。鉴于中国技术进步对经济增长的影响力较弱，这里将技术进步的力量直接物化到资本当中，就不另外讨论了。

其次，从要素替代弹性的角度，有如下因素可能发挥作用：第一，要素价格扭曲程度，可以用资本价格扭曲、劳动力价格扭曲来反映，也可以直接使用要素密集度差距；第二，总替代弹性的衡量，前文分析到，较高的经济发展水平对应较高的替代弹性，所以可以用人均 GDP 来反映经济发展水平的影响，总要素替代弹性也可以认为是经济各部门的弹性的组合，所以产业结构这一反映经济部门组合的指标也可以用来表示对总要素替代弹性的影响；第三，在经济发展的初期，市场化程度的提高会提高资本要素替代弹性，但是当要素替代弹性已经大于 1 之后，市场化程度的提高会降低资本劳动替代弹性；第四，全球化，全球化改变了劳资双方的谈判力量，从而可能影响要素价格的变动，提高了资本要素的替代弹性；第五，技术进步水平，技术进步毫无疑义是影响生产函数中资本劳动替代性的重要因素。

第二节　计量模型和数据

一、计量模型

根据劳动报酬比重的决定式（9-1）。设定如下的基本实证模型[①]：

$$S_{L,it} = g(k_{it}, Z_{it}) h(X_{it}) \qquad (9-2)$$

其中，$S_{L,it}$ 表示 i 地区 t 期的劳动报酬比重；$g(k_{it}, Z_{it})$ 衡量资本深化方面的影响力，k_{it} 表示 i 地区 t 期的资本产出比，衡量资本深化程度本身，Z_{it} 表示影响资本深化方式和程度的变量；$h(X_{it})$ 衡量要素替代弹性方面的影响因素，X_{it} 是一系列具体的衡量指标，如衡量要素价格扭曲的指标等。

同样还是根据劳动报酬比重的决定式，进一步设定 $g(k_{it}, Z_{it})$ 和 $h(X_{it})$ 的结构，

---

① 参见 Bentolina 和 Saint-Paul（2003）的计量模型设定方案。

$$g(k_{it}, Z_{it}) = k_{it}^{\beta_1} \prod_{j=1}^{J} (z_{j,it})^{\gamma_j}, h(X_{it}) = \exp\left(\sum_{m=1}^{M} \tau_m x_{m,it}\right)$$

有 J 个资本深化变量，和 M 个要素替代变量。

对式子（9-2）两边同时取对数，得到：

$$\ln S_{L,it} = \lambda + \beta_1 \ln k_{it} + \sum_{j=1}^{J} \gamma_j \ln z_{j,it} + \sum_{m=1}^{M} \tau_m x_{m,it} + \upsilon_{it} + u_i$$

υ_{it} 表示地区时间效应，u_i 表示地区效应。考虑到劳动报酬比重的内生性，在解释项中加入劳动报酬比重的滞后项后，得到：

$$\ln S_{L,it} = \lambda + \alpha \ln S_{L,i(t-1)} + \beta_1 \ln k_{it} + \sum_{j=1}^{J} \gamma_j \ln z_{j,it} + \sum_{m=1}^{M} \tau_m x_{m,it} + \upsilon_{it} + u_i$$

二、变量设定和数据说明

针对全国和地区数据的可得性，模型中所使用的变量及其说明归纳在表9-1中。

1. 劳动报酬比重

按照收入法核算的 GDP 可分为劳动者报酬、固定资产折旧、生产税净额和营业盈余。本章所定义的劳动报酬比重即劳动者报酬占 GDP 的比重，作为被解释变量，反映的是初次分配中劳动者所获得的收入份额。如果从要素使用所获得的增加值的角度来看，劳动力这一要素在最终产出中所占的比重可视为劳动要素收入的占比，需要将生产税净额按照来源分解到资本和劳动项目上，反映的是由生产技术和劳动与资本基本议价能力导致的资本和劳动的要素分配收入情况，但是鉴于分解生产税净额后，对资本报酬比重和劳动报酬比重的关系没有太大影响，所以，直接采用劳动者报酬占 GDP 比重，而不再考虑生产税净额的分解。

目前，学术界对劳动报酬比重和劳动收入占比还存在争议。Lübker（2007）将劳动报酬比重界定为"工人的劳动报酬占国内生产总值或者国民总收入的比重"，Krueger（2004）则更强调使用要素占比（factor shares）的目的，而罗长远（2008、2009）分别使用了两种方式定义了劳动收入占比：劳动报酬占 GDP 的比重，以及从 GDP 中扣除生产税净额之后的劳动报酬所占的比重。白重恩、钱震杰（2009）大概地区分了一下劳动报酬比重和劳动收入比重的差异。本章以收入法 GDP 核算为基础，将劳动报酬比重界定为劳动者报酬对地区生产总值的比重，劳动者报酬是指劳动者因从事生产活动所获得的全部报酬，不等同于劳动力要素在生产中所创造的增加值贡献率，数据来源于《中国国内生产总值核算历史资料：1952—2004》和《中国统计年鉴》（2006—2008）。劳动报酬比重的计算公式为：

$$S_L = \frac{\text{劳动者报酬}}{\text{地区生产总值}} \times 100\%$$

全国劳动报酬比重用地区加总的劳动者报酬除以地区加总的 GDP 得到。

表 9 – 1 计量模型的主要变量设定

指标	变量名		变量	定 义		单位
				全国	地区	
	被解释变量		SL	劳动报酬占 GDP 比重（1978—2007 年）	劳动报酬占 GDP 比重	
资本深化 Z	资本深化		Z1A	资本产出比	资本产出比	
			Z1B	资本劳动比	资本劳动比	万元/劳动力
	股市筹资额		Z2	境内外企业筹资总额		百万元
	FDI		Z3	FDI/GDP	FDI/GDP	
	土地价格上涨		Z4A	土地出让金	土地出让金	万元
			Z4B	土地价格增速/CPI		
	货币化程度		Z5	M2/GDP		
	重化工业化		Z6	重化工业产值比重		
要素替代 X	要素价格扭曲	资本价格扭曲	X1A	企业利润率 – CPI		
			X1B			
		劳动力价格扭曲	X2	职工平均工资/平均劳动报酬		
		要素密集度差距	X3			
	经济发展和产业结构		X4A	人均 GDP	人均 GDP	万元/劳动力
			X4B	非农产值对农业产值的比例	非农产值对农业产值的比例	
	市场化		X5	国有经济在工业总产值中的比重	国有经济在工业总产值中的比重	
	全球化		X6	进出口总额/GDP	进出口总额/GDP	
	技术进步		X7	全要素生产率	全要素生产率	

2. 资本深化

可以用两个变量来表示，资本产出比等于资本存量除以总产出，资本劳动比等于资本存量除以就业人员数。总产出为用地区 1990 = 100 的 CPI 平减得到的不变价 GDP。资本存量采用张军等（2004）① 永续盘存法测算资本存量，其基本公式为：$K_{it} = K_{it-1}(1 - \delta_{it}) + I_{it}$，社会固定资产投资总额的折现率为 10%，并且换算成 1990 = 100 的不变价。全国数据等于地区数据的加总，按同样的方式计算。

3. 股市筹资额

证监会统计的企业境内外筹资总额，从 1992 年开始，用 CPI 平减。

4. FDI

采用各地区 FDI 实际利用额，用年平均汇率换算成人民币，再用固定资产投资价格指数平减到 1990 = 100 得到不变价的 FDI 值，最后采用 FDI 占 GDP 的比重表示外资对资本深化的影响力。

5. 土地价格上涨幅度

土地价格上涨对资本深化的影响既可以通过土地价格相对于商品消费价格的增速的偏离，也可以用土地出让金的总量来直接表示资本深化的程度。土地出让金来自于各期《国土资源年鉴》中地区国有土地出让统计，全国数据等于地区加总，均做了平减处理。数据只有 1998—2007 年。土地价格来自于中经网的土地交易价格指数。数据范围是 1998—2008 年。

6. 货币化程度

用 M2 与 GDP 的比值表示经济体货币化的程度，可以在某种程度上衡量资本深化。

7. 重化工业程度

用重化工业产值比重来表示，具体选择了煤炭开采和选洗业、石油和天然气开采业、电力、热力的生产和供应业、化学原料和化学制品制造业、石油加工、炼焦及核燃料加工业、有色金属矿采选业、黑色金属矿采选业、黑色金属冶炼及压延加工业、有色金属冶炼及压延加工业九个工业

---

① 具体计算方法见张军、吴桂英、张吉鹏：《中国省际物质资本存量估算：1952—2000》，《经济研究》2004 年第 10 期，第 35 – 44 页。

的总产值来代表重化工业。数据范围为 1986—2008 年。

8. 资本价格扭曲程度

资本价格的扭曲可以用资本利润率与资金成本的差距来反映，资金成本应当等于利息率减去通货膨胀率，用工业成本费用利润率减去资金成本率来反映资本价格的扭曲。另外，国有和非国有企业面对的资本价格并不一致，国有企业除了可以获得低息外，还获得了大量的贷款，所以，尝试用贷款总额当中所有非国有企业贷款所占份额来反映资本价格扭曲效应。数据范围是 1993—2008 年。

9. 劳动力价格扭曲程度

由于职工的统计范围不包含城镇私营和个体企业员工，也不包含乡镇的就业人员，所以大体可以表示中国正规劳动力市场的工资。用正规劳动力市场的工资水平除以社会平均劳动报酬水平可以反映劳动力价格的扭曲。

10. 要素密集度差距

要素密集度差距为经济中某个部门的劳动力比重减去资本比重，反映两个部门间要素密集程度的差距，在要素替代弹性大于 1 时，差距越大，总的要素替代弹性就越大。这里采用的指标是国有及国有控股企业的职工比重减去其资产比重。由于国有企业资本密集度较高，所以这里设定的要素密集度差距是负数。数据范围是 1998—2008 年。

11. 经济发展和产业结构的变化

经济发展水平高的资本劳动替代弹性较高；产业结构当中要素替代弹性较高产业的比重较大，总要素替代弹性也较大。所以，分别采用人均 GDP 和非农产业比重来表示。首先经济发展水平可能是决定要素分配份额的一个因素（李嘉图，1962），李稻葵等（2009）和罗长远等（2009b）的实证结果认为经济发展水平与劳动收入份额呈现一个 U 型的关系，并且中国还处于下行的区间上。本章取人均 GDP 及人均 GDP 的平方项，考察它对劳动报酬比重的影响，并验证中国的省际面板数据是否存在 U 型规律。其次，经济发展的整体水平还不足以反映经济的结构和技术特征，不同的产业发展阶段，劳动报酬比重的变化趋势各异。当经济结构偏向制造业和重工业时，劳动报酬比重就较低，而当经济结构偏向服务业时，劳动报酬比重就较高。李稻葵等（2009）对跨国数据回归，得到了劳动报酬比重同一国的非农业与农业比重呈 U 型关系。本章选取非农业产值对农业产值的比重及其平方项，考察它对劳动报酬比重的影响，并验证中国的省际面板数据是否存在 U 型规律。

12. 市场化程度

采用国有及国有控股企业在工业总增加值中的比重来反映市场化的程度。部分年份采用总产值乘以增加值率来计算。全国数据从 1996 年开始。

13. 全球化程度

采用进出口总额与 GDP 的比值来反映全球化的影响程度。

14. 技术进步水平

采用全国的全要素生产率来表示，数据来源于中国经济增长与宏观稳定课题组的《资本化扩张与赶超型经济的技术进步》（《经济研究》2010年第 5 期）当中列出的 TFP 估计值。

除特别注明外，所有的数据来自于中国经济统计信息网，地区数据不包括西藏，重庆和四川的数据合并。

第三节　计量结果分析

首先用全国数据实证分析劳动报酬比重的影响因素，重点放在资本深化角度，由于地区数据缺乏资本深化方面的指标，地区数据主要分析要素替代性的影响因素。根据计量回归方程的基本设定，资本深化的影响因素变量 Z，均取了对数值参加回归；要素弹性的影响因素变量 X，均直接参加回归；被解释变量——劳动报酬比重也是取对数值参加回归。所有数据的描述性统计、单位根检验和协整检验以及断点情形下的单位根与协整检验结果整理在本章附录，可能存在伪回归的变量会特别作出说明。

一、全国数据回归结果

根据指标的性质，设计的分析步骤是，首先假设要素弹性不会改变，分析资本深化方面的作用力；然后控制资本深化方面的表现，分析要素弹性方面的影响力。

资本深化的分析结果在表9-2中给出。

结果表明：（1）所有资本深化的系数都显著为负，这与我们前面测算中国资本劳动替代弹性总体上大于1的结论是一致的，只有大于1的情形下，资本劳动比的提高才会带来劳动报酬比重的下降。

（2）股市筹资额和土地出让金都显示为不显著的正数，土地价格完全没有影响力（仅对全国数据而言），这可能是指标构造的问题，很难找到一个合适的时期较长的土地价格的指标，而且股市筹资额的波动特别大。

（3）FDI 的系数都呈现显著的正数，这是合理的，因为只有 FDI 受到资本价格扭曲的影响最小，FDI 的筹资渠道是面向国际市场，资金成本不大受到国内资本市场的制约。

货币化程度呈现的显著负系数在一定程度上说明了资本过度深化带来的负向影响。重工业化只有控制住了股市筹资和 FDI 后，才显示了显著的负系数。

（4）七个回归的效果良好，资本产出比和土地价格纳入到回归中，没有什么解释力。

表9-2 资本深化的影响分析（全国数据的回归结果）

变量		回归1	回归2	回归3	回归4	回归5	回归6	回归7
滞后一阶	SL	0.85 *** (8.75)	0.79 *** (4.18)	0.74 *** (5.00)		0.94 *** (8.54)	0.88 *** (5.58)	
资本深化	Z1A							
	Z1B	-0.03 *** (-3.07)	-0.085 (-1.66)	-0.06 *** (-2.8)	-0.37 *** (-4.3)		-0.04 * (-1.89)	-0.13 *** (-3.66)
股市筹资额	Z2		0.013 (0.98)					0.02 * (1.9)

变量		回归1	回归2	回归3	回归4	回归5	回归6	回归7
FDI	Z3			0.01 * (2.07)				0.07 *** (3.62)
土地价格上涨	Z4A				0.017 (0.96)			
	Z4B							
货币化程度	Z5					-0.08 * (-1.78)		
重化工业化	Z6						0.048 (0.83)	-0.54 *** (-4.92)
常数项	C	-0.14 (-1.66)	-0.32 (-1.32)	-0.20 * (-1.8)	-1.10 *** (-3.82)	-0.037 (-0.51)	-0.06 (-0.45)	-1.51 *** (-8.31)
样本数		28	15	24	9	18	21	15
DW		1.95	2.08	1.98	1.98	1.97	1.93	2.29
R 平方拟合度		0.91	0.91	0.93	0.94	0.92	0.91	0.95

注：*** 表示在1%水平上显著，** 表示在5%水平上显著，* 表示在10%水平上显著。

第二步，控制住资本深化，将焦点集中在要素替代的影响因素上。结果在表9－3中给出。可以发现：

（1）所有控制资本深化的变量的估计系数符号都符合预期，而且十分显著（除回归14外）。

（2）要素价格扭曲对劳动报酬比重的影响都符合预期，通过资本利润率与资金成本的差额衡量的资本价格扭曲对劳动报酬比重呈现负向关系，采用非国有企业的贷款比重的系数是正值，正好说明非国有企业得到的金融支持多一些，资本要素市场的扭曲就小一点，从而有利于劳动报酬比重的提高。劳动力价格扭曲和要素密集度差距的系数也都符合预期。

（3）经济发展水平并没有呈现出显著的倒U型状态，一次项的系数显著为负，但是二次项系数不显著；并且产业结构来体现的结构变迁对劳动报酬比重的影响不明显。

（4）用国有及国有控股企业的增加值占工业企业增加值比重来衡量的市场化水平系数为显著的正，与预期有些出入，可能是这个指标不适合衡量市场化。

（5）全球化呈现负向作用与预期一致。但是技术进步对劳动报酬比重的影响也为负，可能反映了中国的技术进步方式是资本偏向的。

总体看来，资本深化的影响因素作用不明显，主要还是要素替代性的影响因素作用显著。由于时间序列较短，不适合一次回归纳入过多的变量。全国数据只是总量上的分析，掩盖了很多信息，而地区数据由于地区差距较大，信息较为丰富，对某些影响因素可能更敏感显著，所以采用地区的面板数据进行下一步的分析。

表 9 - 3　要素替代影响的全国数据回归结果

	回归8	回归9	回归10	回归11	回归12	回归13	回归14	回归15
SL（-1）			0.57 *** (4.6)	0.6 ** (3.03)	0.56 *** (3.35)		0.67 *** (5.3)	
Z1A	-0.98 *** (-7.31)					-1.18 *** (-4.42)	-0.14 (-1.36)	-0.99 *** (-3.61)
Z1B		-0.2 *** (-9.1)	-0.03 *** (-3.43)					
X1A		-0.005 *** (-3.64)						
X1B	2.36 *** (4.19)							
X2				-0.14 *** (-3.35)				
X3				-0.82 * (-2.35)				
X4A					-0.26 ** (-2.66)			
X5						0.62 *** (3.74)		
X6							-0.16 *** (-3.03)	
X7								-0.67 ** (-2.7)
常数项	-0.35 *** (-4.34)	-0.81 *** (-69.9)	-0.13 * (-1.85)	-0.19 (-1.84)	-0.24 ** (-2.31)	-0.32 (-1.47)	-0.09 (-1.43)	0.51 (1.43)

续表

	回归 8	回归 9	回归 10	回归 11	回归 12	回归 13	回归 14	回归 15
样本数	17	14	28	10	29	11	28	28
DW	1.10	1.35	2.13	1.91	1.79	1.66	2.02	1.63
R 平方拟合度	0.81	0.88	0.94	0.94	0.95	0.91	0.93	0.89

注：*** 表示在 1% 水平上显著，** 表示在 5% 水平上显著，* 表示在 10% 水平上显著。

二、地区数据回归结果

对于时间跨度相对于截面数较小的动态面板数据模型而言，采用动态面板数据处理技术是一个较好的选择（Roodman，2006）。截至目前，有两种处理技术，一种是差分广义矩估计法（DIF-GMM），另一种是系统广义矩方法（SYS-GMM）。由于差分广义矩估计法估计量较易受弱工具变量的影响而产生向下的大的有限样本偏差。为了克服这一问题，本章采用系统广义矩方法。该方法的估计量结合了差分方程和水平方程，此外还增加了一组滞后的差分变量作为水平方程相应变量的工具。

相对来说，SYS-GMM 估计量具有更好的有限样本性质。在理论层面，GMM 估计量的一致性关键取决于各项假设条件是否满足，这需要进行两个检验，第一个是通过 Hansen 过度识别约束检验对所使用的工具变量的有效性进行检验，此检验的原假设是所使用的工具变量与误差项不相关的；第二个是通过 Arellano—Bond 的自相关检验方法对差分方程的随机误差项的二阶序列相关进行检验，其原假设是一阶差分方程的随机误差项中不存在二阶序列相关。如果不能拒绝上述检验的原假设则意味着工具变量有效和模型设定正确。在实际操作层面上，对于 GMM 估计结果是否有效可行，Bond et al.（2002）给出了一种简单的检验方法，即，如果 GMM 估计值介于固定效应估计值和混合 OLS 估计值之间，则 GMM 估计是可靠有效的。这是因为混合 OLS 估计通常会导致向上偏误的滞后项系数，而在时间跨度较短的面板数据中，采用固定效应估计则会产生一个严重向下偏误的滞后项系数。除此之外，还需满足一个拇指规则，即，工具变量数不超过截面数。Roodman（2006）指出太多的工具变量数可能过度拟合内生变量而不能去掉内生部分，且可能弱化 Hansen 过度识别约束检验。

由于这种回归方式对工具变量的总数要求很高，工具变量数太多，会导致约束检验失效，而且，加入了劳动报酬比重的一阶滞后回归和资本深化变量，解释度已经很高了，基本控制了大部分的变化，所以，每次只考察一个影响因素。

第一步，验证系统 GMM 回归的稳定性，表9-4显示：如果资本深化用资本劳动比（Z1B），被解释变量的滞后一阶的估计系数，系统 GMM 估计系数位于混合最小二乘法和面板数据固定效应估计值之间，说明系统 GMM 估计采用资本劳动比的方程（回归3）是稳定可靠的。而用资本产出比（Z1A）做资本深化的变量，其系统 GMM 的估计不在两者之间，回归6不可靠。所以，后续的分析都在回归3的基础上展开。后续的回归分析，都做了类似的可靠性检验，限于篇幅没有汇报，但是如果不能通过该检验的回归结果，将会说明。

从拟合度来看（R 平方拟合度），劳动报酬比重的动态模型加入资本深化作为控制变量的控制效果很好，所以，考虑到节约工具变量数，对单个的影响因素分别进行分析。系统 GMM 的检验结果也说明不能拒绝所有有关工具变量和模型设定有效性的假设，回归结果良好。资本劳动比的估计值显著为负，说明资本深化对劳动报酬比重起负向的作用，与预期一致。

表9-4 基本的地区数据回归结果

被解释变量		回归1	回归2	回归3	回归4	回归5	回归6
劳动报酬比重	SL	OLS	Fe	S-GMM	OLS	Fe	S-GMM
滞后一阶	SL	0.867 *** (37.01)	0.696 *** (20.25)	0.753 *** (12.16)	0.962 *** (53.57)	0.903 *** (30.06)	0.967 *** (15.44)
资本产出比	Z1A				−0.012 (−1.05)	−0.163 *** (−4.89)	−0.307 *** (−3.55)
资本劳动比	Z1B	−0.029 *** (−6.02)	−0.083 *** (−10.9)	−0.069 *** (−5.69)			

续表

被解释变量		回归 1	回归 2	回归 3	回归 4	回归 5	回归 6
常数项	C	-0.09 *** (-6.2)	-0.195 *** (-5.67)	-0.16 *** (-3.72)	-0.034 ** (-2.44)	0.031 (1.24)	0.179 *** (3.29)
样本数		406	406	406	406	406	406
工具变量数				15			15
Arellano-Bond AR（2）检验				1.15			1.12
Hansen 过度识别检验				17.57			18.43
差分工具变量有效性检验				0.03			0.85
R 平方拟合度		0.8925	0.8646		0.88	0.8376	

注：（1）OLS 表示混合最小二乘法回归，FE 表示固定效应的面板数据回归，S-GMM 表示系统广义矩估计方法回归；（2）OLS 和 FE 估计值下括号中的数值是 t 统计量，S-GMM 估计值下括号中的值是 Z 统计量；（3）*** 表示在 1% 水平上显著，** 表示在 5% 水平上显著，* 表示在 10% 水平上显著；（4）为了满足工具变量数不大于截面数及工具变量有效性，对我们假设的内生变量及滞后项使用了"塌陷"（collapse）。

  第二步，控制住资本劳动比的变化，单独分析影响因素（见表 9－5）。首先看模型的回归效果，根据 Arellano-Bond AR（2）检验，不能拒绝模型设定是合适的原假设，即采用系统 GMM 方法估计这个动态面板数据是合理的。可是，在过度识别上却不能拒绝不存在过度识别的原假设，这主要是由于资本劳动比项和劳动报酬比重的滞后项对模型的解释力已经较充分了，添加的影响因素解释剩余情况的空间有限，与之矛盾的是，如果添加多一些解释变量，这个过度识别的检验又可以通过了，所以，过度识别检验仅作参考。对劳动力价格扭曲影响因素的回归（回归 10）其一阶滞后项的估计值没有处于稳定区间，所以采用系统 GMM 估计该影响因素有待商榷。

  其次，观察影响因素的显著性，只有土地出让金和劳动力价格的估计值是显著的，FDI、资本价格的扭曲和全球化的估计系数不显著，但是符号是符合预期的；市场化的估计系数与预期的相反，但是不显著。

表 9 - 5　采用地区数据对影响因素回归的结果

解释变量		回归 7	回归 8	回归 9	回归 10	回归 11	回归 12
滞后一阶	SL	0.829 ***	0.723 ***	0.766 ***	0.562 **	0.75 ***	0.688 ***
		(7.6)	(11.11)	(6.9)	(9.42)	(11.89)	(6.8)
资本劳动比	Z1B	-0.052 **	-0.032 **	-0.051 ***	-0.042 ***	-0.069 ***	-0.06 ***
		(-2.541)	(-1.97)	(-2.72)	(-3.39)	(-5.54)	(-5.11)
FDI	Z3	0.038					
		(1.39)					
土地价格上涨	Z4A		-0.011 ***				
			(-5.97)				
资本价格扭曲	X1A			-0.0006			
				(-0.88)			
劳动力价格扭曲	X2				-0.00002 ***		
					(-4.18)		
市场化	X5					0.002	
						(0.06)	
全球化	X6						-0.1028
							(-1.17)
常数项	C	0.048	-0.181 ***	-0.158 ***	-0.119 ***	-0.162 ***	-0.176 ***
		(0.27)	(-4.46)	(-2.18)	(-2.6)	(-3.07)	(-3.41)
样本数		406	290	406	406	406	406
工具变量数		15	16	16	15	15	15
Arellano-Bond AR (2) 检验		1.32	1.38	1.2	0.76	1.15	1.29
Hansen 过度识别检验		17.38 *	20.4 *	20.48 *	21.89 **	17.57	14.46
差分工具变量有效性检验		0.46	0.86	0	0.22	0.03	4.33

注：（1）*** 表示在 1% 水平上显著，** 表示在 5% 水平上显著，* 表示在 10% 水平上显著，小括号中的数值为 Robust 标准差；（2）全部采用系统 GMM 的估计结果，所以括号内的值为 Z 统计量；（3）为了满足工具变量数不大于截面数及工具变量有效性，对我们假设的内生变量及滞后项使用了 collapse；（4）均采用了混合 OLS 和固定效应面板方法回归，考察系统 GMM 的估计值是否在他们的估计值之间，除了 X2 的回归方程（回归 10）外，其余都满足要求。

具体分析各个影响因素的估计结果：

（1）采用了地区面板数据纳入了更多的信息后，结果与全国数据比较，FDI 的影响力从显著为正，转变为不显著的正向。由于 FDI 在中国分布的高度不均衡：2006 年，珠三角、海西区、长三角及环渤海湾四地仅占中国国土面积 8.83%，吸收的 FDI 却占全国 80.08%。在全国来看 FDI 总量较大，产生一定的正向作用，但是采用地区数据，FDI 对大部分地区的劳动报酬比重的作用力就不那么显著了。

（2）土地出让金在全国影响不明显，但是采用地区数据就呈现显著的负向作用力了。这是由于土地出让金分布方式比较广泛，每个地区都可以通过土地出让的方式获取大量的土地出让金，而土地出让金的数量正好反映了资本存量重估的规模，最终对劳动报酬比重产生负向影响力。对地区来讲，土地出让金的方式才是资本深化的主要表现。对全国来讲，企业通过股市筹资带来的资本存量的重估效应就比较显著了。

（3）要素替代弹性的影响因素对地区来讲，虽然资本价格扭曲以及全球化的系数方向与全国数据一致，但是都不显著，劳动力价格扭曲的系数虽然显著，但是模型估计不稳定。市场化的作用力没有显现。中国地区经济发展差距很大，从而要素替代弹性的差异也很大，发达地区就有较高的要素替代弹性且数值大于 1，但是在落后地区资本和劳动力的关系很可能是互补的，所以，采用地区数据的时候，资本和劳动力之间是替代还是互补的关系不同，这些要素替代弹性的影响因素的作用方向也是不同的。也就是说，资本深化影响因素的分析是控制了要素替代弹性展开分析的，纯粹看资本深化的不同方式对劳动报酬比重的影响；而要素替代弹性影响因素的分析是控制了资本深化展开分析的，在保持资本深化不变的基础上，不同的替代弹性，要素替代弹性影响因素的影响力是不同的。例如，在要素替代弹性大于 1 时，要素密集度差距增大，就会提高总要素替代弹性；而当要素替代弹性小于 1 时，要素密集度差距增大，就会降低总要素替代弹性了，从而对劳动报酬比重的影响力的方向是不同的。所以，采用经济增长差距巨大的地区数据，来分析要素替代弹性影响因素时，回归结果都不是太理想，不过，至少部分的指标系数估计值的方向是符合预期的，只是不显著。

第三步，检验倒 U 型统计现象是否存在。由于经济发展水平和产业结构更可能是总要素替代弹性大小的一种表现而不是影响因素，与资本深化水平具有很高的相关性，所以，去掉资本劳动比，将其分离出来，单独看一下经济发展水平和产业结构对劳动报酬比重的影响作用（见表9－6）。

表9－6 经济发展和产业结构的地区数据回归结果

被解释变量		回归13	回归14	回归15	回归16	回归17	回归18
劳动报酬比重	SL	OLS	Fe	S-GMM	OLS	Fe	S-GMM
滞后一阶	SL	0.868 *** (36.94)	0.732 *** (21.44)	0.68 *** (6.96)	0.942 *** (41.98)	0.911 *** (29.97)	0.936 *** (6.27)
经济发展水平	X4A	-0.062 *** (-5.6)	-0.143 *** (-9.35)	-0.157 *** (-3.47)			
	X4AS	0.01 *** (3.93)	0.02 *** (7.01)	0.023 * (1.76)			
非农产业结构	X4B				-0.0012 * (-1.93)	-0.0048 *** (-3.93)	-0.015 *** (2.25)
	X4BS				0.000011 * (1.82)	0.00003 *** (3.67)	0.00013 ** (2.25)
常数项	C	-0.064 *** (-4.6)	-0.10 *** (-5.15)	-0.124 * (-1.81)	-0.049 *** (-3.45)	-0.046 ** (-2.3)	0.038 (0.45)
样本数		406	406	406	406	406	406
工具变量数				15			15
Arellano-Bond AR（2）检验				1.17			1.79 *
Hansen 过度识别检验				16.88			17.41 *
差分工具变量有效性检验				1.42			1.94
R 平方拟合度		0.89	0.87		0.88	0.87	0.91

注：（1）OLS 表示混合最小二乘法回归，FE 表示固定效应的面板数据回归，S-GMM 表示系统广义矩估计方法回归；（2）OLS 和 FE 估计值下括号中的数值是 t 统计量，S-GMM 估计值下括号中的值是 Z 统计量；（3）*** 表示在 1% 水平上显著，** 表示在 5% 水平上显著，* 表示在 10% 水平上显著；（4）为了满足工具变量数不大于截面数及工具变量有效性，对我们假设的内生变量及滞后项使用了"塌陷"（collapse）。

首先，回归效果显示，无论是经济发展水平还是产业结构的回归，采用系统 GMM 的估计不够可靠，一阶滞后项的估计值稍有偏离，所以，采用固定效应面板数据回归方式的回归结果为主要考察的对象（回归14 和回归17）。

其次，回归 14 和回归 17 的结果验证了倒 U 型现象的存在。回归 14 表明，代表经济发展水平的人均 GDP 的一次项与劳动报酬比重是负向的关系，二次项是正向关系，而且回归系数显著。说明，劳动报酬比重随着经济发展水平的上升有一个先下降后上升的过程。采用非农业对农业比例表示的产业结构变量同样验证了这一现象。

实际上，人均收入水平与经济结构的变迁密切相关。从低收入向中等收入再向高收入的过渡，伴随着经济结构从农业向非农业再向服务业特别是生产性服务业的转型。在工业化进程中，资本有机构成的提高是必然的，而人均收入水平的提高过缓，恰恰反映了产业结构的转变不及时，尤其是劳动力向第三产业的转移滞后严重。回归 17 将进一步观察产业结构转变的影响。回归 17 的结果中非农业产值与农业产值的比例的一次项小于零，二次项大于零，表明劳动报酬比重与工业化进程之间也呈现出先降后升的趋势。即工业化初期，资本对劳动力的替代不利于劳动报酬比重的提升，但是工业化后期，第三产业的蓬勃发展尤其是生产性服务业的发展将有利于劳动报酬比重的上升。

第四节　结　论

本章利用 1978 年以来的全国总量数据和 1993 年以来的 29 个省份的地区数据，从资本深化和要素替代弹性两个角度全面分析了中国劳动报酬比重的影响因素。计量分析结果表明：资本深化对劳动报酬比重有负向的作用，反映资本深化方式的三种形式中，企业通过股市境内外筹资对全国数据没有明显作用，FDI 有正向作用，且全国数据比地区数据显著，由土地出让金体现的资本深化方式对劳动报酬比重尤其是各地区的劳动报酬比重有显著负向作用。要素价格的扭曲改变了要素替代弹性，对全国数据有明显的负向作用，对经济发展差距显著的地区数据影响不明显。全球化和市场化这些较为宏观的指标对全国数据有显著作用。最后，地区数据再次验证了倒 U 型统计关系的存在。

总体看来，从宏观经济理论中要素替代弹性、资本深化与劳动报酬比重的关系还是可以解释中国劳动报酬比重的决定的。在要素替代弹性大于 1 的前提下，资本深化将会降低劳动者报酬比重。而下降迅速的原因在于要素市场的价格扭曲以及中国资本深化方式过度倚重于资本存量的价值重估。实证分析证明了资本深化对中国劳动报酬比重的变化有显著的决定作用，而经济资本存量的快速资本化和劳动力结构的扭曲，要素密集度差距的扩大进一步加强了资本深化的作用力度。

参考文献

［1］ 白重恩、钱震杰：《谁在挤占居民的收入——中国国民收入分配格局分析》，《中国社会科学》2009 年第 5 期。

［2］ 李扬：《收入功能分配的调整：对国民收入分配向个人倾斜现象的思考》，《经济研究》1992 年第 7 期。

［3］ 向书坚：《中国功能收入分配格局分析》，《统计研究》1997 年第 6 期。

［4］ 杨少华、徐学清：《居民劳动报酬对功能收入分配的影响分析》，《运筹与管理》2000 年第 3 期。

［5］ 白重恩、谢长泰、钱颖一：《中国的资本回报率》，《比较》2007 年第 28 辑。

［6］ 李扬、殷剑峰：《中国高储蓄率问题探究：1992—2003 年中国资金流量表的分析》，《经济研究》2007 年第 6 期。

［7］ 白重恩、钱震杰：《中国资本收入份额影响因素及变化原因分析——基于省际面板数据的研究》，《清华大学学报（哲学社会科学版）》2009 年第 4 期。

［8］ 罗长远、张军 a：《经济发展中的劳动收入占比——基于中国产业数据的实证研究》，《中国社会科学》2009 年第 4 期。

［9］ 罗长远、张军 b：《劳动收入占比下降的经济学解释——基于中国省级面板数据的分析》，《管理世界》2009 年第 5 期。

[10] 黄先海、徐圣:《中国劳动收入比重下降成因分析——基于劳动节约技术进步的视角》,《经济研究》2009 年第 7 期。

[11] 张玉梅、赵勇:《按力量分配与提高最低工资》,2005 年,见 ht-tp://www.cenet.org.cn/cn/CEAC/2005in/ldek036.rtf。

[12] 张展新:《提高劳动所得应从贯彻《劳动合同法》入手》,《学习月刊》2007 第 12 期。

[13] 张红奎:《关于中国劳动力工资、产业结构和收入差距的实证研究》,《特区经济》2006 年第 10 期。

[14] 赵俊康:《中国劳资分配比例分析》,《统计研究》2006 年第 12 期。

[15] 王德文:《提高劳动收入份额不能光靠涨工资》,《学习月刊》2007 第 12 期。

[16] 姜磊、王昭风:《就业压力与劳动报酬比例—基于中国省级面板数据的分析》,《当代财经》2008 年第 8 期。

[17] 赵学清:《劳动力充裕条件下怎样提高劳动报酬比重》,《解放日报》2007 年第 12 期,第 13 版。

[18] 黄世贤:《论建立公平公正收入分配体系的现实意义》,《中央社会主义学院学报》2007 年第 6 期。

[19] 姜学霞:《八大措施提高劳动报酬在初次分配中的比重》,《职业》2008 年第 5 期。

[20] 孙亚萍、徐晓:《提高劳动报酬在初次分配中所占比重的经济学思考》,《新西部》2008 年第 4 期。

[21] 中国经济增长与宏观稳定课题组:《资本化扩张与赶超型经济的技术进步》,《经济研究》2010 年第 5 期。

[22] 国家统计局国民经济核算司:《中国国内生产总值核算历史资料:1996—2002》,中国统计出版社 2004 年版。

[23] 国家统计局国民经济核算司 a:《中国国内生产总值核算历史资料:1952—2004》,中国统计出版社 2007 年版。

[24] 国家统计局国民经济核算司 b:《中国经济普查年度国内生产总值核算方法》,中国统计出版社 2007 年版。

［25］国家统计局国民经济核算司：《中国非经济普查年度国内生产总值核算方法》，中国统计出版社 2008 年版。

［26］张军、章元：《对中国资本存量 K 的再估计》，《经济研究》2003 年第 7 期。

［27］单豪杰：《中国资本存量 K 的再估算：1952—2006 年》，《数量经济技术经济研究》2008 年第 10 期。

［28］卢峰、姚洋：《金融抑制下的法治、金融发展和经济增长》，《中国社会科学》2004 年第 1 期。

［29］史晋川、赵自芳：《所有制约束与要素价格扭曲》，《统计研究》2007 年第 6 期。

［30］张军、吴桂英、张吉鹏：《中国省际物质资本存量估算：1952—2000》，《经济研究》2004 年第 10 期。

［31］李稻葵、刘霖林、王红领：《GDP 中劳动份额演变的 U 型规律》，《经济研究》2009 年第 1 期。

［32］常凯主编：《中国劳动关系报告》，中国劳动社会保障出版社，2009 年第 1 版。

［33］巴曙松、刘孝红、牛播坤：《转型时期中国金融体系中的地方治理与银行改革的互动研究》，《金融研究》2005 年第 5 期。

［34］Hing-Man Leung, "Un-Balanced Economic Growth", working paper from Singapore Management University, 2007.

［35］Bentolila, Samuel, and Saint-Paul, Gilles. "Explaining Movements in the Labor Share", *Contribution to Macroeconomics*, 3, 2003, lss. Article 9.

［36］Acemoglu, D., "Technical Change, Inequality and the Labor Market", *Journal of Economic Literature*, American Economic Association, 40 (1), 2002, pp. 7-72.

［37］Blanchard, O., "The Medium Run", *Brookings Papers on Economic Activity*, 2, 1997, pp. 89-158.

［38］Diwan, I, "Labor Shares and Globalization", *World Bank working paper*, Washington, 2000, p. 11.

［39］Diwan, I., "Debt as Sweat: Labor, Financial Crises, and the Globalization of Capital", Washington D. C: World Bank, 2001.

[40] Harrison, A. E. "Has Globalization Eroded Labor's Share? Some Cross-Country Evidence", UC Berkely, Mimeo, 2002, p. 46.

[41] Askenazy, P. , "Trade, Service and Wage Inequality", *Oxford Economic Papers*, 57(4), 2005, pp. 674-692.

[42] Kongsamut, S. , Reble, S. , and Xie, D. , "Beyong Balanced Growth", *Review of Economic Studies*, 68(4), 2001, pp. 869-882.

[43] Acemoglu, D. and Guerrieri, V. , " Capital Deepening and Non-balanced Economic Growth", NBER working paper No. 12475, 2006.

[44] Hofman, Andrew A. , "Labour's Shares and Profitability Crisis in the US: Recent Experience and Post-war Trends", *Cambridge Journal of Economics*, 11(4), 1987, pp. 315-330.

[45] Rodriguez, F. , D. Ortega. "Are Capital Shares Higher in Poor Countries? Evidence from Industrial Surveys", NBER, 2006.

[46] Zuleta, H. , "Why Labor Incone Shares Seem to be Constant?", Working Paper, Universidad del Rosario, 2007, p. 3.

[47] Zuleta, H. and Young A. T. , "Labor's Shares-Aggregate and Industry: Accounting for Both in a Model of Unbalanced Growth with Induced Innovation", working paper, Universidad del Rosario and University of Mississippi, 2007, p. 11.

[48] Jaumotte, Florence. and Tytell, Irina. , "How Has the Globalization of Labor Affected the Labor Share in Advanced Countries?", IMF working paper, 2007, p. 298.

[49] Hsueh, Tien-tung and Qiang Li, *China's National Income*: 1952-1995, Westview Press, 1999.

[50] Ross Garnaut, Ligang Song, Yang Yao, and Xiaolu Wang, *The Emerging Private Enterprise in China*, Canberra: The National University of Australia Press, 2000.

[51] Atkinson, Antony B. , "The Timescale of Economic Models: How Long is the Long Run?", *Review of Economic Studies*, 36(2), 1969, pp. 137-152.

［52］Lübker,M. ,"Labor Shares",Technical Brief,No,01 , International Labor Office,Geneva,2007.

［53］Krueger, A. B. ,"Measuring Labor's Share",*American Economic Review*,89(2) ,1999,pp. 45-51.

［54］Roodman D. ,"How to Do xtabond2:An Introduction to 'Difference' and 'System' GMM in Stata",Working Paper,2006,p. 103.

［55］Bond,S. ,"Dynamic Panel Data Models:A Guide to Micro Data Methods and Practice",Working Paper,Institute for Fiscal Studies,London,09/02 (2002).

附　录

A. 变量的描述性统计

附表 9 - 1　全国总量数据描述性统计

变量		平均值	最大值	最小值	标准差	时间	观察值个数
人均产出（万元/人）	Y/L	0.244358	0.725285	0.084789	0.171831	1978 - 2007	30
人均资本存量（万元/人）	K/L	0.433243	1.260371	0.147091	0.307162	1978 - 2007	30
工资资本价格比（元）	W/R	5312.949	11020.18	1962.133	2708.619	1978 - 2007	30
劳动报酬比重	SL	0.496783	0.5445	0.3974	0.039809	1978 - 2007	30
资本产出比	Z1A	1.719308	1.954799	1.574232	0.117663	1978 - 2006	29
资本劳动比（万元/人）	Z1B	0.464624	1.359953	0.141617	0.340861	1978 - 2006	29
境内外企业筹资总额（百万）	Z2	39266.85	179471.6	695.5061	46460.15	1992 - 2007	17
FDI/GDP	Z3	0.106072	0.220087	0.005359	0.077987	1983 - 2007	26
土地出让金（万元）	Z4A	9241313	24750172	364922.7	8214074	1998 - 2006	10
土地价格增速/CPI	Z4B	1.043319	1.077631	0.997844	0.028502	1998 - 2007	11
M2/GDP	Z5	1.272144	1.588627	0.833512	0.242304	1990 - 2007	19
重化工业产值比重	Z6	0.288606	0.3627	0.192893	0.049712	1986 - 2007	23
企业利润率 - CPI	X1A	2.980313	18.67	- 4.9	6.122926	1993 - 2008	16
非国有企业贷款比重	X1B	0.072428	0.103764	0.04595	0.01868	1990 - 2008	19
职工平均工资/平均劳动报酬	X2	1.404169	1.75245	1.159649	0.165253	1978 - 2007	30
国有及国有控股企业职工比重减去资产比重	X3	0.175071	0.23476	0.083541	0.051842	1998 - 2008	11
人均 GDP	X4A	0.262539	0.807974	0.084789	0.196949	1978 - 2008	31

续表

变量		平均值	最大值	最小值	标准差	时间	观察值个数
非农产值对农业产值的比例	X4B	0.782677	0.889	0.666	0.074203	1978－2008	31
国有经济在工业总产值中的比重	X5	0.463931	0.57033	0.341487	0.077731	1996－2007	12
进出口总额/GDP	X6	0.33718	0.665199	0.097388	0.164272	1978－2008	31
全要素生产率	X7	1.021667	1.08	0.96	0.027048	1978－2008	30

注：所有变量均为1978＝100的真实值。人均资本存量K/L使用的是《经济研究》2010年第5期发表的《资本化扩张与赶超型经济的技术进步》中计算的地区资本存量的加总。资本劳动比Z1B使用的是单豪杰在2008年第10期《数量经济技术经济研究》发表的论文《中国资本存量K的再估算：1952—2006年》中的全国资本存量数据。

附表9－2 地区面板数据描述性统计

变量		平均值	最大值	最小值	标准差	观察值	截面数
劳动报酬比重	SL	0.487103	0.664922	0.314541	0.077622	435	29
资本产出比	Z1A	2.07256	3.686942	1.092507	0.526193	435	29
资本劳动比（万元/人）	Z1B	2.065363	12.7121	0.306295	1.926078	435	29
FDI/GDP	Z3	0.028504	0.203067	0.000377	0.033031	435	29
土地出让金（万元）	Z4A	65.52608	702.1703	0.000484	112.3668	290	29
企业利润率－CPI（%）	X1A	2.859115	30.93	－15.22	7.941365	435	29
职工平均工资/平均劳动报酬	X2	1.33436	3.822632	0.606836	0.5357021	435	29
人均GDP	X4A	0.952526	5.109066	0.176024	0.744906	435	29
非农产值对农业产值的比例	X4B	0.822145	0.992	0.621	0.083515	435	29
国有经济在工业总产值中的比重	X5	0.603985	1.219416	0.135367	0.203208	435	29
进出口总额/GDP	X6	0.308956	2.20293	0.032047	0.406541	435	29

B. 变量的单位根检验

附表 9 – 3　全国总量数据单位根检验

变　量		类型	Augmented Dickey-Fuller 统计量	Phillips-Perron 统计量
人均产出（万元/人）	log（Y/L）	C (1, c, t)	− 4. 008 **	− 3. 763 **
人均资本存量（万元/人）	log（K/L）	C (1, c, t)	− 3. 855 **	− 3. 84 **
工资资本价格比（元）	log（W/R）	C (1, c, t)	− 4. 30 ***	− 4. 277 **
劳动报酬比重	log（SL）	C (1, 0, 0)	− 4. 024 ***	− 4. 033 ***
资本产出比	log（Z1A）	C (1, 0, 0)	− 3. 428 ***	− 3. 424 ***
资本劳动比（万元/人）	log（Z1B）	C (1, c, 0)	− 2. 276 *	− 2. 767 *
境内外企业筹资总额（百万）	log（Z2）	C (1, 0, 0)	− 1. 044	− 4. 004 ***
FDI/GDP	log（Z3）	C (1, 0, 0)	− 0. 845	− 1. 95 **
土地出让金（万元）	log（Z4A）	C (1, 0, 0)	− 0. 652	− 2. 321 **
土地价格增速/CPI	log（Z4B）	C (1, 0, 0)	− 3. 422 ***	− 3. 456 ***
M2/GDP	log（Z5）	C (1, 0, 0)	− 2. 31 **	− 2. 308 **
重化工业产值比重	log（Z6）	C (0, 0, 0)	− 1. 617 *	− 4. 52 ***
企业利润率 – CPI	X1A	C (0, 0, 0)	− 5. 59 ***	− 1. 582
非国有企业贷款比重	X1B	C (1, c, 0)	− 3. 101 ***	− 3. 136 ***
职工平均工资/平均劳动报酬	X2	C (1, 0, 0)	− 4. 12 ***	− 4. 16 ***
国有及国有控股企业职工比重减去资产比重	X3	C (1, c, t)	− 4. 61 **	− 9. 56 ***
人均 GDP	X4A	C (2, 0, 0)	− 3. 92 ***	− 3. 89 ***
非农产值对农业产值的比例	X4B	C (0, c, t)	− 4. 09 **	− 4. 23 **
国有经济在工业总产值中的比重	X5	C (1, 0, 0)	− 2. 49 **	− 2. 52 **
进出口总额/GDP	X6	C (1, 0, 0)	− 3. 54 ***	− 3. 51 **
全要素生产率	X7	C (1, 0, 0)	− 5. 41 ***	− 7. 02 ***

　　注：前一种检验需要假设趋势项和常数项，后一种检验无须做事先假定。 *** 、 ** 、 * 分别表示在1% 、5% 、10% 的显著性水平上拒绝原假设。

附表9-4　地区面板数据单位根检验

变　　量	类型	LLC 检验统计量	P 值	IPS 检验统计量	P 值
劳动报酬比重	log（SL）	C（0，c，t）	-6.51 ***	0.0000	-0.87	0.1906
资本产出比	log（Z1A）	C（0，c，0）	-10.31 ***	0.0000	-4.66 ***	0.0000
资本劳动比（万元/人）	log（Z1B）	C（0，c，0）	-6.96 ***	0.0000	0.246	0.5970
FDI/GDP	log（Z3）	C（0，c，0）	-3.46 ***	0.0003	-2.06 **	0.0199
土地出让金（万元）	log（Z4A）	C（0，c，0）	-13.38 ***	0.0000	-5.39 ***	0.0000
企业利润率 - CPI（%）	X1A	C（0，c，0）	-19.07 ***	0.0000	-13.1 ***	0.0000
职工平均工资/平均劳动报酬	X2	C（0，c，t）	-4.17 ***	0.0000	-0.411	0.3405
人均 GDP	X4A	C（1，c，t）	-5.48 ***	0.0000	-1.833 **	0.0334
非农产值对农业产值的比例	X4B	C（0，c，t）	-7.54 ***	0.0000	-6.19 ***	0.0000
国有经济在工业总产值中的比重	X5	C（0，c，0）	-6.19 ***	0.0000	-2.67 ***	0.0038
进出口总额/GDP	X6	C（0，c，t）	-4.21 ***	0.0000	0.0638	0.5254

注：***、**、* 分别表示在1%、5%、10%的显著性水平上拒绝原假设. 第一种是针对相同单位根情形下的检验，后三种是针对不同单位根情形下的检验。

C. 变量的协整检验

附表9-5　全国总量数据协整检验

回归方程	残差单位根 ADF 检验统计量	P 值
回归1	-4.97412 ***	0.00000
回归2	-3.93252 ***	0.00080
回归3	-4.65111 ***	0.00010
回归4	-3.07914 ***	0.00790
回归5	-4.12843 ***	0.00040
回归6	-4.20040 ***	0.00020
回归7	-4.21960 ***	0.00040
回归8	-4.93088 ***	0.00010
回归9	-4.01108 ***	0.00070

续表

回归方程	残差单位根 ADF 检验统计量	P 值
回归 10	− 5. 46897 ***	0. 00000
回归 11	− 2. 79218 **	0. 01110
回归 12	− 4. 72757 ***	0. 00000
回归 13	− 2. 52096 **	0. 01770
回归 14	− 5. 20379 ***	0. 00000
回归 15	− 4. 27995 ***	0. 00010

注：利用回归残差，检验是否存在单位根来判断回归的时间变量间的协整关系，如果残差不存在单位根，即拒绝原假设，则回归变量间存在协整关系。*** 、** 、* 分别表示在 1%、5%、10% 的显著性水平上拒绝原假设.

附表 9 − 6　地区面板数据 Pedroni 协整检验①

变量		Panel v-Statistic	Panel rho-Statistic	Panel PP-Statistic	Panel ADF-Statistic	Group rho-Statistic	Group PP-Statistic	Group ADF-Statistic
Z1 A	SL	− 3. 06784 ***	− 1. 88116 **	− 6. 83867 ***	− 4. 09149 ***	1. 385269	− 4. 422 ***	− 4. 37043 ***
Z1 B		− 4. 03803 ***	1. 323743	− 5. 22804 ***	− 2. 24995 **	5. 84139 ***	1. 619762	3. 836027 ***
X4 A		1. 1927	− 3. 09639 ***	− 6. 76838 ***	− 7. 53084 ***	− 0. 50602	− 7. 00511 ***	− 7. 94908 ***
X4 B		1. 417219	− 1. 72742 *	− 3. 16975 ***	− 3. 65569 ***	0. 715242	− 2. 67816 **	− 2. 8423 ***
Z3		− 3. 22672 ***	− 1. 33876	− 4. 13304 ***	− 4. 4486 ***	1. 300955	− 4. 34998 ***	− 4. 9955 ***
Z4 A		− 2. 95062 ***	1. 668315 *	− 6. 25792 ***	− 7. 99342 ***	4. 162129 ***	− 5. 77172 ***	− 7. 83144 ***
X1 A	SL Z1B	− 4. 14101 ***	3. 254623 ***	3. 186009 ***	4. 789165 ***	6. 765642 ***	9. 454059 ***	9. 631684 ***
X2		− 1. 548	− 0. 1266	− 3. 38578 ***	− 5. 02572 ***	1. 849922 *	− 3. 30336 ***	− 6. 25423 ***
X5		− 3. 662 ***	− 2. 10119 **	− 5. 0692 ***	− 5. 17165 ***	0. 181456	− 6. 89522 ***	− 5. 84681 ***
X6		− 3. 85734 ***	− 0. 52517	− 2. 80863 ***	− 3. 02655 ***	0. 6096	− 6. 09617 ***	− 6. 32553 ***

注：原假设为不存在协整关系，SL 和 Z 变量取对数值。原假设为不存在协整关系，采用 Schwarz 法则自动选择滞后阶数，*** 、** 、* 分别表示在 1%、5%、10% 的显著性水平上拒绝原假设。

① Pedroni（1999）构造的 7 个检验面板变量协整关系的统计量，即 4 个用联合组内维度（with-dimension）描述的 *Panelv*、*Panelrho*、*PanelPP* 和 *PanelADF* 统计量和 3 个用组间维度（between-dimension）描述的 *Groupp*、*GroupPP* 和 *GroupADF* 统计量来分别对回归1、回归2 判断其包含的变量是否存在协整关系。

第三篇

第十章 劳动报酬比重决定
因素的均衡分析[①]

第一节 引 言

观察中国劳动报酬占 GDP 的比重变化趋势，可以发现，20 世纪 90 年代中期是一个分水岭（图 10 - 1）。1978 年，劳动者报酬占比低于 50%（49.66%），改革开放后逐渐提高，1984 年达到 53.57%，其后缓慢回落至 1989 年的 51.51%，1990 年到达改革开放以来的最高点（53.42%），1995 年以后逐年下降。从劳动报酬的结构上看，改革开放前大部分劳动报酬表现为非工资收入，改革开放后，随着工业化和城市化的进程加快，劳动报酬则逐步向工资收入转移，从而引起劳动报酬比重增加（李扬，1992）。向书坚（1997）、杨少华和徐学清（2000）等对 1978—1995 年间中国要素分配份额的研究也得到了类似结果。跨国研究发现，最近 20 年中，劳动报酬比重不仅在大多数国家呈下降的趋势，而且在金融危机中往往急剧下降，以后仅部分地回升（Diwan，1999）。

对于这一变化趋势的研究，现有文献主要从产业结构、技术进步等宏观层面展开。白重恩、钱震杰（2009a）发现劳动报酬比重自 1995 年下降了约 10 个百分点，认为主要原因是农业部门向非农业部门转型的产业结构

---

① 本章作者：谢攀、李文溥、刘榆。

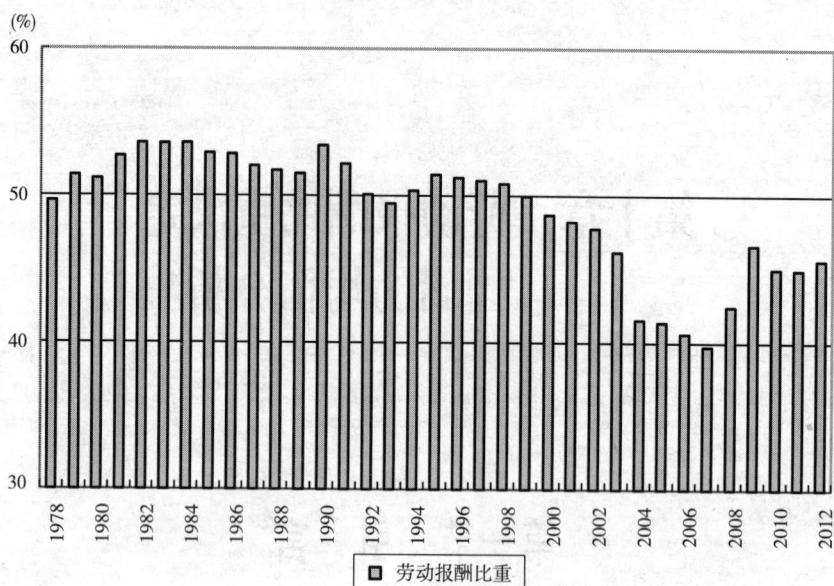

图 10−1 中国劳动者报酬占 GDP 的比重

资料来源：作者利用 Hsieh 和 Li（1999）、《中国统计年鉴》、CEIC 中国经济数据库数据计算整理；1992 年之前的数据来自 Hsieh 和 Li（1999）；1993—2004 年采用《中国国内生产总值核算历史资料：1952—2004》的数据；2005—2007 年采用《中国统计年鉴》的数据；2008—2012 年的数据则源自 CEIC 中国经济数据库。

性变化和工业部门的劳动报酬比重降低，国有企业改制和垄断程度的增加等非技术因素是工业部门劳动报酬比重降低的主要原因。罗长远、张军（2009a）的分析得到类似的结论，认为 1996 年之后劳动收入占比的下降与工业化达到一定高度之后现代化推进速度较慢有关，第一产业比重不断下降，第三产业发展比较缓慢，三次产业的劳动收入占比下降也是重要原因。黄先海和徐圣（2009）从技术进步的角度进行研究，强调资本深化能提高劳动报酬比重，但大于 0 小于 1 的乘数效应缩小了其对劳动报酬比重的正向拉动作用，劳动节约型技术进步是劳动密集型和资本密集型部门劳动报酬比重下降最主要的原因。运用中国 1987—2004 年省级面板数据，通过对联立方程模型进行三阶段最小二乘分析，罗长远、张军（2009b）进一步发现，FDI、经济发展水平以及民营化都不利于劳动收入占比的改善。资本密集型产品进口、财政支出以及物质资本和人力资本积累对劳动收入占比起促进作用。

这些宏观层面的研究对理解我国近20年来的劳动报酬比重下降提供了有益的认识，但是，任何宏观经济现象都有其微观基础及体制、机制背景，宏观经济现象的微观基础研究有利于宏观经济分析的深化。Gomme等应用基于两种类型代理人、工人和企业家的RBC模型较好地解释了第二次世界大战后美国劳动报酬比重的反周期变动（Gomme、Greenwood，1995）。假设产品市场垄断竞争决定经济租金规模，劳动力市场讨价还价决定租金分配，Blanchard和Giavazzi（2003）发现20世纪80年代欧洲诸国的失业率上升和劳动报酬比重下降是由劳动力市场放宽管制导致工人谈判力量相对降低引起的。中国自1995年以来的劳动报酬比重下降，是劳动力市场要素价格扭曲的集中体现。如不从扭曲要素比价的微观基础入手，剖析劳动报酬比重下降的根本原因，似乎难以真正洞悉转型期中国经济内部结构失衡的本质。近期，一些研究开始将目光投向对要素市场扭曲微观基础的讨论（Hsieh & Klenow，2009；朱喜等，2011；杨振、陈甬军，2013）。我们通过对国民收入分配格局的梳理和相近发展阶段国际间比较发现，劳动报酬比重决定不仅与劳动力市场，而且与产品市场密不可分。仅仅从产业结构变迁、技术进步等宏观视角，或从劳动供给与需求出发得到的均衡工资和工人数对现实的解释力有限。因此，本章拟从劳动力市场和产品市场结合的角度，对中国20世纪90年代中期以来劳动报酬比重下降的成因进行微观机制研究。首先，分析两个市场同时均衡条件下，劳动报酬比重的决定机制。其次，推导出理解劳动报酬比重下降的假说：20世纪90年代中期以来中国劳动报酬比重显著下降，是劳动力市场上工人谈判力量下降和产品市场上价格加成上升共同作用的结果。再次，通过对中国经验事实的观察来初步考证这一假说。最后是结论和政策含义。

第二节　劳动报酬比重的均衡分析

一、模型设定

为了更好地揭示劳动力市场和产品市场对劳动报酬的影响，本章参考 Blanchard 和 Giavazzi（2003）的设定方式，来分析中国劳动报酬比重的决定机制。将工人的效用函数、厂商的生产函数、工人与厂商之间讨价还价的基本形式设定如下：

1. 工人

存在 L 个工人（消费者），每一期工人的效用函数为：

$$V = \Big[m^{-1/\sigma} \sum_{i=1}^{m} C_i^{(\sigma-1)/\sigma} \Big]^{\sigma/(\sigma-1)}, \qquad (10-1)$$

其中，$\sigma = \bar{\sigma} g(m)$，$g'(\cdot) > 0$，$\bar{\sigma}$ 是常数，m 是产品的种类（短期外生给定，长期由市场进入成本内生决定），C_i 为工人消费产品 i 的数量。如此设定效用函数，有两点经济含义：第一，假定消费存在对称性，即工人以相等的比例消费 m 种产品，因此，工人消费产品 i 的数量 $C_i = C/m$，从而效用 $V = C$。也就是说，产品种类的增多并不直接增加效用。第二，产品种类增多将增加产品间的替代弹性，从而间接地影响厂商面临的需求价格弹性。这缘于此处对 σ 的假设，像 Hotelling 模型那样，此处 σ 是 m 的增函数，而不是像 Dixit – Stiglitz 框架中为常数。所以，如果放松管制将吸引厂商加入，丰富产品种类。当然，这一作用是通过削弱厂商垄断力量得以发挥的。

每一期，工人供给 0 或 1 单位劳动，并且将所有收入都用于消费（本章不考虑储蓄，也即不存在跨期选择）。于是，工人的预算约束为：

$$\sum_{i=1}^{m} P_i C_i = W N^s + P f(u)(1 - N^s),$$

此处，N^s 为工人的劳动供给。工人不工作时，$N^s = 0$，工作时，$N^s = 1$，$f'(\cdot) < 0$，P 为消费价格指数：

$$P \equiv \left(\frac{1}{m} \sum_{i=1}^{m} P_i^{1-\sigma} \right)^{1/(1-\sigma)}$$

消费支出在工人工作时，等于劳动报酬，不工作时等于非劳动所得。工人未被雇佣时的保留工资是失业率 u 的减函数。基于消费对称性的假设，$C_i = C/m$，代入上方的工人预算约束，从而将工人每一期的效用进一步改写为：

$$(W/P - f(u))N^s + f(u)$$

其中，第一项表示就业时的劳动报酬。与以往文献不同，此处为剔除保留工资后的实际报酬，进一步反映了劳动者基于对失业率的研判来衡量实际收入水平；第二项表示工人未就业时的保留工资。如果市场工资尚未达到工人对其边际闲暇价值的估计，那么工人宁愿不工作，也不愿意接受水平低于自己设定的最低薪酬去工作，即"保留"自己的劳动力。

2. 厂商

假设每个厂商只生产一种产品，即厂商数目与差异化产品种类相等。那么，厂商 i 的生产函数可以表示为：

$$Y_i = N_i^d$$

其中，N_i^d 表示厂商的劳动投入数量。为聚焦劳动力供求的影响，此处暂不考虑资本，产量也不存在直接或间接的影响。因此，在完全竞争条件下，劳动的生产率恒等于 1。每个厂商由一名企业家经营，其效用函数与（10-1）式给出的消费者效用函数相同。每一期，厂商获得的利润全部用于消费。厂商 i 的名义利润记为 $P_i Y_i - W_i N_i^d$，或等价表示为 $(P_i - W_i)N_i^d$。

3. 讨价还价

每一期，每个厂商与 L/m 个工人就工资进行讨价还价，工人们可以选择工作或待业。此处，假设厂商与工人之间的讨价还价采用纳什议价（Nash bargaining）形式：厂商 i 与工人共同选择工资和就业水平，从而最大化他们收益对数的几何平均：

$$\beta \log((W_i - Pf(u))N^s) + (1 - \beta)\log((P_i - W_i)N_i^d) \qquad (10-2)$$

（10-2）式第一项表示工人在厂商 i 工作获得的收益（在消费对称性

的假设下），第二项表示厂商 i 的利润，β 反映工人议价能力的相对强弱。当工人议价能力较强时（即 β 较高），对分配经济租金（rents）享有更多话语权，那么至少在短期内不必承受就业下降的痛苦，获得较高的工资。

二、短期均衡分析

短期，厂商数量（即产品数量）被视为给定的，长期则由市场进入条件决定。厂商和工人对租金的短期分配决定了厂商长期的均衡数量。尽管经历多轮行政审批改革后，我国的行政审批事项大幅精简。但是，在现实中，不仅在垄断行业，而且在竞争性领域，一些部门和地区仍频频利用"红头文件"、规章等行政资源，以登记、备案、年检、监制、认定、审定以及准销证、准运证等形式，变相设置审批事项，直接或间接地阻碍要素流动，为市场竞争制造障碍。本章将厂商面临的此类障碍统一视为进入成本，并记为 c，为方便起见，假设影子成本 c 与产出 Y（或就业 N）成比例。

1. 短期局部均衡

给定工人和企业家的偏好，对产品 i 的需求可以表示为：

$$Y_i = (Y/m)(P_i/P)^{-\sigma} \qquad (10-3)$$

此处，Y 是总需求（总产出），Y_i 是对产品 i 的需求，在相对价格为 1 时，厂商面临的需求为总需求的 $1/m$，相对价格的需求弹性为 $(-\sigma)$。给定 Y，P 和失业率 u，厂商 i 和工人们选择就业 N_i、价格 P_i 和工资 W_i，从而最大化 $(10-2)$ 式，可得：

$$\frac{P_i}{P} = (1 + \mu(m))f(u) \qquad (10-4)$$

其中，$\mu(m)$ 是相对价格对保留工资的加成，具体可以表示为：

$$\mu(m) = 1/(\bar{\sigma}g(m) - 1), \ \mu'(m) < 0$$

实际工资可以表示为：

$$\frac{W_i}{P} = (1-\beta)f(u) + \beta(P_i/P)$$

将 $(10-4)$ 式代入上式得到：

$$\frac{W_i}{P} = [1 + \beta\mu(m)]f(u) \qquad (10-5)$$

（10-5）式意味着短期局部均衡时，实际工资是 β 和 μ 的增函数。对此有以下两点经济含义：第一，β 越高，总租金中归属工人的份额就越大。因为保留工资不受影响，故此时工资增加对就业没有影响。第二，μ 越高，实际工资就越高。厂商因价格加成的上升而获得更多的租金，租金及其增量中的一定比例便可以实际工资增加的形式分配给工人。

2. 短期一般均衡

局部均衡时，每个厂商自由地选择相对价格 P_i/P，但在一般均衡时，并非所有的厂商都可选择大于 1 的相对价格。在消费对称性的假设下，一般均衡时所有产品的价格都必须相等。因此，将 $P_i/P = 1$ 代入（10-4）式，可得：

$$1 = (1 + \mu(m))f(u) \qquad (10-6)$$

短期，厂商的数量给定，故 $\sigma = \bar{\sigma}g(m)$ 是给定的，从而 $\mu(m)$ 也是给定的。（10-6）式决定了均衡的失业率。故将 $f(u) = 1/(1 + \mu(m))$ 代入（10-5）式，可得短期一般均衡时的实际工资为：

$$W_i/P = (1 + \mu(m)\beta)/(1 + \mu(m)) \qquad (10-7)$$

（10-7）式的经济含义有两点：第一，与局部均衡相同，实际工资仍是 β 的增函数。第二，与局部均衡不同，此时有两种效应在共同起作用，实际工资现在是 μ 的减函数。第一种是上文阐述的局部均衡效应，即更高的价格加成意味着厂商利润率的提高。在这些企业从业的工人能分享到较多经济租金，从而带来更高的实际工资。第二种是一般均衡效应。厂商获得的所有租金都源自消费者，由于一些厂商产品价格加成的上升（既包括价格加成绝对比例上升，也包括价格加成相对比例的上升，即其涨幅超过市场平均水平情形），消费者必须为购买这些厂商的产品支付得更多。因此，工人虽有可能以劳动者的身份受益，却一定会以消费者的身份受损。尤其是对在竞争性领域和体制外部门就业的劳动者而言，不仅无缘分享经济租金相对上涨的收益，还要承受消费价格总水平上升压力，显然处于绝对弱势，故实际工资下降。

三、长期均衡分析

在长期，经济租金决定了厂商选择进入还是退出，租金必须覆盖进入成本。在给定进入成本与产量成比例的假设下，这一条件可以表示为如下的简化形式：

$$(\mu(m)(1 - \beta))/(1 + \mu(m)) = c \qquad (10-8)$$

单位工人利润必须等于影子成本 c。（10-8）式决定了产品市场和劳动力市场均衡时产品 m 的数量。

使用 $\mu(m)$ 的定义，（10-8）式可以改写为如下的形式：

$$\bar{\sigma}g(m) = (1 - \beta)/c \qquad (10-9)$$

给定 $g'(\cdot) > 0$，均衡的产品数量是 $\bar{\sigma}$ 的减函数：对给定数量的厂商来说，更多的竞争意味着租金的下降，进入市场的吸引力变小。厂商数量也是 β 的减函数：更小比例的租金归属厂商，也使得进入市场的吸引力下降。并且，厂商数量还是 c 的减函数：更高的进入成本要求更高的租金，导致更少的企业。

将（10-8）式解得的成本加成 $\mu(m) = \dfrac{c}{1 - \beta - c}$ 代入（10-6）式，失业率可以表示为：

$$f(u) = 1 - c/(1 - \beta) \qquad (10-10)$$

更高的 c 或更高的 β，要求更高的成本加成覆盖市场进入成本，因此均衡的保留工资更少，从而失业率更高。

最后，将从（10-8）式中得到成本加成 $\mu(m) = \dfrac{c}{1 - \beta - c}$ 代入（10-7）式，得到实际工资为：

$$W_t/P = 1 - c \qquad (10-11)$$

生产率等于 1，每单位产出中厂商必须获得 c，以覆盖进入成本。因此，实际工资等于 $1 - c$。经济含义有以下两点：第一，因为厂商长期的供给具有完全弹性，β 增加便不再增加实际工资。较高的 β 意味着对厂商较低的租金，在给定进入成本的情形下，导致较少的厂商，较高的成本加成，较低的保留工资，从而抬高失业率。第二，成本加成 μ 不再是外生的参数，而是由长期均衡时的β和c决定的。μ的增加来自c的增加，导致实际工资下降。而且c现在的增加还将导致失业率的上升。更高的c导致更少的厂商，更高的价格加成，要求更低的保留工资，从而产生更高的失业率（见表10-1）。

表 10-1　劳动力市场和产品市场管制对工资和就业的影响

均衡类型		管制 影响 变量	β上升	μ上升	总效应
短期	局部均衡	工资	+	+	+
		就业	无	无	无
	一般均衡	工资	+	—	—
		就业	无	无	无
长期	一般均衡	工资			
		就业			—

资料来源：根据上文整理。

第三节　不同放松管制方式的影响分析

一、产品市场放松管制

1. 产品市场放松管制：$\bar{\sigma}$上升

给定厂商数量，假设政府增强产品市场的竞争来提高需求弹性。短期，面临更富需求弹性的厂商将选择降低价格加成，促使实际工资的上升和失业率的下降。然而，从长期看，这个令人可喜的效应将消失。因为，给定进入成本不变，利润率下降导致厂商数量减少。因此，长期利润率会回到放松管制前的水平。由于利润率返回其初始水平，价格加成从而也回到初始水平。这意味着，失业率和实际工资也回到放松管制前的水平。总之，产品市场上这种类型的放松管制最终将事与愿违：短期的有利效应随着时间将会消失，经济重返放松管制前的均衡。将进入成本视为给定，考虑 $\bar{\sigma}$ 的变化，这类事与愿违的情形尤为明显。

2. 产品市场放松管制：c 下降

实践中，许多管制措施也可能影响 c。例如，将 c 视为限制厂商数量的影子成本（如政府将某个市场通过"红头文件"、"规章"、"管理办法"等形式赋予少数几家企业经营），即使 $\bar{\sigma}$ 上升，这些处于垄断地位的企业也仍然会留在这个市场。更一般地，影子成本 c 将随利润率 1 比 1 地同步下降，从而产生短期和长期放松管制的有利影响。然而，这些结果表明：对一个存在进入限制的经济来说，如果不减少限制，而以其他方式增加竞争程度，在一定程度上对租金产生的效应将事与愿违。假设短期内厂商数量是固定的，市场进入成本 c 的下降短期没有作用。但是，长期将吸引潜在的厂商进入，从而带来较高的需求弹性，较低的成本加成，因此，失业减少和实际工资上升。这类产品市场放松管制之所以能起到作用，是因为它从根本上来解决问题，降低了厂商进入和留在市场中的租金，允许更多的竞争，从而减少失业提高实际工资。

注意到，以上这两类产品市场放松管制的措施对实际工资或就业都不存在跨期选择问题。短期内，第一种类型的放松管制措施带来较高的实际工资和较低的失业率，但长期没有作用。第二种则没有短期效应，但在长期，实际工资上升，失业率降低。

二、劳动力市场放松管制

由于工人对厂商的谈判力下降，短期，工人放弃一些租金，由（10－7）式可知，工人实际工资下降，利润率上升。由于失业率仍然是由（10－6）式决定的，故这种要素收入分配的变化对失业率没有影响。因此，短期，工人的利益明显受损。长期，在利润率重新等于 c 之前，租金中更多的份额留给厂商，故吸引潜在厂商进入市场。随着新厂商进入，竞争增加，价格加成下降，带来失业率下降和实际工资上升。长期，失业率低于放松管制前的水平，实际工资也返回到放松管制前的初始水平。因 β 下降导致的实际工资短期下降恰好通过价格加成下降得到补偿。

总之，劳动力市场管制放松是通过租金分配向有利于厂商的变化起作用的，导致长期竞争增加和失业减少。因此，短期内工人谈判力量的改变不过是在工人和厂商之间重新分配了租金。但长期看，通过改变利润导致厂商的进入或退出，从而将引起失业水平的变化。与产品市场放松管制相比，劳动力市场放松管制伴随着明显的跨期选择，即以短期较低的实际工资换取长期较少的失业。

表 10 – 2　产品市场和劳动力市场放松管制对工资和就业的影响

均衡类型	放松管制 影响 变量	产品市场		劳动力市场
		$\bar{\sigma}$ 上升	C 下降	β 下降
短期	工资	+	没有作用	–
	失业	–	没有作用	无影响／+ *
长期	工资	–	+	+
	失业	+	–	
效应		返回放松规 制前的均衡		

注：＊表示在线性效用函数假设下，β 下降对失业"无影响"，而在凹效用函数假设下 β 下降导致失业上升。推导过程参见 Blanchard，Giavazzi，"Macroeconomic Effects of Regulation and Deregulation in Goods and Labor Markets"，*Quarterly Journal of Economics*，Vol. 118，No. 3，2003，pp. 895-896。

资料来源：根据上文整理。

第四节　劳动报酬比重下降的原因

如图 10 – 1 所示，中国近三十年劳动者报酬占收入法 GDP 的比重 1978年为 49.66%，1990 年上升到 53.42%，1995 年开始逐年下降。与此同时，20 世纪 90 年代中期以来，自然失业率出现较大幅度的上升趋势。采用三角模型（Triangle Model）估计不同时段的自然失业率结果显示，1978—

1984 年为 3.79%，1985—1988 年为 0.33%，1989—1995 年为 1.77%，1995 年以后为 4.43%（蔡昉等，2004）①。另一种采用 Kalman 技术的估计结果也基本相近（曾湘泉、于泳，2006）。针对劳动报酬下降和自然失业率上升，一些观点认为是由于工资上升，不仅带来资本对劳动的替代，而且促使厂商转向劳动节约型的技术进步，从而避免劳动成本增加。这与 Acemoglu（2003）对过去 60 年技术进步偏向的观察也是一致的②。这一解释的主要问题在于，劳动报酬比重在 20 世纪 80 年代初上升之后进入变化相对平稳的时期并延续至 90 年代中期前，累积的工资增长率远小于累积的全要素生产率增长率。除非厂商预期未来工资的显著上升，否则很难解释为什么厂商依然对过去工资的增加作出反应。基于劳动力市场和产品市场均衡的分析框架，给定简单的线性生产技术，根据定义，劳动生产率等于 1，从而劳动报酬比重等于工资，将（10 - 8）式代入（10 - 11）式可得：

$$\alpha = (1 + \mu\beta)/(1 + \mu) = 1 + \frac{(\beta - 1)}{1 + \frac{1}{\mu}} \qquad (10 - 12)$$

（10 - 12）式为在两部门一般均衡框架下理解劳动报酬比重的决定提供了一个可能的逻辑：20 世纪 90 年代中期以来中国劳动报酬比重显著下降，是劳动力市场上工人谈判力量下降和产品市场价格加成能力上升共同作用的结果。从理论模型推导的这一逻辑是否能得到中国经验事实的支持呢？以下分别从劳动力市场和产品市场来考察工人谈判地位的演变和价格加成上升的幅度。

一、工人的工资议价能力下降

由（10 - 12）式可知，β 下降意味着工人对厂商的谈判力降低。从上一节的分析得知，工人对厂商的谈判力下降不仅导致短期劳动报酬比重的降低，而且在更一般的凹效用函数假设下，还导致失业增加。尽管成熟的

---

① 参见蔡昉等（2004）对改革阶段的划分，选取不同时段的虚拟变量，即把 1985 年作为城市经济改革的开始年份，把 1988 年作为全面改革的开始年份，而把 1996 年作为触及就业的国有企业改革开始年份。

② Acemoglu（2003）认为有价格效应和市场规模效应是影响技术进步偏向的两个主要因素。不同要素间的替代弹性决定技术进步和要素价格对要素相对供给变化的反应。

市场经济国家通行的劳动力讨价还价机制在我国至今尚未形成，但这并不意味着我国工人的工资议价行为不存在，改革开放以来，我国工人的工资议价行为始终存在，但在不同时期、不同部门因体制背景不同，表现方式不同，议价能力也不同。如果以20世纪90年代中期为分水岭，将改革开放迄今划分为两个阶段，可以看出，伴随城市就业和工资制度的一次次改革，两个阶段工人的议价能力和实际地位在"工人—企业—国家"之间的博弈中呈现出截然不同的格局。

在前一个阶段（1978—1991年），我国的工人主要就业于国企及城市集体企业，仍然保留计划经济时"终身雇佣"身份，在国家对企业放权让利，企业打破僵化工资制度过程中逐步获益。具体可以分为两个子阶段，第一子阶段（1978—1984年）：解放思想，恢复按劳分配原则。这一阶段重新确立了按劳分配原则和国家调整国营企业管理体制。第二个子阶段（1985—1991年）：打破两个"大锅饭"，调整分配关系。随着国营企业普遍实行承包经营责任制，结合第二次利改税，工资分配实行了重大改革。一是在全国推行了企业工资总额同经济效益挂钩办法，开始探索运用地区、行业工资总挂钩等手段调控企业工资总量，与机关事业单位工资分配脱钩，实行分类分级工资管理体制。二是国家发布国营企业参考工资标准，打破僵化的八级工资制度，许多企业试行了浮动工资制、结构工资制、岗位工资制等基本工资制度，内部分配形式逐步实现灵活多样。在这个阶段，企业员工因"终身雇佣"身份，在工资议价中处于相对有利地位。在职工—企业—政府的双重博弈过程中，政府不敌企业，承包制包盈不包亏，企业不敌职工，工资侵蚀利润，导致了国民收入分配结构的根本性调整，国有企业亏损大面积上升，企业资产负债率接近100%，三角债使国民经济潜伏着金融危机的极大风险（李文溥，1999）。

正是因此，在1992年以后，实行了国有经济配置领域的战略性调整。竞争性领域的大部分国有企业以不同方式改制，非国有经济在竞争性领域的占比不断提高。职工与企业的关系从此分道扬镳：垄断性行业的国有企业基本上延续既有的"工资侵蚀利润"模式，职工收入不断提高；然而，失去"终身雇佣"身份保护的竞争性领域企业的城市职工谈判地位急剧下降，收入增长缓慢。尤其从20世纪90年代末以来，随着经济全球化步伐加快，全球制造业中心转移，国内工业化、城市化的进程加快，大量农村劳动力进城务工，与数千万的国企下岗职工一起涌入城镇劳动力市场。贸易和投资壁垒的降低加剧了熟练工人、资本所有者和专业人士与非熟练工人之间的不对称，并使贸易部门更大地暴露在国际竞争的压力之下。彻底摆脱了指令性计划、僵化的就业和工资制度的企业和工人通过劳动力市场进行双向选择和工资调节。在这一阶段，竞争性部门的工人失去了延续到前一阶段的"终身雇佣"身份，但"自组织"性质的工会并没有真正形成，加之各地政府为实现 GDP 及财政收入最大化，不计成本地招商引资，在劳资关系上向资本倾斜。所以在与企业的新一轮博弈中，工人处于弱势，导致企业的收入分配向资方倾斜。其结果，一方面是竞争性部门与垄断性部门的收入差距不断扩大（李文溥等，2013），另一方面是全部劳动报酬占 GDP 比重逐渐下降。

二、厂商价格加成上升

价格加成幅度通常由厂商自主设定，由（10 – 8）式知，产品市场和劳动力市场同时达到长期均衡时，

$$\mu = c/(1 - \beta - c)$$

$$\mu = \frac{1}{\frac{1}{c}(1 - \beta) - 1}$$

这意味着 μ 的增加可能源自以下两个方面。

第一，与销售成本相比，销售收入的更快增长直接提高了价格加成[①]。根据 Wind 资讯数据，1998 年以来，分布在国民经济各个行业和 30 个省、直辖市和自治区上市公司的价格加成逐步上升，尽管由于加入 WTO，导致了 2003 年之后的价格加成小幅回落，但依然保持在 0.43 以上，是 1998 年的 1.5 倍（见图 10 – 2）。其中，国资属性上市公司（包括中央国有企业、地方国有企业）2012 年价格加成幅度较 1998 年增长了近三成，对所属行业的控制力与影响力逐步增强。更一般地，从全行业观察，全国私营企业

---

① *markup* 是对每个企业计算，表示企业的垄断能力，*markup* =（销售收入 – 销售成本）/销售收入。

与规模以上企业之间的价格加成缺口从 1998 年的 18.7% 持续扩大至 2002 年的 44.7%[①]，之后有所收窄，但大多数年份都保持在两位数以上，这说明，相对于非国有企业，国有企业的价格加成能力上升了。规模以上企业是工业发展的主力军，"三年攻坚"完成后，规模以上企业里国有企业数量大幅下降，但值得注意的是，尽管国企营收占比和利润占比呈现"双降"，但企业数量占比却逆势上升[②]。国企凭借特殊的地位，实际上对劳动、资本、土地、能源等生产要素往往具有较强议价能力。基于要素比价扭曲的低成本扩张，短期固然增加了利润，但也锁定了严重依赖"投资驱动"的增长模式，为长期可持续发展埋下了隐患。

图 10 - 2　1998—2012 年中国全部 A 股上市公司价格加成
资料来源：根据 Wind 资讯数据库整理计算。

第二，即使不考虑工人谈判力的影响，市场进入成本上升也会引致价格加成增加。首先，正如十八大报告所指出的，各种所有制依法平等使用生产要素，公平参与市场竞争，同等受到法律保护，至今仍有待实现，需要通过全面深化经济体制改革来推进。这也证明了，市场进入障碍的存

---

① 此处定义的规模以上企业与私营企业的价格加成缺口 = （规上企业价格加成 - 私营企业价格加成）/私营企业价格加成。

② 2011 年国企营业收入占规模以上企业比率、利润总额占规模以上企业比率为 16.25% 和 12.40%，分别较 2004 年下降了 6.8 和 6.53 个百分点。而国企数量占规模以上企业的比率却从 2.22% 升至 3.03%。

在。我们的另一研究发现（李文溥等，2013），近20年来，中国的劳动力市场出现了多元化，分隔程度趋于上升，垄断性部门与竞争性部门之间，垄断性部门之间的阻隔程度正不断提高，这说明这些部门之间的进入成本在上升。它势必推动垄断性部门的价格加成能力上升。其次，从微观经营活动看，根据 Wind 资讯数据，2008 年两税合并实施以来，内外资企业间价格加成的缺口显著收窄①，从 2007 年接近峰值的 110%，大幅下降至 2012 年的 36%。尽管上市公司数量和覆盖面有限，但颇具代表性的行业龙头数据说明，先前实施多年的内外资企业差别所得税率客观上使得外资企业税负偏轻，内资企业税负偏重，一定程度上抑制了内资企业的市场进入，驱使内资企业通过降低劳动力成本等多种手段来抬高加成幅度。据统计，1999 年以来，制造业劳动报酬水平年递增 10% 以上，但是，我国制造业单位产出劳动力成本（ULC）呈下降趋势，2009 年的 ULC 甚至不及 1999 年的 90%（李文溥等，2011）。最后，随着未来营改增试点地区和行业的扩围，各地二、三产业间的抵扣链条将彻底打通，增值税的中性效应有望进一步发挥，市场进入的税收壁垒将显著下降，为维持价格加成幅度而压低劳动力成本的现象将得到明显改善。

第五节　结论与政策含义

本章将工人与厂商博弈中实际工资的决定过程，纳入产品市场和劳动力市场同时均衡的框架下进行分析，得到以下几点结论：

（1）劳动报酬比重决定的短期均衡分析表明，当产品价格加成上升时，消费者必须为购买这些产品支付得更多。因此，工人有可能以劳动者的身份受益，却一定会以消费者的身份受损；长期均衡分析进一步发现，

---

① 此处定义的内资企业与外资企业价格加成的缺口 =（内资企业价格加成－外资企业价格加成）/外资企业价格加成。

长期均衡时的价格加成由工人谈判力和市场进入成本共同决定的，市场进入成本增加，不仅导致实际工资下降，还将导致失业率上升。

（2）产品市场放松管制的措施对实际工资或就业都不存在跨期选择，而劳动力市场管制放松具有明显的跨期选择效应，即可以短期较低的实际工资换取长期较少的失业。

（3）对劳动力市场上工人谈判地位的演变和产品市场价格加成上升的经验事实的考察，初步印证了近十余年来中国劳动报酬比重显著下降，是劳动力市场工人谈判力量下降和产品市场价格加成上升共同作用的结果。

由此得到的政策推论是：第一，对产品市场管制而言，既要立足当下，保护市场公平竞争，又要着眼长远，切实降低各类所有制企业的市场进入门槛和经营障碍，允许更多的市场主体参与竞争，尤其要让民营经济真正成为公平参与竞争的市场主体，成为金融、能源、交通、基础设施、保障性住房等领域平等的参与者和竞争者，推动扩大就业，提高劳动者的实际工资。第二，对劳动力市场管制而言，由于在竞争性领域和体制外部门就业的劳动者不仅无缘分享经济租金相对上涨的收益，还要承受消费价格总水平上升压力，处于弱势。因此，要深化垄断性行业体制改革，消除劳动力市场部门间进入门槛，促进劳动力市场的统一。在此基础上，加快建立和完善劳资双方劳动报酬的集体谈判机制，强化法律和工会对企业职工劳动权益的保护，实现劳动力市场上劳资双方的力量对比平衡。第三，以户籍与土地制度改革为突破，使农村宅基地所对应的建设用地指标成为可以入市交易的资产，让跨省进城务工农村人口将其拥有的建设用地指标带到其就业所在地，并借助自组织集体议价或专业金融平台，以公允的价格获得当地城镇户籍、社会保障等，从而真正融入城市，实现以人为核心的新型城市化。

参考文献

［1］白重恩、钱震杰：《我国资本收入份额影响因素及变化原因分析——基于省际面板数据的研究》，《清华大学学报（哲学社会科学版）》2009 年第 4 期。

［2］白重恩、钱震杰、武康平：《中国工业部门要素分配份额决定因素研究》，《经济研究》2008 年第 8 期。

［3］蔡昉、都阳、高文书：《就业弹性、自然失业和宏观经济政策——为什么经济增长没有带来显性就业》，《经济研究》2004 年第 9 期。

［4］蔡昉、都阳：《迁移的双重动因及其政策含义》，《中国人口科学》2002 年第 4 期。

［5］罗长远、张军 a：《经济发展中的劳动收入占比－基于中国产业数据的实证研究》，《中国社会科学》2009 年第 4 期。

［6］罗长远、张军 b：《劳动收入占比下降的经济学解释——基于中国省级面板数据的分析》，《管理世界》2009 年第 5 期。

［7］李扬：《收入功能分配的调整：对国民收入分配向个人倾斜现象的思考》，《经济研究》1992 年第 7 期。

［8］李文溥：《国有经济优化配置论》，经济科学出版社 1999 年版。

［9］李文溥、郑建清、林金霞：《制造业劳动报酬水平与产业竞争力变动趋势探析》，《经济学动态》2011 年第 8 期。

［10］李文溥、王燕武、郑建清：《劳动力市场分化与行业间工资差距变动趋势研究》，《山东大学学报（哲社版)》2013 年第 5 期。

［11］向书坚：《我国功能收入分配格局分析》，《当代经济科学（陕西财经学院学报)》1997 年第 5 期。

［12］杨少华、徐学清：《居民劳动报酬对功能收入分配的影响分析》，《运筹与管理》2000 年第 3 期。

［13］张华初：《非正规就业：发展现状与政策措施》，《管理世界》2002 年第 11 期。

［14］朱喜、史清华、盖庆恩：《要素配置扭曲与农业全要素生产率》，《经济研究》2011 年第 5 期。

［15］杨振、陈甬军：《中国制造业资源误置及福利损失测度》，《经济研究》2013 年第 3 期。

［16］曾湘泉、于泳：《中国自然失业率的测量与解析》，《中国社会科学》2006 年第 4 期。

［17］Hsieh，Chang-Tai and Klenow，Peter J．，"Misallocation and Manufacturing TFP in China and India", *The Quarterly Jounal of Economics*, 2009, Vol. CXXIV, Issue 4.

[18] Blanchard, Giavazzi, "Macroeconomic Effects of Regulation and Deregulation in Goods and Labor Markets", *Quarterly Journal of Economics*, Vol. 118, No. 3, 2003, pp. 895-896.

[19] Daron Acemoglu, "Cross-country Inequality Trends", *The Economic Journal*, Volume 113, Issue 485, 2003, pp. F121-F149.

[20] Gomme, P. , J. Greenwood, "On the cyclical allocation of risk", *Journal of Economic Dynamics and Control*, Vol. 19, 1995, issue 1-2, 91-124.

第十一章 制造业工资水平：基于相对单位产出劳动力成本的研究[①]

第一节 引 言

改革开放以来，中国充分利用其劳动力成本低廉的比较优势，成功地通过发展劳动密集型产业、加工贸易实现了高速增长。然而，进入本世纪以来，中国东部沿海地区出现了较大规模而且持续的民工荒，一些论者认为中国已经临近"刘易斯拐点"（蔡昉，2007）。2010年上半年，大多数省市较大幅度地提高了最低工资标准（有27个省市平均提高最低工资标准20%）。2010年下半年，中国出现较为明显的通货膨胀，有论者认为提高工资标准推动了成本推进型通货膨胀。与此同时，中国近十五年来以"投资推动、出口拉动"为特征的经济增长方式累积形成的国民收入"两高一低"结构失衡、国内外经济失衡、居民收入差距扩大、居民消费不振等一系列问题至今尚未得到根本改善。针对上述结构矛盾，中共十七届五中全会通过的《关于制定国民经济和社会发展第十二个五年规划的建议》提出：在十二五期间要"努力实现居民收入增长和经济发展同步、劳动报酬增长和劳动生产率提高同步"。显然，要做到这一点，必须进一步提高中低收入阶层居民收入，尤其是劳工工资水平。与此同时，中共中央十二

---

① 本章作者：王燕武、李文溥、李晓静。刘照坤、殷犁协助进行了数据计算。

五规划建议确定的今后五年经济社会发展的主要目标之一是"经济平稳较快发展。价格总水平基本稳定，就业持续增加，国际收支趋向基本平衡，经济增长质量和效益明显提高。"显然，兼顾二者的前提是在逐步提高劳工工资水平的同时，保持中国制造业的相应国际竞争力。这就涉及到中国的相对单位产出劳动力成本（RULC）。本章拟通过对中国对其主要竞争对手的相对单位产出劳动力成本（RULC）现状及走势的分析，探讨提高我国制造业工资对中国制造业国际竞争力的影响。

本章的第二节是文献综述；第三节是研究方法；第四节是对中国制造业国际竞争力的统计分析；第五节是结论与政策建议。

第二节 文献综述

研究一国某行业的国际竞争力状况，可以从该行业的劳动力成本入手。劳动力成本的范围大于工资，它不仅包括以货币形式表现的工资和薪金，还包括以物质或非物质形式表现的福利，如实物发放、社会保障、技术培训等①。换句话说，劳动力成本是劳动者所有报酬之和。衡量一个国家的国际竞争力，除了劳动力成本外，还必须考虑相应的劳动生产率。通过计算单位产出劳动力成本（Unit Labor Cost；ULC）来反映一个产业或一个国家的成本优势。单位产出劳动力成本可以定义为平均劳动报酬与劳动生产率的比率。

---

① 国际劳工组织（ILO）采用四个相关统计指标：工资（Wage）、所得（Earning）、雇员薪酬（Compensation of employee）和劳动力成本（Labor cost）。其中"工资"包含基本工资，生活费津贴及其它承诺定期支付的补贴；"所得"包含直接工资和薪水，非工作时间如节假日获得报酬，雇主对职工直接支付的奖金，实物以及住房和家庭补贴等；"薪酬"不仅包含以现金和实物方式发放的工资和薪金，还包括为职工支付的社会保障金、私人养老金、意外保险、人寿保险等福利待遇款项，另外还包含对企业董事会成员所支付的报酬；"劳动力成本"包含职工薪酬除去董事会成员报酬外所有内容，另外还包含雇主承担的工人住房成本、职业训练成本、工人招聘费用以及雇佣员工可能发生的税收成本等。

近年来，国际上对中国制造业劳动力成本的研究颇多。Judith Banister（2007）在一篇总结性的论文中详细列出了中国制造业在全球市场上的竞争优势：首先，低劳动力成本，这是吸引国外企业到中国投资设厂的根本因素。不过，这种低劳动力成本优势只是在以劳动数量制胜的劳动密集型产业、低附加值的加工代工产业以及简单初级的食品加工产业才得以明显体现，在知识密集型产业和资源密集型产业中，中国制造业的优势极为有限。过去二十年中，随着劳动报酬不断提高，这一优势正在削弱。其次，庞大的国内需求市场。第三，沿海地区强大的工业配套能力和良好的基础设施建设。第四，相对稳定的政治经济环境。

Janet Ceglowski 和 Stephen Golub（2005）运用相对单位产出劳动力成本，比较了中国和美国制造业的单位产出劳动力成本，发现：中国制造业单位产出劳动力成本仅约为美国的25%—40%，也明显低于欧盟、日本、墨西哥、韩国和其他一些新兴工业化国家。他们认为中国制造业单位产出劳动力成本较低的优势主要来自被低估的人民币汇率和快速上升的劳动生产率。

Vivian Chen，Bart van Ark，Qin Xiao 和 Harry X. Wu（2007）研究了中国分省市制造业单位产出劳动力成本。他们发现：第一，与全国一样，各省市制造业劳动生产率在过去二十年里都较明显地上升了。第二，与地区人均收入差距扩大相反，各省市制造业单位产出劳动力成本呈现出收敛态势。第三，资本和技术密集型产业更容易在地区间转移，改变地区间发展不平衡的状况。

任若恩等（2001）用购买力平价汇率首次对中国与美国及其他国家的制造业劳动生产率、单位产出劳动力成本进行国际比较，认为维持中国产品成本方面国际竞争力的惟一办法是提高劳动生产率；王慧敏、任若恩（2003）介绍了一种比较国际竞争力的指标——以单位产出劳动力成本为基础的实际有效汇率（ULC – based REER），但是没有进行具体的计算。之后，马丹、许少强（2006）利用 ULC – based REER 指标对中国国际竞争力的历史变迁和冲击来源进行研究，认为1980—1994年间中国国际竞争力的提升得益于人民币兑美元汇率贬值；1994—2002年间中国国际竞争力下降是中国制造业相对单位产出劳动力成本上升造成的。需要指出的是他们定义的中国贸易伙伴国全是发达国家，包括：美国、加拿大、日本、丹麦、法国、德国、荷兰、挪威、瑞典及英国。这些国家的制造业产业构成、出口产品构成、市场指向等与中国差距较大，这种国际比较的意义十分有限。

贺聪等（2009）根据国际劳工组织（ILO）推荐的经购买力平价调整后的单位产出劳动力成本指标，比较了2000—2006年中国同主要贸易伙伴国和竞争对手的制造业竞争优势，发现：无论经购买力平价调整后的，还是未经调整的单位产出劳动力成本，中国相对于其他国家或地区都具有明显的优势。

当然，现有研究还存有一些不足：首先，多数研究距今已有一段时日。Judith Banister（2007）的数据只到2004年，尽管在她2009年的文章中，有2006年的数据，但距今也已好几年[1]；贺聪等（2009）用的数据截至2006年，而且文中一些重要竞争对手的数据更陈旧，如墨西哥只到2004年、巴西只到2002年、马来西亚只到2001年；其他文献研究的数据年限则更早了。要回答本章提出的问题，需要更新的数据。其次，国内多数研究只是将中国与其他国家的指标罗列在一起对比，尽管可以进行两两比较，但无法从总体上把握中国的竞争力状况。马丹、许少强（2006）虽然把我国的主要贸易伙伴国加权为单一的虚拟国家与中国进行比较。但选择的国家不合理。最后，几乎所有文献都是算出指标，然后选择一些国家进行比较，但对为什么选择这些国家，基本上没有给出说明。而统计学要求比较对象必须存在同质可比性。

我们首先根据我国主要出口产品来选择国际竞争对象国；其次，以各国出口产品的市场份额为权重，对各竞争对象国的单位产出劳动力成本进行加权汇总；然后，利用相对单位产出劳动力成本指标以及经购买力平价调整后的人民币汇率分析名义人民币汇率、劳动报酬、劳动生产率变动对中国制造业国际竞争力的影响；最后，将数据延伸到2009年。

---

① Judith banister（2009）。

第三节　研究方法

一、基本公式

单位产出劳动力成本（ULC）可以定义为平均劳动报酬与劳动生产率的比率。它衡量每增加一单位 GDP 或增加值所要耗费的劳动力成本，反映一国劳动力成本与劳动生产率的相对变化情况，其基本式子为：

$$ULC = \frac{Hourly\ compensation}{Hourly\ labor\ productivity} \qquad (11-1)$$

根据研究目的，本章的 *Hourly compensation* 指制造业就业人员小时劳动报酬；*Hourly labor productivity* 指制造业就业人员的小时产出。

在运用单位产出劳动力成本（ULC）进行国际比较时，为便于分析，通常需要将各国以本币计价的小时劳动报酬和劳动生产率换算为同一货币（一般是美元）计价的数值。此外，单位产出劳动力成本的基准公式还可以衍生出一个结合货币实际购买力的单位产出劳动力成本指标——经购买力平价调整后的单位产出劳动力成本指标（ULC_with ppp）。其换算方法如下：分子部分——即小时报酬，用名义汇率加以换算，而分母部分——即劳动生产率，通常用经购买力平价兑换后的汇率换算①。具体公式如下：

$$ULC\_\ with\ ppp = \frac{\dfrac{Hourly\ compensation}{NE}}{\dfrac{Hourly\ labor\ productivity}{PPP}} \qquad (11-2)$$

其中，*PPP* 表示经购买力平价调整后的美元汇率，*NE* 表示名义美元汇

---

① 一般而言，使用名义汇率将劳动生产率换算为同种货币表示并不合适。原因在于：一方面，如果还是使用名义汇率的话，分子分母相互抵消，等于没有换算；另一方面，最关键的是，运用名义汇率换算后的劳动产出相对价格往往与以本币计价的劳动产出相对价格大不一样，导致两国间的劳动产出不具备可比性。详细分析，请参看 Hooper 和 Larin（1988）。

率。调整的目的在于保证用于比较的各国单位产出劳动力成本口径相同。

二、竞争对象国的挑选

我们根据中国出口商品的种类及国别构成分析筛选、确定中国制造业的国际市场潜在竞争对手。首先，按照 2007 年的 HS 标准，确认中国主要的出口商品（见表 11 - 1）。

根据 HS 两位编码，2007—2009 年[①]，在总共 22 类 98 章商品中，每年排名前三的出口商品均为第 85、84、61 章，其中又以前两章为主，三年分别占总出口的 43.5%、42.7% 和 44.6%，61 章的商品尽管排名第三，但三年分别仅占总出口的 5.0%、4.2% 和 4.5%，其余各章商品占总出口的比重更小。第 85、84 和 61 章的出口商品是中国近年主要的出口商品。

由于在 HS 分类中，章所包括的商品范围很广，如果仅根据章的世界出口市场份额大小来挑选国际竞争对象国，可能会因产业间贸易而造成对竞争对手的错误选择。我们进一步对所选的三章出口商品进行分析。发现在上述三章共 150 目的四位编码商品中，排名前 9 目的商品占出口的比重较大（见表 11 - 2）[②]。

2007—2009 年，这 9 目商品占三章的比重分别为 55.2%、53.2% 和 55.3%，其余 141 目商品所占比重都较小。因此，根据这 9 目商品确定中国的国际竞争对手。

其次，根据这 9 目商品的出口国别构成，确定我国最主要的出口市场（见表 11 - 3）。

---

① 2009 年的数据截至 2009 年 11 月。
② 这 9 目商品分别是：6110 针织或钩编毛衣、套头衫、背心等；8443 印刷机及其配件；8471 自动化数据处理设备，读卡器等电脑硬件；8473 打字机零件及其他办公设备和计算机零附件；8504 变压器、稳压电源和其他电感器，及其零配件；8517 有线电话、电话机和其他通信设备及其配件；8528 电视信号接收设备（含显示器及投影接收器）；8541 二级管、晶体管及其他半导体设备；8542 集成电路及微电子组件零件。

表 11 - 1　2007—2009 年中国出口商品份额排名（HS2007 分类）

章排名	2007 年				2008 年				2009 年			
	出口额（亿美元）	占出口额份额	累计份额	章	出口额（亿美元）	占出口额份额	累计份额	章	出口额（亿美元）	占总出口份额	累计份额	章
1	3000	0.247	0.247	85	3420	0.239	0.239	85	2680	0.250	0.250	85
2	2290	0.188	0.434	84	2690	0.188	0.427	84	2100	0.196	0.446	84
3	613	0.050	0.485	61	606	0.042	0.470	61	483	0.045	0.491	61

资料来源：中经网数据库。

表 11 - 2　2007—2009 年中国出口排名前三章商品中细分商品出口额

排名	2007 年				2008 年				2009 年			
	商品代码	出口总值（亿美元）	出口值占三章商品出口份额	累计份额	商品代码	出口总值（亿美元）	出口值占三章商品出口份额	累计份额	商品代码	出口总值（亿美元）	出口值占三章商品出口份额	累计份额
1	8471	935	0.158	0.158	8471	1060	0.157	0.157	8471	1020	0.172	0.172
2	8517	787	0.133	0.292	8517	899	0.134	0.291	8517	865	0.146	0.319
3	8528	366	0.062	0.354	8528	352	0.052	0.344	8528	267	0.045	0.364
4	8473	327	0.055	0.409	8473	320	0.048	0.392	8473	262	0.044	0.408
5	8542	239	0.040	0.450	8542	247	0.037	0.428	8542	236	0.040	0.448
6	8443	187	0.032	0.481	8443	199	0.030	0.458	8443	171	0.029	0.477
7	6110	161	0.027	0.509	8541	170	0.025	0.483	8541	155	0.026	0.503

续表

排名	2007年				2008年				2009年			
	商品代码	出口总值（亿美元）	出口值占三章商品出口份额	累计份额	商品代码	出口总值（亿美元）	出口值占三章商品出口份额	累计份额	商品代码	出口总值（亿美元）	出口值占三章商品出口份额	累计份额
8	8504	142	0.024	0.533	8504	167	0.025	0.508	6110	149	0.025	0.528
9	6104	112	0.019	0.552	6110	161	0.024	0.532	8504	147	0.025	0.553

资料来源：中经网数据库、联合国贸易数据库。

表11-3　2007—2009年中国9目主要出口商品的出口国别（地区）情况

排序	2007年				2008年				2009年			
	国家（地区）	9目商品出口额	占当年9目商品出口总额比重	累计份额	国家（地区）	9目商品出口额	占当年9目商品出口总额比重	累计份额	国家（地区）	9目商品出口额	占当年9目商品出口总额比重	累计份额
1	中国香港	7.37E+10	0.227	0.227	中国香港	7.65E+10	0.214	0.214	中国香港	7.16E+10	0.219	0.219
2	美国	7.12E+10	0.219	0.447	美国	7.07E+10	0.198	0.412	美国	6.84E+10	0.209	0.428
3	荷兰	2.16E+10	0.067	0.513	日本	2.18E+10	0.061	0.473	日本	1.99E+10	0.061	0.489
4	日本	2.02E+10	0.062	0.575	荷兰	2.14E+10	0.060	0.533	荷兰	1.74E+10	0.053	0.543
5	德国	1.66E+10	0.051	0.626	德国	1.92E+10	0.054	0.587	德国	1.61E+10	0.049	0.592
6	新加坡	1.17E+10	0.036	0.662	韩国	1.78E+10	0.050	0.636	韩国	1.61E+10	0.049	0.641
7	韩国	1.13E+10	0.035	0.697	新加坡	1.13E+10	0.032	0.668	新加坡	1.11E+10	0.034	0.675
8	英国	7.35E+09	0.023	0.720	英国	7.92E+09	0.022	0.690	印度	7.08E+09	0.022	0.697

续表

排序	2007 年				2008 年				2009 年			
	国家（地区）	9 目商品出口额	占当年 9 目商品比重出口总额	累计份额	国家（地区）	9 目商品出口额	占当年 9 目商品比重出口总额	累计份额	国家（地区）	9 目商品出口额	占当年 9 目商品比重出口总额	累计份额
9	法国	7.01E+09	0.022	0.742	法国	7.23E+09	0.020	0.711	法国	7.03E+09	0.022	0.718
10	其他亚洲家	6.78E+09	0.021	0.762	其他亚洲国家	6.90E+09	0.019	0.730	英国	7.02E+09	0.021	0.740
11	马来西亚	6.24E+09	0.019	0.782	印度	6.59E+09	0.018	0.748	其他亚洲国家	6.52E+09	0.020	0.760
个别加总	欧盟（仅包括英、德、法、荷）	5.26E+10	0.163	—	欧盟（仅包括英、德、法、荷）	5.58E+10	0.156	—	欧盟（仅包括英、德、法、荷）	4.76E+10	0.145	—

资料来源：整理自联合国贸易数据库。

中国香港、美国、欧盟和日本是我国这9目商品的最主要进口国家和地区。由于香港是中国内地主要的转口贸易地区，因此予以剔除。

最后，通过对美国、欧盟、日本市场的上述9目商品的进口国别结构来分析、筛选中国出口商品的主要竞争对手（见表11-4、表11-5、表11-6）。

能同时在美国、欧盟、日本市场上与中国竞争的国家有：韩国、马来西亚、泰国、新加坡、菲律宾、日本（除日本市场外）、美国（除美国市场外）。考虑到各国工业化水平差异、制造业构成差异及未来发展潜力，我们排除了日本、美国和新加坡。考虑到美国市场对中国出口的重要性，我们将美国市场的主要竞争对手——墨西哥纳入讨论范围；越南目前虽未在中国出口美国、欧盟、日本的9目商品中有较大出口额，但基于未来考虑，我们将越南视为我国制造业的潜在竞争对手。这样，最终确定的主要竞争对手有墨西哥、泰国、菲律宾、越南、韩国和马来西亚六个国家。

确定了我国商品出口的主要竞争对手之后，为了综合说明中国对这六国的综合竞争态势，我们将六国的 ULC 加权平均，计算公式为：

$$ULC\_foreign = \sum_{i=1}^{6} W_i \times ULC_i \qquad (11-3)$$

其中，$i = 1,2,3,4,5,6$，分别表示墨西哥、泰国、菲律宾、越南、韩国和马来西亚。权重 W_i 根据欧盟、美国、日本从这六国进口的9目商品贸易值的单个国别数据占六国总和的比重确定，即：

$$W_i = \frac{\sum_{j=1}^{3} EM_{ij}}{\sum_{i=1}^{6} \sum_{j=1}^{3} EM_{ij}}, EM_{ij} = \sum_{k=1}^{9} em_{ij,k}$$

其中，$em_{ij,k}$ 表示第 j 个地区从第 i 个国家进口的第 k 种商品数值。$j = 1,2,3$ 分别表示美国、欧盟和日本地区；k 表示挑选出来的9目商品。

表11-4 2007—2009年美国9目商品的前十名进口国国（地区）

排序	2007年				2008年				2009年			
	国家（地区）	出口至美国9目商品价值总额	占美国9目商品进口额总额比重	累计份额	国家（地区）	出口至美国9目商品价值总额	占美国9目商品进口额总额比重	累计份额	国家（地区）	出口至美国9目商品价值总额	占美国9目商品进口额总额比重	累计份额
1	中国	9.39E+10	0.379	0.379	中国	9.84E+10	0.392	0.392	中国	9.59E+10	0.420	0.420
2	墨西哥	3.69E+10	0.149	0.528	墨西哥	3.85E+10	0.153	0.545	墨西哥	3.73E+10	0.164	0.584
3	马来西亚	2.24E+10	0.090	0.618	马来西亚	1.95E+10	0.078	0.623	韩国	1.46E+10	0.064	0.647
4	日本	1.52E+10	0.061	0.679	韩国	1.56E+10	0.062	0.685	马来西亚	1.45E+10	0.064	0.711
5	韩国	1.38E+10	0.055	0.735	日本	1.48E+10	0.059	0.744	日本	1.09E+10	0.048	0.759
6	其他亚洲国家	1.24E+10	0.050	0.785	其他亚洲国家	1.16E+10	0.046	0.791	其他亚洲国家	9.44E+09	0.041	0.800
7	新加坡	8.36E+09	0.034	0.818	泰国	8.33E+09	0.033	0.824	泰国	6.69E+09	0.029	0.830
8	泰国	8.22E+09	0.033	0.852	新加坡	6.82E+09	0.027	0.851	新加坡	5.34E+09	0.023	0.853
9	加拿大	6.06E+09	0.024	0.876	加拿大	6.12E+09	0.024	0.876	加拿大	4.91E+09	0.022	0.874
10	菲律宾	4.27E+09	0.017	0.893	菲律宾	3.78E+09	0.015	0.891	以色列	3.11E+09	0.014	0.888

资料来源：整理自联合国贸易数据库。

表11-5 2007—2008年日本9目商品的前十名进口国（地区）

排名	2007年				2008年			
	国家（地区）	出口至日本9目商品价值总额	占日本9目商品进口价值总额比重	累计份额	国家（地区）	出口至日本9目商品价值总额	占日本价值进口总额比重	累计份额
1	中国	2.64E+10	0.407	0.407	中国	2.95E+10	0.440	0.440
2	其他亚洲国家	7.92E+09	0.122	0.530	其他亚洲国家	7.94E+09	0.118	0.558
3	韩国	7.31E+09	0.113	0.643	美国	6.61E+09	0.098	0.656
4	美国	6.97E+09	0.108	0.750	韩国	6.55E+09	0.098	0.754
5	马来西亚	3.02E+09	0.047	0.797	马来西亚	3.10E+09	0.046	0.800
6	菲律宾	2.76E+09	0.043	0.840	新加坡	2.56E+09	0.038	0.838
7	泰国	2.58E+09	0.040	0.880	泰国	2.50E+09	0.037	0.875
8	新加坡	2.49E+09	0.038	0.918	菲律宾	2.34E+09	0.035	0.910
9	德国	8.63E+08	0.013	0.931	德国	9.20E+08	0.014	0.924
10	印尼	6.24E+08	0.010	0.941	印尼	7.23E+08	0.011	0.935

资料来源：整理自联合国贸易数据库。

表 11-6 2007—2009 年欧盟 9 目商品的前十名进口国（地区）

排序	2007 年				2008 年				2009 年			
	国家（地区）	出口至欧盟9目商品价值总额	占欧盟9目商品进口额总额比重	累计份额	国家（地区）	出口至欧盟9目商品价值总额	占欧盟9目商品进口额总额比重	累计份额	国家（地区）	出口至欧盟9目商品价值总额	占欧盟9目商品进口额总额比重	累计份额
1	中国	8.38E+10	0.397	0.397	中国	9.98E+10	0.443	0.443	中国	8.80E+10	0.482	0.482
2	美国	2.60E+10	0.123	0.520	美国	2.25E+10	0.100	0.543	美国	1.45E+10	0.080	0.561
3	日本	1.58E+10	0.075	0.595	日本	1.64E+10	0.073	0.615	日本	1.14E+10	0.062	0.624
4	韩国	1.38E+10	0.066	0.661	韩国	1.35E+10	0.060	0.675	韩国	1.06E+10	0.058	0.682
5	其他亚洲国家	1.27E+10	0.060	0.721	其他亚洲国家	1.26E+10	0.056	0.731	马来西亚	1.01E+10	0.055	0.737
6	马来西亚	1.17E+10	0.055	0.776	马来西亚	1.15E+10	0.051	0.782	其他亚洲国家	8.29E+09	0.045	0.782
7	新加坡	8.64E+09	0.041	0.817	新加坡	7.87E+09	0.035	0.817	新加坡	5.42E+09	0.030	0.812
8	泰国	4.76E+09	0.023	0.840	泰国	5.36E+09	0.024	0.841	泰国	4.61E+09	0.025	0.837
9	菲律宾	4.64E+09	0.022	0.862	中国香港	5.16E+09	0.023	0.864	中国香港	4.48E+09	0.025	0.862
10	中国香港	4.33E+09	0.021	0.882	菲律宾	4.40E+09	0.020	0.883	土耳其	2.94E+09	0.016	0.878

资料来源：整理自联合国贸易数据库。

三、相对单位产出劳动力成本（RULC）

利用中国和六国的加权单位产出劳动力成本，可以得到两者的相对单位产出劳动力成本（RULC）。为了便于分析，我们以中国的 ULC 为分母，六国的 ULC 为分子，式子如下：

$$RULC = \frac{ULC\_foreign}{ULC\_china} \qquad\qquad (11-4)$$

RULC > 1，表示中国相对上述六国，在制造业单位产出劳动力成本上占有竞争优势，0 < RULC < 1，则反映中国制造业单位产出劳动力成本高于六国。RULC 上升，中国制造业国际竞争力相对六国在增强，RULC 下降，中国制造业国际竞争力相对六国在削弱。

第四节　中国制造业国际竞争力的统计分析

一、中国制造业单位产出劳动力成本的估算

由于没有现成的中国制造业全体从业人员的报酬数据，我们通过两次转换求得：首先，根据 2004 年的全国工业普查数据，将城镇单位制造业工人的平均工资转换成全部制造业从业人员的平均工资，转换系数为 0.981；其次，根据 Banister（2006）、Lett 和 Banister（2009）的研究成果，算出 2002—2006 年中国制造业工人的平均工资（wage）与所取得最终报酬（compensation）之间的系数（约为 1.27）。将全部制造业从业人员的平均工资乘上该系数，算出平均报酬的近似数据。

根据历年《中国劳动统计年鉴》，得到中国制造业工人的周劳动时间，乘上 49 周，得到近似的全年工作时间。据此估算出中国制造业工人的小时劳动报酬。另外，小时劳动生产率可以由制造业增加值除以制造业工人全年工作时间得出，其中制造业增加值数据来自历年《中国工业经济统计年

鉴》。为了便于比较，我们将小时劳动报酬和小时劳动生产率的计量单位转换为美元。其中，名义汇率用人民币对美元年加权平均汇率表示，数据来自 CEIC 数据库。结果如图 11 –1 所示。

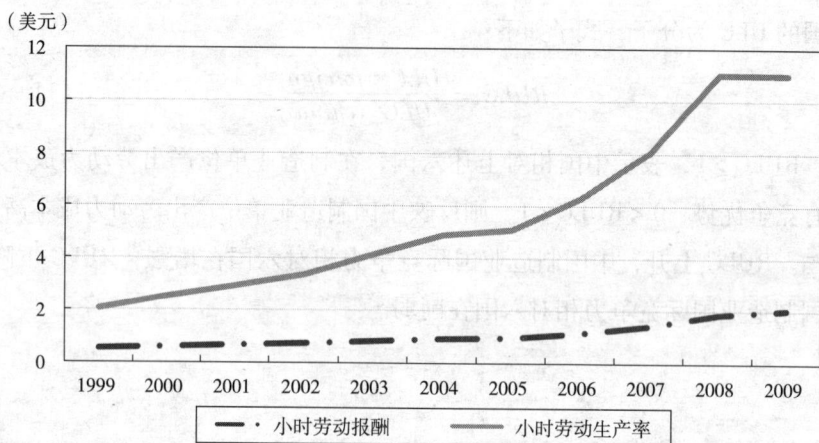

（美元）

图 11 –1　中国制造业工人小时劳动报酬与小时劳动生产率

资料来源：《中国劳动统计年鉴》、《中国工业经济统计年鉴》和厦门大学 CQMM 课题组计算。

1999 年以来，我国制造业工人的劳动生产率与劳动报酬的增长速度差异日益扩大，两者走势表现为不断扩大的喇叭口。劳动报酬增长率持续低于劳动生产率增长率，使我国制造业的单位产出劳动力成本逐年下降。

利用公式（11 –1）和公式（11 –2），估算 1999—2009 年中国制造业未经购买力平价调整和经过调整的 ULC 数据。其中，人民币购买力平价采用了世界银行的估算值，数据来自世界银行网站上的 WDI 数据包。1999—2009 年，我国未经调整的 ULC 一路下滑，由 1999 年的 0.263 持续下降到 2008 年的 0.169，2009 年因劳动生产率增长出现停滞才反弹回 0.185。对比两类 ULC，尽管经过购买力平价调整后的 ULC 整体上远低于未经调整的 ULC，意味着人民币对美元汇率估值偏低确实对我国制造业竞争优势起了重要作用，但是，调整后的 ULC 变化幅度要小于未经调整的 ULC，而且从 2004 年起，两者差距逐年缩小，表明人民币汇率估值偏低对强化我国制造业竞争优势的作用在弱化（见图 11 - 2）。

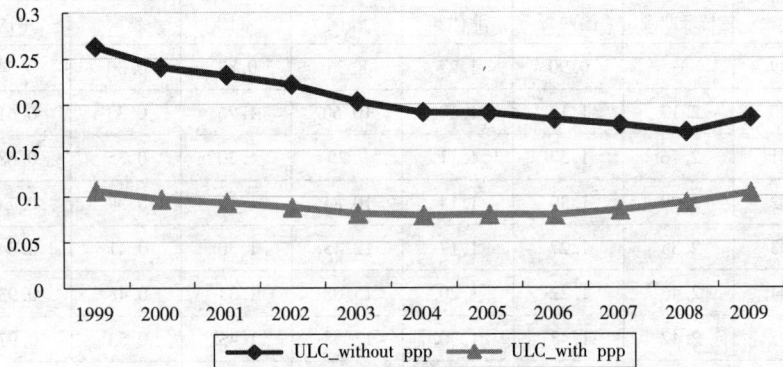

图 11 - 2 中国制造业单位产出劳动力成本的变化趋势
资料来源：厦门大学 CQMM 课题组计算。

二、与竞争对手单位产出劳动力成本比较

首先，从表 11 - 7 可以发现：与主要竞争对手相比，中国制造业工人的小时报酬相对较低。1999—2007 年，中国制造业工人的小时报酬仅高于越南①，低于韩国、马来西亚、泰国、墨西哥和菲律宾。2007 年起，中国制造业工人的小时报酬快速上升，超过了泰国、墨西哥。

其次，中国制造业劳动生产率在过去十年里快速上升，超过了小时报酬的增长幅度。2009 年中国制造业工人的小时报酬为 2.04 美元/小时，约为 1999 年的 4 倍（见表 11 - 7）；2009 年我国制造业工人的小时劳动生产率为 11.01 美元/小时，约为 1999 年的 5.35 倍（见表 11 - 8）。就劳动生产率与劳动报酬而言，前者增速高于后者。与竞争对手相比，中国制造业劳动生产率的增速也要大得多。

---

① 由于数据难以搜集，越南的劳动报酬指标是用平均收入指标来代替。据此得到的越南制造业工人小时报酬可能是偏低的。

表 11 - 7　1999—2009 年中国与竞争对手的小时劳动报酬对比

年份	小时劳动报酬（以美元计价）						
	马来西亚	墨西哥	菲律宾	韩国	泰国	越南	中国
1999	—	0.90	1.27	8.56	0.83	0.30	0.54
2000	2.13	1.17	1.18	10.60	1.26	0.33	0.61
2001	2.16	1.37	1.11	9.29	1.20	0.35	0.68
2002	2.29	1.39	1.14	10.84	1.22	0.37	0.74
2003	2.35	1.27	1.17	12.45	1.30	0.41	0.84
2004	2.46	1.22	1.20	15.08	1.34	0.48	0.93
2005	2.42	1.43	1.30	17.58	1.43	0.53	0.97
2006	2.59	1.47	1.52	21.12	1.56	0.61	1.15
2007	2.91	1.46	1.78	22.82	1.76	0.68	1.43
2008	3.29	1.43	1.91	19.96	2.05	0.81	1.87
2009	3.23	—	—	17.80	1.96	0.89	2.04

资料来源：ILO 数据库、CEIC 中国经济数据库以及美国劳工部数据库。

2000 年，中国制造业劳动生产率仅高于越南；2001 年，中国超过菲律宾；2003 年，又超过泰国；2009 年，与马来西亚基本持平，但仍不及韩国的一半（见表 11 - 8）。

表 11 - 8　1999—2009 年中国与竞争对手的小时劳动生产率对比

年份	小时劳动生产率（以美元计价）						
	马来西亚	墨西哥	菲律宾	韩国	泰国	越南	中国
1999	—	9.34	2.76	11.20	3.83		2.06
2000	5.53	10.80	2.80	12.74	3.63	0.66	2.52
2001	5.24	11.44	2.55	11.57	3.21	0.67	2.93
2002	5.92	12.10	2.80	13.21	3.46	0.70	3.36
2003	6.43	11.42	2.74	14.75	3.86	0.72	4.13
2004	7.77	11.37	2.98	17.68	4.20	0.78	4.88
2005	8.37	13.07	3.32	21.01	4.57	0.84	5.09
2006	9.01	14.94	3.96	24.14	5.44	0.91	6.29

年份	小时劳动生产率（以美元计价）						
	马来西亚	墨西哥	菲律宾	韩国	泰国	越南	中国
2007	10.81	15.45	4.62	27.46	6.40	1.00	8.05
2008	12.44	15.44	5.66	26.08	7.33	1.19	11.02
2009	11.44	—	—	24.44	6.92	1.19	11.01

资料来源：ILO 数据库、CEIC 中国经济数据库以及美国劳工部数据库。

最后，无论是经过购买力平价调整后的，还是未经过调整的我国制造业单位产出劳动力成本均要小于其他竞争对手（墨西哥除外）（见表 11-9）。墨西哥单位产出劳动力成本低于我国的原因是其制造业工人的劳动生产率高于我国，2007 年之前，一直约为我国的两倍。

表 11-9　1999—2009 年中国与竞争对手的单位产出劳动力成本对比

年份	马来西亚		墨西哥		菲律宾		韩国		泰国		越南		中国	
	未调整	调整	未调整	调整	未调整	调整	未调整	调整	未调整	调整	未调整	调整	未调整	调整
1999	—	—	0.096	0.057	0.458	0.213	0.764	0.485	0.217	0.093	—	—	0.263	0.106
2000	0.385	0.171	0.109	0.070	0.419	0.179	0.832	0.548	0.347	0.139	0.496	0.141	0.241	0.097
2001	0.413	0.176	0.120	0.081	0.434	0.167	0.803	0.471	0.374	0.135	0.515	0.140	0.232	0.093
2002	0.387	0.167	0.115	0.078	0.409	0.160	0.821	0.505	0.351	0.130	0.531	0.142	0.221	0.088
2003	0.365	0.160	0.111	0.070	0.426	0.161	0.844	0.562	0.336	0.127	0.573	0.158	0.203	0.081
2004	0.316	0.142	0.108	0.069	0.404	0.152	0.853	0.593	0.319	0.125	0.616	0.177	0.191	0.079
2005	0.289	0.132	0.110	0.072	0.393	0.155	0.837	0.644	0.312	0.124	0.636	0.189	0.190	0.080
2006	0.288	0.137	0.099	0.067	0.385	0.166	0.875	0.699	0.287	0.123	0.670	0.205	0.183	0.080
2007	0.269	0.140	0.095	0.065	0.386	0.186	0.831	0.677	0.275	0.130	0.680	0.218	0.177	0.084
2008	0.264	0.153	0.092	0.065	0.337	0.178	0.765	0.529	0.279	0.140	0.680	0.256	0.169	0.093
2009	0.283	0.141	0.088	0.050	—	—	0.728	0.458	0.284	0.138	0.750	0.282	0.185	0.103

资料来源：厦门大学 CQMM 课题组计算。

三、关于相对单位产出劳动力成本的估算

利用公式（11 - 3）和公式（11 - 4），在估算出各国单位产出劳动力成本的基础上，可以计算未经购买力平价调整的相对单位产出劳动力成本和经过购买力平价调整的相对单位产出劳动力成本，分别记做：RULC 和 RULC_with ppp。如图 11 - 3 所示，不论是经过调整的 RULC，还是未经调整的 RULC，其数值都明显大于 1，说明相对于这六个主要出口竞争国，中国制造业的竞争优势较明显。

但是，从变化趋势来看，2004 年起两列 RULC 都出现下降趋势，表明中国制造业的竞争优势有所缩小。尤其是经过购买力平价汇率调整的相对单位产出劳动力成本，下降幅度更大。到 2009 年底，已基本与未经调整的数据持平，反映了人民币汇率对中国制造业国际竞争优势的强化作用已经基本消失。

从图 11 - 3 还可以看出，目前两个 RULC 都在 1.5 以上。根据 RULC 公式的定义，当 RULC 为 1 时，说明中国与这六个主要出口竞争国的相对单位产出劳动力成本相当，RULC 为 1.5，意味着在保持中国制造业的竞争优势不低于这六个主要出口竞争国的前提下，中国制造业劳动工资的提高空间至少还有 50%。

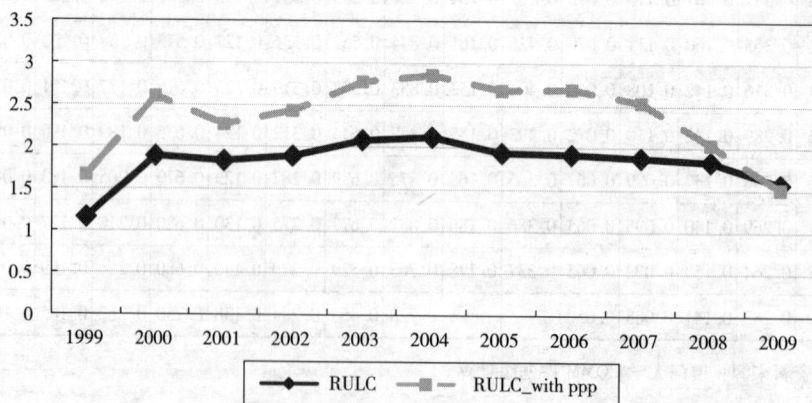

图 11 - 3 中国与主要竞争对手的相对单位产出劳动力成本变化

资料来源：ILO、CEIC 中国经济数据库和美国 BLS 数据库及厦门大学 CQMM 课题组估算。

第五节　结论与政策建议

这一研究的结论非常明确：未来数年内，客观上存在着逐步提高我国制造业劳动报酬水平的可能。

我们认为，不仅有可能，而且必须在未来数年内逐步提高我国制造业劳动报酬水平。因为现有的劳动报酬水平是被人为压低的。30 年来，中国的人均 GDP 增长了十倍以上，东部沿海有些地区甚至增长了近 30 倍。要素禀赋结构从而要素比价结构势必发生重大变化，加之生活费用的上升。可以断定，我国制造业的真实劳动力成本会有较大幅度上升。但是，由于独立劳工组织、劳资双方劳动报酬集体协商机制的缺失，加之各级地方政府为追求本地经济增长和财政收入最大化，不计成本招商引资，有意无意地抑制劳工工资正常增长，导致了资本与劳工的力量对比严重失衡，我国制造业的劳工工资水平是低于均衡工资水平的（李文溥等，2010）。正是因此，本世纪初起，在我国还有相当数量农村劳动人口尚未转化为非农产业人口的情况下，东部沿海地区出现了大规模、持续的"民工荒"。因此，今后数年应逐步提高制造业劳动报酬水平，因为它：

第一，有利于推进经济结构的战略性调整。因为，当前亟须调整的首先是国民收入结构，是国民收入支出上的"两高一低"（高投资、高净出口、低消费）结构失衡，提高居民收入及消费能力、消费意愿，从而恢复投资、出口、消费对经济增长拉动能力的平衡。从这个角度看，逐步提高制造业劳动报酬水平本身就是经济结构的战略性调整。

第二，有利于缩小我国经济的外部失衡。利用中国季度宏观经济模型（CQMM）进行的政策模拟结果证实：提高我国制造业工资水平比人民币升值更有利于缩小我国经济的外部失衡、扩大内需、促进居民消费与经济增长（CQMM 课题组，2010b）。

第三，有利于调整既有的要素比价扭曲。奠定产业结构正常演化升级的微观基础。

第四，有利于改变现有的滚动城市化格局，促使农民工举家迁徙城市，加快城市化进程，而且促进城市第三产业的发展。我国东部沿海地区不少由县或县级市为基础发展起来的新兴城市实际常住人口已经超过百万，经济总量也大可跻身大中型城市之列，但是，第三产业比重大多在35%以下。这与这些城市的经济结构以出口导向的劳动密集型产业为主有密切的关系。逐步提高劳工工资水平，有利于改变现有的加工贸易型工业化方式，调整城市的二、三产业结构，促进城市经济的健康发展。

第五，有利于推进科技进步和创新。科技进步与创新的形成，首先取决于企业追求技术进步和产品升级换代的内在动力与外部压力。在劳动力成本过于低廉的情况下，企业没有用资本、技术替代劳动的内在动力与外部压力，任何政府的鼓励和投入，都不可能促进企业进行研发和生产转型。促进科技进步与自主创新的发展，最为根本的手段是改变现有要素比价不合理状况，用市场的力量促进企业进行自主创新，实现科技进步与经济增长同步发展。

第六，有利于推动资源节约型、环境友好型社会建设。资源的节约、环境的保护，建立在对资源、环境的合理定价基础上，包括劳动在内的要素比价合理化，将使企业逐步放弃加工贸易中的低端部分，淘汰落后的生产方式和高耗能、高污染的产品生产，推进企业节约资源、重视环境保护。

第七，有利于推进社会经济体制进一步改革。提高劳工工资仅仅依靠政府提高最低工资线是远远不够的，由政府制定和定期提高最低工资线只不过是保障劳工权益的最后防线。劳工的合理工资水平必须依靠劳工自己有组织的努力来争取。实现劳工工资随着经济发展而合理提高的根本办法是恢复市场经济条件下劳工与资本的力量对比均衡，工会应当成为劳工合法权益的真正代表，组织劳动者与企业有序地进行劳动报酬集体协商。政府在处理劳资利益矛盾时，应当站在中立的立场进行协调。而这一切实际上也就意味着社会政治经济体制的重大改革。

参考文献

［1］蔡昉：《中国经济发展的刘易斯转折点》，载蔡昉主编：《中国人口与劳动问题报告 NO.8——刘易斯转折点及其政策挑战》，社会科学文献出版社 2007 年版。

［2］《中共中央关于制定国民经济和社会发展第十二个五年规划的建议》，新华社，2010 年 10 月 27 日。

［3］王慧敏、任若恩：《对国际竞争力指标———以单位劳动成本为基础的实际有效汇率的研究》，《生产力研究》2003 年第 1 期。

［4］马丹，许少强：《中国国际竞争力的历史变迁与冲击来源》，《国际金融研究》2006 年第 1 期。

［5］贺聪、尤瑞章、莫万贵：《制造业劳动力成本国际比较研究》，《金融研究》2009 年第 7 期。

［6］李文溥、龚敏：《出口劳动密集型产品为导向的粗放型增长与国民收入结构失衡》，《经济学动态》2010 年第 7 期。

［7］厦门大学"中国季度宏观经济模型（CQMM）"课题组 b：《中国宏观经济预测与分析——2010 年秋季报告》，2010 年 9 月。

［8］Peter Hooper and Kathryn A. Larin，"International comparisons of labor costs in manufacturing"，Internatinal Finance Discussion Papers，2005.

［9］Judith Banister，"Manufacture China today：Employment and labor compensation"，Economics Program Working Paper Series，2007.

［10］Janet Ceglowski and Stephen Golub，"Just How Low are China's Labor Costs?"，working paper，2005.

［11］Vivian Chen，Bart van Ark，Qin Xiao and Harry X. Wu，"Labor Compensation，Productivity and Unit Labor Cost in Chinese Provinces"，Paper for International Conference on Experiences and Challenges in Measuring National Income and Wealth in Transition Economies Organized by the International Association for Income and Wealth and the National Bureau of Statistics of China September 18-21，2007，Friendship Hotel，Beijing，China.

第十二章　制造业工资水平与
产业竞争力[①]

　　"努力实现居民收入增长和经济发展同步、劳动报酬增长和劳动生产率提高同步"是转变经济发展方式，调整国民收入"两高一低"结构失衡的重要途径之一。近十年来，制造业的平均工资水平在国民经济 19 个部门中仅位列第 14，是最低的 6 个部门之一[②]。作为一个就业人口 3491.9 万，约占全国城镇就业总数 27.77%，同时创造了整个国家近三分之一的 GDP（2008 年为 32.65%）的重要产业部门，制造业的工资水平对居民收入、劳动报酬水平从而国内消费的扩张具有举足轻重的作用。与此同时，中国又是世界制造业大国，2009 年制造业出口占我国出口总额的 85.8%。制造业的产业竞争力也是讨论制造业劳动报酬水平必须关注的重要问题之一。本章拟在前一章对我国制造业单位产出劳动力成本（ULC）研究的基础上，对制造业及分行业的劳动报酬与我国制造业产业竞争力、国际贸易竞争力的变化趋势做进一步探讨。

　　本章的第一节是文献综述；第二节测量我国制造业劳动力成本；第三节说明提高劳动报酬对制造业及其内部不同行业利润率的影响；第四节探讨劳动报酬与制造业国际贸易竞争力之间的关系；第五节是结论。

---

① 本章作者：李文溥、郑建清、林金霞。
② 其余五个部门是居民服务及其他服务业、水利、环境和公共设施管理业、建筑业、住宿及餐饮业、农林牧渔业。

第一节 文献综述

现有的相关研究文献主要集中在以下几个方面：（1）对制造业企业效率的研究。李丹、胡小娟（2008）采用数据包络方法对制造业各个行业中内外资企业的相对效率、全要素生产率及其构成情况进行了实证研究。余淼杰（2008）从企业层面考察了中国贸易自由化与制造业企业生产率之间的关系。（2）对制造业国际竞争力的研究。如金碚、李钢、陈志（2007）将多个竞争力衡量指标合成一个指数来考察我国加入 WTO 之后的制造业国际竞争力现状及趋势。王玉、许俊斌、南洋（2011）采用省级面板数据分析了中国各地区制造业的竞争力。（3）对制造业劳动生产率的研究。如曲玥（2010）对制造业的劳动生产率情况进行测算发现，进入 21 世纪以来，我国制造业劳动生产率增长速度很快，主要是由技术进步而非要素投入驱动的。（4）对制造业劳动力成本的研究。近年来，国际上对中国制造业劳动力成本的研究颇多。Judith Banister（2007）在一篇总结性的论文中详细列出了中国制造业在全球市场上的竞争优势。Janet Ceglowski 和 Stephen Golub（2005）运用相对单位产出劳动力成本，比较了中国和美国制造业的单位产出劳动力成本。Vivian Chen，Bart van Ark，Qin Xiao 和 Harry X. Wu（2007）研究了中国分省市制造业单位产出劳动力成本。

国内方面，任若恩等（2001）首次用购买力平价汇率对中国与美国及其他国家的制造业劳动生产率、单位产出劳动力成本进行国际比较；王慧敏、任若恩（2003）介绍了一种比较国际竞争力的指标——以单位产出劳动力成本为基础的实际有效汇率（ULC-based REER）。马丹、许少强（2006）利用 ULC-based REER 指标对中国国际竞争力的历史变迁和冲击来源进行研究。贺聪等（2009）根据国际劳工组织（ILO）推荐的经购买力平价调整后的单位产出劳动力成本指标，比较了 2000—2006 年中国同主要贸易伙伴国和竞争对手的制造业竞争优势。

我们认为，有关研究还需进一步完善：（1）多数研究距今已有一段时日。Judith Banister（2007）的数据只到2004年[1]；贺聪等（2009）用的数据截至2006年，其中一些重要的发展中国家的数据更陈旧，如墨西哥、巴西、马来西亚的数据分别只到2004年、2002年、2001年；其他文献研究的数据年限则更早了。（2）制造业内部不同行业的单位产出劳动力成本的变化趋势。（3）劳动力成本变化对产业利润率、产业国际贸易竞争力的静态、动态影响。

第二节　中国制造业的劳动力成本

一、中国制造业劳动力成本的测算

劳动力成本是各企业（单位）在一定时间内向劳动者支付的全部费用，有广义、狭义之分。狭义的劳动力成本仅指工资；广义的劳动力成本除工资外，还包括职工福利、社会保险、培训等方面的费用。根据劳动部（1997）261号文件规定，人工成本包括职工工资总额、职工福利费用、社会保险费用、职工教育经费、劳动保护费用、职工住房费用和其他人工成本支出。本章主要采用广义劳动力成本，鉴于数据的可获得性，将劳动力成本分成两部分：一是工资；二是非工资费用。我国没有现成的制造业职工的劳动报酬数据，也没有非工资费用方面的统计。本章采用贡森（2003）的研究方法粗略估算非工资费用，即根据企业职工工资总额的比重乘以全国社会保险福利费来获得。以上推算的合理性在于我国各行业职工的主要社会保险福利基本上是按照工资总额来提取或缴纳的。

---

① Judith Banister 2009 年的论文将数据更新到 2006 年，但距今也已好几年。参阅：Erin Lett and Judith banister,"China's manufacturing employment and compensation costs：2002-06", *Monthly Labor Review*,2009。

人均工资、全国社会保险福利费用数据来自《中国劳动统计年鉴》。考虑到不同国家全年劳动时间不同，本章计算劳动力的小时报酬，以保证国际可比性。年劳动时数根据《中国劳动统计年鉴》的数据计算获得。结合劳动报酬数据，可以算出我国制造业劳动力的小时报酬。

制造业劳动生产率等于制造业增加值与职工年平均数的比值。制造业增加值数据来自《中国统计年鉴》。2007 年之前的规模以上制造业分行业增加值来自各年《中国统计年鉴》；2008 年、2009 年来自 CEIC 数据库。规模以上制造业企业分行业职工人数来自 CEIC 数据库。

1999—2009 年我国制造业小时劳动报酬和小时劳动生产率的变动趋势如图 12 -1 所示：（1）小时劳动生产率和小时劳动报酬都呈较快增长态势，但制造业小时劳动生产率年均增长 15.16%，比小时劳动报酬增速（13.81%）高出 1.35 个百分点。（2）制造业单位产出劳动力成本 1999—2004 年逐年下降；2004 之后呈上升趋势，但是，2009 年制造业的劳动力成本仅为 1999 年的 88.9%。

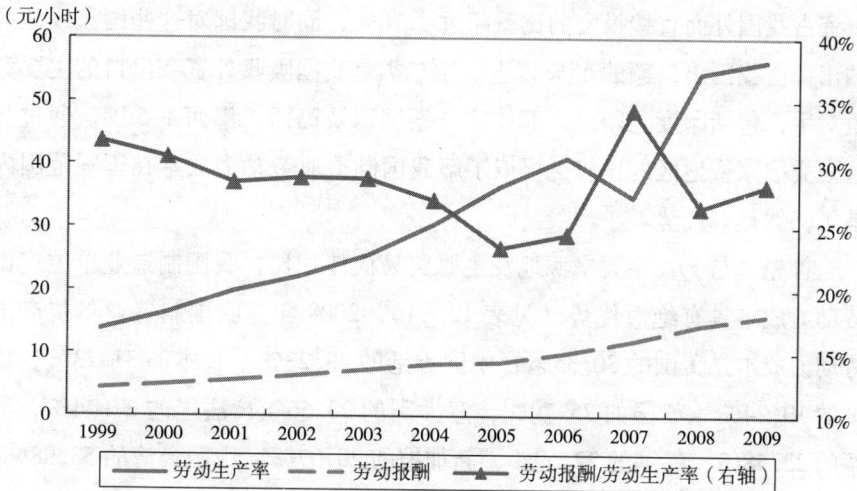

图 12 -1 中国制造业小时劳动报酬与小时劳动生产率
资料来源：根据《中国统计年鉴》与《中国劳动统计年鉴》数据计算。

二、单位产出劳动力成本的国际比较

考察制造业竞争力，要综合考虑劳动力成本和劳动生产率的关系。如果前者的增长率超过后者，产品竞争力会下降；反之则反是。因此，"单位产出劳动力成本（ULC）"是一个较好的指标。

单位产出劳动力成本是国际劳工组织（1999）建立的劳动力市场关键指标（KILM）的一个重要组成部分，它表示每增加 1 单位增加值所耗费的劳动力成本，反映了一国劳动力成本与劳动生产率的相对变动情况。计算公式为：ULC =（LCH/ER）/OH，其中，LCH 是以本币表示的某国单位时间劳动力成本，ER 是某国货币对美元的汇率，OH 代表以本国货币表示的某国就业人员单位时间所创造的增加值。

本章选取两种类型共 18 个国家和地区对我国制造业劳动力成本进行国际比较。第一类是我国外商直接投资主要来源地和主要贸易伙伴国，包括美国、日本、韩国、德国、法国、荷兰、英国、新加坡、意大利、俄罗斯和中国香港、中国台湾 12 个国家或地区。2009 年，这些国家或地区对华投资占我国外商直接投资的比重超过了 70%，同时我国对这些国家或地区的出口占我国出口额的 65% 以上。第二类是我国吸收外资和出口的主要竞争对手，包括印度、印尼、菲律宾、泰国以及巴西、墨西哥 6 国。通过与这两类国家或地区的比较，可以了解我国制造业劳动力成本在国际范围内是否仍然具有优势。

首先，与 FDI 主要来源地及主要贸易伙伴相比，我国制造业单位产出劳动力成本具有绝对优势（见表 12 - 1）。2008 年，我国制造业单位产出劳动力成本是美国的 30.35%，中国香港的 48.23%，日本的 31.73%，德国的 19.24%，英国的 25.79%，意大利的 24.56%，法国的 27.44%，荷兰的 22.58%，韩国的 22.69%，新加坡的 20.07%，中国台湾的 53.98%，俄罗斯的 22.22%。

其次，与我国吸引 FDI 及产品出口的主要竞争对手相比，我国制造业单位产出劳动力成本也是最低的。2008 年，我国制造业单位产出劳动力成本是巴西的 13.74%，墨西哥的 30.85%，印度的 30.27%，印尼的 78.21%，菲律宾的 14.44%，泰国的 62.84%。

表 12 - 1 2002—2008 年中国与 FDI 主要来源地及主要贸易伙伴的制造业 ULC

国家或地区	2002 年	2003 年	2004 年	2005 年	2006 年	2007 年	2008 年
按劳动报酬计算的 ULC							
中国	0.29	0.29	0.27	0.23	0.24	0.34	0.27
美国	0.82	0.83	0.84	0.85	0.85	0.88	0.87
%①	35.07	34.56	32.44	27.56	28.83	39.1	30.35
日本	0.72	0.77	0.81	0.79	0.74	0.72	0.84
%	40.07	37.25	33.51	29.51	32.77	47.66	31.73
德国	0.84	1.03	1.13	1.13	1.14	1.26	1.38
%	34.26	28.09	23.99	20.73	21.35	27.32	19.24
英国	0.75	0.84	0.95	0.98	0.99	1.08	1.03
%	38.58	34.31	28.51	23.9	24.69	31.68	25.79
意大利	0.56	0.71	0.82	0.83	0.86	0.97	1.08
%	51.79	40.56	33.27	27.97	28.35	35.47	24.56
法国	0.55	0.66	0.74	0.75	0.78	0.87	0.97
%	52.62	43.52	36.69	30.97	31.13	39.27	27.44
荷兰	0.7	0.87	0.95	0.95	0.96	1.06	1.18
%	41.02	33.12	28.55	24.55	25.31	32.38	22.58
韩国	0.95	1	1.07	1.22	1.33	1.42	1.17
%	30.35	28.69	25.36	19.21	18.35	24.19	22.69
新加坡	0.95	0.96	0.93	0.88	0.94	1.05	1.32
%	30.46	29.91	29.29	26.55	26.08	32.69	20.07
中国台湾	0.44	0.44	0.45	0.47	0.47	0.45	0.49
%	65.1	65.25	60.12	49.34	51.95	75.77	53.98
巴西	0.79	0.83	0.97	1.28	1.51	1.72	1.93
%	36.68	34.67	27.85	18.22	16.17	19.94	13.74
墨西哥	0.82	0.75	0.74	0.8	0.81	0.83	0.86
%	35.32	38.27	36.7	29.35	30.24	41.33	30.85
按工资计算的 ULC							
中国	0.22	0.22	0.2	0.17	0.18	0.25	0.19

---

① %所在的行计算的是中国制造业单位劳动力成本与相关国家或地区的比值。

国家或地区	2002 年	2003 年	2004 年	2005 年	2006 年	2007 年	2008 年
按工资计算的 ULC							
中国香港	0.396	0.405	0.44	0.424	0.417	0.396	0.397
%	56.27	53.99	46.39	41.18	43.14	63.37	48.23
印度	0.13	0.12	0.19	0.12	0.34	0.55	0.63
%	169.63	179.26	108.04	140.27	52.85	45.69	30.27
菲律宾	0.68	0.73	0.81	0.93	1.12	1.23	1.32
%	32.71	29.87	25.33	18.68	16.09	20.47	14.44
俄罗斯	0.3	0.37	0.45	0.52	0.63	0.81	0.86
%	75.3	58.37	45.5	33.67	28.36	30.92	22.22
泰国	0.28	0.27	0.25	0.25	0.29	0.31	0.3
%	80.53	80.14	81.91	70.76	62.1	82.04	62.84
印尼	0.24	0.27	0.29	0.27	0.3	0.3	0.24
%	91.24	80.55	70.37	64.82	59.71	84.89	78.21

资料来源：根据 ILO、CEIC 中国经济数据库、《中国劳动统计年鉴》相关数据计算。

从表 12−1 还可以发现，不管是相对于 FDI 主要来源地和主要贸易伙伴还是相对于吸引外资和产品出口的主要竞争对手，2002 年以来我国制造业单位产出劳动力相对成本（即 ULC 之比）呈现逐年下降趋势。这意味着我国制造业的劳动力成本优势在不断强化。2002—2008 年，我国狭义劳动力成本年递增 13.94%，广义劳动力成本年递增 15.24%。同期我国制造业劳动生产率年递增 16.88%，远高于第一类和第二类国家或地区劳动生产率的增长幅度（见表 12−2）。因此，我国制造业单位产出劳动力成本（即 ULC）不升反降。而其他国家或地区的 ULC 却出现了不同程度的增长。两者共同作用，我国制造业相对单位产出劳动力成本（RULC）逐年下降。

表 12 - 2　2002—2008 年制造业劳动力成本、劳动生产率及 ULC 年均增长率

（单位:%）

国家或地区	劳动力成本	劳动生产率	ULC	国家或地区	劳动力成本	劳动生产率	ULC
中国	15. 24	16. 88	- 1. 18	中国台湾	4. 10	2. 29	1. 81
美国	3. 00	1. 64	0. 99	巴西	17. 98	1. 59	16. 05
日本	4. 18	1. 49	2. 60	墨西哥	2. 08	1. 08	0. 80
德国	9. 68	0. 88	8. 63	中国	13. 94①	16. 88	-2. 41
英国	7. 79	1. 95	5. 43	中国香港	3. 93	3. 91	0. 04
意大利	11. 62	- 0. 23	11. 57	印度	37. 5	5. 84	30. 09
法国	10. 68	1. 10	9. 92	菲律宾	15. 32	3. 23	11. 69
荷兰	10. 63	1. 42	9. 09	俄罗斯	26. 96	6. 27	19. 19
韩国	7. 8	2. 99	3. 53	泰国	4. 85	3. 20	1. 16
新加坡	7. 61	1. 80	5. 64	印尼	4. 06	4. 04	0. 00

资料来源：根据 ILO、CEIC 中国经济数据库、《中国劳动统计年鉴》相关数据计算。

三、分行业的制造业劳动力成本

下面把制造业粗略分为"劳动密集型"和"资本密集型"进行 ULC 分析。在制造业中，属于劳动密集型的大致是：纺织业；纺织服装、鞋、帽制造业；皮革、毛皮、羽毛（绒）；木材加工及木、竹、藤；家具制造业；造纸和纸制品制造业；文教体育用品制造业；非金属矿物制品业等 8 个行业。

2009 年按广义劳动力成本计算的分行业制造业 ULC，最高的是文教体育用品制造业（0. 474），最低的是烟草制品业（0. 053）（见表 12 - 3）。前者属于劳动密集型行业，后者是资本密集型行业。总的来看，我国资本密集型行业的单位产出劳动力成本（ULC）要低于劳动密集型行业。2009 年，制造业的 ULC 为 0. 283，其中，劳动密集型行业的均值为 0. 324②，而资本密集型行业的均值为 0. 225，比劳动密集型行业低 0. 99。

---

① 以下各栏的劳动力成本都是狭义的劳动力成本。

② 这里的均值只是简单平均数。

1999—2009 年我国制造业 ULC 年均增速为负数，说明我国制造业单位产出劳动力成本在下降，产业竞争力因此进一步提高。但就劳动密集型与资本密集型产业看，趋势不同，1999—2009 年，前者约有一半行业的 ULC 在上升，而后者却基本上是下降的。

表 12 –3　中国制造业分行业 ULC

行业名称	劳动力成本 (万元/年)		劳动生产率 (万元/年)		ULC		1999—2009 年年均增长率（%）		
	1999 年	2009 年	1999 年	2009 年	1999 年	2009 年	劳动力成本	劳动生产率	ULC
农副食品加工业	0.73	2.76	4.22	18.33	0.173	0.151	14.25	15.82	-1.35
食品制造业	0.91	3.18	3.56	15.20	0.255	0.209	13.34	15.61	-1.96
饮料制造业	0.90	3.50	5.51	21.06	0.163	0.166	14.54	14.34	0.17
烟草制品业	1.68	9.40	31.75	177.54	0.053	0.053	18.76	18.78	-0.02
纺织业	0.70	2.55	2.19	9.55	0.320	0.267	13.81	15.88	-1.79
纺织服装、鞋、帽制造业	0.86	2.88	2.50	6.23	0.346	0.462	12.82	9.58	2.95
皮革、毛皮、羽毛（绒）	0.89	2.66	2.58	7.06	0.346	0.376	11.52	10.58	0.84
家具制造业	0.77	2.88	3.06	8.10	0.251	0.355	14.12	10.22	3.53
文教体育用品制造业	0.98	2.73	2.19	5.76	0.446	0.474	10.82	10.16	0.60
通信设备、计算机及其他	1.49	4.51	7.24	14.08	0.206	0.320	11.71	6.88	4.51
木材加工及木、竹、藤、	0.66	2.47	2.77	11.28	0.238	0.219	14.14	15.07	-0.81
造纸及纸制品业	0.77	3.05	2.98	14.21	0.260	0.214	14.67	16.90	-1.90
印刷业和记录媒介的复制	0.91	3.50	3.28	10.30	0.278	0.340	14.41	12.14	2.03
石油加工、炼焦及核燃料	1.57	5.66	8.24	40.00	0.191	0.142	13.67	17.11	-2.94
化工原料及化学制品制造业	0.92	3.86	3.28	21.01	0.280	0.184	15.44	20.41	-4.12
医药制造业	1.12	4.04	5.15	19.15	0.217	0.211	13.70	14.03	-0.29
化学纤维制造业	1.16	3.36	5.46	21.99	0.212	0.153	11.23	14.95	-3.23
橡胶制品业	0.93	3.34	2.84	12.17	0.328	0.274	13.59	15.65	-1.78
塑料制品业	0.90	3.12	3.49	10.51	0.257	0.297	13.25	11.66	1.43
非金属矿物制品业	0.78	2.91	2.31	12.78	0.336	0.228	14.09	18.63	-3.82
黑色金属冶炼及压延加工业	1.23	5.14	3.90	33.16	0.314	0.155	15.39	23.85	-6.83
有色金属冶炼及压延加工业	1.12	3.84	3.74	31.93	0.300	0.120	13.10	23.92	-8.73

行业名称	劳动力成本（万元/年）		劳动生产率（万元/年）		ULC		1999—2009 年年均增长率（%）		
	1999 年	2009 年	1999 年	2009 年	1999 年	2009 年	劳动力成本	劳动生产率	ULC
金属制品业	0.87	3.35	3.26	11.93	0.267	0.280	14.44	13.86	0.50
通用设备制造业	0.91	3.99	2.46	13.62	0.369	0.293	15.96	18.67	-2.28
专用设备制造业	0.86	4.13	2.36	13.51	0.366	0.306	16.93	19.06	-1.79
交通运输及设备制造业	1.15	4.86	3.76	19.09	0.306	0.255	15.49	17.64	-1.83
电气机械及器材制造业	1.05	3.76	4.39	14.97	0.240	0.251	13.58	13.06	0.46
仪器仪表及文化、办公用	1.11	4.04	3.12	11.87	0.357	0.340	13.76	14.30	-0.48
制造业	0.96	3.75	3.01	13.26	0.318	0.283	14.62	15.98	-1.17

资料来源：根据 CEIC 中国经济数据库、《中国劳动统计年鉴》相关数据计算。

第三节　劳动力成本上升对企业利润率的影响

近年来，反对进一步提高制造业劳动报酬水平的一个重要观点是在国际竞争压力下，我国制造业尤其是劳动密集型行业已经利润微薄，对要素成本尤其是劳动力成本变化十分敏感。提高劳动报酬将会导致大量企业倒闭，工人失业，劳资两亏，因此不宜提高劳动报酬。

本章的计算说明（见表 12-4、表 12-5）：（1）就静态而论，提高人均劳动报酬对制造业企业的利润率有明显的影响。其中，劳动密集型行业利润率受劳动成本影响的程度要大于资本密集型。以 2007 年为例，人均劳动报酬提高 10%，劳动密集型行业的利润率将下降 8.6%—29.7%；而资本密集型行业的利润率将下降 3.8%—17.6%。（2）劳动报酬上升对利润率影响是逐年下降的。例如，就影响最大的文教体育用品行业来看，劳动报酬提高 10%，行业利润率在 2006 年会下降 41.4%，但是到了 2009 年，下降幅度就降为 29.7%。这说明我国企业对于劳动力成本变化，有较大调整适应能力。（3）从动态看，现有的劳动报酬上升幅度并没有对企业经营利润造成负面影响（见表 12－5）。不管是劳动密集型行业还是资本密集型行业，2006—2009 年劳动报酬年均增速虽然超过 10%，但是，除石油加工、炼焦及核燃料、黑色金属冶炼及压延、有色金属冶炼及压延三个资本密集型行业，制造业其他行业利润总额和利润率都在增长，而利润下降的这些行业却是同期单位产出劳动力成本（ULC）下降最快（有色金属冶炼及压延、黑色金属冶炼及压延）或较快的行业，也就是说，其利润下降与ULC 并不相关。整个制造业的运行情况至少说明：到目前为止，提高劳动报酬尚未导致企业利润总额和利润率下降，相反，利润总额随着劳动报酬的增长而更快增长。

表 12－4　2006—2009 年中国劳动力成本变动对企业利润率的影响

行业名称	劳动力成本提高 10%对利润率的影响（%）				劳动力成本提高 20%对利润率的影响（%）			
	2006 年	2007 年	2008 年	2009 年	2006 年	2007 年	2008 年	2009 年
农副食品加工业	－7.7	－6.3	－6.6	－6.6	－15.4	－12.6	－13.2	－13.1
食品制造业	－10.3	－8.8	－9.6	－7.8	－20.5	－17.4	－19.1	－15.5
饮料制造业	－6.9	－6.2	－6.6	－6.3	－13.8	－12.3	－13.2	－12.5
烟草制品业	－3.3	－3.0	－3.2	－3.8	－6.6	－6.0	－6.4	－7.6
纺织业	－18.4	－16.2	－16.5	－15.1	－36.5	－32.2	－32.8	－29.9
纺织服装、鞋、帽制造业	－27.8	－27.8	－25.5	－22.2	－54.9	－54.9	－50.3	－43.9
皮革、毛皮、羽毛（绒）及其制品业	－27.8	－23.3	－21.8	－17.7	－54.9	－46.0	－43.0	－35.0
木材加工及木、竹、藤、棕、草制品业	－12.5	－10.5	－10.3	－9.9	－24.9	－20.9	－20.5	－19.7
家具制造业	－20.2	－20.1	－21.8	－16.2	－40.0	－39.8	－43.1	－32.0
造纸及纸制品业	－10.7	－8.8	－9.9	－9.8	－21.2	－17.5	－19.7	－19.4
印刷业和记录媒介的复制	－14.5	－13.2	－13.8	－13.1	－28.7	－26.1	－27.2	－26.0
文教体育用品制造业	－41.4	－37.8	－43.9	－29.7	－81.6	－74.6	－86.5	－58.6
石油加工、炼焦及核燃料加工业	9.4	－16.3	4.0	－5.4	18.4	－32.5	8.0	－10.8
化学原料及化学制品制造业	－8.3	－6.6	－8.3	－8.2	－16.5	－13.2	－16.5	－16.4

续表

行业名称	劳动力成本提高 10%对利润率的影响（%）				劳动力成本提高 20%对利润率的影响（%）			
	2006 年	2007 年	2008 年	2009 年	2006 年	2007 年	2008 年	2009 年
医药制造业	−9.8	−7.7	−7.3	−7.3	−19.4	−15.2	−14.5	−14.4
化学纤维制造业	−14.6	−7.9	−16.9	−8.5	−29.1	−15.8	−33.7	−16.9
橡胶制品业	−16.4	−13.4	−17.0	−10.8	−32.6	−26.6	−33.7	−21.5
塑料制品业	−16.2	−14.4	−15.2	−14.1	−32.1	−28.6	−30.1	−27.9
非金属矿物制品业	−13.2	−9.9	−9.3	−8.6	−26.1	−19.7	−18.4	−17.1
黑色金属冶炼及压延加工业	−8.3	−6.5	−9.8	−12.4	−16.6	−13.0	−19.6	−24.7
有色金属冶炼及压延加工业	−4.7	−4.7	−8.3	−7.7	−9.3	−9.3	−16.6	−15.3
金属制品业	−14.5	−13.8	−13.8	−13.1	−28.8	−27.5	−27.4	−26.0
通用设备制造业	−12.6	−11.9	−12.1	−11.6	−24.9	−23.6	−23.9	−23.0
专用设备制造业	−13.4	−10.8	−11.9	−11.5	−26.6	−21.4	−23.7	−22.9
交通运输设备制造业	−12.2	−9.5	−10.4	−8.5	−24.2	−18.8	−20.6	−16.9
电气机械及器材制造业	−12.6	−11.1	−10.6	−9.9	−25.0	−22.0	−21.1	−19.6
通信设备、计算机及其他电子设备制造业	−15.0	−15.5	−18.8	−17.6	−29.8	−30.7	−37.3	−35.0
仪器仪表及文化、办公用机械制造业	−15.2	−13.2	−14.3	−12.9	−30.2	−26.1	−28.3	−25.6

　　资料来源：根据 CEIC 中国经济数据库、《中国劳动统计年鉴》相关数据计算。

表 12 − 5　2006—2009 年中国制造业劳动报酬、利润总额及利润率年均增速

（单位:%）

行业名称	劳动报酬	利润总额	利润率
农副食品加工业	30.57	38.49	6.97
食品制造业	24.87	37.93	11.47
饮料制造业	29.33	34.37	8.48
烟草制品业	16.63	11.77	1.17
纺织业	16.19	24.61	9.30
纺织服装、鞋、帽制造业	20.78	30.76	9.65
皮革、毛皮、羽毛（绒）及其制品业	12.52	31.81	14.33
木材加工及木、竹、藤、棕、草制品业	32.06	43.31	7.61

续表

行业名称	劳动报酬	利润总额	利润率
家具制造业	19. 31	28. 87	5. 43
造纸和纸制品业	20. 32	24. 34	6. 05
印刷业和记录媒介的复制	22. 30	26. 92	5. 94
文教体育用品制造业	12. 74	26. 43	10. 41
石油加工、炼焦及核燃料加工业	17. 69	−243. 95	−235. 54
化学原料及化学制品制造业	23. 80	24. 27	2. 56
医药制造业	24. 30	38. 70	12. 44
化学纤维制造业	11. 75	34. 85	27. 36
橡胶制品业	21. 78	41. 11	18. 29
塑料制品业	24. 27	30. 71	9. 85
非金属矿物制品业	24. 07	44. 25	13. 03
黑色金属冶炼及压延加工业	15. 23	0. 21	−16. 70
有色金属冶炼及压延加工业	21. 38	1. 75	−14. 42
金属制品业	24. 88	29. 62	5. 77
通用设备制造业	25. 07	28. 66	2. 33
专用设备制造业	28. 09	35. 28	5. 42
交通运输设备制造业	27. 54	45. 10	15. 23
电气机械及器材制造业	25. 57	37. 10	12. 74
通信设备、计算机及其他电子设备制造业	21. 93	15. 57	4. 93
仪器仪表及文化、办公用机械制造业	15. 65	22. 80	9. 69

资料来源：根据 CEIC 中国经济数据库、《中国劳动统计年鉴》相关数据计算。

第四节　劳动力成本上升对制造业国际贸易竞争力的影响

制造业是我国的主要出口行业。2001 年，我国农副食品加工业等 28

个行业出口额占我国出口总额的 69.83%，2009 年为 85.86%。如果按行业出口额除以产业增加值来计算行业出口依存度，2001 年农副食品加工业等 28 个行业的出口依存度达 69.68%，2008 年为 76.38%，虽受金融危机影响，2009 年仍高达 59.83%[①]。较高的出口依存度意味着出口是制造业利润的重要来源。因此，有必要对劳动报酬变动对制造业贸易竞争力的影响进行分析。

根据余淼杰（2008）的研究，我国制造业编码与 HS 两位码的对应关系如表 12-6 所示，据此研究我国制造业国际贸易竞争力状况。

表 12-6 中国制造业编码对应的 HS 两位码

制造业编码	HS 两位海关编码
农副食品加工业	02，03，04.07，11，15，17，20，23
食品制造业	04，17，19，21，22，23，25
饮料制造业	09，20，22
烟草制品业	24
纺织业	50，51，52，53，54，56，60
纺织服装、鞋、帽制造业	61，62，63，64，65
皮革、毛皮、羽毛（绒）及其制品业	41，42，43，64，67
木材加工及木、竹、藤、棕、草制品业	44，45，46
家具制造业	94
造纸和纸制品业	48
印刷业和记录媒介的复制	49
文教体育用品制造业	32，92，95，96
石油加工、炼焦及核燃料加工业	27
化学原料及化学制品制造业	28，29，31，32，33，34，38，39，40，54，55
医药制造业	30
化学纤维制造业	47，54，55

[①] 这些数据是根据 CEIC 中国经济数据库中行业增加值与出口交货值的数据计算的。下文在计算 TC 指数时，进出口数据是根据 HS 分类调整为我国制造业分类后，再进行加总得到的。因此，两处的数据可能会有所差异。

续表

制造业编码	HS 两位海关编码
橡胶制品业	40, 64
塑料制品业	30, 39, 64
非金属矿物制品业	13, 25, 68, 69, 70
黑色金属冶炼及压延加工业	72
有色金属冶炼及压延加工业	28, 74, 75, 76, 78, 80, 81
金属制品业	72, 76, 82, 83, 86
通用设备制造业	84
专用设备制造业	84
交通运输设备制造业	86, 87, 88, 89
电气机械及器材制造业	85, 94
通信设备、计算机及其他电子设备制造业	85
仪器仪表及文化、办公用机械制造业	90, 91

在考察我国制造业分行业国际贸易竞争力时，本章采用贸易竞争力指数（TC）指标。其计算公式为：$TC = (EX_i - IM_i)/(EX_i + IM_i)$。其中，$EX$、$IM$ 分别代表出口额、进口额，i 表示一国某一产业或某一产品。通常认为，TC 指数值与产品国际贸易竞争力之间存在如下关系：

表 12-7　TC 与产品的国际贸易竞争力

TC 指数值	产品的国际贸易竞争力
TC ≥ 0.8	很强
0.5 ≤ TC < 0.8	较强
0 < TC < 0.5	强
TC = 0	一般
-0.5 ≤ TC < 0	低
-0.8 < TC < -0.5	很低
TC < -0.8	非常低

表12-8 2001—2009年中国制造业TC指数

行 业	TC			2001—2009年	
	2001年	2006年	2009年	△TC	劳动报酬增速（%）
农副食品加工业	0.27	0.13	0.07	-0.20	14.25
食品制造业	0.16	0.06	-0.03	-0.19	13.34
饮料制造业	0.82	0.75	0.64	-0.18	14.54
烟草制品业	0.18	0.10	0.02	-0.16	18.76
纺织业	-0.05	0.15	0.31	0.36	13.81
纺织服装、鞋、帽制造业	0.93	0.96	0.96	0.03	12.82
皮革、毛皮、羽毛（绒）及其制品业	0.67	0.69	0.75	0.08	11.52
木材加工及木、竹、藤、棕、草制品业	-0.09	0.21	0.12	0.21	14.14
家具制造业	0.92	0.93	0.91	-0.01	14.12
造纸和纸制品业	-0.42	0.12	0.32	0.74	14.67
印刷业和记录媒介的复制	0.13	0.46	0.39	0.25	14.41
文教体育用品制造业	0.66	0.72	0.74	0.08	10.82
石油加工、炼焦及核燃料加工业	-0.35	-0.67	-0.72	-0.37	13.67
化学原料及化学制品制造业	-0.26	-0.16	-0.12	0.14	15.44
医药制造业	-0.14	-0.22	-0.27	-0.13	13.70
化学纤维制造业	-0.35	-0.06	-0.09	0.26	11.23
橡胶制品业	0.66	0.53	0.55	-011	13.59
塑料制品业	0.03	0.05	0.01	-0.02	13.25
非金属矿物制品业	0.35	0.49	0.54	0.18	14.09
黑色金属冶炼及压延加工业	-0.66	0.11	-0.35	0.31	15.39
有色金属冶炼及压延加工业	-0.20	-0.12	-0.37	-0.17	13.10
金属制品业	-0.19	0.28	-0.02	0.17	14.44
通用设备制造业	-0.09	0.26	0.31	0.41	11.71
专用设备制造业	-0.09	0.26	0.31	0.41	16.93
交通运输设备制造业	-0.02	0.13	0.16	0.19	15.49
电气机械及器材制造业	0.02	0.07	0.16	0.14	13.58
通信设备、计算机及其他电子设备制造业	-0.04	0.02	0.11	0.15	13.76
仪器仪表及文化、办公用机械制造业	-0.13	-0.27	-0.25	-0.11	14.62

资料来源：根据CIEC中国经济数据库、《中国劳动统计年鉴》相关数据整理计算。

从表 12-8 可以看出：第一，2009 年劳动密集型行业的 TC 指数都大于 0。其中，纺织业、木材加工及木、竹、藤、棕、草制品业、造纸和纸制品业具有强竞争力；皮革、皮毛、羽毛（绒）及制品业、文教体育用品业、非金属矿物制品业具有较强竞争力；而纺织服装、鞋、帽制造业、家具制造业具有很强竞争力。第二，2009 年资本密集型制造业 TC 指数为正、为负的行业个数约各占一半。其中，TC 指数最高的是饮料制造业（0.64），具有较强竞争力；最低的是石油加工、炼焦及核燃料加工业（-0.72）。第三，从 TC 指数的变化看，我国劳动密集型行业 2001—2009 年的 TC 指数基本上是正增长。除了家具制造业 TC 指数微小下调外，其他 7 个劳动密集型行业的竞争力都进一步提高了。同期，资本密集型制造业 △TC 上升和下降的行业个数约各占一半。第四，虽然从分行业看，△TC 有正有负。但是，TC 变化为负的这些行业基本上没根本改变原来的竞争力状况。同期，制造业不同行业的劳动报酬年均增长都超过了 10%。可以说，提高劳动报酬不仅没有削弱劳动密集型制造业的竞争力，反而一定程度上提高了其国际贸易竞争力。

第五节　结　论

本章的研究得到以下几个结论：

第一，1999 年以来，制造业劳动报酬水平年递增 10% 以上，但是，我国制造业单位产出劳动力成本（ULC）仍然呈下降趋势，2009 年的 ULC 甚至不及 1999 年的 90%。主要原因是制造业的劳动生产率提高速度大大超过了劳动报酬的增长幅度。它造成了劳动报酬占产业附加值的比重持续下降趋势。国际比较发现，不管是与我国 FDI 主要来源地、主要贸易伙伴还是与吸引外资、出口商品的主要竞争对手相比，我国制造业的相对单位产出劳动力成本（RULC）不仅具有绝对优势，而且优势在继续强化之中。

第二，分行业来看，制造业中劳动密集行业的 ULC 及其增速均大于资本密集型行业。ULC 有所上升，这是由于近年来劳动密集型行业的劳动报酬在原有较低基数基础上增速大于劳动生产率增长；而资本密集型行业的ULC 基本上仍呈下降趋势。

第三，静态看，劳动报酬变化对企业利润率有较大影响，但程度逐年减弱。其次，就现实情况看，劳动报酬对企业利润率的动态影响却是相反的。伴随着不同行业劳动报酬的较快增长，企业的利润总额和利润率也在迅速增长，而且利润总额的增速还快于劳动报酬的增速。因此，从长期看，合理地逐步提高劳动报酬不仅不会对制造业企业利润率和利润总额带来消极影响，反而会促进企业利润总额增长和利润率提高。

第四，劳动报酬与制造业国际贸易竞争力之间也不存在着此消彼长的关系。近十年的数据说明，制造业中劳动密集型行业的国际贸易竞争力随着劳动报酬水平的提高而增长；伴随着劳动报酬增长，资本密集型行业的国际贸易竞争力上升与下降的行业数目前基本上是平分秋色。就其中国际贸易竞争力下降最大的行业而论，其单位产出劳动力成本基本上是下降的。因此，可以认为，劳动报酬仅仅是影响制造业国际贸易竞争力的一个因素，认为劳动报酬水平的提高将导致制造业国际贸易竞争力下降的说法是没有根据的，其影响的方向及其程度还取决国内外其他众多因素的共同作用。

仅就上述研究结果，尚不能明确一个国家的劳动报酬水平有合理的变动方向，但是，在劳动报酬、居民收入占 GDP 的比重多年持续下降以致国内消费不振，已经导致经济增长严重依赖投资与出口增长的情况下，上述研究结论的政策推论就十分明确了。

参考文献

[1] 王燕武、李文溥、李晓静：《基于单位劳动力成本的中国制造业国际竞争力研究》，《统计研究》2011 年第 10 期。

[2] 贡森：《我国劳动力市场竞争力的国际比较研究》，国务院发展研究中心调查报告，2003。

[3] 袁富华：《中国劳动密集型制造业出口和就业状况分析》，《经济

理论与经济管理》2007 年第 4 期。

[4] 金碚、李钢、陈志：《中国制造业国际竞争力现状分析及提升对策》，《财贸经济》2007 年第 3 期。

[5] 余淼杰：《中国贸易自由化与制造业企业的生产率》，工作论文，北京大学中国经济研究中心，2008。

[6] 李丹、胡小娟：《中国制造业企业相对效率和全要素生产率增长研究》，《数量经济技术经济研究》2008 年第 7 期。

[7] 曲玥：《制造业劳动生产率变动及其源泉》，《经济理论与经济管理》2010 年第 12 期。

[8] 王玉、曲俊斌、南洋：《中国各地区制造业竞争力及其影响因素的实证研究》，《财经研究》2011 年第 2 期。

[9] 任若恩、柏满迎、黄勇峰、何耀光：《关于中国制造业国际竞争力的研究》，《政策与管理》2001 年第 11 期。

[10] 王慧敏、任若恩：《对国际竞争力指标———以单位劳动成本为基础的实际有效汇率的研究》，《生产力研究》2003 年第 1 期。

[11] 马丹、许少强：《中国国际竞争力的历史变迁与冲击来源》，《国际金融研究》2006 年第 1 期。

[12] 贺聪、尤瑞章、莫万贵：《制造业劳动力成本国际比较研究》，《金融研究》2009 年第 7 期。

[13] Erin Lett and Judith banister, "China's Manufacturing Employment and Compensation Costs: 2002-06", *Monthly Labor Review*, 2009.

[14] Peter Hooper and Kathryn A. Larin, "International Comparisons of Labor Costs in Manufacturing", International Finance Discussion Papers, 2005.

[15] Judith Banister, "Manufacture China Today: Employment and Labor Compensation", Economics Program Working Paper Series, 2007.

[16] Janet Ceglowski and Stephen Golub, "Just How Low are China's Labor Costs?", working paper, 2005.

[17] Vivian Chen, Bart van Ark, Qin Xiao and Harry X. Wu, "Labor Compensation, Productivity and Unit Labor Cost in Chinese Provinces", Paper for International Conference on Experiences and Challenges in Measuring National In-

come and Wealth in Transition Economies Organized by the International Association for Income and Wealth and the National Bureau of Statistics of China September 18-21, 2007, Friendship Hotel, Beijing, China.

第十三章 工资收入差异的结构变化及其影响因素[①]

第一节 引 言

　　20 世纪 90 年代以来，我国的收入差距总体而言呈现明显上升趋势，主要表现在城乡差距、地区差距和行业差距上。世界银行报告（1997）以及大量研究文献认为我国收入不平等主要来源于城乡收入差距，大约可以解释 70%—80% 的总体差异（陆铭等，2005）。随着 2006 年农业税的全面取消，农村医疗和养老保险的普及，以及城市化的进程，城乡收入差异虽然可能进一步加剧，但是在总体差异中的贡献份额很可能逐步减弱。从劳动力市场分割的制约因素的变化来看，未来的收入差异将有可能主要体现在行业差异和地区差异上。关于收入的地区差异和行业差异的单方面研究已经较为充分，然而，同时考虑行业差异和地区差异在总体差异中的作用程度还是一个全新的角度，本章试图同时考虑作为初次分配的工资收入的地区差异和行业差异，分离出地区差异和行业差异在总体差异中的作用程度，结合考虑差异的空间分布情况，对工资差异的影响因素进行更为全面的分析，为收入分配结构调整提供参考依据，这无疑具有重要的现实意义。

---

　　① 本章作者：卢盛荣、李静、李金凤。

第二节　文献回顾

中国地区间人均收入水平的差距呈现出一个先缩小后扩大的"V"字型变化轨迹（蔡昉等，2001），并且三大地区间以及东部地区内部的工资收入差异是构成收入差异的主要部分（李晓宁等，2007）。而导致收入地区差异的原因主要有两个方面：一是由人力资本与劳动边际生产率差异所致。如蔡昉（2002）认为，物质资本的边际报酬在地区间差异较小，而人力资本和劳动力的边际报酬在地区间的差异存在扩大趋势，从而导致地区收入差距，其变化趋势与生产要素的流动性和市场发育状况密切相关；龚六堂和谢丹阳（2004）从生产要素配置的有效性的角度发现，从1994年开始，劳动边际生产率的差异水平上升；王小鲁和樊纲（2004）分析了20世纪八九十年代的地区收入差距的变动趋势，认为地区收入差距主要是由于生产率的差别以及由此引起的资本流动所导致。二是由政策、体制和地理空间差异所致。如Jian等（1996）对1978—1993年的数据分析，也发现地区收入差距主要来源于沿海与内陆的收入差距拉大，他们认为这是由于中央政府给予沿海的特殊优惠政策造成的。Duncan和Tian（1999）针对1952—1995年的数据，分析认为随着地方自主权的扩大，中央政府在收入分配方面的干预不力，使得消费差距扩大了。Demurger等（2001）研究了1952—1998年的数据，他们将改革以来影响地区收入差距的因素归结为地理条件以及政府的相关政策：沿海地区的快速发展不能全部归功于中央政府的优惠政策，沿海地区比较有利的地理条件对其快速发展同等重要。Young（2000）认为地区性保护政策是地区收入差距扩大的关键，因为地区性的市场保护会使本地企业的资源配置状况偏离本地的比较优势。蔡昉、王德文、都阳（2001）的实证分析认为劳动力市场扭曲影响了要素的配置效率，而由此产生的效率差异正是导致近年来我国地区间收入差距扩大的深层原因。钟笑寒、许之湄（2004）对改革时期中国各地区的工资演变进行实证分析，发现虽然劳动力的流动在改革以来是不断加剧的，但是由于二元经济和地区间产业结构异质性的问题，劳动力流动还不够充分，以致平抑地区间的收入差距。Demurger 等人（2008）根据 1995 年和 2002 年中国城镇职工工资收入数据，分析证实不同地区之间城镇职工收入决定中的劳动力市场分割效应不仅是存在的，而且仍有不断增强的趋势，主要表现在沿海地区、直辖市与其他地区之间职工收入差距受到市场分割因素的影响出现了明显扩大的趋势。

新经济地理学在不完全竞争和规模报酬递增视角下，研究了经济活动在空间的集聚和扩散，为地区差距解释提供了理论基础，郑长德（2009）的实证研究发现克鲁格曼的外围核心模型可以解释我国的平均实际工资的地区差异。刘修岩和殷醒民（2008）对地级行政区域 1999—2004 年的面板数据的实证研究发现市场潜能的外部性对地区工资水平存在显著的正的影响，就业密度的影响是非线性的，在某种程度上证实了经济在空间上的集聚性对收入差异的影响。范剑勇（2008）分析地区收入差距与产业变化之间的关系，认为地区收入差距持续扩大是第二产业高产值份额与非农产业向少数省市集聚所致。陈钊（2007）认为经济改革本身（全球化、市场化和城市化）和市场一体化的进程导致了工业集聚，工业集聚是地区差距形成的最为重要的原因。万广华等（2005）也发现全球化对于地区间收入差距的贡献显著为正，并且随着时间而加强。

对收入的行业差异的研究除了验证国外对行业收入差距的理论解释，如竞争性劳动力市场理论、绩效工资理论、补偿性理论，人力资本理论、劳动力市场分割理论之外；更多的讨论是从劳动力市场分割框架下行政垄断的角度来分析近年来行业收入的差距不断扩大的原因。普遍的结论是经济因素的解释力微弱，而体制性和垄断性因素是形成我国行业工资差异不断扩大的主要因素。任重等人（2009）实证分析改革 30 年来我国行业收入差距从整体上呈现出先缩小后持续增大的变动趋势，经济体制改革不彻底导致的垄断与部分垄断是形成行业收入差距的主要因素，其贡献率合计约占行业收入差距的 65% 左右。王美艳（2005）认为行业工资差距的影响因素为经济增长速度和行业垄断程度。蔡昉等人（2005）通过计量回归，得出垄断地位在行业工资变化中起着重要的作用。金玉国（2004）运用

Granger 因果检验证明了行业工资水平取决于行业的相对垄断程度，陈弋（2005）也有类似的结论。李晓宁等人（2007）通过实证分析认为行业人力资本水平、行业劳动生产率和行业垄断程度影响了行业职工工资，并且行业属性的差异是造成垄断行业与非垄断行业工资差距的主要原因。吕康宁等人（2008）也分析发现超过一半的垄断行业和非垄断行业收入的差异不能由个体特征解释，而是来源于劳动力市场的垄断性分割。刘小玄等人（2008）发现人力资本差异不是主要的影响因素，而外部市场和制度特征以及企业特征对工资具有较强的影响。傅娟（2008）通过分位数回归表明垄断行业与其他行业的收入差距显著地存在于不同的收入阶层，教育水平和企业盈利状况因素只能解释一小部分行业收入差距，歧视是大量不可解释的差距的来源。

上述文献的研究结果虽然侧重点不同，但基本都认同工资收入差异既受到制度变迁的影响又受到市场机制的作用，具有典型的转型特征。具体而言，工资体制、产业结构、对外开放及 FDI、所有制改革及产权结构、地方保护、户籍壁垒政策及户口结构、教育水平和资本投入、空间上的扩散与集聚作用等因素对工资收入差异都有不同程度的影响作用（董先安，2004；张建红等，2006；边显人，2008）。从工资收入差异的内在结构变化来看，在改革开放前，即计划经济时期，行业差异很小，主要源于工作的强度和危险性以及国有和集体经济的差别；而地区差异是由逐步确立的工资分类制度决定的，所以差异程度比较稳定。然而，随着改革的进程，国有企业渐渐退出竞争性产品行业，而且加强要素市场的垄断，行业的差异越来越大，地区差异由于改革开放政策的梯度作用以及在经济增长的进程中的集聚和先发优势也呈现加大的趋势。目前来说，收入的地区差异和行业差异大体而言均存在扩大的趋势，尚无文献分析这一过程中，工资的行业差异和地区差异对总差异的贡献程度。本章通过分析工资总体差异中行业和地区的因素，发现地区差异对整个的工资差异的作用正在减小，而行业差异的作用正在加大。

本章其他部分如下：第三节介绍分析方法和数据说明；第四节分析了2007 年各个行业的地区差异状况，并进一步分行业回归该行业工资水平的因素，解释回归结果；第五节是结论与政策建议。

第三节　分析方法和数据说明

一、Theil 指数及其嵌套分解方法

基尼系数和广义熵（General Entropy，GE）指数都是衡量不平等的最常用的相对指标，基尼系数只能进行要素分解，而 GE 可以进行样本分组的分解。Theil 指数是广义熵中厌恶不平等参数为 0 和 1 的情形。当参数为 0 时，得到的是以人口比重为权数的 Theil-L 指数，当参数为 1 时，得到的是以收入总额比重为权数的 Theil-T 指数。

如果以人口比重加权，得到的 Theil-L 指数表示的全国总体差异为：

$$T_p = \sum_i \sum_j \sum_k \frac{P_{ijk}}{P} \ln \frac{\dfrac{P_{ijk}}{P}}{\dfrac{Y_{ijk}}{Y}} \qquad (13-1)$$

其中：P_{ijk} 为基本单元 i 类 j 地区 k 行业的职工人数，P 为全国总职工人数；Y_{ijk} 为基本单元 i 类 j 地区 k 行业的职工的平均工资，Y 为全国工资总额。如果以地区 j 为分类基本单元，将 J 个地区分为 I 类，本章将样本范围内的 30 个省、市、自治区分为东、中、西三大地带；如果以行业 k 为分类基本单元，将 K 个行业分为 I 类。所以我们可以得到两个分解数据，一个是基于地区分组划分的分解值 T_{pD}，另一个是基于行业分组划分的 T_{pC}。如果以工资总额比重加权，得到的 Theil-T 指数为：

$$T_y = \sum_i \sum_j \sum_k \frac{Y_{ijk}}{Y} \ln \frac{\dfrac{Y_{ijk}}{Y}}{\dfrac{P_{ijk}}{P}} \qquad (13-2)$$

同理得到基于地区分组划分的分解值 T_{yD}，和基于行业分组划分的 T_{yC}。

具体分解方法，以 T_{yD} 为例，如果定义第 i 地带内的差异为：

$$T_{di} = \sum_j \sum_k \frac{Y_{ijk}}{Y_i} \ln \frac{\dfrac{Y_{ijk}}{Y_i}}{\dfrac{P_{ijk}}{P_i}} \qquad (13-3)$$

则 (13-2) 式中的 Theil 系数 T_{yD} 可分解为：

$$T_{yD} = \sum_i \frac{Y_i}{Y} T_{di} + \sum_i \frac{Y_i}{Y} \ln \frac{\dfrac{Y_i}{Y}}{\dfrac{P_i}{P}} = \sum_i \frac{Y_i}{Y} T_{di} + T_{br} \qquad (13-4)$$

如果定义第 i 地带第 j 省内差异为：

$$T_{ij} = \sum_k \frac{Y_{ijk}}{Y_{ij}} \ln \frac{\dfrac{Y_{ijk}}{Y_{ij}}}{\dfrac{P_{ijk}}{P_{ij}}} \qquad (13-5)$$

那么，Tdi 可以进一步分解为：

$$T_{di} = \sum_j \frac{Y_{ij}}{Y_i} T_{ij} + \sum_j \frac{Y_{ij}}{Y_i} \ln \frac{\dfrac{Y_{ij}}{Y_i}}{\dfrac{P_{ij}}{P_i}} = \sum_j \frac{Y_{ij}}{Y_i} T_{ij} + T_{pi} \qquad (13-6)$$

这样，就可以得到：

$$T_{yD} = \sum_i \frac{Y_i}{Y} \left(\sum_j \frac{Y_{ij}}{Y_i} T_{ij} + T_{pi} \right) + T_{br}$$

$$= \sum_i \sum_j \frac{Y_{ij}}{Y} T_{ij} + \sum_i \frac{Y_i}{Y} T_{pi} + T_{br} = T_{wp} + T_{bp} + T_{br} \qquad (13-7)$$

上式即是二阶段嵌套 Theil 系数分解公式，它将全国总体的省级行业工资差异分解为省内差异组分（T_{wp}）、省间差异组分（T_{bp}）和地带间差异组分（T_{br}）。省内差异组分是各省省内行业收入不平等性的加权平均，而省间差异组分则是省间收入不平等性的加权平均。如果基于行业划分的话，则分解为行业内的地区差异组分（T_{wp}）和行业间的差异组分（T_{bp}）[1]。

---

① 如果直接用门类数等于大类数，即 I＝K，所以大类间的差异组分 T_{br} 为零，则行业间的差异为 T_{bp}＋T_{br}，即为 T_{br}。

由于现有统计数据在 2002 年以前采用的是旧的行业门类分类标准，本章根据统计口径一致原则选取 2003 年和 2007 年两年的数据进行分解和对比。以各地区分行业的职工平均工资为基本的数据单位，数据来源于相应年份的《中国统计年鉴》。

二、工资方程的设定及指标说明

我们选取了人力资源比重（hr）代表对收入影响的市场基础性因素；用该地区该行业的劳均固定资产投资额（cd）表示资本偏向度；用国有职工占全部职工的比重（rom）反映该地区该行业经济国有化程度，近似替代垄断力量的大小；用自变量截距项（c）代表地理因素和没有反映出来的影响该行业工资的行业特征等因素。鉴于我们采用的是地区、时间、行业的三维数据，为了可以对不同地区不同行业工资的影响因素同时进行比较，我们还设定了两种虚拟变量，D 和 I。D 是按东中西地区来设定的虚拟变量，I 是按照行业的工资水平设定高、中、低三个收入水平来划分行业，并将地区和行业虚拟变量相乘得到地区行业交叉项。

工资具体的模型如下：

$$
\begin{aligned}
\ln(wage_{kjt}) = {} & \alpha_1 D_1 I_1 hr_{kjt} + \alpha_2 D_1 I_2 hr_{kjt} + \alpha_3 D_1 I_3 hr_{kjt} + \alpha_4 D_2 I_2 hr_{kjt} \\
& + \alpha_5 D_2 I_3 hr_{kjt} + \alpha_6 D_3 I_3 hr_{kjt} + \beta_1 D_1 I_1 cd_{kjt} + \beta_2 D_1 I_2 cd_{kjt} \\
& + \beta_3 D_1 I_3 cd_{kjt} + \beta_4 D_2 I_2 cd_{kjt} + \beta_5 D_2 I_3 cd_{kjt} + \beta_6 D_3 I_3 cd_{kjt} \\
& + c_{kjt} + \gamma_1 D_1 I_1 rom_{kjt} + \gamma_2 D_1 I_2 rom_{kjt} + \gamma_3 D_1 I_3 rom_{kjt} \\
& + \gamma_4 D_2 I_2 rom_{kjt} + \gamma_5 D_2 I_3 rom_{kjt} + \gamma_6 D_3 I_3 rom_{kjt}
\end{aligned}
$$

其中下标 j 表示 j 地区，k 表示第 k 个行业，t 表示 t 年。具体变量的构造见表 13 - 1，数据来源说明见表 13 - 2。

表 13 - 1　变量列表

变　　量	代码	数据处理过程
平均工资（1990 = 100）	wage	将平均工资按 1990 = 100 的价格指数平减
人力资源	hr	根据受教育程度计算平均受教育水平
资本偏向	cd	平减后的城镇投资/城镇就业人数，即 $\dfrac{fai}{pfai} \cdot \dfrac{100}{n}$

变　量	代码	数据处理过程
国有单位职工比重	*rom*	国有单位在岗职工人数/在岗职工人数，即 $\frac{gm}{m} \times 100$
地区虚拟变量 1	D_1	$D_1 = 1$ 表示东部地区，包括北京、天津、河北、辽宁、上海、江苏、浙江、福建、山东、广东、海南，11 个地区
地区虚拟变量 2	D_2	$D_2 = 1$ 表示中部地区，包括山西、吉林、黑龙江、安徽、江西、河南、湖北、湖南，8 个地区
地区虚拟变量 3	D_3	$D_3 = 1$ 表示西部地区，包括内蒙、广西、重庆、四川、贵州、云南、陕西、甘薯、青海、宁夏、新疆，11 个地区
行业按收入分类虚拟变量 1	I_1	$I_1 = 1$ 表示高收入行业，包括金融业，信息运输、计算机服务和软件业，科学研究、技术服务和地质勘查业，电力、燃气及水的生产和供应业，文化、体育和娱乐业，5 个行业
行业按收入分类虚拟变量 2	I_2	$I_2 = 1$ 表示中等收入行业，包括采矿业，公共管理和社会组织，交通运输、仓储和邮政业，卫生、社会保障和社会福利业，租赁和商务服务业，房产业，教育，7 个行业
行业按收入分类虚拟变量 3	I_3	$I_3 = 1$ 表示低收入行业，包括批发和零售业，制造业，居民服务和其他服务业，水利、环境和公共设施管理业，建筑业，住宿和餐饮业，农、林、牧、渔业，7 个行业

表 13 - 2　数据来源说明

变　量	代码	数据来源
年份	*year*	2003—2008 年，6 年
地区	*dist*	按国家公务员考试使用的省份代码，剔除西藏和台湾，一共 30 个地区
行业	*indus*	按《国民经济行业分类》标准（GB/T 4754—2002），按门类分。剔除国际组织，一共 19 个门类
价格指数（1990 = 100）	*cpi*	《中国统计年鉴》（2004—2009 年），统计项目：各地区居民消费价格指数和商品零售价格指数。指标：居民消费价格总指数（上年 = 100）。换算成 1990 = 100

变 量	代码	数 据 来 源
平均工资	*awage*	《中国统计年鉴》（2004—2009 年），统计项目：各地区按行业分职工平均工资（单位：元）
受教育程度	*edu*	按平均受教育程度计算。《中国劳动统计年鉴》（2004—2009 年），统计项目：按受教育程度分的城镇就业人员行业构成
固定资产投资价格指数（1990＝100）	*pfai*	《中国统计年鉴》（2004—2009 年），统计项目：各地区固定资产投资价格指数（上年＝100）。换算成 1990＝100
固定资产投资（城镇投资）	*fai*	《中国固定资产投资统计年鉴》（2004—2009 年），统计项目：中国各地区按行业大类分的城镇投资统计（单位：万元）
城镇就业人数	*n*	《中国统计年鉴》（2004—2009 年），统计项目：各地区按行业分城镇单位就业人员数（年底数），各地区按行业分城镇私营企业和个体就业人数（年底）。单位：万人。单位就业人数与私营个体就业人数相加得到总就业人数
在岗职工人数	*m*	《中国劳动统计年鉴》（2004—2009 年），统计项目：分地区分行业在岗职工人数和工资，指标：年末人数（人）
国有单位在岗职工人数	*gm*	《中国劳动统计年鉴》（2004—2009 年），统计项目：分地区分行业在岗职工人数和工资（国有单位），指标：年末人数（人）

其中人力资源比重的构造过程为：利用按受教育程度分的城镇就业人员行业构成可以计算出各行业的人力资源比重（19 个），利用按受教育程度分的城镇就业人员地区构成可以计算出各地区的人力资源比重（30 个）、将这两个序列相乘，得到一个 30×19 的矩阵，即可以构造出全部人力资本存量中每个地区每个行业的人力资本所占的比重。工资用各地区的 CPI 指数平减到 1990 年，固定资产投资投资额用各地区的固定资产投资价格指数平减到 1990 年。行业收入水平虚拟变量则根据 2003—2008 年行业平均工资的排序情况，将全部行业分成三个等级。

鉴于 2003—2008 年，行业 JGMDR 即金融业、信息传输、计算机服务和软件业、科学研究、技术服务和地质勘查业、电力、燃气及水的生产和

供应业、文化、体育和娱乐业的平均工资居前五位,故列为高工资行业;
AIENOCH 即农林牧渔业、住宿和餐饮业、建筑业、水利、环境和公共设施
管理业、居民服务和其他服务业、制造业、批发和零售业平均工资居后七
位,列为低工资行业;其他 7 个行业,名次总在中间徘徊,列为中等收入
行业(见表 13 - 3)。

表 13 - 3 各行业每年平均工资排序情况

行业标签	2008	2007	2006	2005	2004	2003	名次
金融业 J	J	J	G	G	G	G	1
信息传输、计算机服务和软件业 G	G	G	J	J	J	J	2
科学研究、技术服务和地质勘查业 M	M	M	M	M	M	M	3
电力、燃气及水的生产和供应业 D	D	D	D	D	D	D	4
文化、体育和娱乐业 R	R	R	R	R	R	R	5
采矿业 B	B	F	F	F	K	K	6
公共管理和社会组织 S	S	B	B	Q	Q	L	7
交通运输、仓储和邮政业 F	F	Q	Q	L	F	Q	8
卫生、社会保障和社会福利业 Q	Q	S	L	B	L	F	9
租赁和商务服务业 L	L	L	S	K	S	S	10
房地产业 K	K	K	K	S	B	P	11
教育 P	P	P	P	P	P	P	12
批发和零售业 H	H	O	O	O	O	O	13
制造业 C	C	H	C	C	C	C	14
居民服务和其他服务业 O	O	C	H	H	H	N	15
水利、环境和公共设施管理业 N	N	N	E	N	H	E	16
建筑业 E	E	E	N	E	E	I	17
住宿和餐饮业 I	I	I	I	I	I	H	18
农、林、牧、渔业 A	A	A	A	A	A	A	19

注:每一年行业(用字母代表)排名按从高到低排列。

资料来源:《中国统计年鉴》(2004—2009 年),统计项目:按细行业分职工平均工资。

从表 13 - 3 中可知行业收入水平的发展趋势：批发和零售业平均工资上升明显，有从低收入行业进入中等收入行业之势；同时，中等收入行业中的采矿业、公共管理和社会组织的平均工资也上升明显，有进入高收入行业之势；另外，教育、居民服务和其他服务业处在中等收入行业和低收入行业的交界处；平均工资排名最底层的是农林牧渔业、住宿和餐饮业，基本稳居后两名；收入最高的行业是金融业（银行证券保险）、IT 业，垄断的电力燃气及水的生产和供应业。

第四节　嵌套分解的结果分析

一、工资的行业差异和地区差异

利用 2003 年、2007 年的各省各行业的职工平均实际工资数据和平均职工人数计算的 Theil 指数，进行地区和行业的双重分解，分析总体工资差异中行业差异和地区差异的作用程度。

表 13 - 4　各项 Theil 指数分解值及比重

2007 年	T_{yD}	T_{yC}	T_{pD}	T_{pC}	比重	T_{yD}	T_{yC}	T_{pD}	T_{pC}
T_{br}	0.009225	0.008481	0.009303	0.008619	T_{br}	0.144089	0.132467	0.154283	0.142942
T_{bp}	0.010636	0.026472	0.009687	0.025999	T_{bp}	0.166128	0.413486	0.160654	0.431185
T_{wp}	0.044161	0.029069	0.041307	0.025679	T_{wp}	0.689783	0.454047	0.685063	0.425873
T_{di} (1)	0.068255	0.059448	0.064203	0.063492	T_{di} (1)	1.066122	0.928563	1.064789	1.052987
T_{di} (2)	0.037024	0.087509	0.03888	0.081329	T_{di} (2)	0.578306	1.366869	0.64481	1.348801
T_{di} (3)	0.03488	0.020384	0.034205	0.019671	T_{di} (3)	0.544822	0.3184	0.567273	0.326234
Theil	0.064022	0.064022	0.060297	0.060297	Theil	1	1	1	1

2003 年	T_{yD}	T_{yC}	T_{pD}	T_{pC}	比重	T_{yD}	T_{yC}	T_{pD}	T_{pC}
T_{br}	0.012858	0.005446	0.012954	0.005483	T_{br}	0.229473	0.097195	0.239262	0.101276
T_{bp}	0.0114	0.020911	0.010229	0.020933	T_{bp}	0.203451	0.373202	0.188941	0.386654
T_{wp}	0.031774	0.029674	0.030957	0.027724	T_{wp}	0.567075	0.529603	0.571797	0.51207
T_{di} (1)	0.054876	0.05632	0.053836	0.059073	T_{di} (1)	0.979378	1.005151	0.994379	1.091123
T_{di} (2)	0.031536	0.067784	0.033444	0.063046	T_{di} (2)	0.562823	1.20976	0.617723	1.164491
T_{di} (3)	0.02348	0.028329	0.022873	0.0281	T_{di} (3)	0.419059	0.505594	0.422476	0.519024
Theil	0.056031	0.056031	0.05414	0.05414	Theil	1	1	1	1

注：①T_{yD} 为按地区分组的 Theil-T 指数，T_{yC} 为按行业分组的 Theil-T 指数，T_{pD} 为按地区分组的 Theil-L 指数，T_{pC} 为按行业分组的 Theil-L 指数。

②按地区分组的 T_{di} 分为东、中、西三大地带，按行业分组的 T_{di} 分为按垄断性强弱的强、一般、弱三大类行业。

资料来源：作者计算。

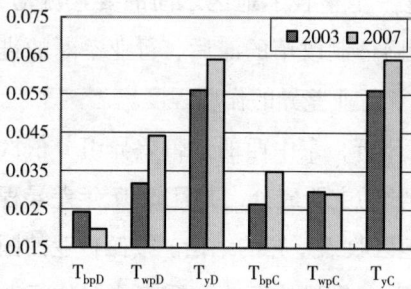

图 13 – 1 Theil-T 指数

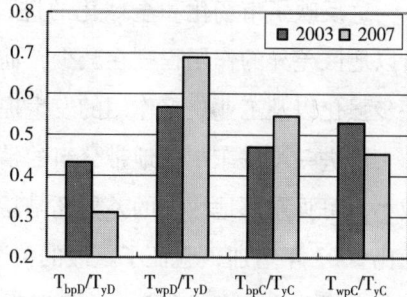

图 13 – 2 Theil-T 指数组间、组内差异的比重

资料来源：作者计算。

表 13 – 4、图 13 – 1、图 13 – 2 是以工资总额比重为权数的 Theil-T 指数，可以看出 T 指数均大于相应的 L 指数，说明工资总额的分布不均衡高于职工人数的分布不均衡。由于两种指数的各项指标变化是一致的，我们以 T 指数来解释。从图 13 – 1 中可以看出，全国的 Theil 指数 2007 年的 0.064，高于 2003 年的 0.056，增加了 14.3%，说明工资差距在扩大中，

具体来看，2003 年按地区分组的组间差异低于组内差异，即 $T_{bpD} < T_{wpD}$，两者差 13.4 个百分点，说明地区间的差异于小于地区内的行业差异；而按行业分组的组间差异也是略低于组内差异，即 $T_{bpC} < T_{wpC}$，两者差 6 个百分点，说明虽然行业内的地区差异占的比重较大，但是行业间的差异也不算小。所以总体来讲，地区差异和行业差异作用程度差不多。到了 2007 年，最显著的变化就是地区分组的组间差异所占比重更小，两者差距达到 38 个百分点，说明地区内行业的差异影响程度更大了，而按行业分组的组间差异开始大于组内差异，即 $T_{bpC} + T_{brC} > T_{wpC}$，说明行业的差异比重比行业内地区差异的比重还要大，整个形势反映了行业工资的差异中地区差异所占部分越来越小，起主要作用的还是行业间的差异。即按地区分组，地区内行业间的差异所占比重进一步加大；而按行业分组，行业间的差异所占比重进一步加大，并开始高于行业内地区差异的份额。所以，全国行业工资的不平等从地区差异和行业差异共同作用差不多转变为行业差异开始发挥更主要的作用。

这反映了市场化和全球化的进程进一步整合了地区之间的要素流动，所以地区差异的作用程度在减少，而部门体制改革的滞后、行业垄断的进一步强化以及工业集聚作用的发生提升了行业差异的作用程度。

再进一步按东中西地带分组的情况分析，东中西的地带差异组分依次减小，可见东部地区内的差异还是总差异的主要成分，并且 2007 年差异程度比 2003 年增加，验证了一般的关于地区收入差异的结论。按照行业的国有化水平分为三大类行业[1]，可以看出国有化强的行业和国有化弱的行业所占比重较小，国有化一般的行业的组分差异是最大的，并且在时间趋势上，国有化一般的行业的差异比重进一步加大，而国有化强和国有化弱的行业的差异比重有所减少。这里需要说明的是，按照本章的划分，所谓国有化强的行业其实主要是行政单位性质较强的非生产性的行业，真正反应

---

① 具体分类标准是按照 2007 年国有职工比重的高低来划分。国有化强：农林牧渔业，科学研究和综合技术服务业，水利、环境和公共设施管理业，教育，卫生、社会保障和社会福利业，文化、体育和娱乐业，公共管理和社会组织；国有化一般：采矿业，电力、燃气及水的生产和供应业，建筑业，交通运输、仓储和邮政业，信息传输、计算机服务和软件业，金融业，房地产业；国有化弱：制造业、批发零售业、住宿餐饮业，租赁和商务服务业，居民服务和其他服务业。

行政垄断市场力量较强的是国有化一般的行业，可见数据分析的结果进一步验证了行业差异的主要来源还是行政性垄断的力量。

二、行业内的地区差异分析

把总的 Theil 指数的分解次序设定为以行业为基础，即基本数据单位是 j 地区 k 行业的工资，按照 K 个行业门类分解，我们就得到的 T_{wp} 的含义就是行业门类内部的地区间的工资差异组分，得到 k 行业的 T_{wpk}，即每个行业内部的工资的地区差异。分析 2007 年的截面数据，按平均实际工资从高到低排列的行业工资的各项指标如表 13 – 5 所示。

表 13 – 5　2007 年各行业地区差异指标

	实际平均工资	变异系数	T_{di}	T_{wpk}	Moran'I	T_{brk}	国有 + 集体	私营	行业职工比重
金融业	9964.372	0.412	0.077	0.00408	0.243	0.0354	0.642	0.571	0.027
信息传输、计算机服务和软件业	8786.607	0.317	0.046	0.00101	0.272	0.0136	0.431	0.423	0.012
电力、燃气及水的生产	7785.564	0.303	0.034	0.00122	0.265	0.0115	0.685	0.686	0.026
科学研究、技术服务和地质勘查业	7383.062	0.299	0.043	0.00127	0.157	0.0115	0.841	0.825	0.020
采矿业	6508.490	0.375	0.023	0.00126	0.159	0.0097	0.477	0.479	0.046
公共管理和社会组织	6392.360	0.288	0.038	0.00478	0.288	0.0161	0.999	0.997	0.110
交通运输、仓储和邮政业	6136.103	0.211	0.023	0.0013	0.239	0.0068	0.735	0.504	0.051
文化、体育和娱乐业	6094.982	0.310	0.053	0.0006	0.298	0.0020	0.911	0.908	0.010
卫生、社会保障和社会福利业	6093.870	0.279	0.036	0.00183	0.319	0.0064	0.981	0.980	0.046
教育	5973.466	0.228	0.022	0.00307	0.281	0.0085	0.987	0.984	0.130
房地产业	5011.151	0.308	0.032	0.00042	0.284	0.0002	0.320	0.317	0.013
制造业	4592.195	0.176	0.011	0.00276	0.097	– 0.042	0.203	0.134	0.294
租赁和商务服务业	4591.956	0.268	0.038	0.00075	0.127	– 0.000004	0.639	0.228	0.020

	实际平均工资	变异系数	T_{di}	T_{upk}	Moran'I	T_{brk}	国有+集体	私营	行业职工比重
居民服务和其他服务业	4457.179	0.255	0.024	0.00009	0.145	-0.000660	0.644	0.069	0.004
建筑业	4305.363	0.340	0.024	0.00151	0.209	-0.017680	0.430	0.330	0.084
批发和零售业	4302.278	0.346	0.058	0.00200	0.229	-0.006810	0.484	0.066	0.042
水利、环境和公共设施管理业	4234.233	0.277	0.031	0.00038	0.324	-0.003230	0.931	0.930	0.016
住宿和餐饮业	3361.600	0.248	0.024	0.00024	0.276	-0.004090	0.388	0.096	0.015
农、林、牧、渔业	3110.117	0.366	0.028	0.00044	0.136	-0.012170	0.965	0.967	0.034
全国	5424.347	0.22		0.0291	0.216	0.035	0.60	0.38	1

资料来源：作者计算。

由于工资仅仅是收入来源的一部分，并且没有包含各种福利和补贴，所以所计算出来的不平等指数会低估实际的收入差异，但是由于职工工资①统计口径的统一，可以更集中的反映职工工资的收入的行业差异和地区差异。由于职工的统计口径比从业人员口径狭窄，在以在职职工数额占绝对多数的行业来说，还可以表示该行业的劳动力人数，但是对于私营和个体企业从业人员众多的行业来说，就不合适了，所以除了用国有职工人数占全部职工人数的比重来反映国有垄断程度外，还考虑了添加了私营和个体企业从业人员数之后调整的行业国有职工比重，可以发现，经过调整计算，在私营和个体从业人员较多的制造业，尤其是租赁和商务服务业、居民服务和其他服务业、住宿和餐饮业、批发和零售业的国有化程度大大降低。

变异系数仅仅能反映该行业平均工资的地区差异，并且以最低的不平

───────────────

① 其实可以说本章研究所采用的基础数据只是各个行业中与政府最密切相关的部门和正式的法人经济体所雇用的职工的工资情况，而并没有反映私营和个体从业人员众多行业从业人员以及没有工资的农民的情况，即便是农林牧渔业也只是该行业中国有或者大型企业的职工的工资状况。虽然有这些问题，但是鉴于职工代表了社会的中产和潜在的中产阶层，是我国人群收入适中的部分，也是社会影响力最大的部分，从而研究职工工资收入的行业和地区差异，也可以反映出基本的状态和未来的趋势。

等厌恶程度来反映（变异系数的平方值全国为 0.0484，低于所计算的 Theil 工资比重指数 0.0641，所以符合 Theil 的不平等厌恶程度更高的理论结论）。分解 Theil 指数，我们可以得到代表行业与其他行业的差异程度 T_{brk}，以及代表该行业的内部的地区差异程度 T_{di}，以及加权后在总 Theil 指数中的数值 T_{wpk}。Moran'I 指数①是反映指标空间相关性的，由于该指标的显著性较低，我们只能大体判断出我国的职工工资决定不存在空间上的相关性。由于房地产行业的特殊性，其 Moran'I 指数较高且显著，显示一定程度的集聚性。可以看出房地产业工资的地区差异主要是由于工资空间上的极化造成的。工资的地区差异在空间上可以有两种表现方式，具体来讲，将 30 个工资配备到 30 个地区，不论具体是如何匹配的，用 Theil 指数计算出来的不平等是不会改变的，但是匹配有两种基本的形式，一种是随机的，另一种是让高工资的集中一起，低工资的环绕或者集中到一起，其地区差异的空间表现形式是可能不一样的，这种表现形式可以反映劳动力市场分割的方式的不同以及行业本身的特征。所以当两个行业的变异系数接近的时候，就可以通过 Moran'I 指数来查看这两个行业的空间差异。T_{di} 由于加入了人口权重，所以还是考虑了部分的空间分布的状况，因为人口的分布在空间来说是已经固定了的。但是通过 Moran'I 指数仍然可以参考解释空间分布的状况。T_{brk} 表示行业间的差异，根据定义式，当 Theil-L（以人口比重为权数的）的 T_{brk} 为正数，说明该行业的工资比重大于人口比重；负数则相反，绝对值越大则说明该行业人口比重和工资比重的差异越大，对整个不平等程度的影响就越大。

具体分析各个行业在收入差异中的影响。计算发现：按照平均实际工资排序，以房地产业为划分点，其上是高工资行业，其下是低工资行业。高工资行业一般来说，国有加集体职工比重较高，尤其加入了私营企业人员的就业情况后，唯有信息传输、计算机服务和软件业的国有和集体职工比重是偏低；低工资行业都是国有和集体职工比重偏低的行业，惟一的例

---

① Moran'I 指数是表示空间相关性的指标，值的范围是（-1, 1）。0 表示没有相关性，1 表示最强的正的相关性，存在空间上的集聚，-1 表示最强的负的相关性，存在空间上的扩散，具体计算方法见本章附录。

外是水利、环境及公共设施管理业和农林牧渔业。

T_{brk} 的变化基本同实际平均工资一致，根据 T_{brk} 可以知道：行业间不平等的主要来源是金融业和制造业，明显远远大于其他行业的影响力，其次是建筑业，农林牧渔业和公共管理和社会组织。金融业工资比重高于人口比重，制造业人口比重高于工资比重，即金融业因为较高的工资份额和制造业以较高的人口比重对全国总体工资差异的贡献最大，而且制造业的影响大于金融业。所以，降低金融业的工资比重或提升制造业的工资比重均可最有效的缓解行业间的不平等。

行业的地区差异表现比较复杂。分析变异系数和分解 T_{dil} 指数得到的地区差异程度 T_{di}，变异系数对极值的大小比较敏感，行业的最低和最高工资对变异系数影响较大，可以用 T_{di} 来反映更基本的地区差异情况。大部分行业两者的相关性很高，只有三个行业例外：采矿业、建筑业和农林牧渔业这三类行业的变异系数最高，但是，T_{di} 仅仅稍高出平均水平，反映这三类行业的最低和最高工资差异较大，但是大部分地区间的差异（T_{di}）仅仅稍高出平均水平。其他行业中，制造业地区差异最小，金融业地区差异最大，高工资行业具有较大的地区差异，而高工资行业当中行政事业性较强的行业如电力、卫生、交通、教育业地区差异相对较小，并且在空间上呈现相关性（Moran'I 指数相对较高）。竞争性强的低工资行业如服务业和制造业空间相关性较弱。高竞争的行业地区差异跟行业特性密切相关，如房地产业和批发零售业这类集聚性较强的行业地区差异较大，也具有空间相关性。从各行业对总地区差异的贡献来看（T_{wpk}），公共管理和社会组织和金融业由于较高的地区差异和较高的工资比重，教育和制造业由于较高的工资比重依次占据前 4 位的位置。

总之，高工资行业相对竞争性较弱，地区差异较大，空间相关性较强；行政事业性行业工资相对较高，地区差异相对较小，空间相关性较弱；低工资行业相对竞争性较强，地区差异较小，空间相关性较弱。金融业和制造业是影响总体行业差异的主要因素，金融业、公共管理和社会组织、教育和制造业是影响总体地区差异的主要因素。

三、工资的影响因素分析

由于数据是三维数据：19 个行业 30 个地区 6 年（19 × 30 × 6），所以，我们将地区乘以行业当成一个维度，将数据降为 570 个地区行业乘以 6 年时间（570×6）的二维面板数据，然后利用面板数据的计量方法进行分析，结果如表 13-6 所示。

表 13-6　工资的影响因素的计量分析

lnw	(1) 混合最小二乘法	(2) 固定效应	(3) 随机效应	(4) 修正方差	(5) 修正方差（迭代）
hrD1I1	247.2*** (8.43)	878.5*** (8.32)	382.8*** (9.86)	269.7*** (13.19)	275.2*** (15.46)
hrD1I2	40.70*** (8.11)	185.1*** (5.97)	61.20*** (7.37)	45.38*** (11.74)	61.74*** (17.27)
hrD1I3	9.968*** (3.41)	55.83* (2.40)	13.35* (2.08)	9.630*** (5.63)	8.181*** (4.63)
hrD2I1	143.7*** (4.73)	−2204.0*** (−8.20)	84.56 (1.29)	149.7*** (5.37)	175.6*** (6.22)
hrD2I2	24.25*** (3.91)	−473.2*** (−8.60)	7.384 (0.55)	29.89*** (5.39)	39.79*** (7.33)
hrD2I3	23.36*** (5.48)	−439.8*** (−7.90)	−7.425 (−0.72)	19.05*** (4.70)	17.26*** (4.68)
hrD3I1	190.5*** (3.82)	−574.6 (−1.29)	231.2* (2.41)	202.5*** (5.02)	224.0*** (5.36)
hrD3I2	26.61** (2.98)	−509.9*** (−5.04)	28.90 (1.45)	32.31*** (4.26)	41.77*** (5.40)
hrD3I3	25.53*** (−5.43)	−534.2*** (0.21)	3.324 (4.19)	25.04*** (4.58)	27.88*** (5.24)
lncD1I1	0.0721*** (15.67)	0.0487*** (4.13)	0.0814*** (14.09)	0.0784*** (23.45)	0.101*** (35.84)
lncD1I2	0.0488*** (14.41)	0.0576*** (5.96)	0.0698*** (15.40)	0.0564*** (25.24)	0.0660*** (31.70)
lncD1I3	0.0200*** (5.30)	0.0535*** (4.71)	0.0499*** (9.95)	0.0298*** (11.24)	0.0461*** (18.56)
lncD2I1	0.0326*** (8.12)	0.0400** (2.90)	0.0651*** (9.41)	0.0403*** (12.01)	0.0515*** (15.75)
lncD2I2	0.0186*** (5.26)	0.0507*** (4.81)	0.0514*** (9.90)	0.0221*** (8.05)	0.0297*** (11.40)

续表

lnw	（1） 混合最小二乘法	（2） 固定效应	（3） 随机效应	（4） 修正方差	（5） 修正方差（迭代）
ln$cD2I3$	− 0. 0244 *** （ − 6. 44）	0. 0724 *** （6. 65）	0. 0214 *** （3. 99）	− 0. 0109 *** （ − 3. 95）	0. 00492 （1. 96）
ln$cD3I1$	0. 0469 *** （12. 60）	0. 0774 *** （5. 35）	0. 0721 *** （11. 86）	0. 0520 *** （18. 80）	0. 0613 *** （22. 52）
ln$cD3I2$	0. 0202 *** （5. 75）	0. 0605 *** （6. 93）	0. 0516 *** （11. 24）	0. 0289 *** （11. 19）	0. 0417 *** （16. 06）
ln$cD3I3$	− 0. 0122 *** （ − 3. 44）	0. 0597 *** （6. 31）	0. 0256 *** （5. 13）	− 0. 00334 （ − 1. 33）	0. 00890 *** （3. 72）
$romD1I1$	− 0. 000367 * （ − 2. 25）	0. 0000242 （0. 25）	− 0. 0000516 （ − 0. 51）	− 0. 000256 * （ − 2. 05）	− 0. 000296 * （ − 2. 40）
$romD1I2$	− 0. 000247 * （ − 2. 42）	− 0. 000227 （ − 1. 90）	− 0. 000208 （ − 1. 67）	− 0. 000343 * （ − 2. 20）	− 0. 000329 * （ − 2. 28）
$romD1I3$	0. 00000497 （0. 26）	0. 0000122 （0. 57）	0. 0000134 （0. 60）	− 0. 000000136 （ − 0. 02）	0. 00000690 （0. 83）
$romD2I1$	− 0. 000117 （ − 1. 74）	− 0. 00000436 （ − 0. 06）	− 0. 00000633 （ − 0. 08）	− 0. 0000843 （ − 1. 09）	− 0. 0000707 （ − 0. 98）
$romD2I2$	− 0. 000769 ** （ − 3. 15）	− 0. 000598 * （ − 2. 31）	− 0. 000523 * （ − 1. 99）	− 0. 000518 * （ − 2. 23）	− 0. 000303 （ − 1. 34）
$romD2I3$	0. 0000266 *** （4. 63）	0. 0000232 * （2. 05）	0. 0000207 （1. 73）	0. 0000270 （1. 90）	0. 0000304 * （2. 31）
$romD3I1$	− 0. 000149 ** （ − 2. 82）	0. 0000537 （0. 94）	0. 0000324 （0. 54）	− 0. 0000690 （ − 0. 97）	− 0. 0000400 （ − 0. 63）
$romD3I2$	− 0. 0000616 （ − 0. 31）	− 0. 000306 * （ − 2. 30）	− 0. 000244 （ − 1. 74）	− 0. 000120 （ − 0. 86）	− 0. 000108 （ − 0. 76）
$romD3I3$	0. 0000142 ** （2. 65）	0. 0000110 （1. 53）	0. 0000105 （1. 38）	0. 0000121 （1. 63）	0. 0000118 （1. 47）
_cons	8. 726 *** （296. 35）	8. 829 *** （154. 81）	8. 444 *** （241. 39）	8. 644 *** （431. 88）	8. 517 *** （445. 10）
F	141. 36	28. 20			
Prob > F	0. 0000	0. 0000			
R-squared	0. 5422	0. 5422			
Wald			1219. 43	6995. 72	9674. 58
Pro > chi2			0. 0000	0. 0000	0. 0000

lnw	(1) 混合最小二乘法	(2) 固定效应	(3) 随机效应	(4) 修正方差	(5) 修正方差（迭代）
对固定效应模型做 *Ftest that all u_ i =0*		Prob > F = 0.0000			
对随机效应模型做 *Xttest*0		chi2 (1) = 2125.58 Prob > chi2 = 0.0000			
Hausman 检验		Prob > chi2 = 0.0000			
对固定效应模型做面板方差检验		chi2 (570) = 36618.65 Prob > chi2 = 0.0000			
观测值		3420			

注：*** 表示在 0.1% 水平上显著，** 表示在 1% 水平上显著，* 表示在 5% 水平上显著。
资料来源：作者计算。

如表 13 - 6 所示，我们先用混合最小二乘法回归，接着采用固定效应模型（Fixed-effects model），结果显示固定效应显著；再采用随机效应模型（GLS random-effects mode）回归，通过 hausman 检验比较固定效应模型和随机效应模型，检验结果拒绝原假设，于是选择固定效应模型；由于数据截面较多，有进行面板异方差检验的必要，我们对固定效应模型的检验结果证实存在异方差，因此进一步采用 Fit panel-data models by using GLS 进行异方差修正，在这里，我们同时进行了两步 GLS 估计（two-step GLS estimator）和迭代 GLS 估计（iterated GLS estimator），后者的系数显著性更好，故模型（5）作为我们最终选择的模型。从模型（5）回归结果中，我们可以分离出不同地区不同收入水平总体回归的影响因素系数，详见表 13 - 7。

表 13 - 7 地区行业的影响度比较

人力资源	东部地区	中部地区	西部地区
高收入行业	275.2 ***	175.6 ***	224.0 ***
中等收入行业	61.74 ***	39.79 ***	41.77 ***
低收入行业	8.181 ***	17.26 ***	27.88 ***
资本偏向	东部地区	中部地区	西部地区
高收入行业	0.101 ***	0.0515 ***	0.0613 ***
中等收入行业	0.0660 ***	0.0297 ***	0.0417 ***
低收入行业	0.0461 ***	0.00492	0.00890 ***

续表

国有比重	东部地区	中部地区	西部地区
高收入行业	− 0.000296 *	− 0.0000707	− 0.00004
中等收入行业	− 0.000329 *	− 0.000303	− 0.000108
低收入行业	0.0000069	0.0000304 *	0.0000118

注：*** 表示在 0.1% 水平上显著，** 表示在 1% 水平上显著，* 表示在 5% 水平上显著。
资料来源：作者计算。

首先，人力资源比重对各地区各行业平均工资的影响都是正的，对高收入行业的作用最强，中等收入行业次之，低收入行业再次之。人力资源是工资决定当中表现市场力量和个人特质的主要因素，高收入行业对人力资源的要求较高，这是可以理解的。对高收入和中等收入行业而言，人力资源对东部地区和西部地区的工资影响大于对中部地区的影响，而对低收入行业而言，人力资源对西部地区的工资影响是最大的。这说明人力资源比重对行业地区的平均工资的影响既体现了一般性，也表现了我国地区差异之间的特殊性。低收入行业中，人力资源对西部地区的作用是最大的，对东部地区的作用是最小的。这说明在我国制造业比较集中的东部地区，人力资源对平均工资的决定没有多少影响，这反过来也说明我国的制造业尤其是东部的制造业是典型的低人力资源行业。从影响的倍数来看，东部地区人力资源对高收入行业的影响是对低收入行业影响的 30 多倍，西部地区仅为 10 倍左右，人力资源是东部地区行业平均工资差异较大的重要原因，在一定程度上反映了东部的市场化程度远远地高于西部，而且这种市场化带有强烈的原始资本主义特征。

其次，资本偏向对工资有正向的促进作用，对高、中、低收入行业工资促进作用依次减弱，并且对东部地区的促进作用最强，本章用劳均投资来衡量资本偏向程度，我国经济高速增长的主要拉动力来源于投资，因为高收入行业的资本偏向程度较高，所以投资对高收入行业工资的促进作用最高。而且资本偏向的经济增长模式使得地方政府的经济增长竞争主要表现为引资竞争。在东部地区，投资对高收入行业工资水平的影响力大概是对低收入行业工资水平影响力的 2 倍，中部地区为 10 倍，西部地区为 7

倍。可见投资对中西部地区内部的行业收入差异影响较大。所以，如果想通过提高投资来促进中西部地区中低收入阶层的工资增长，或者缩小行业收入差异，其政策效果有限。

最后，国有单位职工比重对高、中收入行业的工资显现一定负向作用，而且对东部地区的高、中收入行业负向作用明显；对低收入行业工资则呈现正向作用，对中部地区的低收入行业则呈现显著的正向作用。国有单位职工比重已经不能反映国有经济在该行业当中的比重，并且计量分析的行业是所有 19 大类的行业，包含许多非营利性的社会组织，所以，该指标对工资的影响作用不太显著，仅仅只有东部地区高、中收入行业和中部地区低收入行业三个类别上有一定的显著性。考虑到国有单位的工资尤其是中、高收入行业的工资水平高于全国的平均水平，所以，国有单位职工比重较高，意味着拿体制内工资的职工较多，财政负担较大，例如，中、高收入行业中很多行业是非企业性质的行业，教育、医疗、文化、公共组织等行业，国有单位职工比重非常高，正式职工（拿较高工资的职工）越多，工作的财政负担越大，越难以提高工资。在中部低收入行业中的国有单位职工比重的系数为正，则因为低收入行业的工资较低，低于平均水平，所以，国有单位职工的身份是较为可靠的工资保障，可以有较高的工资。

第五节　结论与政策建议

本章利用 Theil 指数的行业和地区的嵌套分解，发现全国行业工资的不平等从地区差异和行业差异共同作用逐渐转变为以行业差异为主，高收入行业工资的地区差异较大，低收入行业工资的地区差异较小，金融业和制造业是影响总体行业差异的主要因素，金融业、公共管理和社会组织、教育和制造业是影响总体地区差异的主要因素。进一步分析人力资源、资本偏向和国有单位职工比重对工资影响的地区行业差异，可以发现人力资源比重对高收入行业的促进作用最强，投资对低收入行业的工资促进作用最弱，且人力资源对工资的行业差异影响较大，投资对东部地区工资的行业差异影响较小，对中西部地区工资的行业差异影响较大，而国有单位职工比重总体上影响不显著。

我国经济近年来高速增长的主要动力来自投资，行业的资本偏向程度的差异和地区投资差异进一步加深了工资的行业差异和地区差异。并且，由于经济发展过程中，行业的资本深化提高了对人力资源的需求，使得人力资源的差异对工资行业差异的影响加大。而随着要素在地区之间的流动性的增强，投资对工资的地区差异在东、中部地区呈现不同的状态。总体上，工资差异呈现出地区差异和行业差异都在增加，但是，行业差异对总体差异的贡献程度比重增加。这是源于政府的资本偏向，政府通过扭曲土地与劳动力价格来招商引资。中国是一个对劳动权益保护比较弱的国家，其中一个制度性的根源跟我们国家的经济分权有关，地方官员一方面有发展经济的激励，另一方面对他们的考核又是基于经济增长、财政收入的增长和招商引资的考量。在这样的情况下，导致地方政府的目标偏向资本所有者，当劳资出现矛盾的时候，地方政府有意无意地偏向于资本的权益。从全球范围来讲，近几十年出现了所谓"技能偏向的技术进步"，对低技能劳动者的需求大大下降，而在中国又有城市化进程、劳动市场改革、经济分权这些因素，对工资上涨形成了向下的压力。因此，政府应增加对劳动者的教育投入，提高其人力资本，控制垄断企业工资比重，引入劳动——资本的抗衡机制，提高竞争性行业职工工资，从而实现同工同酬，增加低收入人群的收入。

参考文献

［1］蔡昉、王德文：《比较优势差异、变化及其对地区差距的影响》，《中国社会科学》2002 年第 5 期。

［2］李晓宁：《工资地区差距的测算与分解》，《统计与决策》2007 年第 8 期。

［3］范剑勇：《产业结构失衡、空间集聚与中国地区差距变化》，《上海经济研究》2008 年第 2 期。

附 录

	TbpD/TpD	TwpD/TpD	TbpC/TpC	TwpC/TpC
2003	0.4282034	0.5717965	0.4879295	0.5120704
2007	0.3149366	0.6850633	0.5741274	0.4258725

	TbpD	TwpD	TpD	TbpC	TwpC	TpC
2003	0.023	0.031	0.054	0.026	0.027	0.054
2007	0.019	0.041	0.060	0.034	0.025	0.060

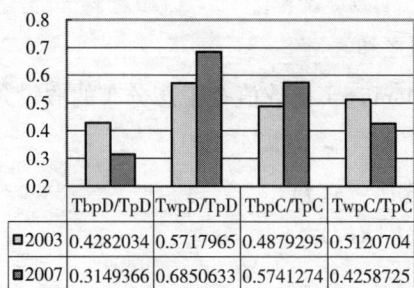

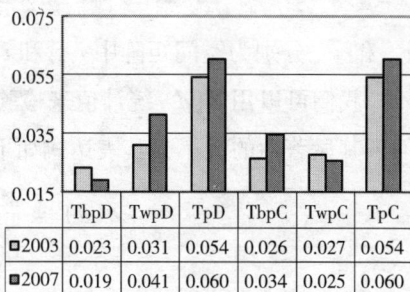

图 13-3　Theil-L 指数组间、组内差异的比重　　　　**图 13-4　Theil-L 指数**

Moran'I 指数的计算方法：

检验区域经济变量的空间相关性存在与否，空间统计学一般使用空间统计量——空间自相关指数 Moran's I。Moran's I 测试方法，是最常被使用的全域型空间自我相关测试方法，而全域空间自我相关是空间自相关研究方法的基石。最早将统计学中的单相关概念应用在空间自相关研究便是全域空间自我相关，而 LISA（Local Indicators of Spatial Association）值分析方法常被用于地区型空间自我相关测试的空间自我相关测试方法。Moran's I 的定义为：

$$MoranI = \frac{\sum_{i=1}^{n} \sum_{j=1}^{n} W_{ij}(Y_i - \overline{Y})(Y_j - \overline{Y})}{S^2 \sum_{i=1}^{n} \sum_{j=1}^{n} W_{ij}}$$

Moran 指数在（-1，1）之间，大于 0 表示各地区间为空间正相关，数值越大，正相关的程度越强；小于 0 表明空间负相关；等于 0 表示各地区之间无关联。其中 $S^2 = \frac{1}{n} \sum_{i=1}^{n} (Y_i - \overline{Y})^2$，$\overline{Y} = \frac{1}{n} \sum_{i=1}^{n} Y_i$，表示第 i 地区的

观测值，n 为地区总数，W_{ij} 为二进制的邻接空间矩阵，表示其中的任一元素，采用邻接标准或距离标准，其目的是定义空间对象的相互邻接关系。

根据空间数据的分布可以计算正态分布 Moran I 的期望及方差：

$$E_n(I) = -\frac{1}{n-1} \quad VAR_n(I) = \frac{n^2 w_1 + n w_2 + 3 w_0^2}{w_0^2 (n^2 - 1)} - E_n^2(I)$$

式中，$w_0 = \sum_{i=1}^{n} \sum_{j=1}^{n} w_{ij}, w_1 = \frac{1}{2} \sum_{i=1}^{n} \sum_{j=1}^{n} (w_{ij} + w_{ji})^2, w_2 = \sum_{i=1}^{n} (w_{i\cdot} + w_{\cdot i})^2,$

$w_{i\cdot}$ 和 $w_{\cdot i}$ 分别为空间矩阵中 i 行和 i 列之和。

我们可以用 $Z(d)$ 统计值来检验 Moran's I 指数值在正态分布的假设条件下其显著性的大小，其表达式如下：

$$Z(d) = \frac{Moran I - E(I)}{\sqrt{VAR(I)}}$$

第十四章　劳动力市场分化与行业间
工资差距变动趋势[①]

第一节　问题的提出

提高普通劳动者的劳动报酬是调整我国国民收入"两高一低"结构失衡，缩小收入差距，扩大国内消费的重要方式，也是转变经济发展方式，跨越中等收入陷阱，实现社会主义基本价值取向的必经之路。近期的一些研究发现[②]：（1）在非农产业中[③]，制造业平均工资水平严重偏低，是国民经济19个部门中最低的6个部门之一[④]。相比发达市场经济国家，反差巨大（见表14-1）；（2）尽管近年来我国制造业的工资水平有较大幅度增长，但仍远远低于其劳动生产率的增长速度。从单位产出劳动力成本（unit labor cost；ULC）角度看，我国制造业单位产出劳动力成本基本没有上升。同时，近十年来，无论是与主要出口竞争对手还是与主要出口对象

---

①　本章作者：李文溥、王燕武、郑建清。

②　如李文溥等（2011）、王燕武等（2011）。

③　农村居民收入严重低于城市居民而且差距不断扩大，也是我国收入分配差距扩大、居民消费不足的重要原因之一。2010年，农村居民人均纯收入仅为城市居民的31.25%，占中国人口50%以上的农村居民，其消费不到GDP的10%。参见厦门大学中国季度宏观经济模型（CQMM）课题组（2011）。

④　其余五个部门是居民服务及其他服务业、水利、环境和公共设施管理业、建筑业、住宿及餐饮业、农林牧渔业。

相比，我国制造业的相对单位产出劳动力成本（relative unit labor cost, RULC）不仅较低，而且至今仍呈不断下降趋势；（3）伴随着制造业工资水平的提升，我国制造业的利润总额更快增长，制造业产品的国际贸易竞争力也在提升之中。因此，不论是与发达国家横向比较，还是从我国制造业的国际竞争力状况看，我国制造业都存在着提高工资水平的较大空间。

表 14 –1　2010 年部分国家分行业平均周薪对比

（单位：美元）

	美国	德国	英国	日本	俄罗斯	中国
产品制造部门	819.18	1092.99	—			
采矿和伐木	1063.28	1454.54	—	1054.29	215.26	125.54
建筑	891.85	767.79	826.66	1062.77	114.24	78.19
制造业	765.08	1145.87	809.67	1031.76	102.94	87.82
服务部门	606.11	798.01	674.47	—	—	—
贸易运输	559.62	779.18	458.27	853.39	118.70	148.99
信息业	938.69			1345.38	—	—
金融活动	776.82	904.15	891.69	1362.14	270.44	199.25
职业和商业服务	798.59					
教育和卫生服务	646.52	843.66	—	983.84	80.39	114.21
餐饮、休闲娱乐服务	280.87	407.18	—	363.87	72.66	80.98
公共部门及防卫	—	1047.06	718.38	—	135.55	108.62
其他服务	524.02	718.40		774.61	88.34	

注：美国的数据来自美国劳工部数据库，其余国家的数据整理自 CEIC 中国经济数据库。部门分类以美国为准。其他国家的个别部门数据，取近似或均值，如教育和卫生服务；德国为 2009 年的数据。

与此同时，中国国民经济结构失衡、消费占比下降却严重制约着经济发展向内源自主推动、国内消费拉动方式的转变，为缩小行业间收入差距、促进居民消费，进而提高消费占比，促进发展转型，有必要进一步提高以制造业为代表的竞争性部门普通劳动者的工资水平。然而，提高制造业工资是否会传递到其他行业，引发其他行业的工资水平轮番上升，从而推动工资—物价螺旋性上涨？是值得研究的。

本章对我国部门间工资传递问题进行研究。我们将城镇各部门分为以制造业为代表的竞争性行业和垄断性行业，农村分为农村非农行业及农业，在统计分析的基础上利用面板 VAR 模型考察各行业平均工资之间的传递作用。研究发现：首先，以制造业为代表的竞争行业与垄断行业之间存在非市场性的工资传递效应，这是我国近十几年来，以制造业为代表的竞争行业与垄断行业之间的工资差距持续扩大的根本原因。其次，制造业工资与农村家庭劳均工资性收入之间存在正向传递效应，但是，与农村家庭劳均经营性收入之间没有明显的传递效应①。这说明，农村劳动力市场正在分化为农村非农业与农业两个分市场，农民工与农民逐渐成为不同的就业群体。第三，总体上，农村部门的收入仍然具有较强的独立性，城乡劳动力市场的二元结构特征依旧明显。

本章的结构如下：第二节是文献综述；第三节是经验事实及理论假说；第四节是研究模型选择和数据处理；第五节是模型估计和稳健性检验；第六节是结论和政策探讨。

第二节　文献综述

对于行业间工资差距问题，当前国内的研究多集中在对行业工资差异的原因探讨。任国强、尚金艳（2011）指出，现有关于我国行业工资差距的研究，多从人力资本理论和制度理论方面来加以解释，尤其是在制度方

---

① 农村实际劳均收入是指农村家庭劳动力的平均收入。其估算方法如下：（1）把历年统计年鉴公布的农村居民人均家庭经营纯收入（或人均家庭工资性收入）乘上乡村常住人口数，得到农村居民家庭经营（或工资）总纯收入；（2）再将总纯收入除以乡村就业人员中第一产业就业人员数，得到农业就业人员的人均纯收入。由于农村常住人口中包括儿童、老年人等一些没有或丧失劳动力的人口，因此，统计公布的农村人均收入会明显低于农村劳均收入，后者更能代表农村劳动者的实际收入。

面，劳动力市场分割和所有制体制差异往往成为研究的切入点。叶林祥等（2011）进一步总结出国内学者在分析行业间、企业间工资差距时的两种代表性观点：一是认为行业垄断是造成行业间、企业间工资差距的主要原因。其作用机制是垄断行业通过资源占有和行政特权等非市场化手段，获取超额利润，提高行业工资回报，并将行业内部高工资、高福利转嫁给消费者或政府（如罗楚亮、李实，2007；史先诚，2007；金玉国、崔友平，2008；张原、陈建奇，2008；潘胜文，2009；岳希明等，2010；陈钊等，2010；等等）。二是认为不同所有制企业间的劳动力市场分割是造成企业工资收入差距不断扩大的潜在原因。其作用机制是非国有部门的工资决定主要以市场为导向，而国有部门的工资往往根据非市场因素来确定。因此，制度特征差异决定了企业的工资差异（如赖德胜，1998；Zhao，2002；陈戈等，2005；李获等，2005；邢春冰，2005；Demurger et al.，2006；等等）。最终，他们认为，行业垄断和所有制特征都是影响行业收入差距的重要因素，但所有制的影响大于行业垄断，行业垄断与国有企业的结合才会导致日益扩大的企业工资差距。因此，控制行业收入差距，要高度重视国有企业的工资决定行为。

应该说，已有的这些研究在解释我国行业工资差异形成方面是比较深刻的，也符合中国的现实。特别是关于行业垄断是造成行业间工资差距的主要原因的观点几乎已经成为共识。但目前来看，上述研究并没有涉及行业间工资传递机制及效应，因此，也无法对本章第一部分所提出的问题进行解答。事实上，尽管劳动力市场分割以及行业垄断的存在使得不同行业、不同所有制企业之间的工资决定机制是不同的，但是通过非市场渠道的传递，竞争性行业与垄断行业之间仍然是存在工资传递效应的。

关于部门间或行业间工资传递的理论探讨，Balassa-Samuelson 效应假说（BS 假说）以及 Aukrust（1970）构建的 Scandinavian 模型均指出，在市场经济中，贸易部门的工资快速增长会对其他部门产生明显的工资传递效应。BS 假说中涉及部门间工资传递的观点可以归纳为 BS 假说的"国内版本"（Gaetano D'Adamo，2011），即：生产率较高的贸易部门，工资水平也将较高；贸易部门的工资上涨将带动非贸易部门的工资增长，从而实现一国内部的工资均等化。而 Scandinavian 模型则认为"暴露部门"的工资上涨将引起"隐蔽部门"工资的等比例上升①。由于制造业通常属于贸易部门或"暴露部门",因此,这两个模型均认为制造业工资上涨将带动其他部门工资上升。

不过,上述结论有两个重要的前提:(1)存在统一而且自由流动的劳动力市场;(2)工资传递方向是从高工资部门向低工资部门传递的,制造业属于工资较高的贸易部门。这两个前提目前在我国尚不能成立。因此,BS假说和Scandinavian模型无法直接用来分析我国行业间的工资传递。

但是,除了市场化传导方式之外,行业间的工资传递还可能存在着非市场化的传导方式。它常常出现在不同行业工资决定机制存在明显差异的转轨制经济体中。Gaetano D'Adamo(2011)对东欧国家的研究表明,通过工资加成、"羡慕"效应,短期内非贸易部门和公共部门的工资变化会引起贸易部门的工资变动。原因在于:非贸易部门没有外部竞争压力,部门内部的工资议价机制往往会导致更高的工资水平;而公共部门工资是外生决定的,其增长速度可以快于其他两个部门的劳动生产率。这意味着,一旦贸易部门的工资发生变化,非贸易部门和公共部门可以通过内部议价及外生设定工资等非市场化的手段来变动本部门的工资,不受劳动力自由流动的条件限制。

国内方面,张平、王宏淼(2007)指出,受资产价格上涨的影响,近年来我国可贸易工业部门的工资传递效应开始逐步显现,尤其是可贸易工业部门的工资提高对农业部门的工资传递效应非常明显,农民的劳动力投入成本正逐步向进城打工的基本工资靠拢,这对农产品成本和价格上涨有明显的推动效应;刘煜辉(2008)同样认为工业部门的工资提高对农业部门的工资传递效应非常明显,国内农业部门产出越来越受到可贸易工业部门的工人工资的影响。

---

① "暴露部门"指的是参与国际产品竞争的开放经济部门,具体包括大多数制造业、一部分农业和矿业、航运业等;"隐蔽部门"则指封闭经济部门,包括一些由于受政府保护,或其本身性质,而完全不受外来竞争压力或受到的压力极轻的行业,如建筑业、公用事业、一部分制造业和农业及大多数服务性行业等。这种部门分类方法与Balassa-Samuelson假说中的贸易部门和非贸易部门的划分方法基本相似。并且,工资传递的方向同样也是"暴露部门"的工资上涨会引起"隐蔽部门"工资的等比例上升,即"暴露部门"是部门间工资传递的"领导者"。

丁守海（2011）认为农民工工资上涨可能会先推动城镇劳工工资上涨，然后再推动物价上涨。原因在于：第一，二元分割的城市就业制度，其核心是维护城镇劳动力的相对优势。而农民工工资上涨会削弱这种相对优势，它必然会引发刺激城镇劳工工资补涨的冲动，从而进一步拉大城乡劳动力之间的工资差距；第二，由于很多城镇劳动力供职于政府机构、事业单位、国有企业，政府能较为直接地决定其薪资，上调工资相对容易。事实上，自2004年农民工工资步入上涨通道后，政府机构和国有企业相继通过各种方式提高员工的薪资待遇；第三，相对于农民工来说，城镇劳动力的边际消费倾向更高，由此引起的需求扩张效应以及价格上行压力要大得多。由于农民工工资一般低于城镇劳动力，上述研究实际上显示，在非市场传导渠道下，工资传递可以由低工资行业向高工资行业传递。

综上所述，国外的相关文献研究主要以发达国家的竞争性劳动力市场为出发点，不符合中国的实际情况；而国内相关文献则倾向于将行业间工资差异作为一个整体来研究，讨论导致行业间工资差距形成的原因，缺乏对行业间工资相互传递效应的细致实证研究[①]。这为本章的研究提供了空间。

第三节 经验事实及理论假说

一、我国行业间工资差距演变

目前测算行业间工资差距的指标有两类：绝对指标和相对指标。前者主要包括极值差、离均差、方差和标准差，后者有基尼系数、泰尔指数、库兹涅茨指数和变异系数等。本章选用标准差、极值差、极值比及变异系

---

① 张平、王宏淼（2007）、刘煜辉（2008）的研究基本上是理论探讨，没有进行实证检验；丁守海（2011）则将注意力放在城乡工资传递的研究，缺乏对行业间工资传递的考量。

数测算我国 19 大类行业工资差距的演变情况。

结果显示（见表 14-2）：首先，行业平均工资的标准差和极值差在样本期间内呈现逐渐增长趋势。2010 年，最高行业工资与最低行业工资的极值差达 53429 元，约为 1994 年的 13.7 倍。表明十几年来我国行业间收入差距正在不断扩大。其次，极值比在 2008 年达到最高（4.29）后，开始逐年下滑。到 2010 年，极值比下降为 4.20。其主要原因是平均工资最低的农林牧渔业在此期间工资增速加快，使得最高行业工资与最低行业工资的极值比出现下降趋势。第三，平均工资变异系数逐渐增加。2010 年，全行业的平均工资变异系数为 0.359，1994 年仅为 0.212。1994—2010 年，我国行业间工资差距在迅速扩大。

表 14-2　1994—2010 年中国行业平均工资差距变化情况

年份	标准差	极值差（元）	变异系数	极值比
1994	1084.1	3893	0.212	2.38
1995	1211.4	4313	0.203	2.23
1996	1414.7	4758	0.210	2.18
1997	1681.0	5359	0.228	2.24
1998	1833.8	6063	0.222	2.34
1999	2140.4	7093	0.234	2.48
2000	2449.3	8232	0.241	2.60
2001	2999.9	10544	0.256	2.86
2002	3476.9	12478	0.262	2.98
2003	4490.0	16441	0.294	3.39
2004	5162.4	18266	0.299	3.44
2005	6268.3	21648	0.316	3.64
2006	7520.5	26226	0.330	3.83
2007	9180.8	33164	0.342	4.06
2008	11150.6	41337	0.355	4.29
2009	12240.5	46042	0.354	4.21
2010	14063.9	53429	0.359	4.20

注：各行业的平均工资数据来自 CEIC 中国经济数据库；2003 年之后的数据按《国民经济行业分类》（GB/T4754—1994）进行调整。

如果将国民经济各行业按照城乡分类，同时将城镇中的行业进一步分为垄断性行业、竞争性行业两组①，统计分析结果显示：不同的类、组之间以及它们内部行业间的工资差距变动呈现出不同的变化趋势②。

1. 竞争性行业内部工资差距变动趋势

1994—2001 年，竞争性行业内部的平均工资变异系数基本维持在 0.20 左右，随后在波动中缓慢下降（见图 14-1）。2002—2010 年，缩小到 0.173。可见，就竞争性行业内部而言，1994—2010 年，工资差距在缩小。如果把交通运输、仓储及邮电通信业也列入竞争性行业③，新的平均工资变异系数变化曲线在 2000 年以前与原有的曲线几乎是重合的，2000 年以后，两者差距逐渐扩大。主要原因是：2003 年，交通运输、仓储及邮电通信业的平均工资同比增长了 47.5%，而竞争性行业内的其他行业最高涨幅

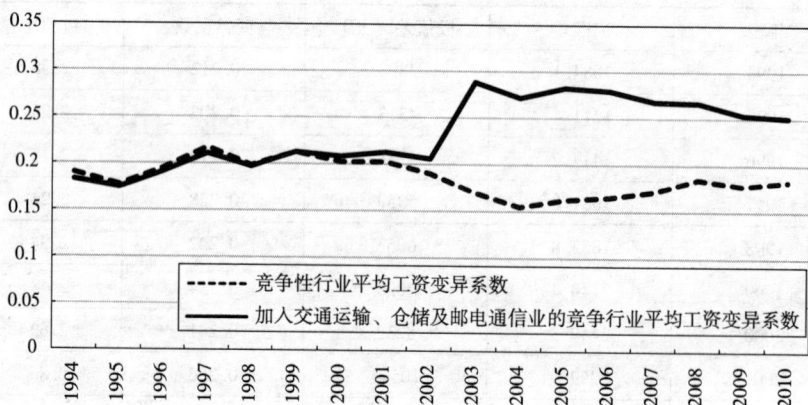

图 14-1　竞争性行业内部平均工资收入差距演变
资料来源：整理自 CEIC 中国经济数据库。

---

① 行业种类是根据 1994 年国民经济行业分类标准调整的。其中，垄断性行业主要包括电力、煤气及水的生产供应业、金融保险业、地质勘察和水利管理业、卫生体育和社会福利业、教育文化艺术及广播电影电视业、科学研究和综合技术服务业、国家机关党机关与社会团体、交通运输仓储与邮件通信业；竞争性行业则主要包括采掘业、制造业、建筑业、房地产业、社会服务业、批发零售贸易和餐饮业等。

② 限于篇幅，这里我们只给出工资差异变异系数的统计分析结果。

③ 交通运输、仓储及邮电通信业中的铁路运输业、航空运输业及邮电通信业明显属于垄断性行业，但公路运输业、水路运输业等行业则属于竞争性行业，吸收了大量农村剩余劳动力。

仅为 23.9% （采掘业）。不过，2003 年之后，加入交通运输、仓储及邮电通信业的新的竞争性行业平均工资变异系数也出现了收敛趋势（见图 14 - 1）。这说明，无论是否将交通运输、仓储及邮电通信业列为竞争性行业，都没有改变竞争性行业内部的工资传递趋势：在所研究的时段内，竞争性行业内的平均工资水平趋于收敛。

2. 垄断性行业内部工资差距变动趋势

1994—2002 年，垄断性行业内部的平均工资变异系数甚至低于竞争性行业（仅 0.15 左右），而且比较稳定。从 2003 年起，垄断性行业内部的收入差距迅速扩大，到 2010 年，平均工资变异系数超过 0.3，比 2002 年扩大了近一倍（见图 14 - 2）。这说明，样本期间内，垄断性行业的劳动力市场存在着与竞争性行业相反的市场性质及发展趋势。它原先的平均工资变异系数较小而稳定，近十年来迅速扩大，是行业内不同部门就业市场彼此隔绝，工资决定进一步非市场竞争化的结果。将交通运输、仓储和邮政通信业剔除出垄断性行业，新的垄断性行业平均工资变异系数的变动趋势基本与原来一致，但是趋势进一步强化了（见图 14 - 2）。

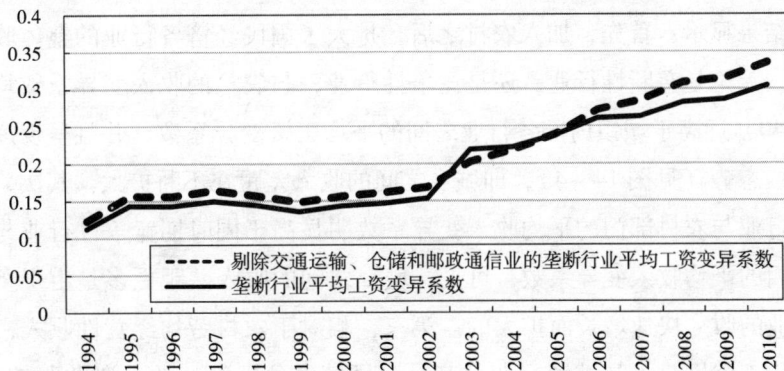

图 14 - 2 垄断性行业内部平均工资收入差距演变
资料来源：整理自 CEIC 中国经济数据库。

3. 垄断性行业与竞争性行业的工资差距变动趋势

样本期间内，垄断性行业与竞争性行业之间的平均工资变异系数不断扩大，由 1994 年的 0.16 扩大到 2009 年的 0.26（见图 14 - 3）。不过，相比 1997—2003 年的快速增长，2004 年以后，垄断性行业与竞争性行业的平均工资差距扩大速度有所放缓。

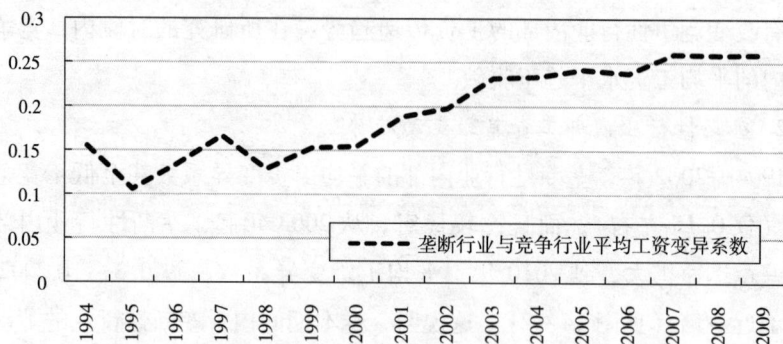

图 14 – 3　垄断性行业与竞争性行业的平均工资收入差距演变
资料来源：整理自 CEIC 中国经济数据库。

4. 城乡行业间收入差距变动趋势

我们分别用农村家庭劳均经营性收入和劳均工资性收入来表示农村劳动者从事农业及非农业的收入，并将其与城镇各行业的工资放在一起分析。结果显示：首先，加入农村之后，扩大了国民经济各行业的整体收入差距。无论是垄断性行业，还是竞争性行业，与农村的收入变异系数均超过 0.40，远高于城镇内部各行业之间的平均工资变异系数，并且呈现逐渐上升的态势（见图 14 –4），即城乡之间的收入差距在不断扩大。其次，垄断性行业与农村部门的平均收入变异系数明显高于同时期竞争性行业与农村部门的平均收入变异系数，可见，城乡之间的收入差距更多是由于垄断性行业的收入快速增长而扩大的。第三，相对于农村劳均经营性收入，农村劳均工资性收入与城镇行业尤其是与城镇竞争性行业的工资差距较小。但是自 2002 年起，该收入变异系数由 0.50 左右上升到 0.70 左右，差距明显扩大了。

以上统计分析说明：（1）近十几年来，我国行业间工资差距在扩大。分组分析说明，不同类型部门内部以及部门间的变动趋势不同。竞争性行业内部的行业收入差距在缩小，说明竞争性行业作为一个整体，其劳动力

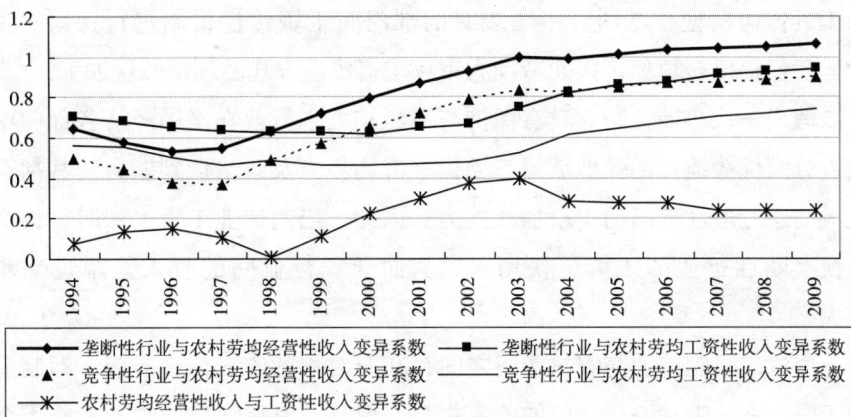

图 14 - 4　城乡各类行业收入差距变动趋势

资料来源：整理自 CEIC 中国经济数据库。

市场正日趋统一而且竞争性在不断提高之中；而垄断性行业内部的平均工资差距变动趋势，则说明了在垄断性行业摆脱了传统的计划经济体制之后，取而代之的却是行业之间劳动力市场的彼此隔绝与分化；而垄断性行业与竞争性行业之间的收入差距在扩大，说明在城镇部门存在着至少两类（垄断性行业与竞争性行业）多个（竞争性行业及各个垄断性行业）彼此隔绝的劳动力市场。（2）从竞争性行业内部以及竞争性行业与垄断性行业之间的平均工资变动趋势可以看出，导致我国行业间收入差距扩大的主要根源是垄断性行业。（3）农村的收入远远低于城镇，城乡各行业之间的收入水平存在明显差距，并且持续扩大。垄断性行业与农村之间的收入差距远高于竞争性行业与农村之间的收入差距。这说明垄断性行业也是近年来我国城乡收入差距不断扩大的重要原因之一。

二、理论假说

近十几年来，中国出现了行业间工资差距逐渐扩大、城乡之间收入差距扩大的明显趋势。这一趋势用建立在竞争市场假说上的工资传递理论，如 BS 假说、Scandinavian 模型等，显然难以解释。

本章将把制造业视为贸易部门，垄断性行业视为非市场的非贸易部门，农村部门视为非贸易的"隐蔽部门"，在此基础上，构建一个三部门的工资传递模型，试图对中国现有的部门间工资传递机制进行探讨。为此，我们提出转轨经济多元劳动力市场工资传递方式的理论假说如下：

假说一： 垄断性行业具有保持与不断扩大本行业在国民经济各部门中收入分配优势地位的强烈欲望与动机，市场势力及政治谈判能力使其拥有大大高于竞争性部门的工薪加成能力，因此，当制造业工资上涨时，将会促使垄断性行业的工资更快增长，从而导致行业间的收入差距进一步扩大。

假说二： 制造业与农村部门之间存在非对称的收入传递效应，即制造业工资上涨会带动农村部门的收入提高，但是，农村部门的收入上涨不会引起制造业工资的上涨，或者至少不是等比例或更大比例的上涨。

下面通过计量模型验证这两个假说。

第四节　计量模型选择和数据处理

一、研究模型的选择

理论上，三部门都有可能成为工资传递的"领导者"，因此，无须甄别内生变量或外生变量的 VAR 模型是一个很好的可用于部门间工资传递效应研究的计量模型。但是 VAR 模型的有效估计需要较大数量的样本观测值，而我国全国层面的各行业工资序列普遍较短，难以满足有效估计的需要，为此，我们进一步利用省际数据来研究这一问题，所使用的模型也就相应变成 PVAR 模型，即面板 VAR 模型。

本章的数据样本为 1994—2009 年全国 25 个省、直辖市、自治区的分行业城镇单位职工的工资数据①，横截面个体个数（25）大于时间跨度

---

① 剔除了西藏、重庆、广西、新疆、河北以及山西，这些省份农村劳动力人口及相应的收入数据难以获得。

（16 年），可以类似地看成是微观面板数据。考虑到我国省际之间变量可能存在的个体效应以及模型估计方法的可操作性，本章将根据 Inessa Lovet 和 Lea Ziccino（2006）提供的 GMM 估计方法来估计所构建的 PVAR 模型。基本式子如下：

$$Y_{it} = \gamma_0 + \varphi_1 Y_{i,t-1} + \varphi_2 Y_{i,t-2} + \cdots + \varphi_p Y_{i,t-p} + \varphi_1 X_{i,t-1} + \cdots$$
$$+ \varphi_p X_{i,t-p} + \gamma_i + u_{it}$$

Y_{it} 表示个体 i 在时点 t 的 m 个内生变量的 $m \times 1$ 向量，X_{it} 表示个体 i 在时点 t 的 m 个外生变量的 $m \times 1$ 向量，γ_i 表示个体 i 的 m 个内生变量的个体固定效应的 $m \times 1$ 向量，φ_i、φ_i 分别为 m 个内生变量和外生变量的滞后项估计系数，p 为滞后阶数，u_{it} 是残差项。

二、数据处理

1. 变量选择

为验证上述假说，需要构建制造业、垄断行业以及农村部门等 3 个变量。其中，制造业变量直接用分地区的制造业平均工资表示；垄断行业变量用所有涉及行业的平均工资加权得到的；农村部门变量分别是代表农村从事农业收入的劳均经营性收入，以及代表农村从事非农产业收入的劳均工资性收入。

2. 数据指标处理

制造业的平均工资数据，各地区均有较完备的统计；农村家庭劳均经营性和工资性收入，可以根据本章第二部分提供的算法估算得到；垄断行业变量的平均工资数据，需要进一步从行业分类中整理得到。由于我国的国民经济行业分类在 2002 年发生了较大变化，为保持数据前后一致性，先要统一样本区间内的行业分类。借鉴陈贵富（2011）的研究，本章将 2003 年之后的数据按《国民经济行业分类》（GB/T4754—1994）进行调整。调整后的产业包括：农、林、牧、渔业[①]；采掘业；制造业；电力、煤气及水的生产和供应业；建筑业；地质勘查、水利管理业；交通运输、仓储和

---

① 这里的农、林、牧、渔业口径偏小，不能代表农村劳动力市场。本章用农村家庭劳均经营性和工资性收入来代替。

邮电通信业；批发和零售贸易、餐饮业；金融保险业；房地产业；社会服务业；文教卫体社会福利业；科学研究和综合技术服务业；国家机关、政党机关和社会团体。共三大产业 14 个行业门类（见表 14-3）。统一行业分类后，估算垄断行业的工资加权变量。具体做法是以各行业就业人数占行业就业人数的比重为权重，乘上对应的各行业平均工资，最后加总得到所需变量数据。为排除物价对工资的影响，所有变量均为实际可比值。为降低异方差情况的发生，所有变量均做对数化处理，取其对数值。

表 14-3　1994 年与 2002 年国民经济行业分类处理对照表

GB/T4754—1994	GB/T4754—2002
1 农、林、牧、渔业	A 农、林、牧、渔业
2 采掘业	B 采矿业
3 制造业	C 制造业
4 电力、煤气及水的生产和供应业	D 电力、燃气及水的生产
5 建筑业	E 建筑业
6 地质勘查、水利管理业	N 水利、环境和公共设施管理业
7 交通运输、仓储和邮电通信业	F 交通运输、仓储和邮政业 G 信息传输、计算机服务和软件业
8 批发和零售贸易、餐饮业	H 批发和零售业 I 住宿和餐饮业
9 金融、保险业	J 金融业
10 房地产业	K 房地产业
11 社会服务业	L 租赁和商务服务业 O 居民服务和其他服务业
12 文教卫体社会福利业： 　12A 卫生、体育和社会福利业 　12B 教育、文化艺术及广播电视业	P 教育 Q 卫生、社会保障和社会福利业 R 文化、教育和娱乐业
13 科学研究和综合技术服务业	M 科学研究、技术服务业和地质勘查业
14 国家机关、政党机关和社会团体	S 公共管理和社会组织

注：由于不考虑农、林、牧、渔业，而且将 GB/T4754—1994 中的第 12 类和第 13 类合并，最终纳入本章研究的行业分类只有 13 个。处理方法及数据可向作者索要。

各地区城镇单位分行业就业人员平均工资和就业人数的数据来自 CEIC

数据库及历年《中国劳动统计年鉴》；各地区乡村人口数、城镇和农村 CPI 数据、农村家庭人均经营性收入的数据来自各地区历年统计年鉴①。

第五节　模型的估计和稳健性检验

一、模型的估计

1. 面板单位根检验

目前较常用的面板单位根检验有 Levinlin 检验、IPShin 检验和 Xtfisher 检验。它们的共同假设是面板数据的个体截面之间相互独立。研究表明，一旦放松这一假定，三种检验的有效性都将大幅度减弱（Maddala & Wu，1997；O'Connell，1998；Fabian，2002；等等）。由于经济发展模式大致相同，我国各省市之间的分行业工资数据可能存在同期相关性。所以，常用的 Levinlin 检验、IPShin 检验和 Xtfisher 检验结果有可能是无效的。为此，本章用由 Pesaran（2003，2007）提出的允许截面异质性和截面同期相关的 Pescadf 检验来判断模型变量是否存在单位根②。

表 14-4　变量的单位根检验

原假设	检验方法	类型	变量名	*lma*	*lmo*	*lrun*	*lrw*
所有序列 非平稳	Levinlin Test	(C, T, 0)	t_star	-4.49 ***	-4.34 ***	-1.73 **	-6.13 ***
			P 值	0.000	0.000	0.042 (a)	0.000
			滞后阶数	1	1	1	1

---

① 由于缺少 1994—1996 年各行业的就业人数数据，在估算竞争行业及垄断行业的工资数据时，用 1997 年的权重数据对 1994—1996 年的工资进行加权。

② Taylor 和 Sarno（1998）提出基于 SUR 模型的 Madfuller 检验也能够处理截面个体的同期相关性，但是，由于 Madfuller 检验适用于 T > N 的情况，比较而言，Pescadf 检验更适用于本章的样本数据。

原假设	检验方法	类型	变量名	*lma*	*lmo*	*lrun*	*lrw*
所有序列非平稳	IPShin Test	(C, T, 0)	W[t_bar]	− 0.58	− 1.22	− 2.48 ***	− 1.74 **
			P 值	0.280	0.111	0.007	0.041
			滞后阶数	1	1	1	1
所有序列非平稳	Xtfisher Test	(C, T, 0)	Chi_square	239.41 ***	83.32 ***	99.27 ***	117.4 ***
			P 值	0.000	0.002	0.000	0.000
			滞后阶数	1	1	1	1
所有序列非平稳	Pescadf Test	(C, 0, 0)	Z[t_bar]	− 2.59 ***	− 3.97 ***	− 2.37 ***	− 0.857
			P 值	0.005	0.000	0.009	0.196
			滞后阶数	1	1	1	1
所有序列非平稳	Pescadf Test	(C, 0, 1)	Z[t_bar]				− 3.745 ***
			P 值				0.000
			滞后阶数				1

注：（1）lma、lmo、lrun、lrw 分别表示制造业平均工资、垄断行业加权平均工资、农村家庭劳均经营性收入以及农村家庭劳均工资性收入的对数值。（2）类型（C，T，0）表示截距项、趋势项及单位根检验的差分阶数设置。其中括号内第一项表示截距项，字母 C 表示存在截距项；第二项表示趋势项，字母 T 表示存在，0 表示不存在；第三项表示差分的阶数，0 表示水平变量，1 表示一阶差分变量。（3）后缀 *** 表示在1%的显著性水平上上拒绝原假设。** 表示在5%的显著性水平拒绝原假设；（4）表中"（a）"表示该变量的检验没有趋势项。

见表 14 − 4，Levinlin 检验和 Xtfisher 检验的结果显示所有变量都是平稳的；IPShin 检验的结果显示，只有农村部门的变量是原阶平稳的，其余变量是不平稳的；我们关注的 Pescadf 检验显示制造业变量、垄断行业变量和农村部门中从事农业的劳均经营性收入变量是原序列平稳的，农村家庭劳均工资性收入变量是一阶平稳的。

2. PVAR 模型的估计

由于没有考虑外生变量，模型估计式可以改写成：

$$Y_{it} = \gamma_0 + \varphi_1 Y_{i,t-1} + \varphi_2 Y_{i,t-2} + \cdots + \varphi_p Y_{i,t-p} + \gamma_i + u_{it}$$

Y_{it} 表示截面 i 在时点 t 的内生变量向量组合，γ_i 表示截面 i 的个体固定效应（4×1 向量），φ_i 则为内生变量的滞后项估计系数，p 为滞后阶数，u_{it} 是残差项。受样本数据数量限制，在比较完模型各滞后阶数估计结果的平稳性之后，我们将滞后阶数 p 设为 1。模型估计方法采用的是 GMM 估计，模型设定为恰好识别。

（1）不包含农业部门的模型估计

由于城镇制造业变量和垄断行业变量均是平稳的，我们可以直接进行估计。两部门的脉冲响应结果如下：第一，两个变量对自身都具有力度较大的正向作用。制造业对自身冲击的反应是初期上涨 0.066，随后缓慢下滑，一直持续到 10 期以后才逐渐回归水平状态；垄断性行业对自身冲击的反应是初期上涨 0.050，随后长期缓慢下滑（见图 14 - 5）。

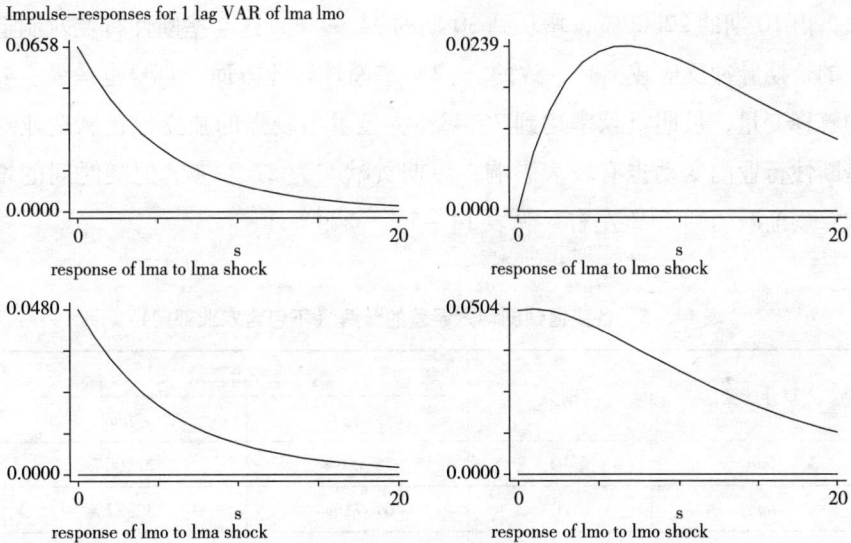

Impulse-responses for 1 lag VAR of lma lmo

图 14 - 5　内生变量之间的脉冲响应函数（不包含农业部门）

注：（1）冲击单位为 1 单位标准差正向冲击；（2）response of X to Y，表示 Y 发生 1 单位标准差冲击对 X 的影响。

第二，垄断性行业对制造业变量冲击的反应是初期上涨 0.048，前 20 期的累积效应为 0.301，为同期制造业变量冲击对自身累积效应的 77.6%；而同时，制造业对垄断性行业变量冲击的反应是初期上涨为 0，最高单期为 0.024，前 20 期的累积效应为 0.356，仅为同期垄断性行业对自身累积效应的 52.9%。由于我们用的是对数变量，代表工资增长率，因此，这表明制造业变量冲击对制造业工资增长率的作用大小，与其对垄断性行业工资增长率的作用大小基本相同。考虑到垄断性行业的工资基数要远远高于制造业，可知，制造业工资上涨所引发的垄断性行业相近比例的工资增长，会使得高工资的垄断行业与低工资的制造业之间的工资绝对差距进一步扩大。另外，垄断性行业工资上涨对制造业工资的影响呈现倒 U 型的冲击曲线，这意味着尽管垄断性行业工资上涨在初期对制造业工资没有影响，但是随后对制造业工资的推动作用将会慢慢增大，即垄断性行业工资上涨对制造业工资存在滞后的传递效应。

方差分解结果显示：（1）制造业变量是自身最主要的解释变量，长期贡献率稳定在 66% 的水平，垄断性行业对其的影响随着时间的增加而增大，由 10 期的 22.00%，增长到 30 期的 34.94%，这与垄断性行业对制造业的长期脉冲反应较大是一致的。（2）垄断性行业方面，自身也是最主要的解释变量，长期贡献率达到 76.48%，显示出较强的独立性；制造业对垄断性行业的变动也有较大影响，短期贡献率为 27.72%，但随时间的增加，逐渐减弱到 23% 左右（见表 14 – 5）。

表 14 – 5　各变量预测均方误差的分解（不包含农业部门）

方差分解变量	期数	冲击变量	
		lma	*lmo*
lma	10	78.00%	22.00%
lma	20	67.73%	32.27%
lma	30	66.06%	34.94%
lmo	10	27.72%	72.28%
lmo	20	24.04%	75.96%
lmo	30	23.52%	76.48%

注：方差分解的次序为 *lma*、*lmo*。

脉冲响应函数及方差分解的结果说明，较之垄断性行业工资上涨对制造业工资的正向冲击，制造业工资上涨会促使垄断性行业的工资更快增长，从而导致行业间的收入差距进一步扩大。假说一成立。同时，尽管由于市场分割，劳动力难以自由流动，垄断性行业的工资上涨在短期内不会对制造业工资产生直接影响，但滞后的长期效应不可忽视，即便其所导致的制造业工资上升的幅度较小。

（2）包含农业部门的模型估计

我们先讨论垄断性行业、制造业和农业部门之间的收入传递关系。由于三个变量都是平稳的，可以直接进行模型估计。脉冲响应的结果如下：第一，制造业与垄断行业之间的关系除了在数值上略有增大外，其余行业间工资传递的方式、作用大小等均没有发生改变，假说一依然成立；第二，制造业与农业部门之间的关系明显不同于假说二，制造业工资与农业部门的收入之间的关系是负向的（见图14-6）。这说明，尽管理论上农业部门向制造业的劳动力流动是自由的[1]，但是，制造业与农业部门之间却

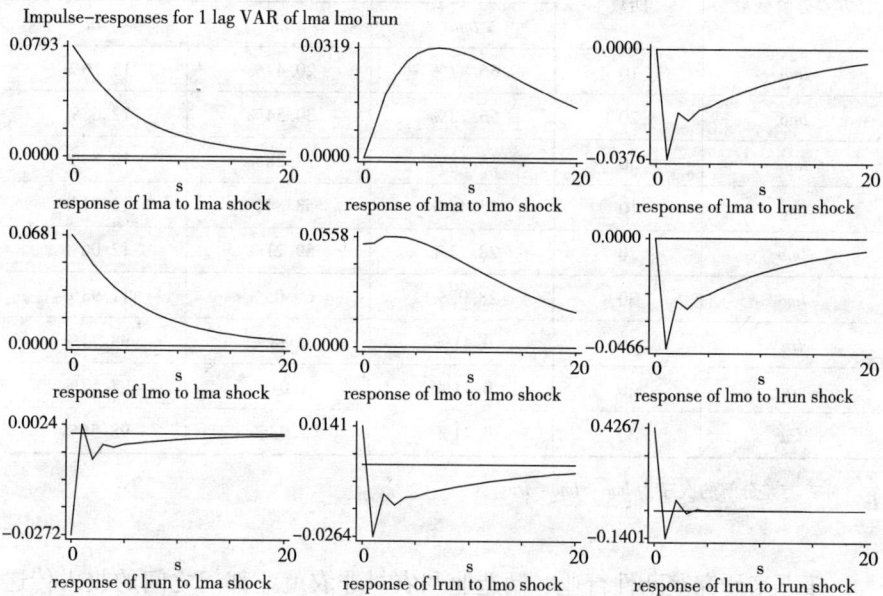

Impulse-responses for 1 lag VAR of lma lmo lrun

图14-6 内生变量之间的脉冲响应函数（包含农业部门）

注：（1）冲击单位为1单位标准差正向冲击；（2）response of X to Y，表示Y发生1单位标准差冲击对X的影响。

---

[1] 就整体而言，制造业劳动力向农业的流动未必是自由的，但是制造业中的农村就业者回乡务农，在理论上不存在障碍。

不存在流动无阻碍的统一劳动力市场。这些年来，随着大量农村青壮劳动力进城打工，留在农村从事农业劳动的主要是那些难以进城打工的老弱、妇女及文化程度较低的劳动力，那些常年进城打工的青壮劳动力已经基本上退出了农业生产，也不愿意再回到农村从事农业。这样，在制造业与农业之间，就形成了新的劳动力市场分割。实际存在的就业门槛使得制造业与农业之间的工资传递被阻隔了。方差分解证实了这一观点（见表 14 - 6）：农业部门对自身冲击的长期贡献率高达 98% 以上，基本与其他两个行业没有关系。

表 14 - 6　各变量预测均方误差的分解（包含农业部门）

方差分解变量	期数	冲击变量		
		lma	*lmo*	*lru*
lma	10	66.37%	20.47%	13.16%
lma	20	56.78%	30.54%	12.68%
lma	30	55.18%	32.28%	12.54%
lmo	10	33.45%	53.84%	12.71%
lmo	20	28.73%	59.21%	12.06%
lmo	30	28.02%	60.05%	11.93%
lru	10	0.41%	0.88%	98.71%
lru	20	0.41%	1.01%	98.57%
lru	30	0.41%	1.03%	98.56%

注：方差分解的次序为 *lma*、*lmo*、*lru*。

接下来研究垄断性行业、制造业和农村非农就业部门之间的收入传递关系。由于农村家庭劳均工资性收入变量的原序列是非平稳的，而其他两个变量却是平稳的，为避免伪回归情况的发生，我们将对上述三个变量进行面板协整检验。本章将使用 Westerlund（2007）、Persyn 和 Westerlund（2008）提出的基于误差修正模型的 Xtwest 检验方法来判断变量之间是否存在长期的协整关系。采用这种方法的原因是该检验方法允许截面异质性、截面内序列相关和截面之间相关性的存在，符合本章所使用样本数据的情况①。协整检验的结果如下：

表14-7　Xtwest 协整检验

检验变量组合：	*lma*、*lmo*、*lrw*			
统计量	统计量的值	Z 值	P 值	稳健 P 值
Gt	-2.43	-2.14	0.016 **	0.030 **
Ga	-12.85	-2.97	0.002 ***	0.000 ***
Pt	-8.31	0.25	0.599	0.130
Pa	-9.78	-3.50	0.000 ***	0.000 ***

注：（1）Xtwest 检验包含两组统计量，第一组统计量包括 Gt 统计量（不考虑序列相关）和 Ga 统计量（考虑序列相关），这两个统计量允许截面是异质的，即不同的截面具有不同的误差修正速，原假设 H0 为：不存在协整关系；备选假设为 H1 为：至少存在一组协整关系。第二组统计量包括 Pt 统计量（不考虑序列相关）和 Pa 统计量（考虑序列相关），这两个统计量要求截面是同质的，即各个截面的误差修正速度相同，原假设 H0 为：不存在协整关系；备选假设为 H1：Panel 整体上存在协整关系。四个统计量均服从 N（0，1）分布。（2）当样本数据存在截面相关性时，Bootstrap 方法可以保证检验结果的稳健性，其 P 值体现为稳健的 P 值。这里，我们运用的 Bootstrap 次数为 100。（3）后缀 *** 表示在 1% 的显著性水平上拒绝原假设。

可知：四个检验统计量中，只有假设截面同质且序列不相关的 Pt 统计量不能拒绝不存在协整关系的原假设，其余的统计量均显著地拒绝原假设，认为存在协整关系；而运用 Bootstrap 方法重复计算四个统计量后，稳健 P 值所显示的结果依然成立（见表14-7）。考虑到本章使用的是历年各省分行业平均工资数据，由于工资粘性的存在，有可能存在序列自相关，因此，Ga 和 Pa 统计量检验的结果可能更具有效力。为此，我们认为上述变量之间存在长期协整关系，并且结果是稳健的，可以用来构建 PVAR 模型②。模型估计的脉冲响应及方差分解情况，如图14-7、表14-8 所示。

可以发现：第一，垄断性行业对制造业变量冲击的反应是初期上涨 0.050，前 20 期的累积效应为 0.18，为同期制造业变量冲击对自身累积效

---

① 目前应用较广泛的面板协整检验方法主要是基于残差的面板数据协整检验，包括 Kao 检验、Pedroni 检验以及基于 Fisher 面板单位根检验的 EG 协整检验等。但是，这三种检验方法都限制了面板数据的截面相关性，与本章的研究对象可能不符。关于面板协整检验的更详细分析，请参见白仲林（2008）、连玉君（2010）。

② 下文 PVAR 模型估计的结果是稳定的，也后发验证了变量之间存在长期稳定的协整关系。

应的 63.2%；而同时，制造业对垄断性行业变量冲击的反应是初期上涨为 0，最高单期为 0.025，前 20 期的累积效应为 0.233，仅为同期垄断行业对自身累积效应的 43.6%。因此，较之制造业对垄断行业工资上涨的反应，垄断行业对制造业工资上涨的反应要更大，假说一依然成立。第二，制造业工资上涨会引起农村非农就业部门收入在初期上涨 0.027，前 20 期的累积效应为 0.210，约为制造业同期自身累积效应（0.285）的 73.7%；反过来，农村非农就业部门收入上涨也会带动制造业工资上升，并且呈现出倒 U 型的趋势，即先由初期的无影响，迅速上升到最高的 0.034，再逐渐下滑到稳定水平。前 20 期的累积效应为 0.442，约为农村非农就业部门同期自身累积效应（0.883）的 50.1%。因此，尽管农村非农就业部门工资上升也会带制造业部门工资上涨，但相对而言，制造业工资上涨对农村非农就业部门收入的推动作用要更大，即假说二成立。

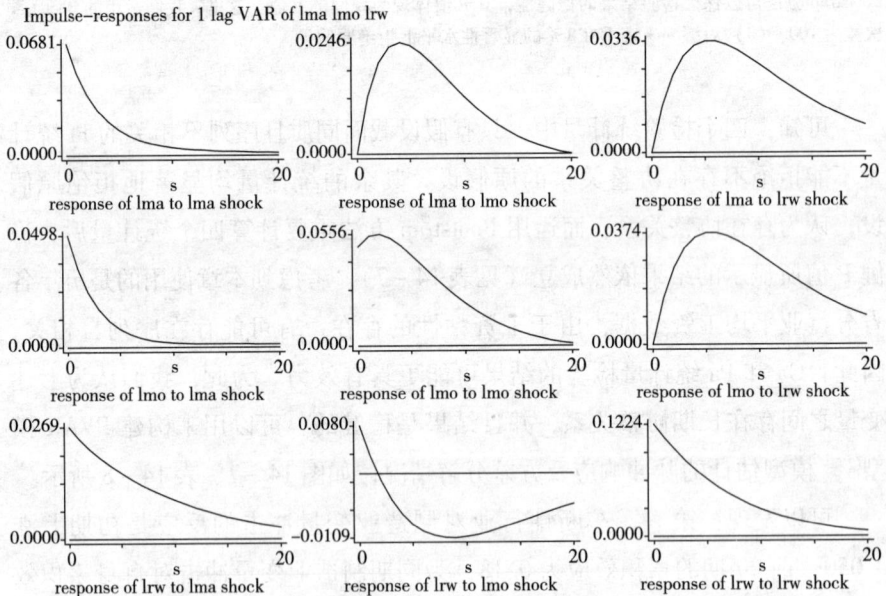

Impulse-responses for 1 lag VAR of lma lmo lrw

图 14-7　内生变量之间的脉冲响应函数（包含农村非农业部门）

注：（1）冲击单位为 1 单位标准差正向冲击；（2）response of X to Y，表示 Y 发生 1 单位标准差冲击对 X 的影响。

表 14-8　各变量预测均方误差的分解（包含农村非农业部门）

方差分解变量	期数	冲击变量		
		lma	lmo	lru
lma	10	47.34%	17.11%	35.56%
lma	20	40.54%	16.21%	43.24%
lma	30	40.15%	16.06%	43.79%
lmo	10	13.99%	58.40%	27.61%
lmo	20	12.13%	53.48%	34.38%
lmo	30	12.05%	53.02%	34.93%
lrw	10	5.26%	1.03%	93.71%
lrw	20	5.51%	2.03%	92.45%
lrw	30	5.54%	2.20%	92.26%

注：方差分解的次序为 lma、lmo、lru。

从方差分解情况看，农村非农就业部门收入的长期贡献率稳定在 92% 左右，体现出较大的独立性。可见，当前我国的城乡劳动力市场仍然存在较大的区别。此外，制造业及垄断性行业自身的长期贡献率均因此有所下降，分别为 40% 和 53% 左右。

二、稳健性检验

前面的研究只是基于市场竞争性将国民经济各部门分为竞争性与非竞争性（垄断性）部门。但是，非市场竞争性部门内部差别仍然是巨大的。有些行业虽然是非市场化的，但是并不存在着明显的市场势力与强大的政治谈判能力，例如地质勘查、水利管理业，2010 年的行业平均工资甚至还低于制造业。为使模型结果更加稳健，我们重新界定垄断性行业变量，再进行模型估计。一方面尽量使变量的设计更合理，另一方面也可用来检验模型估计的稳健性。我们将此前定义的垄断性行业中的地质勘查、水利管理业、文教卫体社会福利业以及科学研究和综合技术服务业等事业单位剔除出垄断性行业，形成新的垄断性行业变量，只包含交通运输、仓储及邮电通信业、金融保险业等四个行业。重新估计的模型的脉冲响应函数如下：

Impulse-responses for 1 lag VAR of lma lmon lrw

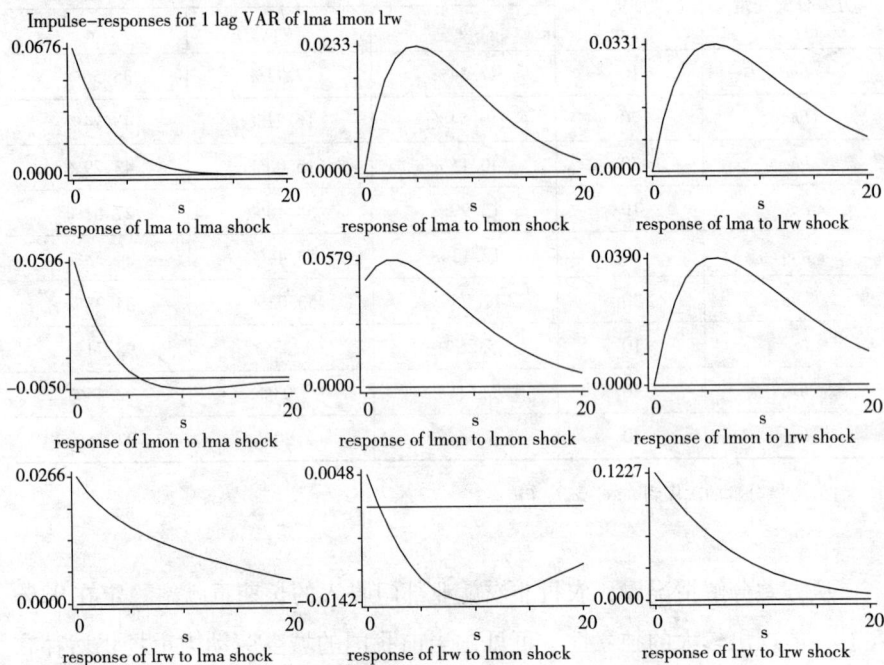

图 14 - 8　新模型变量间的脉冲响应函数

注：变量 *lmon* 表示新的垄断行业变量。

　　对比图 14 - 8，可以发现，新模型变量间的脉冲响应函数与前面的模型在显著性水平、冲击方向等方面基本一致。其中，垄断性行业对制造业变量冲击的反应是初期上涨 0.051，比原模型增长了 0.001；而制造业对垄断性行业变量冲击的反应是初期上涨为 0，最高单期为 0.0230，比原模型下降了 0.003。因此，新的垄断性行业变量进一步强化了制造业与垄断性行业之间的工资传递关系，假说一依然成立。而制造业与农业部门之间关系则几乎没有变化（见图 14 - 8）。此外，方差分解方面，垄断性行业的独立性有所增强，自身的长期贡献率上升到 58%，农业部门的自身长期贡献率则进一步下降到 90% 左右，制造业则维持不变①。总体上，新变量的替

---

① 篇幅所限，略去方差分解的表格。有兴趣者可向作者索要。

代并没有对模型估计的结果造成较大改变，模型估计是稳健的。

三、面板 Granger 因果检验

为进一步明确各行业工资之间的相互作用，利用 Hurlin（2004）提供的异质均值 Wald 检验方法，我们对上述估计模型的变量进行面板 Granger 因果检验。具体检验的方程如下：

$$y_{it} = \alpha_i + \sum_{k}^{K} \gamma_i^k y_{i,t-k} + \sum_{k}^{K} \beta_i^k x_{i,t-k} + \varepsilon_{it}$$

其中，i、t 分别表示截面和时间，k 为滞后阶数。

原假设和备选假设分别为：

H0：$\beta_i = 0$；H1：$\beta_i = 0, i = 1, \cdots, N_i$，$\beta_i \neq 0, i = N_i + 1, \cdots, N$。

检验的统计量为：

$$w_{N_T} = \frac{1}{N} \sum_{i=1}^{N} w_{i,T} \ 服从分布$$

其中，$w_{i,T}$ 表示当 $\beta_i = 0$ 时，第 i 个截面的 Wald 检验统计量。最终估计的结果如表 14 - 9 所示：

表 14 - 9   各变量之间的面板 Granger 检验

原假设	均值 Wald 检验统计量	5% 显著性水平参考值	结论
lma 不是 lmo 的格兰杰原因	M - wald = 3.63	1.92	拒绝
lmo 不是 lma 的格兰杰原因	M - wald = 6.02	1.92	拒绝
lru 不是 lmo 的格兰杰原因	M - wald = 1.01	1.92	接受
lmo 不是 lru 的格兰杰原因	M - wald = 1.32	1.92	接受
lru 不是 lma 的格兰杰原因	M - wald = 1.33	1.92	接受
lma 不是 lru 的格兰杰原因	M - wald = 1.34	1.92	接受
lrw 不是 lmo 的格兰杰原因	M - wald = 11.56	1.92	拒绝
lmo 不是 lrw 的格兰杰原因	M - wald = 3.60	1.92	拒绝
lrw 不是 lma 的格兰杰原因	M - wald = 4.76	1.92	拒绝
lma 不是 lrw 的格兰杰原因	M - wald = 4.10	1.92	拒绝

注：5% 显著性水平的统计量参考值来自 Hurlin（2004）的文章附录。

可以发现，制造业和垄断行业变量、制造业和农村劳均非农收入变量，以及垄断行业和农村劳均非农收入变量之间均互为 Granger 因果关系；而制造业和农村劳均农业收入变量、垄断行业和农村劳均农业收入变量之间则不存在 Granger 因果关系。这与前文脉冲响应冲击的结果保持一致，进一步说明了制造业、垄断行业以及农村劳均非农收入之间存在相互作用的传递效应。

第六节　结论与政策探讨

本章统计分析发现：第一，20 世纪 90 年代中期以来，中国行业间工资水平的变动出现了与竞争市场或市场竞争化相反的趋势：行业间工资差距不断扩大。进一步的分析发现：近十几年来我国行业间工资差距扩大的根源在于垄断性行业；竞争性行业之间的收入差距则趋向于收敛。第二，垄断性行业也是导致城乡收入差距扩大的关键因素。

围绕这些发现，本章利用 1994—2009 年我国省际间城镇单位分行业职工工资数据以及农村劳动力的收入数据，运用 PVAR 模型，重点考察以制造业为代表的竞争性行业工资上涨对垄断性行业及农村农业部门、农村非农就业部门的收入传递效应，发现：

（1）以制造业为代表的竞争性行业与垄断性行业之间存在非市场化的工资传递效应。高工资水平的垄断性行业的工资上涨难以向低工资水平的制造业传递，相反，制造业的工资提高在短期就引起了垄断性行业的工资更快增长，这是造成我国近十几年来，以制造业为代表的竞争性行业与垄断性行业之间的工资差距持续扩大的根本原因。

（2）以制造业为代表的竞争性行业与农业部门之间不存在着相互的收入传递效应，但是与农村非农就业部门存在着相互的收入传递效应。制造业工资的上涨将更快地带动农村非农就业部门收入的上升。城镇竞争性部门与农村非农部门的劳动力市场趋向统一，劳动力的自由流动程度因此提高了。

（3）从工资传递角度看，近十几年来，我国劳动力市场存在着市场退化趋势，主要体现在原有的城乡二元劳动力市场正在逐步分化为四类多个相互分隔的劳动力市场：垄断行业劳动力市场（其内部又分化为多个行业劳动力市场），城镇竞争性行业劳动力市场，农村非农部门劳动力市场（前两者正在向统一的劳动力市场发展，但距离统一的劳动力市场尚远），农村农业部门劳动力市场。劳动力市场的割裂、劳动者行业间流动门槛的提高导致了城乡竞争性部门与垄断性部门工资差距不断扩大。

（4）与成熟市场经济的行业工资结构相比（见表 14 - 1），中国的行业工资结构严重不合理，而且近十几年来呈退化态势。

中国行业工资结构不合理，是中国经济市场化进程受到阻滞的重要表现及负面效应。垄断性行业因其体制改革不到位、不彻底，保持、延续了 20 年前国有企业普遍存在的"工资侵蚀利润"的分配取向，并借助 20 世纪 90 年代中期的国有经济配置领域的战略性调整，强化了在特定领域的行业垄断地位，这些垄断行业有效地利用其在市场领域的垄断势力以及在非市场领域的强大政治谈判能力，将国民经济其他部门创造的价值转化为本行业的收入，为不合理地提高本行业的工资水平创造了新的条件。与此同时，以制造业为代表的竞争性行业不仅在与垄断性行业的国民收入分配中居劣势地位，而且在行业内部，由于有效维护劳工权益的组织缺失，劳资双方在工资决定中的力量严重不对等，逐渐沦为我国国民经济平均工资水平最低的几个部门之一[①]。行业工资差距不断扩大，竞争性行业的平均工资水平偏低，将严重妨碍整个社会经济的持续稳定发展、资源利用效率的提高、公正和谐社会秩序的形成，如坐视不管，其政治经济后果将极为严重。

提高以制造业为代表的我国竞争性产业的劳动报酬水平，不仅需要提高其绝对工资水平，更重要的是调整国民经济行业间现存的不合理收入分

---

① 在国民经济 19 个部门中，工资水平最低的六个部门是：制造业、居民服务及其他服务业、水利、环境和公共设施管理业、建筑业、住宿及餐饮业、农林牧渔业。其中唯有水利、环境和公共设施管理业不属于竞争性行业。

配格局。如果听任现有的行业间工资传递机制继续发挥作用，提高以制造业为代表的我国竞争性产业的劳动报酬水平，不仅毫无意义，而且将继续恶化现有的行业间收入分配格局，引发国民经济范围的工资—物价螺旋性上涨，强化现有的国民经济结构失衡，阻滞经济发展方式转型。提高以制造业为代表的我国竞争性产业的劳动报酬水平，调整国民经济行业间现存的不合理收入分配格局，关键在于进一步深化劳动力市场的体制改革，扭转现有的劳动力市场多元化倒退趋势，促进统一而自由流动的劳动力市场的形成，改变现有的行业间工资传递机制，消除垄断性行业维持、扩大现有不合理收入分配格局的加成涨薪能力。它呼唤着推进中国经济转向规范市场经济的新一轮彻底改革。

参考文献

[1] 白仲林：《面板数据的计量经济分析》，南开大学出版社 2008 年版。

[2] 陈贵富：《农民工、非农部门经济增长与城镇行业间的收入差距》，《农业技术经济》2011 年第 5 期。

[3] 陈戈、Demurger、Fournie：《中国企业的工资差异和所有制结构》，《世界经济文汇》2005 年第 6 期。

[4] 陈钊、万广华、陆铭：《行业间不平等：日益重要的城镇收入差距成因》，《中国社会科学》2010 年第 3 期。

[5] 丁守海：《农民工工资上涨不会直接助推通货膨胀》，《中国社会科学报》2011 年 7 月 6 日。

[6] 丁剑平、刘健、于群：《非贸易部门工资水平在实际汇率决定中的作用——误差修正模型对中国与日本汇率的检验》，《上海财经大学学报》2003 年第 10 期。

[7] 金玉国、崔友平：《行业属性对劳动报酬的边际效应及其细部特征》，《财经研究》2008 年第 7 期。

[8] 赖德胜：《教育劳动力市场与收入分配》，《经济研究》1998 年第 5 期。

［9］李荻、张俊森、赵耀辉：《中国城镇就业结构的所有制演变：1988－2000》，《经济学季刊》2005 年 10 月增刊。

［10］李文溥、郑建清、林金霞：《制造业劳动报酬水平与产业竞争力变动趋势探析》，《经济学动态》2011 年第 8 期。

［11］连玉君：《计量分析与 STATA 应用》，中山大学岭南学院课程讲义，2010 年。

［12］刘煜辉：《谨防货币政策伤害微观效率诱发"滞胀"》，《上海证券报》2008 年 4 月 2 日。

［13］罗楚亮、李实：《人力资本、行业特征与收入差距》，《管理世界》2007 年第 10 期。

［14］潘胜文：《典型垄断行业职工收入状况分析与对策》，《经济问题探索》2009 年第 1 期。

［15］任国强、尚金艳：《中国行业收入差距文献综述》，《华东经济管理》2011 年第 12 期。

［16］史先诚：《行业间工资差异和垄断租金共享》，《上海财经大学学报》2007 年第 2 期。

［17］王燕武、李文溥、李晓静：《基于单位劳动力成本的中国制造业国际竞争力研究》，《统计研究》2011 年第 10 期。

［18］厦门大学"中国季度宏观经济模型（CQMM）"课题组：《中国宏观经济预测与分析——2011 年春季报告》，2011 年 2 月。

［19］叶林祥、李实、罗楚亮：《行业垄断、所有制与企业工资收入差距》，《管理世界》2011 年第 4 期。

［20］岳希明、李实、史泰丽：《垄断行业高收入问题探讨》，《中国社会科学》2010 年第 3 期。

［21］邢春冰：《不同所有制企业的工资决定机制考察》，《经济研究》2005 年第 6 期。

［22］张原、陈建奇：《人力资本还是行业特征：中国行业间工资回报差异的成因分析》，《世界经济》2008 年第 5 期。

［23］张平、王宏淼：《"双膨胀"的挑战与宏观政策选择》，《经济学动态》2007 年第 12 期。

[24] Balassa, B., "The Purchasing Power Parity Doctrine: A Reappraisal", *Journal of Political Economy*, Vol. 72(6), 1964, pp. 584-596.

[25] Christou, C., A. Klemm and A. Tiffin, "Wage Dynamics in the Romanian Economy", IMF Article IV, Selected Issues, 2007, pp. 34-50.

[26] Demekas and Kontolemis, "Government employment and wages and labour market performance", *Oxford Bulletin of Economics and Statistics*, 62(3), 2000, pp. 391-415.

[27] Demunger, Fournier, Li Shi and Wei Zhong, "Economic Liberalization With Rising Segmentation in China's Urban Labor Market", *Asian Economic Papers*, Vol. 5, No. 3, 2006, pp. 58-101.

[28] Fabian, "A Note on the Use of Panel Unit Root Tests on Sectional Dependent Data: An Application to PPP", Working paper, Depatment of Economics, European University Institute, Italy, 2002.

[29] Friberg, "Intersectoral Wage Linkages: the Case of Sweden", *Empirical Economics*, 32, 2007, pp. 161-184.

[30] Gaetano D'Adamo, "Wage Spillovers Across Sectors in Eastern Europe", ISSN working paper, 2011.

[31] Hurlin, "Testing Granger Causality in Heterogenous Panel Data Models with Fixed Coefficients", mimeo, University of Orléans, 2004.

[32] Inessa Love and Lea Ziccino, "Financial Development and Dynamic Investment Behaviour: evidence from Panel VAR", *The Quarterly Review of Economics and Finance*, Vol. 46, 2006, pp. 190-210.

[33] Jacobson and Ohlsson, "long-run relations between private and public sector wages in sweden", *Empirical Economics*, 19, 1994, pp. 343-360.

[34] Maddala and Wu, "A Comparative Study of Unit Root Tests with Panel Data and a New Simple Test", *Oxford Bulletin of Economics and Statistics*, Vol. 61, 1997, pp. 631-652.

[35] O'Connell, "The Overvaluation of Purchasing Power Parity", *Journal of International Economics*, Vol. 44, 1998, pp. 1-19.

[36] Odd Aukrust, "A Model of the Price and Income Distribution Mecha-

nism of an Open Economy", *Review of Income and Wealth*, Vol. 16, 1970, pp. 51-78.

[37] Pesaran, H. , "A Simple Panel Unit Root Test in the Presence of Cross Section Dependence", Cambridge Working Papers in Economics 0346, University of Cambridge, 2003.

[38] Pesaran, H. , "A Simple Panel Unit Root Test in the Presence of Cross-Section Dependence", *Journal of Applied Econometrics*, 22 (2), 2007, pp. 265-312.

[39] Persyn and J. Westerlund, " Error Correction Based CointegrationTests for Panel Data". Stata Journal 8(2), 2008, pp. 232-241.

[40] Taylor, Mark P. and Lucio Sarno, "The Behavior of Real Exchange Rates During the Post-Bretton Woods Period", *Journal of International Economics*, Vol46(1998), pp. 281-312.

[41] J. Westerlund, "Testing for Error Correction in Panel Data", *Oxford Bulletin of Economics and Statistics*, 69(6), 2007, pp. 709-748.

[42] ZHAO yan-hui, "Earnings Differentials between State and Non-state Enterprises in Urban China", *Pacific Economic Review*, 7(1), 2002, pp. 181-197.

第十五章 工资水平、劳动力供求
结构与产业发展型式[①]

第一节 引 言

　　要素比价是决定经济发展方式的基本条件之一。改革开放之初，中国沿海开放地区实行"两头在外"，"大进大出"的加工贸易方式。它建立在劳动力、土地相对丰裕而廉价，资本稀缺而昂贵的要素比价结构基础上。就增长方式而论，是一种典型的以出口劳动密集型产品为导向的粗放型经济发展方式（Wenpu Li，Ming Gong，2009）。发达国家的经验证明，要素相对稀缺状况的改变从而要素比价的变化将促使经济发展方式逐步发生转变。三十多年来的高速增长使中国人均GDP增长了10倍以上[②]，中国尤其是东部沿海地区的要素相对稀缺状况因此发生了重大变化。然而，令人失望的是，经济发展方式的转变却相对缓慢，严重滞后于人均GDP的增长。在近十五年中，它逐渐导致了中国国民收入分配、支出结构的严重失衡。2008年的国际金融危机使中国经济这一潜在的结构性矛盾暴露无遗。国内居民消费萎靡不振，主要原因之一是工薪收入阶层的主体——普通劳工的

　　① 本章作者：李文溥、陈贵富。付煜、李欣欣和邵静蕾协助收集了相关数据，李晓静协助更新了相关统计图表。
　　② 东南沿海开放地区的人均GDP增长的更快。以福建为例，1978年，福建省人均GDP只有273元，到2009年，福建省人均GDP为33840元，名义增长123.0倍，实际增长了26.8倍。

工资增长缓慢（"中国季度宏观经济模型（CQMM）"课题组，2010a，2010b）。但是，进入21世纪以来，中国东南沿海地区却出现了持续的"民工荒"。蔡昉（2007）认为中国经济即将迎来其发展的刘易斯转折点①。王德文（2008）则认为刘易斯转折点是经济发展过程中的一个重要里程碑。然而，"刘易斯转折点"的出现，却与劳工工资增长缓慢，居民收入占GDP比重不断下降、经济发展方式粗放、产业结构演进缓慢并存，似乎存在着某种悖论。

福建是中国较早实行对外开放及市场化改革的东南沿海省份之一。多年实行以出口劳动密集型产品为导向的粗放型经济增长方式，在较快提高人均GDP水平的同时，也使福建从原来的劳动力过剩省份逐渐转变为劳动力稀缺省份。目前，福建劳动力市场上的供给40%—50%来自外省②。但是，尽管从1978年到2009年，福建人均GDP增长26.8倍，远远超过全国增长倍数，经济发展方式的转变却比较缓慢。至今产出最大的仍是通信设备、计算机及其他电子设备制造业、非金属矿物制品业、皮革、毛皮、羽毛（绒）及其制品业、纺织服装、鞋、帽制造业、纺织业等劳动密集型产业。这些产业多以加工贸易为主，两头在外，大进大出，本国要素尤其是劳动、土地、资金要素收益偏低③，严重制约了福建最终消费尤其是居民消费对经济增长的拉动能力。

本章以福建为例，从工资水平、劳动力市场的供求结构角度，分析沿海开放地区产业发展特征，探讨目前情况下，在中国逐步提高劳工工资，纠正要素比价扭曲对转变经济发展方式，推动产业转型的意义。限于部分数据的可得性，目前的分析以福建为主，但是，以出口劳动密集型产品为导向却是中国东南部沿海地区近三十年来较为普遍的经济发展方式，因此，以福建为例的研究也就具有了一定程度上的普适意义。

---

① 本章中"中国"（全国）是一个经济体概念，而非国际关系、国际政治中的主权管辖范围概念，因此它不包括在主权上属于中国一部分，但目前关卡、社会经济体制及政策都不同的中国台湾、香港、澳门等地区。

② 作者根据福建省城镇劳动力市场监测数据计算所得。

③ 这里的资金≠资本，主要指居民的储蓄存款等。

第二节　高增长下的制造业就业弹性复归

1979 年至今，就业与经济增长之间的关系，福建省基本上呈 U 型趋势：1979—1990 年，就业弹性较高；1991—2000 年，就业弹性较低；2001年至今，就业弹性向 1979—1990 年复归。分产业看，第一产业自 1996 年起，就业弹性持续为负，2001 年之后，弹性系数从 1996—2000 年的 -0.11 急剧下降到 -0.77，其走势呈现为急剧向右下倾斜的曲线。就就业量而言，从 1996 年至今，更始终保持负增长（见表 15-1）。但是，第一产业产出始终保持正增长。第一产业劳动生产率持续稳定增长，为大量农业劳动力转向非农产业提供了必要基础。第二产业的就业弹性与经济的整体就业弹性变化趋势基本一致，但 U 型特征更为明显。由于第三产业的就业弹性变化趋势比总就业弹性的变化趋势更平缓，因此，可以得出结论：尽管第二产业的就业比例不高，但因其平均增长速度及就业弹性变动幅度较大，其就业变动趋势左右了福建的就业趋势（见图 15-1）。

表 15-1　福建省就业弹性、就业增长及结构变化（1979—2009 年期间值）

	1979—1985	1986—1990	1991—1995	1996—2000	2001—2005	2006—2009
就业增长（%）	3.2	3.2	3.1	1.2	2.4	3.8
第一产业	0.3	2.1	0.1	-0.3	-2.0	-2.4
第二产业	9.0	4.4	6.1	1.9	7.5	7.5
第三产业	11.0	5.4	7.5	3.2	4.1	6.6
就业弹性	0.30	0.36	0.17	0.10	0.22	0.28
第一产业	0.06	0.76	0.01	-0.11	-0.52	-0.65
第二产业	0.66	0.39	0.21	0.14	0.54	0.45
第三产业	0.59	0.51	0.51	0.27	0.39	0.50

年份	1979—1985	1986—1990	1991—1995	1996—2000	2001—2005	2006—2009
就业结构（%）						
第一产业	69.1	59.4	53.8	48.3	42.1	32.1
第二产业	15.4	20.6	22.7	24.3	27.9	34.9
第三产业	15.5	20.0	23.5	27.5	30.0	33.0

资料来源：根据福建省统计局、国家统计局福建调查总队编《福建统计年鉴（2010）》计算所得。

就 2001—2009 年的年度数据而言（见表 15 – 2），值得注意的是直至 2008 年国际金融危机爆发之前，福建省第二产业的就业增长、就业弹性始终高于第三产业，因此导致了第二产业就业比重超过了第三产业：2001 年，第二产业的就业比例为 25.1%，第三产业占 29.2%；到 2009 年，第二产业上升到 35.8%，第三产业却仅为 34.8%。

表 15 – 2　福建省就业弹性、就业增长及结构变化（2001—2009 年年度值）

年份	2001	2002	2003	2004	2005	2006	2007	2008	2009
就业增长（%）	1.1	2.0	2.7	3.3	3.0	4.3	3.4	3.2	4.3
第一产业	-1.2	-0.1	-2.7	-2.1	-3.6	-2.3	-4.1	-1.6	-1.4
第二产业	3.4	5.9	9.0	9.3	9.1	11.1	9.4	4.6	4.9
第三产业	2.8	2.0	4.8	5.3	5.8	5.6	5.4	6.5	9.0
就业弹性	0.12	0.20	0.23	0.28	0.26	0.29	0.22	0.25	0.35
第一产业	-0.35	-0.06	-0.83	-0.49	-0.86	-0.92	-1.05	-0.32	-0.30
第二产业	0.33	0.43	0.61	0.62	0.70	0.65	0.50	0.30	0.36
第三产业	0.30	0.21	0.50	0.49	0.47	0.35	0.39	0.54	0.73
就业结构（%）									
第一产业	45.7	44.7	42.4	40.2	37.6	35.2	32.7	31.1	29.5
第二产业	25.1	26.1	27.8	29.4	31.2	33.2	35.1	35.6	35.8
第三产业	29.2	29.2	29.8	30.4	31.2	31.6	32.2	33.3	34.8

资料来源：根据福建省统计局、国家统计局福建调查总队编《福建统计年鉴（2010）》计算所得。

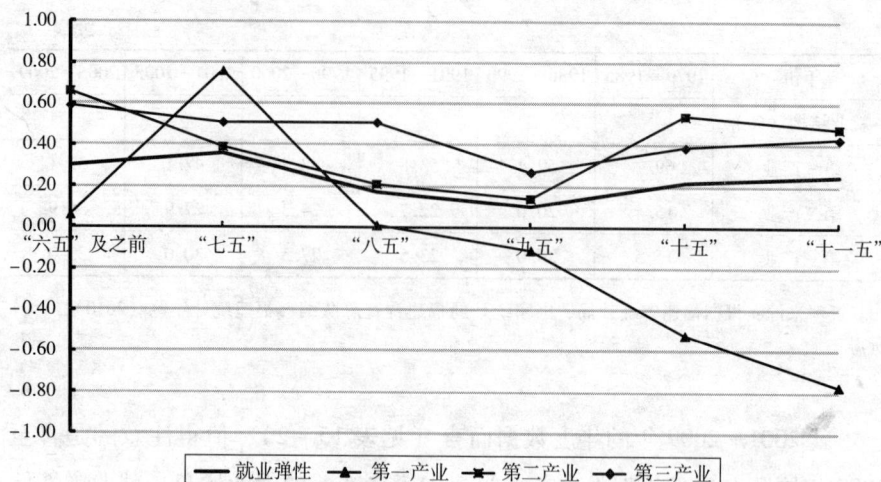

图 15-1　福建省不同时期三次产业的平均就业弹性

　　经济增长方式是决定就业变动趋势最重要的因素。对照同期福建省经济增长的相关指标，可以看出增长方式对就业变动趋势的影响（见表 15-3）。从需求构成上看，资本形成与净出口占福建社会总需求的比重从 1979—1985 年的 23.4%，上升到 2001—2005 年的 47.4%、2006—2009 年的 54.4%，使第二产业尤其是工业产出占地区生产总值的比重上升。第二产业尤其是制造业的加速发展，主要发生在 1996 年之后。它使第二产业对劳动力的需求迅速增加。再注意到进出口从 1979—1995 年的净进口转为 1998 年之后迅速增长的净出口，而且主要是以杂项制品及消费类机电产品为代表的劳动密集型产品出口大幅度增长。这一产业发展型式对福建省就业增长产生了显著影响：2001—2009 年，福建第二产业的就业弹性系数竟然逼近工业化起步阶段的 1979—1985 年，这说明，经过三十年高速发展，福建近期单位工业增长所需要的新增劳动力居然与近三十年前相近！这不能不引起我们对近十年福建第二产业尤其是制造业发展型式的思考。

表 15-3　福建省经济增长及其结构变化（1979—2009 年期间值）

	1979—1985	1986—1990	1991—1995	1996—2000	2001—2005	2006—2009
GDP 增长（%）	12.9	9.8	18.4	11.5	10.8	13.8

年份	1979—1985	1986—1990	1991—1995	1996—2000	2001—2005	2006—2009
需求贡献（%）						
最终消费	72.3	73.5	44.8	44.2	44.6	33.9
资本形成	25.3	31.8	55.5	48.4	45.9	65.7
净出口	2.4	-4.7	-0.3	7.5	9.5	0.5
需求构成（%）						
最终消费	76.5	71.2	63.1	55.2	52.7	45.3
资本形成	29.3	32.7	38.8	44.6	42.4	50.9
净出口	-5.9	-3.9	-1.9	0.18	5.0	3.5
产业增长（%）						
第一产业	7.7	5.3	9.6	6.4	3.6	4.0
第二产业	13.9	12.2	27.3	13.1	13.5	16.2
其中工业	13.6	14.5	28.1	13.8	14.1	16.1
第三产业	18.5	10.6	15.4	12.0	10.3	13.6
产业构成（%）						
第一产业	36.5	30.6	23.8	19.3	14.2	10.7
第二产业	37.9	35.9	39.8	42.2	46.7	48.8
其中工业	31.4	30.2	33.8	36.2	41.3	42.8
第三产业	25.5	33.5	36.4	38.5	39.1	40.5

资料来源：根据福建省统计局、国家统计局福建调查总队编《福建统计年鉴（2010）》计算所得。

表 15-4　福建省经济增长及其结构变化（2001—2009 年年度值）

	2001	2002	2003	2004	2005	2006	2007	2008	2009
GDP 增长（%）	8.7	10.2	11.5	11.8	11.6	14.8	15.2	13.0	12.3
需求贡献（%）									
最终消费	52.6	50.8	47.0	36.6	36.0	37.2	24.6	36.6	37.0
资本形成	31.3	34.2	47.6	54.1	62.5	61.3	74.9	62.6	64.0
净出口	16.1	15.0	5.4	9.3	1.5	1.5	0.5	0.8	-1.0

续表

年份	2001	2002	2003	2004	2005	2006	2007	2008	2009
需求构成（%）									
最终消费	54.4	54.0	53.2	51.6	50.2	48.6	45.7	44.2	42.8
资本形成	41.6	40.9	41.7	42.9	44.8	46.9	50.4	52.3	54.1
净出口	4.0	5.1	5.1	5.5	5.0	4.5	3.9	2.6	3.0
产业增长（%）									
第一产业	3.5	2.7	3.3	4.4	4.2	2.5	3.9	4.8	4.7
第二产业	10.2	13.8	15.6	14.9	13.0	17.0	18.8	15.2	13.7
其中工业	10.8	15.1	15.4	15.3	13.8	16.9	19.3	15.2	13.0
第三产业	9.2	9.2	9.7	10.8	12.5	16.0	14.0	12.1	12.3
产业构成（%）									
第一产业	16.0	14.9	13.9	13.7	12.6	11.4	10.8	10.7	9.7
第二产业	44.3	45.6	47.0	48.1	48.5	48.7	48.4	49.1	49.1
其中工业	39.0	40.5	41.4	42.3	43.3	43.7	43.4	42.4	41.7
第三产业	39.7	39.5	39.1	38.3	38.9	39.9	40.8	40.2	41.2

资料来源：根据福建省统计局、国家统计局福建调查总队编《福建统计年鉴（2010）》计算所得。

第三节　劳动力市场的供求结构特征

　　经济增长的型式必然影响劳动力市场的供求结构。我们利用福建省城镇劳动力市场监测数据考察城镇劳动力市场的供求特征[①]。主要观察求人倍率指标，这是了解劳动力市场状况的重要指标。求人倍率的计算公式为：

---

　　① 该数据来源于全省九个设区市的中心劳动力市场及部分主要县（市、区）级劳动力市场的职业供求登记。

$$求人倍率 = \frac{需求人数}{求职人数}$$

如果求人倍率大于 1，意味着劳动力需求大于供给。企业用工需求无法充分满足，部分产能难以充分利用；如果求人倍率小于 1，则意味着劳动力供给大于需求，就业相对困难。

数据分析发现（见图 15 - 2）：从 2004 年第一季度到 2008 年第一季度，福建省城镇劳动力市场的求人倍率一直在 1 以上，从 2008 年第二季度开始，求人倍率开始下降，到 2009 年第一、二季度降到了 1 以下，但到了第三、四季度，求人倍率又上升到 1 以上。说明福建省基本上处于劳动力供给短缺状态。相当多时段，求人倍率高达 1.3—1.4 以上，说明劳动力的短缺状况比较严重。而在经济衰退期，求人倍率只是略微地低于 1，劳动力供给过剩状态似乎不太明显。但是，注意到福建省城镇劳动力市场上40% 以上的劳动供给来自外省，来自本省的又有相当部分是流动性较大的农村劳动力。当他们在城镇找不到工作时，往往流向外地或回到农村。因此，经济衰退期间的劳动力供给过剩程度显然是现有统计数据无法确切反映的。

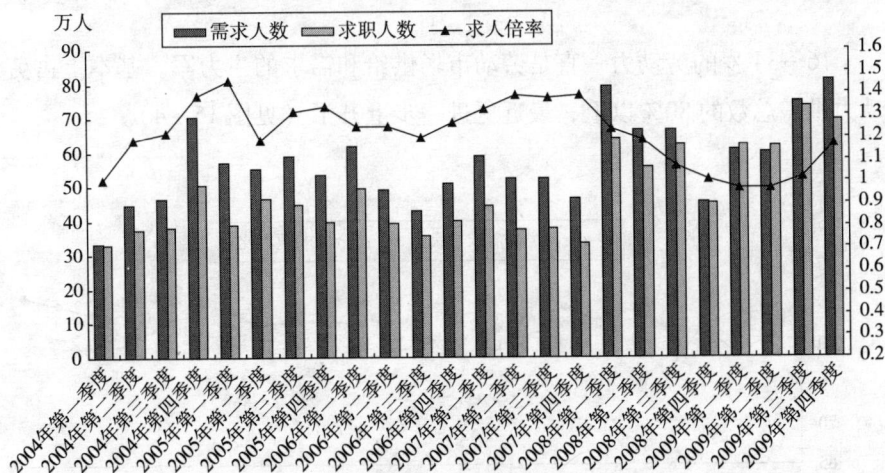

图 15 - 2　福建省城市劳动力市场供求状况的变化

注：2006 年第四季度数据缺失，图中该季度数值为前后两季度的均值。以下如未特殊说明，数据处理方法相同。

资料来源：福建人力资源与社会保障厅、福建省劳动力市场网。以下如无特殊注明，数据均来源于此。

　　各年龄段的求人倍率，45 岁以上劳动力最低，基本上在 1 以下。即使在经济繁荣期，这部分劳动力也基本上是供大于求。35—44 岁劳动力的求人倍率基本上在 1.1 左右，远低于 25—34 岁及 16—24 岁的劳动力。这一趋势最近不仅没有改变，甚至更明显了（见图 15－3）。

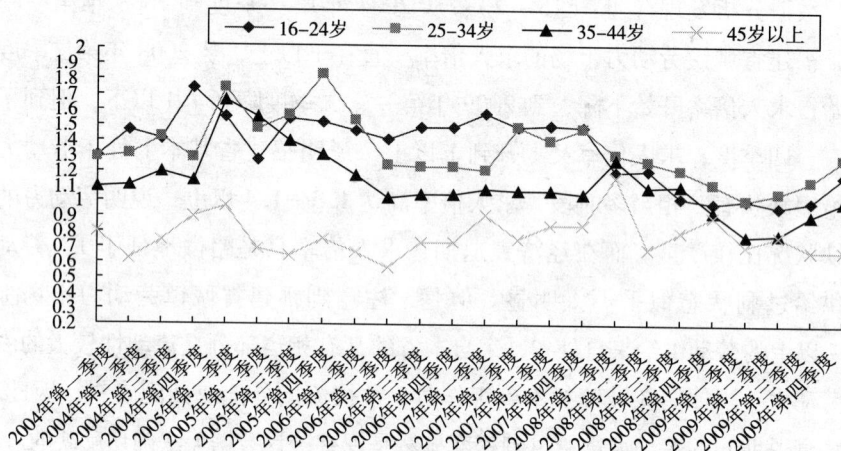

图 15－3　福建省分年龄段的求人倍率变化

　　16—34 岁的劳动力一直是劳动市场供给和需求的主力军，基本上占劳动力供需总数的 80% 以上，最近更进一步上升了（见图 15－4）。

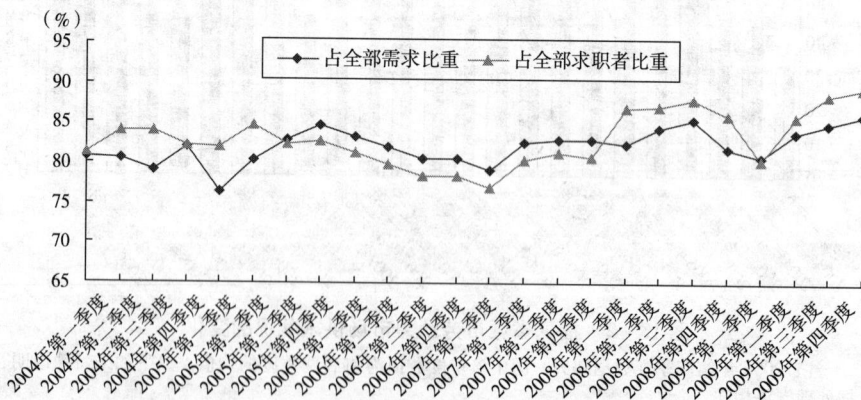

图 15－4　福建省 16—34 岁劳动力在全部劳动力供给和需求中所占比例变化

相对而言，16—34 岁的劳动力体力比较强，35—44 岁的劳动力在技能和经验上更有优势，45 岁以上的劳动力虽然体力开始衰退，但是技能及经验却更丰富。从求人倍率与劳动力市场的需求结构看，福建省的产业似乎更为青睐体力型劳动者。当然，对于这一统计现象的另一种解释是年龄较大，经验、技能丰富的劳动者大多已经就业，因此劳动力市场上的供给与需求也就较小。但是，即使是在经济繁荣期，45 岁以上劳动力的求人倍率仍然小于1。说明产业扩张并没有带来对这部分劳动力的更多需求；另外，福建省城镇劳动力市场上一半以上供给来自外省与本省农村劳工。劳动力的高流动性是以需求方对其专业技能要求不高为前提的。因此，结合其他数据的分析结果，我们认为：不同年龄段劳动力的需求结构及求人倍率差异，主要是由福建的产业结构特征决定的。

从不同教育程度劳动力的供需情况看，求人倍率最高的是初中及以下文化程度的劳动力，其次是高中文化程度的劳动力。直到 2006 年底，对大专以上教育程度劳动力的求人倍率一直是三个教育程度分组中最低的。2008 年开始，这三个年龄组的求人倍率趋于一致（见图 15 - 5）。但是，这是否将成为趋势转折的开始，还需进一步观察。

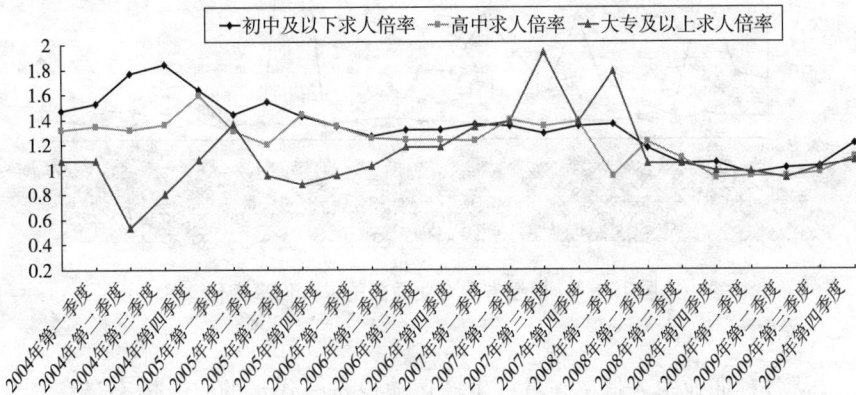

图 15 - 5 福建省分教育程度的求人倍率变化

初级工和高级工的求人倍率的变化相对稳定，但是前者低于后者，技师和高级技师的求人倍率最高，但是波动较大（见图 15 - 6）。

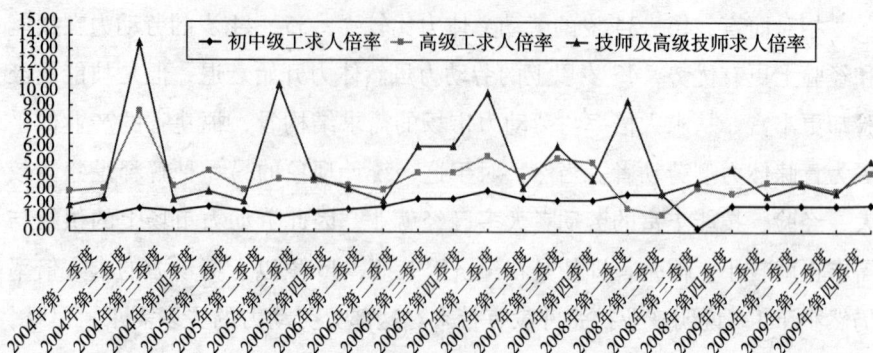

图15-6　福建省分技能水平的求人倍率变化

高级专业职务的求人倍率一直高于初级、中级专业职务。从各专业职务的求人倍率变化看，与分技能水平劳动力的求人倍率统计特征相似：高级专业职务的求人倍率波动较大（见图15-7）。

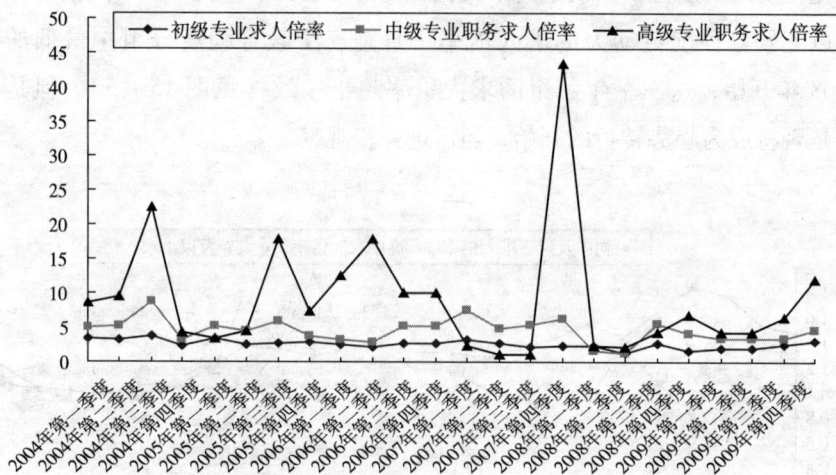

图15-7　福建省分专业职务的求人倍率变化

从各种职业求人倍率来看，生产运输设备操作员的求人倍率最高，专业技术人员次之，商业和服务业人员第三，最低的是办事人员和有关人员的求人倍率，基本上低于1（见图15-8）。福建省劳动力需求缺口更多集中在第二产业。第二产业中，一线操作工的需求缺口较大，专业技术人员的需求自2005年以来上升较快。办事人员及其他人员则因专业性较差，进入门槛低，因此其供给基本上大于需求。

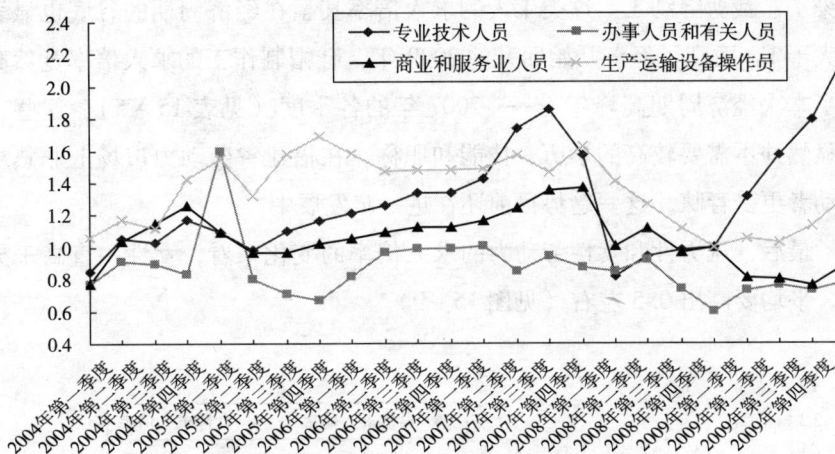

图 15 - 8　福建省分职业的求人倍率变化

表 15 - 5　福建省需求大于供给的求职缺口最大的三个职业

季度	职业	缺口人数	求人倍率	季度	职业	缺口人数	求人倍率
2007.1	裁剪缝纫工	8138	2.23	2008.3	鞋帽制作工	10918	1.54
	鞋帽制作工	7467	2.11		针织人员	9561	1.52
	推销展销人员	6083	2.56		裁剪缝纫工	8992	2.47
2007.2	鞋帽制作工	8479	2.30	2008.4	鞋帽制作工	8918	1.55
	裁剪缝纫工	7047	2.21		针织人员	8561	1.59
	推销展销人员	5938	3.30		电子器件制造工	7992	2.31
2007.3	鞋帽制作工	10111	2.51	2009.1	鞋帽制作工	12408	2.23
	裁剪缝纫工	8618	3.15		普工	7196	2.11
	纺织针织印染工	7373	4.67		纺织针织印染工	5754	2.79
2007.4	裁剪缝纫工	5336	1.93	2009.2	鞋帽制作工	10021	3.30
	鞋帽制作工	5220	2.18		纺织针织印染工	7912	2.73
	纺织针织印染工	4650	2.95		普工	7873	1.54
2008.1	鞋帽制作工	79891	2.74	2009.3	鞋帽制作工	6247	3.20
	纺织针织印染工	13791	3.05		纺织针织印染工	5718	1.87
	裁剪缝纫工	10516	2.48		力工	5386	1.92
2008.2	缝纫工	22120	1.87	2009.4	鞋帽制作工	10745	3.25
	电平车工	18600	1.41		普工	6955	1.41
	餐厅服务员	18450	2.10		纺织针织印染工	6736	2.83

需求大于供给,求职缺口最大的三个工种是:鞋帽制作工、纺织针织印染工、裁剪缝纫工。这类工人的求人倍率甚至在经济周期的谷底也显著地大于1,而到了经济开始回升的2009年,鞋帽制作工的求人倍率竟然高过了本次经济周期高峰年份——2007年的各季度(见表15-5)!这些工种显然并不需要较高的学历、技能和职称。在福建省劳动力市场上非熟练劳动者更受青睐,这一趋势目前还在进一步发展中。

最后,从男性和女性劳动力的求人倍率的变化来看,女性一直高于男性,平均要高出0.5左右(见图15-9)。

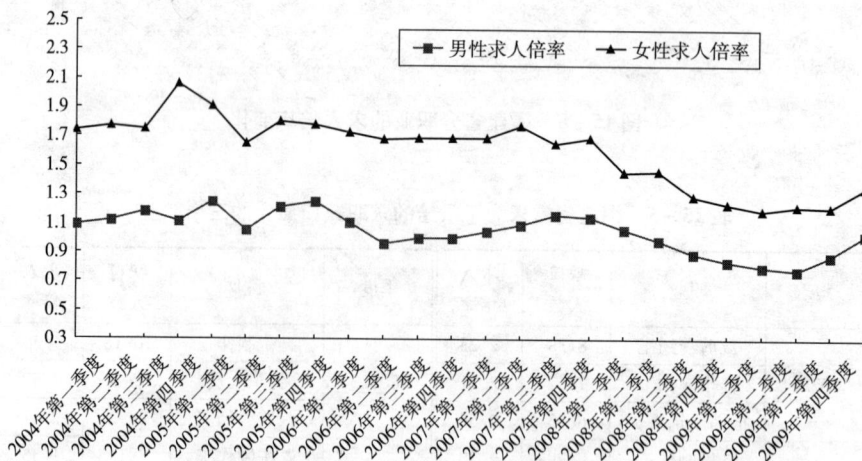

图15-9 福建省男性和女性的求人倍率变化

劳动力市场上对于鞋帽制作工、裁剪缝纫工、纺织针织印染工及餐厅服务员等较适合女性工作的需求较高是女性劳动力求人倍率较高的原因。从女性劳动力供给占总劳动力的比重看,已达45%左右,是一个相当高的比例,但是,对女性劳动力的求人倍率却仍然始终高于男性。显然,这源于福建的产业扩张有着明显的劳动密集型特征。鞋帽制作工、裁剪缝纫工、纺织针织印染工等,女性不仅更为适合,而且薪酬要求大多低于男性劳动力。从图15-10还可以看出,在全部劳动力供需中,女性劳动力的供给比例相对稳定,但是,女性劳动力的需求比例则深受经济周期影响,起伏比较大。这说明,女工的岗位更多属于非核心、非关键性岗位。对女工的需求，主要出于对劳动力成本的考虑，对低薪酬劳动力的需求，从而证明了福建的相关产业对低技能劳动力有着强大的需求（见图 15－10）。

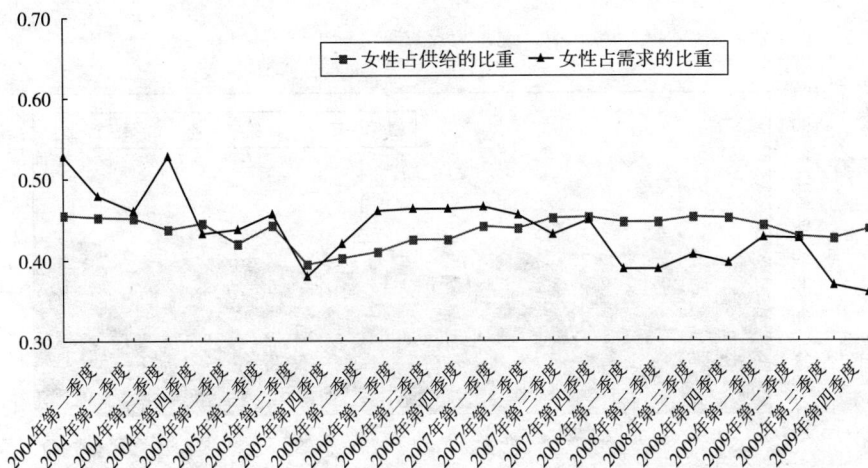

图 15－10 福建省女性劳动力在全部劳动力供给和需求中所占比例变化

从劳动力供给量构成来看，福建省是一个劳动力输入省份，其最大的劳动力供给来自外省，占了全部劳动力供给的 40%—50%（见图 15－11）。

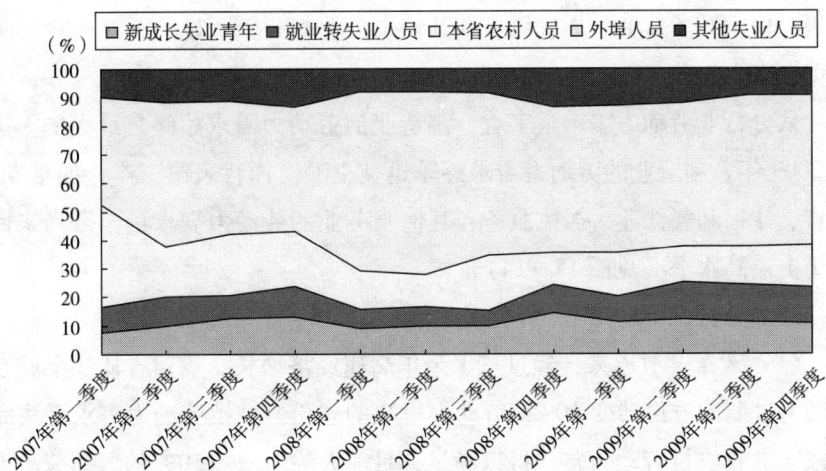

图 15－11 福建省劳动力供给量构成百分比

从劳动力需求的产业构成来看，第二产业与第三产业劳动力需求大致各占城镇劳动力需求的一半。这与表 15 - 1 反映的就业构成基本一致。但是，近两年来，第二产业的劳动力需求占比在逐渐上升（见图 15 - 12）。

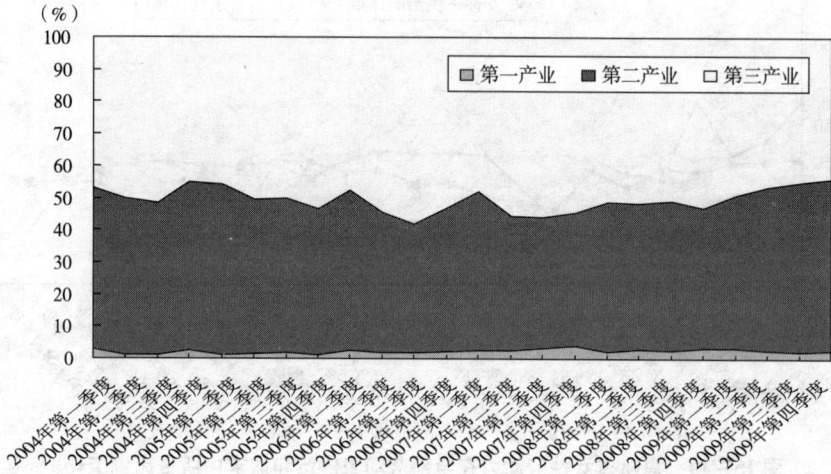

图 15 - 12　福建省劳动力需求的产业构成

从分行业劳动力需求比重的变化来看，制造业、批发零售住宿和餐饮业、居民服务和其他服务业占劳动力总需求的 80% 左右，制造业的劳动力需求比重占总需求的 40% 以上，近年来已经逼近甚至超过 50%，而批发、零售、住宿和餐饮业、居民服务和其他服务业却有较明显的下降趋势（见图 15 - 13）。

从分行业劳动力需求量来看，制造业的劳动力需求始终是最大的。进入 2009 年，制造业的劳动力需求逐季迅速上升。而代表第三产业的批发、零售、住宿和餐饮业、居民服务和其他服务业的劳动力需求量至今尚未恢复历史最高水平（见图 15 - 14）。

综上分析，可以得出以下结论：

（1）改革开放以来，经过三十余年高速经济增长，福建省从一个城乡劳动力过剩的省份转变为城镇劳动力短缺的省份。城镇劳动力需求无法完全依靠本省农村劳动力转移得以满足，目前大约 40%—50% 的城镇劳动力需求依靠外省供给满足，即使在经济衰退期，这一比例也没有改变。

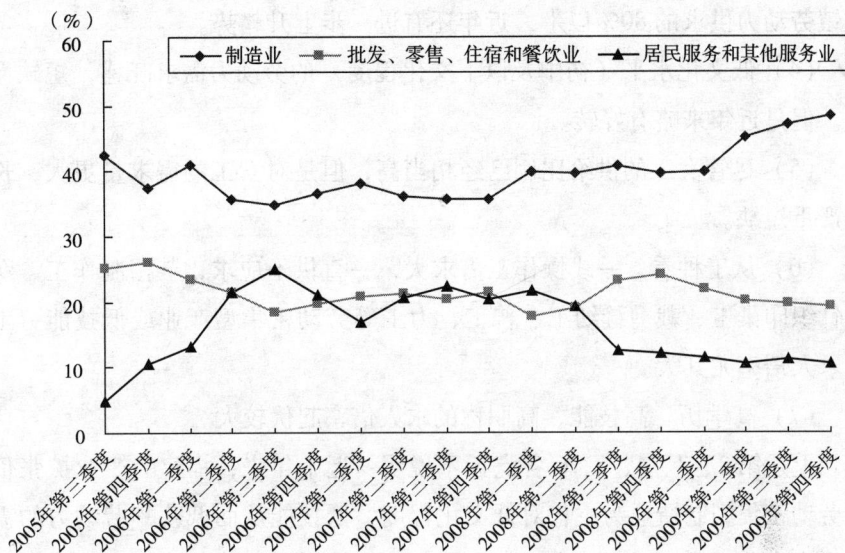

图 15-13　福建省分行业劳动力需求比重的变化

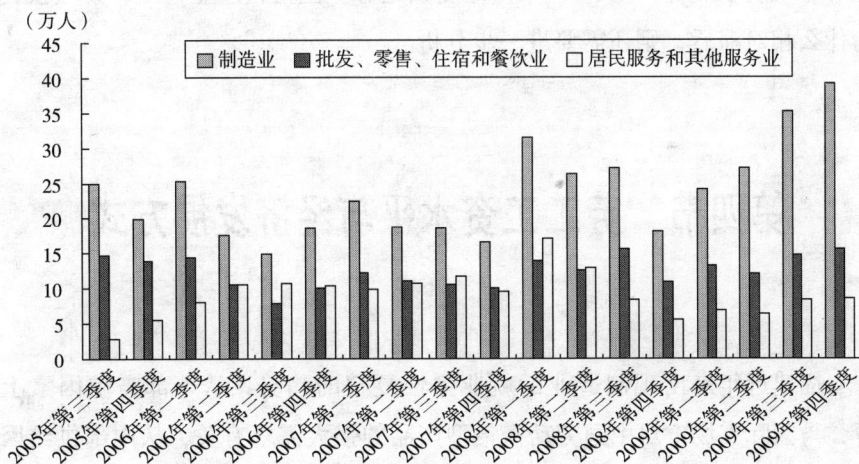

图 15-14　福建省分行业劳动力需求总量的变化

（2）制造业的劳动力需求始终是福建省城镇劳动力需求的主要部分。制造业劳动力需求所占比例基本稳定，近年来更有进一步上升趋势，相反，第三产业的劳动力需求不但没有提高反而有所下降。

（3）16—34 岁的劳动力一直是福建省劳动市场供需的主体，约占全部城镇劳动力供求的 80% 以上，近年还有进一步上升趋势。

（4）低文化水平（初中及以下文化程度）的劳动力需求旺盛，短缺严重。但是近年来略有好转。

（5）尽管女工的供给比例已经相当高，但是对女工的需求量更大，长期严重短缺。

（6）从工种看，一线操作工需求大，一直供不应求，鞋帽制作工、纺织针织印染工、裁剪缝纫工、普工、力工等劳动密集型产业或低技能劳工的求人倍率尤其大。

（7）高学历、高技能、高职称的求人倍率起伏较大。

上述第 2、3、4、5、6 各点无不说明：近十年来，福建的产业扩张仍以劳动密集型制造业为主，对低文化程度、低技能从而低薪酬劳动力的需求一直十分旺盛。对福建省近年来劳动力市场供需结构的分析，部分解释了为什么经过多年高速增长，福建省近十年来却出现了制造业就业弹性向经济起飞阶段（1979—1990 年）的复归趋势。但是，产业转型、升级换代为什么相对滞后，则还需要进一步分析。

第四节　劳工工资水平与经济发展方式

福建近年来出现制造业的就业弹性复归的趋势，从外部需求因素上看，与国际市场上对中国劳动密集型产品的强大需求有关，从内部供给因素看，相当程度上与中国劳工的相对报酬水平变动趋势有关。外部需求因素不是本章探讨的对象①，内部供给因素则是我们所关注的。厦门大学宏观经济研究中心"中国季度宏观经济模型（CQMM）"课题组最近计算了中国制造业小时劳动报酬及小时劳动生产率（"中国季度宏观经济模型

---

① 但是，这一趋势从 2003—2007 年中国出口每年以两位数增长以及 2009 年下半年以来再度恢复的强劲出口势头是可以大体看出的。

（CQMM）"课题组，2010b）。发现在数据区间的最近十年里，中国制造业的劳动报酬虽然有所增长，但是劳动生产率上升的幅度明显超过劳动报酬的增长速度，两者差距日益扩大。中国制造业工人的小时劳动生产率增长与小时劳动报酬增长之间的变化趋势呈现出"喇叭口"形状（见图 15 – 15）。它使中国制造业单位产出劳动力成本在劳动报酬提高的同时逐年下滑。

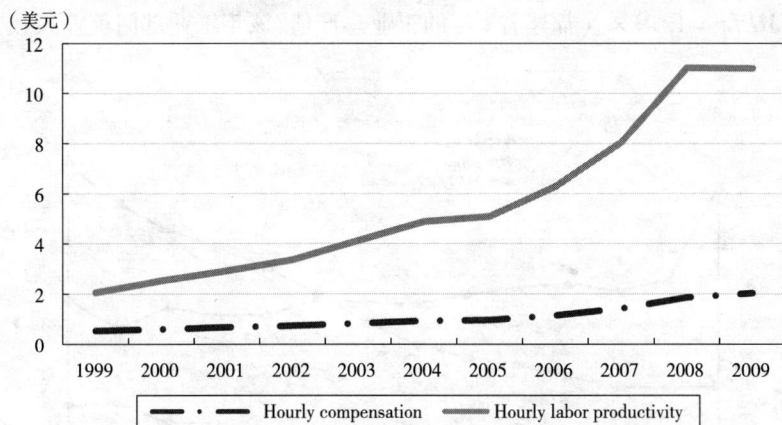

图 15 – 15　中国制造业劳工小时报酬与小时劳动生产率

资料来源："中国季度宏观经济模型（CQMM）"课题组根据《中国劳动统计年鉴》、《中国工业经济统计年鉴》计算。

为了进一步了解福建省劳动力成本的变动趋势，我们对福建省的工业部门边际劳动生产率进行分析。

使用最小二乘法（OLS）计算福建省工业的柯布—道格拉斯生产函数，结果如下：

$$\ln GDP_t = -3.41 + 0.55\ln K_t + 1.19\ln L_t \qquad \bar{R}^2 = 0.98$$
$$\quad (-8.00) \quad (8.88) \quad (10.05)$$

括号中的数字是 t 统计量，方程拟合效果较好[①]。对残差序列进行

----

① 测算资本存量的方法是 Goldsmith（1951）开创的永续盘存法。其中 t 指 t 年，GDP_t 指 t 年的福建省工业总产值，本章研究的基年为 1980 年，当年投资 I 为当年工业的基本建设投资和更新改造投资之和，经济折旧率 δ 为张军等（2004）采用的 9.6%。最后用《福建统计年鉴》公布的各年固定资本投资价格指数平减各年投资。

ADF 检验（选择无截距项，无趋势项），得到的 t 检验值为 − 2. 15，小于 5% 的显著性水平下的临界值 − 1. 95，从而拒绝原假设，表明残差序列不存在单位根，是平稳序列，说明变量之间存在协整关系。

边际劳动生产率和平均劳动生产率有着相关性，根据柯布—道格拉斯生产函数 $Y = AK^{\alpha}L^{\beta}$，平均劳动生产率为 $APL = Y/L = AK^{\alpha}L^{\beta-1}$，边际劳动生产率为 $MPL = \partial Y/\partial L = \beta AK^{\alpha}L^{\beta-1}$，即 $MPL = \beta \cdot APL$。

$MPL_t = 1. 19 \times$（福建省 t 年的工业总产值/该年工业部门就业人数）

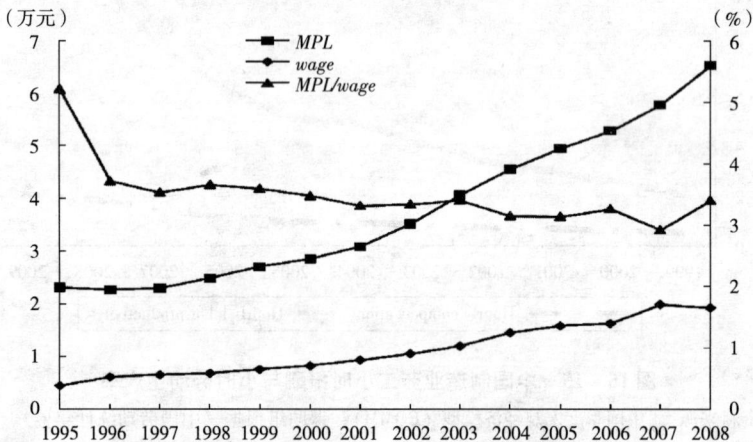

图 15 − 16　福建省工业部门劳动力成本的变化

从图 15 − 16 可见，福建省近年来制造业劳工工资水平与劳动生产率的变动趋势与全国是一致的。1995 年以来，福建省制造业的劳工工资水平一直都在上升，但是，1997 年之后，制造业边际劳动生产率提高速度明显快于劳工工资增长率。因此，在制造业工资水平上升的同时，单位工业产出的劳动力成本反而下降了。

对 2007 年制造业劳动力成本进行国际比较，发现福建制造业劳动力成本至今不仅低于韩国、中国台湾和香港等周边国家和地区，甚至低于全国平均水平。2007 年，福建制造业劳动力成本仅为全国平均水平的 79. 32%（见图 15 − 17）。

制造业边际劳动生产率提高速度快于劳工工资增长率所形成的比较竞

争优势，并不是平均分布在制造业内部各个产业或集中在资本、技术密集型产业上的，相反，集中在劳动密集型产业。即使与从全国看资本密集程度并不算高的广东相比，福建省产业的竞争优势也主要体现在轻工业，尤其是以纺织服装、鞋、帽制造业、皮革、毛皮、羽毛（绒）及其制品业为代表的劳动密集型产业上（见表 15－6）。

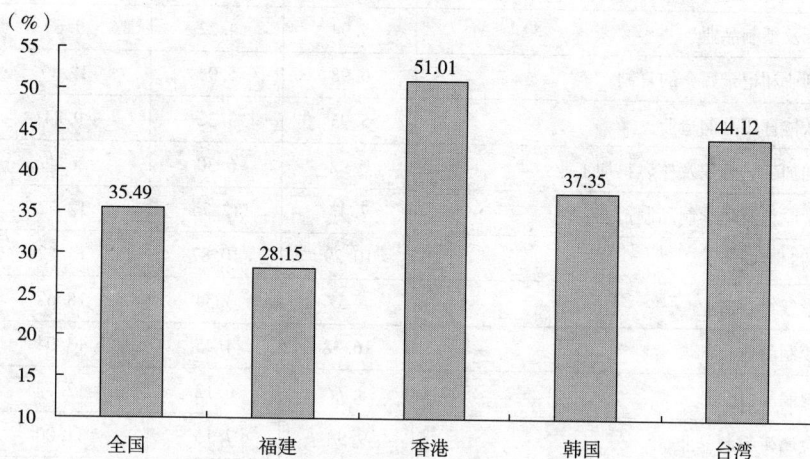

图 15－17　2007 年制造业劳动力成本比较

注：劳动力成本＝制造业平均工资/第二产业劳动生产率；第二产业劳动生产率＝第二产业总产值/第二产业劳动力数量。

资料来源：国家统计局编《中国统计年鉴（2008）》、《国际统计年鉴（2008）》。

表 15－6　2009 年福建、广东珠三角地区与广东非珠三角地区各制造业的资本利润率

（单位:%）

	福建资本利润率	珠三角地区资本利润率	广东省非珠三角地区资本利润率
轻工业	10.23	7.89	12.16
重工业	7.03	7.93	10.63
农副食品加工业	9.29	9.42	9.39
食品制造业	11.44	18.29	10.90
饮料制造业	14.50	8.48	8.26
烟草制品业	13.18	18.09	16.07
纺织业	6.96	5.03	12.45

	福建资本利润率	珠三角地区资本利润率	广东省非珠三角地区资本利润率
纺织服装、鞋、帽制造业	15.23	5.87	14.09
皮革、毛皮、羽毛（绒）及其制品业	15.65	7.01	14.10
木材加工及木、竹、藤、棕、草制品业	8.22	6.03	11.00
家具制造业	7.01	7.76	11.25
造纸及纸制品业	5.94	4.22	9.69
印刷业和记录媒介的复制	6.98	5.95	12.17
文教体育用品制造业	5.95	3.32	9.84
石油加工、炼焦及核燃料加工业	0.92	6.30	26.47
化学原料及化学制品制造业	7.43	12.75	12.72
医药制造业	10.29	10.87	14.52
化学纤维制造业	5.57	3.34	18.62
橡胶制品业	16.38	4.45	13.04
塑料制品业	8.77	6.12	12.75
非金属矿物制品业	9.98	7.15	11.00
黑色金属冶炼及压延加工业	5.26	2.59	7.84
有色金属冶炼及压延加工业	11.12	12.18	9.47
金属制品业	8.37	7.47	17.06
通用设备制造业	9.17	7.54	14.01
专用设备制造业	8.15	7.24	9.88
交通运输设备制造业	8.22	13.48	9.70
电气机械及器材制造业	11.41	8.49	11.03
通信设备、计算机及其他电子设备制造业	9.14	7.24	8.05
仪器仪表及文化、办公用机械制造业	8.78	6.15	3.63

注：资本利润率＝利润总额/资产总额。

资料来源：根据福建省和广东省统计年鉴（2010）计算得到。

因此，在国际市场对劳动密集型产品的旺盛需求拉动下，福建省劳动密集型产业在近十年得到了进一步加速发展（见图15－18），推动了制造业的就业弹性复归。

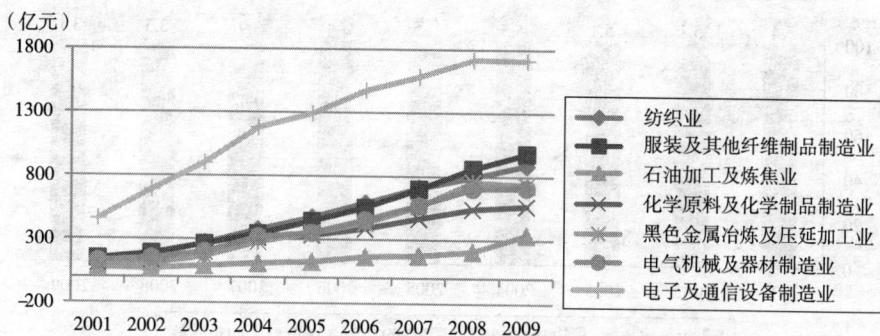

图 15 – 18　2001—2009 年福建省主要产业发展态势

资料来源：根据福建统计局、国家统计局福建调查总队编《福建统计年鉴》（2002—2010年）计算所得。

　　劳动力成本低，比较优势明显，处于发展初期阶段的经济体可以依靠它发展劳动密集型产业，实现原始积累，推动经济起飞。但是，经济发展到一定阶段，人均 GDP 水平较大幅度地提高了，资源禀赋从而要素相对稀缺状况势必发生变化，按理，要素比价也要发生变化，此时，抑制劳工薪酬上涨，继续维持劳动力的低成本①，负面影响将逐步增大。首先，它不利于经济发展方式转变，不利于产业升级换代。在劳动力等生产要素过于廉价，生产劳动密集型产品有利可图的情况下，企业怎么会有积极性用资本替代劳动，用技能替代体能，从粗放型生产方式转向集约型生产方式，生产资本以及技术密集型产品呢？第二，不利于扩大居民消费，使经济增长从出口拉动、投资推动转向投资、出口及国内消费共同驱动。数据表明：从 2001 年开始，福建的最终消费率逐年下降，资本形成率逐年上升。2007 年，最终消费率自改革开放以来首次低于资本形成。2008 年、2009年在国际金融危机的大背景下，最终消费率继续下滑。2009 年福建最终消费率仅为 42.8%，比 2001 年减少 11.6 个百分点，年均下降 1.45 个百分点，超过同期全国最终消费率的年均下降幅度（见图 15 – 19）。

---

　　① 在人均 GDP 大幅度提高的情况下，劳工工资过低、上升缓慢一定程度上是人为的，主要原因有：劳动报酬的劳资集体协商及谈判机制缺失；政府为实现经济增长及财政收入最大化，不计成本引资，有意抑制当地工资水平上升；以外地及农村劳动力为主的劳工队伍将赡养人口留在农村，降低了劳动力再生产费用。

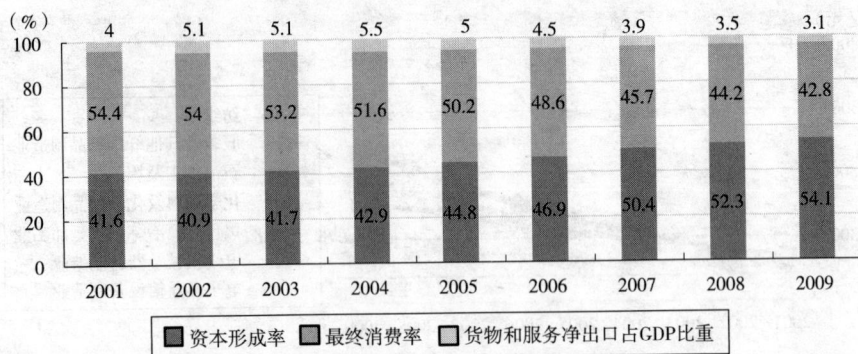

图 15 - 19 2001—2009 年福建省三大需求比例变化

资料来源：福建省统计局、国家统计局福建调查总队编：《福建统计年鉴（2010 年）》。

从三大需求对经济增长的贡献率看，同样如此。如图 15 - 20 所示，2001—2009 年，福建省最终消费对经济增长的贡献率从 52.6% 逐渐下降至 37%，而资本形成总额对经济增长的贡献率则相应地从 31.3% 上升到 64%，投资成为拉动福建经济增长的主要动力。

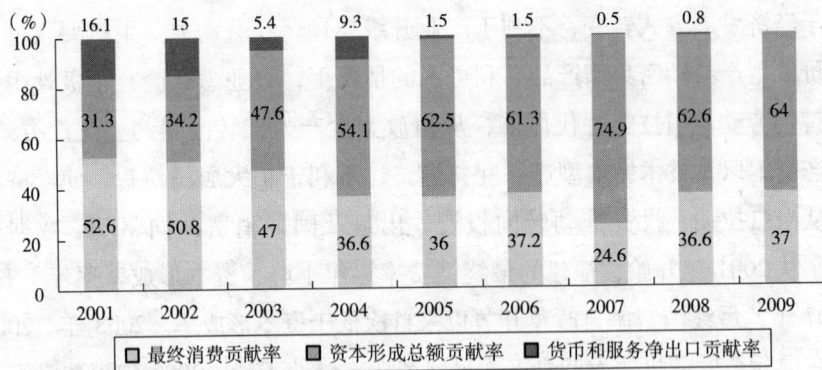

图 15 - 20 2001—2009 年福建省三大需求对经济增长的贡献率

资料来源：福建省统计局、国家统计局福建调查总队编：《福建统计年鉴（2010 年）》。

2005 年起，福建省成为东南沿海四省中最终消费对地区生产总值增长贡献率最低的省份（见表 15 - 7）。

表 15 - 7 2001—2009 年沿海四省三大需求对地区生产总值增长的贡献率变化

	年份		2001	2002	2003	2004	2005	2006	2007	2008	2009
福建省	GDP 增长（%）		8.7	10.2	11.5	11.8	11.6	14.8	15.2	13.0	12.3
	需求贡献（%）	最终消费	52.6	50.8	47.0	36.6	36.0	37.2	24.6	36.6	37.0
		资本形成	31.3	34.2	47.6	54.1	62.5	61.3	74.9	62.6	64.0
		净出口	16.1	15.0	5.4	9.3	1.5	1.5	0.5	0.8	-1.0
广东省	GDP 增长（%）		10.5	12.4	14.8	14.8	14.1	14.8	14.9	10.4	9.7
	需求贡献（%）	最终消费	46.2	68.5	63.6	50.5	43.0	29.5	42.3	41.7	58.5
		资本形成	48.5	22.8	50.2	37.2	30.2	28.5	22.6	34.5	80.1
		净出口	5.3	8.8	-13.8	12.3	26.8	42.0	35.1	23.8	-38.7
浙江省	GDP 增长（%）		10.6	12.6	14.7	14.5	12.4	13.6	14.5	10.1	8.9
	需求贡献（%）	最终消费	56.5	43.7	33.0	40.8	53.5	46.1	40.0	26.8	—
		资本形成	31.5	52.2	70.3	55.8	39.1	36.8	40.0	45.8	—
		净出口	12.0	4.1	-3.3	3.4	7.4	17.1	20.0	27.4	
江苏省	GDP 增长（%）		10.2	11.7	13.6	14.8	14.5	14.9	14.9	12.3	12.4
	需求贡献（%）	最终消费	47.7	57.4	37.2	29.0	39.8	44.1	44.1	38.5	44.1
		资本形成	38.6	36.1	74.8	69.3	41.8	40.1	41.7	50.6	73.5
		净出口	13.7	6.5	-12.0	1.6	18.3	15.8	14.2	10.9	-17.6

注：贡献率指三大需求增量与地区支出法生产总值增量之比。

资料来源：根据福建、广东、浙江和江苏省统计年鉴（2010）、CEIC 中国经济数据库计算所得。

第五节 讨论与思考

改革开放之初，经济起飞阶段，福建依靠发展劳动密集型产业推动经济增长。尽管这种增长型式是粗放型的，但却符合当时的资源禀赋结构，不乏合理性。但是，在人均 GDP 增长了近 27 倍，要素禀赋结构发生了重大变化之后，产业扩张仍以劳动密集型产业为主，合理性显然值得探讨。

这种类型产业扩张的基础是福建制造业劳动力成本低、上升缓慢。较低的劳动力成本保持了劳动密集型产业强大的竞争优势，难以被其他产业所替代。福建产业因之难以随着人均 GDP 的提高而及时转型。与此同时，低劳工工资也严重制约了福建省最终消费对经济增长的拉动能力，使之不得不严重依赖于投资与出口的增长。

因此，提高劳工工资水平，实为纠正要素比价扭曲，促进产业转型、经济发展方式转变，提升居民收入水平，抑制收入分配差距扩大，增加国内消费，缩小中国经济内外失衡的良策[①]。但是，一些论者甚至决策部门却担忧：提高制造业尤其劳动密集型产业劳工工资水平，将使中国产品在国外市场上失去必要的国际竞争力，不利于本国经济增长。针对这一担心，我们最近对中国及其主要贸易竞争对手在主要贸易对象国市场上的主要贸易竞争产品的相对单位产出劳动力成本（RULC）进行了计算[②]。结果表明：不论是经过购买力平价调整的 RULC，还是按现行汇率未经调整的 RULC，都在 1.5 以上。说明相对于主要贸易竞争对手，中国目前在劳工成本上有相当大的竞争优势，存在着提高劳工工资水平的较大空间。（"中国季度宏观经济模型（CQMM）"课题组，2010b）。

进一步地，即使是从保持和发展劳动密集型产业竞争优势的角度看，也要求根据资源赋存及要素比价的变化趋势，逐步提高劳工工资以促进经济发展方式转变。有关企业经营的研究（刘仁杰，2009）指出，传统劳动密集型产业发展到一定阶段之后，从国际代工、贴牌生产的生产经营为主

---

① 厦门大学宏观经济研究中心"中国季度宏观经济模型（CQMM）"课题组曾利用 CQMM 进行了政策模拟，发现在目前情况下，提高国内工资水平比本币升值更有利于纠正中国既有的内外不平衡。具体计算过程及结果，请参见："中国季度宏观经济模型（CQMM）"课题组：《中国宏观经济预测与分析——2010 年秋季报告》，2010 年 9 月。

② 经计算确定的主要贸易对象国是：美国、欧盟和日本；主要贸易竞争对手国家是：墨西哥、泰国、菲律宾、越南、韩国和马来西亚，主要贸易对象国、主要贸易竞争对手国家、主要贸易竞争商品的确定方法及计算过程，请参阅："中国季度宏观经济模型（CQMM）"课题组《中国宏观经济预测与分析——2010 年秋季报告》，2010 年 9 月。

$$RULC = \frac{ULC\_foreign}{ULC\_china}, ULC = \frac{Hourly\ compensation}{Hourly\ labor\ productivity},$$

$$ULC\_with\ ppp = \frac{\frac{Hourly\ compensation}{NE}}{\frac{Hourly\ labor\ productivity}{PPP}}。$$

向自主品牌、知识创新型的资本运营为主转移；从大批量、低档次的流水线生产模式向小批量、多品种的柔性生产模式转变；从两头在外，大进大出的加工贸易型转向延伸国内产业加工链、国内国外两个市场并重的民族品牌经营，都能极大地提高原有劳动密集型产业的增值率。从大批量、低档次的流水线生产模式向小批量、多品种的柔性生产模式转变，需要对员工进行培训，提高劳动者的技能。企业要增加对员工的技能培训投入，势必要求员工队伍相对稳定，从对高流动性的外来打工者的需求转向对稳定的城市产业工人队伍的需求。实现这一转变，就必须扩大现有的人口城市化进程，促进现有的滚动式人口城市化模式向稳定的人口城市化模式过渡。这就要求逐步提高劳工工资水平，使外来劳工能逐步全家移居城市，使城市人口的收入及消费水平能够随着工业化和城市化的进程相应提高，从而扩大对第三产业的需求。实现经济增长从投资推动、出口拉动向投资、出口及国内消费共同驱动的转变。

然而，随着经济增长逐步提高劳工工资的必要性，长期以来似乎在一定程度上被忽略了。在学界，有些论者持消极无为之论。对于我国尤其是东部沿海地区劳工工资水平难以提高，论者多引用根据新古典经济学理论逻辑推导出来的"刘易斯拐点"，认为原因在于中国至今仍然存在劳动力无限供给。2003年之后，中国东南沿海地区出现了"民工荒"，工资水平有所上升，有些论者则十分紧张，认为中国经济已经临近"刘易斯拐点"，对因此可能导致经济增长速度减缓而忧心不已。

现实经济中是否存在着"刘易斯拐点"，中国的"刘易斯拐点"是否已经到来？还需进一步研究。基于中国的实践，我们怀疑中国目前这种供给方近似完全竞争，需求方垄断竞争的不对称垄断竞争劳动力市场所达成的"均衡工资"水平的合理性①。中国至今还有一半人口生活在农村。显然，按照发达国家的农村人口比例、中国现有的人口城市化速度，至少在未来20—30年内，中国仍有大量的农业劳动力要转入非农产业，大量的农

---

① 现实中从来就不存在真正的完全竞争劳动力市场，只有各种对称或不对称的垄断竞争或完全垄断劳动力市场。目前中国的劳动力市场，可以视为一种供给方近似完全竞争，需求方垄断竞争的不对称垄断竞争市场。

村人口要移居城市。由于缺乏有效的劳工组织，中国目前的劳动力市场——尤其是制造业劳动力市场——是一个供需力量对比严重不对称的垄断竞争劳动力市场①，在此背景下，如不采取有利措施，可以断言，今后的劳工工资水平即使因劳动力生活费用上升而有所提高，也将十分有限，必然如过去十年一样，大大低于劳动生产率的提高幅度。固然这会使中国制造业尤其是劳动密集型产业特别是低端产品继续保持强大的国际竞争力，但却会使这个经济的自主创新、技术进步和产业结构升级失去应有的内在动力与外在压力；使居民收入增长缓慢，居民消费能力萎缩，国内消费需求不振②，不得不依靠大规模地增加投资与出口来维持经济增长。在国民收入分配、支出结构严重失衡如此的局面下，这样的社会再生产模式，如此的恶性循环难道还能再继续维持20—30年么？

显然，为了加快经济发展方式转变，必须在经济增长的同时，逐步提高劳工工资，以此促进产业转型，改变劳动力市场供求结构，推动居民消费扩大，使经济增长从投资推动、出口拉动转向投资、出口及国内消费共同驱动。要做到这一点，最根本的也许是面对相对强大的资方，劳动者必须能够组织起来，以集体的形象与之相对，形成劳资之间力量对比的相对均衡，从而有效地进行劳资关于劳动报酬的集体协商；通过政治体制改革，使政府一改为追求政绩、财政收入最大化而强制增长，为此不惜向资本利益倾斜的政策导向，在劳资之间持中立立场协调态度；社会各界则应当充分认识到：劳动者为保障自身权益，自主地提出和进行劳动报酬集体协商，不仅是其正当、不可剥夺而且必须得到充分保护的公民权利，而且也是扩大国内消费，促进经济增长获得内源动力，推进技术进步、产业结构升级以致纠正国内外经济失衡的重要方式之一。

---

① 福建目前第二产业中私营单位的从业人员占产业从业人员的90.38%。相反，第三产业的从业人员70%以上在国有部门就业。

② 根据美国宾夕法尼亚大学生产、收入和价格国际比较研究中心（CIC）编制的购买力平价GDP国际比较数据，2007年，世界196个国家和地区按消费率从高到低排列，中国位于第166位。2007中国人均实际GDP为8510.6美元（购买力平价，2005年价格），接近巴西的人均实际GDP水平（9644美元）。当年巴西消费率为64%，而中国只有36.51%。我国居民消费率在同期世界人均国民收入水平相近的国家和地区中是比较低的。

参考文献

［1］厦门大学"中国季度宏观经济模型（CQMM）"课题组，2010A：《中国宏观经济预测与分析——2010 年春季报告》，2010 年 2 月；

［2］厦门大学"中国季度宏观经济模型（CQMM）"课题组，2010B：《中国宏观经济预测与分析——2010 年秋季报告》，2010 年 9 月；

［3］蔡昉：《中国经济发展的刘易斯转折点》，载蔡昉主编：《中国人口与劳动问题报告 NO.8——刘易斯转折点及其政策挑战》，社会科学文献出版社 2007 年版。

［4］王德文：《刘易斯转折点与中国经验》，载蔡昉主编：《中国人口与劳动问题报告 NO.9——刘易斯转折点如何与库兹涅茨转折点会合》，社会科学文献出版社 2008 年版。

［5］张军、吴贵英、张吉鹏：《中国省际物质资本存量估算：1952—2000》，《经济研究》2004 年第 10 期。

［6］刘仁杰：《中国服装企业的技术革新：台资企业与日资企业为例》，厦门大学、神户大学：《国际金融危机背景下东亚经济增长模式与企业经营模式研讨会论文集》，2009。

［7］Wenpu Li，Ming Gong，"China's Growth Model and Structural Unbalance in the Open Economy"，paper presented at Beijing Forum，Oct. ，2009.

第十六章 劳动报酬、经济周期与二元劳动力市场①

第一节 引 言

观察中国的劳动报酬比重，可以发现，20世纪90年代中期是一个分水岭。李扬（1992）首次计算了新中国成立后到1990年间的劳动报酬比重，发现改革开放前劳动报酬比重被抑制在较低的水平，而改革开放后劳动报酬比重逐渐增加。改革开放前大部分劳动报酬表现为非工资收入，即工资占劳动保障的部分较少，大部分体现为各种福利收入；改革开放后劳动报酬则逐步向工资收入转移，从而引起劳动报酬比重增加。向书坚（1997）、杨少华和徐学清（2000）等对1978—1995年间要素分配份额的研究，也得到了类似结果。

20世纪90年代中期后的观察，主要从产业结构、技术进步、经济周期等层面展开。首先，白重恩和钱震杰（2009a）发现劳动报酬比重自1995下降了约10个百分点，认为农业部门向非农业部门转型的产业结构性变化和工业部门劳动报酬比重低是劳动报酬比重下降的主要原因，国有企业改制和垄断程度的增加等非技术因素是工业部门劳动报酬比重降低的主要原因。从产业的角度，罗长远和张军（2009a）的分析得到类似的

---

① 本章作者：谢攀、李静。

结论，即 1996 年之后劳动收入占比的下降与工业化达到一定高度之后现代化推进速度较慢有关，第一产业比重不断下降，但第三产业的却没有得到足够的提升，而且三次产业的劳动收入占比均出现下降也是主要原因。其次，从技术进步的视角，黄先海和徐圣（2009）强调资本深化能提高劳动报酬比重，但大于 0 小于 1 的乘数效应缩小了其对劳动报酬比重的正向拉动作用，而劳动节约型技术进步是劳动密集型和资本密集型部门劳动报酬比重下降的最主要的原因。运用中国 1987—2004 年省级面板数据，通过对联立方程模型进行三阶段最小二乘分析，罗长远和张军（2009b）发现 FDI、经济发展水平以及民营化都不利于劳动收入占比的改善。资本密集型产品进口、财政支出以及物质资本和人力资本积累对劳动收入占比起促进作用。最后，劳动报酬比重的周期性研究开始受到广泛关注。基于两种类型代理人、工人和企业家的 RBC 模型可以较好地解释第二次世界大战后美国劳动报酬比重的反周期变动（Gomme and Greenwood，1995）。根据美国劳动报酬比重的动态学校准的技术冲击，不仅可解释美国 GDP 增速的 93%，也可以解释劳动报酬比重反周期的特征，尽管模型的相关度较高（Young，2004）。跨国研究还发现，最近二十年中劳动报酬比重不仅在大多数国家呈下降的趋势，而且在金融危机中往往急剧下降，以后仅部分地回升（Diwan，1999）。

转型期的中国的现实情况是怎样的呢？与已有文献不同，本章采用最新实证文献中的两个"标准"做法，一是在计量方程中引入了"繁荣"（boom）和"衰退"（recession）两个周期性指标，考察中国劳动报酬比重对经济周期的反应是否具有非对称性；二是采用工具变量法和（或）系统广义矩方法对内生性进行处理。

本章的结构安排如下：在第 2 节，基于最新的实证研究文献，采用 1994—2007 年度 29 个省份的中国省际面板数据估计劳动报酬的周期性反应函数。计量结果显示，劳动报酬比重是弱顺周期的，衰退期对劳动报酬比重的负向影响大于繁荣期对劳动报酬比重的正向影响。第 3 节是理论假说及其检验部分。理论假说是针对第 2 节的发现，进行理论解释。我们认为劳动报酬比重在衰退期比繁荣期受到负向影响更大的显著特征是经济周期与"二元劳动力市场"相互作用的一个结果。随后，我们采用两个反映劳动力市场二元结构的指标对其进行检验。计量结果显示，我们的理论假说被证实。最后是结论和政策含义。

第二节　中国省际劳动报酬的周期性反应函数估计

一、计量模型的设定

为了更好地揭示中国省际劳动者报酬的周期性反应函数，估计出劳动报酬对不同周期阶段所做出的反应，我们采用了一阶段计量模型设定方法。参考方红生和张军（2009）、Alesian et al.（2008）、Anderson 和 Nielsen（2007）的做法，我们将计量模型设定如下：

$$\Delta Share_{it} = \alpha Share_{it-1} + \beta_1 Gap_{it} \times Boom_{it} + \beta_2 Gap_{it} \times Recession_{it}$$
$$+ \gamma X_{it} + u_i + \varepsilon_{it} \qquad (16-1)$$

其中，$Share$ 是劳动者报酬比重。Gap_{it} 是经济周期指标，是产出缺口的简称。$Boom_{it}$ 表示经济高潮期，具体定义是，如果 $Gap_{it} > 0$，则 $Boom_{it} = 1$，否则等于 0。$Recession_{it}$ 表示经济低潮期，具体定义是，如果 $Gap_{it} < 0$，则 $Recession_{it} = 1$，否则等于 0。X_{it} 是其他控制变量。u_i 是省际效应，ε_{it} 是误差项。

二、估计方法

对于时间跨度相对于截面数据较少，即 "small-T, large-N" 的动态面板数据模型而言，采用动态面板数据处理是一个非常好的选择（Roodman，2006）。因为差分广义矩估计量较易受弱工具变量的影响，而产生向下的大的有限样本偏差（Blundell & Bond，1998）。而系统广义矩估计结合了差分方程和水平方程，还增加了一组滞后的差分方程作为水平方程相应变量的工具，从而与差分广义矩估计法相比，具有更好的有限样本性质。

在具体估计中，除了对工具变量的有效性进行 Hansen 过度识别约束检验，并对差分方程的随机误差项的二阶序列相关进行 Arellano-Bond 检验外，我们还遵循以下原则：（1）Bond 等（2002）给出的一种检验 GMM 估计结果是否有效的方法，即如果 GMM 的估计值落在固定效应估计值和混合 OLS 估计值之间，则 GMM 估计是可靠有效的。（2）尽可能地使工具变量数不超过截面数。

三、数据来源

我们选取 1994—2007 年度的 29 个省份的面板数据（西藏和海南除外）。其中，劳动者报酬的数据源自《中国国内生产总值核算历史资料》和《中国统计年鉴》。国有及国有控股企业在岗职工平均工资、国有单位在岗职工平均工资、在岗职工平均工资源自《中国人口统计年鉴》。

表 16－1　变量的描述性统计

变量	含义	样本数	均值	标准差	最小值	最大值
share	劳动者报酬比重	406	0.495	0.079	0.315	0.665
Rwage	国有单位在岗职工平均工资/在岗职工平均工资	406	1.061	0.067	0.956	1.572
Rswage	国有及国有控股企业在岗职工平均工资/在岗职工平均工资	232	1.062	0.101	0.802	1.443
Y	国内生产总值	14	13624.00	1605.19	10644.11	16978.26

资料来源：作者根据《中国国内生产总值核算历史资料》、《中国统计年鉴》、《中国人口统计年鉴》的数据计算。

四、计量结果分析

1. 产出缺口的估计

目前，潜在产出的估算方法主要有两大类：一类是对现实产出的时间序列性质直接进行处理，从而给出潜在产出的估算值，如消除趋势法、增长率推算法；另一类是生产函数法。大量的理论和经验分析表明，现实产出并不具有一个确定性时间趋势，它的趋势成分更多地表现为一个随机游走过程即单位根过程（Nelson & Plosser，1982）。本章采用消除趋势法中目前较为流行的 HP 滤波法（Hodrick & Prescott，1990），即通过最小化（T 为样本期）

$$\sum_{t=1}^{T} (\ln Y_t - \ln Y_t^*)^2 + \lambda \sum_{t=2}^{T-1} \left[(\ln Y_{t+1}^* - \ln Y_t^*) - (\ln Y_t^* - \ln Y_{t-1}^*) \right]^2$$

$$(16-2)$$

从而将现实产出的自然对数 $\ln Y_t$ 分解为趋势成分即潜在产出的自然对数 $\ln Y_t^*$ 和周期性成分即产出缺口 $\ln Y_t - \ln Y_t^*$。首先需要判断现实产出的趋势是何种形式。对于我国 1994—2007 年的现实产出（取自然对数），我们利用 ADF 检验验证它的趋势成分为一个单位根过程。具体检验结果如表 16-2 所示：

表 16-2　现实产出的单位根检验

平稳性检验	ADF	临界值（99%）	临界值（95%）	MacKinnon P
Z (t)	-0.92	-4.06	-3.12	0.7483

资料来源：作者计算。

表 16-2 中 ADF = -0.92，其绝对值小于各个临界值，以及 MacKinnon P 值表明原序列为非平稳的。进一步对原序列一阶差分项进行平稳性检验，结果如表 16-3 所示：

表 16-3　现实产出一阶差分的单位根检验

平稳性检验	ADF	临界值（99%）	临界值（95%）	MacKinnon P
Z (t)	-3.21	-4.12	-3.14	0.0452

资料来源：作者计算。

表 16-3 中 ADF = -3.21，其绝对值大于 95% 的临界值，表明在 5% 的显著性水平可以认为原序列为 I（1）序列。

用 HP 滤波法估算潜在产出缺口时，我们采纳 Ravn 和 Uhlig（2002）的建议，令平滑参数 λ = 6.25，由公式（16-2）便得到了我国 1994—

2007 各年的潜在产出及产出缺口（见图 16 - 1）。1999 年以前，我国产出缺口的波动较大，2000 年产出缺口的波幅逐渐收窄。样本期内 1995—2002 年产出缺口估算的符号，与郭庆旺、贾俊雪（2004）对中国 1978—2002 年间产出缺口估算结果中相同年份的正负号交替的情况一致。故下文据此对虚拟变量 *Boom* 和 *Recession* 进行赋值。

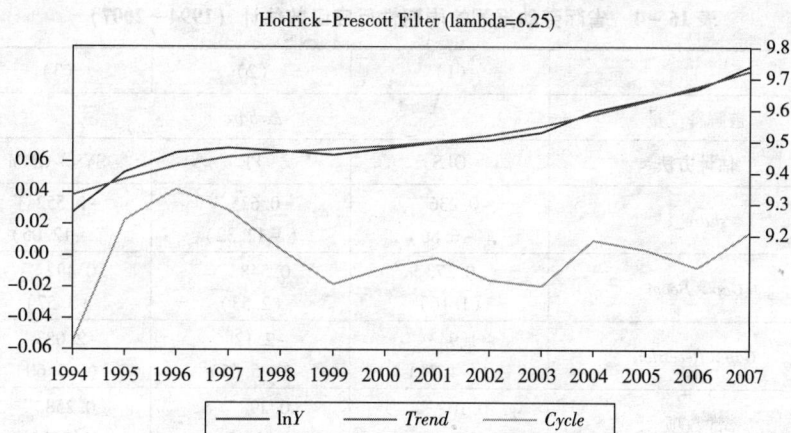

Hodrick–Prescott Filter (lambda=6.25)

图 16 - 1 1994—2007 年 HP 滤波

（ λ =6. 25）估算的中国产出缺口

注：lnY 为产出的自然对数值，即现实产出的增长率；*Trend* 是趋势，即潜在产出的增长率；*Cycle* 是产出缺口。左边纵轴为产出缺口的坐标，右边的纵轴为现实产出和潜在产出的坐标，横坐标为年份。

2. 弱顺周期的劳动报酬比重

根据上文对估计方法的讨论，我们认为，表 16 - 4 第（3）列 SYS - GMM 估计的结果是稳健且可靠的。理由是：（1）Hansen Test 不能拒绝工具变量有效的原假设；（2）AR（2）检验不能拒绝一阶差分方程的随机误差项不存在二阶序列相关的原假设；（3）滞后项的估计值介于第（1）列 OLS 估计值和第（2）列 FE 估计值之间；（4）工具变量数（25）小于截面数（29）[①]。因此，下面根据第（3）列的估计结果进行分析。

---

① 下面的所有估计过程都尽可能地满足这四个条件。

计量结果显示，与经济繁荣期相比，经济衰退期对劳动者报酬比重的负面影响更大，即实际 GDP 每低于潜在 GDP 一个百分点，劳动者报酬占 GDP 的比重将会下降约 2.08 个百分点[1]。而在经济繁荣期，实际 GDP 每高于潜在 GDP 一个百分点，劳动者报酬占 GDP 的比重将会上升不足 0.5 个百分点[2]。劳动报酬比重呈现弱的顺周期特征[3]。

表 16 - 4 省际劳动报酬的周期性反应函数估计（1994—2007）

	(1)	(2)	(3)
被解释变量	$\triangle share$		
估计方法	OLS	FE	SYS - GMM
$share\_1$	- 0.236 *** (- 6.86)	- 0.635 *** (- 12.32)	- 0.552 *** (- 12.05)
$Gap \times Boom$	0.273 (1.16)	0.548 *** (2.53)	0.492 *** (3.57)
$Gap \times Recession$	- 1.943 *** (- 4.74)	- 2.12 *** (- 5.65)	- 2.083 *** (- 5.60)
常数项	0.102 *** (5.84)	0.298 *** (11.62)	0.258 *** (12.63)
AR (1)	—	—	0.000
AR (2)	—	—	0.289
Hansen Test	—	—	0.214
工具变量数			25
样本数	348	348	348
Prob > F	0.0000	0.0000	0.0000

注：(1) 括号中的数值是 t 统计量；(2) ＊＊＊表示在1%水平上显著，＊＊表示在5%水平上显著，＊表示在10%水平上显著；(3) $share$，$Gap \times Boom$ 和 $Gap \times Recession$ 都是内生变量，其余都是外生变量；(4) $share$ 表示劳动者报酬占 GDP 的比重；(5) 为了满足工具变量数不大于截面数及工具变量的有效性，对于内生变量我们用了滞后一期并用了 collapse，对于因变量的一阶滞后我们用了滞后两期。

资料来源：作者计算。

---

[1] 在1%的显著性水平上显著。

[2] 在1%的显著性水平上显著。

[3] 计算劳动报酬比重（$share$）对繁荣期项（$Gap \times Boom$）的弹性 $E_{sb} = 0.021$，对衰退期项（$Gap \times Recession$）的弹性 $E_{sr} = 0.075$，$E_{sb} < E_{sr}$，这一结果也支持了我们对劳动报酬比重呈弱顺周期特征的判断。

与以美国为研究对象，得出劳动报酬比重具有反周期性特点（Gomme & Greenwood，1995；Young，2004）的结论不同。我们对中国劳动报酬比重的观察更接近 Diwan（1999）跨国研究发现的劳动报酬比重在金融危机中往往急剧下降的事实。注意到 Gallaway（1964）得到实际工资在经济扩张期降低，相对工资水平的降低引起资本—劳动比下降，从而导致劳动报酬比重降低这一结论的两个假设前提是，要素替代弹性小于 1 和货币工资变化滞后于价格。中国的现实是怎样的呢？首先，1993 年以后，随着要素配置市场制度的建立，在已经由市场调节的"增量"部分的市场化继续的同时，市场调节开始进入传统上计划调节的"存量"部分，使得要素替代弹性明显上升，估计约达到 1.466（张明海，2002）。其次，在岗职工平均工资增长率一直高于居民消费价格指数，从 1998 年开始，差距保持在 10 个百分点以上（见图 16 - 2）。

Engle-Granger 两步法的分析结果不支持研究期内货币工资变化滞后于价格的假设（见本章附录）。

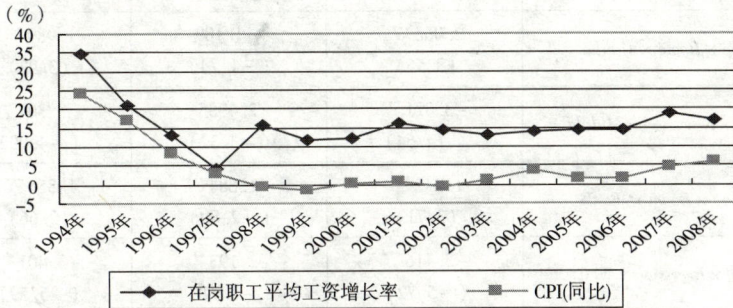

图 16 - 2　1994—2008 年在岗职工平均工资增长率与 CPI 比较

3. 分地区考察

为了控制地区经济差异对劳动报酬比重的影响，引入三个地区虚拟变量（East、Middle、West）。考虑到动态面板数据处理技术要求时间跨度小于截面数，因此，我们没有用分地区数据分别估计（16 - 1）式，而是采用虚拟变量法一并估计三大地区的反应函数[①]，并采用将地区虚拟变量与

---

① 方红生和张军（2009）、Anderson & Nielsen（2007）也用了这种方法。

产出缺口、经济周期相乘的形式，来观察经济周期和地区差异对劳动报酬的联合影响。估计结果如表 16 – 5 所示。此外，考虑到样本期间亚洲金融危机、2002 年实施并于 2003 年调整的所得税分享改革以及 2004 年收入法 GDP 核算方法调整的影响，加入年度虚拟变量 *Year 1998*、*Year 2002*、*Year 2004*。

表 16 – 5　省际劳动报酬的周期性反应函数估计（1994—2007）：分地区考察

被解释变量	(1)	(2)	(3)
	△*share*		
估计方法	OLS	FE	SYS – GMM
share_1	– 0. 151 *** （– 5. 19）	– 0. 844 *** （– 16. 1）	– 0. 163 *** （– 6. 12）
Gap × Boom × East	1. 664 *** （3. 79）	– 2. 243 *** （– 3. 99）	1. 871 *** （4. 83）
Gap × Recession × East	– 1. 834 *** （– 3. 57）	– 0. 769 （– 1. 47）	– 1. 876 *** （– 4. 49）
Gap × Boom × Middle	2. 066 *** （3. 55）	– 1. 109 （– 1. 74）	1. 989 *** （3. 92）
Gap × Recession × Middle	– 3. 321 *** （– 4. 64）	– 2. 498 *** （– 3. 32）	– 3. 307 *** （– 4. 99）
Gap × Boom × West	1. 942 *** （3. 71）	– 1. 684 *** （– 2. 89）	1. 855 *** （2. 66）
Gap × Recession × West	– 3. 416 *** （– 5. 72）	– 2. 193 *** （– 3. 71）	– 3. 401 *** （– 5. 59）
Year 1998	0. 057 *** （3. 92）	– 0. 077 *** （– 4. 32）	0. 049 *** （4. 27）
Year 2002	– 0. 014 *** （2. 12）	– 0. 028 *** （– 5. 08）	– 0. 014 *** （– 4. 11）
AR (1)	—	—	0. 000
AR (2)	—	—	0. 958
Hansen Test	—	—	0. 827
样本数	348	348	348
工具变量数	—	—	44

	(1)	(2)	(3)
被解释变量		$\triangle share$	
估计方法	OLS	FE	SYS – GMM
Prob > F	0.0000	0.0000	0.0000

注：（1）括号中的数值是 t 统计量；（2）＊＊＊表示在1%水平上显著，＊＊表示在5%水平上显著，＊表示在10%水平上显著；（3）*share*、*Gap × Boom × East*、*Gap × Recession × East*、*Gap × Boom × Middle*、*Gap × Recession × Middle*、*Gap × Boom × West*、*Gap × Recession × West* 都是内生变量，其余都是外生变量；（4）*share* 表示劳动者报酬占 GDP 的比重；（5）为了尽可能地满足工具变量数不大于截面数及工具变量的有效性，对于内生变量我们用了滞后三期并用了 collapse，对于因变量的一阶滞后我们用了滞后两期。

资料来源：作者计算。

我们认为，表 16 - 5 第（3）列的估计结果是稳健且可靠的[1]。首先，经济周期显著地影响劳动报酬比重。衰退期对劳动报酬比重的负向影响，大于繁荣期对劳动报酬比重的正向影响。具体看，实际 GDP 低于潜在 GDP 一个百分点，东部、中部、西部劳动报酬比重分别下降 1.88 个百分点、3.31 个百分点和 3.4 个百分点。而实际 GDP 高于潜在 GDP1 个百分点，东部、中部、西部劳动报酬比重仅分别上升 1.87 个百分点、1.99 个百分点和 1.86 个百分点。

其次，分地区来看[2]，衰退期对西部地区劳动报酬比重的影响大于对东部和中部地区的影响。具体地说，在控制其他因素的影响之后，实际 GDP 每低于潜在 GDP1 个百分点，西部地区劳动报酬占 GDP 的比重将会下降 3.4 个百分点，降幅超过东部和中部地区 1.52 个百分点和 0.09 个百分点。而繁荣期对西部地区劳动报酬比重的影响小于对东部、中部地区的影响。实际 GDP 每高于潜在 GDP1 个百分点，西部地区劳动报酬占 GDP 比重的增幅落后中部和东部地区约 0.13 个百分点和 0.02 个百分点。

最后，在控制了地区因素的影响后，税制调整对劳动报酬比重呈显著

① 理由：（1）Hansen Test 不能拒绝工具变量有效的原假设；（2）AR（2）检验不能拒绝一阶差分方程的随机误差项不存在二阶序列相关的原假设；（3）滞后项的估计值介于第（1）列 OLS 估计值和第（2）列 FE 估计值之间；（4）相对于截面数（29），工具变量数（44）并没有过大。

② 在 1% 的显著性水平上显著。

的负向影响,这可能与个人所得税来源构成过重地偏向属于劳动收入的工薪所得有关。金融危机弱的正向影响(不超过 0.05 个百分点)与直觉相悖。这可能是由于危机时的需求冲击更多地已经通过实际产出与潜在产出的偏离直接得到了反映,也可能是此处的引入方式还无法很好地刻画经济危机的真实影响所致。年度虚拟变量 *Year 2004* 不显著,故在表 16 – 5 中没有汇报。我们的解释可能是下面三个原因的结合:一是农业和非农部门收入的变化可能间接地通过地区效应来影响劳动报酬比重。二是 2004 年收入法 GDP 核算的两个方法的变化——个体经济业主收入从劳动报酬变为营业盈余;国有和集体农场的营业盈余与劳动者报酬合并,统一作为劳动报酬。对个体经济统计核算方法的变化将导致非农部门劳动报酬比重在 2004 年陡降,而对国有和集体农场统计核算方法的改变则将导致农业部门劳动报酬比重在 2004 年陡升。这"一降一升"的综合效应存在一定程度的抵消。三是白重恩和钱震杰(2009b)同时对农业和非农产业劳动者报酬和营业盈余进行调整后,得到在统计核算方法上与 2003 年可比的劳动报酬比重,认为个体经济的营业收入可能被高估,从而劳动者报酬在个体经济中占比也被高估,但无法估算统计口径和统计核算方法都可比的劳动报酬比重。这或许意味着,现有的数据无法对 2004 年这一变化对实际劳动报酬的影响给出确定性的回答。

第三节　理论假说及其检验

一、理论假说

上文对中国劳动报酬比重的周期性反应函数的估计说明,中国劳动报酬比重具有在衰退期比繁荣期受影响更大的显著特征。为什么经济衰退期,劳动者报酬比重受的影响更严重呢?以样本期内,为应对国际金融危机、促进经济平稳较快发展而实施积极财政政策的 1998—2002 年为例。政府主导和引导的投资行业取向非常明显，主要将农林水利、交通通信、环境保护、城乡电网改造、粮食仓库和城市公用事业等作为重点投资领域，而这些投资领域恰恰是吸纳就业能力较弱的行业。蔡昉等（2004）认为中国经济具有较高的并且继续升高的自然失业率，并通过构造行业就业密集度指数，即计算特定行业的劳动—资本比与平均劳动—资本比的比值后发现，交通邮电、电力及水的生产供应业、制造业、建筑业和商贸餐饮业的就业密集度指数依次大幅度提高，但在国债投资中的优先顺序却恰好相反，即积极财政政策所引导的重点投资领域，却恰恰是就业密集程度低的行业。

除了宏观经济政策所引导的投资方向偏离就业密集程度高的行业之外，我们认为另一个重要原因可能是由处在转型期的中国所特有的劳动力市场二元结构内生决定的。在计划经济条件下，不存在劳动力市场，就业是通过计划配置的。改革开放以来，伴随农村劳动力转移，城市逐渐形成了二元化的劳动力市场，以国有企业为代表的工资形成机制是制度性的，"三年脱困"期之后的国有单位工资水平保持快速上升的趋势。2001—2007 年，国有单位在岗职工平均工资年均实际增速分别达到 16.7%、16.9%、11%、11.8%、17.8%、14.8% 和 16.6%，明显高于其他单位[①]。这样，对于那些容易得到贷款的大型国有企业来说，资本变得相对便宜，劳动相对昂贵，从而诱导出产业和技术选择中用资本替代劳动的倾向，产值增长不能带来相应的就业扩大，进而将增长的果实更多地内化在国有经济部门。

劳动报酬比重在衰退期比繁荣期受到负向影响更大的显著特征，是宏观经济发生相对衰退时周期性失业与自然失业交织的不利影响，超过宏观经济相对高涨时总需求增加与周期性失业现象缓解的有利影响的一个可以解释的结果。从金融危机前的"民工荒"，到制造业企业密集倒闭期引发的"民工返乡潮"，农民工流动的潮起潮落恰恰是周期性失业的集中反映。因此。我们认为，只有引入"二元劳动力市场"才能更好地解释这一现

---

① 数据来源：中经网统计数据库。我们用居民消费价格指数对国有单位在岗职工平均名义工资平减后得到实际工资及其增速。

象。进一步，由于城镇二元劳动力市场对劳动报酬影响的一个重要渠道是"同工不同酬"等带有歧视性特征的工资体制。故我们将前面的假说，具体化为劳动报酬比重在衰退期比繁荣期受到负向影响更大的显著特征是经济周期与二元劳动力市场相互作用的一个可以解释的结果。

二、理论检验

遵循方红生和张军（2009）等现有的一阶段方法，为了避免同时放入两个交互项出现的共线性，下面的计量报告中，我们将仅出现一个交互项。

1. 基于国有单位在岗职工平均工资构造的二元劳动力市场分割指标的检验

表16 - 6 考察了城镇的二元劳动力市场在影响劳动报酬方面的作用。根绝假说中的讨论，我们用"国有单位在岗职工平均工资/在岗职工平均工资"度量二元劳动力市场的分割程度。不难发现，表16 - 6 中第（3）列的估计结果是稳健且可靠的。计量结果显示，劳动报酬比重的周期性反应力度受二元劳动力市场影响很大。国有单位在岗职工平均工资偏离在岗职工平均工资的程度在经济衰退期对劳动报酬比重的负向影响表现得尤为明显。这也符合我们理论假设中对城镇二元劳动力市场的强调。

表16 - 6　省际劳动报酬的周期性反应力度受二元劳动力市场的影响

	(1)	(2)	(3)
被解释变量	$\triangle share$		
估计方法	OLS	FE	SYS - GMM
$share\_1$	- 0. 233 *** (- 6. 79)	- 0. 632 *** (- 12. 28)	- 0. 579 *** (- 11. 97)
$Gap \times Boom \times Rwage$	0. 242 (1. 09)	0. 511 *** (2. 48)	1. 085 *** (5. 03)
$Gap \times Recession \times Rwage$	- 1. 829 *** (- 4. 71)	- 2. 009 *** (- 5. 65)	- 2. 55 *** (- 6. 35)
常数项	0. 101 *** (5. 75)	0. 297 *** - 11. 57	0. 262 *** (11. 82)

	(1)	(2)	(3)
被解释变量	$\triangle share$		
估计方法	OLS	FE	SYS – GMM
AR（1）	—	—	0.000
AR（2）	—	—	0.308
Hansen Test	—	—	0.188
样本数	348	348	348
工具变量数	—	—	26
Prob > F	0.0000	0.0000	0.0000

注：（1）括号中的数值是 t 统计量；（2）＊＊＊表示在1%水平上显著，＊＊表示在5%水平上显著，＊表示在10%水平上显著；（3）$share$、$Gap \times Boom \times Rwage$、$Gap \times Recession \times Rwage$ 都是内生变量，其余都是外生变量；（4）$share$ 表示劳动者报酬占 GDP 的比重；（5）为了满足工具变量数不大于截面数及工具变量的有效性，对于内生变量我们用了滞后五期并用了 collapse，对于因变量的一阶滞后我们用了滞后两期。

资料来源：作者计算

2. 基于国有及国有控股企业在岗职工平均工资构造的二元劳动力市场分割指标：一个稳健性检验

从行业观察，近年来城镇二元劳动力市场分割的显著表现就是以垄断企业高薪为特征的行业间收入差距拉大。垄断行业的企业本应维持在一个低收费、低利润的运营状况，将超出的利润上缴国家。国家再以各种转移支付的形式来增加公共产品投资，弥补收入分配差距等问题。1999 年"抓大放小"战略推出后，国有经济通过向关键领域、重点产业和优势企业的集中，摆脱经济效益下滑的同时，垄断行业收入与行业平均收入水平逐渐呈"喇叭口"式的扩大趋势。国有及国有控股企业在岗职工平均工资与全部在岗职工平均工资的绝对差距从 1999 年的 239 元扩大至 2008 年的 4014 元（见图 16 - 3），增速从 2002 年开始一直领先全部在岗职工平均工资增速 1—2 个百分点。因此，我们构造国有及国有控股企业在岗职工平均工资与全部在岗职工平均工资比例这一指标 $Rswage$。该值越大，某个省份某年城镇劳动力市场的二元结构特征越显著。

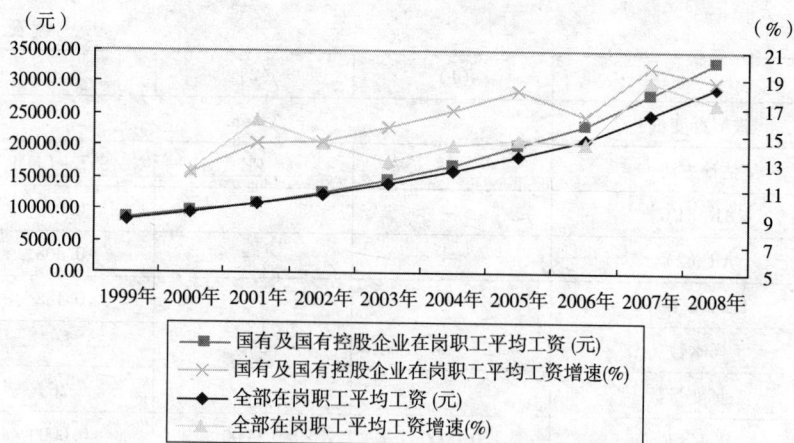

图 16 - 3　1999—2008 年国有及国有控股企业在岗职工平均工资与
全部在岗职工平均工资及其增速变化

表 16 - 7 是对城镇二元劳动力市场影响的稳健性考察。表中第 （3）
列 SYS - GMM 的估计结果是稳健且可靠的。考虑行业收入差距因素后的计
量结果显示，衰退期劳动报酬比重受城镇二元劳动力市场分割的反应力度
仍远大于繁荣期。这也证实理论假设中对城镇二元劳动力市场的引入是稳
健的。

表 16 - 7　省际劳动报酬的周期性反应力度受二元劳动力市场的影响

（1999—2007）：稳健性考察

	（1）	（2）	（3）
被解释变量	$\triangle share$		
估计方法	OLS	FE	SYS - GMM
$share\_1$	- 0. 15 *** （ - 4. 17）	- 0. 26 *** （ - 4. 61）	- 0. 18 *** （ - 6. 17）
$Gap \times Boom \times Rswage$	1. 08 *** （2. 01）	0. 79 （1. 37）	0. 98 *** （3. 49）
$Gap \times Recession \times Rswage$	- 2. 56 *** （ - 6. 02）	- 2. 49 *** （ - 5. 56）	- 2. 33 *** （ - 7. 04）
常数项	0. 03 ** （1. 94）	0. 09 *** （ - 3. 20）	0. 06 *** （3. 84）

	(1)	(2)	(3)
被解释变量	△share		
估计方法	OLS	FE	SYS – GMM
AR（1）	—	—	0.000
AR（2）	—	—	0.090
Hansen Test	—	—	0.122
样本数	232	232	232
工具变量数	—	—	26
Prob > F	0.0000	0.0000	0.0000

注：（1）括号中的数值是 t 统计量；（2）＊＊＊表示在1%水平上显著，＊＊表示在5%水平上显著，＊表示在10%水平上显著；（3）$share$，$Gap \times Boom \times Rswage$、$Gap \times Recession \times Rswage$ 都是内生变量，其余都是外生变量；（4）$share$ 表示劳动者报酬占 GDP 的比重；（5）为了满足工具变量数不大于截面数及工具变量的有效性，对于内生变量我们用了滞后一期并用了 collapse。

资料来源：作者计算。

第四节 结论与政策含义

本章采用中国 1994—2007 年 29 个省份的面板数据和系统广义矩方法估计了中国劳动报酬比重的周期性反应函数。估计结果表明，在衰退期，国民收入的最终分配格局更不利于劳动者，即实际 GDP 每低于潜在 GDP 1 个百分点，中国劳动报酬比重占 GDP 的比重将会平均减少约 2.1 个百分点，而在繁荣期，劳动者报酬占 GDP 的比重仅增加约 0.5 个百分点；税制调整对劳动报酬比重呈显著的负向影响。除此之外，我们还估计了东、中、西三大地区劳动报酬比重的周期性反应函数。结果表明，在衰退期，西部地区劳动报酬比重对经济周期的反应力度强于东部和中部地区。具体说，实际 GDP 每低于潜在 GDP 1 个百分点，西部地区劳动报酬占 GDP 的比重将会下降 3.4 个百分点，降幅超过东部和中部地区 1.52 个百分点和 0.09 个百分点。繁荣期对西部地区劳动报酬比重的影响小于对东部、中部地区的影响。实际 GDP 每高于潜在 GDP 1 个百分点，西部地区劳动报酬占 GDP 比重的增幅落后中部和东部地区约 0.13 个百分点和 0.02 个百分点。中部地区劳动报酬比重在繁荣期受益最大，而对衰退期的反应力度与西部地区相当（表 16-5 第（3）列的 -3.307 与 -3.401，仅差不足 0.1 个百分点）。然后，基于现有文献和中国的现实，我们对劳动报酬比重衰退期比繁荣期受到负向影响更大的弱顺周期特征提供了一种理论解释，即我们认为这是经济周期与城镇二元劳动力市场相互作用的一个可以解释的结果。最后，利用两个反映城镇二元劳动力市场分割程度的指标证实了上述假说。

本章的政策含义有以下几点：第一，衰退期，二元劳动力市场对劳动报酬比重对经济周期的反应起了推波助澜的作用（表 16-6 与表 16-7 第（3）列的 -2.55 和 -2.33 均超过了表 16-4 的 -2.08）。因此，如何缓和劳动报酬比重对衰退期的反应力度是关键。我们认为，张东生（2010）提出的向社保基金划转权益、向公共预算调入部分收益等方式，是建立垄断行业分红机制的一个良好开端。第二，从本章的角度看，打破二元劳动力市场的分割，建立统一的人力资源市场，缩小不同市场上劳动者"五险一金"等实际待遇差别，是缓和经济波动对劳动者报酬带来不利影响的另一个关键。临时工和制造业企业大量一线从业人员缺少严格意义上的"五险一金"，在降低企业成本的同时，也伴随着较高的人员流动率，进而在一定程度上延缓了企业产品升级换代的步伐。无论是基于国有经济单位在岗职工平均工资，还是基于国有及国有控股企业在岗职工平均工资，我们所估计的劳动报酬比重的对经济周期的反应力度都呈现出衰退期强于繁荣期的显著特征，这提醒我们，留住人才，推动产业链升级，务必要关注统一的人力资源市场建设。这也是转变经济增长方式的重要保证。

参考文献

[1] 白重恩、钱震杰 a：《我国资本收入份额影响因素及变化原因分析——基于省际面板数据的研究》，《清华大学学报（哲学社会科学版)》2009 年第 4 期。

［2］白重恩、钱震杰 b：《国民收入的要素分配：统计数据背后的故事》，《经济研究》2009 年第 3 期。

［3］蔡昉、都阳、高文书：《就业弹性、自然失业和宏观经济政策——为什么经济增长没有带来显性就业》，《经济研究》2004 年第 9 期。

［4］方红生、张军：《中国地方政府竞争、预算软约束与扩张偏向的财政行为》，《经济研究》2009 年第 12 期。

［5］郭庆旺、贾俊雪：《中国潜在产出与产出缺口的估算》，《经济研究》2004 年第 5 期。

［6］黄先海、徐圣：《中国劳动收入比重下降成因分析——基于劳动节约技术进步的视角》，《经济研究》2009 年第 7 期。

［7］李扬、殷剑峰：《中国高储蓄率问题探究：1992—2003 年中国资金流量表的分析》，《经济研究》2007 年第 6 期。

［8］罗长远、张军 a：《经济发展中的劳动收入占比——基于中国产业数据的实证研究》，《中国社会科学》2009 年第 4 期。

［9］罗长远、张军 b：《劳动收入占比下降的经济学解释——基于中国省级面板数据的分析》，《管理世界》2009 年第 5 期。

［10］任彪、薛永鹏、张梅：《中国工资、物价和经济增长变动关系的动态分析——基于 VAR 模型的实证分析》，《中国物价》2009 年第 1 期。

［11］向书坚：《我国功能收入分配格局分析》，《当代经济科学（陕西财经学院学报）》1997 年第 5 期。

［12］杨少华、徐学清：《居民劳动报酬对功能收入分配的影响分析》，《运筹与管理》2000 年第 3 期。

［13］张明海：《增长和要素替代弹性》，《学术月刊》2002 年第 8 期。

［14］张东生：《收入分配不能总是空谈　发改委年内动刀垄断工资》，2010 年，见 http://www.eeo.com.cn/eeo/jjgcb/2010/04/19/167802.shtml。

［15］Alesina A., F. R. Campante and G. Tabellini, "Why is Fiscal Policy Often Procyclical?", *Journal of the European Economic Association*, 6(5), 2008, pp. 1006-1036.

［16］Anderson A. L. and L. H. W. Nielsen, "Fiscal Transparency and Procyclical Fiscal Policy", Working Paper, University of Copenhagen, 2007.

[17] Blundell, R. , and S. Bond, "Initial Conditions and Moment Restrictions in Dynamic Panel Data Models", *Journal of Econometrics*, 87, 1998, pp. 115-43.

[18] Bond, S. , "Dynamic Panel Data Models: A Guide to Micro Data Methods and Practice", Working Paper 09/02, Institute for Fiscal Studies, London, 2002.

[19] Diwan, I. , "Labor Shares and Financial Crises", 1999, http://ftp. itam. mx/ pub/investigadores/delnegro/alcala/diwan _ p. pdf, downloaded on 2010-04-21.

[20] Gallaway, L. E. , "The Theory of Relative Shares", *The Quarterly Journal of Economics*, vol. 78 issue 4, 1964, pp. 574-591.

[21] Gomme, P. , J. Greenwood, "On the Cyclical Allocation of Risk", *Journal of Economic Dynamics and Control*, vol. 19, issue 1-2, 1995, pp. 91-124.

[22] Ravn, Morten O. and Harald Uhlig, "On Adjusting the Hodrick-Prescott Filter for the Frequency of Observations", *Review of Economics and Statistics*, 84 (2), 2002, pp. 371-376.

[23] Roodman D. , "How to do Xtabond2: An Introduction to 'Difference' and 'System' GMM in Stata", Working paper, 2006, 103.

[24] Young, A. T. , "Labor's Share Fluctuations, Biased Technical Change, and the Business Cycle", *Review of Economic Dynamics*, vol. 7, issue 4, 2004, pp. 916-931.

附　录

由于仅检验两组数据的协整关系，我们采用 Engle-Granger 两步法。对在岗职工平均工资的增长率取对数，记为 lnwage。为了在很大程度上剔除季节性因素的影响，采用以 1994 年为基期的年度 CPI 同比序列，取对数，记为 lnCPI。对 lnwage 和 lnCPI 进行常规的 OLS 回归，若果存在协整关系则回归残差为 I（0）序列。

$$\text{ln}wage = \alpha_1 + \beta_1 \cdot \text{ln}CPI + \varepsilon_1 \qquad (16-3)$$

$$\text{ln}CPI = \alpha_2 + \beta_2 \cdot \text{ln}wage + \varepsilon_2 \qquad (16-4)$$

对残差 ε_1 和 ε_2 的 ADF 单位根检验结果显示，在 1% 和 5% 的显著性水平下拒绝单位根假设，因此可以认为残差为平稳序列，进而可以认为 lnwage 与 lnCPI 具有协整关系（见表 16-8）。

表 16-8　单位根检验结果

	t 统计量	p 值	ADF 检验平稳性
lnwage	-2.02	0.52	不平稳
lnCPI	-2.63	0.27	不平稳
lnwage 一阶差分	-3.78	0.06	平稳
lnCPI 一阶差分	-4.12	0.05	平稳
ε_1（方程 3 残差）	-3.17	0.00	1% 的显著性下平稳 I（0）

资料来源：作者计算。

在已证明 lnwage 与 lnCPI 具有协整关系的前提下，进行格兰杰因果关系检验（见表 16-9）。滞后 1-4 期，工资与 CPI 的格兰杰因果关系检验结果，不支持研究期内"货币工资变化滞后于价格"的假设。这一结论在一定程度上与价格和工资并没有出现轮番上涨的局面（任彪、薛永鹏、张梅，2009）的考察结果也是近似的。

表 16 – 9　工资与价格的格兰杰因果关系检验结果

滞后阶数	原假设	F 统计量	p 值	推论
1	原假设 I	4.67	0.056	
	原假设 II	0.18	0.68	
2	原假设 I	1.72	0.24	滞后 1—4 期，工资与 CPI
	原假设 II	2.09	0.19	的格兰杰因果关系检验，
3	原假设 I	1.25	0.40	不支持"货币工资变化滞
	原假设 II	1.09	0.45	后于价格"的假设。
4	原假设 I	0.56	0.75	
	原假设 II	0.39	0.81	

注：原假设 I：工资不是 CPI 的 Granger 原因；原假设 II：CPI 不是工资的 Granger 原因。
资料来源：作者计算。

第四篇

第十七章 加工贸易型工业化、低效城市化与消费不足[①]

十七届五中全会指出，要在十二五期间形成消费、投资、出口协调拉动经济的新局面。消费变为整个国民经济的先导，被放置到首要位置上。理论上普遍认为，工业化创造供给，城市化创造需求，加快城市化进程是拉动消费能力提升的有力保障。然而，近十五年来，随着城市化进程的加快，中国的居民消费占 GDP 的比重、居民消费率都在不断下降中（CQMM 课题组，2010a，2010b）。这是否与现有的城市化方式，从而经济发展方式有关呢？本章拟以福建省为背景对此进行研究。

第一节 悖论：城市化加速与消费比重下降

通常，从人口迁移的角度，城市化可以被定义为"农村人口转化为城镇人口的过程"，即人口向城市地区集中或农业人口转变为非农业人口的过程。在经济学上，更多地把城市化与工业化联系在一起，认为在经济发展的某个阶段，工业化将与城市化并进。为了较为确切地了解改革开放以来福建省人口城市化进程，我们采用林毓鹏、李文溥（2000）的方法对福建省的人口城市化率变动情况进行测算。得到数据如下（见表 17-1）：

---

① 本章作者：李文溥、龚丽贞、林致远。

表 17 - 1 1983—2008 年福建省的实际城市化率

年份	实际城市化率（%）	年份	实际城市化率（%）	年份	实际城市化率（%）
1983	24.6	1992	34.39	2001	42.67
1984	26.53	1993	36.53	2002	43.43
1985	30.22	1994	38.37	2003	45.27
1986	30.77	1995	39.07	2004	47.02
1987	31.5	1996	39.81	2005	49.05
1988	32.19	1997	40.53	2006	50.93
1989	32.41	1998	40.52	2007	52.89
1990	32.73	1999	40.61	2008	54.15
1991	33.21	2000	41.84		

资料来源：根据《福建统计年鉴2009》及《新中国55年统计资料汇编》的数据采用林毓鹏、李文溥（2000）的方法进行计算所得。

近25年来，福建省城市化率大约每年上升1.18个百分点。2000—2008年，城市化进程大大加快，实际城市化率平均每年上升1.54个百分点。到2008年年底，福建省城市化率已达54.15%，过半数人口已成为事实上的城市人口。

然而，同期福建省最终消费占总需求比重却不断下降。1985—1990年，福建省最终消费占地区生产总值的比重是71.43%[1]。1996—2000年，降为54.85%，2006—2009年，更降至44.23%，低于同期全国平均水平49.15%，2009年，福建最终消费所占比重仅为42.8%，低于全国5.2个百分点。随着最终消费在总需求中的比例不断下降，最终需求对经济增长的贡献率不断萎缩，从2000年的54.4%下降到2009年的37.0%，2007年甚至一度下降到24.6%，是东南沿海四省（福建、广东、浙江和江苏）中最低的。2009年，广东、浙江、江苏三个沿海发达省份最终消费对经济增长的贡献率分别是58.5%、64.6%和43.3%，而福建只有37.0%[2]。这说

---

[1] 根据福建统计局、国家统计局福建调查总队编《福建统计年鉴（2010）》计算所得（下同）。

[2] 根据福建、广东、浙江和江苏省统计年鉴（2010）计算所得。贡献率指三大需求增量与支出法地区生产总值增量之比（下同）。

明，福建省的城市化并未有效地带动消费扩大，伴随着城市化进程的加快，消费占 GDP 的比重却迅速下降了。

工业高速发展，城市化迅速推进，与此同时，最终消费比重、对经济增长的拉动能力却不断下降，这似乎是个悖论。虽然我们近期的另一项研究表明：发展中经济体在经济起飞以及高速增长的一定时期里，投资率上升及居民消费率下降在一定程度上不可避免（龚敏、李文溥，2010）。但是，居民消费率的过快下降，一定程度上说明了现有的城市化效率是比较低下的。它不仅不利于经济的平稳较快增长，而且有违社会经济发展的基本目标。

第二节　低效城市化与加工贸易型工业化

城市化快速推进而最终消费比重急剧下降所涉及的原因众多，我们在此前的研究中曾讨论过以出口劳动密集型产品为导向的粗放型经济增长所导致的国民收入分配、使用结构失衡、劳工工资上升缓慢对国内消费的影响（李文溥、龚敏，2010；CQMM 课题组，2010b）。从城市化角度看，在我国东部沿海地区，这些在一定程度上又与加工贸易型工业化，以及其所导致的第三产业发展缓慢有关。

一、加工贸易型工业化导致服务业发展缓慢及城市化低效

中国近十几年的高速增长，主要是靠高投资、高净出口拉动的。2000—2009 年，中国年均增长率高达 10.53%[①]。期间，投资和净出口对增长的贡献率持续递增，消费对增长的贡献率却持续下降。2000—2009 年，最终消费占 GDP 比重呈波动下降趋势，从 2000 年的最高点 62.3% 下降到 2009 年的 48.0%，下降了 14.3 个百分点。与此同时，投资和净出口

---

① 根据《中国统计年鉴 2010》的有关数据计算，下同。

占 GDP 的比重持续上升，资本形成率占 GDP 比重从 2000 年的 35.3% 上升到 2009 年的 47.7%，10 年间上升了 12.4 个百分点。外贸依存度（进出口总额与 GDP 之比）从 2000 年的 39.6% 一度上升到 64.8%（2007 年），之后有所下降。这种"两高一低"的经济结构在外向型经济最发达，出口导向特征最明显的东南沿海各省市表现得更为突出。2006 年，全国的外贸依存度高达 66.52%，广东、福建、浙江、江苏、上海 5 省市外贸依存度是 121.03%，比全国高出近一倍。

出口导向型经济是中国第三产业发展缓慢及城市化低效的重要原因之一。中国出口贸易迅速增长的背后是加工贸易产业的高速发展。从 1980 年到 2000 年，加工贸易占总出口的比重从 1980—1985 年的 7.81% 上升到 2001—2007 年的 54.17%，加工贸易成为我国主要的外贸方式。加工贸易导向的经济发展模式产生了一个严重的收入分配后果：1992—2008 年，企业所得占可支配收入的比重从 11.7% 上升至 21.3%，上升了 9.6 个百分点，提高幅度超过 80%，而同期居民收入占比从 68.3% 下降到 57.1%，降低了 11.2 个百分点。居民收入的下降，主要是劳动报酬下降导致的。1992—2009 年，劳动者报酬占 GDP 的比重从 54.6% 降至 46.6%[①]。福建省劳动报酬占地区生产总值的比重则下降的更厉害。从 1993 年的接近 60% 一度下降至 2007 年的 43.2%。一方面是 GDP 持续高增长，而另一方面是居民收入增长缓慢。收入增长缓慢在很大程度上决定了居民消费需求难以扩大[②]，从而导致了服务业特别是消费型服务业发展缓慢。

另一方面，加工贸易的模式使得我国的工业生产处于垂直产业链体系中的末端环节。这种特殊的分工模式导致了制造业中间需求不足，从而导致了我国服务业特别是生产型服务业的需求不足。按理，产业内部分工和专业化程度的提高可以使得服务业对其他产业的中间服务作用得到加强，对服务业产生更多的需求，从而促进服务业特别是生产型服务业的发展。然而中国由于处于国际产业分工的低端环节上，工业的发展并未同时带动

[①] 厦门大学宏观经济研究中心 CQMM 课题组：《中国宏观经济预测与分析——2010 年春季报告》，2010 年 2 月。

[②] 另一个重要因素是种种因素导致了居民储蓄倾向上升。有关分析参见厦门大学宏观经济研究中心 CQMM 课题组：《中国宏观经济预测与分析——2010 年春季报告》，2010 年 2 月。

产业内部分工的迅速深化和服务业特别是生产型服务业的同步发展，生产型服务业的发展严重滞后于制造业的发展。我国在货物贸易顺差大幅度上升的同时，服务贸易的逆差不断扩大，1998—2008 年，我国服务贸易逆差从 27.7 亿美元急剧扩大到 118.1 亿美元①，中国快速的工业化进程没有带来相应的服务业发展。

2000—2009 年，福建省加工贸易商品出口额占出口商品总额的 44.88%。与出口贸易（加工贸易）的快速发展相伴随的是服务业的缓慢发展。2009 年福建省第三产业产值比重和从业人员比重分别为 41.2% 和 34.8%。与其他的东南沿海省市浙江、广东、江苏和上海相比，福建省第三产业的发展是相对落后的（见表 17-2）。福建省第三产业不仅总体产值不高，而且对劳动力的吸纳能力相对较低。从结构上看，2009 年福建省第三产业增加值中，交通运输、仓储和邮政业、批发和零售业所占比重分别为 14.9%，20.7%，金融业和房地产业分别为 12.1% 和 13.0%，显示传统第三产业所占比重较高，而新兴的服务业如金融保险、信息服务业、法律、会计、咨询中介服务等发展缓慢，所占比重较低。

表 17-2　2009 年东南沿海四省及上海市的三次产业结构

	第一产业产值比重（%）	第二产业产值比重（%）	第三产业产值比重（%）	第一产业从业比重（%）	第二产业从业比重（%）	第三产业从业比重（%）
福建	9.7	49.1	41.2	29.5	35.8	34.8
江苏	6.5	53.9	39.6	25.1	35.7	39.2
浙江	5.06	51.8	43.14	18.32	48.05	33.63
广东	5.1	49.2	45.7	28.04	39.13	32.83
上海	0.7	39.9	59.4	4.56	39.74	55.7

资料来源：各省 2010 年统计年鉴。

因此，出口加工业的畸形高速增长实际上导致了两个结果：一方面，加工业的"廉价品，低工资"的特点导致了劳动者收入水平较低、增长缓

---

① 根据国家外汇管理局网站公布数据计算得到。

慢，低收入导致低消费，特别是减少对非必需品的消费，而这部分消费需求相当部分是对消费型服务业的需求，因此这种工业发展模式无法带动消费型服务业的需求增长，导致消费型服务业发展缓慢；另一方面，加工业的"两头在外"的模式限制了生产型服务业的发展空间，导致了生产型服务业发展缓慢。

而隐藏在这种加工贸易工业发展模式背后的更重要的现实则是：占城市人口比重越来越高的农民工收入水平偏低，其收入并未随着经济增长而相应提高（见图 17 - 1）。福建 2008 年城镇单位新增就业人口中 60% 以上是农村人口，也即农民工。他们中的相当部分就业于出口导向的劳动密集型产业。我国加工贸易业的发展建立在农民工的低工资形成的低劳动力成本基础上。这一方面使得我国的劳动密集型产品有强大的竞争优势从而得以大批进入国际市场[①]；另一方面，农民工工资过低，进城的青壮年劳动力因此大多只能孤身在外，父母子女必须留居乡村，无力进城。工业发展只形成了农村青壮劳动力的滚动城市化，而不是农村人口的举家迁徙，这也

（美元）

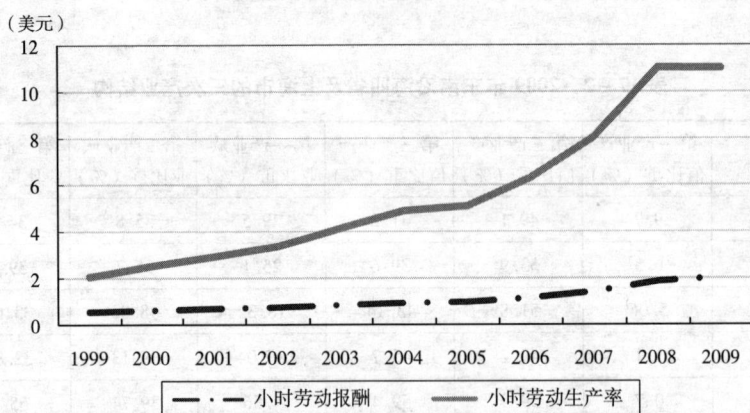

图 17 - 1　中国制造业劳工小时劳动报酬与小时劳动生产率

资料来源："中国季度宏观经济模型（CQMM）"课题组：《中国宏观经济预测与分析——2010 年秋季报告》，2010 年 9 月。

---

① 最近我们的研究发现：在主要出口对象国市场上的主要贸易竞争产品上，主要贸易竞争对手国家相对单位劳动力成本是中国的 1.5 倍。参见："中国季度宏观经济模型（CQMM）"课题组：《中国宏观经济预测与分析——2010 年秋季报告》，2010 年 9 月。

就造成了城市化始终落后于工业化进程的格局。目前的这种城市化方式是一种低层次、低效率的城市化。它无法相应扩大内需，不能有效地带动居民消费增长，从经济增长的需求拉动角度看，实际功效甚微。

二、第三产业发展缓慢与城市化低效形成恶性循环

发展第三产业与城市化是相互约束、相互促进的互动过程。发展第三产业是推进城市化的重要源泉和强大动力，是工业化中后期推进城市化最重要的产业基础；而城市化是第三产业发展的重要需求力量，只有城市规模发展到相当程度，才能对生产型服务业和生活型服务业产生越来越多的市场需求，才足以支撑服务业的发展壮大。

一方面，第三产业发展可以推进城市化进程。第三产业行业范围广泛，可以吸纳多层次的劳动力，包括各种教育层次劳动力。传统第三产业中部分劳动密集型服务业的发展可以吸收文化程度低、缺乏专业技术的农民工就业，提高农民收入，从而提高他们的购买力和消费水平。另一方面，城市化可以促进第三产业的发展。城市化是第三产业发展的重要需求来源。不同于工农业的生产和消费在时空上具有可分割性，第三产业的重要特点是大部分情况下它的生产和消费在时空上的不可分割性，这使它的发展受到一定区域内人口规模和消费水平的限制。因此，只有城市发展到一定规模，城市居民具备较高的购买力，当地的各种服务业才能得到相当程度的发展，许多高端服务业才有机会进入，城市规模达到一定的门限值，其发展才能呈边际递增趋势。与此同时，城市化也是一个生活方式大变革的过程，与乡村生活中一定程度的自给自足和低层次的生存性需求不同，城市生活带来的是市场交换和对更高层次消费的要求。乡村生活的衣、食、住、行等生存的必需性消费，此时转化为城市生活的衣、食、住、行之外的精神、文化、交流需求，马斯洛的需求层次论指出，人的需求将随着收入水平的提高，从低层次的生理需求、安全需求，到高层次的社会交流需求、得到尊重需求和自我价值实现需求，这种需求范围的扩大和层次的提升显然会促进相关服务业的规模扩展和层次推进。

但是，由于长期实行的以出口为导向的粗放型经济发展方式，国民经济结构严重失衡，我国的城市化低效与第三产业发展缓慢之间正在形成某

种恶性循环。以出口为导向的加工贸易产业主要集中在东部沿海地区，因此这一问题在福建、广东、浙江、江苏等地都不同程度地存在着。以福建而论，1983—2009 年，第三产业比重从 27.0% 上升到 41.2%，27 年只增长了 14.2 个百分点，每年只增长近半个百分点。

就福建省各设区市而言，除了福州（48.2%）和厦门（51.6%）的第三产业产值超过 40% 之外，其他城市基本都在 40% 以下。若从各市辖区看[①]，福州市辖区的第三产业比重最高，达到 63.41%，高于经济发展水平以及人均收入水平都高于它的厦门市。这在一定程度上是因为福州是福建省的省会城市。厦门市的经济发展水平、人均收入水平居全省之冠，对外贸易量约占全省 70%，港口位列全国十大港口之一，但是厦门市的第三产业比重只有 51.56%，比福州市还低了近 12 个百分点。比较福厦两市的第三产业比重，可以推论，福州市的第三产业"产出"中，有相当部分是省直机关、省属大专院校、事业单位等非经营性服务业的"产出"。考察福建省的三个全国百强县市如福清、石狮和晋江，我们发现这三个市的第三产业比重都比较低，除石狮超过 40% 外，福清和晋江的第三产业比重都不到 40%（见表 17 - 3）。而且基本上是传统的服务业，现代服务业所占比重极低[②]。

表 17 - 3　福建省各市辖区 2009 年三次产业构成比例

地区	人均 GDP（元）	第一产业占比（%）	第二产业占比（%）	第三产业占比（%）
福州市辖区	49003	0.84	35.74	63.41
厦门	68938	1.18	47.26	51.56
莆田市辖区	29186	10.19	56.45	33.36
三明市辖区	47015	4.98	53.06	41.95

---

①　这样更具有比较意义。

②　当然，这并不是福建省，而是全国普遍存在的问题。全国百强县的第一名江苏省江阴市，2009 年第三产业的比重也不过 38.1%。如果注意到这些百强县尤其是前十强县市，恰恰都是加工贸易型工业化较发达的县市，那么，可以得出的结论恰恰是：这样的经济结构与加工贸易型工业化之间存在着密切关系。

续表

地区	人均GDP（元）	第一产业占比（%）	第二产业占比（%）	第三产业占比（%）
泉州市辖区	54142	1.7	54.32	43.98
漳州市辖区	49887	2.86	46.93	50.21
南平市辖区	30427	13.11	52.21	34.68
龙岩市辖区	58516	5.53	60.78	33.69
宁德市辖区	25599	14.41	28.77	56.83
福清	34137	13.59	48.72	37.69
石狮	59095	3.91	54.3	41.79
晋江	49775	1.65	63.95	34.4

资料来源：《福建统计年鉴2010》。

观察福建省沿海城市第三产业和城市化发展状况，发现有几个共同特点：

首先，这些城市都是以出口劳动密集型产品为导向的外向型经济，加工贸易占比很高。全国百强县排名前十的晋江，民营经济相当发达，工业主要集中在纺织服装、制鞋、陶瓷石材、食品、轻工玩具五大传统产业，出口比例都很高。部分种类的鞋、服装产品在世界市场占有相当大份额。相邻的莆田市，产业同样以劳动密集型为主，产品出口外销比例较高，并且加工贸易占有很大比例[①]。

其次，这些城市尽管经济相对发达，但普遍是制造业发展快而第三产业发展慢。这与各地出口偏向型的经济发展模式有密切关系。出口贸易特别是加工出口贸易导致了制造前端的产品研发、设计，制造后端的营销过程都被"外包"了，工业化的迅速推进没有引起生产型服务业的跟进，使得产业结构一直停留在"二、三、一"而无法上升到更高级形态的"三、二、一"上。即，"两头在外"的加工贸易模式导致对生产型服务业的需求不足，抑制了生产型服务业的发展。另一方面，加工贸易的低附加值特点导致了劳动者收入偏低，生活型服务需求不足，生活型服务业（消费型

---

① 2008年，莆田出口额中52.9%为加工贸易出口。

服务业）难以发展，始终停留在小规模、低资本、低技术、低层次的阶段。

因此，加工贸易占比过高的工业发展模式导致了福建省的第三产业缓慢发展与城市化低速低效的自循环。而农民工的低工资是重要原因。正是低工资低收入抑制了居民需求，导致潜在的需求无法转化为事实上的购买力，需求不足直接导致了服务业发展缓慢，从而导致了城市化进程的低速和低效。

第三节　转变城市化方式与转变经济发展方式

工业化和城市化仍然是中国经济今后较长时期发展的重要引擎。而中国经济现有的结构性失衡向我国的城市化和工业化提出了一个不容回避的问题：今后，我们需要一个什么样的工业化和城市化？它之所以不容回避，是因为既有的趋势难以继续延续。以福建而言，现有的城市化人口不过占总人口的 54.15%，远未完成人口城市化过程，如果不改变既有的经济发展方式、城市化方式，继续维持原有的结构特征及发展态势，最终消费占 GDP 的比重继续以目前每年 1.5 个百分点的速度下降，社会再生产的循环显然难以正常进行。

必须调整现有的城市化方式，才能使城市化能更大规模地增加居民消费。现有的城市化基本上是由工业化而且相当程度上是加工贸易型工业化推进的。正是因此，在福建，近三十年来，城市化进程最快的是沿着福厦沿海一线地区。加工贸易型工业化推进的城市化，是一个比较低效的城市化方式。从表 17-4 可以看出，世界上不少国家在人均收入 4000 美元左右的时候，工业增加值占 GDP 的比重均值不到 40%，但是，人口城市化率均值却超过了 70%！然而福建省的工业增加值比重早在 1993 年就超过 40%，但是，城市化率到 2008 年都只有 54.15%，加工贸易型工业化使第三产业难以相应增长，相近的工业产出比重只能维持较低的人口城市化水平。

表 17 – 4 人均 GDP 相近国家的工业化率和城市化率

国家	人均 GDP（美元）	工业增加值占 GDP 比重（%）	城市化率（%）
俄罗斯	4750	39	73
马来西亚	4701	50	67.3
土耳其	4637	29	67.3
阿根廷	4132	36	90.1
委内瑞拉	4014	58	93.4
南非	3886	31	59.3
巴西	3311	29	84.2
罗马尼亚	3277	35	53.7
哈萨克斯坦	3185	40	57.3
白俄罗斯	2992	42	72.3
平均	3888.5	38.9	71.79

注：表中数据均为 2005 年数据。人均 GDP 数据来源于国际货币基金组织，工业增加值数据由世界银行数据整理得到，城市化率的数据来源于世界银行《2009 年世界发展报告》。

现有的城市经济第三产业发展滞后，经济结构不合理既然来自于加工贸易型工业化，因此，调整现有的城市化方式，必须从转变现有的工业化方式尤其是加工贸易型工业化入手。加工贸易在福建省经济起飞过程中产生了重大作用，其历史贡献不容否定。但是，以加工贸易为代表的出口劳动密集型产品为导向的粗放型经济增长，却必须随着人均收入水平的提高、要素禀赋结构的改变而适时转变。1978—2009 年，福建省人均 GDP 增长了 26.8 倍，然而，经济发展方式的转变，却严重滞后，产业结构的升级换代相对迟缓。显然是与要素相对稀缺程度随着人均 GDP 大幅度增长而发生重大变化之后，要素比价关系没有得到及时调整有重要关系。而要素比价关系之所以未能根据要素相对稀缺状况的变动而及时调整，根本原因在于各级地方政府为了实现强制增长和财政收入最大化，不计成本地招商引资，为此不惜动用行政手段压低劳动力、土地、资金、资源与环境的价格，直接间接地补贴资本，从而导致了劳工工资偏低，居民收入增长缓慢，消费意愿萎缩，第三产业发展缓慢，城市经济结构失衡。

因此，根本的出路在于调整要素比价关系，恢复市场均衡，从而促进经济发展方式使工业化的型式随着经济增长、人均 GDP 的提高而适时转变，改变现有的低效率城市化进程，提高整个国民经济的消费比重。而这，正如十七届五中全会公报所言：加快转变经济发展方式是我国经济社会领域的一场深刻变革。进一步推进改革开放是加快转变经济发展方式的强大动力。

参考文献

［1］厦门大学宏观经济研究中心 CQMM 课题组：《中国宏观经济预测与分析——2010 年秋季报告》，2010 年 9 月。

［2］厦门大学宏观经济研究中心 CQMM 课题组：《中国宏观经济预测与分析——2010 年春季报告》，2010 年 2 月。

［3］林毓鹏、李文溥：《福建省城市化水平：测量与分析》，《福建论坛》2000 年第 11 期。

［4］龚敏、李文溥：《中国高资本报酬率与低消费率的一个解释》，《学术月刊》2013 年第 9 期。

［5］李文溥、龚敏：《出口劳动密集型产品导向的粗放型增长与国民收入结构失衡》，《经济学动态》2010 年第 7 期。

［6］余长林、李文溥：《福建省劳动密集型产业转型升级与对外经济发展方式转变研究——基于晋江调研的思考》，厦门大学宏观经济研究中心研究报告，2010 年。

［7］丛海彬：《服务业与城市化互动发展的机理分析》，《黑龙江对外经贸》2007 年第 6 期。

［8］江小涓、李辉：《服务业与中国经济：相关性和加快增长的潜力》，《经济研究》2004 年第 1 期。

第十八章 要素比价非对称扭曲下的
产业结构演进轨迹[①]

第一节 引 言

改革开放以来，高投资是实现中国经济高速增长的重要因素之一。低要素价格是实现高投资的必要前提，在 GDP 锦标赛中，地方政府为实现高投资，不惜采取行政手段限制本土要素价格上涨，补贴投资，导致了要素价格扭曲。要素价格低于其边际产出的绝对扭曲将导致两高一低的结构失衡，国内消费不足，而要素间的非对称扭曲（相对扭曲）将导致产业结构倾斜式演进。钱纳里指出，工业化是经济发展过程中的结构转变的重要方面，工业化即是以各种不同要素供给组合去满足类似的各种需求增长格局的一种途径。因此，产业结构演进，可以是需求拉动的，也可以是供给推动的。从供给角度看，要素禀赋比较优势在资本深化进程中的动态变化驱动了产业结构从初级要素密集向资本密集方向发展的产业升级。中国30多年来的工业化，伴随着市场化进程，虽然产品市场已基本上由市场定价，但是要素市场改革仍然不完全，要素价格不但存在低于其边际产出的绝对扭曲，还存在要素间价格偏低程度不同的相对价格扭曲。现有研究多从要素价格的绝对扭曲探讨要素供给对产业结构演进的影响，比如江小涓

---

① 本章作者：李静、郑振雄。

（2005）指出过去多年中国有明显的低成本优势，有利于产业结构不断优化升级；但是，劳动力和土地等自然资源在真实成本相对较低的同时，也存在成本扭曲问题；有些地方政府压低地价，甚至实行零地价；污染企业不支付或少支付治污成本；劳动者特别是农民工劳动条件差、社会保障不健全；这些都进一步压低了成本，但这是靠欠账和透支支持的低成本；这种状况不应该，也不能持续。李文溥、陈贵富（2010）以工资占劳动边际产出的比重，衡量了劳动价格的扭曲程度；指出福建省制造业劳动边际产出的提高速度明显快于劳工工资增长率，使得劳动密集型产业一直具有比较优势，从而福建省近10年劳动密集型产业并未衰退，反而加速发展。针对要素价格相对扭曲对产业结构演进影响的研究较少，如夏晓华、李进一（2012）采用超越对数函数，测算了劳动力、资本、能源的价格扭曲；进一步通过实证分析表明生产要素的异质性扭曲差异阻碍了产业结构转型升级。但是，从现有文献看，从要素价格相对扭曲到产业结构演进的传导路径尚未得到清晰完整的论述。

要素价格相对扭曲是指部分生产要素均发生低于其边际产出的绝对扭曲情况下，不同要素扭曲程度不同。经济发展进程中，企业的微观决策在利润最大化的动机下将用价格扭曲程度高的要素替代扭曲程度低的要素，导致有要素偏向的技术进步，有偏技术进步改变要素密集度不同的产业投入结构，进一步影响到产业结构演进。因此，本章第二节借助费景汉、拉尼斯给出的分析框架，推导出技术进步要素偏向、资本深化、技术进步之间的理论关系，进一步由要素价格扭曲出发，考察要素价格相对扭曲对技术进步要素偏向的影响；第三节实证研究要素密集度不同的产业技术进步偏向类型，以及要素价格相对扭曲状况对产业结构演进滞后的影响；第四节是结论与政策建议。

第二节　理论描述

中国 30 多年来经济高速增长，带来要素禀赋结构的提升，即资本积累大大快于劳动力的增长，从而提高了人均资本存量，发生资本深化。假设经济体中有两类型产业，劳动密集型、资本密集型产业，依据罗伯津斯基定理，资本存量的增加会导致资本密集型产业的生产增加，而劳动密集型产业的生产则下降，如图 18 - 1。初始资本为 K，劳动为 L；AC、BC 为资本密集型、劳动密集型产业的要素投入结构，C 为经济资源充分利用的均衡点。经济整体资本存量增加 ΔK，而劳动不变，假定劳动密集型、资本密集型产业要素投入结构不变，那么均衡点变为 C′。显然，资本扩张后，劳动密集型产业的就业减少了 EF。因此，如果各产业要素投入结构不变，资本深化进程中，经济整体资本存量快速增加，劳动密集型产业就会自然衰退，并向资本密集型产业演进。

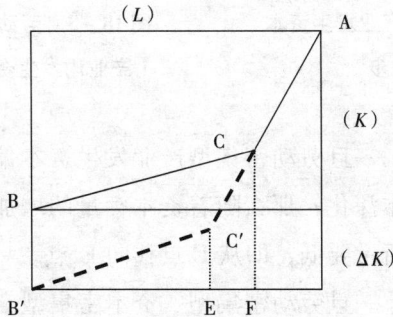

图 18 - 1　资本深化进程中的产业结构变动

不过，与理论预期不同，中国劳动密集型产业并未自然衰退，比如 2001 年之后，中国劳动密集型产业的就业比重还相当稳定。图 18 - 1 的成立，依据一个关键假定，劳动密集型、资本密集型产业的投入结构不变。

不过，随着经济的发展，各产业均会发生技术进步。希克斯（1932）提出了一组技术进步的分类，至今仍在广泛运用；该分类方法基于经验现象，即发明并不是等比例地提高所有要素的边际产出，而是有的要素边际产出提高多些，有的要素边际产出提高少些。如果给定资本劳动比例，一旦资本边际产出比劳动边际产出提高更多，则技术进步是"资本偏向"的，反之则是"劳动偏向"的。一旦发生资本偏向型技术进步，资本边际产出比劳动边际产出提高更多，那么产业内部的要素投入将更多使用资本，即资本替代劳动；反之一旦发生劳动偏向型技术进步，那么产业内部的要素投入将更多使用劳动，即劳动替代资本。因此技术进步是资本偏向的还是劳动偏向的，可以改变产业内要素投入结构，那么技术进步的要素偏向就可以影响产业间结构演进，见图18-2、图18-3。

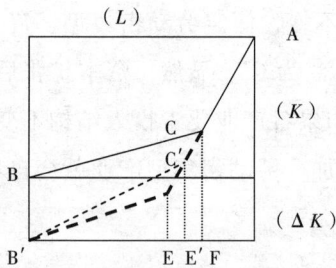

图18-2 劳动密集型产业发生资本偏向型技术进步

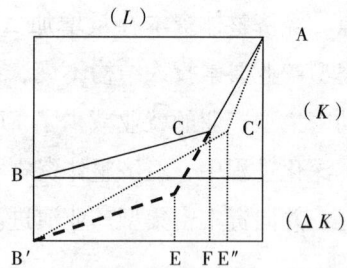

图18-3 劳动密集型、资本密集型产业均发生资本偏向型技术进步

由图18-2可知，一旦劳动密集型产业发生资本偏向型技术进步，劳动密集型产业发生资本深化；那么随着资本存量的增加，劳动密集型产业衰退程度比图18-1所示要低，即从E点移向E′点。

由图18-3可知，一旦劳动密集型、资本密集型产业均发生资本偏向型技术进步，劳动密集型、资本密集型产业均发生资本深化；那么随着资本存量的增加，劳动密集型产业甚至没有衰退，劳动密集型产业增长速度超过资本密集型产业，即从E′点移向E″点。由此可见，劳动密集型产业具体呈现快速衰退，或是缓慢衰退，还是保持稳定增长，取决于各类型产业技术进步的要素偏向。

综合图 18 - 1、图 18 - 2、图 18 - 3 可知，某种意义上说，各类型产业的技术进步要素偏向，决定了产业间结构演进。那么如何测算各类型产业的技术进步要素偏向？以下借鉴费景汉、拉尼斯给出的分析框架（费景汉、拉尼斯，2004），推导出技术进步要素偏向、资本深化速度、技术进步以及工资增长率之间的数量关系。

一、要素偏向型技术进步

给定一个动态生产函数：

$$Y = F(K, L, t) \tag{18-1}$$

其中，t 代表技术进步，Y、K、L 随时间变化，本章为了方便省略去时间下标。完全竞争条件下，$\omega = F_L$，工资等于边际劳动产出。假定生产函数是规模报酬不变的，那么有欧拉定理成立：

$$Y = KF_K + LF_L \tag{18-2}$$

式（18 - 2）两边对 L 求导，可以得到：

$$F_L = KF_{KL} + F_L + LF_{LL} \tag{18-3}$$

进一步化简得到：

$$-LF_{LL} = KF_{KL} \tag{18-4}$$

定义产出增长率 η_Y：

$$\eta_Y = \frac{\dot{F}F}{F} = \frac{F_K\dot{K} + F_L\dot{L} + F_t\dot{t}}{F} \tag{18-5}$$

其中，η 表示增长率，$\dot{F}$ 代表产出函数 F 对时间求导（以下其他变量增长率、对时间求导采用类似方法表示）。定义资本产出份额、劳动产出份额、技术创新强度（全要素生产率增长率），化简得：

$$\eta_Y = \varphi_K\eta_K + \varphi_L\eta_L + J \tag{18-6}$$

定义工资增长率，并由（18 - 4）式可得：

$$\eta_\omega = \frac{\dot{\omega}}{\omega} = \frac{F_{LK}\dot{K} + F_{LL}\dot{L} + F_{Lt}\dot{t}}{F_L} = \varepsilon_{LL}(\eta_K - \eta_L) + H_L \tag{18-7}$$

其中，$H_L = \dfrac{\dot{F}_L}{F_L}$ 代表创新效应，即边际劳动产出的增长率；$\varepsilon_{LL} = \dfrac{-LF_{LL}}{F_L}$

代表边际劳动产出递减的倾向。则由（18-7）式可得：

$$\frac{\eta_\omega}{\varepsilon_{LL}} = \eta_K - \eta_L + \frac{H_L}{\varepsilon_{LL}} \qquad (18-8)$$

在规模报酬不变条件下，技术创新强度为边际劳动生产率增长率 H_L 与边际资本生产率增长率 H_K 的加权平均 $J = \varphi_L H_L + \varphi_K H_K$，且有 $\varphi_L + \varphi_K = 1$ 成立，可得 $H_L - J = \varphi_K (H_L - H_K)$。一旦边际劳动生产率增长率超过边际资本生产率增长率 $H_L - H_K > 0$，就有 $H_L - J > 0$。定义技术进步劳动偏向，依据希克斯给出的定义，$B_L > 0$（即 $H_L - H_K > 0$），意味着技术进步是偏向于使用劳动的；同理可以定义技术进步资本倾向 B_K，$B_K > 0$（即 $H_K - H_L > 0$），意味着资本偏向型技术进步。则由（18-8）式可得：

$$\frac{\eta_\omega}{\varepsilon_{LL}} = \eta_K - \eta_L + \frac{J}{\varepsilon_{LL}} + \frac{B_L}{\varepsilon_{LL}} \qquad (18-9)$$

如果工资增长率为零 $\eta_w = 0$，定义资本深化速度，则由（18-9）式可得：

$$-B_L = \varepsilon_{LL} \eta_{K*} + J = B_K \qquad (18-10)$$

如果工资增长率不为零 $\eta_w \neq 0$，则由（18-9）式可得：

$$-B_L = \varepsilon_{LL} \eta_{K*} + J - \eta_\omega = B_K \qquad (18-11)$$

因此本章借鉴希克斯定义，假定规模报酬不变，得到了技术进步要素偏向与资本深化速度、技术进步以及工资增长率之间的数量关系。如果通过实证检验，表明中国各类型产业均发生资本偏向型技术进步，从而带来各产业以资本替代劳动，那么劳动密集型产业衰退缓慢就得到了解释。那么各产业技术进步偏向的要素供给条件是什么？以下从要素价格扭曲出发，推导出要素价格相对扭曲与技术进步要素偏向之间的关系。

二、要素价格扭曲与技术进步偏向

1. 要素价格扭曲

由生产函数 $Y = F(K, L, t)$，可以计算出要素边际产出（MP_L，MP_K），进而与要素价格进行对比（ω, r），就可以考察要素市场是否存在要素价格绝对扭曲；不同要素的扭曲程度不同，通过比较，就可以考察要素价格相对扭曲程度。通过（18-12）式、（18-13）式计算出 k_1、k_2，

如果 k_1、k_2 不等于1，那么要素价格存在绝对扭曲。

劳动边际产出与劳动成本对比

$$MP_L = k_1\omega \tag{18-12}$$

资本边际产出与资本价格对比

$$MP_K = k_2 r \tag{18-13}$$

要素价格相对扭曲：

$$\frac{(MP_L/\omega)}{(MP_{K/r})} = \frac{k_1}{k_2} = D \tag{18-14}$$

如果资本与劳动的绝对扭曲程度之比 D 不等于1，那么要素价格存在相对扭曲。

2. 要素价格扭曲与技术进步偏向

假定生产函数 $Y = F(K, L, t)$ 为 C – D 型，且规模报酬不变：

$$Y = A(t)K^{\alpha}L^{1-\alpha} \tag{18-15}$$

那么由（18 – 14）式可得：

$$D = \frac{1-\alpha}{\alpha}\frac{r}{w}\frac{K}{L} \tag{18-16}$$

变换可得：

$$\alpha = \left(\frac{r}{w}\frac{K}{L}\right)\Big/\left(D + \frac{r}{w}\frac{K}{L}\right) \tag{18-17}$$

生产函数为 C – D 型，且规模报酬不变，那么有 $\varepsilon_{LL} \equiv \alpha$，则将（18 – 17）式代入（18 – 11）式可得资本偏向型技术进步与要素价格扭曲之间的关系：

$$B_K = \left[\left(\frac{r}{w}\frac{K}{L}\right)\Big/\left(D + \frac{r}{w}\frac{K}{L}\right)\right]\eta_{K*} + J - \eta_w \tag{18-18}$$

如果要素价格相对扭曲程度越来越大，比如，资本相对劳动越来越便宜，那么 D 越来越小；从而由（18 – 18）式可知技术进步偏向资本程度 B_K 将越来越大，即资本偏向型技术进步与资本相对劳动价格扭曲程度正相关。

综上所述，从要素供给角度，解释中国产业间结构演进的关键，在于考察中国各类型产业的技术进步要素偏向；进一步，考察各产业要素价格是否发生相对扭曲，即中国各产业资本与劳动相对价格；那么需要实证检验以下两个命题。

命题1：中国劳动密集型、资本密集型产业均发生资本偏向型技术进步。

命题2：中国各类型产业要素价格相对扭曲：资本相对劳动越来越便宜。

第三节　实证分析

产业间结构有序演进，产业内技术集约程度不断提高，推动着经济增长。然而，中国30多年来经济高速增长，产业结构演进却比较缓慢。以生产要素密集型产业为例，劳动密集型产业衰退比较缓慢，向资本、技术密集型产业转换比较滞后。OECD国家的经验表明，制造业集中了所有产业R&D支出的70%左右，甚至更高，因此制造业是一国技术上升的主导力量，本章就以制造业来说明中国产业结构演进。依照李耀新（1995）提出的分类方法，本章将中国制造业划分为劳动密集型、资本密集型、技术密集型。进一步，以各类型产业的就业、产值占制造业比重，梳理出产业间结构演进轨迹，见表18-1。

由表18-1可知，总体上中国产业间结构呈现劳动密集型向资本密集型、技术密集型转换的趋势；不过，演进过程比较缓慢。以就业比重来看，中国劳动密集型产业一直维持在50%左右，而且相当稳定，特别是2001—2008年，该比重几乎没有下降。而另一方面，技术密集型产业的就业比重虽然呈现上升趋势，但是与发达经济体相去甚远，高收入国家技术密集型产业占制造业就业的比重在20%以上，甚至更高。由此可见，中国产业间结构演进比较滞后，即劳动密集型产业衰退比较缓慢，向资本、技术密集型产业转换的趋势比较停滞。

表 18 - 1 1980—2010 年中国制造业要素密集型产业演进

年份	就业比重			产值比重		
	劳动密集型产业	资本密集型产业	技术密集型产业	劳动密集型产业	资本密集型产业	技术密集型产业
1980	50.46	45.85	3.69	44.20	52.04	3.75
1981	51.31	45.01	3.69	43.24	52.74	4.02
1982	52.15	44.16	3.68	42.32	53.38	4.30
1983	53.00	43.32	3.68	41.43	53.96	4.61
1984	53.85	42.47	3.67	40.58	54.48	4.94
1985	54.78	41.61	3.61	40.83	54.22	4.95
1986	55.24	41.16	3.60	42.27	53.33	4.40
1987	55.71	40.70	3.59	41.29	53.69	5.02
1988	55.27	41.10	3.63	40.84	53.55	5.61
1989	54.87	41.42	3.70	40.81	53.84	5.35
1990	54.58	41.58	3.84	41.25	53.19	5.56
1991	54.43	41.54	4.03	41.17	52.55	6.28
1992	53.73	42.19	4.08	39.30	54.87	5.82
1993	54.04	41.86	4.10	41.70	51.93	6.37
1994	54.56	41.14	4.30	42.21	51.67	6.12
1995	53.91	41.65	4.44	38.77	53.72	7.51
1996	53.05	42.40	4.55	41.81	51.02	7.18
1997	52.74	42.58	4.68	41.91	49.59	8.50
1998	48.61	45.55	5.84	39.81	49.83	10.35
1999	48.60	45.20	6.19	39.00	49.76	11.24
2000	48.83	44.54	6.63	37.64	49.68	12.67
2001	50.12	42.90	6.97	37.31	50.14	12.55
2002	50.90	41.62	7.49	36.26	50.80	12.94
2003	51.73	40.31	7.96	35.30	51.48	13.22
2004	51.57	39.77	8.66	35.29	51.74	12.97
2005	51.43	39.08	9.49	35.22	52.11	12.67
2006	51.28	38.71	10.01	35.36	52.37	12.28
2007	50.64	38.78	10.58	35.30	53.84	10.87

续表

年份	就业比重			产值比重		
	劳动密集型产业	资本密集型产业	技术密集型产业	劳动密集型产业	资本密集型产业	技术密集型产业
2008	50.05	39.24	10.71	34.39	53.87	11.74
2009	49.56	39.76	10.68	32.94	53.87	13.19
2010	48.47	40.26	11.27	32.58	54.42	13.00

注：1980—1992 年数据来自《中国工业经济统计年鉴 1993》，统计口径为乡及乡以上独立核算工业企业，产值为工业净产值，就业为全部职工年末人数；1993 年、1994 年数据来自《中国工业经济统计年鉴 1994》与《中国工业经济统计年鉴 1995》，产值为工业增加值，就业为全部职工年平均人数，统计口径为独立核算企业；1995 年及以后的数据来自国家统计局网站历年中国统计年鉴，www.stats.gov.cn/tjsj/ndsj/；1995 年、1996 年、1997 年产值为增加值，就业为分行业职工人数，统计口径为独立核算企业；1998 年、1999 年、2000 年、2001 年、2002 年产值为增加值，就业为分行业职工人数，统计口径为全部国有及规模以上非国有工业企业；2003 年、2005 年、2006 年产值为增加值，就业为全部就业人员年平均人数，统计口径为全部国有及规模以上非国有工业企业；2007 年产值为增加值，就业为全部就业人员年平均人数，统计口径为规模以上工业企业。

一、数据描述

测算劳动密集型、资本密集型产业的技术进步偏向，资本、劳动、产出等数据是实证分析的基础，因此首先需要构造制造业面板。不同学者在分析全要素生产率、产业结构变动等文献中，采用了不同方法估算工业或制造业投入、产出数据，本章不一一详述，列举其中两篇。陈勇、李小平（2006）在对指标的选取、数据折算和数据衔接做了详细说明的基础上，构造了 1985—2003 年中国 39 个工业行业的投入产出面板数据。陈诗一（2011）解决了 1980—2008 年工业行业分类标准前后不匹配、工业经济指标统计口径 1997 年前和 1998 年后不一致、20 世纪 80 年代分行业数据较多缺失等困难，构造了 38 个工业两位数行业全口径投入产出面板统计数据库。本章借鉴了这两篇论文的估算方法，尽量减少估算步骤，同时又保证数据的前后衔接，构造制造业面板。估算过程的差别在于，对于 1997 年与 1998 年工业统计口径变动，进行衔接上的调整；此外就是尽量利用已有统计年鉴提供的数据，避免采用某一统计指标推算其他指标的做法，比如采用工业总产值推算其他指标增加值、资本存量等。

1. 产出面板构造

1993 年《中国工业经济统计年鉴》提供了 1980—1992 年的净产值数据，1994 年、1995 年《中国工业经济统计年鉴》提供了 1993 年、1994 年增加值数据。1995 年以后的增加值数据来自于 1996 年及以后历年《中国统计年鉴》。本章在分别分类对应、口径一致，以及对缺省数据进行趋势外推的基础上，构造了当年价的制造业产出 1980—2008 年 29 个行业面板。进一步按照工业出厂价格指数进行平减，从而形成可比数据。《2008 年中国城市（镇）生活与价格年鉴》提供的 1985—2007 年工业分行业的工业品出厂价格指数（上年 = 100），加上 2009 年《中国统计年鉴》给出的 2008 年价格指数（上年 = 100），以此构建了 1990 年 = 100 的 1980—2008 年工业产出的价格平减指数。缺省数据是这样处理的：1992 年前的农副食品加工业、印刷业和普通设备制造业缺失，分别用相近行业食品制造业、造纸及纸制品业和专用设备制造业的同期指数代替；1980—1984 年分行业指数则使用全国水平的工业品出厂价格指数代替。经过平减，从而形成 1980—2008 年可比价（1990 年 = 100）制造业 29 个行业产出面板。

2. 劳动面板构造

劳动数据的来源与净产值、增加值数据相同，统计范围、口径均一致。1993 年《中国工业经济统计年鉴》提供了 1980—1992 年分行业独立核算工业企业全部职工年末人数；1994 年、1995 年《中国工业经济统计年鉴》提供了 1993 年、1994 年分行业独立核算工业企业全部职工年平均人数。1995—2002 年，由 1996—2003 年《中国统计年鉴》给出的增加值和全员劳动生产率算出全部职工年平均人数。2004—2009 年《中国统计年鉴》给出了 2003—2008 年全部国有及规模以上非国有工业企业全部从业人员年平均人数。进一步对 1980—1992 年全部职工年末人数（其中 1979 年年末劳动为外推算出，即为 1980 年年初值），按年末值和年初值进行平均，从而与 1993 年及以后的全部职工年平均人数对应。从而形成 1980—2008 年制造业 29 个行业劳动面板。

3. 资本面板构造

固定资产净值数据的来源与净产值、增加值、劳动数据相同，统计范围、口径均一致。1993 年《中国工业经济统计年鉴》提供了 1980—1992 年分行业独立核算工业企业年末固定资产净值；1994 年、1995 年《中国工业经济统计年鉴》提供了 1993 年、1994 年分行业独立核算工业企业固定资产净值年平均余额。1996—1998 年《中国统计年鉴》给出了 1995—1997 年分行业独立核算工业企业固定资产净值年平均余额，1999—2009 年《中国统计年鉴》给出了 1998—2008 年全部国有及规模以上非国有工业企业固定资产净值年平均余额。进一步对 1980—1992 年年末固定资产净值（其中 1979 年年末固定资产净值为外推算出，即为 1980 年年初值），按年末值和年初值进行平均，从而与 1993 年及以后的固定资产净值年平均余额对应。从而形成 1980—2008 年制造业 29 个行业固定资产净值年平均余额面板。

资本存量借鉴陈勇、李小平（2006）做法，以 1980 年的固定资产净值年平均余额为基年资本存量，按照永续盘存法算出（算法：$K_t = K_{t-1} + I_t/P_t$）。其中 $K_0 = 1980$ 年固定资产净值年平均余额；I_t 为净投资，由固定资产净值年平均余额之差算出（其中 1998 年净投资由 1998 年固定资产净值年平均余额减去虚拟同口径 1997 年数据算出）；P_t 为固定资产投资价格指数。历年《中国统计年鉴》没有提供工业分行业的固定资产投资价格指数，只提供 1990 年及以后工业全行业固定资产投资价格指数。因此只能以工业全行业固定资产投资价格指数对工业分行业当年价投资额进行平减（1990 年 = 100）；此外，1989 年及以前的指数由张军等（2003）提供。从而形成 1980—2008 年制造业 29 个行业资本面板。

二、实证检验

1. 技术进步要素偏向

依据前文要素密集型产业分类，把制造业划分为劳动密集型、资本密集型和技术密集型产业。每个产业产出、资本与劳动序列从 1980 年到 2008 年，因此三类要素密集型产业对应着三个面板。假设生产函数为 C-D 类型：

$$Y_{it} = A_i e^{rt} K_{it}^{\alpha} L_{it}^{\beta} \tag{18-19}$$

其中，下标 it 代表不同产业、不同年份。在规模报酬不变 $\alpha + \beta = 1$ 条件下，定义 $y = \dfrac{Y}{L}$、$k = \dfrac{K}{L}$；则有集约型生产函数：

$$y_{it} = A_i e^{rt} (k_{it})^{\alpha} \qquad (18-20)$$

对（18 − 19）式两边取对数，并加上随机干扰项：

$$\ln Y_{it} = \ln A_i + rt + \alpha \ln K_{it} + \beta \ln L_{it} + \varepsilon_{it} \qquad (18-21)$$

对（18 − 20）式两边取对数，并加上随机干扰项：

$$\ln y_{it} = \ln A_i + rt + \alpha \ln k_{it} + \varepsilon_{it} \qquad (18-22)$$

表 18 − 2 劳动密集型产业面板回归结果

1980—1990 年		1995—2008 年	
ln*y*		Ln*y*	
ln*k*	0.3285 ***	ln*k*	0.6338 ***
ln*l*	0.6124 ***	ln*l*	0.3312 ***
		T	0.1219 ***
c	− 0.3843	C	− 2.478 ***
F	58.61 ***	F	33.15 ***
test CRTS	Prob = 0.5662	test CRTS	Prob = 0.6640

注：*** 、 ** 、 * 分别表示 1% 、5% 、10% 的显著性水平，下同。

表 18 − 3 资本密集型产业面板回归结果

1980—1991 年		1998—2008 年	
ln*y*		Ln*y*	
ln*k*	0.3225 *	ln*k*	0.4770 ***
ln*l*	0.6358 *	ln*l*	0.5142 ***
		T	0.1455 ***
c	0.0459	C	− 2.776 ***
F	74.21 ***	F	163.9 ***
test CRTS	Prob = 0.8097	test CRTS	Prob = 0.9356

按照（18 − 21）式分劳动密集型、资本密集型与技术密集型产业，三个面板进行回归，并检验生产函数是否是规模报酬不变。考虑到分产业之

间的差异，本章采用固定效应变截距面板模型进行回归。此外，考虑到
1980—2008 年制造业结构变动，产出弹性前后年份可能不同，本章分段进
行回归，以达到更好的拟合效果。由于技术密集型产业无法拟合得到性质
良好的生产函数，本章只报告劳动密集型与资本密集型生产函数，具体结
果如表 18 - 2、表 18 - 3 所示。

1991—1994 年劳动密集型产业，以及 1992—1997 年资本密集型产业，
无法归并在前后时期的生产函数内，可能是由于 20 世纪 90 年代中期产业
结构剧烈变动。表 18 - 2、表 18 - 3 中最后一行概率值，显示不拒绝规模
报酬不变原假设。所以，再次回归（18 - 22）式集约型生产函数，仍然采
用固定效应变截距面板模型进行回归，具体结果见表 18 - 4、表 18 - 5。

表 18 - 4　劳动密集型产业（集约型）面板回归结果

1980—1990		1995—2008	
Ln (y/l)		Ln (y/l)	
Ln (k/l)	0.2880 ***	Ln (k/l)	0.6768 ***
		T	0.1192 ***
c	- 0.6802 ***	C	- 2.640 ***
F	60.06 ***	F	54.33 ***

表 18 - 5　资本密集型产业（集约型）面板回归结果

1980—1991		1998—2008	
Ln (y/l)		Ln (y/l)	
Ln (k/l)	0.2856 ***	Ln (k/l)	0.4856 ***
		T	0.1449 ***
c	- 0.1274 **	C	- 2.824 ***
F	166.3 ***	F	268.3 ***

从表 18 - 4、表 18 - 5 可知，劳动密集型和资本密集型产业前后两个
时期都出现了资本产出弹性的上升，因此本章采用分段回归具有经验合理
性。由表 18 - 4、表 18 - 5 可知，劳动密集型和资本密集型产业资本产出

弹性的具体数值，依据规模报酬不变，则可得到劳动产出弹性；此外，在 C – D 生产函数设定下，资本产出弹性与边际劳动产出递减的倾向及资本份额相等，$\alpha = \varepsilon_{LL} = \varphi_K$。因此，在已知产出、资本和劳动面板的前提下，可计算出各产业资本深化 η_{K^*}；根据（18 – 6）式可计算出技术进步 J（全要素生产率增长率）。进一步，计算出工资增长率 η_w。由于 1999 年以前的《中国劳动统计年鉴》并没有详细制造业细分产业的劳动报酬统计数据，本章对 1998 年及以前年份，采用 1999 年《中国劳动统计年鉴》中"分行业职工平均实际工资指数"的制造业平均实际工资增长率；1999 年及以后年份，采用 2000 年及以后的历年《中国劳动统计年鉴》中制造业细分产业城镇单位劳动报酬增长率，并以 CPI 平减为实际增长率（1990 年 =100）。最后，根据（18 – 11）式，计算出各产业技术进步资本偏向。由于劳动密集型及资本密集型产业面板，涉及 26 个制造业行业，具体资本偏向型技术进步程度的计算结果不再一一列举。表 18 – 6、表 18 – 7 是前后时间两个时期劳动密集型及资本密集型产业资本深化速度、技术进步、资本偏向型技术进步的分布。

由表 18 – 6、表 18 – 7 可知，中国各类型产业在大多数年份中，都发生了资本偏向型技术进步。特别是，1995—2008 年，劳动密集型产业绝大多数年份都发生资本偏向型技术进步，而且与资本深化速度几乎呈现一一对应关系。正是由于劳动密集型产业的技术进步偏向资本，造成产业内以资本替代劳动的倾向，带来劳动密集型产业的快速资本深化，经济发展过程中的资本存量增加被劳动密集型产业快速吸收，从而劳动密集型产业没有自然衰退。此外，资本密集型产业同样发生了资本偏向型技术进步。由图18 – 3 可知，资本密集型产业技术进步偏向资本，加强了劳动密集型产业缓慢衰退的效应。至此，本章检验了命题1，即中国各类型产业均发生了资本偏向型技术进步。那么下文对各类型产业的要素价格相对扭曲进行考察。

表 18-6　劳动密集型产业：资本深化、技术进步、技术进步偏向之分布

劳动密集型产业	1981—1990 年			1995—2008 年		
	资本深化 $\eta_{K}\cdot(+)$	技术进步 $J(+)$	技术进步偏向 $B_{K}(+)$	资本深化 $\eta_{K}\cdot(+)$	技术进步 $J(+)$	技术进步偏向 $B_{K}(+)$
农副食品加工业	10	4	6	11	11	11
食品制造业	10	4	6	12	13	12
纺织业	10	2	1	13	13	13
缝纫业	10	5	7	10	12	11
皮革、毛皮及其制品业	10	4	4	8	13	10
木材加工及竹、藤、棕、草制品业	10	2	4	12	12	11
家具制造业	10	6	5	8	13	7
印刷业	10	5	4	13	13	11
文教体育用品制造业	9	2	6	12	13	8
橡胶制品工业	10	1	5	13	13	11
塑料制品业	10	6	8	10	13	10
建筑材料及其他非金属矿物制品业	10	5	4	14	12	13
金属制品业	10	6	6	11	13	11
仪器仪表及其他计量器具制造业	10	6	5	10	12	11

注：表中数值代表各时期资本深化、技术进步与资本偏向型技术进步的年份数，表 18-7 同。

表 18-7　资本密集型产业：资本深化、技术进步与资本偏向型技术进步之分布

资本密集型产业	1981—1991 年			1998—2008 年		
	资本深化 $\eta_{K}\cdot(+)$	技术进步 $J(+)$	技术进步偏向 $B_{K}(+)$	资本深化 $\eta_{K}\cdot(+)$	技术进步 $J(+)$	技术进步偏向 $B_{K}(+)$
饮料制造业	11	3	6	10	11	10
烟草加工业	11	8	8	10	10	6
造纸及纸制品业	11	3	6	11	11	10
石油加工业	9	4	3	9	7	3
化学工业	9	6	5	11	11	11
化学纤维工业	10	5	8	9	10	8

资本密集型产业	1981—1991 年			1998—2008 年		
	资本深化 η_{K}·（+）	技术进步 J（+）	技术进步偏向 B_{K}（+）	资本深化 η_{K}·（+）	技术进步 J（+）	技术进步偏向 B_{K}（+）
黑色金属冶炼及延压加工业	10	7	6	11	10	10
有色金属冶炼及延压加工业	10	6	6	11	11	9
通用设备制造业	11	8	7	8	11	11
专用设备制造业	11	8	7	11	11	9
交通运输设备制造业	9	9	8	11	11	11
电气机械及器材制造业	11	6	6	7	11	8

2. 要素价格相对扭曲

根据前文回归结果，劳动密集型产业和资本密集型产业的生产函数均分为两个时期：其中，劳动密集型产业为 1980—1990 年、1995—2008 年，资本密集型产业为 1980—1991 年、1998—2008 年。因此，可以分别计算出劳动密集型产业和资本密集型产业前后两个时期的资本和劳动的边际产出。那么，为了考察资本和劳动价格的扭曲程度，需要对应找出相关时期制造业细分产业的资本成本和劳动价格。

（1）劳动价格

劳动价格数据主要来自历年《中国劳动统计年鉴》。该年鉴自 1989 年开始出版，1989 年的年鉴给出的是 1988 年的详细数据，1980—1987 年的详细数据不可获得。在 1999 年的年鉴里可以查到 1978—1998 年制造业职工平均工资，但是没有制造业细分产业工资数据。受到数据限制，1980—1991 年期间大部分数据无法获得，因此本章只能以 1995 年及以后制造业各细分产业的劳动报酬、工资序列，与劳动边际产出进行对比。

狭义的劳动价格就是工资，统计年鉴中的"劳动报酬"就是指各单位在一定时期内直接支付给本单位全部职工的各种类型的工资总额。但是工人在获得工资之余，还有其他的保险福利收入；因此广义的劳动价格应当包括工资及保险福利费用总和。不过，历年《中国劳动统计年鉴》并未给出各产业详细福利支出数据——1998 年及以前可以查到历年保险福利费用总额，但是只有分地区统计，没有分产业的统计，1999 年及以后该指标已不再列出；因此本章主要依据狭义劳动价格即"劳动报酬"作为劳动价格的代理变量，并以 CPI 平减为实际值（1990 年 = 100）。其中，1995 年、1996 年、1997 年统计口径为"制造业细分类职工平均工资"，1998 年及以后年份统计口径为"城镇单位制造业细分类从业人员平均劳动报酬"。

（2）资本价格

资本在使用过程中会发生损耗，包括物质磨损和精神损耗，这两部分可以用折旧率 d 表示。此外，资本成本还包括资金成本，即利息率。名义利率 i 扣除通货膨胀率 π，就是实际利率，为资本的资金成本。那么资本成本由折旧和实际利率决定（梁小民，1993）。

1992 年《中国工业经济统计年鉴》已经提供了 1980 年、1985—1991 年独立核算工业分行业固定资产折旧率数据。2002—2009 年《中国工业经济统计年鉴》则提供了 2001—2008 年规模以上工业分行业的本年折旧和固定资产原值，利用当年折旧与上年固定资产原值的比例可以构造出该区间的固定资产折旧率。1992—2000 年，统计年鉴提供的这些年份分行业的固定资产原值和净值的数据，依据陈诗一（2011）的做法算出折旧率：

$$累计折旧_t = 固定资产原值_t - 固定资产净值_t \qquad (18-23)$$

$$本年折旧_t = 累计折旧_t - 累计折旧_{t-1} \qquad (18-24)$$

$$折旧率_t = 本年折旧_t / 固定资产原值_{t-1} \qquad (18-25)$$

因此，本章所需的 1995 年及以后年份的折旧率即可获得。

名义利率本章采用 CEIC 中国经济数据库提供的中长期贷款利率（1 至 3 年期，含 3 年），序列由 1989 年 3 月起始，为月度数据。通过月份数加权平均，算出年贷款利率。通货膨胀率由《2009 年中国城市（镇）生活与价格年鉴》提供的历年"工业品出厂价格指数"计算。贷款利率扣除通货膨胀率，即为实际利率。因此，资本的成本由下式算出：

$$r = d + i - \pi \qquad (18-26)$$

（3）要素价格扭曲

依据上述方法分别计算出制造业分产业要素边际产出及要素价格。进一步，按照（18-12）式、（18-13）式分别算出劳动与资本价格的绝对

扭曲 k_1、k_2，进一步由（18-14）式计算出相对价格扭曲 D，结果见表18-8、表18-9。

表18-8　劳动密集型产业：劳动/资本相对价格扭曲

	农副食品加工业	食品制造业	纺织业	缝纫业	皮革、毛皮及其制品业	木材加工及竹、藤、棕、草制品业	家具制造业
1995	0.40	0.29	0.15	0.05	0.15	0.80	0.35
1996	0.90	0.72	0.81	0.21	0.13	0.97	0.37
1997	1.14	1.02	0.75	0.25	0.32	1.03	0.54
1998	0.90	0.69	0.82	0.33	0.26	0.90	0.26
1999	0.83	0.88	0.69	0.21	0.29	0.55	0.75
2000	1.07	0.90	0.28	0.21	0.16	0.79	0.52
2001	0.79	0.64	0.76	0.25	0.23	0.83	0.56
2002	0.80	0.72	0.93	0.22	0.21	0.83	0.49
2003	0.48	0.59	0.55	0.18	0.19	0.68	0.46
2004	0.40	0.48	0.44	0.16	0.17	0.46	0.35
2005	0.68	0.58	0.60	0.17	0.14	0.48	0.29
2006	0.65	0.52	0.46	0.16	0.13	0.41	0.27
2007	0.14	0.49	0.52	0.13	0.13	0.45	0.25
2008	0.20	0.26	0.47	0.18	0.13	0.46	0.27

	印刷业	文教体育用品制造业	橡胶制品工业	塑料制品业	建筑材料及其他非金属矿物制品业	金属制品业	仪器仪表及其他计量器具制造业
1995	0.31	0.11	0.11	0.33	0.48	0.45	0.24
1996	0.10	0.26	0.47	0.94	0.54	0.65	0.53
1997	0.84	0.28	0.66	1.59	0.76	0.57	0.53
1998	0.68	0.27	0.82	0.45	0.72	0.51	0.34
1999	0.78	0.35	0.59	0.67	0.61	0.70	0.25
2000	0.56	0.19	0.54	0.46	0.58	0.43	0.31
2001	0.73	0.24	0.62	0.72	0.78	0.57	0.42
2002	0.73	0.26	0.63	0.77	0.83	0.54	0.29
2003	0.78	0.18	0.51	0.52	0.68	0.37	0.42

	印刷业	文教体育用品制造业	橡胶制品工业	塑料制品业	建筑材料及其他非金属矿物制品业	金属制品业	仪器仪表及其他计量器具制造业
2004	0.72	0.15	0.48	0.27	0.49	0.19	0.34
2005	0.64	0.15	0.35	0.33	0.69	0.29	0.34
2006	0.60	0.14	0.32	0.45	0.65	0.35	0.29
2007	0.55	0.15	0.39	0.41	0.69	0.34	0.30
2008	0.50	0.18	0.40	0.38	0.37	0.34	0.24

从表 18 - 8 可以看出，D 几乎都小于 1，即劳动密集型产业资本价格扭曲要大于劳动，资本价格比劳动相对低廉。从趋势上看，资本与劳动相对扭曲程度越来越大，即资本价格相对劳动越来越便宜，D 越来越小。

表 18 - 9　资本密集型产业：劳动/资本相对价格扭曲

	饮料制造业	烟草加工业	造纸及纸制品业	石油加工业	化学工业	化学纤维工业
1998	3.14	3.45	3.02	6.63	4.15	10.23
1999	1.79	1.2	2.1	1.77	2.3	3.23
2000	2.28	2.01	1.9	1.39	1.91	0.94
2001	2.34	1.83	2.24	3.02	2.85	5.49
2002	2.26	1.28	2.34	4.45	2.4	5.23
2003	2.12	1.69	2.15	1.27	1.35	1.82
2004	1.87	1.47	1.82	0.01	0.3	1.1
2005	1.91	1.37	1.95	1.41	0.72	2.08
2006	1.89	1.46	1.94	1.32	2.03	2.88
2007	1.69	1.23	2	1.76	1.53	2.48
2008	1.61	1.12	1.42	2.24	0.89	1.99
	黑色金属冶炼及延压加工业	有色金属冶炼及延压加工业	通用设备制造业	专用设备制造业	交通运输设备制造业	电气机械及器材制造业
1998	3.94	5.94	1.64	1.59	1.57	1.73
1999	2.9	1.08	1.2	1.23	1.11	1.24

续表

	黑色金属冶炼及延压加工业	有色金属冶炼及延压加工业	通用设备制造业	专用设备制造业	交通运输设备制造业	电气机械及器材制造业
2000	1.8	0.6	1.39	1.14	1.41	1.23
2001	2.14	2.6	1.41	1.39	1.49	1.35
2002	2.21	2.43	1.33	1.27	1.33	1.2
2003	0.31	0.86	1.01	1.14	1.19	1
2004	1.19	0.97	0.74	0.87	1.16	0.65
2005	1.45	0.2	0.81	0.88	1.12	0.65
2006	2.81	1	0.87	0.88	1.11	0.38
2007	1.25	0.3	0.8	0.9	1.1	0.63
2008	1.23	2.44	0.93	1.19	0.91	0.95

从表 18-9 可以看出，大部分年份资本密集型各产业 D 都大于 1，即资本密集型产业劳动价格扭曲大于资本，劳动价格比资本相对便宜。不过从趋势上看，资本相对劳动越来越便宜，即 D 越来越小。比如，通用设备制造业、电气机械及器材制造业，劳动价格绝对扭曲程度先是大于资本，逐渐地转变成资本价格绝对扭曲大于劳动，最终资本价格比劳动相对低廉。

综合表 18-8、表 18-9 可知，中国各类型产业资本相对劳动价格扭曲越来越大，即资本越来越便宜；特别是 2001—2008 年，各类型产业的所有行业资本相对价格都呈现越来越便宜的趋势。从而依据（18-18）式，资本相对劳动价格扭曲越来越大，那么技术进步偏向资本的程度也越来越大。至此，本章实证检验了命题 2。

第四节 结 论

本章通过测算中国各类型产业的资本与劳动的相对价格扭曲，发现资本相对劳动越来越便宜。资本相对劳动价格的扭曲程度，与各类型产业技术进步的要素偏向正相关，从而资本价格越来越便宜，造成各类型产业技术进步的资本偏向。进一步，通过测算各类型产业的技术进步偏向，发现中国各类型产业在大多数年份均发生了资本偏向型技术进步。资本偏向型技术进步带来各类型产业以资本替代劳动的倾向，即各产业快速资本深化。特别是劳动密集型产业的资本深化速度甚至超过了资本密集型产业，因而经济发展过程带来的资本存量的增加，被劳动密集型产业快速吸收，从而劳动密集型产业没有自然衰退，其向资本、技术密集型产业转换的过程有些停滞。至此，本章打通了要素供给与产业结构演进的传导路径，解释了中国产业间结构演进缓慢的事实。

参考文献

[1] 李耀新：《生产要素密集型产业论》，中国计划出版社1995年版。

[2] 钱纳里：《工业化和经济增长的比较研究》，上海三联书店1995年版。

[3] 孙军、梁东黎：《收入差距、市场规模及我国产业升级困境的摆脱》，《湖北社会科学》2009年第7期。

[4] 王俊：《我国城镇居民消费结构演进与产业结构转换——基于VAR模型的实证研究》，《山西财经大学学报》2007年第7期。

[5] 曲晓燕、张实桐、伍艳艳：《出口对产业结构升级的影响分析——基于我国可比价投入产出表的实证研究》，《兰州学刊》2010年第12期。

[6] 文东伟：《FDI、产业结构变迁与中国的出口竞争力》，《管理世界》2009年第4期。

[7] 江霞：《贸易政策与中国产业结构优化研究》，山东大学博士学位论文，2010年。

[8] 陈飞翔：《锁定效应与我国工业结构演变：1992—2006》，《经济学家》2010年第5期。

[9] 江小涓：《产业结构优化升级：新阶段和新任务》，《财贸经济》

2005 年第 4 期。

[10] 李文溥、陈贵富：《工资水平、劳动力供给结构与产业发展型式——以福建省为例》，《厦门大学学报（社学社会科学版)》2010 年第 5 期。

[11] 夏晓华、李进一：《要素价格异质性扭曲与产业结构动态调整》，《南京大学学报·哲学·人文科学·社会科学》2012 年第 3 期。

[12] 费景汉、古斯塔夫·拉尼斯：《增长和发展：演进观点》，商务印书馆 2004 年版，第 209—217 页。

[13] 陈勇、李小平：《中国工业行业的面板数据构造及资本深化评估：1985—2003》，《数量经济技术经济研究》2006 年第 10 期。

[14] 陈诗一：《中国工业分行业统计数据估算：1980—2008》，《经济学（季刊)》2011 年第 4 期。

[15] 张军、施少华、陈诗一：《中国的工业改革与效率变化——方法、数据、文献和现有的结果》，《经济学（季刊)》2003 年第 10 期。

[16] 梁小民：《高级宏观经济学教程》，北京大学出版社 1993 年版，第 272 页。

[17] Hicks, J. R., *The Theory of Wages*, London：Macmillan, 1935, p. 121-122.

第 五 篇

第十九章 工业化、城市化与农民稳定增收[①]

第一节 引 言

　　保持农民收入较快稳定增长，是建设社会主义新农村的重要基础也是其目的所在，同时也是转变经济发展方式，扩大国内消费需求的重要方面，它还是检验我国经济发展目标实现状况的重要标志。如果高增长不能伴随着包括广大农民在内的居民收入相应增长，我国经济增长的意义是无法得到证明的。近年来，随着中央不断加大对农村基础设施建设、发展现代农业和扶助农民增收、减轻农民负担等方面的投入，广大农村社会经济发展速度加快，农民收入水平迅速增长。国家统计局数据资料显示：2004年以来，我国农民人均纯收入增速连续 5 年超过 6%，以往农村居民收入增长乏力、支出负担沉重的状况初步缓解。然而，国际金融危机对我国农民收入的持续增长造成了严重负面影响。截至 2009 年前三个季度，农村家庭人均现金收入累计增速为 9.2%，低于 2007 年、2008 年同期 5.6 和 1.8个百分点，为近五年来最低水平。同期，我国城镇居民人均可支配收入累计增速为 10.5%，高出 2008 年近 3 个百分点，仅低于 2007 年约 2.8 个百分点。可见，同样面对国际金融危机、经济周期波动，农村居民抵御经济危机冲击能力更弱，收入不稳定性更强。在社会主义市场经济下，如何建

---

　　① 本章执笔：王燕武、卢盛荣、李文溥。参加调研的有：龚敏、卢盛荣、王燕武、王俊海、李鑫、郑振雄、殷犁、张俊远、罗炎益、金凤翔、林金霞、唐晓婕、黄理。

立农村居民收入较快稳定增长机制，值得关注。

本章以对福建省全面建设小康社会调研基地——漳浦县的实地考察以及近期对福建、江西两省一些农村的调查为基础，利用漳浦2003年以来农村住户调查年报数据以及本次调查所获得的该县12镇24个村近百户农户的调查问卷，对2003年以来漳浦农村居民收入结构变化进行数据分析和计量研究，发现：外出务工是近年来农民增收的主要途径，这种增收方式导致了该县乃至我国广大农村居民收入增长深受经济周期影响，呈现较大的不稳定性。随着我国工业化和城市化进程的继续深化，农村土地制度的改革，候鸟式的外出务工将逐渐转为越来越多的农村居民举家迁入城市，因此，外出务工作为农民增收的主要途径具有双重不稳定性。我们认为，它作为目前农民增收的主要方式，是现行经济发展模式和既有工业化、城市化模式的产物，它仍然是传统的牺牲农村以发展城市的思路在新形势下的一个变种，有较大弊病。从长远看，具有不可持续性。农村居民收入增长模式不能简单地视为农村、农业经济问题，它与中国现阶段的工业化、城市化模式紧密联系，是问题的不同侧面。寻求农民收入稳定增长途径应视为我国经济发展方式转轨的一个重要方面，需要从实现经济发展方式转变，调整既有工业化和城市化模式中寻找出路。

本章的其他部分如下：第二节是漳浦县农民收入结构的统计分析；第三节是影响漳浦县农村居民增收因素的计量分析；第四节是工业化、城市化背景下的农民稳定增收途径探讨。

第二节　漳浦县农民收入结构的统计分析

一、漳浦县情简介

漳浦县位于福建省漳州市南部沿海，面积2135平方公里，总人口约85万人，东接厦门，南临汕头，与台湾一衣带水。从县城到厦门、汕头二个经济特区仅需 80 分钟。交通路网便捷配套，高速公路、铁路、国道省道县道等密集。港口资源丰富，267 公里海岸线有 27 个优良海湾及许多天然港湾。古雷港作为全国八大深水良港之一，是福建省实施"以港兴省"战略的重点区域。

漳浦农业资源条件优越，是福建省著名的农业大县，全国现代农业示范区和国家级海峡两岸（福建）农业合作实验区的重要组成部分，福建省商品粮基地县、渔业十强县。现有 17 个市级现代农业示范基地、36 个市级现代农业专业村，县级以上农产品加工"龙头"企业 30 家，其中省级 4 家、市级 14 家。共有 64 个农产品或农产品加工品获得商标注册，其中，中国驰名商标 1 个，省级名牌产品 13 个，福建著名商标 4 个，绿色食品标志认证 16 个。目前，漳浦县已形成水果、水产、蔬菜、花卉、食用菌、畜牧六大特色产业，是全国少有的两种水产品产量均进入全国前 30 强的县。2008 年，漳浦县地区生产总值 110.9 亿元，其中第一产业增加值 36.5 亿元，占地区生产总值的 32.9%；第二产业增加值 29.1 亿元，占 26.2%，第一产业比重明显超过第二产业。

二、漳浦县农村居民的收入结构变化分析

1. 农民人均纯收入增速快于同期全国、福建省及漳州市平均水平

2003—2008 年漳浦县农村居民人均纯收入 5071.3 元，分别高出漳州市、福建省及全国平均水平 27.1 元、276.3 元和 1521.1 元；2003—2008 年该县农村居民人均纯收入的年均增长率为 9.9%，分别超过漳州市、福建省及全国平均水平近 1.1、3.1 和 2.9 个百分点。近年来，漳浦县农民人均纯收入呈增长加速趋势，2007、2008 年增速超过两位数，达 14.9% 和 13.8%。漳浦县作为农业强县，农村居民收入水平及其增速高于同期全国、福建省及漳州市平均水平（表 19-1）。

表 19－1　农村居民人均纯收入增长率变化情况

年份	全国		福建省		漳州市		漳浦县	
	增长率 (%)	绝对额 (元)	增长率 (%)	绝对额 (元)	增长率 (%)	绝对额 (元)	增长率 (%)	绝对额 (元)
2003	4.3	2622	5.5	3734	5.9	3982	5.9	4003
2004	6.8	2936.4	5.5	4089.4	8.5	4320	6.2	4250
2005	6.2	3254.9	5.8	4450.0	8.6	4690	9.4	4649
2006	7.4	3587	8.3	4833.4	8.1	5071	9.0	5069
2007	9.5	4140	7.3	5467	12.2	5696	14.9	5826
2008	8.0	4761	8.3	6196	9.2	6506	13.8	6631
2003—2008	7.0	3550.2	6.8	4795.0	8.8	5044.2	9.9	5071.3

资料来源：2003—2008 年国民社会经济统计公报、2003—2008 年福建省国民社会经济统计公报、2004—2009 年漳州市政府工作报告、2004—2009 年漳浦县政府工作报告。

2. 农民人均总收入增长较快，其中，家庭经营收入增长较不稳定，但仍占据总收入较大比重；工资性收入增长迅猛，是近年来总收入增长的主要来源；财产性收入比重较小，影响有限；转移性收入出现下降趋势

2003—2006 年，漳浦县农村居民人均总收入由 5325.6 元上升至 6360.6 元，增加了 1035 元。分年份看，除 2005 年稍微下降外，其余年份均保持上涨势头。收入构成方面，家庭经营收入的增长较不稳定。2003 年家庭经营收入合计为 3516.0 元，2004 年快速上升至 4023.5 元，2005 年下降为 3611.5 元，2006 年回升至 3851.3 元。从比重看，2003—2006 年家庭经营收入分别占总收入的 66.02%、66.84%、60.45% 和 60.55%，是总收入的主要构成部分。具体而言，家庭经营收入主要来自第一产业，第二产业、第三产业所占比重还较小，尤其来自第二产业的收入，不到家庭经营收入的 1.5%。增量上，2003—2006 年来自第三产业的收入增量为 289.5 元，占同期家庭经营收入增量的 86.3%，而来自第一产业的收入增量仅为 50.5 元，占同期家庭经营收入增量的 15.1%。财产性收入在历年总收入中所占比重均低于 0.5%，短期内还不可能成为农民收入的重要来源。转移性收入就绝对值而言，近年出现了先上涨，后逐渐下降的趋势。转移性收入主要包括家庭非常住人口寄回和带回收入、城市亲友赠送收入以及农村

亲友赠送收入，不包括政府财政补贴，因此这里将不做进一步分析。工资性收入则增长迅猛，2003 年人均工资性收入仅 821.4 元，占总收入的 15.42%。2006 年上升至 1713.4 元，增加了 892 元，是 2003 年的两倍多，占总收入的比重上升至 26.94%。由于 2003—2006 年间总收入仅增长了 1035 元，其中工资性收入增量占总收入增量的 86.2%，是近年来总收入增长的主要来源（见表 19 - 2）。

表 19 - 2　2003—2007 年漳浦县农村居民人均总收入及其构成的趋势性变化

| | 年份 | 人均总收入 | 工资性收入 | 家庭经营收入 | | | | 财产性收入 | 转移性收入 |
				合计	第一产业收入	第二产业收入	第三产业收入		
数量（元）	2003	5325.6	821.4	3516.0	2845.8	49.2	621.0	11.3	976.9
	2004	6019.5	821.0	4023.5	3327.5	38.4	657.7	25.2	1149.7
	2005	5974.6	1329.2	3611.5	2740.7	26.4	844.4	26.2	1007.7
	2006	6360.6	1713.4	3851.3	2896.3	44.4	910.5	1.8	794.1
	2007	5825.4	2203.3	2899.3	1953.9	18	927.3	21.2	701.7
比重（%）	2003	100.00	15.42	66.02	80.9	1.4	17.7	0.21	18.34
	2004	100.00	13.64	66.84	82.7	1.0	16.3	0.42	19.10
	2005	100.00	22.25	60.45	75.9	0.7	23.4	0.44	16.87
	2006	100.00	26.94	60.55	75.2	1.2	23.6	0.03	12.48
	2007	100.00	37.82	49.77	67.4	0.6	32	0.36	12.05

注：2007 年为人均纯收入，因此在数量上不可比，但在比重上，仍然可以说明收入结构的变化趋势。家庭经营收入中，第一产业收入、第二产业收入以及第三产业收入所对应的比重项均为占家庭经营收入的比重。

资料来源：2003—2007 年漳浦县农村住户调查年报。

3. 来自非农产业的收入增长较快，对农民收入的贡献度明显增强

2003 年，漳浦县农民的收入来自农业的 2845.8 元，来自非农产业的 1491.6 元，占人均总收入的比重分别为 53.44%、28.01%，二者之比约为 2：1。农民收入主要来自农业。2006 年，人均总收入中来自农业的降为 45.54%，来自非农产业的上升至 41.95%，二者大体持平。2007 年，按人均纯收入计算，来自非农产业的 3148.6 元，来自农业的 1953.9 元，二者

占人均纯收入的比重分别为 54.05%、33.54%，来自非农产业的纯收入超过了农业，成为漳浦县农民纯收入的主要来源。从增量看，2004 年、2005 年、2006 年农民人均总收入分别比上一年增加 693.9 元、-44.9 元和 386 元，其中，来自农业的收入增量为 481.7 元、-586.8 元和 155.6 元，而来自非农产业收入的增量为 25.4 元、683 元和 468.3 元，2005 年、2006 年来自非农产业的收入增量成为漳浦农民总收入增量的主要来源，尤其是 2005 年，农业收入大幅减少，正是非农产业收入的增加，才使得总收入未出现大幅滑坡（表 19-3）。

表 19-3　农业收入与非农收入的变化趋势对比

	年份	人均总收入	其中：农业收入	非农产业收入
数量 （元）	2003	5325.6	2845.8	1491.6
	2004	6019.5	3327.5	1517
	2005	5974.6	2740.7	2200
	2006	6360.6	2896.3	2668.3
	2007	5825.4	1953.9	3148.6
较上年增量 （元）	2003	—	—	—
	2004	693.9	481.7	25.4
	2005	-44.9	-586.8	683
	2006	386	155.6	468.3
	2007	—	—	—
比重 （%）	2003	100.00	53.44	28.01
	2004	100.00	55.28	25.2
	2005	100.00	45.87	36.82
	2006	100.00	45.54	41.95
	2007	100.00	33.54	54.05

注：农民来自非农产业的收入包括家庭经营收入中的第二、三产业收入及工资性收入，来自农业的收入是家庭经营收入中的第一产业收入。

资料来源：2003—2007 年漳浦县农村住户调查年报。

4. 工资性收入中，外出从业收入增长速度明显快于本地劳动收入。农村劳动力转移方向发生转变

2003 年，本地劳动收入占工资性收入的 67.69%，外出从业收入仅占 11.25%，二者之比为 6.02：1。2004 年，二者之比进一步扩大为 31.20：1，外出从业收入大幅度下降，由上一年的 92.4 元，下降为 22.9 元。2005 年，外出从业收入迅速增长，为上一年的 14.89 倍，净增加 318.1 元，占同期工资性收入净增量的 62.6%。2006 年，外出从业收入再翻一番，达到 729.4 元，净增加 388.4 元，来自本地劳动的收入却绝对下降，比上一期减少 48 元。一增一减，二者之比迅速由上一年的 2.41：1 变为 1.06：1。2003—2006 年，漳浦县农民外出从业收入增量 637 元，占工资性收入增量的 71.4%。2007 年，按照人均纯收入口径，漳浦农民外出从业收入 1048.5 元，首次超过本地劳动收入，占工资性收入的 47.59%（见表19 −4）。

表 19 −4 外出从业收入及本地劳动收入的变化趋势对比

	年份	工资性收入	其中：在非企业组织中劳动收入	本地劳动收入	外出从业收入
数量（元）	2003	821.4	173	556	92.4
	2004	821	83.3	714.8	22.9
	2005	1329.2	167.6	820.6	341
	2006	1713.4	211.3	772.6	729.4
	2007	2203.3	242.5	912.3	1048.5
较上一年增量（元）	2003	—			—
	2004	−0.4	−89.7	158.8	−69.5
	2005	508.2	84.3	105.8	318.1
	2006	384.2	43.7	−48	388.4
	2007	489.9	31.2	139.7	319.1

续表

年份	工资性收入	其中：在非企业组织中劳动收入	本地劳动收入	外出从业收入
2003	15.42	21.07	67.69	11.25
2004	13.64	10.15	87.06	2.79
比重 （%） 2005	22.25	12.61	61.73	25.65
2006	26.94	12.34	45.09	42.57
2007	37.82	11.01	41.41	47.59

注：在非企业组织中的劳动收入、本地劳动收入以及外出从业收入所对应的比重项均为占工资性收入的比重。

第三节　影响漳浦县农民增收因素的计量分析

在漳浦调研中，我们进行了问卷调查。下面用获得的调查问卷，对影响漳浦县农民收入的相关要素进行计量分析。本章从两方面对漳浦县农民的收入变化进行研究。首先是对影响农民收入的因素分析；其次是对影响农民增收的因素分析。两者分别针对农民收入的绝对量和增量。

一、样本和变量统计描述

本次调研在漳浦县 12 镇、24 个村展开，共回收村民问卷 146 份，其中有效问卷为 100 份。问卷主要由 5 个部分构成，分别考察农户的家庭人口、耕地情况；收支及补贴情况；劳动力输出情况；生产、组织情况；家庭负担及增收情况。时间跨度是 2008—2009 年。本章计量分析的变量见表 19-5：

表 19 – 5　所选变量及其样本描述性统计均值

变　　量	样本均值	样本标准差	样本个数
人均总收入	7515.03	8068.4	100
家庭人口数	5.04	1.52	100
其中: 有收入人数	2.59	1.46	100
在学人数	1.05	0.73	100
从事农业人数	0.73	0.97	100
人均耕地面积	0.9	1.06	100
经济作物面积占农作物耕种面积的比重	0.41	0.54	100
来自政府的补贴收入	139.63	299.57	100
与去年相比是否收入增加?	0.69	0.46	100
是否有外地打工?	0.47	0.5	100
本地是否有农产品加工企业?	0.62	0.49	100
是否加入农业合作社组织?	0.29	0.46	100
是否参加新型农村医疗合作制度?	0.92	0.27	100
是否被征地?	0.22	0.42	100
有无参加政府就业培训?	0.32	0.47	100

表 19 – 5 中,人均总收入是家庭总收入除以家庭人口数;人均耕地面积是家庭拥有耕地面积数除以家庭人口数;政府补贴收入包括种粮直补和良种补贴等直接发给农民的补贴,不包括农机具补贴和家电下乡等惠农政策给农民的补贴;其余变量均为虚拟变量,在变量赋值方面,如果选择是,变量值为1,如果选择否,变量值为0。从样本均值可知,所考察的农户样本中,"是否参加新型农村医疗合作制度"、"与去年相比是否收入增加"等变量的数值较大,而"是否被征地"、"是否加入农业合作社组织"等变量的数值明显较小,这意味着漳浦县参加新型农村医疗合作制度、比去年收入增加的农民较多,而被征地和加入农业合作社组织的农民则明显较少。变量"与去年相比是否收入增加"表示与2008年相比,今年农户的收入是否增加。

二、计量模型及估计结果

首先，对农户收入绝对量的影响因素进行考察。模型估计的结果见表19－6。

表 19 －6　农户收入绝对量影响因素的模型估计

因变量：人均总收入（取对数）

解释变量	估计系数	t 值	概率 P 值
农业人数	－ 0. 082	－ 0. 831	0. 408
人均耕地面积	0. 156 *	1. 748	0. 084
经济作物面积占农作物耕种面积的比重	0. 266	1. 559	0. 123
来自政府的补贴收入	－ 0. 0004	－ 1. 364	0. 176
是否有外地打工？	0. 339 *	1. 817	0. 073
本地是否有农产品加工企业？	0. 465 *	1. 769	0. 080
是否加入农业合作社组织？	0. 070	0. 336	0. 738
是否被征地？	0. 104	0. 442	0. 659
有无参加政府就业培训？	0. 111	0. 502	0. 617
上期人均总收入	0. 287 ***	2. 723	0. 0078
截距项	7. 849 ***	28. 035	0. 0000
拟合优度 R	0. 218	F 统计量	2. 447
修正的拟合优度 R	0. 129	Prob（F）	0. 013

注：后缀 *** 表示在 1% 的显著性水平上拒绝原假设，** 表示在 5% 的显著性水平上拒绝原假设，* 表示在 10% 的显著性水平上拒绝原假设。为了降低残差的异方差，模型估计的因变量是取对数值。

可以发现：（1）本期总收入与上期总收入有显著的正相关性；（2）"是否有外地打工"变量的系数为正，而且在 10% 的显著性水平内显著。这表明农户家里有出外打工的，家庭人均总收入要高于没有出外打工的。变量的估计系数为 0. 339，在所有变量的估计系数中居第二。可见，外出打工对提高农民的收入水平具有重要的正向推动作用。（3）"本地是否有农产品加工企业"变量估计系数也是正的，同样在 10% 的显著性水平内显著。说明农产品加工企业在保障本地农民收入上也有积极作用。(4)"是否加入农业合作社组织"变量的估计系数不显著,与农户收入之间并无明显的相关关系。这点与现有其他研究(如茅佩云、全秋梅,2007)的调查结论并不一致。(5)"政府补贴"变量与农户收入水平之间同样缺少预期的显著正相关关系,即政府补贴不能用来解释农民的收入水平高低。原因在于漳浦县人多地少、人均耕地面积小,部分耕地又用于种植经济作物,种粮直补等政府补贴是以粮食种植面积为补贴基数的,因此,农民能拿到的政府补贴较少,对总收入的影响很小。这与其他人均耕地较多、种粮为主的地区情况有所不同。(6)人均耕地面积越多的农户,收入也越高,这说明了当地人均耕地面积小于最优规模耕作面积,扩大农户耕地面积有利于提高农民收入。在调研过程中,有大量村民反映了这个问题。据估计,按照现有的农业生产技术和农业科技水平,漳浦县一个农业整劳力可以耕作的土地应在10—15亩左右,现在人均只有几亩,甚至几分地,远远低于适度耕作面积。劳动力严重冗余,这是沿海人口密集地区农村的普遍特征,它已经成为制约沿海地区农民收入水平进一步提升的关键因素。(7)从事农业的人口数越多,对农民人均收入的影响越不利,但其估计结果并不显著。

其次,使用二元选择模型来分析影响农户增收的因素。其中,因变量为"与去年相比总收入是否增加?",变量赋值是:农户样本中,预计总收入增加的,设为1;预计总收入没有增加的,或是减少的,设为0。其余控制变量和解释变量保持不变。估计的结果如表19-7。

表 19-7 农户增收的影响因素模型估计(二元选择模型估计)

因变量:与去年相比总收入是否增加?

解释变量	估计系数	Z 统计量	概率 P 值
农业人数	0.251	1.567	0.117
人均耕地面积	-0.151	-1.162	0.245
经济作物面积占农作物耕种面积的比重	0.766 **	1.989	0.047
来自政府的补贴收入	0.0001	0.278	0.781
是否有外地打工?	-0.458	-1.539	0.124

续表

解释变量	估计系数	Z 统计量	概率 P 值
本地是否有农产品加工企业？	−0.182	−0.585	0.559
是否加入农业合作社组织？	−0.012	−0.037	0.971
是否被征地？	0.495	1.381	0.167
有无参加政府就业培训？	0.680 **	2.723	0.0318
截距项	0.214	0.622	0.534
McFadden R-squared	0.127	LR 统计量	15.748
Log likelihood	−54.036	Prob（LR）	0.0423

注：后缀 *** 表示在 1% 的显著性水平上拒绝原假设，** 表示在 5% 的显著性水平上拒绝原假设，* 表示在 10% 的显著性水平上拒绝原假设。

从表 19 - 7 可以看出：（1）"外出打工"、"农产品加工企业"变量对农户收入增加的影响 2009 年均不显著。考虑到至 2009 年 9 月份为止，农副食品加工企业出口及农民外出务工就业均处于低迷状态，这一估计的结果符合当时经济形势对农民增收产生负面作用的现实。（2）"是否加入农业合作社组织"变量依旧没有对农民增收产生积极的作用。政府补贴也没能对农民增收做出贡献。（3）经济作物面积占农作物耕种面积的比重对农民增收呈现显著的正相关关系，表明农产品结构的优化成为金融危机冲击下漳浦县农民收入增长的重要因素。（4）参加政府就业培训与农户增收存在显著的正相关关系，即有参加政府就业培训的农户，收入增加的可能性更大。

结合上述两个模型的估计结果，我们得到以下结论：

首先，外出打工、农产品加工企业是近两年来漳浦县农民收入增长较快的重要解释因素，两者均有利于提高农民的收入水平。但是，受国际金融危机的影响，2009 年这两个变量对漳浦县农民增收不再具有正向效应，直接导致农民收入增长速度的下滑。注意到在 2005—2007 年这三年，即本次经济周期的上行阶段，无论是工资性收入还是其中的外出从业收入都有大幅度的增长，工资性收入增长占整个漳浦农民总收入增量的 85% 以上，外出从业收入占工资性收入的一半左右，然而到了 2009 年，被调查农民却不再认为外出打工是当年提高收入的重要变量，可以得出一个结论：外出打工收入受经济周期的严重影响，它在成为农民收入增长的主要来源的同时，也成为了农民收入不稳定的主要原因。

其次，漳浦县的农业合作社组织总体上对促进农民收入增加的作用不明显，难以用来解释为什么有些农户的收入水平较高。在大多数调查所涉及的村庄，参加或者不参加农业合作社组织，与农民收入的变化无关。

再次，以种粮直补、良种补贴为主的政府补贴对漳浦县农民收入的贡献微弱。这与漳浦县的农业产业结构有关。漳浦县地处我国东南沿海，属南亚热带海洋性气候，自然气候和土壤类型适宜多种农作物生长。全县海岸线 267 公里，海域面积 3400 平方公里，浅海滩涂面积 1046 平方公里，海洋与渔业资源十分丰富。特有的地理环境优势，使粮食作物在大农业中所占比重较小，经济作物、牧业、渔业所占比重较大。2008 年，漳浦县渔业产值为 31.9 亿元，占农林牧渔总产值的 47%，位居大农业首位。2006 年，农民家庭经营收入中 42.7% 是来自种植蔬菜收入，20.5% 是来自牧业和渔业收入，而来自粮食收入仅占 4.0%。当地的人均耕地面积和农业资源环境所决定的农业产业结构决定了眼下以种粮直补、良种补贴为主的政府补贴对改善漳浦县农民收入的贡献微不足道。

最后，国际金融危机袭来之际，有两种方式对提高漳浦县农民收入起了积极作用：一是调整农业生产结构，种植符合市场需要、附加值较高的经济作物。二是积极参与政府提供的培训项目，提高自身素质，以便增强自身的竞争力，提高就业的可能性。

漳浦县在我国广大农村中不过是一个小小的局部。我们在漳浦县调查中发现的这些事实在多大程度上具有一般意义呢？

首先，以农业经营收入为主的收入结构逐渐被以外出打工收入为主的收入结构所替代，这种农民收入结构演变趋势看来符合全国农村的一般情况。2004 年，我国农村家庭人均现金收入中，工资性收入的比重为 30.8%，家庭经营收入的比重为 62.5%，二者相差 31.7 个百分点；到 2008 年，工资性收入的比重上升至 34.7%，家庭经营收入比重则下滑到 55.5%，二者差距缩小为 20.8 个百分点。从增量看，2004 年，新增工资性收入占新增农村家庭人均现金收入的比重仅为 12.9%，到 2008 年，该比重迅速上升到 32.8%，增加了近 20 个百分点，而同期，新增家庭经营收入的比重则由 78.2% 下降为 50.4%，下降幅度约为 27.8 百分点。可见，家庭经营收入与工资性收入对农民增收的贡献份额是此消彼长。近期其他学者的相关研究同样描述了类似的情况（如姜云长，2008；杨瑞珍，2005等）。

其次，以种粮直补、良种补贴为主的政府补贴对改善农民收入的贡献不大，至少对于地少人多的南方农村以及非粮食主产区农村来说，有一定共性。在经济作物区，如何通过调整农业生产结构，种植符合市场需要、附加值较高的经济作物，对于提高农业经营收入来说，显然更为重要。

最后，通过政府提供的培训项目，提高农民的素质，增强其从业竞争力，来提高农民收入，显然也具有一般意义。

但是，本次调查发现的农业合作社组织总体上对促进农民增收的作用不明显的结论，却未必具有一般性。因为，我们在漳浦县一些乡镇的典型调查发现，组织较好的合作社，对当地农民增收起了良好作用。我们近期在福建、江西其他地区农村调查，发现的事实也是如此。之所以在漳浦县的问卷调查数据处理得出相反的结论，某种程度上是因为在调查所涉及的大多数村庄，农业合作社尚未普遍建立起来，因此被调查者较多选择了否定的选项。

第四节　工业化、城市化背景下的农民
稳定增收途径探讨

漳浦县农民收入结构变化的剧烈程度、以农业经营收入为主的收入结构被外出打工收入为主的收入结构所替代的速度都是惊人的。2003 年，漳浦县农民来自农业的收入占人均总收入的 53.44%，来自非农产业的收入仅占人均总收入的 28.01%，二者之比约为 2：1。到 2006 年，来自农业的收入占总收入的比重下降至 45.54%，来自非农产业的收入上升至 41.95%，仅仅三年，二者之比就从约为 2：1 变为近似 1：1。2007 年，依据人均纯收入口径计算，来自农业的人均纯收入占人均纯收入的33.54%，来自非农产业的人均纯收入占54.05%，两者之比变为1：1.61。短短四年，两者位置互换。究竟是什么原因造成的呢？

工业化和城市化是农村居民收入结构转换的大背景。2003年至2008年，是我国自入世以来的第一个经济周期的上行区间。由于国际市场需求的强劲拉动，我国尤其是东部沿海地区的工业化再上了一个新台阶，城市化进程因此进一步加快。漳浦县所在的漳州市，尽管是一个以农业著称的市，但工业化和城市化的进程也大大加快了。2003年，漳浦县第二产业占地区生产总值的比重为19.28%，其中工业所占比重为15.63%，到2008年，第二产业占地区生产总值比的重就上升至25.18%，五年内增加了近6个百分点，其中工业所占份额增加得更快。与此同时，福建、广东等东南沿海经济发达地区出口导向型劳动密集型产业对农民工的大量需求，也为漳浦农民的外出务工提供了大量就业机会。关于这一点，从近五年来，外出从业收入占漳浦农民工资性收入的比重上升了36.34个百分点（见表19-4）也可以看出。

就一般的逻辑推论，工业化和城市化应主要带动农村劳动力的大规模转移，但是未必一定是，至少主要不应导致农民收入来源结构的重大变化。因为，在正常情况下，农民一旦进了城，尤其是举家进了城，就从农民转变为城市居民，不成为农村居民收入统计的对象了。如果如此，其直接效应是农村人口的减少，间接效应才是因此导致的那些留下来仍然务农的农村居民收入状况变化，例如因农村人口递减，农民的人均耕地面积扩大，土地规模经营带来的农业收益上升、人均政府支农补贴的上升等等。但是，在中国，目前为止的工业化和城市化带来的是大量候鸟式的农民工，是农村劳动力的大规模流动而非真正的转业和人口迁徙。由于现有的人口统计是按照统计对象半年以上的居住地来决定其属于城市人口或农村人口的，因此，尽管到城里打工的农民已经全年多数时间在城里工作，被统计为不断增长的城市化人口了，但是他们的家和根还在农村，他们在城里的务工收入除日常生活费用之外的所余基本汇回到农村。正是这种工业化和城市化模式，使候鸟式的农民工的供需不断增长，才导致了上述的农村居民收入来源结构重大变化。然而，在承认这种人口城市化进程的积极意义的同时，不能不注意到这是一种不稳定的人口城市化过程：一代代的青年农民进城打工，其中相当部分到了一定年龄，难以继续从事繁重的体力劳动时，就不得不再回到农村守着有限的责任田终老。某种程度上说，这是一种滚动而非稳定推进不可逆的城市化，是目前为止我国城市化的特殊形态。它所导致的农村居民收入增长来源结构的重大变化，隐含着什么呢？

第一，出口低劳动技能密集型产品为导向的粗放经济增长方式。流动型农民工的存在，源源不断地供给，为我国东部沿海地区的低技能劳动密集型产业提供了廉价劳动力。它与地方政府不计成本引进外资，压低当地土地供给价格一起，为延续出口低劳动技能密集型产品为导向的粗放经济增长方式提供了要素供给支持（李文溥、龚敏，2009），当劳动力和土地被人为压低价格地供给时，整个社会无论是转变经济发展方式、产业升级换代还是加快技术创新都将缺乏动力。

第二，大批进城的农民工缺乏必要的技能，因此大多只能从事低技能劳动密集型的职业，收入较低，难以承受全家人进城的生活费用，不得不将家人继续留在农村。以这种方式实现的工业化和城市化，是一种低于正常成本的工业化和城市化，是将工业化和城市化成本转嫁给农村的工业化和城市化。与此同时，对于工业和城市而言，固然在一定时期内实现了低成本的工业化和城市化，看似有利，但是，并非没有成本：工业的劳动力供给是不稳定的。社会、企业和员工个人都没有从事人力资本投资的欲望，员工的人力资本难以稳定地积累。以农民工为主体的产业大军势必是低人力资本型的，只能适应低技能劳动密集型产业发展的需要，不能为产业升级提供必要的技术工人供给。流动型的城市人口，大量的务工收入汇回农村，势必使城市失去本来可能的消费额度，降低城市的消费水平，扭曲城市的消费结构，导致城市消费需求不足。如果说，在发展初期，增长更多需要廉价的劳动供给时，这在某种程度上甚至造成了中国的比较优势——正是因此才有现有的工业化和城市化模式！但是，当经济发展要求以创新为动力、以内需尤其是居民消费需求为基础时，既有的工业化和城市化模式就逐渐显现它的比较劣势了。

第三，这种工业化和城市化模式带来的农民收入增长具有较强的不稳定性。经济周期的上行区间，工业和城市需要大量的劳动力，对劳动的需求大于供给，不仅有大量的农民工进城，而且其工资水平也将上升，但是，当经济进入下行区间，工业和城市对劳动的需求锐减，首先被解雇的往往是缺乏制度保障的农民工，即使仍然在岗，工资水平的下降也往往大于城里的固定工。农民工作为城市的边缘人，往往是经济周期波动的最大受害者，从而使农村居民的收入更深地受到了经济周期波动的影响。

第四，这种工业化和城市化模式使农业难以实现规模化、现代化经营，提高农业生产效率与收益率。它使农村失去了它的精壮劳动力。我们近期调研的福建、江西一些县，外出务工人员大多已占本地劳动力的50%左右，这些劳动力基本上是农村的精壮男劳力。他们不仅劳动能力最强，而且是文化程度最高、学习能力最强的劳动力组群。因此，首先，这种工业化和城市化模式使农业的人力资本水平大幅度地下降了，这势必降低农户的农业经营水平。其次，由于留在农村的是家庭中能力较弱、文化水平较低的劳动力，又由于家庭的收入主要来源不再来自农业经营收入，这势必影响农户的农业经营行为，降低农业生产效率和农业收益率。最后，尽管有大量的农村居民已经进城务工，但是，其所拥有的责任田仍需保留，以备退路。这就导致了尽管工业化和城市化进展迅速，而农村人口的城市化却在相当程度上是不彻底的，形成了大量的两栖人口。农地不因工业化和城市化的进展而集中，真正愿意从事农业生产的农户没有足够的土地可以实现规模经营，农业机械、现代技术及经营方式的应用也就受到限制。我们所调查的福建、江西两省一些农村，尽管也在现有制度框架下大力推广承包土地的流转经营，但是，大多只能实现短期（1—3年内）租用，短期的土地流转经营只能导致经营者的短期行为，其对农业长远发展的负面影响无需赘言。

现有的农村居民收入增长模式不能简单地视为农村、农业经济问题，它与中国现阶段的工业化、城市化模式紧紧地联系在一起，是一个问题的不同侧面。这个问题就是长期以来未能及时转型的以出口劳动密集型产品为导向的粗放经济增长方式。它固然在过去三十年里实现了中国经济的高速增长，但是，未能适时地实现粗放型经济增长向集约型经济增长的转轨，逐渐累积了国民收入结构的重大失衡，使内需尤其是居民消费不足成为制约中国经济未来持续稳定较快增长的最大障碍。

寻求农村居民收入稳定增长途径必须视为我国经济发展方式转轨的一个重要方面，在实现经济发展方式转变中寻找出路。实现经济发展方式的转变，也就意味着必须转变既有的工业化和城市化模式。农村居民收入的增长应当逐渐摆脱依靠向工业和城市提供廉价劳动力，挣取受经济周期波动影响、高度不稳定的临时性工资收入尤其是外出从业收入的既有路径，这是一条农业、农村被转嫁了工业化和城市化成本的短期而且不稳定的农村居民增收途径。农村居民收入稳定增长的希望在于稳定、非可逆、非滚动的人口城市化，在于工业化和城市化带来真正的农业劳动力转业和随之而来的农村人口向城市的迁徙定居；在于在这种工业化和城市化进程中适时推进农村土地制度改革，使留下的农村居民可以真正实现土地的规模化、现代化经营，在现有农业技术能力范围内充分提高农业的生产效率与收益率；在于在此基础上的工业和城市对农村、农业的有效反哺①。

参考文献

［1］陈志福：《中国农民收入增长的长效机制》，中国农业出版社2008年版。

［2］龚敏、李文溥：《论扩大内需政策与转变经济增长方式》，《东南学术》2009年第1期。

［3］姜云长：《中国农民收入增长趋势的变化》，《中国农村经济》2008年第9期。

［4］茅佩云、全秋梅：《上海农村合作社调查：农民收入有实质性突破》，《第一财经日报》2007年1月24日。

［5］吴天然：《中国农村工业化论》，上海人民出版社1997年版。

---

① 种粮直补和良种补贴目前基本上以责任田所有人为发放对象，实际受益人不是耕地的真正经营者。它决定了这种补贴是家家有份，户户所获甚少。对农民收入影响有限。如果工业化和城市化使大批农民真正进城了，留下的农民实现了土地规模经营，这笔补贴集中支付给真正的耕地经营者，显然比现在要有效得多。

[6] 杨瑞珍：《论中西部地区农民增收的途径与对策》，《中国软科学》2005 年第 3 期。

[7] 余蔚平：《政府、市场与增加农民收入》，中国财政经济出版社2006 年版。

第二十章 土地流转与农民增收[①]

第一节 问题提出与文献回顾

投入和规模经营效率是关系农业收入的两个重要方面。农业投入可以分为长期投入和短期投入两类，长期投入涉及到平整土地，兴修水利、施加有机肥等各种能长期提高土地肥力和可耕种性的人力和资金投入，短期投入包括种子、化肥农药、农机、劳动力的投入等。农业规模经营意味着扩大土地连块耕种面积，从而提高机械耕种的生产效率。土地的规模经营状况可以用农地细碎化程度，即农户耕种的土地总面积不变情况下，耕种地块数、地块平均面积、耕种距离等的变化情况予以反映。

在小农经济条件下，农地细碎化是一种普遍现象。其形成原因有多方面，从供给角度来说：第一，由于土地稀缺，质量不一及与农舍的距离远近等原因，人们为了追求公平，倾向于在土地分配上使之细碎化；第二，人口不断增长促使了农地细碎化；第三，就中国而言，土地承包责任制促进了农地细碎化程度上升。就需求角度来说：第一，农地细碎化在一定程度上有利于农户分散种植农作物，减轻自然灾害损失，规避自然风险；也有利于规避价格波动风险。第二，在中国，农村劳动力租赁市场不发达，耕种大块连片土地，在农忙时可能面临劳动力匮乏，借助于农地细碎化，

---

① 本章执笔：卢盛荣、李文溥、易明子。参加调研的还有：王燕武、李静、邓童、于文华、殷犁、黄伟斌、刘照坤、唐晓婕、刘丽娟、李晓静、李昊。

能使农民错开农忙季节，规避劳动力不足。

关于农地细碎化对农业产出从而农民收入的影响，长期以来意见不同。

Fleisher（1992）通过实证分析指出农民土地块数减少会带来全要素生产率的提高。Nguyen（1996）采用土地面积作为细碎化的衡量指标，研究其对中国三种农作物玉米、小麦、水稻的产量的影响，得出结论产量随耕地面积的增加而增加。Wu，Liu和Davis（2005）采用1995年中国农户调查的数据估计平均生产函数，发现农地细碎化并没有统计意义上的显著影响。但是Chen，Huffman和Rozelle（2006）随后的研究认为细碎化会影响技术效率而不是平均产量，因此运用县级数据估计出了一个随机产量方程，他们用田地数量和辛普森指数表示细碎化程度，发现细碎化程度提高会导致技术运用效率的低下。刘涛、曲福田等（2008）利用江苏省南京市274个农户的实地调查数据，用模型估算结果表明：农地细碎化导致农户复种指数的下降，并阻碍了平均土地综合产出率的提高，建议通过推进土地流转来提高土地利用效率。

相反，许庆、田士超等（2008）通过实证检验，运用基于回归方程的夏普里值分解法发现农地细碎化与农民的总收入水平呈正相关关系，同时农地细碎化还有利于缩小农民收入不平等。钟甫宁、王兴稳（2010）利用江苏兴化、黑龙江宾县两地8个村庄农民的实际田块分布图，根据整群抽样调查所获得的数据，模拟了农民间农地交换以减轻农地细碎化的可能性。结果显示，由于地块不匹配、交换链条过长等原因，农民间农地交换很难成功。这从另一角度说明农地细碎化可能有其合理性。

同一时期不同地区的研究并存着不同的研究结论，说明农地规模化经营是一个需要根据不同地区情况具体分析、区别对待的政策问题。本章以福建省漳浦县的调研结果为基础，分析东南沿海地区农地细碎化对产出的影响，以及当前在土地政策上究竟是促进土地流转还是稳定地权更有利于农民增收。

第二节　模型设立与估计分析

漳浦县地处福建省南部沿海，属于典型的南亚热带海洋性季风气候，年平均气温 21 摄氏度，年日照 2000 小时以上，年降雨量 1770 毫米，无霜期大于 363 天，有天然温室之称。全县 20 个乡镇，人口 83.7 万人（其中农业人口 52.64 万），土地面积 2135 平方公里，耕地 52 万亩，山地 165 万亩，海岸线 267 公里，有 72 个港湾、26 个岛屿和 51 万亩浅海滩涂，物产丰富，是一个兼有沿海与山区特点的人口大县、农业大县、海洋大县。2009 年起，漳浦县被选定为福建省全面建设小康定点观察调查县。厦门大学宏观经济研究中心于 2009 年 8 月、2010 年 8 月、10 月先后三次就农民增收问题在此进行实地调研，调研在该县九个乡镇：湖西畲族乡、官浔镇、石榴镇、佛昙镇、南浦乡、前亭镇、深土镇、赤湖镇、长桥镇展开。2010 年通过入户调查取得有效调查问卷 263 份，并从中整理获得本章所使用的数据。

我们在调研中发现：当地地貌属于典型的低山丘陵地貌，农地细碎化程度比较高，每个农户平均拥有 5 块以上的土地，并且单块土地面积大多在 3—8 分左右。农地细碎化程度如此之高，但是当地的土地流转市场却不活跃。县农办 2009 年的统计数据显示，当年参与土地流转的农户仅 17229 户，占农民户数的 9.6%；土地流转面积 57182 亩，占耕地面积的 13.8%。

土地流转市场不活跃，说明土地流转的边际收益低于地权稳定可能带来的收益。地权稳定，有利于农民增加对土地的投入。因此，我们从农地细碎化和农业投入两个方面入手，并构建了相应的指标与模型，分析农地细碎化和农业投入的农民收入弹性。

通常用于衡量农地细碎化的指标有：每个农户所拥有的土地块数及辛普森指数。Blarel（1992）年指出，辛普森指数本身包含了两个因素：土地数量、土地面积的变化方差。为了综合评定农地细碎化程度，我们选取农地数量指数、Monchuk 和 Deininger（2010）提出的土地面积变化方差指数以及辛普森指数这三个指数。后两种指数具体构建形式如下：

土地面积变化方差指数：

$$S^+ = \frac{\left[\sum_f (a_f - \bar{a})^2\right]^{1/2}}{\bar{a}},$$

其中：$\bar{a} = \dfrac{\sum_f a_f}{F}$

辛普森指数：

$$S = 1 - \left[\frac{\sum_f a_f^2}{\left(\sum_f a_f^2\right)^2}\right]$$

其中，a_f 表示单块土地面积，F 表示农户拥有的土地总块数，f 表示土地标号，$f = 1, 2, \cdots, F$。可以看出，土地面积变化方差指数衡量任意一块土地与平均土地面积的关系。指数越大，表示细碎化程度越高（特殊情况如只有一块土地的情形除外）。辛普森指数则蕴含了土地数量和土地面积变化方差两方面的影响，随土地数量增多而增大，随土地面积变化方差增大而减小。

另外，与农地细碎化程度相关的指标还包括地块之间的距离、地块与农舍的距离。Blarel（1992）指出，地块之间的距离越大，细碎化程度越高。但是 Monchuk 和 Deininger 等（2010）指出，单纯地块之间的距离并不能表示土地分散程度，应该考虑到农舍与地块之间的相对位置和距离。如果两块地与农舍的距离均为 1 千米，那么，两块地分别位于农舍的两侧将比两块地都位于农舍的一侧的细碎化程度更强，其耗费的生产成本将更高。因此我们运用如下指标来衡量距离的影响：

$$D = \frac{dh_f + \sum_{k \neq f} d_{fk}}{F}$$

其中，dh_f 表示 f 地块与家户之间的距离，d_{fk} 表示其他地块与 f 地块之间的距离。这样我们就可以区分地块与农舍的相对位置的异同，从而更加精确地度量距离对农地细碎化程度的影响。

农业投入和收入方面，我们以价格而非数量为衡量指标。我们将农业投入分为两大部分：长期投入与短期投入。长期投入包括水利投入、土杂肥投入。短期投入包括种子、化肥、农药、劳动成本、机械租用、土地租金。所有成本都以年为计算单位。对于水利投入，我们采取直线折旧法计算年成本，其他投入则以使用量乘以当地购买价格。

为了求得弹性，对收入、各个投入变量、土地细碎化各项度量指标取对数，然后进行回归，表达式如下：

$$\ln y = \sum \beta_i \ln x_i^* + \sum \alpha_j \ln z_j + \xi$$

$$其中 \ x_i^* = \begin{cases} x_i & if \quad x_i > 0 \\ 1 & if \quad x_i = 0 \end{cases}$$

其中，x_i 代表各项投入指标，由于有些农户的有些投入（例如水利投入）为零，当其为零时，对数值无意义，因此引入如上虚拟变量。为各项衡量农地细碎化程度的指标，ξ 为随机扰动项。

根据以上模型，我们首先进行简单回归，结果如表 20 - 1 所示：

表 20 - 1 简单对数线性回归结果

长期投入	土杂肥	-0.149 (-0.72)	-0.013 (-0.640)	-0.015 (-0.740)	-0.015 (-0.720)	-0.014 (-0.640)
	水利	0.021 (1.18)	0.020 (1.090)	0.021 (1.150)	0.020 (1.100)	0.019 (1.030)
短期投入 （可变）	种子	0.037 (1.48)	0.038 1.480	0.038 (1.500)	0.036 (1.400)	0.037 (1.420)
	化肥	0.537 *** (8.4)	0.539 *** (8.35)	0.538 *** (8.38)	0.537 *** (8.27)	0.538 *** (8.22)
	农药	0.212 (0.76)	0.022 (0.780)	0.021 (0.740)	0.022 (0.790)	0.023 (0.800)
	机械	-0.035 ** (-1.84)	-0.035 ** (-1.830)	-0.037 ** (-1.89)	-0.035 ** (-1.81)	-0.035 ** (-1.79)
	雇佣劳力	0.021 (1.17)	0.021 (1.200)	0.021 (1.180)	0.020 (1.160)	0.021 (1.180)
不变	土地成本	0.437 *** (5.14)	0.425 *** (4.83)	0.429 *** (4.91)	0.435 *** (5.06)	0.424 *** (4.77)

续表

细碎化指标	土地块数		0.066 (0.680)			0.063 (0.640)
	土地面积 变化方差		-0.065 (-0.770)			-0.064 (-0.750)
	辛普森指数			-0.069 (-0.460)		
	土地距离指数				0.008 (0.160)	0.007 (0.150)
常数		1.772 ** (3.17)	1.787 ** (3.13)	1.810 ** (3.19)	1.792 ** (3.16)	1.800 ** (3.11)
R-adj		0.627	0.602	0.604	0.603	0.599

注：*** 表示在 1% 水平上显著，** 表示在 5% 水平上显著，* 表示在 10% 水平上显著。

可以看出，五种情形下的模型估计的细碎化指标均不显著（见表 20 - 1），原因可能是方程的解释变量较多而且之间存在着相关关系，一方面造成了解释变量繁杂不容易解释，另一方面多重共线性也使一些解释变量在统计上不显著。因此，我们用 SPSS 进行因子分析，简化变量个数，消除多重共线性带来的不利影响。利用因子分析的第三个好处是可以将上述五个模型进行综合，得到一个解释力最强的变量组合。因子分析的结果如表 20 - 2 所示：

表 20 - 2　因子得分矩阵

因子	提取方差			旋转后提取方差		
	特征值	提取方差百分比	累积提取方差	特征值	提取方差百分比	累积提取方差
1	2.670	22.252%	22.252%	2.034	16.946%	16.946%
2	2.023	16.856%	39.108%	1.993	16.612%	33.558%
3	1.337	11.139%	50.247%	1.643	13.695%	47.253%
4	1.239	10.329%	60.576%	1.507	12.556%	59.810%
5	1.062	8.848%	69.424%	1.154	9.615%	69.424%

表 20 - 3　旋转后的因子构成分析

	因子				
	5	1	2	3	4
土杂肥投入对数	- 0.059	- 0.086	0.068	0.856	- 0.028
水利投入对数	0.180	0.264	- 0.205	0.691	0.133
种子对数	0.105	0.812	0.002	0.196	0.147
化肥投入对数	0.131	0.032	0.831	0.026	0.276
农药投入对数	0.122	0.754	0.142	- 0.044	0.083
机械耕种对数	- 0.215	0.687	- 0.060	0.045	- 0.350
雇佣劳动力投入对数	- 0.045	0.421	0.305	0.470	- 0.232
耕地面积 × 租金对数	0.161	0.081	0.835	- 0.042	- 0.171
土地块数	0.856	0.019	0.181	0.081	0.044
土地面积变化方差	0.769	0.158	0.231	0.114	0.025
辛普森指数	0.739	- 0.076	- 0.065	- 0.110	- 0.143
土地距离指数	- 0.102	0.021	0.040	0.015	0.896

　　通过选取特征值大于 1 的因子并经过因子旋转，前 5 个因子可以包括近 70% 的信息而且把原有的 12 个解释变量简化为 5 个因子，这 5 个因子互相独立，排除了多重共线性。表 20 - 3 显示了这 5 个因子的构成：第二个因子和第三个因子主要体现了种子投入、农药投入、机械投入、雇佣劳动力投入、化肥投入和租金投入，它们均为短期投入，因此我们把二、三两个因子命名为短期投入因子。第四个因子主要有土杂肥投入、水利投入等长期投入，我们将其命名为长期投入因子。第一个因子和第五个因子主要体现了土地块数、土地面积变化方差、辛普森指数和土地距离，主要反映土地细碎化程度，因此把第一、五因子命名为土地细碎化因子。

　　把新得到的 5 个因子代入回归方程，得到回归结果如下：

表 20 - 4　因子分析处理后的模型回归结果

对数产出	细碎化程度（土地块数、土地面积变化方差、辛普森指数）	短期投入（种子、农药、机械、劳动力）	短期投入（化肥、租金）	长期投入（土杂肥、水利）	细碎化程度（土地距离指数）	常数
Coef.	0.181 ***	0.134 **	0.717 ***	0.057	0.184 ***	9.242 ***
t	3.429	2.538	13.552	1.074	3.470	175.335
Adj-R	0.852					

注：*** 表示在 1% 水平上显著，** 表示在 5% 水平上显著，* 表示在 10% 水平上显著。

从表 20 - 4 看，经过因子旋转处理，除长期投入不显著外，短期投入、土地细碎化程度都对农业产出有显著的正向影响。

首先，短期投入对农业增收作用明显。短期投入按照因子分析的结果分为两个方面：一是种子、农药、机械租用租金、劳动力租金；二是化肥，土地租金。相比较而言，后者的收入弹性最大。这点符合我们的预期：农业产出与土地面积成正比，一般而言，增施化肥会增加农产品产量。两者会带来农业收入增加。种子、农药、机械租用租金、劳动力租金合并成一个因子之后对农业收入的弹性为正，但是比较小，说明这些投入对产出的影响有限。值得一提的是，机械租金投入对农业收入弹性为负，即增大机械投入反而会引起农户收入下降。这一结果似乎与一般常识相悖。但是结合漳浦县的具体情况也可以得到解释：首先，漳浦属于南方低山丘陵地带，地貌决定了土地难以平整，不便连片种植，这种情况使农机优势难以发挥，其使用成本甚至比用人力的成本更高，所以机械投入对农业增收作用不大，甚至为负。其次，人均农地面积小，机械耕种反而是规模不经济的。

其次，长期投入并不必然增加农民的当期收入。无论是从简单回归结果来看，还是从因子分析结果来看，长期投入因子对农业当期收入的弹性皆不显著。根据调研情况，漳浦县农民在农业生产中的长期投入主要是土杂肥投入与水利投入。一般来说，给土壤施加土杂肥是出于对土地长期肥力的考虑，因为土杂肥相比化肥，除含氮、磷、钾等大量元素外，还含有许多作物所需的中量元素和微量元素，以及有机质和腐殖质，能改良土壤结构，协调土壤的水、肥、气、热，增强土壤的通气透水能力和保肥、保水、供肥、供水能力。调查得知，漳浦县施加土杂肥的农户大部分是从市面上购买经过干燥处理的猪粪、家禽粪等等。相比化肥，它们对产出增长的影响在短期一般都不明显。另一方面，水利投入对农业收入弹性也不显著。主要原因是能够对产出产生重大影响的水利投入一般不是个别农户所能承担。个别农户的水利投入基本上是零星投入，因此在回归中结果并不明显。

最后，我们发现农地细碎化对产出的影响整体上是正值。如前所述，农地细碎化程度体现为：农户拥有的土地总块数；所拥有土地面积变化的方差；土地与家的距离远近。从表20－1的计算结果可以看出，土地总块数增加对农业收入影响为正，土地面积变化方差影响为负，土地距离家的远近影响为正；从经过因子分析的结果来看，土地总块数和土地面积变化方差整合成的辛普森指标作为一个细碎化变量，对农业收入弹性体现为正（见表20－4）。这与以往有些文献对农地细碎化影响的研究结论不同。我们无意以此否认不同的研究结论，而是想指出：在中国，由于各地土地状况、经营方式的高度异质化的特征，必须实行因地制宜的土地政策。漳浦县地处福建东南部，与广东省接壤，海岸线长度在福建省仅次于宁德市霞浦县，极易遭受台风袭击。农业生产受剧烈变化的气候影响很大。因此，农民需要多块分散而且间隔一定距离的土地，分别种植不同的农作物，分散经营风险。另一方面，目前农村中务农的多为留守在家的中老年人及妇女，劳动能力有限，耕地面积较小，反倒有利于农户经营。因此户均土地块数较多对农业收入影响为正。在调研中，我们了解到，当地部分农民拥有的土地面积变化方差比较大，最大的单幅土地面积不过一亩强，5分以下的也不少，对于农户而言，一方面单幅土地面积过大不利于分散经营风险及有限劳动力的配置，另一方面单幅土地过小（5分以下）又低于单位劳动时间工作量（半天/人），不利于实现劳动时间规模经济，所以土地面积变化方差过大对农业收入影响为负。由于土地块数对农业收入的正向影响大于土地面积变化方差对农业收入的负向影响。整体上漳浦县的农地细碎化程度对农业收入反倒有一定的正向影响。

第三节　结论与启示

从对福建漳浦县的调研中能够得出关于农地细碎化从而农村土地流转政策与农民增收之间关系的多少启示?

这取决于漳浦调查所发现的事实在何种程度上具有典型意义。

首先,可以认定的是:目前农村中务农的多为留守在家的中老年人及妇女,劳动能力有限,此时,农户拥有的地块较多,单位耕地面积较小,一定程度上反倒有利于农户经营的这一事实,在全国有较大普遍性。

其次,南方特有的地形地貌、自然条件、农业生产特征,使多地块多品种种植以规避风险的生产方式可能仅在南方部分地区尤其是东南沿海地区具有一定程度的一般意义。

可以看出,由于现有的城市化与工业化特征,导致了目前留在农村务农的多为中老年人及妇女,这不是农业的正常状态,而且也不能认为是农地细碎化的充要条件。因为,在平原地区,地势比较平坦,气候变化也不频繁、剧烈,农作物种植品种比较单一,风险较小。自然条件适合于将细碎土地整合起来进行规模化、机械化的经营。在这种情况下,只要土地规模经营的收益大于农户自主经营的收益,土地流转仍将受到农民欢迎而得到发展。但是,即使是在这些地区,土地流转也仍然必须遵循尊重农民意愿的原则,否则,则有可能出现因推进土地流转导致了收入再分配,固然农业产出因土地流转而增加了,但是农民却并不因此而增收。在这些地区,推进农村的土地规模经营,要求相应地调整现有的城市剥削农村、工业剥削农业的加工贸易型工业化、滚动型城市化模式(厦门大学宏观经济研究中心 CQMM 课题组,2010a,2010b),使进城的农民工在经济上有能力实现举家进城。

但是,在南方丘陵山地地区,推进土地流转及规模经营,则要更为慎重。因为在这些地区,土地平整、合并的成本较大,即土地本身不具备整合的优势，这样一来土地流转市场上的需求方除了财力充足的大农业公司之外，个体户农民大多缺乏经济实力，参与能力有限。在这种情况下，土地流转的结果，可能会使农民手中有限的土地流入农业企业而非经营大户手中，土地流转因此产生农民增收效应，是值得进一步考察的。在目前的工业化、城市化模式下，农地对于农民来说，还具有一定的保险和社会保障功能。在农民尚无法举家进城，实现彻底的非农化，进入城市社会保障体系的情况下，土地流转不仅要考虑农业是否增收，而且还必须考虑农民是否因此将稳定增收。从供给方来看，由于农户的总土地是按家庭总人口分配的，在可以获得的土地面积一定情况下，农民更加倾向于地块适度分散，种植不同农作物以规避气候剧烈变动的风险（台风、暴雨等洪涝灾害），所以他们本身有保留多块土地的动机，而不愿意将细碎化土地通过流转，降低其经营的地块数。因此，当前部分农村土地流转不活跃，一定程度上是农民的理性选择。

因此，我们认为：

第一，农业生产经营现代化的发展趋势要求逐步推进农村土地流转，促进农业规模经营。但是，农业现代化的前提条件是工业化和城市化。只有当工业化与城市化的进程使大部分农业人口真正转变为城市人口了，农村土地流转及农业规模经营方才获得了必要的前提与基础。农村土地流转及农业规模经营的推进必须与工业化、城市化进程相协调。在我国目前的工业化、城市化模式下，农民进城从事非农产业是比较不稳定的，举家迁入城市的可能性还比较小，因此，农村土地流转不能不受到现有工业化、城市化模式的制约。要推进农村土地流转，必须从调整现有的工业化、城市化模式入手，使进城从事非农产业的农民能够真正地成为城市人口，其赡养的家庭人口能够迁入城市生活。否则，仅仅考虑到现有农村大批青壮年劳动力进城务工，农田使用不经济，农业生产效率不高而强制推行农村土地流转，将有可能导致对农民的剥夺。农村土地流转，即使是在自然生产条件允许的情况下，也必须坚持尊重农民自主权的原则，在农民自愿的前提下进行，绝对不得强制推行。

第二，在现阶段，与推行土地流转相比，稳定地权对于发展农业、农民增收而言，可能更为重要。本章的调研及统计分析发现：增加投入对提高农业产出、农民收入有重要作用，激励农民增加投入的最重要因素莫过于地权稳定。因此，认真贯彻中共十七届三中全会通过的《中共中央关于推进农村改革发展若干重大问题的决定》，赋予农民更加充分而有保障的土地承包经营权，稳定现有土地承包关系，对于农业增产、农民增收具有更重要的意义。

第三，加快推进政策性农业保险制度的落实和推广。调查发现，在南方沿海地区，农民保留多块土地的较大动机是规避气候变化导致农业灾害的风险，因此，因地制宜地建设、完善各种政策性农业保险制度，推广各种政策性农业保险，有利于降低农业经营风险，促进农民增收。与此同时，当农业生产经营风险通过制度及政策安排得到缓解之后，农民就无须或者大大降低了通过以一定程度的损失农业生产效率的农地细碎化、多种经营来自我投保，将经营重点放到提高农业生产效率上来，这样，通过土地流转，实现农业生产的规模经济也就成为了农民自身的需要。

参考文献

［1］刘涛、曲福田：《土地细碎化，土地流转对农户土地利用效率的影响》，《资源科学》2008 年第 10 期。

［2］许庆、田士超：《农地制度，土地细碎化与农民收入不平等》，《经济研究》2008 年第 2 期。

［3］钟甫宁、王兴稳：《现阶段农地流转市场能减轻土地细碎化程度吗？——来自江苏兴化和黑龙江宾县的初步证据》，《农业经济问题》2008年第 7 期。

［4］厦门大学"中国季度宏观经济模型（CQMM）"课题组 a：《中国宏观经济预测与分析——2010 年春季报告》，2010 年 2 月。

［5］厦门大学"中国季度宏观经济模型（CQMM）"课题组 b：《中国宏观经济预测与分析——2010 年秋季报告》，2010 年 9 月。

［6］Monchuk, D. , K. Deininger, et al, "Does Land Fragmentation Reduce Efficiency: Micro Evidence from India", Agricultural and Applied Economics Association, Annual Meeting, July 25-27, 2010.

[7] Blarel, B. and P. Hazell, "The economics of farm fragmentation: evidence from Ghana and Rwanda", *The World Bank Economic Review*, 6 (2), 1992, p. 233.

[8] Chen, Z., W. Huffman, et al., "Farm technology and technical efficiency: Evidence from four regions in China", *China Economic Review*, 20 (2), 2009, pp. 153-161.

[9] Fleisher, B. and Y. Liu, "Economies of scale, plot size, human capital, and productivity in Chinese agriculture", *Quarterly Review of Economics and Finance*, 32 (3), 1992, pp. 112-123.

[10] Nguyen, T., E. Cheng, et al., "Land fragmentation and farm productivity in China in the 1990s", *China Economic Review*, 7 (2), 1996, pp. 169-180.

[11] Wu, Z., M. Liu, et al., "Land consolidation and productivity in Chinese household crop production", *China Economic Review*, 16 (1), 2005, pp. 28-49.

第二十一章 闽台农业合作的农民
增收效应研究[①]

第一节 引 言

促使农民收入翻番，是实现十八大报告提出的"收入倍增"计划的关键及难点所在。因此，农民增收效应是发展闽台农业合作中值得重视和认真研究的重要问题。

不少研究认为，闽台农业合作带动了福建农业生产要素的流转，促进了农业资源的优化配置（苗艳、喻长兴、林卿，2005；林卿、陈洪昭、王庆、林翊，2007；李建华，2010），提高了农产品的出口竞争力及农业劳动生产率（林卿、欧阳迪莎、王庆、苗艳青，2004；杨洪昭、王庆、林卿、赵航，2006），加快了农业的资本深化（冯秀萍、林翊、林卿，2010；赵志燕，2010）和农业结构调整步伐（刘志惠，2008；林翊，2009），提升了农业的科技含量（丁振强，2003；陈丽丽，2009），推动了福建农业由传统农业向现代农业转变（陈励颖，2010；林翊，2009），有力地促进了福建农业的发展（陈榕，2000；蔡贤恩，2007；林金灼，2010）。

但是，闽台农业合作的当地农民增收效应却少有专门的讨论。然而，"三农"问题的关键是提高广大农民的收入水平（陈锡根、龚介民，1982；

---

① 本章执笔：王燕武、李静、李文溥。

李文溥、卢盛荣、王燕武，2010；史金宝，2012），因此，闽台农业合作的当地农民增收问题值得高度重视。

本章在漳浦县实地调研的基础上，利用面板计量模型对闽台农业合作的当地农民增收效应进行实证研究。第二节是文献综述；第三节是对全国、福建、漳州农民相对收入的变化情况的一个统计分析；第四节是基于漳浦县镇一级数据的实证检验；第五节进行进一步的理论探讨；最后是结论及政策含义。

第二节　文献综述

已有的经验研究表明，引入农业 FDI 的本地农民收入效应是不确定的。联合国粮食与农业组织（FAO）2012 年 4 月份的一份研究报告表明，在那些引入农业 FDI 的非洲地区国家，包括加纳、乌干达、塞内加尔、埃及、摩洛哥等，尽管农业外资的流入有效地提升了农产品的产量和质量、增加了农产品的种类，促进了农产品的出口，创造了新的就业，但在增加当地农民实际收入方面并无显著作用。台湾学者陈武雄（2006）也指出，大陆在引进台湾农业资本方面，与大陆工业引进外资的策略很相似，这种模式可以在短时间内解决大陆"三农"中的农业发展问题，但对当地农民增收及农村发展问题的帮助较小[①]。许建明（2012）、卢盛荣、李文溥和易明子（2012）分别从失地农民的长期收入稳定性以及地权稳定的角度进行实证研究，得出通过大规模征地方式引入农业 FDI，有可能会导致失地农民长期收入不稳定的结论。

张雅静和林卿（2005）、张雅静（2005）的研究结论相反。她们利用福建省 1978—2003 年的相关数据，对制约福建农民增收因素进行分项计量

---

① 我们的调查发现，即使局限于引进台资的所在县，台资对解决当地的农业发展问题，作用也有限，更何况整个中国大陆地区。

检验，认为农产品对外贸易、外商投资、农民受教育程度、农业产业结构以及技术进步等对农民收入有正向作用。随后，通过对福建农业相关数据的简单纵向分析，推论闽台农业合作有利于引进外资、提高农产品对外出口、转变农业产业结构、提升农业科技含量。因此，闽台农业合作会促进农民增收。她们的研究是在没有控制其他变量，如农业税费政策的支持、收入水平提高引起的农产品需求结构变动、开放程度的深化等的情况下做出的；计量方法、样本时段的选取上也值得商榷①；在没有直接检验闽台农业合作对农民增收效应的情况下，通过间接推论得出结论是不够稳健的；最后，她们的研究无法说明闽台农业合作对福建农民增收效应的时间效应和空间效应，不能对闽台农业合作的长期效应进行评价，而对农业引资效应的评价最难的一点恰恰是其作用产生需用时较久，很难全面衡量（FAO，2012）。

此外，还有一些研究也对农民收入问题有所关注（陈榕，2000；蔡贤恩，2007 等），但大多是定性分析，缺乏定量研究。没有区分闽台农业合作之外其他可能导致福建农民收入增加的因素，过于简单地将闽台农业合作所促进的福建农业的某些变化简单地推论对农民增收也有作用；有的基于个别案例分析，将结论推而广之（陈励颖，2010）。本章将先分析福建农民的收入变化及其原因，然后以漳州市漳浦县镇一级的数据，利用面板计量模型来实证检验闽台农业合作对农民收入的作用，在此基础上对导致这一结果的闽台农业合作方式进行研究，进而提出我们的结论与政策建议。

第三节　闽台农业合作的当地农民
增收效应：一个悖论

如果比较全国、福建以及漳州地区的农民相对收入变化，可以发现存

---

① 在计量方法上，她们在样本较少的情况下，仅进行时间序列简单 OLS 计量回归，没有做时间序列分析的单位根及协整检验；其次，闽台农业合作主要是在 2003 年之后才得到较大发展的。

在一个闽台农业合作的当地农民增收效应的悖论：越是闽台农业合作较为集中的地区，近十年来，当地农民的收入相对于非闽台农业合作地区农民的收入，增长越缓慢。

首先，从农民人均纯收入的变化趋势看，1987 年以前，福建农民的收入一直低于全国水平，之后方才超过，并进入较快增长时期。2010 年至今，福建农民的收入增长速度减缓，与全国农民的收入比逐渐回到了 20 年前的水平。然而，2003 年之后，恰恰是闽台农业合作迅速发展的十年（见图 21-1）。

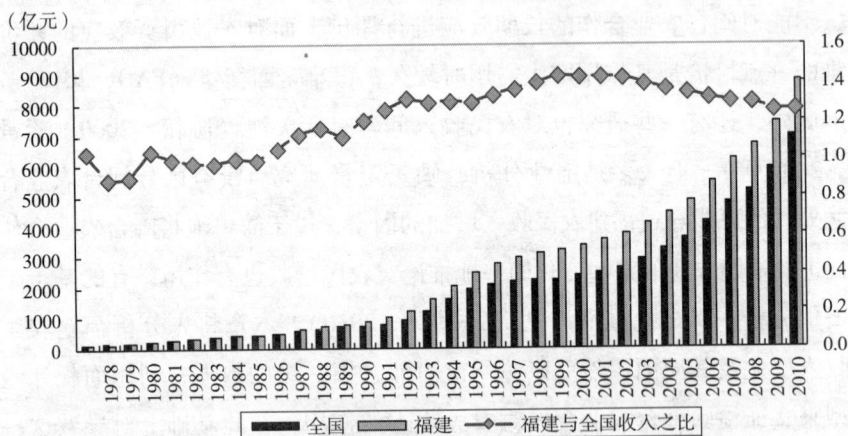

图 21-1 历年福建省与全国农村居民人均纯收入变化情况
资料来源：整理自历年《福建统计年鉴》和《中国统计年鉴 2012》。

其次，从收入构成看，工资性收入成为近年来福建农民收入增长的主要来源，家庭经营性收入占比持续下降。1995 年，福建农民的人均家庭经营性收入为 1295.9 元，人均工资性收入 520.5 元，两者分别占全部人均纯收入的 63.3%、25.4%，家庭经营性收入与工资性收入之比为 2.49：1；2011 年，福建农民的人均家庭经营性收入 4094.8 元，人均工资性收入 3889.5 元，分别占全部人均纯收入的 46.6%、44.3%，两者几乎持平（见图 21-2）。这说明，1995—2011 年，农业对于农民增收的重要性在减弱。

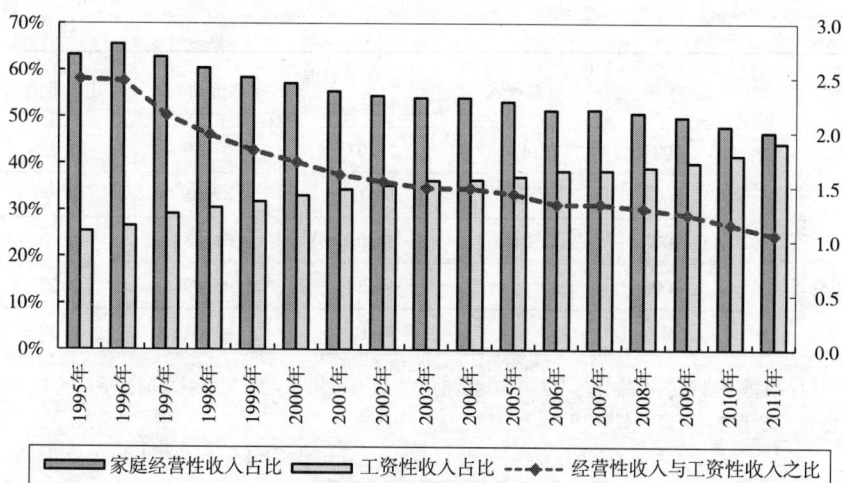

图 21 - 2　历年福建省农民纯收入结构变化情况

资料来源：整理自历年《福建统计年鉴》。

工资性收入中，外出务工收入增长速度明显快于本地务工收入，因此，工资性收入的增加主要不是由本地企业带动的。由于缺乏省市一级的相关数据，我们以实地调查的漳浦县数据为例。2003 年，漳浦县农民本地务工收入占全部工资性收入的 67.69%，外出务工收入占 11.25%，两者之比为 6.02∶1。2007 年，按照人均纯收入的口径，漳浦农民外出务工收入 1048.5 元，首次超过本地务工收入，占工资性收入的 47.59%（见表 21 - 1）。

表 21 - 1　外出从业收入及本地劳动收入的变化趋势对比

	年份	工资性收入	其中：在非企业组织中劳动收入	本地劳动收入	外出从业收入
	2003	821.4	173	556	92.4
	2004	821	83.3	714.8	22.9
数量（元）	2005	1329.2	167.6	820.6	341
	2006	1713.4	211.3	772.6	729.4
	2007	2203.3	242.5	912.3	1048.5

续表

	年份	工资性收入	其中：在非企业 组织中劳动收入	本地劳动收入	外出从业收入
比重 （%）	2003	15.42	21.07	67.69	11.25
	2004	13.64	10.15	87.06	2.79
	2005	22.25	12.61	61.73	25.65
	2006	26.94	12.34	45.09	42.57
	2007	37.82	11.01	41.41	47.59

注：在非企业组织中的劳动收入、本地劳动收入以及外出从业收入所对应的比重项均为占工资性收入的比重。引自本书第19章。

第三，从福建农业台资引进的重点区域——漳州市的农民人均纯收入的相对变化趋势看，2000—2011年，漳州市农民人均纯收入与全国农民人均纯收入的比值由1.57持续下降到1.31；与福建农民人均纯收入的比值则由1.09下降至1.04（见表21-2）。可见，与全国及福建相比，新世纪以来，漳州市农民的收入增长相对缓慢。

表21-2　漳州与福建、全国农村居民人均纯收入的变化情况比较

年份	全国（元）	福建（元）	漳州（元）	漳州与全国之比	漳州与福建之比
2000	2253.4	3230.5	3530	1.57	1.09
2001	2366.4	3380.7	3695	1.56	1.09
2002	2475.6	3538.8	3761	1.52	1.06
2003	2622	3734.0	3982	1.52	1.07
2004	2936.4	4089.4	4320	1.47	1.06
2005	3254.9	4450.4	4690	1.44	1.05
2006	3587.0	4833.4	5071	1.41	1.05
2007	4140.0	5467.0	5696	1.38	1.04
2008	4761.0	6196.0	6506	1.37	1.05
2009	5153.2	6680.2	7054	1.37	1.06
2010	5919.0	7426.9	7861	1.33	1.06
2011	6977.3	8778.6	9128	1.31	1.04

资料来源：历年《福建统计年鉴》和《中国统计年鉴2012》。

可见，过去十多年来，尽管闽台农业合作有了较快发展，但是，闽台农业合作密集地区——漳州农民的收入增速却相对减缓了。

当然，不能简单地因此得出推论：闽台农业合作不利于当地农民增收。闽台农业合作是否导致了当地农民增收，是一个需要控制其他变量的作用进行严谨的实证研究方能得出判断的问题。下一节我们以漳浦调研所获得的数据进行实证研究。

第四节 基于漳浦县调查的经验研究

漳浦县是国家级海峡两岸（福建）农业合作实验区的重要组成部分。2005 年，成为首个台湾农民创业园的试点单位；2006 年，正式被批准成立国家级台湾农民创业园，是全国首批四个台湾农民创业园之一。至 2009 年底，漳浦县累计批办台资农业企业 204 家，总投资 3.1 亿美元，实际到资 1.5 亿美元，约占到同期全省实际引进台湾农业投资的 10%。因此，考察闽台农业合作对当地农民收入的影响，漳浦县是一个合适的样本点①。

一、研究方法及变量选取

我们选取的样本时段是 2000—2010 年。为克服时间序列较短引起的估计有效性较差的问题，我们将运用漳浦县镇一级的数据，利用面板计量模型来检验闽台农业合作对当地农民增收的作用。具体方法和过程如下：

1. 变量选取

（1）被解释变量

为避免方差过大，我们以取对数后的农村居民人均纯收入作为被解释变量。

---

① 如果在一个闽台农业合作力度较小地区去衡量其对农民收入的作用，其结论很可能是无效的。

（2）解释变量

首先，闽台农业合作的变量。为相对完整地检验闽台农业合作对当地农民增收的作用，我们设计了两个代表闽台农业合作的变量：一是是否为台湾农民创业园所在地的虚拟变量，如果是，取值为1，反之，取值为0。漳浦县台湾农民创业园位于长桥镇，因此，该变量最终表示为长桥镇取值为1，其余镇取值为0。二是距离变量，即以离台湾农民创业园的远近为变量。其假设是越靠近台湾农民创业园地区的农民，越能够受到其辐射效应的影响。这样，无论是为其打工获取的收入，还是模仿其先进技术或管理经验、获取现代农业的信息的机会，都会越多越好，进而对其增收作用也会越大。因此，这两个变量的预期符号正好相反：虚拟变量为正，距离变量为负。

其次，相对增长的控制变量。为排除共同增长因素对各镇农民增收的影响，我们将漳浦县农村居民人均纯收入作为独立的控制变量加以引入。该变量的预期符号为正。由于漳浦县农村居民人均纯收入变量可能已经包含了闽台农业合作的增收效应，为此，我们还将分别选用漳州市、福建省及全国农村居民的人均纯收入变量作为收入效应衡量的控制变量。控制住全国农村居民人均纯收入的增长因素，将最大限度地排除闽台农业合作之外的其他增长因素对当地农民增收效应的影响。

最后，其他控制变量。包括年末常用耕地面积、有效灌溉面积、每亩肥料、每亩农用柴油量等代表农业生产条件；农作物亩产代表农业生产效率；粮食作物与经济作物播种面积之比，用来代表农业内部的产业结构；男性劳动力比例，用来代表劳动力结构；本地企业个数、非农企业个数等代表本地工业化水平；乡镇政府到县政府的距离，代表各个乡镇的对外开放程度等。一般来说，农业生产条件越好，农业生产效率越高，农民家庭经营收入就会越高，这两类变量的符号预期为正；农业产业结构越向经济作物靠拢，收入就会高一些，因此，粮食作物与经济作物播种面积之比的变量符号预期为负；男性劳动力比例越高，收入就会越高，变量预期为正；本地工业化水平越高，吸纳的本地就业人数会越多，农民的工资性收入会越高，因此，本地企业个数和非农企业个数的符号预期为正；越是开放，交通便利的地方，农民获取市场信息的能力以及农产品销售的渠道会越强、越多，收入也会越高，所以，开放程度变量的预期符号为负，即离县城越远的乡镇，农民的收入会越低。除虚拟变量外，所有变量均经过对数化处理。

2. 计量方程设定

参考消费方程的设定，我们建立了计量回归的基本方程：

$$Y_{it} = C + \sum_j \alpha_j X_{jit} + \sum_k \beta_k D_{kit} + \varepsilon_{it}$$

下标 i 和 t 分别代表第 i（$i=1$，…，20）镇和第 t（$t=2000$，…，2010）年，C 为截距项，α_j、β_k 为回归系数，ε_{it} 是残差项。Y 代表农村居民人均纯收入变量，X_j 为闽台农业合作变量，$j=1,2$，分别表示台湾农民创业园所在地的虚拟变量和距离变量；D_k 为其他控制变量，包括相对增长控制变量、农业生产条件变量、农业生产效率变量、农业产业结构变量、人口变量、工业化水平变量和对外开放变量等。

3. 数据来源和说明

本章选取了漳浦县 20 个乡镇的数据，包括古雷镇、沙西镇、六鳌镇、深土镇、马坪镇、赤土乡、前亭镇、湖西乡、赤岭乡、南浦乡、长桥镇、盘陀镇、石榴镇、官浔镇、霞美镇、杜浔镇、赤湖镇、佛昙镇、旧镇镇和绥安镇。时间期限为 2000—2010 年，数据频率为年度数据。所有的数据均来自历年《漳浦统计年鉴》。

二、模型回归结果及分析

根据 Hausman 检验的结果，我们选用随机效应模型对上述计量方程进行估计，模型估计的结果见表 21-3：

表 21-3　样本的回归结果

被解释变量：农民人均纯收入（对数值）	模型一	模型二	模型三	模型四	模型五
解释变量：					
闽台虚拟变量	0.310 **	0.157	0.176	0.181	0.181
μ 闽台距离变量	0.004 ***	0.001	0.001	0.001	0.001

续表

被解释变量：农民人均纯收入（对数值）	模型一	模型二	模型三	模型四	模型五
控制变量：					
漳浦县相对增长变量（对数值）	—	1.054 ***	—	—	—
漳州市相对增长变量（对数值）	—	—	0.759 ***	—	—
福建省相对增长变量（对数值）	—	—	—	0.733 ***	—
全国相对增长变量（对数值）	—	—	—	—	0.627 ***
农业生产条件变量：					
耕地面积（对数值）	− 0.066	0.130 ***	0.110 **	0.101 **	0.100 **
有效灌溉面积（对数值）	0.069 ***	0.009	0.003	0.003	0.003
每百亩化肥使用量（滞后一期）	0.013 **	− 0.002	− 0.002	− 0.002	− 0.001
每百亩柴油使用量（滞后一期）	0.142 ***	− 0.070 ***	− 0.065 **	− 0.061 **	− 0.060 **
农业生产效率变量：					
加权每亩农作物产量	0.188 ***	− 0.018	0.009	0.015	0.016
农业产业结构变量：					
粮食作物与经济作物面积比	− 0.031	− 0.026	− 0.044 **	− 0.048 **	− 0.048 **
人口变量：					
男性劳动力比例	− 0.275	0.088	0.076	0.067	0.070
工业化水平变量：					
工业企业数（对数值）	− 0.033 *	0.011	0.019 *	0.010 **	0.020 **
对外开放变量：					
离县城距离变量（对数值）	− 0.068	− 0.005	− 0.007	− 0.008	− 0.009
截距项：	8.541 ***	− 1.467 **	0.736	− 1.092 *	2.18 ***
检验项：					
Hausman 检验概率	0.3324	0.6615	0.4735	0.4332	0.4488
（估计方法）	随机效应模型	随机效应模型	随机效应模型	随机效应模型	随机效应模型
$Ad \cdot R^2$	0.1666	0.8598	0.8281	0.8134	0.8105
$Prob(F)$	0.0000	0.0000	0.0000	0.0000	0.0000

注：符号 *** 、** 、* 分别表示系数估计通过1%、5%、10%的显著性水平。

首先，在不考虑相对增长变量时，模型一的结果显示，闽台虚拟变量显著为正，表明闽台农业合作有利于提高本地农民的人均收入；与我们事先的预期相反，闽台距离变量也显著为正，这意味着闽台农业合作对本地农民的增收效应不仅不会随距离的扩散而削弱，反而会略有增长。这显然是不合理的。但是，在考虑了相对增长变量之后，即扣除共同增长因素之后，模型二到模型五的结果均显示，尽管闽台变量的系数估计符号保持不变，但估计结果不再显著。换言之，闽台农业合作对农民人均纯收入不存在显著的正向作用。这就证实了我们事先的猜想：一些实证研究之所以得出闽台农业合作促进了当地农民增收的结论，是没有控制其他变量作用的结果。闽台距离变量的影响效应不随着距离的扩散而削弱，反而略有增长，恰恰说明闽台农业合作与漳浦县农民收入增长之间的关系，与其说是因果关系，不如说是共时变量关系。因此，必须通过设置控制变量尽量排除其影响。

其次，从其他控制变量的估计系数来看，模型二到模型五的估计结果显示出较好的一致性和稳定性。其中，农业生产条件方面，耕地面积对农民收入具有稳定而且显著的正向作用，有效灌溉面积尽管符号为正，但估计结果不显著。比较意外的是，每百亩化肥使用量以及柴油使用量对农民收入均有负向的作用，尤其是后者，显著为负。这也许并非说明化肥和机械的投入不会增加农业产量，而是以化肥和机械为代表的农业生产资料过快涨价，导致了农业增产农民不增收；农业生产效率方面，每亩农作物产量对农民收入有正的作用，但估计结果不显著；农业产业结构方面，粮食作物与经济作物的面积之比对农民收入具有稳定而且显著的负向作用，这意味着经济作物的种植比例越高，越有利于提高农民收入；人口变量和对外开放变量的符号均符合预期，但是估计结果不显著；工业企业数则有利于提高农民收入，并且估计结果是显著的。

三、稳健性检验

由于人均农民纯收入指标包含儿童、老人，及其他失去劳动能力的人口，不能确切反映有劳动能力农村居民的收入变化。为了进一步检验估计结果的稳健性，我们用劳均农民纯收入来代替人均农民纯收入。其指标处理方法是将人均农民纯收入乘上乡村人口数，再除以劳动力人数①。最终估计的结果见表21 - 4。

观察模型七到模型十的估计结果，可以发现，闽台农业合作变量的估计结果与此前模型估计的结果基本一致，即闽台农业合作对本地农民的收入不具有显著的正向作用。其余控制变量方面，工业企业数、每百亩柴油用量以及农业产业结构变量也与此前模型保持一致的作用方向和显著程度，是影响农民收入的重要因素。略有不同的是耕地面积变量由原来的显著为正变得不显著，而男性劳动力比例对劳均收入的影响则变得显著为正，不过，这两个变量估计的符号均保持不变。因此，总体上，用劳均农民纯收入变量来替代人均农民纯收入变量并没有较大地改变模型估计的结果，我们的模型估计具备较好的稳定性。

表21 - 4 样本估计的稳健性检验

被解释变量：农民劳均纯收入（对数值）	模型六	模型七	模型八	模型九	模型十
解释变量：					
闽台虚拟变量	0.163	0.019	0.038	0.043	0.043
μ 闽台距离变量	0.003	0.001	0.0002	0.0001	0.0001
控制变量：					
漳浦县相对增长变量（对数值）	—	0.898 ***	—	—	—
漳州市相对增长变量（对数值）	—	—	0.635 ***	—	—
福建省相对增长变量（对数值）	—	—	—	0.611 ***	—
全国相对增长变量（对数值）	—	—	—	—	0.522 ***
农业生产条件变量：					
耕地面积（对数值）	- 0.135	0.083	0.065	0.057	0.056
有效灌溉面积（对数值）	0.043 *	- 0.012	- 0.016	- 0.016	- 0.016
每百亩化肥使用量（滞后一期）	0.009	- 0.007	- 0.007	- 0.007	- 0.007
每百亩柴油使用量（滞后一期）	0.117 **	- 0.104 ***	- 0.095 **	- 0.090 **	- 0.089 **

① 2000—2010 年漳浦县劳均农民纯收入约是其人均农民纯收入的1.78 倍。

续表

被解释变量：农民劳均纯收入（对数值）	模型六	模型七	模型八	模型九	模型十
农业生产效率变量：					
加权每亩农作物产量	0.266 ***	0.009	0.042	0.050	0.051
农业产业结构变量：					
粮食作物与经济作物面积比	− 0.035	− 0.031	− 0.047 *	− 0.051 *	− 0.051 *
人口变量：					
男性劳动力比例	0.047	0.329 **	0.312 **	0.304 **	0.307 **
工业化水平变量：					
工业企业数（对数值）	0.002	0.049 ***	0.054 ***	0.056 ***	0.055 ***
对外开放变量：					
离县城距离变量（对数值）	− 0.127	− 0.048	− 0.052	− 0.053	− 0.054
截距项：	9.906 ***	0.548	2.875 ***	3.204 ***	4.126 ***
检验项：					
Hausman 检验概率	0.1425	0.9804	0.8994	0.8807	0.8829
（估计方法）	随机效应模型	随机效应模型	随机效应模型	随机效应模型	随机效应模型
$Ad \cdot R^2$	0.078	0.6304	0.5734	0.5569	0.5530
$Prob(F)$	0.0000	0.0000	0.0000	0.0000	0.0000

注：符号 *** 、 ** 、 * 分别表示系数估计通过 1%、5%、10% 的显著性水平。

四、主要结论

根据模型回归的结果，我们得到以下主要结论：

首先，在样本期间内（2000—2012 年），闽台农业合作没有对漳浦县农村居民的收入产生显著的正向效应，也不存在空间上的收入溢出效应。

其次，在农业生产条件及生产效率方面，有效灌溉面积、化肥使用和农业机械化水平的提高也没有提高漳浦县农村居民的收入水平，只有耕地面积的总数会对农民收入具有显著的正向作用。这显然与漳浦县耕地面积小、多林地山地，难以进行规模化种植、机械化成本较高的农业自然条件息息相关。而效率方面，每亩农作物产量的增加也无法促进农民收入的提高，这与人们对农业经济作物的需求量较稳定有关。例如，柚子、龙眼等农产品，因其不是必需品，人们的消费量有限，不因价格下降而大量增加消费，反而会因为涨价而减少消费，农民面临的是一条折拗的需求曲线。因此，农业生产效率的提高反而会加剧农户间的价格竞争，导致农民收入的下降。

再次，农业产业结构的优化，即经济作物播种面积的增加，将有利于促进农村居民收入的提高。由于过去从台湾引进的良种对改变漳浦县乃至福建省农业种植业结构有一定影响，这可能使闽台农业合作在较长时期里会对农村居民收入产生正向的溢出效应。但是，其作用可能有限，不宜过高估计①。

最后，本地工业化水平的提高将有利于增加本地农民的收入。这也再次验证了我们此前的实证研究结论：与全国的趋势一致，近年来漳浦县农村居民的收入增加主要是工资性收入增加带来的（李文溥、卢盛荣、王燕武，2011），工业化和城市化是促进农民增收的主要渠道。

第五节　对实证研究结果的理论分析

基于漳浦县镇一级数据的实证研究证实，目前为止，闽台农业合作并没有显著地促进当地农民收入提高。这一研究结果的合理性，不仅取决于数据的可靠性及实证研究方法的合理性，而且取决于计量研究结果在理论上的可解释性。下面我们对这一实证研究结果进行理论分析。

1. 闽台农业合作的主要模式

我们认为：当前闽台农业合作的当地农民增收效应不显著在相当程度上与目前闽台农业合作所采取的主要模式密切相关。

---

① 自然地理条件决定了福建的种植结构中经济作物的比例一向较大。台湾农业品种的引进只是在一定程度上强化了这一趋势，其影响在计量中可能是不显著的。

FAO（2012）的研究指出，按照农民参与合作的程度不同，引进农业投资（农业 FDI）的模式可以划分为："佣工模式"（waged workers，即外资企业从农民手中获得土地建设农场，而后雇佣失地农民为农业工人）、"契约农业模式"（contract farming，即外资企业与本地农民签订生产合同，提出产品品质要求，定购、加工并销售其产品），以及"股份制合作模式"（shareholders，即农民以土地及劳力入股，企业以资本、技术、良种入股，双方共同成立企业，共负盈亏）。不同的农业 FDI 模式对本地农民的收入效应截然不同。其中，"佣工模式"给本地农民带来的收益最小，仅能产生不稳定的就业创造效应，同时却由于大规模的土地征用，容易导致政府腐败、农企对抗、土地闲置、社会不稳等众多负面问题。"股份制合作模式"不触及地权转让，有利于保护农民的基本利益，又能够充分利用外来企业的资本、技术、管理经验、市场化运作及人才优势，实现双赢。问题在于，选择何种合作模式是双方在特定时空条件下博弈的结果，它取决于参与博弈各方的力量对比及其选择。

当前的闽台农业合作的模式基本上以"佣工模式"为主。冯秀萍、林翊和林卿（2010）指出，尽管闽台农业合作的形式近年来已颇为丰富，但总体上都不脱离"佣工模式"。张慧祯、黎元生（2009）对漳州市台资农业企业的调查发现，近90%的台资农业企业是采取"佣工模式"的。这一结果，与台商的选择以及政府的政策导向密切相关。福建省现行对台农业合作规范主要有：1999 年颁布的《福建省人民政府关于加快福建省海峡两岸农业合作实验区建设的若干规定》、2006 年颁布的《海峡两岸（福建）农业合作试验区发展规划》与《鼓励和支持海峡两岸（福建）农业合作试验区建设的暂行规定》以及 2009 年颁布的《福建省促进闽台农业合作条例》。上述政策法规均倾向于让"台商通过承包或租赁形式取得农地经营权"（许建明，2012）。

2. "佣工模式"对当地农民收入的影响

在"佣工模式"下，闽台农业合作所产生的当地农民收入流主要有：第一，失地农民的土地补偿收入或租金收入。土地补偿收入是一次性的。租金收入可以带来长期而且相对稳定的收入流，不过，失地农民也将从此失去土地的经营性收益。第二，失地农民的佣工收入。台资企业或多或少会雇佣当地农民作为其员工。FAO（2012）指出，这是"佣工模式"最主要的惠农渠道。但是，在地少人多的南方农村，实行"佣工模式"的台资企业，为实现人地最大效率，所能雇佣的当地农民数量显然将少于因此失去土地的农民数量。第三，对非失地农民的"外溢"效应。它正负兼有。正的外溢效应指台商带来的新产品、新技术、先进管理经验、组织生产模式、市场营销手段以及农业种植新观念的推广、示范及集聚效应；负的外溢效应是台商凭借其资金、技术、成本和销售渠道优势，击垮或挤垮本地农民的原有生产经营，压缩其市场空间，使其依附于台资企业。正的外溢效应会促进本地农民收入提高，而负的外溢效应则不利于本地农民增收。

冯秀萍、林翊和林卿（2010）指出，闽台农业合作存在的问题中，表现最为突出的就是"富了企业、农民增收有限"。不论是"佣工模式"，还是"契约农业模式"，福建农民的增收效果均不显著，甚至出现了损害农民利益的情况。例如，在租赁农地时，一些台资农业企业利用农民组织化程度不高、谈判能力薄弱等缺点，不仅没有让农民分享企业利润，反而故意压低农地租赁价格以降低生产成本。叶亚野、林翊（2011）也认为，福建省长期利用压低土地、劳动力等资源要素价格来吸引台商农业投资的做法，势必造成合作的企业和农民双方利益关系的失衡和冲突。集中体现在：第一，在政府的引资冲动下，土地租金价格被压得很低，仅约为正常土地经营收入的一半左右，而且租赁时间越长，租赁费用和土地正常经营收入之间的差额越大。第二，以"产值倍数法"作为土地征收补偿的标准过低，不符合现代农业的补偿要求，也不体现土地作为稀缺资源的真正价值。第三，在"契约农业模式"的合作实践中，由于组织化程度较低、议价能力较差，福建农民也难以分享产业化经营带来的收益，大多沦为台资企业的初级农产品原材料提供者。这就导致，一方面农业生产的风险基本都由本地农民承担；另一方面在正常年份或丰收年份，农产品价格又会被刻意压低，难以获得应有的经营收益。此外，一些台商对所租赁土地资源的过度开发或长期闲置，也不利于失地农民回收土地之后的长远利益。

许建明（2012）进一步指出，即使土地补偿的标准提高至合理水平，基层政府在中间扮演的角色是公平的，并且土地交易过程也是透明的，这种以土地使用权转让为前提的农业合作模式，从社会稳定的角度看，也是不可取的。因为台资企业所能吸纳的就业人数远远小于因土地转让而产生的农村剩余劳动力人数。

总之，在"佣工模式"下，闽台农业合作可能会对福建农业产值增长、现代农业发展产生一定积极作用①，但是，本地农民的增收效应，却是不显著的。

3. 为什么是"佣工模式"？

为什么目前闽台农业合作普遍采取了当地农民增收效果不佳的"佣工模式"？

这是因为，从台商的角度看，这是获取投资方最大利益的便捷方式。通过"佣工模式"，第一，可以得到稀缺的土地资源及廉价的农业劳动力；第二，有利于独享企业经营利润；第三，便于长期保持技术优势、市场营销优势，佣工模式其实是工业中加工贸易 FDI 的翻版；第四，这是一种比较安全的投资方式，土地资源的垄断性占有，有利于保持对土地的投资以及附着土地的投资的安全。

然而，对台商最有利的农业 FDI 方式未必同时是对于当地农民和政府最有利的合作方式，可为什么当地农民与政府也接受了这一方式？

当地农民之所以接受不是其利益最大化的"佣工模式"，主要原因是：在目前条件下，个体农民经营农业的收益率较低，因此，农村青壮劳动力纷纷外出务工，承包地不能自由交易，也就无法实现它潜在的市场价值，因此，尽管其潜在价值可能很高，但却成为外出务工农民手中食之无味弃之可惜的鸡肋，这些年来，各地都有不少外出务工农民不得不把承包地以极低的价格（甚至无偿地）转给亲戚朋友耕种。当然，在这种情况下，如果有人能够代表这些希望出让承包地的农民与前来投资的台商谈判，是可以寻求能够实现当地农民利益最大化的闽台农业合作形式。但是，目前在农村，并不存在着独立于乡镇政府、村委会等正规组织之外的其他农民组织，而现有的乡镇政府、村委会等基层组织的性质决定了，它们在上级政府的招商引资政策导向及指令约束下，首先必须执行上级政府的政策意

---

① 但是，这是一种"被现代化"而非内生或自生的农业现代化。能否因此推动本地农民自主内生的农业现代化，值得进一步研究。

图，一般很难以农民利益的独立代表身份与台商进行谈判。在这种情况下，农民将承包地以低于潜在收益的价格出让给台资企业，虽说是无奈之举，却也是情理中的选择。

然而，各级地方政府之所以也选择了"佣工模式"，却是值得反思与检讨的。首先，在闽台农业合作的初期，可能是经验不足，没有认识到以这种方式推进闽台农业合作，可能会不利于当地农民增收；其次，认真科学的研究不足，一些没有控制其他变量作用的大而化之的研究，给政府部门传递了误导的错误信息；第三，即使通过研究和工作实践，发现了现有的闽台农业合作方式不利于农民增收，但却对农业、农村现代化的根本目标是实现农民增收的重要性认识不足，认为为了前者可以在一定程度上牺牲后者；第四，在研究和实践证明了现有的闽台农业合作方式不利于农民增收之后，政府部门是否改变既有的鼓励"佣工模式"的政策导向？这显然取决于政府部门将何种政策目标放在首位。近十多年来，以追求经济增长与财政收入最大化为目标，不计成本地招商引资，出口劳动密集型产品为导向的粗放型经济发展在实现了经济高增长的同时，已给我国经济发展带来了国民经济结构失调、居民收入增长缓慢、收入分配差距扩大、国内需求不振等一系列问题，经济发展方式的转变已是社会经济持续健康发展的当务之急。当此之时，如果在农村、农业经济工作中复制非农经济中既有的经济发展方式，显然收益将更小，成本将更大。

第六节　结论与政策建议

本章基于福建省闽台农业合作重点区域——漳浦县的实地调研及实证研究结果证实：在控制了其他影响农民收入的因素之后，样本期间内，闽台农业合作的当地农民增收效应不显著，没有实现企业与农民双方利益的双赢。

对此进行理论分析的结论是：闽台农业合作的当地农民增收效应之所

以不显著，关键是采取了不利于当地农民利益的"佣工模式"。它使本地农民不论是土地补偿收入、租金收入，还是因此受雇的工资性收入，均无法有效地弥补所流失土地的经营性收益。因此，"佣工模式"下的闽台农业合作无助于本地农民增收。之所以当前的闽台农业合作以"佣工模式"为主，是台商、当地农民及各级政府在特定体制空间下三方利益博弈的结果。从农村、农业现代化的根本目的角度看，"佣工模式"是闽台农业合作的次优选择。

国内外的诸多研究指出：以稳定地权为特征的"股份制合作模式"是较能实现当地农民增收的农业 FDI 形式。

但是，现实情况是：以稳定地权为特征的"股份制合作模式"却难以在农业 FDI 中推广，其原因在于：第一，就投资方而言，只要当地条件许可，是更愿意采取"佣工模式"的。它有利于投资方取得稳定的土地使用权，为附着在土地上的其他投资提供必要的保障。然而，"股份制合作模式"却使投资方无法绝对控制土地使用权，投资的风险因此上升。第二，"股份制合作模式"实际上是现代企业制度在农业领域的一种运用，它需要合作方具备现代企业组织、生产、管理、市场营销等多方面的综合知识。当前我国农民的知识水平和文化素养，就多数而言，显然远不足以有效地参与企业日常正常经营事宜，与台商形成真正平等互利的合作关系。第三，"股份制合作模式"要求参与合作的当地农民作为一个群体，有组织地参与合作，"佣工模式"无论是土地使用权的转让，还是之后的员工雇佣，投资方都只需要与单个的农民打交道。显然，"佣工模式"对当地农民的要求更低。

简而言之，"股份制合作模式"可以使当地农民的收益更大，但是，所要求的条件更高，"佣工模式"实施的条件简单，但却不利于当地农民增收。

选择何种模式，取决于政府的政策目标。如果追求引资数量等短期政绩，或者提高当地农民收入之外的其他政策目标，势必倾向于选择"佣工模式"，因为它能较快地引进台资。如果将推动闽台农业合作的根本目的定位为提高当地农民收入而非其他政策目标，那么，势必着力推动以"股份制合作模式"为主的闽台农业合作方式。

问题在于：在闽台农业合作上究竟应当选择何种政策目标呢？我们认为，农村、农业现代化的根本目的或首要目的是富民，是农民增收。全部农村、农业工作必须围绕这一目的展开。如果如此，那么，通过相应的政策调整，辅之以必要的措施，政府与当地农民齐心联手，闽台农业合作是有可能向有利于当地农民增收的合作方式转变的，有关研究也指出（FAO，2012），从长远看，它也是有利于投资方的，问题是三方都要有长期的收益目标及足够的耐心。

参考文献

［1］蔡贤恩：《发挥闽台农业合作优势，推进福建现代农业建设》，《台湾农业探索》2007 年第 1 期。

［2］陈洪昭、王庆、林卿、赵航：《闽台农业合作与福建农地合理利用探析》，《生态经济》2006 年第 5 期。

［3］陈丽丽：《闽台农业合作双赢机制探析》，《漳州师范学院学报（哲学社会科学版）》2009 年第 2 期。

［4］陈励颖：《闽台农业合作对推动福建现代农业发展的作用》，《中国农村小康科技》2000 年第 9 期。

［5］陈榕：《闽台农业合作与福建农业现代化发展》，《亚太经济》2000 年第 5 期。

［6］陈锡根、龚介民：《浅谈农民问题》，《农业经济》1982 年第 1 期。

［7］陈武雄：《变与不变——两岸农业合作的省思和期许》，两岸农业合作论坛专题报告，2006 年 10 月 17 日，见 http://news. sina. com. cn/o/2006-10-17/162310257500s. shtml。

［8］丁振强：《闽台区域农业交流与合作研究（1979—2001）》，南京农业大学硕士论文，2003 年。

［9］冯秀萍、林翊、林卿：《闽台农业合作中福建农地利用的 SWOT 分析》，《台湾农业探索》2010 年第 6 期。

［10］李文溥、卢盛荣、王燕武：《工业化、城市化模式与农民稳定增

收途径探讨》，《东南学术》2011 年第 1 期。

[11] 李建华：《闽台农业发展比较及促进福建农民创业的对策思考》，《中国农学通报》2010 年第 26 期。

[12] 林翊：《闽台农业合作发展的新战略定位》，《福建农林大学学报（哲社版）》2009 年第 12 期。

[13] 林金灼：《闽台农业合作的现状及策略》，《经济和社会发展》2010 年第 10 期。

[14] 林卿、欧阳迪莎、王庆、苗艳青：《闽台农业合作提升福建农产品竞争力》，《国际贸易问题》2004 年第 4 期。

[15] 刘志惠：《新时期深化闽台农业合作的思考》，《台湾农业探索》2008 年第 4 期。

[16] 卢盛荣、李文溥、易明子：《农民增收：地权稳定抑或土地流转?》，《东南学术》2012 年第 2 期。

[17] 苗艳青、喻长兴、林卿：《闽台农业合作优化福建资源配置的效果分析》，《亚太经济》2005 年第 4 期。

[18] 沈志忠：《近代中美农业科技交流与合作研究》，中国三峡出版社 2008 年版。

[19] 史金宝：《三农的根本问题是人的问题》，《农村·农业·农民（A 版）》2012 年第 5 期。

[20] 许建明：《农业 FDI：两岸农业合作中的土地问题与土地配置方式选择》，厦门大学宏观经济研究中心工作论文，2012 年。

[21] 叶亚影、林翊：《闽台农业合作中农民土地权益问题分析》，《台湾农业探索》2011 年第 5 期。

[22] 张慧祯、黎元生：《闽台农业价值链分工中利益协调机制研究》，《中国证券期货》2009 年第 12 期。

[23] 张雅静：《闽台农业合作与福建省农民增收》，福建农林大学硕士论文，2005 年。

[24] 张雅静、林卿：《加强闽台农业合作 促进农民增收》，《台湾农业探索》2005 年第 3 期。

[25] 赵志燕：《闽台农业技术转移模式与机制研究》，福建师范大学

硕士论文，2010 年。

　［26］FAO，"Trends and impacts of foreign investment in developing country agriculture"，Food and Agriculture Organization of the United Nations，Rome，2012，Database：http://www. fao. org/docrep/017/i3112e/i3112e. pdf。

第六篇

第二十二章 对中国政府收支比重与结构的一个初步估算[①]

第一节 政府宏观收入

政府收入占 GDP 的比重是衡量一个经济体中政府对社会经济资源控制能力的重要参数之一。在成熟的市场经济中，政府收入一般以财政收入尤其是税收收入为主，但并不以此为限。在不规范的市场经济或转轨经济体中，财政收入或税收收入占政府总收入的比重往往较低。考虑到中国转轨时期的特殊国情，本章所讨论的政府收入为政府所能占有的当年社会经济资源流量，不局限于预算内财政收入。

从预算体系看，目前中国各级政府预算由公共财政预算、政府性基金预算、国有资本经营预算共同构成。以上三个层次，是政府收入从核心向外围的逐步延伸。逐层分析中国政府的预算收入，主要有：（1）仅包括公共财政预算内财政收入；（2）考虑公共财政预算之外的预算收入，包括中央政府和地方政府的基金性收入等，近十年来的重点是地方政府依赖土地获得的相关收入；（3）国有资本经营收入。

---

① 本章作者：张俊远，李文溥。

一、公共财政预算收入不断扩张，增速超同期 GDP 增速

表 22 – 1   1994—2010 年中国公共财政预算收入占 GDP 比重

（单位：十亿元）

年份	GDP	公共财政收入	比例
1994	4819.8	521.8	10.80%
1995	6079.4	624.2	10.30%
1996	7117.7	740.8	10.40%
1997	7897.3	865.1	11.00%
1998	8440.2	987.6	11.70%
1999	8967.7	1144.4	12.80%
2000	9921.5	1339.5	13.50%
2001	10966	1638.6	14.90%
2002	12033	1890.4	15.70%
2003	13582	2171.5	16.00%
2004	15988	2639.6	16.50%
2005	18494	3164.9	17.10%
2006	21631	3876	17.90%
2007	26581	5132.2	19.30%
2008	31405	6133	19.50%
2009	34090	6851.8	20.10%
2010	40120	8310.2	20.70%

注：表中数据均按当年现价核算。
资料来源：CEIC 中国经济数据库。

　　1994 年中国实行分税制改革，到 2010 年，GDP 增长了 732%，决算收入增长了 1493%，税收收入增长了 1328%，非税收入增长了 3430%[1]。公共财政预算中的财政收入占 GDP 的比重逐年上升，2010 年已占 GDP 的 20.7%，比 1994 年提高了近一倍（见表 22 – 1）。当然，其中原因之一是

---

[1]　以上数据均按当年现价计算。

政府收入逐渐纳入预算管理，但更重要的原因是分税制改革使中国政府对当年社会经济资源流量的获取能力显著增强了。

由于中国的财政预算体制一直处于改革之中，财政预算收入的结构不断变化，公共财政的预算收入总额逐渐包含了原未纳入预算管理的部分预算外收入，这一部分新纳入预算管理的收入在预决算中被列为非税收入。这意味着公共财政预算中的非税收入因不断改革而出现内部结构变化，因而在不同时期是不可比的。单纯考虑预算内收入的增加额会高估财政收入增加的程度。但是，即使扣除预算收入中的非税收入部分，仅用税收增速与 GDP 增速对比，也能在一定程度上看出国家财政获取社会资源能力的变化。更何况，分税制改革以来，无论是财政收入增速、非税收入增速还是税收增速，都大于 GDP 增速（见表 22 - 2），可以得出结论：无论用哪个指标衡量，随着国民经济发展，1994 年以来，国家财政对社会经济资源的控制能力都是在增强的。

表 22 - 2　1994—2010 年中国分税制改革以来 GDP、公共财政决算收入、
税收、非税收入及其增速

年份	GDP		公共财政决算收入		税收		非税收入	
	数量（十亿元）	实际增速	数量（亿元）	实际增速	数量（亿元）	实际增速	数量（亿元）	实际增速
1994	3883.8	13.08%	4204.8		4131.2		225.8	
1995	5191.6	10.92%	5330.7	26.78%	5156.3	24.81%	338.3	49.86%
1996	6572.2	10.01%	6840.2	28.32%	6380.3	23.74%	669.1	97.77%
1997	7682.2	9.30%	8415.5	23.03%	8009.8	25.54%	663.7	- 0.81%
1998	8508.3	7.83%	9955.6	18.30%	9337.5	16.58%	840.0	26.56%
1999	9095.0	7.62%	11606.6	16.58%	10834.3	16.03%	938.6	11.73%
2000	9882.0	8.43%	13341.9	14.95%	12531.4	15.66%	941.2	0.28%
2001	10889.8	8.30%	16272.1	21.96%	15195.0	21.26%	1209.6	28.52%
2002	12130.0	9.08%	19056.1	17.11%	17778.7	17.00%	1339.5	10.73%
2003	13420.9	10.03%	21457.8	12.60%	19780.0	11.26%	1671.9	24.82%
2004	15387.9	10.09%	25405.6	18.40%	23258.6	17.59%	2067.7	23.67%
2005	18167.0	11.31%	31089.7	22.37%	28269.7	21.55%	2660.0	28.64%

续表

年份	GDP		公共财政决算收入		税收		非税收入	
	数量（十亿元）	实际增速	数量（亿元）	实际增速	数量（亿元）	实际增速	数量（亿元）	实际增速
2006	21311.3	12.68%	38187.4	22.83%	34290.0	21.30%	3443.2	29.45%
2007	25363.5	14.16%	48971.2	28.24%	43532.4	26.95%	5438.8	57.96%
2008	29655.3	9.63%	57913.5	18.26%	51202.8	17.62%	6710.6	23.39%
2009	34330.3	9.21%	69001.3	19.15%	59941.2	17.07%	9060.1	35.01%
2010	38838.3	10.45%	80446.8	16.59%	70872.0	18.24%	9574.8	5.68%
年均增速		10.78%		20.26%		19.44%		26.39%

注：公共财政决算收入、税收、非税收入按当年 CPI 平减。GDP 实际增速为可比价格 GDP 指数，其他增速为作者计算。

资料来源：CEIC 中国经济数据库。

二、公共财政预算外收入的膨胀

1. 预算外资金

预算外资金曾是中国财政收入的重要组成部分。它最初源于机关生产收入等，发展至今，已有多种资金来源。近年来，预算外资金也逐步实行"收支两条线"管理，财政管理部门加强了监督力度。2004 年起，预算外资金收支数据，按财政预算外专户收支口径进行反映。全国人大决定，2011 年正式取消"预算外收入"这一统计口径①。

表 22-3　1994—2009 年中国预算外收入

（单位：亿元）

年份	预算外收入		
	全国	中央	地方
1994	1826.53	285	1579
1995	2406.5	317	2088

---

① 预算外资金的历史沿革参见 http://yss. mof. gov. cn/zhengwuxinxi/guojijiejian/201008/t20100816_333386. html。

续表

年份	预算外收入		
	全国	中央	地方
1996	3893.34	947	2945
1997	2826	145	2680
1998	3082.29	164	2918
1999	3385.17	230	3154
2000	3826.43	247	3578
2001	4300	347	3953
2002	4479	440	4039
2003	4566.8	379	4187
2004	4699.18	350	4348
2005	5544.16	402	5141
2006	6407.88	467	5940
2007	6820.32	530	6289
2008	6617.25	492	6125
2009	6414.65	352	6062
年均增速	8.74%	1.42%	9.38%

资料来源：《中国财政年鉴》。

　　从表22-3的数据可以看出，由于预算外收入不断被纳入预算内管理，近20年来，各级政府预算外收入的增长远远低于预算内收入的增长，其中，尤其是中央政府的预算外收入。然而，同期的非税收入增长速度却远远高于预算外收入的增长速度（见表22-2）。显然，这说明，当原有的预算外收入被纳入预算内管理之后，各级政府尤其是各级地方政府又纷纷开辟新的非税收入渠道——近年来，它主要体现为土地出让金收入，以便获得更多的"财力自主权"。不断地寻找新的预算外收入渠道，显然不仅仅是预算收入不足问题，而是尽可能地希望摆脱上级政府的预算监控，扩大自由支配的"活钱"。把各级政府的收入纳入制度管理的笼子，不仅为上级政府有效监控，而且成为社会公众尤其是所在地区老百姓可以有效监督控制的对象，是中国政府收入控制管理中值得关注、需要尽快解决的一个重大问题。

2. 中央政府性基金和地方政府性基金收入

政府性基金预算是指政府通过向社会征收基金、收费，以及出让土地、发行彩票等方式取得收入，专项用于支持特定基础设施建设和社会事业发展等方面的收支预算。政府性基金预算的管理原则是：以收定支，专款专用，结余结转下年继续使用。

中央政府性基金收入包括：三峡工程建设基金收入、铁路建设基金收入、港口建设费收入、民航机场管理建设费收入、彩票公益金收入、大中型水库移民后期扶持基金收入、中央农网还贷资金收入等。2010 年，中央政府性基金收入 3175. 57 亿元。

地方政府性基金本级收入包括：国有土地使用权出让收入、城市基础设施配套费收入、彩票公益金收入、地方教育附加收入。加上中央政府性基金对地方转移支付。其中国有土地使用权出让收入最重要，2010 年占地方政府性基金本级收入的 89.3%。2010 年，地方政府性基金本级收入 32606. 37 亿元，其中国有土地使用权出让收入 29109. 94 亿元。

国有土地使用权出让收入（土地出让金）是地方政府性基金收入的主体。研究政府性基金收入对中国 GDP 获取能力，土地出让金收入应作为重点。目前，中央政府对地方政府性基金收入的管理并不规范，其作为中央单列预算进入预算体系目前不过三年（至 2012 年）。

2001 年以来，土地出让金与税收之比迅速上升，从最初为税收的 8.5% 上升到 2010 年的 40% 以上（见表 22 - 4）。2010 年全国土地出让收入 29397 亿元，同比增速 106.4%（见表 22 - 4）；预计 2011 年土地出让收入依然会超过 2 万亿元[①]。

中国地方政府的收入越来越依赖国有土地使用权出让，因而有"土地财政"之说。具体而言，"土地财政"是指以土地"招拍挂"出让为依托，地方政府依法获取的土地出让金收入以及与土地出让相关的税收收

---

① 《郭树清预计全年土地出让收入仍超 2 万亿》，http://www.landchina.com/DesktopModule/BulletinMdl/BulContentView.aspx? BulID = 64195&ComName = default。

2012 年 5 月 10 日，国土资源部公布《2011 年中国国土资源公报》，数据显示，2011 年全国土地出让金 3. 15 万亿元，同比增长 14. 6%。

入。土地转让过程中，地方政府所获得的土地出让金等非税收入，纳入地方政府性基金预算管理。近年来，因土地出让金数额迅速上升，已经成为地方政府收入的重要来源，因而"土地财政"又被戏称为"第二财政"；与土地出让相关的税收收入，例如耕地占用税、房地产和建筑业等的营业税、土地增值税等，则纳入地方政府公共财政预算体系的税收管理框架。

表 22 - 4　2001—2010 年全国土地出让金相当于税收的比重

（单位：亿元）

年份	土地出让金	增速	税收	土地出让金相当于税收的比重
2001	1295.89		15301.38	8.50%
2002	2416.79	86.50%	17636.45	13.70%
2003	5421.31	124.30%	20017.31	27.10%
2004	6412.18	18.30%	24165.68	26.50%
2005	5883.82	-8.20%	28778.54	20.40%
2006	8077.64	37.30%	34804.35	23.20%
2007	12216.72	51.20%	45621.97	26.80%
2008	10259.8	-16.00%	54223.79	18.90%
2009	14239.7	38.80%	59521.59	23.90%
2010	29397	106.40%	73210.79	40.20%

资料来源：《中国国土资源年鉴》、财政部网站、CEIC 中国经济数据库。

"土地财政"有以下重要特点。首先，它的管理主体是地方政府（县、市财政部门），与中央和地方的财政关系相关；其次，按照财政部公布的《土地收入管理条例》，土地出让金收入列入地方政府性基金管理，并未纳入公共财政预算管理；再次，它已经成为地方政府不可或缺的收入来源。

近年来，"土地财政"之外，地方政府也越来越依赖"土地金融"。所谓"土地金融"，即通常所谓的"地方融资平台"。具体操作过程如下：地方政府作为国有土地的所有者，以征收和储存的土地为抵押，向银行等金融机构融资；再以融资收入投入城市建设。支出的主要方向为基础设施建设；东部地区主要投向市政建设，中西部地区主要投向公路建设①。2010年底，全国共有地方融资平台 6576 个，债务余额 49710.68 亿元②。债务余额是个累积的存量概念，而且地方融资平台的债务余额中 5 年期以上贷款占比超过 50%，因此，"土地金融"事实上是一种"寅吃卯粮"的政府债务。

"土地金融"具有如下重要特点。首先，地方政府财政往往为下辖的融资平台提供部分或全部担保，这就放大了地方政府的财政风险；其次，"土地金融"收入依赖于持续上涨的房价地价预期，一旦房价地价的上涨预期打破，"土地金融"收入将面临迅速萎缩的困境；再次，"土地金融"收入隐蔽性较强，中央财政难以对其进行实时监管；最后，"土地金融"收入是依靠地方政府对土地一级市场的绝对垄断而实现的一种收入转移。

三、大型垄断国有企业利润不断增加，挤出私人投资

国有企业是由政府代表全民直接控制的市场经济参与主体③，目前，我国的国有企业经营规模和利润在全社会资本存量和年度 GDP 核算中仍占较大比重，尽管目前国有企业的经营利润上缴国家财政的比例还很低，国有企业未上缴的利润并不构成国家财政收入的一部分，但是，从国有企业资产是全民所有的资产，其利润除按照制度可以分给企业员工或用于集体福利之外，剩余的应当属于全民所有从而其代表国家所有的角度看，国有企业的全部利润（扣除可以分给企业员工或用于集体福利的部分），应当视为政府可支配的社会资源一部分。

20 世纪 90 年代，中国的国有企业实行公司制改制及国有经济配置领

---

① 《全国土地出让收入基本情况》，http://www.mof.gov.cn/zhengwuxinxi/caizhengshuju/201004/t20100413_286852.html。

② 审计署审计结果公告 2011 年第 35 号：《全国地方政府性债务审计结果》，http://www.audit.gov.cn/n1992130/n1992150/n1992500/275220。

③ 在西方发达国家，各级政府所属的企业统称公共企业，但是其产权分属于不同层级的政府。在中国，国有企业被定义为全民所有制企业，意即属于全国人民所有。但是，国有企业又分属中央、省、市县政府，这其实是传统计划经济体制下的公有产权内部产权不清的一种表现。严格意义上说，各级地方政府所属的国有企业，就其性质而言，应属于所在地区的人民而非全国人民所有。

域战略性调整，目前中国的国有企业以中央大型国企为主。地方所属国有企业，在改革开放后的市场竞争中大部分被淘汰。中央所属大型国有企业，大多具有全局或局域性垄断地位，因此存活，近二十年来，并依赖其垄断地位、资金成本优势、政策成本优势等得到不断扩张。

由政府代表全民对国有企业利润进行统一管理，是一个渐进的改革过程。2008 年，中国正式实行国有资本经营预算。但目前的国有资本经营预算所管理的国有企业利润比例极低，直接用国有资本经营预算来衡量政府对社会资源的宏观控制能力并不合适。根据前述对国有经济产权性质的看法，我们以全国国有企业的利润余额代表政府对该领域的社会经济资源流量的控制份额，并以此为研究对象。

1. 国有资本经营预算

2008 年正式实行的国有资本经营预算，是中国预算体系的重要组成部分，是国家以所有者身份依法取得国有资本收益，并对所得收益进行分配而发生的各项收支预算。国有资本经营预算支出按照当年预算收入规模安排，不列赤字。国有资本经营预算收入主要包括从国家出资企业取得的利润、股利、股息和国有产权（股权）转让收入、清算收入等，支出主要用于对国有经济和产业结构调整以及弥补一些国有企业的改革成本等。

2008—2010 年国有资本经营预算的编制范围包括国务院国有资产监督管理委员会监管企业、中国烟草总公司和中国邮政集团公司。2011 年，中央国有资本经营预算编制范围在原有基础上，新增教育部、中国国际贸易促进委员会所属企业，农业部、文化部、国家广播电影电视总局直属企业，中国出版集团公司以及中国对外文化集团公司，并适当提高中央企业国有资本收益收取比例。

2008 年和 2009 年的决算数据不可得。2010 年中央财政收取中央企业国有资本收益 558.7 亿元，完成预算的 132.7%。加上 2009 年结转收入 18.9 亿元，收入总量为 577.6 亿元。中央国有资本经营支出 563.43 亿元。

2. 全国国有企业净利润

国有资本经营预算的编制范围显然难以反映政府直接管理的国有企业对社会总资源的控制能力，根据全国范围内国有企业的利润报表，我们有三个指标可以作为衡量国有企业对社会总资源控制能力的选项：资产总额的增量、所有者权益总额的增量、利润总额。这三个指标代表了在一个会计年度内，国有企业所拥有的不同权益增量。

表 22-5 2000—2009 年全国国有企业资产、所有者权益、利润

（单位：亿元）

年份	资产		所有者权益		利润总额
	总额	增量	总额	增量	
2000	160068		57975.6		2833.8
2001	166709.6	6641.6	61436.2	3460.6	2811.2
2002	180218.9	13509.3	66543.1	5106.9	3786.3
2003	199709.8	19490.9	70990.8	4447.7	4769.4
2004	215602.3	15892.5	76763.2	5772.4	7368.8
2005	242560.1	26957.8	87386.9	10623.7	9579.9
2006	277308.1	34748	98014.4	10627.5	12193.5
2007	347068.1	69760	144595.6	46581.2	17441.8
2008	416219.2	69151.1	166210.8	21615.2	13335.2
2009	534243.9	118024.7	198720.3	32509.5	15606.8

资料来源：《中国财政年鉴》。

从表 22-5 可以看出，资产总额的增量，大于所有者权益总额的增量，所有者权益总额的增量大于利润总额。稳妥起见，我们选择绝对量最小的利润总额作为衡量国有企业从而政府在该领域对社会总资源的控制和获取的能力。

四、综述：中国政府对社会经济资源的占有能力

由表 22-6、表 22-7 可以看出，中国政府所能占有和控制的社会经济资源在 2006 年就已经超过当年 GDP 的 30%，在 2010 年甚至达到了当年 GDP 的 37%。也就是说，保守估计（忽略地方政府利用地方融资平台进行土地质押所获得的贷款、以绝对量最小的国有企业利润作为衡量国企的控制能力），中国政府对社会经济资源的占有和控制已经达到相当高的水平。这种能力的衡量在一定程度上可以视为对中国宏观税负的一种简单衡量，

也就是说中国的宏观税负已经高达 37% ，而且短期从政策来看，这种趋势扭转的可能性很小，我们将在本章的末节对此进行分析。

表 22 - 6　2001—2007 年中国政府对社会经济资源的占有能力（土地出让金）

（单位：亿元）

年份	GDP	政府总收入					
		公共财政收入	预算外收入	土地出让金	国企利润	合计	占 GDP 比重
2001	109660	16386	4300	1295.9	2811.2	24793.1	22.60%
2002	120330	18904	4479	2416.8	3786.3	29585.7	24.60%
2003	135820	21715	4566.8	5421.3	4769.4	36472.8	26.90%
2004	159880	26396	4699.2	6412.2	7368.8	44876.6	28.10%
2005	184940	31649	5544.2	5883.8	9579.9	52657.2	28.50%
2006	216310	38760	6407.9	8077.6	12193.5	65439.2	30.30%
2007	265810	51322	6820.3	12216.7	17441.8	87800.6	33.00%

注：表中数据均为名义值，下表同。

资料来源：与表 22 - 1 至表 22 - 5 数据来源相同。

表 22 - 7　2008—2010 年中国政府对社会经济资源的占有能力

（全国政府性基金收入）

（单位：亿元）

年份	GDP	政府总入收					
		公共财政收入	预算外收入	全国政府性基金收入	国企利润	合计	占 GDP 比重
2008	314050	61330	6617.3	15636.4	13335.2	96919.2	30.90%
2009	340900	68518	6414.7	18335	15606.8	108874.8	31.90%
2010	401200	83102	6414.7	38957.5	19870.6	148344.3	37.00%

资料来源：同表 22 - 6。

第二节 中国政府的收入结构

上一节分析了政府对社会总资源的占有能力及其结构。本节讨论公共财政预算内部的收入结构问题。

一、全国公共财政收入的结构

全国公共财政收入，按照预算执行层级可分为中央与地方两级收入，按照预算收入来源可分为税收和非税收入。

税收是公共财政决算收入的核心来源，近十年来占财政收入的比重不断下滑，亦即非税收入增速快于税收增速。首先，这当然是因为财税制度的改革，以往未被纳入公共财政预算的非税收入不断纳入公共财政预算；其次，相关部门逐渐加强了非税收入征管，非税收入有了较大的实际增长（见表22-8、图22-1）。

表22-8 1999—2010年中国公共财政决算中税收收入与非税收入的比重

年份	税收	非税收入
1999	93.35%	
2000	93.93%	
2001	93.38%	
2002	93.30%	
2003	92.18%	
2004	91.55%	
2005	90.93%	
2006	89.79%	
2007	88.89%	11.11%
2008	88.41%	11.59%

年份	税收	非税收入
2009	86.87%	13.13%
2010	88.10%	11.90%

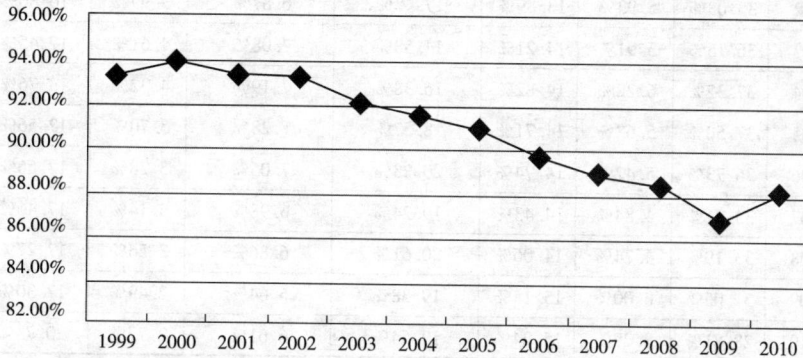

图 22 - 1 1999—2010 年中国公共财政决算中税收收入与非税收入的比重

注：非税收入于 2007 年财政收支门类改革后成为公共财政中税收之外收入的总称，2006 年以前不可比，其收入包括预算外收入。

资料来源：CEIC 中国经济数据库。

中国的税种结构复杂，按照税收是否直接源于收入区分为：流转税（增值税、营业税、消费税）、收入税（企业所得税、个人所得税）、关税、其他税种，其中流转税是间接税，所得税是直接税。中国的税收以间接税为主。作为间接税的流转税在税收中占比接近 60%。在流转税中增值税又是主体税种；作为直接税的收入税占比较小，随着征管的加强，占比平稳增长，始终维持在 25%—30% 之间，但其重要性不及流转税；关税因为中国加入世贸组织呈不断下滑趋势；而其他税虽然相对流转税而言比例不大，但其比例并不显著低于收入税。（见表 22 - 9）。

表 22 - 9 1999—2010 年中国的税收结构

年份	流转税			所得税			
	增值税	消费税	营业税	企业所得税	个人所得税	关税	其他税
1999	36.34%	7.68%	15.62%	11.38%	3.87%	5.26%	19.84%

年份	流转税			所得税		关税	其他税
	增值税	消费税	营业税	企业所得税	个人所得税		
2000	36.19%	6.82%	14.85%	13.21%	5.24%	5.96%	17.72%
2001	35.01%	6.08%	13.49%	17.19%	6.50%	5.49%	16.23%
2002	35.03%	5.93%	13.89%	17.48%	6.87%	3.99%	16.80%
2003	36.15%	5.91%	14.21%	14.58%	7.08%	4.61%	17.45%
2004	37.32%	6.22%	14.82%	16.38%	7.19%	4.32%	13.76%
2005	37.50%	5.68%	14.71%	18.57%	7.28%	3.70%	12.56%
2006	36.73%	5.42%	14.74%	20.23%	7.05%	3.28%	12.56%
2007	33.91%	4.84%	14.43%	19.24%	6.98%	3.14%	17.46%
2008	33.19%	4.74%	14.06%	20.61%	6.86%	3.26%	17.27%
2009	31.05%	8.00%	15.14%	19.38%	6.64%	2.49%	17.30%
2010	28.81%	8.29%	15.24%	17.54%	6.61%	2.77%	20.73%

资料来源：作者由 CEIC 中国经济数据库整理得到。

表 22-10 分析了其他税的税种组成，因 2007 年之前数据不可得，表 22-10 列出相对比较重要的土地、车辆相关税收占税收收入的比重，可以看出，2007 年以来土地相关税收增长非常快，车辆相关税收也维持递增趋势。税收结构的变动反映了中国经济结构的变化。

表 22-10　2007—2010 年土地、汽车相关税收占税收的比重

年份	土地相关税收	车辆相关税收
2007	6.04%	2.07%
2008	6.74%	2.09%
2009	8.08%	2.27%
2010	8.92%	2.78%

资料来源：作者由 CEIC 中国经济数据库整理得到。

二、中央与地方财政收入的内部结构

1. 中央财政收入结构

2008 年之前，中央财政收入由两部分构成，中央本级收入和地方上解中央收入；地方上解收入主要包括 1994 年分税制改革时保留下来的地方原体制上解收入和出口退税专项上解收入。2009 年，将地方上解与中央对地方税收返还作对冲处理，相应取消地方上解中央收入科目，中央本级收入即为中央政府的全部财政收入。

由表 22 - 11 可以看出，税收收入始终是中央本级收入的主要组成部分，税收收入占中央本级收入的比重几乎都在 95% 以上。中央财政收入，制度化的税收收入占比最大，但是非税收入所占比重有较明显的微增，说明中央正在逐步规范非税收入，并尽量扩大中央层级非税收入的来源。

表 22 - 11　2000—2010 年中央政府的财政收入结构

（单位：百万元）

年份	合计中央收入	地方上解	中央本级收入	其中：税收	
				数量	占比
2000	758829	59912	698917	689265	98.6%
2001	917370	59096	858274	833862	97.2%
2002	1102660	63796	1038864	1023029	98.5%
2003	1248383	61856	1186527	1160404	97.8%
2004	1511027	60717	1450310	1416609	97.7%
2005	1726049	71196	1654853	1605181	97.0%
2006	2124389	78727	2045662	1957614	95.7%
2007	2861195	86279	2774916	2636985	95.0%
2008	3362693	94637	3268056	3096868	94.8%
2009	3591571		3591571	3336415	92.9%
2010	4248847		4248847	4050930	95.3%

资料来源：CEIC 中国经济数据库。

2. 地方财政收入结构

首先，就全国的平均水平而言，地方财政收入相当程度上依赖于中央政府的转移支付，自 2000 年至今，来源于地方本级的财政收入占地方收入的比重始终低于 58%（见表 22-12），由于中央政府的转移支付相当部分是专项转移支付；这在一定程度上限制了地方政府支出的自由度。其次，与土地转让相关的税收在地方财政中较重要，而且增长速度明显高于其他相关税收，对比所得税与土地相关税收的增减变化可知，土地相关税收明显快于所得税的增长；如果再加上近年来更为重要的土地转让金，以及地方融资平台的土地金融收入，地方政府所能控制的社会资源对于土地政策的依赖便十分严重了。再次，税收在地方本级公共财政收入中的占比逐年下降，远低于国家财政收入中税收的比重，2010 年大约仅占地方财政收入的 80% 左右（见表 22-12）；而非税收入相比税收而言持续性和正规性不足，有较大的改进空间。

表 22-12　2000—2010 年地方政府的财政收入状况

年份	地方本级财政收入占地方收入比重	税收占地方本级财政收入比重	流转税占地方税收比重	所得税占地方税收比重	土地相关税收占地方税收比重
2000	57.86%	88.80%	48.62%	27.46%	10.20%
2001	56.52%	89.23%	45.83%	34.49%	9.22%
2002	53.67%	86.98%	51.88%	24.39%	11.35%
2003	54.39%	85.41%	54.42%	20.75%	12.32%
2004	53.33%	84.08%	58.76%	22.91%	14.36%
2005	56.80%	84.28%	54.72%	23.40%	14.19%
2006	57.55%	83.20%	53.61%	24.05%	19.08%
2007	56.51%	81.67%	53.23%	22.89%	15.20%
2008	55.48%	81.17%	51.14%	23.61%	21.47%
2009	53.30%	80.23%	51.27%	21.03%	23.83%
2010	55.67%	80.52%	49.54%	21.35%	25.28%

资料来源：CEIC 中国经济数据库。

利用类似第一节的研究方法，把地方政府可以直接控制的社会资源作为广义的地方财政，那么，近些年土地出让收入急剧膨胀，已基本上相当于地方本级收入的一半甚至一半以上，2010 年达到 72.38%（见表 22 - 13）。如果再包括地方政府通过地方融资平台进行融资获得的贷款收入，比例要更高。另外，土地出让收入一般集中在县、市级财政，而省级财政并无直接的土地出让收入，可以想见，部分大城市特别是沿海发达地区的城市土地出让收入已经超过本级财政收入①。

表 22 - 13　2001—2010 年地方的财政收入与土地出让收入

（单位：亿元）

年份	地方财政收入合计	中央税收返还和补助收入	地方本级收入	土地出让收入	土地出让收入相当于地方本级财政收入的比例
2001	13805.25	6001.95	7803.3	1295.89	16.61%
2002	15866.77	7351.77	8515	2416.79	28.38%
2003	18111.39	8261.41	9849.98	5421.31	55.04%
2004	22301.33	10407.96	11893.37	6412.18	53.91%
2005	26584.78	11484.02	15100.76	5883.82	38.96%
2006	31805.03	13501.45	18303.58	8077.64	44.13%
2007	41710.51	18137.89	23572.62	12216.72	51.83%
2008	51640.55	22990.76	28649.79	10259.8	35.81%
2009	61166.38	28563.79	32602.59	14239.7	43.68%
2010	72954.13	32341.09	40613.04	29397	72.38%

资料来源：《中国国土资源年鉴》、财政部网站、CEIC 中国经济数据库。

三、中央与地方间财政收入分配结构

改革开放以前，与高度集中的计划经济体制相适应，我国基本上实行"统收统支"的财政管理体制。财政权高度集中在中央。财政收入主要靠

---

① 以作者所在的厦门市为例，城市土地出让收入数年前就已经超过本级财政收入一倍以上。

国有企业上交利润。1978 年财政收入占 GDP 的比重为 31.1%，其中企业上交的利润占当年财政收入的一半以上。税制方面，经过多次税制简化，改革开放前，我国只有 7 个税种。尽管在当时，向市场经济转轨尚未提出，但是，为调动各方面的积极性，促进经济发展，体制改革已是势在必行。

财政改革是整个经济体制改革的重要组成部分和突破口之一。1980 年的财政体制改革始于中央与地方的"分灶吃饭"，在中央与地方的财政关系上逐步确立"划分收支、分级包干"的财政体制：地方财政以收定支、自求平衡，这就极大地调动了地方政府的积极性；在政企关系上，实施"利改税"试点，同时企业基础设施建设"拨改贷"；在行政事业单位，进行"预算包干"试点。1985 年又实行了"划分税种、核定收支、分级包干"的改革，1988 年更进一步推行了多种财政包干体制。

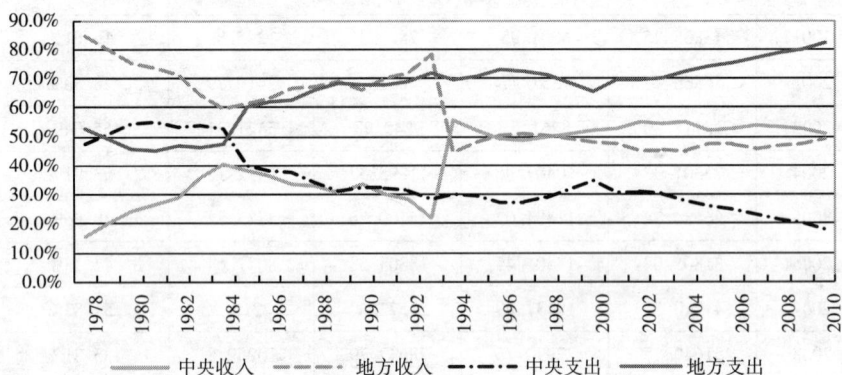

图 22 - 2 改革开放以来中央、地方财政收支比例变化
资料来源：CEIC 中国经济数据库、财政部网站。

1980 年中央政府推出的财政改革，目的是想通过财政分权逐步调动地方政府的积极性，这在很大程度上减轻了中央政府的财政负担，由图 22 - 2 可以看出，中央政府的本级支出在 1978 年之后保持逐年下降的趋势。但是，1980 年开始的财政改革也面临着中央政府财政收入同步下降等迫切需要面对的问题，在 1994 年之前，中央政府的支出始终高于中央政府本级收入。中央政府财政连年赤字，不得不向地方政府借债甚至赖账度日，中央财政面临极大的压力。

中央政府所面临财权与政治权力的不对等，直接导致了1994年的"分税制"改革。"分税制"改革按照税种划分中央、地方政府收入，按照事权划分中央、地方政府支出，从体制上保障了中央政府的收入来源。从图22-2可以明显地看出，1994年，中央政府的收入所占比重就从1993年的22%跃升至55.7%，并在之后的年份保持平稳，再未降低。地方政府收入与支出之间的巨大差额通过中央政府对地方政府的税收返还和转移支付进行弥补。

这种体制安排在短期内当然有利于增强中央政府在财政方面的宏观调控能力，但也同时加大了基层政府的财政压力。地方政府因此将支出责任层层下压，在大多数省份，农村的支出责任甚至被下压至乡镇财政，城市的支出责任被下压至县、市（区）财政。

第三节　中国政府支出的结构

一、全国财政支出的结构

建立社会主义市场经济体制，财政体制应当从计划经济型的生产建设型财政转向市场经济型的公共财政。现在的财政支出结构与改革开放初相比，虽然已经有了较大进步，但是离公共财政的目标还有相当距离。

1. 1978—2006 年的公共支出结构变化

2006年及之前，我国的支出分类按照支出性质分为五类，分别为经济建设费、社会文教费、国防费、行政管理费、其他支出。改革开放以来，各部分的变化态势如下：经济建设费和国防费占总支出的比重呈下降趋势，社会文教类、行政管理类及其他类支出呈明显上升趋势（见表22-14）。

表 22 - 14 1978—2006 年中国的财政支出结构

（单位：百万元）

年份	经济建设费		社会文教费		国防费		行政管理费		其他支出	
	数量	比例	数量	比例	数量	比例	数量	比例	数量	比例
1978	71898	64.08%	14696	13.10%	16784	14.96%	5290	4.71%	3541	3.16%
1979	76989	60.06%	17518	13.67%	22286	17.39%	6305	4.92%	5146	4.01%
1980	71546	58.22%	19901	16.20%	19384	15.77%	7553	6.15%	4499	3.66%
1981	63076	55.41%	21146	18.58%	16797	14.75%	8263	7.26%	4559	4.00%
1982	67537	54.91%	24298	19.75%	17635	14.34%	9084	7.39%	4444	3.61%
1983	79475	56.38%	28251	20.04%	17713	12.57%	10308	7.31%	5205	3.69%
1984	96818	56.92%	33206	19.52%	18076	10.63%	13980	8.22%	8022	4.72%
1985	112755	56.26%	40843	20.38%	19153	9.56%	17106	8.53%	13920	6.95%
1986	115897	52.56%	48509	22.00%	20075	9.10%	22004	9.98%	14006	6.35%
1987	115347	50.99%	50583	22.36%	20962	9.27%	22820	10.09%	16506	7.30%
1988	125839	50.51%	58118	23.33%	21800	8.75%	27160	10.90%	16204	6.50%
1989	129119	45.73%	66844	23.67%	25147	8.91%	38626	13.68%	22642	8.02%
1990	136801	44.36%	73761	23.92%	29031	9.41%	41456	13.44%	27311	8.86%
1991	142847	42.18%	84965	25.09%	33031	9.75%	41401	12.22%	36418	10.75%
1992	161281	43.10%	97012	25.92%	37786	10.10%	46341	12.38%	31800	8.50%
1993	183479	39.52%	117827	25.38%	42580	9.17%	63426	13.66%	56918	12.26%
1994	239369	41.32%	150153	25.92%	55071	9.51%	84768	14.63%	49901	8.61%
1995	285578	41.85%	175672	25.74%	63672	9.33%	99654	14.60%	57796	8.47%
1996	323378	40.74%	208056	26.21%	72006	9.07%	118528	14.93%	71787	9.04%
1997	364733	39.50%	246938	26.74%	81257	8.80%	135885	14.72%	94543	10.24%
1998	417951	38.71%	293078	27.14%	93470	8.66%	160027	14.82%	115292	10.68%
1999	506146	38.38%	363874	27.59%	107640	8.16%	202060	15.32%	139047	10.54%
2000	574836	36.18%	438451	27.60%	120754	7.60%	276822	17.42%	177787	11.19%
2001	647256	34.24%	521323	27.58%	144204	7.63%	351249	18.58%	226226	11.97%
2002	667370	30.26%	592458	26.87%	170778	7.74%	410132	18.60%	364577	16.53%
2003	691205	28.04%	646937	26.24%	190787	7.74%	469126	19.03%	466940	18.94%
2004	793325	27.85%	749051	26.29%	220001	7.72%	552198	19.38%	534114	18.75%

续表

年份	经济建设费		社会文教费		国防费		行政管理费		其他支出	
	数量	比例	数量	比例	数量	比例	数量	比例	数量	比例
2005	931696	27.46%	895336	26.39%	247496	7.29%	651234	19.19%	667266	19.67%
2006	1073463	26.56%	1084620	26.83%	297938	7.37%	757105	18.73%	829147	20.51%

资料来源：CEIC中国经济数据库。

下面简单分析支出结构变化的原因：

首先，财政支出中经济建设费减少的可能原因是：（1）计划经济向市场经济的转轨过程中，各级政府逐渐减少了对经济的直接参与程度，转向间接调控经济活动；（2）在计划经济体制下，全社会固定资产投资基本上是由政府财政负担的，而现在大部分固定资产投资是由竞争性的市场主体进行的，既提高了效率，又减轻了政府预算负担；（3）渐进的国有企业改革过程中，财政在相当程度上放弃了对国有企业的亏损担保和社会保障责任。

其次，中央对世界范围内"战争与和平"基本形势的看法发生了变化，认为在目前以至今后一个时期，和平与发展是世界的主流，大的战争不会爆发，国防现代化建设应建立在经济现代化的基础上，国防支出在财政总支出中的比重逐渐下降。

再次，财政科目中的"其他科目"是未能列入四大类重要费用的支出，其近年来保持增长趋势的原因可能在于：（1）负责财政核算的会计人员的业务能力问题和个人素质问题，造成了正常支出项目的减记漏记并归为万应科目"其他类支出"；（2）某些财政核算单位，为了掩人耳目刻意把一些按规定不应列支的项目——比如送礼招待费、赞助费、单位职工福利发放等费用——列入"其他科目"支出。

最后，在计划经济向市场经济转轨的过程中，政府治理制度发生了巨大变化；在计划经济时代，对于机构编制和行政费用开支膨胀的制约依靠思想教育、制度和群众运动；而在向市场经济转型过程中，单纯依靠计划经济时代的思想教育、群众运动和适应计划经济的制度规定来遏制机构膨胀已经不合时宜了，必须形成适合市场经济运行的民众对官员的直接约束机制，例如强化公众舆论监督、强化公众对决策的直接参与和监督、完善公众通过人民代表大会对机构膨胀的制约等等社会约束机制；这恰恰是转轨过程中被忽视的，也因此出现了行政机构膨胀，行政执行费用的浪费，甚至出现了违反财政支出纪律的错误行为，最终造成了预算中行政管理费用的上升，这也是进一步推进政治改革的重要方向。

1. 行政管理费用的变化

为了形成公共财政体制，完善行政管理费用的列支比例和监管是重要的手段。首先，行政管理费是政府因行使公共管理职能而开支的费用，是国家行使其职能的必要物质条件；其次，行政管理费既包括各级各类政府机关的人员经费和公用经费也包括必要的外事费用。

首先，各级各类政府机关的人员经费（见表22－15）。1988—2009年，伴随着国有企业改革的深化，国有企业的职工数量一直在下降，与此同时，政府机关与事业单位的就业人数逐渐增加。在这期间，不同从业性质的平均工资水平的变化比较明显地分为两个阶段，1994年之前机关工作人员平均工资水平还落后于企业人员，1994年之后，政府机关工作人员无论是平均工资增速还是工资的绝对数量，都超过了企业职工的同期数值（见表22－15）。综合人数和工资的考虑，预算中行政管理费列支的人员经费明显保持上升趋势。

其次，各级各类政府机关的公用经费。公用经费是目前行政支出中最难利用公开数据分析的部分，因为公开的数据非常稀少，而且应当开诚布公公布的各预算单位往往遮遮掩掩的未完全公布，我们只能从有限的信息中管中窥豹。目前，各级政府并未完全公布因公出国（境）经费①、公务用车购置及运行费、公务接待费（以下简称"三公经费"）。中央行政单位的公用经费——即"三公经费"——在2010年开始试行公开；经财政部汇总，2010年中央本级，包括中央行政单位（含参照公务员法管理的事业单位）、事业单位和其他单位用财政拨款开支的"三公经费"决算支出94.7亿元，其中：因公出国（境）经费17.73亿元、公务用车购置及运行

---

① 事实上，除因公出国（境）经费之外，国内公务旅行费用数量更大，而且也存在极大浪费可能、灰色使用的开支项目，也应予以公布，纳入社会监督范围。

表22-15　1988—2009年中国的企业、事业、机关工作人数及平均工资

年份	企业				事业				机关			
	人数		平均工资		人数		平均工资		人数		平均工资	
	万人	增速	元	增速	万人	增速	元	增速	万人	增速	元	增速
1988	10662.3		1746		2102.7		1769		842.5		1708	
1989	10682.2	0.20%	1944	11.30%	2175.3	3.50%	1912	8.10%	884.8	5.00%	1873	9.70%
1990	10844.8	1.50%	2148	10.50%	2301.3	5.80%	2119	10.80%	913.3	3.20%	2107	12.50%
1991	11175.5	3.00%	2364	10.10%	2384.9	3.60%	2255	6.40%	947.9	3.80%	2270	7.70%
1992	11390.4	1.90%	2720	15.10%	2445.7	2.50%	2716	20.40%	955.8	0.80%	2778	22.40%
1993	11436	0.40%	3361	23.60%	2426.5	-0.80%	3360	23.70%	986.2	3.20%	3382	21.70%
1994	11371.3	-0.60%	4408	31.20%	2449.4	0.90%	4936	46.90%	1027.7	4.20%	4956	46.50%
1995	11364.6	-0.10%	5345	21.30%	2534.9	3.50%	5499	11.40%	1008.4	-1.90%	5542	11.80%
1996	11172.1	-1.70%	5930	10.90%	2635.4	4.00%	6241	13.50%	1037.6	2.90%	6352	14.60%
1997	10887.3	-2.50%	6322	6.60%	2731.6	3.70%	6867	10.00%	1049.4	1.10%	6990	10.00%
1998	10523.9	-3.30%	7405	17.10%	2728.8	-0.10%	7620	11.00%	1061.2	1.10%	7740	10.70%
1999	10111.8	-3.90%	8168	10.30%	2745.4	0.60%	8665	13.70%	1070.8	0.90%	8925	15.30%
2000	9627.6	-4.80%	9189	12.50%	2760.6	0.60%	9634	11.20%	1079.4	0.80%	10020	12.30%
2001	9054	-6.00%	10453	13.80%	2758	-0.10%	11491	19.30%	1080	0.10%	12125	21.00%
2002	8713	-3.80%	11873	13.60%	2731	-1.00%	13246	15.30%	1073	-0.60%	14005	15.50%
2003	7172	-17.70%	13578	14.40%	2724	-0.30%	14564	10.00%	1072	-0.10%	15736	12.40%

续表

| 年份 | 企业 | | | | 事业 | | | | 机关 | | | |
| | 人数 | | 平均工资 | | 人数 | | 平均工资 | | 人数 | | 平均工资 | |
	万人	增速	元	增速	万人	增速	元	增速	万人	增速	元	增速
2004	8321	16.00%	15559	14.60%	2753	1.10%	16489	13.20%	1107	3.30%	17869	13.60%
2005	8275	-0.60%	17853	14.70%	2806	1.90%	18720	13.50%	1111	0.40%	20828	16.60%
2006	8377	1.20%	20555	15.10%	2836	1.10%	21259	13.60%	1123	1.10%	23360	12.20%
2007	8456	0.90%	24046	17.00%	2864	1.00%	25805	21.40%	1138	1.30%	28763	23.10%
2008	8350	-1.30%	28359	17.90%	2871	0.20%	29758	15.30%	1149	1.00%	33869	17.80%
2009	8482	1.60%	31622	11.50%	2867	-0.10%	34053	14.40%	1161	1.00%	37397	10.40%

资料来源：CEIC 中国经济数据库。

费 61.69 亿元、公务接待费 15.28 亿元。地方各行政单位的"三公经费"截至目前并未有权威的政府公开数据，只能从财政部公布的县级财政保障方案所给出的基层财力保障标准窥见一斑；对于基层财政供养人员的行政费用支出，按照 2010 年县级基本财力保障标准，财政供养人员人均约 5.33 万元。

再次，人均行政管理费。行政管理费、人均行政管理费均经过价格指数平减，为可比数值，人均行政管理费是以每年全国按不变价计算的行政管理费除以每年国家机关、政党机关和社会团体从业人数①。分税制改革以来，国家机关、政党机关和社会团体人数保持平均每年 1.5% 的微弱增长，然而，实际行政管理费却以较快的速度增长，扣除通货膨胀因素之后，年平均增长率仍然达到了 22.04% 这样一个惊人的高速，人均实际行政管理费的平均增速也在 20% 以上，相应的同期实际人均 GDP 增速仅为 9.77%，实际行政管理费和人均实际行政管理费的增速是同期人均 GDP 增速的 2 倍以上（见表 22 - 16）。显然，这样的行政管理费用的增长速度说明了现有的政府预算支出严重地缺乏社会监督与外在约束机制，从长远看，显然是不可持续的。过多的社会经济资源被用于公共行政管理而非社会生产，食之者众，生之者寡，势必不利于整个社会经济的健康稳定发展。

表 22 - 16　1994—2006 年中国国家机关、政党机关和社会团体人数及
实际平均行政管理费

年份	从业人数 （百万人）	行政管理费 （百万元）	增速	人均行政管理费 （元）	增速	人均 GDP 增速
1994	10.33	68306.2		6612.4		11.81%
1995	10.42	85101.6	24.59%	8167.1	16.55%	9.73%
1996	10.93	109444.1	28.60%	10013.2	13.39%	8.86%

---

①　行政管理费的支出主体中还包括部分事业单位，而国家机关、政党机关和社会团体人员这一统计数据并未包含所有行政机构人员；因此按照现有的从业人员口径，有高估人均行政管理费的可能。但是，通过对比人均实际行政管理费增速和人均 GDP 增速，可以看出政府运行成本的上升。

续表

年份	从业人数 （百万人）	行政管理费 （百万元）	增速	人均行政管理费 （元）	增速	人均GDP增速
1997	10.93	132183.9	20.78%	12093.7	14.64%	8.18%
1998	10.97	161317.5	22.04%	14705.3	17.34%	6.80%
1999	11.02	204929.0	27.03%	18596.1	25.69%	6.69%
2000	11.04	275719.1	34.54%	24974.6	36.75%	7.58%
2001	11.01	348807.3	26.51%	31681.0	27.23%	7.52%
2002	10.75	413439.5	18.53%	38459.5	19.59%	8.35%
2003	11.46	463563.2	12.12%	40450.5	7.30%	9.34%
2004	11.7	531470.6	14.65%	45424.8	15.29%	9.43%
2005	12.13	639719.1	20.37%	52738.6	13.75%	10.66%
2006	12.35	745916.3	16.60%	60398.1	14.19%	12.05%
年均增速	1.50%		22.04%		20.24%	9.77%

注：（1）可比起见，将行政管理费用数值利用CPI进行平减，转化为按不变价格计算的实际值；（2）人均GDP增速为实际值，与人均行政管理费增速可比；（3）国家机关、政党机关和社会团体人数在2003年及之后统计为公共管理和社会组织人数，但口径一致，可以延续使用。

资料来源：作者根据CEIC中国经济数据库和《中国统计年鉴》原始数据计算。

市场经济需要一个小而廉洁高效的行政管理体制，而建立廉洁高效的行政管理体制需要在预决算中严格行政管理费用的列支，并严格控制其增长速度，与此同时，建立、健全社会公众尤其是所在地区老百姓从外部对政府预算收支的监督与约束机制，则具有更为根本的制度性保障意义。

2. 2007—2010年中国公共支出的结构

2007年，我国财政预决算执行了了新的政府收支分类科目，这是新中国成立以来财政收支分类统计体系最重大的一次调整。首先，本次财政执行制度改革，是因为传统的财政支出管理理念、方式和方法已经不能适应目前的财政体制，不能适应已有的财政改革与社会经济发展的现实和长远需要；其次，本次财政执行制度改革，也在一定层面上掩盖了遭受极大争议的行政支出的膨胀。2007年及之后的财政支出分类中，行政管理费被归类在包括教、科、文、卫、社保等民生支出科目中（见表22-17）；这非常不利于社会公众对于行政管理费支出的监督，自然也就不利于控制财政自我膨胀的趋势。

表 22 – 17　2007 年财政支出分类改革前后的公共支出分类科目比较

改革后	一般公共服务、外交、国防、公共安全、教育、科学技术、文化体育与传媒、社会保障与就业、医疗卫生、环境保护、城乡社区事务、农林水事务、交通运输、工业商业金融等事务、其他支出
改革前	基本建设支出、挖潜改造和科技三项费用、流动资金、地质勘探费、工业、交通、流通部门事业费、支农支出、城市维护建设费、文教科学卫生支出、抚恤和社会福利救济费、社会保障补助支出、国防支出、行政管理费、公检法司支出、武装警察部队支出、外交外事支出、志愿不发达地区支出、政策性补贴支出、其他部门的事业费、其他支出、预备费、教育费附加支出、行政事业单位离退休经费、车购税收入安排的支出、国内外债务付息支出

资料来源：财政部网站。

2007 年国家预算执行新的政府收支分类科目以后，财政支出的方向更加清晰。在国家支出中，占比超过 5% 的支出方向有：教育、社会保障和就业、一般公共服务、农林水、城乡社区、交通运输、医疗卫生、公共安全、国防（见表 22 – 18）。

表 22 – 18　2007—2011 年中国细分的财政支出结构

（单位：百万元）

		2007 年	2008 年	2009 年		2010 年		2011 年	
国家财政支出总额		4978135	6259266	7629993		8987416		10924779	
其中	一般公共服务	851424	979592	916421	12.0%	933716	10.4%	1098778	10.1%
	外交	21528	24072	25094	0.3%	26922	0.3%	30958	0.3%
	国防	355491	417876	495110	6.5%	533337	5.9%	602791	5.5%
	公共安全	348616	405976	474409	6.2%	551770	6.1%	630427	5.8%
	教育	712232	901021	1043754	13.7%	1255002	14.0%	1649733	15.1%
	科学技术	178304	212921	274452	3.6%	325018	3.6%	382802	3.5%
	文教体育与传媒	89864	109574	139307	1.8%	154270	1.7%	189336	1.7%
	社会保障和就业	544716	680429	760668	10.0%	913062	10.2%	1110940	10.2%
	医疗卫生	198996	275704	399419	5.2%	480418	5.3%	642951	5.9%

续表

		2007 年	2008 年	2009 年		2010 年		2011 年	
	国家财政支出总额	4978135	6259266	7629993		8987416		10924779	
其中	环境保护	99582	145136	193404	2.5%	244198	2.7%	264098	2.4%
	城乡社区	324469	420614	510766	6.7%	598738	6.7%	762055	7.0%
	农林水	340470	454401	672041	8.8%	812958	9.0%	993755	9.1%
	交通运输	191538	235400	464759	6.1%	548847	6.1%	749780	6.9%
	资源勘探电力信息等			287912	3.8%	348503	3.9%	401138	3.7%
	商业服务业等				0.0%	141314	1.6%	142172	1.3%
	金融监管等			91119	1.2%	63704	0.7%	64928	0.6%
	地震灾后恢复重建		79834	117445	1.5%	113254	1.3%	17445	0.2%
	国土资源气象等				0.0%	133039	1.5%	152135	1.4%
	住房保障支出			72597	1.0%	237688	2.6%	382069	3.5%
	粮油物资储备管理			221863	2.9%	117196	1.3%	126957	1.2%
	国债付息			149128	2.0%	184424	2.1%	198788	1.8%
	其他	295156	294079	320325	4.2%	270038	3.0%	291124	2.7%
	个项加总	4552386	5636629	7629993		8987416		10885160	
	差额	-425749	-622637	0		0		-39619	
	差额比例	-9.35%	-11.05%	0.00%		0.00%		-0.36%	

资料来源：CEIC 中国经济数据库。

按照大类划分，2007 年以来，一般公共服务的支出份额是迅速下降的，外交、国防和公共安全类支出也呈下降趋势，而教科文卫社保和环保、农林水事务支出呈明显的上升趋势（见表 22-19）。为建立公共财政，国家公共支出的大类结构出现了有益的变化。

表 22-19　2007—2011 年中国按大类分的财政支出结构

年份	一般公共服务	外交、国防和公共安全	教科文卫社保和环保	农林水事务	合计
2007	17.1%	14.6%	36.6%	6.8%	75.1%
2008	15.7%	13.5%	37.1%	7.3%	73.6%
2009	12.0%	13.0%	36.8%	8.8%	70.6%

续表

年份	一般公共服务	外交、国防和公共安全	教科文卫社保和环保	农林水事务	合计
2010	10.4%	12.4%	37.5%	9.0%	69.3%
2011	10.1%	11.6%	38.8%	9.1%	69.5%

资料来源：据 CEIC 中国经济数据库计算。

二、中央与地方财政支出的内部结构

1. 中央政府财政支出结构

2007 年财政预决算实行新的政府收支分类科目以来，按照新的预决算分类登记办法统计的结果是（见表 22 - 20）：中央财政本级支出占中央财政总支出的比重在逐步缩减，拨付地方的支出逐渐增加；其次，中央本级支出结构中，直接用于教科文卫社保和环保事业的支出占比不到 20%，直接用于农林水事务支出的更是只占 2% 左右，直接承担的一般公共服务支出下降趋势明显，中央直接承担的民生支出在中央支出中的比重在降低；再次，中央直接支出中，除了必须由中央政府承担的外交、国防和公共安全支出之外，大部分支出在其他类，这其中又主要是中央直辖行政单位人头费和公务支出。

表 22 - 20　2008—2010 年中央公共财政支出结构

（单位：百万元）

	2008 年	2009 年	2010 年
中央财政支出	1985459	3006891	3298927
中央本级支出及占比	1334417	1525579	1598973
	67.20%	50.70%	48.50%
其中：一般公共服务	17.60%	7.10%	5.20%
其中：外交、国防和公共安全	37.40%	38.80%	39.50%
其中：教科文卫社保和环保	16.20%	17.80%	19.50%
其中：农林水事务	2.30%	2.10%	2.40%
其中：其他	26.50%	34.20%	33.30%

资料来源：CEIC 中国经济数据库。

2. 地方政府财政支出结构

地方政府直接承担的财政支出结构，与中央政府直接承担的财政支出结构具有不同的特点：首先，地方公共支出的重头是教科文卫社保和环保支出，占42%左右；同时，农林水事务、城乡社区事务支出也占一定的比例；其次，地方政府承担的一般公共服务支出也处于下降趋势；再次，其他类支出占比相对上升（见表22－21）。

表 22－21 2007—2010 年地方政府公共财政支出结构

年份	一般公共服务	外交、国防和公共安全	教科文卫社保和环保	城乡社区事务	农林水事务	其他
2007	16.6%	7.7%	42.7%	8.4%	8.1%	16.5%
2008	15.1%	7.1%	42.8%	8.5%	8.6%	17.9%
2009	13.2%	6.6%	41.6%	8.4%	10.5%	19.7%
2010	11.5%	6.5%	41.4%	8.1%	10.5%	22.0%

资料来源：CEIC 中国经济数据库。

3. 来自"土地出让金"的支出结构

中国的政府层级中"地方政府"的概念往往指省级，但是省级及以下的市、县、乡也是独立的预算单位，具有自己的预决算收支结构。省级以下的一般预算内支出，因为财力的原因，"吃饭财政"占了重要的比例，特别是县级财政，有超过60%财政预算单位本级收入不敷支出，需要上级转移支付。也因此，近几年地方财政支出结构的两项重要改革"乡财县管"、"省直管县"，其目的都是为了缓和基层财政困难。

市、县的财政困难体现在收入有限的情况下必须承担大量的刚性支出。为了拓展收入来源，通过土地出让金及土地融资就成为我国大部分地方政府筹资的重要举措，土地财政也就成为地方政府公共财政的重要组成部分。土地财政规模比较大的市、县政府的土地财政收入除补充必要的预算内支出外，还支撑了这些地区的大部分政府投资项目。因此，研究地方政府支出结构有必要分析土地出让收入的支出结构（见图22－3）。

2009年土地出让收入的支出结构图　　　　　2010年土地出让收入支出分类

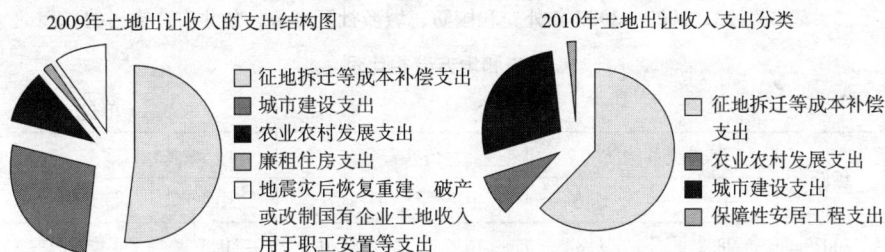

图 22 - 3　2009 年、2010 年中国土地出让收入安排的支出结构

资料来源：作者根据 CEIC 中国经济数据库数据绘制。

土地出让金收入列支的主要方向是城市建设支出，这对实体经济产生了较重要的影响①。首先，地方政府向城市建设的投入，直接拉动了相关的建筑业、房地产业的发展，也相应带动了一批下游的建材、电器、五金、化工等行业的发展；其次，地方政府对城市建设的投入导致大量资源集中用于城市，这就导致城乡经济社会发展的差距不仅没有缩小，反而进一步扩大了；再次，土地出让的管理主体是县、市政府，收支均由地方政府根据需要列支，这使得上级政府和民众难以对其支出进行有效监督，而各地方关于出于政绩需求而建设的"面子工程"——"大广场、新城区、大政府大楼等"，造成了极大的浪费，甚至滋生了严重的腐败；最后，它也是城市用地扩张和农村用地减少的过程，在这一过程中，耕地保护和农民合法土地权益往往受到忽视。

三、中央与地方财政支出的分配结构

外交和国防支出是中央政府职能，其支出几乎全部由国家承担；城乡社区事务属于地方政府职责，几乎全部由地方政府承担；但是，公共安全支出虽由中央政府和地方政府共同承担，但主要还是由地方政府负责，中央政府公共安全支出占比低于 20%（见表 22 - 22）。

---

① 《解析土地财政》，http://www.mlr.gov.cn/wskt/glkx/tdgl/201110/t20111008_981766.htm。

表22-22 2007—2009年外交和国防、城乡社区事务、公共安全支出的
中央和地方分担比例

（单位:%）

年份	外交和国防		公共安全		城乡社区事务	
	中央	地方	中央	地方	中央	地方
2007	98.2	1.8	16.0	84.0	0.3	99.7
2008	97.6	2.4	17.8	82.2	0.1	99.9
2009	97.2	2.8	15.9	84.1	0.2	99.8

资料来源：CEIC中国经济数据库。

教育、科技、文教、社保、医疗、环保、农林水事务等与民生密切相关的支出中，中央政府除了在科技支出中承担了一半左右份额、在文教支出中承担了一成左右份额之外，在其他支出中承担的支出比例非常低，几乎都不足5%，医疗卫生支出占比更是低于2%（见表22-23）。

表22-23 2008—2010年教科文卫社保和环保支出、农林水事务支出的
中央和地方分担比例

（单位:%）

	教育		科学技术		文教体育与传媒		社会保障和就业		医疗卫生		环境保护		农林水事务	
	中央	地方	中央	地方	中央	地方	中央	地方	中央	地方	中央	地方	中央	地方
2008	5.5	94.5	50.6	49.4	12.8	87.2	5.1	94.9	1.7	98.3	4.6	95.4	6.8	93.2
2009	5.4	94.6	52.2	47.8	11.1	88.9	6.0	94.0	1.6	98.4	2.0	98.0	4.7	95.3
2010	5.7	94.3	51.1	48.9	9.7	90.3	4.9	95.1	1.5	98.5	2.8	97.2	4.8	95.2

资料来源：CEIC中国经济数据库。

总之，中央和地方支出总体上存在着明显的不平衡现象。这说明：首先，中央政府和地方政府在国家的政治行政体系中承担不同的分工责任，中央政府负责必须在国家层面负担的支出，比如外交、国防，而地方政府因为在地方事务中的相对信息优势，承担应当由地方政府承担的支出份额，比如城乡社区事务；其次，涉及到民生支出的支出结构中，特别是教

育、社保、医疗、环境保护等支出如果完全依靠地方政府列支，仅靠中央政府在民生环节对地方政府的部分转移支付是否能够缩小我国本已存在的地区不平衡态势，尚存疑问。当然，中央政府能够根据不同地区的人均收入水平，加大对经济欠发达地区的转移支付，那么相关支出即使仍由各地政府负责，也会更为显著地缩小地区间不平衡。

第四节　中国政府收支中的几个问题

估算中国政府的收支比重与结构，是因为在市场经济条件下、特定的人均收入水平上，政府与市场的边界是大体有迹可循的。相应地，政府收入在 GDP 中只能占一定比重，此外，政府应当承担的支出责任，各级政府的职能与责任分工，之间的收支划转关系等等，都必须予以规定。从而建立起与现代市场经济相适应的，具有良好政府职能、健全公众监督和良好层级政府关系的行政体系，最终形成具有高效行政运行效率的公共服务型政府。

基于此，我们在前三节中对政府收入占 GDP 的比重、政府的收入与支出结构进行了讨论，根据前面的讨论，我们得出以下几点认识。

一、转变政府职能，建立公共服务型政府

在市场经济中，政府作为非市场主体所占有的资源及其行政行为必须控制在一定范围内。政府收入占 GDP 比重过低，一定时期内，应当通过体制调整，使公共财政预算占 GDP 的比重逐步上升，为市场经济的健康运行提供必要的公共产品、公共服务及行政管理保障，但是，从长远看，公共财政预算长期超常规地高于 GDP 增长速度的增长最终将危及市场经济的正常运行。

1. 政府收入总量和增长速度

公共财政决算收入、税收收入、非税收入年年增速高于 GDP 增速（见

表22－2），是中国经济快速增长过程中的值得关注的特有现象，是社会主义市场经济逐步完善过程中亟待解决的重要问题。

政府收入增长速度快于GDP增速，一般认为有三种可能的原因：

首先，经济增长导致国民经济产业结构变化，第二产业、第三产业比重迅速上升，第二产业、第三产业的税率较高，因此税收增幅大于GDP增幅。

其次，追求财政收入最大化是政府主导型经济下地方政府重要的施政目标。地方政府往往通过各种政策吸引外来投资，补贴企业投资，推动工业化、城市化，通过促进经济增长，扩大工商税基，获得更大的财政收益。

再次，财政部门在预决算过程中受到的制约有限，特别对于是财政收入的重要来源和财政支出主要去向，社会公众目前缺乏实施监督和进行控制的手段，因此政府的预算增长具有较强的自我强化趋势。

总之，经济高速增长，产业结构迅速变化的同时，必须建立与经济发展相适应的税收体制，对于第二、第三产业增加带来的税基扩大效应，应该通过税收体制改革，逐步减轻企业负担、改善市场经济环境，建立与新产业结构相适应的税收体制。地方政府对经济发展的过度参与不是规范市场经济的正常运行方式，不利于转变经济发展方式。完善社会主义市场经济要求政府逐步实现职能转型，转向公共服务、宏观调控和市场监督监管。政府对经济的不当干涉和过度参与会扭曲社会经济资源的有效配置，即使带来了一时的税收增长，也是不可持续的不健康增长。

因此，必须对财政预决算建立有效的制约和监管，形成长效体制，扩大公众对预决算制定的参与程度，并切实转变政府职能，建立公共服务型政府，才能最终形成税收增长与GDP增长的良性互动，带来健康的经济增长与财政收入增长。

2. 国企问题

国有经济是中国经济的重要组成部分。在市场经济体系中，与民营经济和外资经济不同，国有经济成分由政府控制并直接提供支持，是政府参与经济活动、控制社会资源的重要手段。

中国的国有企业按照管理层级分为中央直属国有企业和地方国有

企业。

在 20 世纪 90 年代的国企改革过程中，地方国企逐渐从竞争性领域退出，如今的地方国企主要集中在城投和公共服务方面。地方国企的职能首先是作为公共政策的执行工具。不同地方政府在公共基础设施建设过程中，以地方国企为平台进行市场化操作，进而推进不同的产业政策；其次是作为融资平台，以财政提供最后担保或者以拥有的土地为抵押获得贷款，从而为政府的各项支出融资。

中央直属国有企业在 20 世纪 90 年代经历了公司制、股份制改革之后，目前在经济总量和竞争实力上取得了较大成就，成为中国经济的一支重要力量。

但是，国有企业的体制改革至今尚未完全到位。其关键在于国有企业在市场经济条件下的定位，至今尚未明确。国有企业既承担公益功能，提供公共产品和公共服务，又依靠自己的资金优势和垄断地位涉足竞争性市场。国有企业的双重身份与双重职能并存，势必导致和民企在资金、劳动力、土地、政策配套上的不平等，自然导致不同经济成分之间不平等竞争的局面。十八大报告中提出，"保证各种所有制经济依法平等使用生产要素、公平参与市场竞争、同等受到法律保护"，这就要求对国有企业继续进行改革，正确地确立国有企业在市场经济中的地位与职能。

二、推进政治体制改革，建立高效的行政体制

1. 中央与地方政府分权体制

在中国这样一个国土广袤、人口众多、地区差异较大的大国中，必须建立中央与地方合理分权、各司其职、相互配合、彼此互补的行政管理体制。在公共财政收入中，中央政府占据较大的份额并通过适当的制度安排对地方政府进行转移支付，既能保证中央政府的统一领导，又有利于缩小区域发展差距。

但是，中央政府所集中的收入占比是值得讨论的。财政收入完全由中央政府集中征收管理并平均分配不利于发挥地方政府的积极性。在地方政府层面保留适当的财政收入权，能有效促进地方政府的工作积极主动性。

中央政府与地方政府之间的收入支出结构是我国财政体制进一步改革

需要解决的重要问题。两个政府层级之间的事权与财权之间关系的规范，经历了相当长的改革过程，特别是1994年执行的分税制改革，主要目的就是为了建立适当的中央政府和地方政府的财政关系，但是，从近20年来的实行情况看，有进一步调整的必要。

2012年，地方公共财政收入占公共财政总收入的比重为50.54%，但是，地方公共财政支出占公共财政总支出的比重却是84.84%。分税制改革后形成了这种财权上收、事权下移的事权与财权的不对等体制。中央政府和地方政府在收入和支出上的不同分配比例，是有效的，即中央政府作为统筹管理者，应该并且可以将大部分财政收入集中起来，再根据具体情况在不同地区之间进行分配，这是加强中央集权平衡各地地方利益的必要选择；而地方政府作为地方的直接管理者，相对而言拥有更加高效的信息，由更熟悉地方事务的地方政府承担更多的事权即支出权可以提高行政效率。

但是，目前中央和地方在收入支出方面的体制，依然有尚待改进的空间。

首先，转移支付的方式和结构是不太合理的。

中央对地方转移支付分为：税收返还、一般性转移支付、专向转移支付（2012年预算：税收返还5188.55亿元，增长2.2%；一般性转移支付22526.19亿元，增长23.1%；专项转移支付17386.26亿元，增长5.2%。占比分别为：11.5%，50%，38.5%）。税收返还是分税制改革前税制的遗留问题，目的为增加对地方政府激励，改革目标应为取消或合并入一般性转移支付中；一般性转移支付是为了平衡各地财力，促进部分公益性政策；专向转移支付是为实现政策目的委托地方政府执行部分事务性工作的补助金，事前确定用途并需要地方政府配套资金。税收返还和一般性转移支付有较固定的原则，但专向转移支付因为项目的设立问题需要地方政府申请和中央政府批准，随意性较大，分配过程透明度相对不足。这导致：(1) 地方政府之间对转移支付资金进行争夺，通过"跑部钱进"争夺更多转移支付，工作精力过多地分散在非生产性用途，不利于提高转移支付的使用效率。(2) 专项转移支付作为地方建设项目的配套资金，是对地方政府主导的项目投资的一种鼓励，使项目成为地方保经济增长、提高财政收入的重要手段，这既与扩大居民消费的宏观政策不符，又造成了诸侯经济和重复建设。

其次，中央与地方收入和支出比例不太协调。

地方政府承担了过多的支出份额，部分主要由地方政府承担的支出应该在全国层面进行统筹，比如教育、社会保障、医疗等均一型公共服务应逐步形成全国统一的公共服务标准，由此确定对不同地方的转移支付标准，提高中央政府的支出份额；其次，目前中央政府所获取的财政收入份额尚有所不足，收入集权的规模有限，并未达到分税制改革的预定目标，1994 年实现的分税制改革前，中央希望能集中全国财力的 57%，实际执行结果则始终徘徊在 50% 左右。

综上，完善政府职能改革，必须建立严格高效的专项转移支付体制，必须继续推进持续的增量改革改变中央政府和地方政府的收支份额。比如利用营改增、所得税分享改革等逐步改变中央政府和地方政府在收入方面的比例，逐步实现全国统一的医保、社保等报销账户，增加中央政府的支出比例等等。

2. 地方政府收入

目前，地方政府具有如下特点：首先，地方政府深入地参与了经济运行，是市场经济中独立的利益主体；其次，地方政府是典型的全能型、无限政府，具有较大的支出责任；再次，政治体制改革的滞后造成公众对地方政府的约束较小，而中央政府又不可能事必躬亲地约束地方政府的行为。

分税制改革后，因财权上收而中央转移支付限制较大，地方政府本级收入不敷支出，必然通过各种渠道扩大收入来源。首先是加强税收征管，所有地方税应收尽收；其次是甩包袱卖国企，地方原属的国营和集体企业，凡属亏损的都转制破产，卖光送光；最后也是目前地方政府最重要的手段，就是通过所谓"经营城市"，以土地转让收入作为第二财政来源。

这造成了一系列政策不平衡：

首先，地方政府公共财政收入来源中，非税收入比重一直上升。而非税收入本身就缺少规范，地方政府有相对较大的随意性，而这种随意性亦即"自由裁量权"可能对市场主体的权利产生侵犯并伴随腐败现象。应当尽可能地消除市场主体因对地方政府行为预期的不确定性而产生的短期行为，损害市场经济的运行机制。

其次，地方税以间接税为主，这容易导致地方政府重经济增长而忽略提高居民收入（居民收入是直接税的税基）。由于投资和工商业活动的增加能够带来更多的地方税收，地方政府为了实现经济增长最大化，往往采取了以减税、建立基础设施配套等措施，降低资本成本，形成了资本偏向型的政策导向。

再次，地方政府直接参与市场经济的主要方式是垄断土地出让，通过资本偏向型的土地政策压制工业用地供给价格，抬高商住用地供给价格，获取更多的间接税收入和土地出让收入。

地方政府的这种政策行为扭曲了资本、土地、劳动力要素的真实价格，导致了经济发展方式长期难以转变，经济结构失衡，资源滥用及配置效率偏低，同时造成了极大的社会问题：征地拆迁中的暴力、高房价、农民工欠薪、环保问题、地区间政府收入支出不平衡等等。因此，有必要从根本上改变地方政府的激励，彻底扭转地方政府的行为。通过分税制改革的进一步深化，地方税收来源中扩大直接税的比重，把资本税更多的上收至中央；同时，中央建立统一的预决算体制，不断规范土地出让金使用，规范地方政府国有土地出让过程中的行为，转变地方政府资本偏向型的土地政策。

三、转变政府主导型经济发展方式

市场经济环境中，政府对社会经济资源的集中与控制应保持多大规模，必须根据同时考虑社会经济的发展水平以及政府所承担的公共服务责任范围，政府收入占 GDP 的比重应当有利于保持高效的政府的行政运行，保持中央和地方政府良好的分权关系，更加注重民生，更加注重社会保障，更加注重环保。

在明确的政府责任下可以确定政府收入的份额，但是政府以何种方式融资才能做到不妨碍市场经济的正常运行是必须深入考虑的。只有保证民众对政府的高效制约，建立公共财政的社会约束机制，才能保证政府的融资行为对经济运行的损害最小，才能保证中央政府对地方政府的高效分权。在实际执行中，中国政府在社会资源分配中占据了较大的份额，到处存在公共开支中的"面子工程"，这是一种对公共权力的滥用，浪费了社会资源，扭曲了社会资源的有效配置，是某种意义上集体的以权谋私，是导致城乡发展不平衡、地域发展不平衡、产业结构不合理的重要原因之一。

目前，中国的发展正处在重要的十字路口，面临复杂的国际国内局势，必须要坚持科学发展观的指导，加快转变经济发展方式，从粗放型经济发展向集约型经济发展转变，逐步提高经济发展的质量和效益。扩大居民消费则是转变经济发展模式的重中之重。扩大居民消费，必须显著提升居民消费能力，这就需要建立稳步提高居民收入的体制机制，同时不断完善社会保障体系，让居民提高收入之后能无后顾之忧地扩大消费。

扩大居民消费离不开经济体制改革的进一步深入，离不开政府职能的转变。30多年来，政府主导经济发展模式取得了重要的成绩，经济增长在长达30余年的长时间内保持了近10%的速度，创造了世界奇迹。但是，在经济起飞阶段行之有效的发展战略，不可能永久有效，从低收入水平向中等收入水平跨越与中等收入水平向现代发达经济过渡，经济发展方式的转变是必要的前提，长达30余年的政府主导型经济发展逐渐形成、累积下的问题亟待解决。政府对经济发展的深度参与，特别是通过政府收入总量和结构的抉择以及土地政策，扭曲了资本要素、劳动力要素、土地要素的市场定价。在土地要素市场中，运用行政手段压低工业用地价格吸引投资增加了资本收益，商住用地价格偏高增加了居民负担，抑制了居民消费；在资本要素市场中，偏向压低本地要素价格，降低企业成本，从而在招商引资中形成竞争优势；在劳动力要素市场中，劳资双方劳动报酬的集体协商机制缺失，因追求经济增长及财政收入最大化，不计成本招商引资，忽视保护劳工利益，社会保障体制的双轨制运行，对农民工为代表的新城市化人口未能提供一视同仁的城市社保与公共福利保障，导致了劳动要素收入偏低，收入分配差距扩大，抑制了居民消费随着经济增长而相应提高。

建立和发展完善的现代市场经济体制，必然要求扬弃政府主导型经济发展方式，政府在市场失灵的区域只承担其必要的职责：作为公共服务的提供者、宏观调控的执行者、市场行为的监督者。监督形成良好的市场定价机制，真正做到生产要素的优化配置，形成高效的可监督的政府收支管理体制。使政府收入与 GDP 增长保持同步，政府支出以公共服务和公共产品提供为目的。

参考文献

[1] 安体富、窦欣：《我国土地出让金：现状、问题及政策建议》，《南京大学学报（哲学人文科学社会科学）》2011 年第 1 期。

[2] 安体富、梁朋、黄然：《中央财政收入占财政总收入比重同题研究》，《财政研究》2001 年第 9 期。

[3] 李绍荣、耿莹：《中国的税收结构、经济增长与收入分配》，《经济研究》2005 年第 5 期。

[4] 张军：《分权与增长：中国的故事》，《经济学（季刊）》2007 年10 月，第 7 卷第 1 期。

[5] 钞小静、任保平：《中国公共支出结构对经济增长影响的实证分析：1978—2004》，《经济评论》2007 年第 5 期。

[6] 史克发：《财务审计检查应注意对其他支出项目的审核》，《吉林财税》1997 年第 10 期。

[7] 龚六堂、邹恒甫：《最优税率、政府转移支付与经济增长》，《数量经济与技术经济研究》2002 年第 1 期。

[8] 张荻、侯明、秦卫波：《关于我国宏观税负与经济增长相关性的研究》，《东北师大学报（哲学社会科学版）》2008 年第 6 期。

[9] 李俊霖：《宏观税负、财政支出与经济增长》，《经济科学》2007年第 4 期。

[10] 王守坤、任保平：《中国省级政府间财政竞争效应的识别与解析：1978—2006 年》，《管理世界》2008 年第 11 期。

[11] 董志勇、邓丽：《我国宏观税负的经济影响分析》，《技术经济与管理研究》2010 年第 4 期。

[12] 王绍光：《分权的底限》，中国计划出版社 1997 年第一版。

[13] 吕冰洋、李峰：《中国税收超 GDP 增长之谜的实证解释》，《财

贸经济》2007年第3期。

　[14]袁飞、陶然、徐志刚等:《财政集权过程中的转移支付和财政供养人口规模膨胀》,《经济研究》2008年第5期。

　[15]李永友:《我国财政支出结构演进及其效率》,《经济学（季刊）》2009年10月,第9卷第1期。

　[16]王永钦、张晏、章元等:《中国的大国发展道路——论分权式改革的得失》,《经济研究》2007年第1期。

　[17]阮荣平、郑风田:《中国农村"文明的冲突"》,《经济学（季刊）》2011年4月,第10卷第3期。

　[18]周黎安:《晋升博弈中政府官员的激励与合作——兼论我国地方保护主义和重复建设问题长期存在的原因》,《经济研究》2004年第6期。

　[19]Hill R.，" Optimal Taxation and Economic Growth：a Comment"，*Public Choice*，134，2008，pp. 419-427.

　[20]Scully G. W.，"Optimal Taxation，Economic Growth and Income Inequality"，*Public Choice*，115(3/4)，2003，pp. 299-312.

第二十三章 适度减缓财政收入增速的宏观经济效果分析[①]

第一节 问题的提出

最终消费尤其是居民消费占比（居民消费占 GDP 的比重）持续下降是中国近十多年来国民经济结构失衡最重要的表现。尽管过去两年来一系列的结构性减税和刺激消费需求的政策一定程度上促进了居民消费的平稳增长，但是，投资比重过高、最终消费比重偏低的总需求结构至今尚未实现根本性改变。2012 年最终消费对经济增长的贡献率不升反降，较 2011 年下降了 3.8 个百分点。这说明，扭转多年累积形成的"两高一低"国民收入支出结构绝非短期就能大见成效。转变经济发展方式，使最终消费尤其是居民消费成为推动经济增长的主动力需要多方面的政策调整，长期努力。

分配决定支出。调整国民收入分配结构是改变目前国民收入支出结构失衡的根本措施。我们认为，当前中国的国民收入分配结构中有两个重要的比例关系值得关注、需要调整：

一是财政收入占 GDP 的比重。自 2000 年以来，中国财政收入增长速

———————
① 本章在厦门大学宏观经济研究中心《中国宏观经济预测与分析——2013 年春季报告》基础上形成，本章执笔：王燕武、龚敏、李文溥。

度持续高于经济增长速度，预算内财政收入从 2000 年的 1.34 万亿元增长到 2012 年的 11.72 万亿元，增长了 8.75 倍，年均名义增长速度高达 19.8%，高出同期 GDP 增长速度约 9.8 个百分点。剔除了物价因素后，2000—2012 年间，中国财政收入的年均实际增长速度约为 15.0%，平均高出同期 GDP 增长速度约 5.0 个百分点（见图 23 – 1）。长期的财政收入超经济增速增长，使其占 GDP 的比重迅速上升。2000 年，财政收入占 GDP 比重约为 13.5%；到 2012 年，该比重上升到 22.6%，年均增长约 0.75 个百分点。财政收入比重的上升直接抑制了居民收入占比的提高，导致宏观收入分配结构失衡，居民消费增长难以成为推动经济增长的主动力。

二是居民内部不同收入组别之间的收入分配比例。国家统计局最近公布的基尼系数显示，尽管近几年该数值有所回落，但 2012 年仍然高达 0.474，远远超过国际上收入分配贫富差距的"警戒线"水平（0.4）。较大的居民收入内部差距不利于社会稳定和经济的可持续健康发展。国务院 2013 年 2 月 3 日批转的《关于深化收入分配制度改革若干意见》指出，大幅减少扶贫对象，持续扩大中等收入群体，逐步形成"橄榄型"的分配结构，将是中国收入分配制度深化改革的一项主要目标。

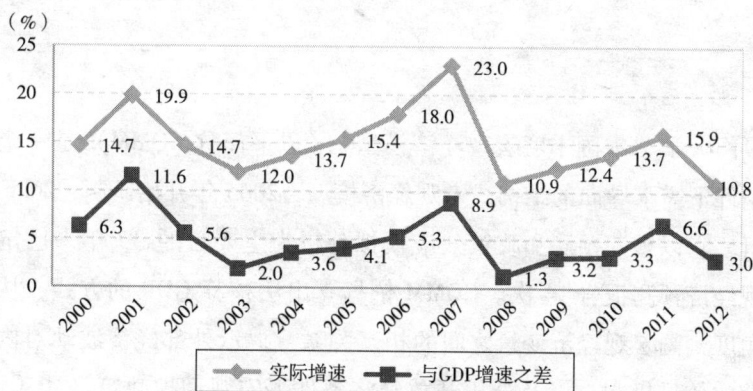

图 23 – 1 2000 年以来中国财政收入实际增速
资料来源：CEIC 中国经济数据库。

基于对上述问题的认识，我们认为：适当控制财政收入增长速度，与经济增长保持适当比例，提高居民收入水平尤其是中低收入阶层的收入，是调整现有国民经济结构失衡，改善城乡居民内部收入差距，进而转变经济发展方式的重要政策切入点。然而，适当控制财政收入增长速度，将对宏观经济的方方面面产生哪些影响，是宏观经济决策当局在考虑这一政策时不能不认真关注，反复分析的。这一问题只有通过运用联立的结构式宏观经济计量模型进行政策模拟，方能得出较为全面、准确的答案。本章利用中国季度宏观经济模型（CQMM）进行政策模拟，分析适当控制财政收入增长速度，减缓目前过快的财政收入增长速度，并将因此减收的财政收入用于增加城乡居民收入的宏观经济效应。我们考虑两种情形：（1）将因此减收的财政收入平均地提高全体城乡居民的收入水平；（2）将因此减收的财政收入转移给占城镇人口 20% 的低收入者以及占农村人口 40% 的低收入者①。

本章的其他部分安排如下：第二节是 CQMM 模型的基本框架；第三节是基准假设与政策模拟结果；最后是结论与政策建议分析。

第二节　CQMM 的基本框架

厦门大学"中国季度宏观经济模型"（以下简称 CQMM）是一个开放经济条件下需求导向的结构式宏观经济模型，2005 年开始研制，2006 年投入运行，它以短期预测和政策效应模拟分析为主要目的，7 年来已定期发布宏观经济预测报告 14 次。CQMM 依据支出法核算 GDP 的方式，从总需求的角度刻画宏观经济变量之间的相互关系，揭示外部经济波动对内部经济影响的传导机制，以及分析开放经济条件下宏观调控政策（货币政策、财政政策等）的政策效应。它主要由四个基础模块组成：国内需求模块、进出口模块、政策反应模块及价格模块。连接四个基础模块的是两条主

---

① 这里的低收入人口比例数据来自国家统计局分组别的城乡收入调查数据。详细可参看《中国统计年鉴》上有关此项调查的词条解释。

线：一是外部经济波动影响国内经济的传导渠道；二是内部政策效应的传导渠道。最新的 2013 年春季 CQMM 模型为本模型的第三代，共包括 70 个行为方程、9 个恒等式，涉及的变量个数达到 110 个，其中内生变量 79 个，外生变量及时间虚拟变量为 31 个。具体来看：

一、国内需求模块

国内需求模块由居民消费需求、政府消费需求和固定资本形成等行为方程组成，用于分析国内需求的决定机制及其对宏观经济的影响。我们首先利用 7 个组别的城镇居民消费和 5 个组别的农村居民消费作为解释变量构建人均城镇居民和农村居民的消费方程，并将其转换为居民总消费。而各个组别的城镇和农村居民消费方程的解释变量则是各个组别城镇和农村居民的收入变量以及滞后 1 期的消费变量。然后，利用财政支出变量和滞后 1 期的政府消费变量作为解释变量构建政府消费需求方程。最后，利用居民总消费、政府消费支出作为解释变量构建社会商品零售总额的随机方程。可比价固定资产形成总额方程的解释变量是实际固定资产投资资金来源变量。固定资产投资资金来源方程的解释变量则包括预算内、国内贷款、企业自筹及其他资金来源的固定资产投资资金来源变量。而上述各类固定资产投资资金来源方程的解释变量则包括广义货币供应量 M2、一年期贷款利率以及财政支出变量。此外，我们还以固定资产投资资金来源为解释变量构建了城镇固定资产投资完成额的随机方程。所有方程的估计均显示出较强的显著性。

二、进出口模块

由于近年来我国贸易顺差的构成正在发生变化，虽然加工贸易顺差依然是顺差扩大的主要来源，但一般贸易顺差所占比重在快速提高。因此，我们从贸易构成的角度来建立进出口行为方程，使其能够反映对外贸易构成变化对宏观经济运行的影响。

出口行为方程方面，首先是分别构建出口到美国、欧盟的行为方程，解释变量分别为各地区的经济总量、支出法下的消费平减指数、居民消费总量、人民币加权汇率和出口价格指数；构建出口到东盟的行为方程，解释变量为东盟五国的可比价经济总量以及出口价格指数变量。其次是按美元计算的加工贸易出口方程，解释变量为出口到美国、出口到欧盟以及季节性虚拟变量。再次是按美元计算的一般贸易出口方程，解释变量包括出口到美国、出口到欧盟、出口到东盟五国以及季节性虚拟变量。最后，利用加工贸易出口和一般贸易出口构建出口总额方程，并利用汇率和价格指数计算按人民币计算的出口总额。进口行为方程方面，首先构建按美元计算的加工贸易进口方程，解释变量为加工贸易出口、实际财政支出、相对贸易条件、时间虚拟变量和一阶自回归变量。其次，以可比价 GDP、美元计价的 2 期滞后进口价格指数与 2 期滞后消费平减指数之比以及季节性虚拟变量为解释变量，构建一般贸易进口的随机方程。最后，利用加工贸易进口和一般贸易进口构建进口总额方程，并利用汇率和价格指数计算按人民币计算的进口总额。另外，利用美元计价的出口和进口变量构建净出口方程，并利用汇率计算按人民币计算的净出口方程；利用滞后 1 期的人民币加权汇率增长率、滞后 3 期的美元计价净出口和时间乘积变量以及一阶自回归项构建外汇储备方程。

三、价格模块

价格模块包括 GDP 平减指数、居民消费价格指数、工业品出厂价格指数（即生产者价格指数）以及固定资产投资价格指数等四个价格行为方程，旨在考察主要价格指数之间的相互关联性。用滞后 1 期的 GDP 平减指数、工业品出厂价格指数、居民消费价格指数、时间虚拟变量和一阶自回归项作为解释变量，构建 GDP 平减指数的行为方程。用滞后 1 期的居民消费价格指数、以人民币计的进口价格指数以及产出缺口作为解释变量，构建居民消费价格指数行为方程，分别考察翘尾因素、输入性通胀和总需求变化对国内消费价格指数的影响。用滞后 1 期的居民消费价格指数、滞后 1 期的工业品出厂价格指数、以人民币计的进口价格指数以及产出缺口为解释变量构建工业品出厂价格指数行为方程。最后，进入固定资产价格指数方程的解释变量有：滞后 1 期的固定资产价格指数、居民消费价格指数、生产者价格指数以及一阶自回归项。

四、政策反应模块

该模块主要用于分析转型期中国宏观调控政策的作用机理，重点分析货币政策和财政政策的传导机制。其中，货币政策分析以广义货币供应量 M2 为依托，它的变动将直接引起国内需求模块中的投资模块方程变动，进而作用到 GDP、居民消费、物价指数等等；财政政策分析以财政支出变量为依托，它的变动将直接引起政府消费、加工贸易进口、投资等方程的

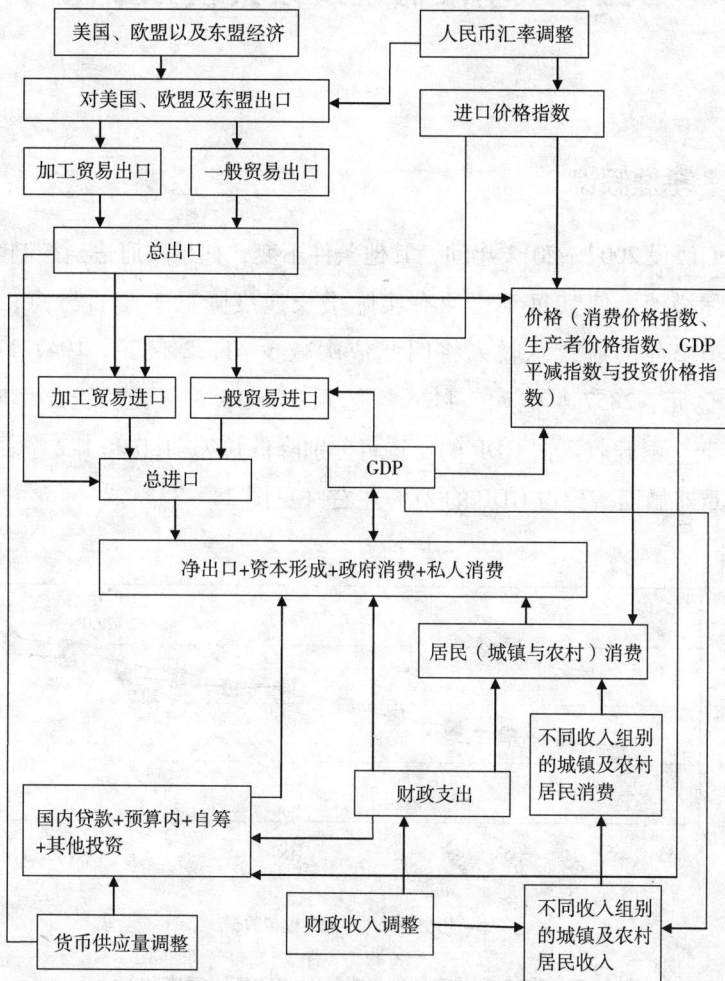

图 23 - 2 CQMM 模型基本框架图

资料来源：CQMM 课题组设计。

变化，进而作用其他宏观经济变量。我们将 M2 视为外生变量，财政支出变量则是通过构建财政支出行为方程来分析，解释变量为滞后 1 期的财政支出和当期的财政收入变量。财政收入变量视为外生变量。

模型的基本框架如图 23 - 2 所示。

第三节 基准假设及政策模拟结果

一、基准假设

我们假设 2007—2012 年间，其他条件不变，如果政府适当控制财政收入的实际增速，使其每年比原有实际增长速度降低 1 个百分点，那么，2007—2012 年的财政总收入将因此依次减少 417.2 亿元、1047.1 亿元、1769.0 亿元、2857.4 亿元、4436.7 亿元和 6018.9 亿元。受此影响，从 2010 年起，财政收入占 GDP 的比重将分别降低 0.7、1.0 和 1.2 个百分点，整体比重略微回落到占 GDP 的 21% 左右（见图 23 - 3）。

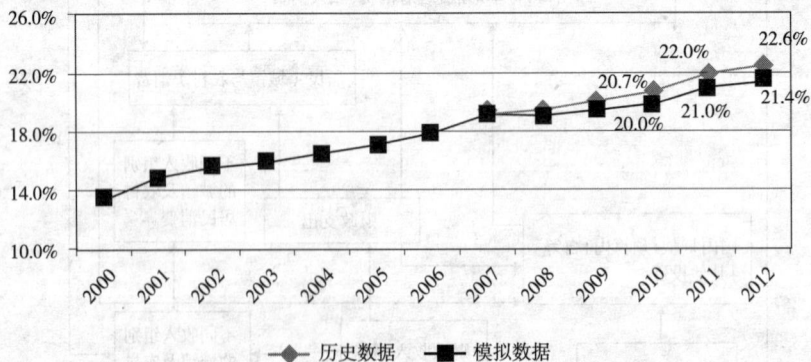

图 23 - 3 中国的财政收入占 GDP 比重变化

注：历史数据为实际财政收入占 GDP 比重；模拟数据为假设情况下的财政收入占 GDP 比重。
资料来源：CQMM 课题组计算。

二、政策模拟结果

1. 情景一：假定用减少的财政收入平均地提高全体城乡居民的收入水平

如果 GDP 总量保持不变，财政收入占 GDP 的比重下降，则意味着企业部门或居民部门的最终收入占比上升。假定 2007—2012 年间各年减收的财政收入通过一定方式——减税或是转移支付——平均地用于提高全体城乡居民的收入水平。

政策模拟结果显示：与基准模拟①相比，GDP 平均增长率可提高 0.08 个百分点；居民消费总额平均增长率增加了 1.03 个百分点；固定资本形成总额平均增长率下降了 0.49 个百分点；出口增长速度将放缓，进口增长速度则有所上升，净出口小幅下降。也即，控制财政收入增长速度，使之适当降低，同时将因此减收的财政收入平均地转移给城乡居民，经济增长速度并不因此而降低；而且由于居民收入提高，居民消费占比将平稳上升，投资比重逐步下降，进口增加，出口减少，顺差缩小，国民经济结构因而得到调整。

具体而言：

（1）GDP 增长率略有提高。2010—2012 年，经济增长速度基本保持平稳略有上升趋势，年均增长 0.08 个百分点。其中，2010 年较基准模拟上升 0.48 个百分点，2011 年、2012 年则分别下降 0.06 和 0.17 个百分点（见图 23-4）。

（2）居民消费增加幅度较大，年均增长速度提高 1.03 个百分点；2010—2012 年，居民消费占 GDP 的比重因此分别上升 0.45、0.78 和 0.98 个百分点（见图 23-5）。

（3）投资增长速度下降，固定资本形成总额占 GDP 的比重下降。在模拟期间，固定资本形成总额同比增长率相比历史模拟数据出现下降，2010—2012 年，下降幅度分别为 0.30、0.69 和 0.47 个百分点。资本形成

---

① 基准模拟表示根据实际数据，利用 CQMM 模型进行的历史数据模拟。该模拟的数据与实际数据的误差基本维持在 1% 左右。

总额占 GDP 的比重也因此有所降低。2010—2012 年，分别下降 0.3、0.56 和 0.68 个百分点。

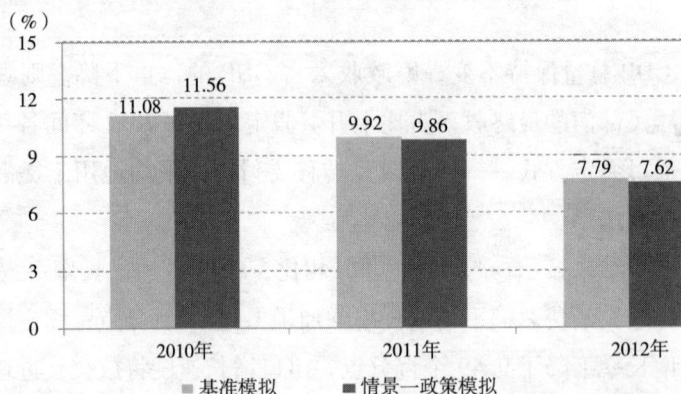

图 23 – 4　模拟的中国 GDP 增长率变动（情景一）

注：基准模拟为历史数据的模拟；情景一政策模拟为假设数据的模拟。下同。

资料来源：CQMM 课题组计算。

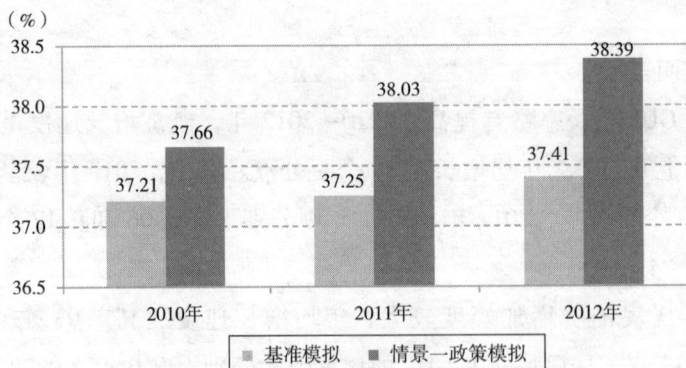

图 23 – 5　模拟的中国居民消费占 GDP 比重变化（情景一）

资料来源：CQMM 课题组计算。

（4）出口增长速度放缓，进口增长速度上升，净出口小幅下降。模拟期间内，总出口增长率出现下降，2010—2012 年分别下降 0.27、0.59 和 0.39 个百分点。总进口增长率变化不大。2010 年小幅增加 0.23 个百分点，2011 年和 2012 年则分别下降 0.11 和 0.07 个百分点。净出口占 GDP 的比重因此略微下降。2010—2012 年，净出口占比分别下降 0.08、0.14 和 0.18 个百分点。

综上，如果适当控制财政收入增长速度，将由此减收的财政收入通过一定方式平均地转移给全体城乡居民，宏观经济效果是：第一，可以提高城乡居民的可支配收入，扩大居民消费，从而弥补了因（财政收入减少使）财政支出减少而导致的经济增长减速，经济增长速度将基本保持平稳略有上升的趋势；第二，居民消费占比上升，资本形成总额及净出口占 GDP 的比重下降，总需求结构将因此得以改善；第三，扩大进口需求，降低出口增长速度，顺差因此缩小。

2. 情景二：假定减少的财政收入仅用于提高城乡低收入组别居民的收入

应用 CQMM 模型中各组别居民的收入行为方程，假定减收的财政收入只转移给城乡低收入居民组别。其中，城镇组别包括最低收入户和低收入户，两者分别占城镇人口比重均为 10%；农村组别包括低收入户和中低收入户，两者分别占农村人口比重均为 20%。按此转移减收的财政收入，2010—2012 年，这四个组别居民的人均收入将分别增加 716.2 元、1115.9 元和 1522.0 元。2012 年农村中低收入居民的收入将增加到 6329.0 元，从原来的仅为中等收入组（7041.0 元）的 68.27% 上升至 89.89%，提高了 21.62 个百分点；城镇低收入户的收入将增加到 13945.5 元[①]，与城镇中等偏下收入户的收入（16761.0 元）之比由原来的 74.12% 提高到 83.20%，提高了 9.08 个百分点。

政策模拟结果显示：与基准模拟相比，各方面的政策效果都更优于前一种政策设计。GDP 增长率平均提高了 0.13 个百分点；居民消费增长率平均增加 1.57 个百分点；固定资本形成总额增长率平均下降 0.74 个百分点。因此，居民消费占 GDP 的比重进一步提高，资本形成总额及净出口占 GDP 的比重进一步下降，总需求结构改善程度比情景一更大。

具体而言：

---

① 由于国家统计局暂时只公布城镇中等偏下收入户、中等收入户及中等偏上收入户等三组收入数据，该数据为课题组估算的。

（1）经济增长速度继续保持平稳增长态势。2010—2012 年，GDP 同比增长率平均提高 0.13 个百分点，较之情景一多了 0.05 个百分点。其中，2010 年上升 0.76 个百分点，2011 年和 2012 年则分别下降 0.13 和 0.24 个百分点。说明快速提高低收入组别城乡居民的收入水平更有利于保持 GDP 的稳定增长（见图 23 - 6）。

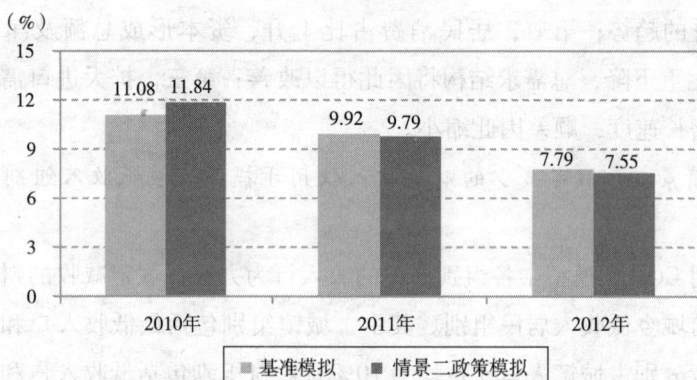

图 23 - 6   模拟的中国 GDP 的增长变化（情景二）

注：基准模拟为历史数据的模拟；情景二政策模拟为假设数据的模拟。
资料来源：CQMM 课题组计算。

（2）居民消费占 GDP 的比重进一步提高，资本形成总额及净出口占 GDP 的比重进一步下降，总需求结构改善力度加大。对比情景一的数据，居民消费占 GDP 的比重持续增加，2010—2012 年分别上升 0.73、1.19 和 1.50 个百分点；资本形成总额占 GDP 的比重进一步下降，2010—2012 年分别下降 0.49、0.85 和 1.04 个百分点。此外，净出口占 GDP 的比重也出现下降。2010—2012 年，净出口占比的下降幅度分别为 0.13、0.22 和 0.28 个百分点，明显大于情景一（见图 23 - 7）。

因此，如果将减收的财政收入转移给低收入组城乡居民，虽然还不足以抹平城乡低收入居民与中等收入居民的收入差异，但是，城乡低收入居民由此增加的收入已经颇为可观，由此产生的消费刺激效应，可以促进经济增长，进一步改善总需求结构。这表明，在控制财政收入增速的同时，将因此减收的财政收入向城乡低收入家庭转移，将有利于调整居民内部收入差距，更好地扩大居民消费，降低投资比重，更有效地改善总需求结构，促进经济增长。

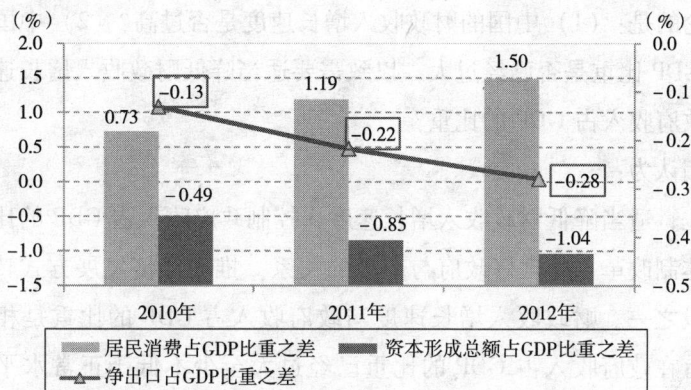

图 23 – 7　支出法下 GDP 各项占比变化（情景二）

注：之差表示情景二政策模拟数据与基准数据之差。
资料来源：CQMM 课题组计算。

第四节　结论与政策建议分析

　　基于 CQMM 模型的政策模拟结果说明，适当控制财政收入增速并将因此减少的财政收入用于提高城乡居民尤其是中低收入群体收入将有利于促进经济增长，缩小居民内部收入差距；增加居民消费，降低投资比重，扩大进口，降低出口，扩大内需，缩小顺差，宏观经济效果良好。上述政策模拟实际上提出了两个政策建议：

　　第一，应适度控制从而减缓财政收入的增长速度。

　　第二，将因此减收的财政收入通过一定方式——减税或转移支付——转移给城乡居民尤其是城乡中低收入居民，不仅可调整政府部门与居民部门之间的收入分配关系，而且还可缩小居民内部的收入差距。

不过，即使应用模型进行的政策模拟得到了较理想的结果，仍然必须说明上述政策建议的现实可行性与必要性。目前情况下，提高中低收入组城乡居民收入，缩小居民收入差距的政策必要性显然可以得到认同。可能有所争论的是：（1）中国的财政收入增长速度是否过高？（2）中国的政府收入占 GDP 比重是否已经过大，以致需要适当降低财政收入增长速度，逐步控制政府收入占 GDP 的比重？

我们认为：

首先，适当降低财政收入增长速度，控制政府收入占 GDP 的比重是深化经济体制改革，处理好政府与市场的关系，推动经济发展方式转变的关键性手段之一。财政收入增长速度与政府收入占 GDP 的比重是相互联系的，只有在政府收入占 GDP 的比重已经过大至少不低于正常水平的情况下，适当控制财政收入实际增长速度，使之与 GDP 增长速度一致以至略低才是必要的。尽管由于各国政经、财税体制以及政府承担的社会福利、公共服务责任差异较大，很难通过直接的国际比较来评判中国的政府收入占比是否过高，但是，过去十多年，居民人均实际可支配收入的平均增长速度低于 GDP 和财政收入平均增长速度 2.5 和 7.5 个百分点，直接导致最终消费需求尤其是居民消费占比持续大幅度下降，另一方面，高速增长的财政收入使财政占 GDP 比重迅速提升，年均增长近 0.75 个百分点（见图 23-1）。如果从更广义的政府实际支配的财力资源来看，预算内财政收入仅是其中的一部分。张俊远、李文溥（2012）估算，即使不包括国企利润，中国政府实际所能控制支配的收入总量也远远大于财政收入，在 2008 年就已超过当年 GDP 的 30%，2010 年进一步上升到 35.6%。如果加上当年的国有企业利润①，政府实际控制支配的收入占比将更大。2010 年，该比重为 40.5%（见表 23-1）。这说明，当前国民收入分配结构进而国民经济结构失衡的关键在于：政府实际可支配收入增长过快，限制了居民收入增长空间，抑制了居民消费需求。

限于模型结构，我们仅对适度减缓财政收入增长速度进行模拟，无法

---

① 国有企业属于国家所有，国企利润作为国有资产收益，当然应当属于国家所有（扣除按规定可以分给员工或用于集体福利的部分），无论其实际上缴财政与否，都是国家的可控资源。

进一步模拟因此可能产生的财政支出结构优化的效应。可以想见，如果能在适度减缓财政收入增速基础上，节约行政成本，杜绝公款浪费，加大民生和保障领域支出，加大转移支付力度，政策的宏观经济效果将更好。过多的财政收入、政府收入用于政府投资项目，用于维持政府运转，用于公务开支，势必导致政府规模过大，侵蚀本应由市场机制发挥作用的领域，难以实现经济发展方式的根本转变；同时，公务消费过多，容易导致浪费，滋生腐败，降低财政资源以至全社会的资源配置及利用效率。

表 23 – 1　2007—2010 年中国政府所能支配的总收入

（单位：亿元）

年份	GDP	政府总收入								
		公共财政收入	预算外收入	政府性基金收入	国有资本经营预算收入	社会保险基金收入	合计	占 GDP 比重	国有企业利润	加入国有企业利润占比
2007	265810	51321.8	6820.3	10737	140	8729	77748.1	29.2%	16200	35.3%
2008	314045	61330.4	6617.3	14985	444	10805	94181.7	30.0%	13335.2	34.2%
2009	340903	68518.3	6414.7	18351	989	12780	107053	31.4%	15606.8	36.0%
2010	401513	83101.5	5794.4	36785	—	17071	142751.9	35.6%	19870.6	40.5%

资料来源：CEIC 中国经济数据库及财政部网站。

其次，要提高居民消费水平，必须重视调整政府部门与居民部门的收入分配比例。中国最近正在进行的税制体系调整，一项重要内容就是改变以间接税为主的税收体制，提高直接税比重，以缩小居民收入差距、扩大居民消费。2011 年，中国增值税、消费税、营业税、关税四大税种的税收收入约为 4.74 万亿元，占到全部税收收入的 52.9%。如果加上进口产品的增值税和消费税，间接税收入约为 6.10 万亿元，占到全部税收收入的68.0%；企业所得税、个人所得税和房产税的税收收入合计约为 2.39 万亿元，占到全部税收收入的 26.7%，其中，房产税仅占到全部税收的1.23%。这与发达国家的税收收入构成形成鲜明对比。2011 年，美国联邦、州和地方的财政总税收预算为 3.63 万亿美元，属于个人直接缴纳的税收比例高达 75%，而消费税等间接税种占比仅在 5% 左右。由于间接税主要针对生产环节和流通环节，往往会被生产者或销售者向下游转移，导致税负主要或完全由最终消费者承担，加重了消费者负担。因此，一般而言，一个国家或地区的间接税占比越大，直接税占比越小，越不利于缩小居民收入差距以及提高居民消费。

然而，提高直接税比重存在多种路径。不同的路径可能导致居民税负水平的不同变化而影响居民的消费。王燕武、习甜（2012）通过模拟不同税负水平下，直接税比重变化对居民消费的作用，发现：税负水平对居民消费的作用要远远大于调整税制结构对居民消费的作用。与税负水平相比，税制结构调整对居民消费的作用较小。如果直接税比重上升是以税负水平增加为代价的话，提高直接税占比将很难弥补税负水平上升对居民消费的负作用。因此，在财政收入占 GDP 比重，尤其是总体税负水平没有下降的情况下，以提高直接税比重为导向的税制结构调整将难以有效促进居民消费水平的提升。因此，在实行税制结构调整的同时，必须逐步降低居民的税负水平，方能调整政府部门与居民部门的收入分配关系，有效地提高居民收入，扩大居民消费。

参考文献

［1］CQMM 课题组：《中国季度宏观经济模型的开发和应用》，《厦门大学学报（哲学社会科学版）》2007 年第 4 期。

［2］CQMM 课题组：《2010—2011 年中国季度宏观经济再展望》，《厦门大学学报（哲学社会科学版）》2012 年第 6 期。

［3］CQMM 课题组：《2010—2011 年中国经济宏观经济预测与分析》，《厦门大学学报（哲学社会科学版）》2012 年第 3 期。

［4］CQMM 课题组：《2009—2010 年中国季度宏观经济再展望》，《厦门大学学报（哲学社会科学版）》2011 年第 6 期。

［5］CQMM 课题组：《2009—2010 年中国季度宏观经济分析与预测》，《厦门大学学报（哲学社会科学版）》2011 年第 3 期。

［6］李文溥主编：《中国宏观经济分析与预测》2006—2012 年各卷，经济科学出版社 2007—2012 年版。

　　[7] 王燕武、习甜:《税收负担、税制结构与居民消费:中国经验的检验》,厦门大学宏观经济研究中心工作论文,2012 年。

　　[8] 张俊远、李文溥:《对我国政府收支比重与结构的一个初步估算》,厦门大学宏观经济研究中心工作论文,2012 年。

第二十四章 两税合并对要素收入
份额的影响研究[①]

第一节 引 言

从 2008 年 1 月 1 日起，中国实施新的企业所得税法。新企业所得税法按照"简税制、宽税基、低税率、严征管"的税制改革原则以及国际通行惯例，统一并适当降低企业所得税税率，统一并规范税前扣除办法和标准，统一税收优惠政策。两税合并有利于营造公平的市场竞争环境，降低市场进入成本、促进产业结构调整。

本章关注两税合并对要素收入份额的影响。固然企业所得税的课税对象是利润，直接效应是减少资本收益，会缩小资本利得收入者与劳动收入者之间的收入差距，但是，税收的收入效应及替代效应决定了，企业所得税并不完全由资本要素承担，会部分转嫁给劳动要素。因此两税合并对要素收入份额的影响值得研究。

两税合并的经济影响已受到学界关注，程凌等（2008）在一个可计算一般均衡的模型下，分析了统一企业所得税税率的影响，认为在政策变化当年，对除政府盈余外的其他经济变量冲击不大。税收政策变化在递推期内降低了投资，提高了消费，有利于促进中国经济增长方式转变。朱敏

---

① 本章作者：李文溥、谢攀、刘榆。

（2008）把税收成本纳入影响跨国企业和本土企业竞争的因素，构建了一个跨国企业和本土企业竞争的双寡头模型，强调对跨国企业设置优惠税率使得跨国企业在与本土企业竞争中享受税收成本优势，而跨国企业的超国民待遇反过来加重了本土企业的负担。但是，在考察两税合并经济影响的文献中，关注两税合并对要素收入份额影响的较少。王丽（2008）的研究仅限于国有企业和外资企业，忽略了非公有制企业，并对不同所有制企业设定不同的生产方程。她在考察了统一税率对中国劳动力配置、资本需求及社会整体福利可能带来的影响后认为，两税合并在短期内会使中国社会整体福利略有下降，长期会使中国的社会福利有所增加。本章将研究对象扩大至《中国税务年鉴》统计口径的所有内资企业和外资企业①。并设定了统一的生产函数。重点考察两税合并对劳动要素税收负担率的影响。

在研究方法上，Harberger（1962）首次运用两部门一般均衡模型分析公司所得税税负归宿，他将经济划分成企业部门和非企业部门，每一个部门都投入劳动力和资本两种生产要素。此后 Atkinson 和 Stiglitz（1980）建立了一个基本的跨期模型，并用几何图形对两部门一般均衡原理进行了形象的说明，发现所得税和消费税对居民的储蓄决策具有不同的作用。Fullerton 和 Metcalf（2002）用两部门一般均衡模型分析多种税收关系。张阳（2002，2008）在两部门一般均衡模型框架下，讨论了局部要素税的收入效应和替代效应，发现 2005 年资本要素只承担了税负总额的 83% 左右，其余 17% 左右的税负转嫁给劳动要素承担。与以往文献不同，本章在上述模型基础上，以企业所得税为研究对象，构建税负在不同要素所有者之间归宿的理论模型，分析在外商投资比例较高和较低的产业中，资本要素和劳动要素对企业所得税的负担比率在内外资企业所得税合并实施前后的变化。

---

① 2008 年及以前年份的《中国税务年鉴》对企业所得税的统计分为两部分，一是企业所得税，二是外商投资企业和外国企业所得税。两税合并后，《中国税务年鉴 2009》对企业所得税依然分开列示，分别为内资企业所得税、外资企业所得税。

第二节　模型构建

为了便于对企业所得税负归宿进行一般均衡分析，全面反映两税合并对要素收入份额的影响，我们将经济系统划分为四个维度。供给维度：通过生产函数反映要素需求和产品供给之间的关系；需求维度：通过产品的需求弹性反映价格变化和产品需求变化之间的关系；要素供给维度：通过市场出清条件反映不同生产要素供给的相对变化关系；投入产出维度：通过要素总收益等于产品收益说明产品收益的变化与要素收益变化的关系。

一、模型结构

1. 供给

假定一个完全竞争经济生产两种最终产品，生产函数是规模报酬不变的，以 Z 代表两种产品中的任一种产品：

$$Z = F(K, L) \tag{24-1}$$

其中，K 和 L 分别表示资本要素和劳动要素，对生产函数全微分可以得到：

$$dZ = F_K dK + F_L dL$$

其中，$F_K = \partial F / \partial K$ 是资本的边际产量，$F_L = \partial F / \partial L$ 是劳动的边际产量。对上式两端除以 Z，可以得到：

$$\frac{dZ}{Z} = \frac{F_K K}{Z} \cdot \frac{dK}{K} + \frac{F_L L}{Z} \cdot \frac{dL}{L}$$

$$\hat{Z} \theta_K \hat{K} + \theta_L \hat{L} \tag{24-2}$$

其中，$\theta_K = \dfrac{F_K K}{Z}$，$\theta_L = \dfrac{F_L L}{Z}$ 分别表示要素收入 K 和 L 占 Z 产品收入的份额。"^" 表示变量的相对变化程度，例如 $\hat{X} = \dfrac{dX}{X}$。

资本要素和劳动要素之间的替代弹性为：

$$\sigma = \frac{\mathrm{dln}(K/L)}{\mathrm{dln}(w/r)}$$

其中 w 和 r 代表工资和利率，上式可进一步计算：

$$\sigma = \frac{\mathrm{dln}(K/L)}{\mathrm{dln}(w/r)} = \frac{\mathrm{dln}(K) - \mathrm{dln}(L)}{\mathrm{dln}(w) - \mathrm{dln}(r)} = \frac{\hat{K} - \hat{L}}{\hat{w} - \hat{r}}$$

从而可以得到与替代弹性相联系的方程：

$$\hat{K} - \hat{L} = \sigma(\hat{w} - \hat{r}) \qquad (24 - 3)$$

现在考虑两种最终产品，因此让 Z 分别取 X 和 Y，并在需要时给表达式加注下标 X 和 Y。

首先，在 (24 - 1) 式中，让 Z 分别取 X 和 Y，即 $X = F_X(K_X, L_X)$，$Y = F_Y(K_Y, L_Y)$，则 (24 - 2) 式变成如下两式：

$$\hat{X} = \theta_{KX}\hat{K}_X + \theta_{LX}\hat{L}_X \qquad (24 - 2a)$$

$$\hat{Y} = \theta_{KY}\hat{K}_Y + \theta_{LY}\hat{L}_Y \qquad (24 - 2b)$$

易证 $\theta_{KX} + \theta_{LX} = 1$，$\theta_{KY} + \theta_{LY} = 1$。

其次，相应地在 (24 - 3) 式 $\hat{K} - \hat{L} = \sigma(\hat{w} - \hat{r})$ 中，分别让 Z 取 X 和 Y，可以得到：

$$\hat{K}_X - \hat{L}_X = \sigma_X(\hat{w}_X - \hat{r}_X) \qquad (24 - 3a)$$

$$\hat{K}_Y - \hat{L}_Y = \sigma_Y(\hat{w}_Y - \hat{r}_Y) \qquad (24 - 3b)$$

在上面两式中，市场中的工资和资本的相对变化程度可记为 $\hat{w}$ 和 $\hat{r}$，则有：

$$\hat{w}_X = \hat{w}, \hat{w}_Y = \hat{w} \text{ 和 } \hat{r}_X = \hat{r} + \hat{t}_{KX}, \hat{r}_Y = \hat{r} \qquad (24 - 4)$$

其中：t_{KX} 为企业所得税税率。因为收税后的厂商面对的利率相当于 $r_X = r(1 + t_{KX})$，所以

$$\frac{\mathrm{d}r_X}{r_X} = \frac{(1 + t_{KX})\mathrm{d}r + r\mathrm{d}t_{KX}}{r(1 + t_{KX})} = \frac{\mathrm{d}r}{r} + \frac{\mathrm{d}t_{KX}}{(1 + t_{KX})}$$

$$\hat{r}_X = \hat{r} + \hat{t}_{KX}$$

即 $\hat{t}_{KX}$ 本质上反映了总税率 $1 + t_{KX}$ 的相对变化程度，从而 $\hat{t}_{KX} = \mathrm{d}t_{KX}/(1 + t_{KX})$，把它们代入 (24 - 3a) 式和 (24 - 3b) 式中，可得：

$$\hat{K}_X - \hat{L}_X = \sigma_X(\hat{w} - \hat{r} - \hat{t}_{KX}) \tag{24-5}$$

$$\hat{K}_Y - \hat{L}_Y = \sigma_Y(\hat{w} - \hat{r}) \tag{24-6}$$

2. 需求

同理于（24-3）式的推导，消费者对于产品 X 和 Y 之间的需求替代弹性 σ_D 可以表示为：

$$\hat{X} - \hat{Y} = -\sigma_D(\hat{p}_X - \hat{p}_Y) \tag{24-7}$$

其中，p_X 表示 X 产品的价格，p_Y 表示 Y 产品的价格。$\hat{p}_X = \dfrac{\mathrm{d}p_X}{p_X}$ 和 $\hat{p}_Y = \dfrac{\mathrm{d}p_Y}{p_Y}$。

3. 市场出清条件

生产要素总供给固定并且充分运用，要素的市场出清条件为：

$$K_X + K_Y = \bar{K} \tag{24-8}$$

$$L_X + L_Y = \bar{L} \tag{24-9}$$

（24-8）式、（24-9）式中，$\bar{K}$、$\bar{L}$ 分别表示给定的资本要素总供给、给定的劳动要素的总供给。

对上两式微分后，分别除以 $\bar{K}$ 和 $\bar{L}$ 得到：

$$\frac{K_X}{\bar{K}}\frac{\mathrm{d}K_X}{K_X} + \frac{K_Y}{\bar{K}}\frac{\mathrm{d}K_Y}{K_Y} = 0 \tag{24-10}$$

$$\frac{L_X}{\bar{L}}\frac{\mathrm{d}L_X}{L_X} + \frac{L_Y}{\bar{L}}\frac{\mathrm{d}L_Y}{L_Y} = 0 \tag{24-11}$$

以上两式可以写成：

$$\lambda_{KX}\hat{K}_X + \lambda_{KY}\hat{K}_Y = 0 \tag{24-12}$$

$$\lambda_{LX}\hat{L}_X + \lambda_{LY}\hat{L}_Y = 0 \tag{24-13}$$

其中 $\lambda_{KX} = \dfrac{K_X}{K}$ 和 $\lambda_{KY} = \dfrac{K_Y}{K}$ 表示生产 X 和 Y 产品的资本占全部资本的比例，$\lambda_{LX} = \dfrac{L_X}{L}$ 和 $\lambda_{LY} = \dfrac{K_Y}{K}$ 表示生产 X 和 Y 产品的劳动占全部劳动的比例。

4. 定价方程式

在完全竞争和规模报酬不变的条件下，投入与产出相等意味着总产出等于所有投入要素的收入：

$$p_X X = w_X L_X + r_X K_X$$

$$p_Y Y = w_Y L_Y + r_Y K_Y$$

根据（24-4）式，即：$\hat{w}_X = \hat{w}$ ，$\hat{w}_Y = \hat{w}$ 和 $\hat{r}_X = \hat{r} + \hat{t}_{KX}$，$\hat{r}_Y = \hat{r}$，上面二式化为：

$$p_X X = w L_X + r(1 + t_{KX}) K_X \qquad (24-14)$$

$$p_Y Y = w L_Y + r K_Y \qquad (24-15)$$

在完全竞争的条件下，要素价格等于要素边际产量乘以产品价格，因此对于资本要素 K 有下列关系：

$$p_X F_{XK} = r(1 + t_{KX}) \qquad (24-16)$$

$$p_Y F_{YK} = r \qquad (24-17)$$

其中的 F_{XK}，F_{YK} 分别表示 X 和 Y 两部门生产的资本边际产量。对于劳动要素 L 有：

$$p_X F_{XL} = p_Y F_{YL} = w \qquad (24-18)$$

其中的 F_{XL}，F_{YL} 分别表示 X 和 Y 两部门生产的劳动边际产量。把（24-14）式和（24-15）式分别关于生产要素 X 和 Y 微分，再分别除以 $p_X X$ 和 $p_Y Y$，结合（24-16）式、（24-17）式、（24-18）式，在 $t_{KX} = 0$ 处可以得到：

$$\hat{p}_X + \hat{X} = \theta_{KX}(\hat{r} + \hat{t}_{KX} + \hat{K}_X) + \theta_{LX}(\hat{w} + \hat{L}_X) \qquad (24-19)$$

$$\hat{p}_L + \hat{Y} = \theta_{KX}(\hat{r} + \hat{K}_Y) + \theta_{LY}(\hat{w} + \hat{L}_Y) \qquad (24-20)$$

二、均衡状态

1. 模型求解

综上所述，模型中方程为（24-3）、（24-4）、（24-5）、（24-6）、（24-7）、（24-12）、（24-13）、（24-19）、（24-20），共有 9 个线性无关的方程，$\hat{w}$、$\hat{r}$、$\hat{p}_x$、$\hat{P}_Y$、$\hat{X}$、$\hat{Y}$、$\hat{K}_X$、$\hat{K}_Y$、$\hat{L}_X$、$\hat{L}_Y$ 10 个未知数。由于假定生产函数规模收益不变，方程组在价格上是零阶齐次的，即把所有价格增加相同的倍数对资源配置不会产生影响。因此，可以选择一种物品的价格作为计价物，使它的价格变化固定为零，其他价格都以计价物单位来表示。这里确定劳动为计价物，即工资增长率 $\hat{w} = 0$。现在未知数减少到9个，与线性无关的方程个数相等。这是方程组有唯一解的条件。计算可以得到：

$$\hat{r}^* = \frac{\sigma_D\theta_{KX}(\lambda_{LX} - \lambda_{KX}) - \sigma_X(\theta_{KX}\lambda_{LX} + \theta_{LX}\lambda_{KX})}{\sigma_D(\theta_{LX} - \theta_{LY})(\lambda_{LX} - \lambda_{KX}) + \sigma_X(\theta_{KX}\lambda_{LX} + \theta_{LX}\lambda_{KX}) + \sigma_Y(\theta_{KY}\lambda_{LY} + \theta_{LY}\lambda_{KY})}\hat{t}_{KX}$$

$$(24-21)$$

由于 $\hat{w} = 0$，那么 $\hat{r}$ 表示资本租金与工资比率的变动率。（24-21）式中的分母总是正的。因为 $\theta_{LX} - \theta_{LY}$ 和 $\lambda_{LX} - \lambda_{KX}$ 的符号相同，它们同时为正或同时为负。分子中的第二项总为正。分子中第一项的符号取决于被征税的 X 部门的资本密集度。如果 X 部门是资本密集型的，也就是 $\lambda_{LX} < \lambda_{KX}$，那么分子中第一项是负的，因此整个分子是负的。如果 X 部门是劳动密集型的，也就是 $\lambda_{LX} > \lambda_{KX}$，那么分子中第一项是正的，整个分子等于两个正数相减，因此符号是不确定的。

三、税负归宿

根据资本租金与工资比率的变动率 $\hat{r}$ 的取值，可以判断对 X 部门资本要素征收的企业所得税变化后，资本要素和劳动要素各自承担了多少税负，也就确定了税负在不同要素所有者之间的归宿。

如果 $\hat{r}^* = 0$，那么对 X 部门资本征税后，整个经济的租金与工资比率不变，资本与劳动要素将按照它们税前对国民收入的贡献比例承担税收负担；如果 $\hat{r}^* < 0$，那么征税后，整个经济的租金与工资比率降低，资本承担税收负担的比例大于税前它对国民收入的贡献比例；如果 $\hat{r}^* > 0$，那么征税后，整个经济的租金与工资比率升高，资本承担税收负担的比例小于税前它对国民收入的贡献比例。

对 X 部门资本征税变化后，总的税收收入变化为 $K_X dt_{KX}$，整个经济中资本收入变化为 $-(K_X + K_Y)dr$，当两者相等 $K_X dt_{KX} = -(K_X + K_Y)dr$ 时，资本承担所有税负。定义 $\hat{r}_0$ 为资本承担所有税负时资本价格的变化率。由于 $\hat{t}_{KX} = \dfrac{dt_{KX}}{1 + \hat{t}_{KX}}$，$\hat{r} = \dfrac{dr}{r}$ 那么

$$K_X(1 + \hat{t}_{KX})\hat{t}_{KX} = -(K_X + K_Y)r\hat{r}$$

解之得

$$\hat{r} = -\frac{K_X(1 + \hat{\imath}_{KX})}{(K_X + K_Y)r}\hat{\imath}_{KX} \equiv \hat{r}_0 \qquad (24-22)$$

如将资本的计量单位设定为每单位资本价格为 1 元，则 $r=1$。令 $t_{KX} = 1$，则有下式

$$\hat{r}_0 = -\frac{K_X}{K_X + K_Y}\hat{\imath}_{KX} \qquad (24-23)$$

第三节　实证分析

一、部门划分

企业所得税是对资本所得征税，营业盈余近似代表了资本收益[①]，相当于企业所得税税基。因此，可以用每个行业的企业所得税税负总额与营业盈余的比值来反映该行业的企业所得税负担率。根据利用外资的程度，我们把全部产业部门划分为两大类：一类是利用外资程度较高的部门，即 X 部门；另一类是除 X 部门以外的所有部门，即利用外资程度较低的部门，即 Y 部门。这样的划分，有助于反映内外资企业所得税合并对不同资本构成企业的影响。X 部门生产产品 X，Y 部门生产产品 Y。生产产品 X 和 Y 都会用到两种生产要素劳动力 L 和资本 K。要素 L 和 K 的价格分别为工资率 w 和租金率 r。X 部门的产业 2008 年以前承担的企业所得税负较重，对 X 部门的资本征收从价税，税率为 t_{KX}，资本的含税价格为 $r(1 + t_{KX})$。

1. 行业要素收入和税负

《中国统计年鉴 2009》中的"2005 年投入产出基本流量表"把中国的

---

① 樊纲（2002）认为统计年鉴中的"营业盈余较好地反映了资本收入情况"，"可以用营业盈余近似表示全部资本的收益"。参见《中国财产性生产要素总量与结构分析》，中国经济改革研究基金会重点课题。

生产部门划分为17个行业，并提供了这17个行业的要素收益。此外，"地区生产总值收入法构成项目"列示了2007年中国劳动者报酬和营业盈余分别为109532.27亿元和86245.97亿元，为了比较两税合并前后税负归宿的变化，按照1994—2007年的平均增长率①，估算2008年中国劳动者报酬和营业盈余，分别为123574.31亿元和101192.4亿元，是2005年的1.51倍和1.73倍。按照上述两个增长比例和2005年中国17个行业的要素收益，推算得到2008年中国17个行业的劳动要素收益和资本要素收益，结果见表24-1。

表24-1 2008年中国生产部门要素收益情况

（单位：亿元）

序号	行业	劳动者报酬	营业盈余	序号	行业	劳动者报酬	营业盈余
1	农业	31554.87	1502.02	10	金属产品制造业	2100.23	2669.07
2	采掘业	3122.26	7461.37	11	机械设备制造业	3617.15	5027.40
3	食品制造业	2311.42	4304.61	12	建筑业	8382.47	5745.97
4	纺织、缝纫及皮革产品制造业	4152.96	3282.35	13	运输邮电业	5620.36	11339.79
5	其他制造业	2782.05	5306.31	14	批发零售贸易、住宿和餐饮业	6728.37	12975.20
6	电力、热水及水的生产和供应业	10243.36	10481.98	15	房地产业、租赁和商务服务业	3107.43	3988.95
7	炼焦、煤气及石油加工业	2283.90	2800.86	16	金融保险业	3771.08	5011.83
8	化学工业	797.04	1059.44	17	其他服务业	22827.02	7419.51
9	建筑材料及其他非金属矿物制品业	3972.75	5078.74		合计	117374.71	95455.39

资料来源：根据1994—2007劳动者报酬和营业盈余的年均增长比率估算。

《中国税务年鉴2009》中的"2008年全国税收收入分税种分产业收入

---

① 按照《中国统计年鉴》"地区生产总值收入法构成项目"的数据，1994—2007年"劳动者报酬"和"营业盈余"的平均增长率为12.82%和17.33%。

情况表"下的"内资企业所得税"和"外资企业所得税"项目提供了
2008 年中国各产业的企业所得税收入，合计 12195. 16 亿元。而《中国统
计年鉴 2009》中 2008 年中国企业所得税 11175. 63 亿元。为了与要素收益
的统计口径一致，本章以《中国统计年鉴 2009》的数据为准，把"2008
年全国税收收入分税种分产业收入情况表"中的各行业企业所得税收入分
别乘以 11175. 63/12195. 16 = 0. 9164，来估算中国各产业的企业所得税，
调整后的分产业企业所得税情况如表 24 - 2 所示。

表 24 - 2 2008 年中国分产业企业所得税情况

(单位：亿元)

序号	行业	税收	序号	行业	税收	序号	行业	税收
1	农业	4. 33	7	信息传输、计算机服务和软件业	567. 98	13	居民服务和其他服务业	168. 33
2	采矿业	1132. 23	8	批发零售业	1474. 62	14	教育	5. 09
3	制造业	2448. 92	9	住宿和餐饮业	55. 50	15	卫生、社会保险和社会福利	2. 14
4	电力、燃气及水的生产和供应业	391. 96	10	金融业	2463. 49	16	文化、体育和娱乐业	31. 90
5	建筑业	359. 16	11	房地产业	1148. 55	17	公共管理和社会组织	15. 09
6	交通运输、仓储及邮政业	428. 58	12	租赁和商务服务业	331. 99	18	其他行业	145. 78

资料来源：根据《中国税务年鉴 2009》、《中国统计年鉴 2009》计算整理。

2. 外商投资比例较高的和较低的部门

根据表 24 - 1 和表 24 - 2 计算企业所得税负担率，得到如表 24 - 3 所
示的结果。其中，"制造业"包括表 24 - 1 中的食品制造业，纺织、缝纫
及皮革产品制造业，其他制造业，炼焦、煤气及石油加工业，化学工业，
建筑材料及其他非金属矿物制品业，金属产品制造业，机械设备制造业。

测算近年各产业的企业所得税负担率后，发现近年来绝大多数产业的
波动幅度均十分有限，出于数据可得性的限制，根据《外商投资报告
2007》的各行业吸收外资情况，首先，将所有产业的部门划分为两大类：

一类是外商投资比例较高的部门，即 X 部门，包括制造业、批发零售贸易、金融业、建筑业。也就是表 24 – 1 中序号为 3、4、5、7、8、9、10、11、12、14、16 的行业。剩下的产业归为 Y 部门，即外商投资比例较低的部门，包括农业、采矿业、房地产业、租赁和商务服务业、其他服务业、运输邮电业、电力、热水及水的生产和供应业，也就是表 24 – 1 中序号为 1、2、6、13、15、17 的行业。其次，由于近年租赁和商务服务业外资进入程度逐渐提高，为了避免分类口径细微差能产生的影响，作为稳健性检验，将房地产业、租赁和商务服务业从 Y 部门划出，划入 X 部门，分析是否会对税负归宿的变化趋势产生影响。

表 24 – 3　2008 年中国外商投资比例较高的部门和较低的部门的所得税负担率

行业	企业所得税负担率（%）	表 24 – 1 中对应生产部门	表 24 – 3 对应所得税行业	两部门划分	企业所得税负担率（%）
农业	0.003	1	1	外商投资比例相对较低的 Y 部门	12.12
采掘业	15.175	2	2		
运输邮电业	3.779	13	6		
电力、热水及水的生产和供应业	3.739	6	4		
房地产业、租赁和商务服务业	37.112	15	11，12		
其他服务业	12.620	17	8,13,14,15,16,17,18		
制造业	8.29	3,4,5,7,8,9,10,11	3	外商投资比例相对较高的 X 部门	18.87
批发零售贸易、住宿和餐饮业	11.793	14	7，9		
金融保险业	49.154	16	10		
建筑业	6.25	12	5		

资料来源：根据《中国外商投资报告 2007》、表 24 – 1、表 24 – 2 整理计算。

二、参数确定

1. 基本参数

此时，如将资本的计量单位设定为每单位资本价格为 1 元，根据表 24 - 1 和表 24 - 3 的分类，2008 年 X 部门的资本 K_X = 53261.78 亿，Y 部门的资本 K_Y = 42193.62 亿。同理，把劳动的计量单位设定为每单位劳动价格为 1 元，2007 年 X 部门的劳动 L_X = 40899.41 亿，Y 部门的劳动 L_Y = 76475.31 亿。

表 24 - 4　两部门要素收益情况

（单位：亿元）

部门	资本收益（营业盈余）	劳动收益（劳动者报）
Y 部门	42193.62	76475.31
X 部门	53261.78	40899.41

资料来源：根据表 24 - 1、表 24 - 3 整理计算。

$$\lambda_{KX} = K_X / K = \frac{53261.78}{53261.78 + 42193.62} = 0.56$$。θ_{ij} 表示 i 要素收入占 j 产品收入的份额，例如 $\theta_{KX} = \frac{r(1 + t_{KX})K_X}{p_X X}$，表示资本要素收入占 X 产品收入的比例。$\theta_{KX} = \frac{53261.78}{53261.78 + 40899.41} = 0.57$，类似地可以计算出其他 8 个参数（见表 24 - 5）。

表 24 - 5　两部门的份额参数表

λ_{LX}	λ_{LY}	λ_{KX}	λ_{KY}	θ_{LX}	θ_{LY}	θ_{KX}	θ_{KY}
0.35	0.65	0.56	0.44	0.43	0.64	0.57	0.36

资料来源：根据表 24 - 4 整理计算。

2. 要素替代弹性

表 24 - 3 中对 Y 部门影响比较大的是制造业，借鉴郑玉歆和樊明太等

（1999）对制造业替代弹性的估计结果，Y 部门资本—劳动替代弹性 σ_Y 稳定在 1 附近。X 部门影响比较大的第三产业，这些行业的资本—劳动替代弹性等于 0.5，从而将 X 部门资本—劳动替代弹性 σ_X 设定为 0.5[①]。

3. 需求替代弹性

需求价格弹性是指在其他商品价格不变和总支出不变的情况下，某一产品价格变化百分之一，引起需求量变动的百分比。

Harberger（1967）推导出 Y 产品的需求价格弹性 η_Y 与 X 产品和 Y 产品的需求替代弹性 σ_D 有下列关系[②]。

$$\eta_Y = -\frac{P_X X}{P_X X + P_Y Y} \cdot \sigma_D , \qquad (24-24)$$

在两部门模型中，如果已知一种产品的需求价格弹性，经常用（24-24）式来计算两种产品之间的需求替代弹性[③]。例如，Harberger（1962）[④]，Shoven 和 John B.·(1967) 等等。

根据投入—产出相等条件，总产出等于所有投入要素的收入。根据表 24-4 数据，Y 部门产出 $p_Y Y$ 等于 Y 部门资本要素收入 42193.62 亿元与劳动要素收入 76475.31 亿元之和 118668.93 亿元。同样，X 部门产出 $p_X X$ 等于 X 部门资本要素收入 53261.78 亿元与劳动要素收入 40899.41 亿元之和 94161.19 亿元。X 和 Y 产品之间替代弹性

$$\sigma_D = -\frac{118668.93 + 94161.19}{94161.19} \times (-0.89) = 2.01 。$$

三、税负归宿比较

把所有参数值代入（24-21）式和（24-23）式可以得到 2008 年的结果如下：

---

① 稳健性检验部分将放松这一设定。

② 推导过程见 Harberger, "Some Evidence on the International Price Mechanism", *Journal of Political Economy*, Vol. 65(6), 1957, pp. 514。

③ 在线性支出系统下，根据国务院发展研究中心"2002 年中国社会核算矩阵（SAM）"，张阳（2007）利用按照居民收入水平分组的横截面数据资料，通过回归得到 η_Y 取值为 -0.89。由于缺乏 2002 年以后的 SAM，故此处沿用 $\eta_Y = -0.89$，作为对需求价格弹性的近似估算。

④ Harberger, Arnold C., "The Incidence of the Corporation Income Tax", *Journal of Political Economy*, Vol. 70(3), 1962, pp. 215-240.

$$\hat{r}^* = -0.4972\hat{t}_{KX} \ , \ \hat{r}_0 = -0.5580\hat{t}_{KX} \ , \ \frac{\hat{r}^*}{\hat{r}_0} = 89.11\%$$

$\hat{r}^*/\hat{r}_0$ 衡量了资本承担的企业所得税税负总额。上式说明对 X 部门资本征收企业所得税后，资本收益虽然下降，但没有下降到完全承担税负的程度。资本承担了企业所得税税负的 89.11%，剩下的 10.89% 转嫁给劳动要素承担。

依照上述方法测算 2007 年的企业所得税归宿在资本要素和劳动要素间的归宿结果：企业所得税税负的 88.75% 由资本承担，11.25% 由劳动要素承担。与 2008 年的结果相比，说明两税合并实施后，劳动要素对企业所得税的实际负担率下降了 0.36 个百分点，降幅达到 3.2%。

四、稳健性检验

两税合并有利于劳动要素对企业所得税实际承担的份额下降，这一判断是否稳健？《中国统计年鉴》中对劳动者报酬和营业盈余核算时，将"房地产业、租赁和商务服务业"合并作为一项，而《中国税务年鉴》的企业所得税核算时，将"房地产业"、"租赁和商务服务业"分列为两个项目，而且根据《中国外商投资报告 2007》，近年来金融服务业的外商投资比例有所提高，故为了避免核算口径差异产生的影响，以下将企业所得税负担率波动幅度较大的房地产业、租赁和商务服务业从 Y 部门剥离，划入 X 部门，分析是否会对税负归宿的变化趋势产生影响。

此时，X 部门包括：制造业、建筑业、批发零售贸易、住宿和餐饮业、房地产业、租赁和商务服务业、金融保险业。Y 部门包括：农业、采掘业、运输邮电业、电力、热水及水的生产和供应业、其他服务业。X 部门和 Y 部门的企业所得税平均负担率分别为 22.52% 和 7.12%，X 部门的企业所得税平均负担率是 Y 部门的 3.16 倍左右。

将资本和劳动的计量单位分别设定为每单位资本价格为 1 元和每单位劳动价格为 1 元，从而 2008 年 X 部门资本 $K_X = 57250.72$ 亿，Y 部门资本 $K_Y = 38204.67$ 亿，X 部门劳动 $L_X = 44006.84$ 亿，Y 部门劳动 $L_Y = 73367.87$ 亿。

表 24 -6　两部门要素收益情况

（单位：亿元）

部门	资本收益（营业盈余）	劳动收益（劳动者报酬）
Y 部门	38204.67	73367.87
X 部门	57250.72	44006.84

资料来源：根据表 24 -1 整理计算。

表 24 -7　两部门的份额参数表

λ_{LX}	λ_{LY}	λ_{KX}	λ_{KY}	θ_{LX}	θ_{LY}	θ_{KX}	θ_{KY}
0.37	0.63	0.60	0.40	0.43	0.66	0.57	0.34

资料来源：根据表 24 -6 整理计算。

类似地，可以计算出其他 8 个参数（见表 24 -7）。两部门的份额其他参数值，$\sigma_X = 0.5$，$\sigma_Y = 1$，$\sigma_D = 1.871$。把所有参数值代入（24 -21）式和（24 -23）式可以得到：

$$\hat{r}^* = -0.5245\hat{t}_{KX}\,,\ \hat{r}_0 = -0.5998\hat{t}_{KX}\,,\ \frac{\hat{r}^*}{\hat{r}_0} = 87.46\%$$

上式说明，资本承担了企业所得税税负的 87.46%，剩下的 12.54% 转嫁给劳动要素承担。测算 2007 年的企业所得税在资本要素和劳动要素间的归宿情况，结果发现企业所得税税负的 87.13% 由资本承担，12.87% 由劳动要素承担。因此，劳动要素对企业所得税的实际负担率在"两税合并"后下降了 0.33 个百分点，即下降了 2.56%。这表明，"两税合并"实施后，在合理的参数条件下，无论是将房地产业、租赁和商务服务业划入 Y 部门还是 X 部门，均有利于降低劳动要素税收负担率。

第四节　结论及政策含义

综合以上结果，有以下结论：第一，比较两税实施前后，无论在哪种分类方法下，均有 $\lambda_{KX} > \lambda_{LX}$ 和 $\lambda_{LY} > \lambda_{KY}$ 成立，这表明外商投资比例较高的部门具有资本密集型的特征，外商投资比例较低的部门具有劳动密集型的特征。税率合并，并没有影响不同行业对外资的吸引力。第二，实证结果预示，如果 Y 产品对 X 产品的替代比 X 部门劳动要素对资本要素的替代更不容易，那么劳动要素将承担更少的税负，相应地资本要素承担更多的税负。注意到，2008 年 Y 产品对 X 产品的替代弹性 σ_D 均低于 2007 年的水平（见表 24 – 8）。这意味着，两部门产品之间的替代与外商投资比例较高部门的劳动对资本替代相比，在两税合并之后变得更加不易，从而使劳动与资本承担的税负此消彼长。出于基础数据可得性的考虑，此处假设 σ_X 不变。如果放松假设，允许 σ_X 变化是否会有影响呢？

表 24 – 8 产品替代弹性和要素替代弹性变化情况

参数 年份	分类方法一		分类方法二	
	σ_D	σ_X	σ_D	σ_X
2007	2.0199	0.5	1.8783	0.5
2008	2.0116	0.5	1.8706	0.5

注：根据稳健性检验结果整理，σ_D 为 Y 产品对 X 产品的替代弹性，为 X 部门劳动要素对资本要素的替代弹性。

X 部门中的房地产业在历年外商投资总额占比仅次于制造业，两税合并以后，在对资本收益的平均税负上升的情况下，预期劳动要素对资本要素的替代弹性会上升，$\sigma_D - \sigma_X$ 的差依然会呈现缩小的趋势，从而并不影响劳动与资本承担的税负此消彼长的判断。

两税合并的实施不仅直接减轻了内资企业税负，降低市场进入成本，而且改善了劳动要素在国民收入再分配过程中的地位。随着税制改革的深入推进，内资企业将在更多的领域获得与外资相同待遇，但同时也必须注意到内资中的民间投资实际面临的有形和无形的进入壁垒依然存在。因此，进一步拓宽民间投资的领域和范围，规范设置投资准入门槛，创造公平竞争、平等准入的市场环境不仅有利于民间投资健康发展，也是合理调整收入分配关系应有之义。

参考文献

［1］程凌、张金水、潘慧峰：《内外资企业所得税改革效果分析》，《世界经济》2008 年第 10 期。

［2］朱敏：《两税合并对本土企业的影响及合并后最优税率的设计》，《上海经济研究》2008 年第 11 期。

［3］王丽：《中国两税合并的社会经济福利效应分析》，《财经研究》2008 年第 3 期。

［4］张阳：《中国税负归宿的一般均衡分析与动态研究》，中国税务出版社 2007 年版。

［5］张阳：《中国企业所得税税负归宿的一般均衡分析》，《数量经济技术经济研究》2008 年第 4 期。

［6］郑玉歆、樊明太：《中国 CGE 模型及政策分析》，社会科学文献出版社 1999 年版。

［7］商务部：《中国外商投资报告 2007》，2008 年版。

［8］Atkinson, Anthony B. and Joseph E. Stiglitz, "Lectures on Public Economics", *Economics Handbook Series*, New York : McGrawHill, 1980.

［9］Fullerton, Don, and Diane Lim Rogers, "Lifetime Versus Annual Perspectives on Tax Incidence", *National Tax Journal* 44, NO. 3, pp. 277-87.

［10］Harberger, Arnold C., "The Incidence of the Corporation Income Tax", *Journal of Political Economy* 70, NO. 3, 1962, pp. 215-40.

［11］Metcalf, Gilbert E., "The Lifetime Incidence of State and Local Taxes : Measuring Changes During the 1980s", In *Tax Progressivity and Income Inequality*, edited by Joel Slemroad, Cambridge Universtiy Press, 1994, pp. 59-88.

第二十五章　税收负担、税制结构与居民消费[①]

第一节　引　言

近期我国税制体系调整的一项重要内容就是改变以间接税为主的税收体制，提高直接税的比重，以缩小居民收入差距、扩大居民消费。以税负能否转嫁为标准，间接税指的是税负能够转嫁或者容易转嫁、纳税人与负税人不一致的税种，主要包括增值税、消费税、营业税、关税等；直接税指的是税负不能转嫁或者不易转嫁、纳税人与负税人一致的税种，主要包括企业所得税、个人所得税、房地产税、遗产和赠与税等。2011年，我国增值税、消费税、营业税、关税四大税种的税收收入约为4.74万亿元，占到全部税收收入的52.9%。如果加上进口产品的增值税和消费税，间接税收入约为6.10万亿元，占到全部税收收入的68.0%；企业所得税、个人所得税和房产税的税收收入合计约为2.39万亿元，占到全部税收收入的26.7%，其中，房产税仅占到全部税收的1.23%。这与西方发达国家的税收收入构成形成鲜明对比。2011年，美国联邦、州和地方的财政总税收预算为3.63万亿美元，属于个人直接缴纳的税收比例高达75%，而消费税等间接税种占比仅在5%左右。由于间接税主要针对生产环节和流通环节，

---

　　① 本章作者：王燕武、习甜。

往往会被生产者或销售者向下游转移，导致税负主要或完全由最终消费者承担，加重了消费者负担。因此，一般而言，一个国家或地区的间接税占比越大，直接税占比越小，越不利于缩小居民收入差距以及提高居民消费。

然而，尽管逐步提高直接税在总税收中的比重，以调节国民收入分配、扩大居民消费已经成为我国税收体系改革的共识，但如何提高直接税比重却还未有定论。从宏观层面看，增加直接税的比重不外乎有五条路径：一是同时增加直接税和间接税收入，并使得直接税增加的幅度超过间接税；二是保持间接税收入基本不变，大力增加直接税收入；三是减少间接税收入，同时增加直接税收入；四是保持直接税收入不变，逐渐降低间接税收入；最后，双双降低直接税和间接税收入，并使得间接税下降的幅度高于直接税。这五条路径中，前两条路径虽然可以提高直接税占比，但居民税负水平也会随之增加，这有可能会抵消直接税占比增加所带来的消费激励作用；第三条路径的直接税比重提升速度将可能是最快的，但同时居民税负水平的变化是不确定的，增加、不变和减少的情况均有可能，关键要看间接税及直接税收入变化的相对幅度；后两条路径则既会提高直接税比重，同时也会降低居民税负水平。由于居民税负水平过重，尤其是中低收入群体的税负水平过重是导致我国居民消费需求持续不振的重要原因。因此，如果仅从增加居民消费的角度看，无疑后两条路径将是最有可能出效果的。

考虑到提高直接税比重存在多种路径，且不同的路径将有可能经由居民税负水平的变化而造成不同的居民消费促进作用，本章认为，甄别直接税比重提高对居民消费的作用，需要结合由此带来的居民税负水平变化的情况来共同加以分析。有鉴于此，利用一个简单的动态—一般均衡模型，通过设定税制结构及税负水平参数，本章模拟了不同税负水平下，直接税比重变化对居民消费的作用。本章发现：第一，税负水平对居民消费的作用要远大于税制结构对居民消费的作用。如果二者对居民消费的作用方向相反的话，税负水平的作用将起到决定因素。第二，税负水平对直接税比重上升之于居民消费的作用具有重大的影响。当税负水平不变或减少时，直接税的比重上升会带来居民消费的上升，但当税负水平增加时，直接税的比重上升反而会引起居民消费的下降。第三，直接税比重提高可以减缓居民消费随税负水平的变化而变化的幅度，平稳居民消费。因此，要想通过提高直接税比重来促进居民消费，需要以减轻或保持税负水平不变为前提；导致税负水平提高的直接税比重上升很难引起居民消费的上涨。

本章其他部分的安排如下：第二节是文献综述；第三节是模型构建与分析；第四节是中国宏观数据的实证检验，我们以 1996—2009 年的全国省际间的税收及居民消费数据，检验不同税负水平下税制结构对居民消费的作用，以验证模型模拟的结论；第五节是结论与政策含义。

第二节　文献综述

关于税制结构对居民消费的作用研究，国外方面，克鲁塞尔（Krusellet al, 1996）运用政治均衡理论和新古典经济增长模型来比较消费税和所得税制度，指出：如果政府支出主要是通过转移支付用于收入再分配，那么在社会稳态均衡中，所得税将更有利于促进居民福利；而如果政府支出只用于提供公共产品，则消费税将有利于促进居民福利。这表明，直接税和间接税对居民福利的作用会受到政府支出取向的影响。此外，他们还发现，转换税制通常不利于中间选民，从一种税制改变为另一种税制可能使每个人福利恶化。

美国国会预算办公室（1997）则明确指出，相对于所得税，消费税会减少消费，促进储蓄和投资，提高经济效率；而所得税则会减少储蓄，促进消费，更有利于经济公平。由于美国储蓄率较低，对这个问题上的讨论，主要集中在如何以消费税替代所得税来提高储蓄和投资，进而抑制过度消费。换言之，美国要进行的税制结构改革目的是通过提高间接税比重来抑制消费、增加投资，这与我国希望通过提高直接税比重进而促进消费的税改取向恰好是相反的。不过，从税制构成对居民消费的作用机理上看，两者是相同的。安德科（Altig et al. , 2001）的研究验证了上述观点，认为，尽管用消费税取代以所得税为主的税制对投资进而产出具有较显著的促进作用，但从长远看，税制转换将导致居民消费下降，尤其是低收入阶层的消费。格拉斯利（Grossley et al，2009）通过考察英国增值税税率变动对消费者支出的影响，发现，增值税税率的下降将促进消费者支出水平的提高。即在消费者跨期替代弹性为 1 的假设下，增值税税率从 17.5% 降到 15% 能使消费者支出平均大约增加 1.2%。由于增值税属于间接税的一种，因此，他们的研究结果同样证实，间接税收入的减少将有利于促进居民消费。

不过，伊萨贝尔（Isabel，2010）使用无限生命家庭异质性假设，讨论了从所得税转变为比例消费税的税负水平分布变化，认为在比例消费税下，税负水平分布会更加均匀。这与人们通常认为的直接税下税负水平要更为公平的认识相悖。而且由于，一般意义上，税负公平对居民消费具有积极的作用，这也意味着，比例消费税并不必然对居民消费产生不利的影响。

国内方面，多数研究认为，我国现行税收体系不利于扩大居民消费的主要原因是居民税负水平较重，且存在纵向税收不公平，即收入高的群体与其承担的税收比重不匹配，税负水平更多集中在具有较高边际消费倾向的工薪阶层及中低收入群体①。而造成这一结果的根源在于以间接税为主的税制结构。我国以流转税为主体的税制结构中，增值税、营业税、消费税的税负转嫁加大了居民税负，直接影响居民消费；企业所得税、个人所得税、财产税等促进社会公平、调控居民收入的功能较弱，间接影响居民消费（张斌，2006、2011；张晓林、靳共元，2010；闻媛，2009；樊轶侠，2011 等）。

吕冰洋、禹奎（2009）的研究进一步指出，由于我国实行的是以间接税为主体的税制结构，企业部门可将大量间接税转嫁给居民部门承担，造成居民部门成为税负水平上升的主要承担者；而税负水平的变动造成居民部门的财富向政府部门和企业部门流动，降低了居民部门的总体可支配收

---

① 在个税起征点上升到 3500 元之后，财政部预测需要缴纳个税的群体将只有 2400 万人，减少了近 6000 万人，个税收入将下降 1600 亿元，约占到总纳税额的三分之一。这意味着，在原先需要缴纳个税的群体中，收入最低的 6000 万人占到全部个税总额的三分之一。

入水平，进而对居民消费产生不利影响。

实证检验方面，聂海峰、刘怡（2010）利用投入—产出表技术模拟间接税在不同部门的流转情况，估算了间接税在城镇居民不同收入群体的负担情况，发现：实际税率的提高是近年来居民税负水平增加的主要原因，居民家庭已经减少高税率商品的消费。此后，吕冰洋、谢耀智（2012）通过建立一般均衡模型和实证检验，分析不同税种对消费的作用，认为消费型增值税、营业税、消费税等间接税均在不同程度上抑制了消费，强化了供需失衡。常晓素、何辉（2012）利用跨期消费决策的两期模型来估算我国流转税和所得税的福利损失（成本），发现：我国的流转税具有明显的累退效应，而所得税的累进效应，特别是个人所得税的累进效应不明显。因此，他们认为，现阶段我国税制改革需适当降低流转税比例，提高所得税特别是个人所得税比例。

综上，已有文献的研究结论显示，我国以间接税为主的税制结构之所以不利于居民消费，主要体现在：一是间接税的可转嫁属性导致产品消费的最终端——居民部门承担了更大的税负份额，降低了居民部门的实际收入，从而抑制居民消费；二是间接税的普适性和累退性使得对不同收入群体承担不同税负水平的税收纵向公平难以实现，从而压制在收入构成中占据大多数、具有较高边际消费倾向的中、低收入群体的消费能力，不利于整体居民消费水平的提高。因此，税制结构对居民消费的作用是通过影响居民实际承担的税负水平实现的。这其中既包括影响税负水平的大小，也包括影响税负水平在各收入群体之间分配。

尽管多数文献认可税负水平是阻碍居民消费增长的重要因素，但也有一些研究存有争议。吴玉霞、侯文英（2009）通过引入代表农业两税改革的税收政策虚拟变量，认为，税收政策因素对城镇居民的人均消费支出影响为负，对农村居民的人均消费支出影响为正，但总体作用微弱。李文（2011）利用1985—2008年的数据对我国税负水平与城镇居民消费的关系进行了实证分析，发现，我国城镇居民消费最主要的影响因素是城镇居民收入，税负水平对城镇居民消费的影响有限。基于这一结论，他认为促进消费的税收政策并不意味着降低总体税负水平。不过，上述两个研究均存在估计样本较少、时间较短、估计结果可能存在偏差的问题。并且，更重要的是，简单依据消费函数的设定，直接将居民消费支出或者其对数值作为因变量，可能会夸大可支配收入变量对居民消费的作用。理由在于：一方面，国家统计局公布的居民消费支出和收入数据是基于微观家庭的调查数据汇总平均。一般来说，每个家庭都会以其当期或预期的可支配收入作为基点来权衡每一期的消费支出，这就造成收入和支出数据之间天然存在紧密的联系。另一方面，由于现有税收征管体系难以量化统计每一个家庭所承担的实际税负水平，因此，税负水平变量往往是采用税收总额占 GDP 比重来间接代表，而并非直接以每个家庭实际承担的税负水平来代表。以宏观变量来对微观变量进行非对称的计量回归，显然并不能准确地估算税负水平对居民消费的真正作用。

此外，国家税务总局税收科学研究所课题组（2005）、刘佐（2010）均认为我国直接税与间接税比例的调整可以通过增量安排实现，即通过适当提高直接税税负水平而不刻意减少间接税收入来实现。储德银、闫伟（2012）则利用分类的税收数据，得到：我国商品税和所得税均会挤出居民消费需求，财产税会挤入居民消费需求。这表明，如果提高直接税比重是通过增加所得税实现的话，直接税比重的增加也会抑制居民消费。

总的而言，以间接税为主的税制结构不利于居民消费，这一结论得到多数研究文献的认可，但反过来，这是否意味着提高直接税比重就可以促进居民消费呢？特别的，如果提高直接税比重是以增加税负水平为代价的话，即没有改变间接税为主的税制结构之所以不利于居民消费的作用根源的话，提高直接税比重能否实现其拉动居民消费的作用呢？目前来看，对于这些问题，学界还缺少相关的文献研究。本章的目的就在于尝试填补这一研究不足，并由此给出当前我国提高直接税比重的政策建议。

为实现这一目的，本章接下来部分的设计如下：第一，通过构建一般均衡模型，在假定其他条件不变的情况下，模拟不同税负水平下，提高直接税比重对居民消费的作用变化；第二，提炼模型模拟得到的结论，并利用中国的数据进行实证检验。为避免居民消费支出、收入等变量的微观属性与税负变量宏观属性的内生矛盾，本章采用支出法下的居民消费率来作为居民消费变量的代表。结果显示，税负水平变量的估计系数不仅显著，而且数值大小也可以与收入变量相比，甚至还要更大，明显有别于吴玉霞、侯文英（2009）、李文（2011）的研究结论。此外，为避免数据样本较少，本章采用的是中国省际间的面板数据。

第三节 模型构建与分析

一、模型构建

1. 厂商

假定经济中存在一系列相同的竞争型厂商，将其数量正规化为 1。每个厂商生产产出 y_t，其生产函数为规模收益不变的柯布道格拉斯函数：

$$y_t = z_t k_t^\alpha h_{1-\alpha}, 0 < \alpha < 1 \tag{25-1}$$

其中，k_t 和 h_t 分别为资本和劳动投入，对产出存在直接生产促进作用；z_t 代表技术冲击，假设技术冲击的演化路径为：

$$z_{t+1} = z_t^\lambda \varepsilon_{t+1}, 0 < \lambda < 1 \text{ 且 } z_0 \text{ 已知} \tag{25-2}$$

其中，ε_t 为独立分布的随机变量，均值为 1，标准差为 σ_{ε_t}。

假设要素市场完全竞争，则企业的利润最大化条件为：

$$r_t = \alpha \frac{y_t}{k_t} \tag{25-3}$$

$$w_t = (1 - \alpha) \frac{y_t}{h_t} \tag{25-4}$$

其中，r_t 为资本租金报酬率，w_t 为真实工资。

2. 家庭

经济中只存在一个单位的相同的无限期寿命的家庭，每个家庭都有一单位的时间禀赋。代表性家庭将最大化其一生的期望效用

$$E_0 \left[\sum_{t=0}^{\infty} \beta^t U(c_t, h_t) \right], 0 < \beta < 1 \tag{25-5}$$

其中，E 是条件期望控制变量，β 是贴现因素，c_t 是消费。代表性家庭的

效用函数设为：

$$U = \log c_t - B\frac{h_t^{1+\gamma}}{1+\gamma}, B > 0 \text{ 且 } \gamma \geqslant 0 \qquad (25-6)$$

其中，γ 代表劳动跨期替代弹性的倒数，B 表示劳动效用因子。当 $\gamma = 0$ 时，效用函数 U 将变为劳动时间的线性函数。

代表性家庭所面临的预算约束为：

$$(1 + \tau^c)c_t + i_t = (1 - \tau^i)(w_t h_t + r_t k_t) \qquad (25-7)$$

其中，i_t 为投资，τ^i 为所得税税率，τ^c 为消费税税率。资本存量的累积方程为：

$$k_{t+1} = (1 - \delta)k_t + i_t, k_0 \text{ 已知} \qquad (25-8)$$

其中，$\delta \in (0,1)$ 为资本折旧率。

家庭最优化问题的一阶条件为：

$$B(1 + \tau^c)c_t h_t^\gamma = (1 - \tau^i)w_t \qquad (25-9)$$

$$\frac{1}{c_t} = \beta E_t\left\{\frac{1}{c_{t+1}}[1 - \delta + (1 - \tau^i)r_{t+1}]\right\} \qquad (25-10)$$

$$\lim_{t \to \infty}\beta^t k_{t+1} = 0 \qquad (25-11)$$

其中，（25-9）式是期内条件，使得效应函数中家庭对于消费和闲暇的边际替代率与税后真实工资相等；（25-10）式是对于消费跨期选择的标准欧拉方程，（25-11）式则是横截条件。

3. 政府

政府设定消费税税率 τ^c、所得税税率 τ^i 和 g_t，并且遵循预算平衡法则，则预算约束为：

$$\tau^i y_t + \tau^c c_t = g_t \qquad (25-12)$$

设定可调节的税制结构参数 $\mu = \dfrac{\tau^c c_t}{\tau^i y_t}$，表示消费税收入与所得税收入之比。由于模型中有关税种设置只考虑消费税和所得税两种税种，为此，μ 可表示为间接税与直接税之比；设定可调节的政府支出占产出的比例参数 $\theta = \dfrac{g_t}{y_t}$，对所有的 t 成立。这表明政府支出与产出将保持一致的增长速度。由于遵循预算平衡法则，θ 实际上表示宏观税负水平。

最后，经济中总的资源约束为：

$$c_t + k_{t+1} - (1 - \delta)k_t + g_t = y_t \qquad (25 - 13)$$

4. 模型求解

给定政府"按比例"的支出模式和初始资本存量，均衡分布 $\{c_t, k_{t+1}, h_t, y_t\}_{t=0}^{\infty}$ 完全独立于政府预算约束（25 – 12）式。根据（25 – 1）、（25 – 8）、（25 – 9）、（25 – 10）、（25 – 12）和（25 – 13）式，容易推导出模型唯一的内部稳定状态。将各均衡条件在稳定点附近进行对数线性化后，可获得以下的动态均衡系统：

$$\begin{pmatrix} \hat{k}_t \\ \hat{c}_t \\ \hat{Z}_t \end{pmatrix} = J \begin{pmatrix} \hat{k}_{t+1} \\ \hat{c}_{t+1} \\ \hat{Z}_{t+1} \end{pmatrix} - \begin{pmatrix} \hat{k}_{t+1} - E_t(\hat{k}_{t+1}) \\ \hat{c}_{t+1} - E_t(\hat{c}_{t+1}) \\ \hat{\varepsilon}_{t+1} \end{pmatrix}, \hat{k}_0 \ \text{和} \ \hat{Z}_0 \ \text{已知} \qquad (25 - 14)$$

其中，带"^"的变量代表其偏离均衡状态值的百分比，J 为变形的动态系统偏导数的 Jacobian 矩阵。将 $\hat{c}_t$ 和 $\bar{k}_{t+1}$ 分别表示为 $\hat{k}_t$ 和 $\hat{Z}_t$ 的线性函数，利用待定系数法，可以解出线性方程组（25 – 14）的期望解。具体的式子如下：

$$\begin{cases} \hat{c}_t = q_1 \hat{k}_t + q_2 \hat{Z}_t \\ \hat{k}_{t+1} = p_1 \hat{k}_t + p_2 \hat{Z}_t \end{cases}, \text{对所有的} \ t \ \text{成立} \qquad (25 - 15)$$

其中，q_1, q_2, p_1, p_2 均为模型参数的复杂函数（包括 τ^c、τ^i 和 θ）。

二、模型分析

1. 参数校准

由于上述线性方程组解的表达式比较复杂，通常采用参数校准的方法来进行模拟分析。为此，我们先对各参数进行赋值。其中，不变结构参数方面，依据王小鲁和樊纲（2000）、马栓友（2000）的假设，我们将资本折旧率 δ 设为 0.05；贴现因子 β 参考 Zhao 和 Hsu（2008）的设定，设为 0.979；资本的产出贡献份额 α、伴随生产函数估计的技术冲击一阶自回归参数 λ 以及均衡状态下的劳动时间 $\bar{h}$，均参考黄赜琳（2005）估算的值①，分别

---

① 黄赜琳（2005）在其文章中估算了三组基于不同资本存量测算的产出贡献份额及技术冲击变量，本章这里只选用她根据张军（2003）估计的资本存量回归生产函数方程得出来的数值。

设为 $\alpha = 0.503$、$\lambda = 0.727$ 和 $\bar{h} = 0.542$，技术冲击的标准误差 $\sigma_\varepsilon = 0.0246$，稳态值 $\bar{z}$ 设为 1。此外，在 $\bar{h}$ 给定的情况下，可得劳动跨期替代弹性（以 $\frac{1-\bar{h}}{\bar{h}}$ 表示）等于 0.845，进而推出 $\gamma = 1.183$。

可调节结构参数方面，政府支出占产出的比例 θ，其基准值可按照我国 1994—2011 年间的税收占比均值来表示，设为 $\theta = 0.14$。θ 越大，意味着宏观税负水平越高；税制结构参数 μ 的基准值则以 2007—2011 年的间接税与直接税比值均值为代表①，设为 $\mu = 2.55$。在 θ 不变的前提下，μ 越小，表示直接税的比重越大，间接税的比重越小。

另外，在其余参数给定的情况下，参数 B 可由模型内生推导出来，具体公式为：$B = \dfrac{(1+\tau^i)(1-\alpha)\tau^c}{\mu(1+\tau^c)\tau^i(\bar{h})^{1+\gamma}}$。最终所使用的参数汇总如下，见表 25-1。

表 25-1　模型的参数校准结果

参　　数	校准值
折旧率 δ	0.05
产出贡献份额 α	0.503
贴现因子 β	0.979
技术冲击自回归系数 λ	0.727
技术冲击标准差 σ_ε	0.0246
劳动跨期替代弹性的倒数 γ	1.183
均衡状态下的劳动时间 $\bar{h}$	0.542
均衡状态下的技术冲击 $\bar{z}$	1
（基准值）宏观税负水平 θ	0.14
（基准值）税制结构参数 μ	2.55

① 房产税的数据自 2007 年起可以获得，为此，本章选取基准税制结构参数的时间跨度就定为 2007—2011 年。应该说，包括税负水平参数在内，本章的选取标准都值得进一步探讨。但本章选取基准参数的目的仅是为了提供分析调节参数变化的一个可比较基点，并不需要确实地反应实际的数值情况。

2. 模拟结果分析

①基准状态

如图 25 - 1 所示，在基准参数值的假定下，1 单位标准差的正向技术冲击将引起居民消费在当期上涨 0.435%，最高第 6 期达到 0.752%，随后开始逐渐下降并趋于 0；其余变量方面，产出和劳动时间变量均是在当期取得最快上涨，然后快速回落并趋于稳定状态，其中，产出当期上涨 3.06%，劳动时间当期上涨 1.20%；资本存量则呈现出先上升后下降的趋势，当期上升 0.355%，最高达到 0.937% 后开始逐渐趋缓，并回归稳定状态。因此，正向的技术冲击将引起产出增加，劳动供给上升，居民消费上涨以及资本存量提高。

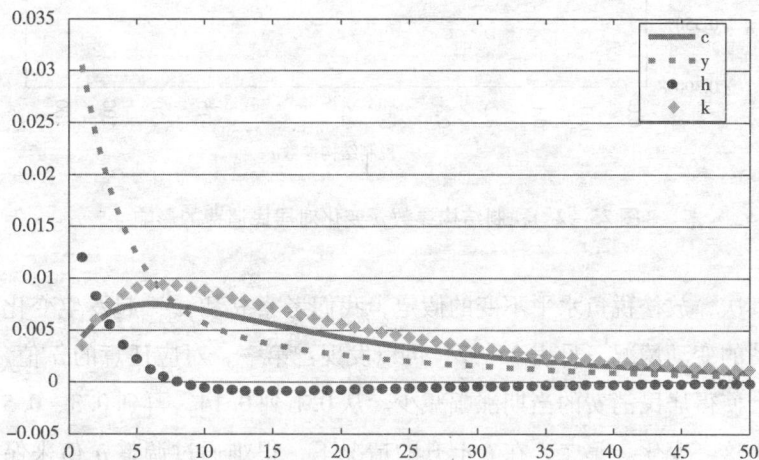

图 25 - 1 各宏观经济变量对 1 单位标准差正向技术冲击的响应

②税制结构参数 μ 变化对居民消费的影响

首先，假定税负水平保持不变，我们来看居民消费对于税制结构参数 μ 变化的反应①。见图 25 - 2，居民消费的当期上涨幅度会随 μ 的变大而减小，并且当 μ ≤ 0.001 时，居民消费的当期上涨幅度稳定在 0.491%；当

---

① 本章的目的在于讨论税制结构变化对居民消费的影响，为此，接下来我们将省略税制结构变化对其他宏观经济变量的影响。

$\mu \geqslant 400$ 时，居民消费的当期上涨幅度稳定在 0.416%，居民消费当期上涨幅度关于 μ 的弧弹性约为 -0.083，意味着间接税与直接税收入的比重每减少 1 单位，将引起居民消费当期上涨幅度提高 0.083 个单位。因此，可以判断，当总体税负水平不变时，直接税比重的提高将引起居民消费的上升。

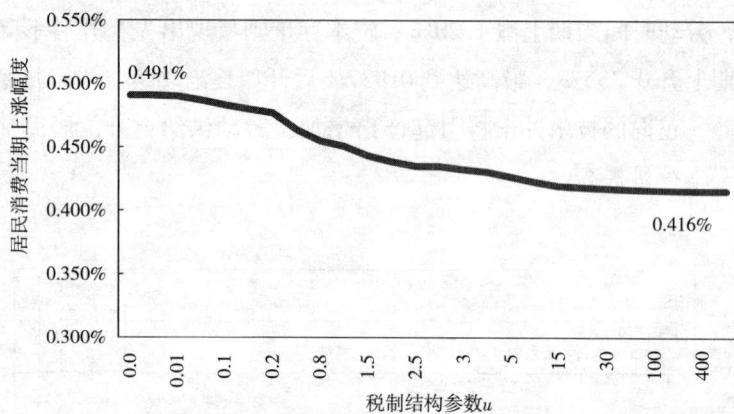

图 25 - 2　税制结构参数 μ 变化对居民消费的影响

其次，放松税负水平不变的假定，我们考察 θ 和 μ 一起发生变化时居民消费的变动情况。见表 25 - 2，可以发现：第一，对应任意的 μ 值，θ 上升都会使得居民消费的当期涨幅减少。从 0.1 到 0.14，再到 0.3、0.5，均显示出这一变化。第二，在 θ 上升的情况下，很难通过调整 μ 值来保持同样的居民消费增长幅度。比如，$(\theta, \mu) = (0.14, 5)$ 时，居民消费的当期涨幅为 0.427%，而当 θ 上升到 0.3 时，要实现同样的居民消费增长幅度，μ 值必须调整到 0.5 以下。即增长了约 1 倍的税负水平所造成的居民消费涨幅下降，需要通过税制结构参数下降超过 10 倍来弥补。简单估算一下，这意味着直接税收入占税收收入的比重要由原来的六分之一一下子提升到三分之二，直接税收入要达到原来的 8 倍。第三，当税负水平 θ 下降一定比例时，即使 μ 值变大也会使得居民消费的涨幅增加。从基准状态 $(\theta, \mu) = (0.14, 2.55)$ 出发，如果税负水平减少三分之一，下降到 0.1 左右，那么，即使间接税与直接税的比值 μ 提高近一倍，达到 5，该组合能够引发的居民消费当期涨幅仍为 0.446%，要高于基准状态下的 0.435%。第四，当 θ 上升时，μ 值越小，居民消费当期涨幅减少的幅度越小；而当 θ 下降时，μ 值越小，居民消费当期涨幅增长的幅度越小。例如，当税负水平由基准状态的 0.14 提高到 0.3 时，5 个 μ 值由小到大对应的居民消费涨幅下降的幅度分别为 8.60%、12.35%、14.61%、16.79% 和 18.93%；而当税负水平由基准状态的 0.14 下降到 0.1 时，5 个 μ 值由小到大对应的居民消费涨幅增长的幅度分别为 1.81%、2.69%、3.26%、3.84% 和 4.43%。

表 25-2 不同 (θ,μ) 组合下的居民消费涨幅变动

税负水平参数	税制结构参数	居民消费当期涨幅	税负水平参数	税制结构参数	居民消费当期涨幅
$\theta=0.1$	$\mu=0.5$	0.472%	$\theta=0.3$	$\mu=0.5$	0.424%
	$\mu=1$	0.463%		$\mu=1$	0.395%
	$\mu=1.55$	0.457%		$\mu=1.55$	0.378%
	$\mu=2.55$	0.452%		$\mu=2.55$	0.362%
	$\mu=5$	0.446%		$\mu=5$	0.346%
$\theta=0.14$	$\mu=0.5$	0.464%	$\theta=0.5$	$\mu=0.5$	0.354%
	$\mu=1$	0.451%		$\mu=1$	0.306%
	$\mu=1.55$	0.443%		$\mu=1.55$	0.280%
	$\mu=2.55$	0.435%		$\mu=2.55$	0.258%
	$\mu=5$	0.427%		$\mu=5$	0.239%

注：(1) 纯粹数学意义上，当 $\theta\geqslant0.8$ 时，本章所构建的模型就没有稳定解。不过，从经济学角度看，很少有国家的税负水平超过 0.8，为此，这里我们将 θ 设定在 0.5 以内。由于居民消费关于 θ 的反应曲线在其定义域内是连续的，因此，取 4 个 θ 值作为代表的做法是有效的。(2) μ 的取值可以是 $(0,\infty)$，这里，我们根据中国的实际情况，加以合理的假定，将 μ 值设定在 5 以内。同样的，居民消费关于 μ 的反应曲线在其定义域内也是连续的，因此，选择样本点的分析方法也是有效的。

综上，根据模型模拟的结果，我们可以得到以下一些结论：

第一，与税负水平对居民消费的作用相比，税制结构调整对居民消费的作用偏弱，不是其决定因素。主要体现在：当税负水平降低时，即使直接税比重下降，居民消费仍可能是增长；而反过来，当税负水平增加时，

即使直接税比重上升，居民消费仍有可能是下降的，需要直接税比重的高幅度变动才能抵消。

第二，受结论一的影响，如果直接税比重上升的同时，是伴随着税负水平的减少或保持不变时，那么，提高直接税比重将引起居民消费的上涨，而如果直接税比重上升是以税负水平提高为前提，则提高直接税比重将很难弥补税负水平上升对居民消费的负作用，最终导致居民消费下降。

第三，直接税比重提高对居民消费的主要作用是减缓居民消费随税负水平的变化而变化的幅度，平稳居民消费。主要体现在：当税负水平增加时，直接税比重越高，居民消费涨幅下降的幅度越小，而当税负水平减少时，直接税比重越高，居民消费涨幅增长的幅度越小。这表明，尽管税负水平决定了居民消费的变化，但直接税比重越高，越有利于减缓居民消费随税负水平变动而变动的幅度，起到平稳居民消费波动的作用。

第四节　中国宏观数据的实证检验

一、变量选取与计量方程设定

上面我们通过模型模拟了税负水平与税制结构共同作用下的居民消费变化，接下来，我们将利用我国 1996—2009 年间的省级税收及居民消费数据，对模型模拟得到的结论进行实证检验。具体方法和过程如下：

1. 变量选取

（1）被解释变量

本章研究的对象是居民消费。为避免方差过大，我们以各地区支出法下的居民消费占同期 GDP 的比重（即居民消费率）来作为被解释变量。

（2）解释变量

首先，税负水平变量。一般情况下，宏观税负水平有三种口径的数据。这里简便起见，我们选择小口径的数据作为税负水平变量，即以各地区税收收入占同期 GDP 的比重来代表税负水平变量。为分析不同税负水平下的税制结构变动对居民消费的影响，我们还将以税负水平是否超过全国平均水平为标准，将各地区分成高税负水平及较低税负水平两类地区，并分别进行模型回归分析。

其次，税制结构变量。结合地方各项税收数据的可获得性，我们使用增值税、营业税和消费税收入之和来代表间接税收入；用企业所得税、个人所得税及房产税收入之和来代表直接税收入，从而估算出样本期间内各地区的税制结构变量数据，即间接税与直接税之比。

最后，其他控制变量。包括地区人均 GDP、人均可支配收入、通货膨胀率和外贸依存度等。一般来说，人均可支配收入越高，居民的消费水平会越高，因此，人均可支配收入变量的估计系数预计为正的；人均 GDP 变量对居民消费率的作用方向不能确定，会受到居民储蓄及边际消费倾向的影响，原因是被解释变量采用的是居民消费率，分母为 GDP 数据；通货膨胀率越高，代表物价水平上涨越快，居民的实际收入下降越快，不利于居民消费，因此，预计变量估计系数为负的；外贸依存度可以用来表示地区经济的对外开放程度，其对居民消费的作用，既可能是正的，也可能是负的，符号未定。另外，为了消除异方差以及与被解释变量为比值相对应，人均 GDP 和人均可支配收入变量将用对数形式来表示。

2. 计量方程设定

参考消费方程的设定，我们建立了计量回归的基本方程：

$$Y_{it} = C + \sum_j \alpha_j X_{jit} + \sum_k \beta_k D_{kit} + \varepsilon_{it} \qquad (25-16)$$

下标 i 和 t 分别代表第 i（$i = 1, \cdots, 30$）省和第 t（$t = 1996, \cdots, 2009$）年，C 为截距项 α_j、β_k 为回归系数，ε_{it} 是残差项。Y 代表居民消费率，X_j 为税收变量，$j = \mu, \theta$，分别表示税制结构和税负水平变量；D_k 为其他控制变量，包括人均地区 GDP、人均可支配收入、通货膨胀率和外贸依存度。

3. 数据来源和说明

本章选取了除港、澳、台和西藏之外的其他全部 30 个内地省、直辖市和自治区，时间期限为 1996—2009 年，数据频率为年度数据。所有的税收数据均来自历年《中国税务年鉴》；其他数据则来自 CEIC 数据库、历年《中国统计年鉴》等等。

二、实证结果及分析

1. 总体样本的回归结果

运用静态面板固定效应模型的估计方法，并分别用截面加权及 White 时期法来处理截面和时期异方差，估计的结果见表25－3。

第一，从模型一到模型三的估计结果看，在不考虑税负水平及其他控制变量的情况下，模型一中的税制结构变量估计系数显著为正（0.0009）；引入税负水平变量后，模型二中的税制结构变量估计系数由正转负（－0.0007），且估计结果依旧是显著的。不过，由于税制结构变量的估计系数符号发生逆转，估计结果可能是不平稳的。为此，模型三中，在考察税制结构变量对居民消费的作用时，我们使用税负水平和税制结构变量的交叉项来剔除税负水平变量的影响，结果显示，税制结构变量的估计系数恢复为正（0.0001），但估计结果变得不显著。同时，交叉项的估计系数也是不显著的。只有税负水平变量是显著为负的。这表明，在不考虑其他控制变量的情况下，加入税负水平变量会使得税制结构变量对居民消费的作用不再显著。因此，税负水平将直接影响税制结构变化对居民消费的作用，本章的立论基础得以证实。

第二，从模型四、模型五的估计结果看，考虑了外部需求变动及物价因素之后，税制结构变量对居民消费的作用得以强化，显著为正；税负水平变量的估计系数仍为负值，但显著性有所下降；两者的交叉项则显著为负。而引入收入控制变量后，税制结构及税负水平变量的估计系数尽管仍是显著的，但符号发生较大变化，税负水平对居民消费的作用由负转正，这意味着税负水平的增加将带动居民消费的上升，不符合理论预期的结果。为此，在模型六到模型八中，我们进一步引入税负水平与收入变量的交叉项以剔除收入变量对税收变量的干扰。结果显示，税负水平的估计系数恢复为负的，且是显著的；其余变量的估计系数大小、符号及显著性程度也都明显趋稳。这里，可以发现，在充分考虑收入和物价水平等控制变量之后，提高直接税比重将有利于促进居民消费的增加。

表 25 - 3 总体样本的回归结果

被解释变量：居民消费率	模型一	模型二	模型三	模型四	模型五	模型六	模型七	模型八
解释变量：								
税制结构变量 X_μ	0.0009***	-0.0007**	0.0001	0.0043***	-0.0016**	-0.0028***	-0.0028***	-0.0027***
税负水平变量 X_θ	—	-0.593***	-0.536***	-0.273*	0.262***	-1.427***	-1.227***	-1.415***
控制变量：								
外贸依存度变量	否	否	否	0.148***	0.049	0.033	0.033	0.033
通货膨胀率	否	否	否	-0.658***	-0.329***	-0.299***	-0.288***	-0.300***
人均 GDP	否	否	否	否	-0.152***	-0.124***	-0.146***	-0.119***
人均可支配收入	否	否	否	否	0.0797**	0.032	0.060*	0.027
交叉项：								
税制结构与税负水平的交叉项	—	—	-0.006	-0.024***	0.004	0.012***	0.012**	0.0115**
税负水平与人均可支配收入的交叉项	—	—	—	—	—	0.167***	—	0.202
税负水平与人均 GDP 的交叉项	—	—	—	—	—	—	0.139***	-0.034
截距项：	0.390***	0.474***	0.466***	0.441***	1.045***	1.237***	1.195***	1.240***
检验项：								
Ad·R^2	0.7209	0.7796	0.7652	0.8268	0.9105	0.9107	0.9105	0.9107
Prob(F)	0.0000	0.0000	0.0000	0.0000	0.0000	0.0000	0.0000	0.0000

注：符号 ***、**、* 分别表示系数估计通过 1%、5%、10% 的显著性水平。

第三，所有模型估计的结果均显示，税负水平变量的估计系数要远高于税制结构变量的估计系数，这表明税负水平变量对居民消费率的作用要远大于税制结构变量对居民消费的作用。因此，尽管提高直接税比重会引起居民消费上升，但由于税负水平变量对居民消费具有更大的负向作用，所以，当直接税比重的提高是以增加税负水平为前提的话，最终居民消费有可能是下降的。调整税制结构变量将很难抵消税负水平变量对居民消费的负作用。由此，本章模拟部分得到的结论一得以验证。

第四，控制变量方面，通货膨胀率、人均可支配收入和外贸依存度变量的估计系数符号均符合预期，这里不再赘言。不过，外贸依存度变量的估计结果在引入收入变量后，变得不显著，可见，市场开放程度并不是影响居民消费的重要因素；而人均 GDP 变量的估计系数则显著为负的，表明样本期间内我国居民储蓄的速度要快于居民消费的速度，这与当前我国"高投资、低消费"的总需求结构现状是相符合的。

2. 分类样本的回归结果

为进一步验证不同税负水平下的直接税比重上升对居民消费的作用，接下来，我们以各省历年税负水平均值是否超过各省平均水平为标准，将总体样本分为高税负水平的样本以及较低税负水平的样本，并分别进行模型回归分析。分类样本回归实际上可作为总体样本回归的稳健性检验。回归结果见表25-4。

对比模型六、模型九和模型十一，可得：

首先，高税负样本的税制结构估计系数显著为正的，说明在居民税负水平较高的情况下，提高直接税比重不仅不会促进居民消费，反而将导致居民消费的下降。而低税负的样本中，税制结构变量的估计系数显著为负，并且估计系数的绝对值明显大于全部样本以及高税负样本的估计值（$|-0.008| > |0.0048| > |-0.0028|$）。说明，在税负水平较低的情况下，提高直接税比重将较好地促进居民消费的上升。由此，模拟结论二得以证实。导致这种变化的原因可能在于，在不同的税负水平下，居民对收入侵蚀效应更为明显的直接税所采取的应对策略是不一样的。即在高税负的压力下，居民更倾向于减少消费、增加工作时间、提高资产储蓄来应对直接税上升所造成的可支配收入减少效应；而在低税负压力下，居民更愿

意选择增加消费、减少工作时间、降低资产储蓄来应对直接税比重的上升。

表 25 – 4　分类样本的回归结果

样本分类	高税负样本		低税负样本	
被解释变量：居民消费率	模型九	模型十	模型十一	模型十二
解释变量：				
税制结构变量 X_μ	0.0048 **	0.0043 *	– 0.008 ***	– 0.008 ***
μ 税负水平变量 X_θ	– 1.060 ***	– 1.063 **	– 2.529 **	– 1.409 *
控制变量：				
外贸依存度变量	– 0.058 *	– 0.065 *	0.043	0.044
通货膨胀率	– 0.541 ***	– 0.53 ***	– 0.234 ***	– 0.23 ***
人均 GDP	– 0.134 ***	– 0.165 ***	– 0.111 ***	– 0.124 ***
人均可支配收入	0.056 **	0.094 ***	0.017	0.043
交叉项：				
税制结构与税负水平的交叉项	– 0.028 **	– 0.026 **	0.088 ***	0.086 ***
税负水平与人均可支配收入的交叉项	0.133 ***	—	0.254 **	—
税负水平与人均 GDP 的交叉项	—	0.123 ***	—	0.131
截距项：	1.098 ***	1.059 ***	1.282 ***	1.178 ***
检验项：				
$Ad \cdot R^2$	0.9011	0.8995	0.9189	0.9156
$Prob(F)$	0.0000	0.0000	0.0000	0.0000

注：（1）高税负样本包括 8 个省份，分别为北京、上海、天津、山西、云南、贵州、广东和新疆；低税负样本为剩下的 22 个省份。（2）考虑到同时引入税负水平与人均可支配收入，以及税负水平与人均 GDP 的交叉项可能会产生共线性问题。参见表 25 – 3 的模型八，当同时引入两个交叉项时，两者的估计系数均变得不显著。因此，我们选用模型六和模型七来作为分类样本估计的基本模型。其中，模型九和模型十一对应的是模型六，模型十和模型十二对应的是模型七。（3）符号 *** 、 ** 、 * 分别表示系数估计通过 1%、5%、10% 的显著性水平。

其次，税负水平变量的估计系数均显著为负的，并且估计系数的绝对值要远大于税制结构变量。进一步地，当税负水平变量对居民消费的负向作用较大时（ – 2.529 ＞ – 1.427 ＞ – 1.060），提高直接税比重对居民消费的正向作用也会比较大（−0.008 > −0.0028 > 0.0048）①；而当税负水平变量对居民消费的负向作用下降到一定程度时（高税负样本的情况下），提高直接税比重反而会加剧居民消费的下降。这表明，提高直接税比重可以平稳税负水平变量对居民消费的影响，从而模拟结论三得证。

综上，本节的实证检验结果，揭示了在研究税制结构对居民消费作用时引入税负水平的重要性，为本章的研究出发点提供了实证支持。同时，实证检验的结果也基本上验证了本章第二节模型模拟得到的结论。

第五节　结论与政策含义

利用一个简单的动态一般均衡模型，通过设定税制结构及税负水平参数，本章模拟了不同税负水平下直接税比重上升对居民消费的作用。本章发现：第一，与税负水平对居民消费的作用相比，税制结构调整对居民消费的作用偏弱，不是其决定因素；第二，受此影响，如果直接税比重上升的同时，是伴随着税负水平的减少或保持不变时，那么，提高直接税比重将引起居民消费的上涨，而如果直接税比重上升是以税负水平提高为前提，则提高直接税比重将很难弥补税负水平上升对居民消费的负作用，最终导致居民消费下降；第三，直接税比重提高对居民消费的主要作用是减缓居民消费随税负水平的变化而变化的幅度，平稳居民消费。

随后，运用1996—2009年全国30个省级区域的分类税收及居民消费数据，对模型模拟得到的结论进行经验检验。经验研究的结果表明：第一，税负水平对居民消费的作用确实远大于税制结构对居民消费的作用。调整直接税比重很难抵消税负水平变量对居民消费的负作用；第二，对比不同税负水平的样本，在低税负水平下，提高直接税比重要引起居民消费的上涨，而在高税负水平下，提高直接税比重反而会导致居民消费的下

---

① 高税负样本下，直接税比重上升对居民消费的影响是负向的，这里可以把它视为负正向。

降。税制结构之于居民消费的作用确实会受到不同税负水平的影响；同时，从作用大小看，当税负水平对居民消费的负作用越大时，提高直接税比重对居民消费的正向作用也会越大，从而部分抵消税负水平对居民消费的负作用。反过来，当税负水平对居民消费的负作用较小时，提高直接税比重反而会加剧对居民消费的负向作用。因此，可以证实，提高直接税比重将有利于平稳税负水平变量对居民消费的作用。

综上所述，应该说，本章所构建的模型模拟结果与基于中国税收及消费数据的经验研究结论基本符合，具有一定的解释能力。因此，本章认为，在研究提高直接税比重对居民消费的作用时，必须考虑由此产生的税负水平变动的影响。而由于现有的政策设计中，不同的提高直接税占比路径对税负水平的影响是不确定性的，对这一问题的讨论无疑就具有十分重要的现实意义。

当前，提高直接税占比已然成为我国下一阶段税制体系改革的一项重要内容。部分学者认为，可以在增加宏观税负水平的情况下，提升直接税比重。本章的研究结论指出，如果提高直接税占比的目的之一是旨在促进居民消费，那么，这种情况存在的可能性是微乎其微的。即，如果提高直接税占比会导致税负水平的上升的话，居民消费将难以增加，甚至反而会进一步导致居民消费的下降。

结合本章的研究结论，我们认为，提高直接税比重、促进居民消费，应当从减少间接税收入进而降低居民的税负水平入手，通过间接税的减少来实现，而不应在间接税收没有减少的情况下，通过增加直接税收入从而进一步提高居民税负水平来实现。这就意味着，从政策含义看，减少间接税收入、降低居民税负水平是第一步，而提高直接税收入、增加直接税比重是第二步，不能乱了次序，否则，提高直接税比重只会进一步增加居民税负水平，加剧居民消费的下降步伐。

参考文献

［1］张斌：《收制度与收入分配》，《税务研究》2006 年第 8 期。

［2］张斌：《扩大消费需求与税制结构调整》，《涉外税务》2011 年第

6 期。

[3] 张晓林、靳共元：《我国税制结构与居民消费的实证分析与思考》，《中国城市经济》2010 年第 5 期。

[4] 闻媛：《我国税制结构对居民收入分配影响的分析与思考》，《经济理论与经济管理》2009 年第 4 期。

[5] 樊轶侠：《税收制度影响居民消费需求的效应》，《税务研究》2011 年第 2 期。

[6] 吕冰洋、禹奎：《我国税收负担的走势与国民收入分配格局的变动》，《财贸经济》2009 年第 3 期。

[7] 吕冰洋、谢耀智.：《间接税对供需失衡的影响分析》，《经济理论与经济管理》2012 年第 1 期。

[8] 聂海峰、刘怡：《城镇居民的间接税负担：基于投入产出表的估算》，《经济研究》2010 年第 7 期。

[9] 常晓素、何辉：《流转税和所得税的福利效应研究》，《统计研究》2012 年第 1 期。

[10] 国家税务总局税收科学研究所课题组：《我国直接税与间接税关系的发展和展望》，《税务研究》2005 年第 1 期。

[11] 刘佐：《中国直接税与间接税比重变化趋势研究》，《财贸经济》2010 年第 7 期。

[12] 李文：《税收负担对城镇居民消费的影响》，《税务研究》2011 年第 2 期。

[13] 储德银、闫伟：《税收政策与居民消费需求——基于结构效应视角的新思考》，《经济理论与经济管理》2012 年第 3 期。

[14] 王小鲁、樊纲：《中国经济增长的可持续性——跨世纪的回顾与展望》，经济科学出版社 2000 年版。

[15] 马栓友：《财政政策与经济增长》，经济科学出版社 2003 年版。

[16] 黄赜琳：《中国经济周期特征与财政政策效应——一个基于三部门 RBC 模型的实证分析》，《经济研究》2005 年第 6 期。

[17] 吴玉霞、侯文英：《启动农村居民消费的税收政策选择》，《经济经纬》2009 年第 6 期。

[18] 张军、章元：《对中国资本存量 K 的再估计》，《经济研究》2003 年第 7 期。

[19] Congressional Budget Office（CBO），"Comparing Income and Consumption Tax Bases"，CBO paper，July，1997.

[20] David Altig，Alan J. Auerbach，Laurence J. Kotlikoff，Kent A. Smetters and Jan Walliser，"Simulating Fundamental Tax Reform in the United States"，*The American Economic Review*，91（3），2001，pp. 574-595.

[21] Grossley T.，Low H.，Wakefield M.，"The Economics of a Temporary VAT Cut"，Fiscal Studies，2009，p. 30.

[22] Per Krusell，Vincenzo Quadrini，and Jose-Victor Rios-Rull，"Are consumption taxes really better than income taxes?"，*Journal of Monetary Economics*，37（3），1996，pp. 475-503.

[23] Correia，Isabel，"Consumption Taxes and Redistribution"，*American Economic Review*，100（4），2010，pp. 1673-94.

[24] Min Zhao and Minchung Hsu，"China's Real Bussiness Cycles and Fiscal Policies between 1954-2004：Productivity and Policy Changes"，*National Graduate Institute for Policy Studies*（*GRIPS*），working paper，2008.

第二十六章 中国金融约束指数的构建与实证检验[①]

第一节 构建金融约束指数的文献回顾及改进思路

本章旨在对中国金融约束政策进行指数化处理，创建一个金融约束指数，并对其与居民消费需求之间的关系进行实证分析，从实证角度验证并测度金融约束政策对居民消费需求增长的影响。本章首先进行文献述评，之后创建中国金融约束指数；在此基础上，实证分析金融约束指数对居民消费需求增长的影响。最后给出政策建议。

金融约束政策难以量化的缺陷使政策制定者无法比较、衡量它的执行力度及政策效果。所以我们力图构建一个衡量金融约束的指数体系，用以测度金融市场金融约束的程度，并进一步据以实证分析它对于居民消费需求的影响。当前研究中专门讨论金融约束效应的文献并不多，尚无金融约束指数一说，但相关文献中金融抑制指数、金融市场化指数创建的方法值得借鉴。

Demetriades 和 Luintel（1997）采用主成分分析法，利用印度 1960—1991 年的相关数据构建了金融抑制指数。主成分分析法可以解决模型中多

---

① 本章作者：刘郁葱。

个变量之间存在的多重共线性，通过投影的方法，实现数据的降维，将所有指标的信息转化为少数几个有代表意义的综合指标，在低维空间将信息分解为互不相关的部分，以获得更有意义的解释。

Demetriades 和 Luintel（1997）构建的金融抑制指数涉及 9 种政策数据（见表 26 – 1）。其中 6 个利率控制量，用虚拟变量测度，有控制，则选择 1，其他，则选择 0，它们分别为：固定存款利率、存款利率上限、存款利率下限、固定贷款利率、贷款利率上限、贷款利率下限。另有 3 个关于信贷管制的控制量，包括直接信贷管制、法定存款准备金率以及流动性比率，其中直接信贷管制根据管制程度分别取值 0、1、2、3，对应于管制信贷占银行总信贷比值的 0、1%—20%、21%—40% 以及 40% 以上。经过主成分分析获得的印度金融抑制指数见图 26 – 1。

表 26 – 1　1960—1991 年用于构建印度金融抑制指数的相关指标

年份	DR	FDR	DRC	DRF	FLR	LRC	LRF	RTD	LQR	DCP	BRN
1960	4.5	0	0	0	0	0	0	2.0	25.0	0	4263
1961	4.5	0	0	0	0	0	0	2.0	25.0	0	4492
1962	4.5	0	0	0	0	0	0	2.0	25.0	1	4806
1963	4.5	0	1	1	0	1	0	2.0	28.0	1	5222
1964	6.0	0	0	1	0	1	0	2.0	30.0	1	5719
1965	6.0	0	0	1	0	1	0	2.0	30.0	1	6122
1966	6.0	0	0	1	0	1	0	2.0	30.0	1	6592
1967	6.0	0	0	1	0	1	0	2.0	30.0	1	7053
1968	6.0	0	0	1	0	1	0	2.0	30.0	1	7547
1969	6.0	1	1	1	0	0	0	2.0	32.0	2	10133
1970	6.5	1	1	1	0	0	0	3.0	31.0	2	12013
1971	6.5	1	1	1	0	0	0	3.0	32.0	2	13620
1972	6.5	1	1	1	0	0	0	3.0	32.0	2	15362
1973	6.0	1	1	1	0	0	0	3.0	33.0	2	16936
1974	6.75	1	1	1	0	0	1	3.0	33.0	2	18730
1975	8.0	1	1	1	0	1	0	3.0	33.0	2	21220

续表

年份	DR	FDR	DRC	DRF	FLR	LRC	LRF	RTD	LQR	DCP	BRN
1976	8.0	1	1	1	0	1	0	10.0	33.0	2	24802
1977	6.0	1	1	1	0	1	0	10.0	33.0	2	28016
1978	7.0	1	1	1	0	1	0	10.0	34.0	2	30220
1979	7.0	1	1	1	0	1	0	10.0	34.0	2	32419
1980	7.0	1	1	1	0	1	0	10.0	34.0	3	35706
1981	7.5	1	1	1	0	1	1	7.0	34.0	3	39180
1982	8.0	1	1	1	0	1	1	8.0	35.0	3	42016
1983	8.0	1	1	1	0	1	1	8.5	36.0	3	45332
1984	8.5	1	1	1	0	1	1	10.0	37.0	3	51385
1985	8.5	0	1	0	0	1	1	10.0	37.5	3	53265
1986	8.0	0	1	0	0	1	1	9.5	38.0	3	53840
1987	8.8	0	1	0	1	1	1	10.0	38.0	3	55414
1988	8.0	1	1	1	1	0	1	11.0	38.0	3	57197
1989	8.0	1	1	1	0	0	1	15.0	39.0	3	58901
1990	8.0	1	1	1	0	1	1	15.0	38.5	2	60101
1991	9.0	1	1	1	0	1	1	15.0	38.5	2	NA

注：DR 为名义存款利率；FDR 为固定存款利率；DRC 为存款利率上限；DRF 为存款利率下限；FLR 为固定贷款利率；LRC 为贷款利率上限；LRF 为贷款利率下限；RTD 为存款准备金比率；LQR 为流动性比率；DCP 为直接信贷计划；BRN 为银行分支数目。

资料来源：Demetriades 和 Luintel（1997）。

Bandiera 等（2000）根据主成分分析法构建了金融自由化指数体系，利用 8 个发展中国家 25 年的自由化进程绘制出了各国的金融自由化指数曲线图。文中也是将每种改革措施和一个虚拟变量联系起来，在此项自由化实现的年度及此后年度将该变量取值为 1，否则为 0。

李辉文（2010）对 D－L 方法进行调整，利用主成分法构建了中国金融抑制指数，并用以检验金融抑制对居民消费的"门槛效应"，即金融抑制在某一水平下可以促进居民消费水平，超过此临界值则会通过信贷可得性和财产性收入等途径挤出消费需求。

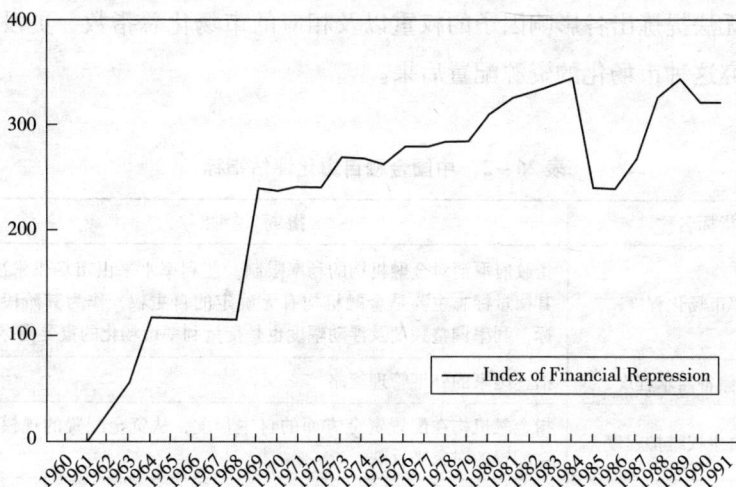

图 26 - 1　1960—1991 年印度的金融抑制指数

资料来源：Demetriades 和 Luintel（1997）。

　　国内其他学者主要对金融市场化进行指数测度，影响最大的是樊纲等人（2003）所给出的较完整的测度，他们采取类似 Bandiera 等（2000）的方法，也运用主成分分析法提炼出市场化总指数。在他们的研究中，已经注意到渐进式改革的重要意义，所以除了基于明显的政策外生变化的测度外，还通过了一系列调查数据和指标来弥补这种外生政策变化测度的不足。但是他们的指标只有最近 5 年，并且关于金融市场化的测度非常简单。

　　黄金老（2001）以 8 个指标来衡量中国的金融市场化程度，分别为利率市场化程度、信贷自主权维护程度、机构准入自由程度、商业性金融机构产权多元化程度、业务范围自由度、资本自由流动程度、社会融资的市场化程度和金融调控间接化程度。他对每个指标划分了 5 个等级：极低、低、中度、高、极高，权重分别为 1、2、3、4、5，由此得到我国金融市场化程度为 40%。但黄金老的研究没有构成有效的时间序列，无法判断市场化的进程。

　　刘毅和申洪沕（2002）在黄金老的研究基础上，吸收了 Bandiera 等（2000）的测度方法，他们选择了利率市场化程度等 9 个指标来衡量中国的金融市场化程度（见表 26 - 2），但同样无法测度渐进式改革的进程和特征，也无法提炼出各影响因子的权重以及相应的市场化总指数，更没有进一步研究这种市场化的资源配置后果。

表 26 - 2　中国金融自由化评估指标

指标名称	指标说明
利率市场化程度	指政府取消对金融机构的利率限制，使利率水平由市场供求决定。其衡量标志主要是金融机构有无确定的自主权，作为其阶段性目标，利率调整频度及浮动幅度也是衡量利率市场化的重要指标
外汇储备需求程度	描述国家的外汇管理策略
信贷自主权维护程度	指金融机构在配置资金方面的自主程度，从资金配置的规模和资金配置的对象来反映
机构准入自由程度	即对金融机构设置的审批完全是审慎性的，在营业许可上没有经济需求测试或数量限制
商业性金融机构客户多元化程度	即降低金融机构的国有化比率，增加非国有产权所占比重
业务范围自由度	它有两个方面：一是是否实行合业经营，即银行业与证券业、信托业、保险业的融合；二是金融机构是否可以在不违背法规的前提下自由进行业务创新
资本自由流动程度	指政府对资本流出、流入的管制程度
社会融资的市场化程度	指在社会融资总量中通过市场进行的融资所占的比重
金融调控间接化程度	它有两个方面：一是间接货币政策工具的完善程度和运用频度；二是中央银行资产负债表中中央银行能够主要控制的部分

资料来源：刘毅和申洪汭（2002）。

　　对各指标的取值方法为：当该年发生了有利于市场化的重大改革，则该年度及之后年度取值为 1；如果发生了政策的逆转，则该年度及之后的年度取值为 0。由此得到表 26 - 3。

表 26 - 3　1978—1999 年中国金融市场化进程量化表

年份	利率	外汇	信贷	准入	产权	业务	资本	融资	调控	年份	利率	外汇	信贷	准入	产权	业务	资本	融资	调控
1978	0	0	0	0	0	0	0	0	0	1989	0	1	0	0	0	0	0	0	0
1979	0	0	0	0	0	0	0	0	0	1990	0	1	0	0	0	0	0	0	0

年份	利率	外汇	信贷	准入	产权	业务	资本	融资	调控	年份	利率	外汇	信贷	准入	产权	业务	资本	融资	调控
1980	0	0	0	1	0	0	0	0	0	1991	0	1	0	0	0	0	0	0	0
1981	0	0	0	1	0	0	0	0	0	1992	0	1	0	1	0	1	0	0	0
1982	0	0	0	1	0	0	0	0	0	1993	0	1	1	1	0	1	0	0	0
1983	0	0	0	1	0	0	0	0	0	1994	0	1	1	1	0	1	0	1	1
1984	0	0	0	1	0	0	0	0	0	1995	0	1	1	1	1	0	0	1	1
1985	0	0	0	1	0	1	0	0	1	1996	1	1	1	1	1	0	0	1	1
1986	1	1	1	1	1	1	0	1	1	1997	1	1	1	1	1	1	0	0	1
1987	1	1	1	1	1	1	0	1	1	1998	1	1	1	1	1	1	1	0	1
1988	1	1	0	0	0	0	0	0	0	1999	1	1	1	1	1	1	1	1	1

资料来源：刘毅和申洪沕（2002）。

进一步得到中国金融市场化指数曲线如图 26-2。

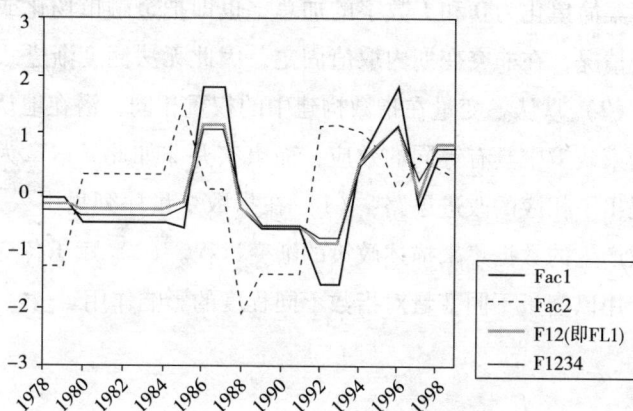

图 26-2 中国金融市场化指数曲线

资料来源：刘毅和申洪沕（2002）。

周业安和赵坚毅（2005）、金雪军和朱建芳（2006）、易文斐和丁丹（2007）、雷宏（2007）、庄晓玖（2007）也都做过类似的研究，其中易文斐、庄晓玖最后得到的中国 1978—2004 年金融自由化指数的趋势图几乎一致，如图 26-3。

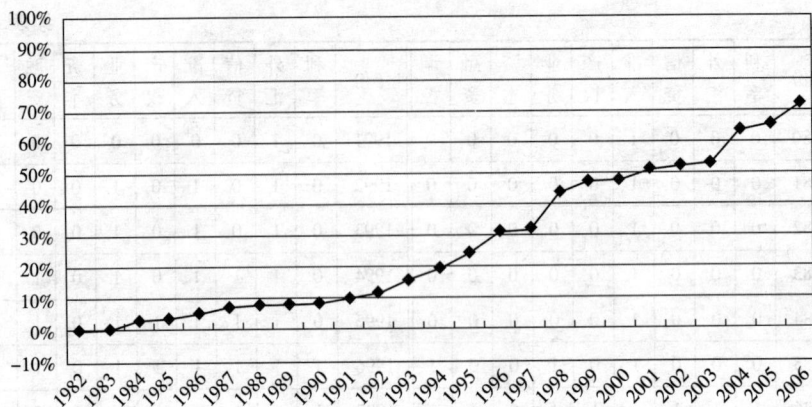

图 26 – 3　1982—2006 年中国金融自由化指数

资料来源：易文斐和丁丹（2007）。

以上文献共同的特点是都采用主成分分析法和因子分析法进行指数的构建，但也都存在相同的问题：（1）绝大多数的变量赋值采用虚拟变量法，把政策集简单化为 0 和 1 数字的加总，也即把金融市场化或者金融抑制视为突变情况，在非突变期内取值固定，因此无法测度渐进式改革的进程和特征。（2）默认各变量在指数构建中的权重相同，潜在地认为每个变量在金融约束政策中具有等同的效应，而事实并非如此。本章为了克服以上缺点，提出了相应的改进思路：（1）在指数变量序列里引入隶属函数，用隶属函数产生的数据集来描述政策的渐变过程。（2）赋予各变量序列不同的权重，用以衡量不同变量对指数不同程度的影响作用。

第二节　金融约束指数的构建

一、金融约束指数构建原则

作为对金融约束政策影响居民消费需求的初步研究，我们的思路是构建一个衡量金融约束的指数体系，用以测度中国金融市场中金融约束的程度，并进一步估计它对于居民消费需求的影响。借鉴国内外学者建立金融市场化指数的方法，我们也拟采用主成分分析法构建中国金融约束指数。为了克服前人对政策过程的渐进式特征的忽略，我们在指数变量序列里引入隶属函数，同时赋予各变量序列不同的权重，以反映各个变量对指数影响的不同程度。

传统金融约束论只关注银行融资市场的约束政策，但中国股票市场的若干政策也具有显著的金融约束性质，因此在构建中国金融约束指数时，必须同时关注银行融资市场和股票市场两个领域。金融约束论在银行融资市场的政策主张主要通过存贷款利率限制、市场进入限制、定向信贷和产业政策等方面加以实现，中国股市的金融约束政策则主要体现在低利率政策、新股发行与股权分置、降低再融资门槛等人为造成的市场流通数量限制和市场准入等现象上，因此要建立一个能较完整地反映两个领域的金融约束程度的综合性指数，指标体系必须包括以上因素。据此思路，我们确定所涉及的政策指标，并为其构造对应的隶属函数以形成相应的代理变量，如表26－4。

表 26－4　中国金融约束指数指标体系构成因素

领域	政策指标	隶属函数	变量符号
银行融资市场	存贷款利率限制	利率控制指标 存款准备金率	INT RES
	市场准入限制	银行业市场份额结构	HER
	定向信贷和优惠性 产业政策	金融机构短期贷款 流向工业的比重	IOC
股票市场	新股发行与股权分置	上市公司国有股比重	PSO
	再融资管理	再融资与净利润之比	SEO

二、构造隶属函数

构造指标体系中各种政策指标隶属函数的基本原则是务必使得所有函数的值的变化方向与金融约束的程度呈现一致的协同正效应，函数值越大反映金融约束程度越强，才能保证运用主成分分析法时各变量的作用不会相互抵销。

1. 存贷款利率限制的隶属函数之一：利率控制指标

利率控制指标（INT）由两部分组成，分子为存款利率，同时引入贷款利率作为分母，对分子数值起标准化作用。该比值越大说明存贷利差越小，约束程度越大。一般而言贷款利率越低，约束程度越大，因此得到的利率控制指标与约束程度呈正相关。考虑到存贷利差的显著性问题，操作中选择五年期的存贷款利率，具体函数公式如下。

$$利率控制指标\ INT = \frac{5\ 年期存贷款利率比}{5\ 年期贷款利率} = \frac{5\ 年期存款利率}{(5\ 年期贷款利率)^2}$$

根据这一隶属函数得到的利率控制指标序列如图 26 – 4（a）所示，可以明显观察到 1994—2009 年间存贷款利率控制程度及所反应的金融约束程度呈现上升趋势。

2. 存贷款利率限制的隶属函数之二：存款准备金率

存款准备金率（RES）直接引用人民银行公布的数据，数值越大说明金融约束性质越显著。数值序列如图 26 – 4（b），可观测到从 1999 年以来存款准备金比率逐年攀升。

3. 市场准入限制的隶属函数：银行业市场份额结构

衡量一个市场集中度的方法有绝对法和相对法，其中常用的是 Herfindahl 指数法。Herfindahl 指数公式为：$H = \sum_{i=1}^{n} (\frac{T_i}{T})^2$，其中 T 为市场总规模，T_i 为各企业的规模，n 为该行业企业总数。一般而言，H 指数越小，行业竞争力越大，H 指数越大，市场垄断程度越强。本章利用中国各银行的资产份额计算银行业的市场份额结构指数（HER）。

$$中国银行业市场份额结构指数\ HER = \sum \left(\frac{各银行资产数}{银行业总资产}\right)^2$$

如图 26 – 4（c）所示，经整理得到的 HER 指数序列表明 1994—2009 年间中国银行业的集中化程度逐年降低，体现于此的金融约束性质逐渐减弱。

4. 定向信贷的隶属函数：金融机构短期贷款流向工业的比重

$$短期贷款流向工业的比重\ IOC = \frac{金融机构短期贷款流向工业数量}{金融机构短期贷款总数}$$

定向信贷主要体现在国家对某些产业的支持上，本来用政策性贷款最好，但数据很难获得，因为很多贷款其性质实际上是定向的政策性贷款，但银行统计分类没有体现出来，只好用工业部门贷款。且由于数据可得性限制，只能用短期贷款中流向工业部门的比重来反映定向信贷的约束特征。如图26-4（d）所示，1994—2009年间该函数值反映出来的约束程度呈现平稳状态。

5. 新股发行与股权分置政策的隶属函数：上市公司国有股比重

中国股市建立之时，就被定位为"为国企解困"而服务的市场。追溯中国金融制度的变迁过程，在改革开放初期，银行融资渠道在政府导向下大量聚集居民储蓄流向国有银行，为国有企业提供信贷支持。这种信贷支持的过度膨胀导致了国有企业资本金的下降与资产负债率的上升，也导致国有银行坏账的剧增和银行体系的脆弱性。同时随着中国经济货币化程度的提高，政府不能再无节制地依赖国有银行向国有企业融资、买单，于是开拓新的融资渠道成为必然，此时建立股票市场无疑是最佳的融资途径。一批企业把上市等同于集资手段，把上市募集的资本金视作"不必还本的无期贷款"（水皮，2005）。政府的一系列股市制度安排使居民储蓄流入股市为国有企业提供持续融资，并形成金融租金流向上市公司。国家通过限制非国有企业进入市场、国有企业优先上市，以获得证券市场的金融控制权；同时为了保证对国有企业的所有权和控制权，推出了股权分置的独特的制度安排，使流通股股东的资产市值大幅缩水，通过主动创设租金的行为为国有企业继续提供低成本的融资支持。因此本章把证券市场金融约束政策中的新股发行与股权分置的隶属函数定义为上市公司股票中国有股的比重（PSO），比重越大，金融约束性质越显著。变量序列如图26-4（e）。

$$国有股比重\ PSO = \frac{新股发行中国有股股数}{新股发行总股数}$$

6. 再融资管理的隶属函数：再融资与净利润之比

再融资管理时所设置的低门槛导致中国股市圈钱行为的盛行。朱云（2009）把再融资圈钱行为定义为"再发行前没有良好投资项目支撑，而再发行后滥用募集资金"，并通过理论模型证明不论从短期还是长期角度看，非流通股股东都能从再发行获取正回报，而流通股股东短期必然遭受损失，长期来看也必须依赖于再发行所募资金的投资回报率。中国股市过低的再融资门槛和监管宽容的特点为上市公司二次攫取租金提供了便利。同时她发现 56.5% 的配股公司在再发行后长期业绩恶化。因此再融资圈钱行为具有显著的金融约束性质。朱云用公式 $\theta = 1 - \dfrac{ROE_R}{ROE_P}$ 来量化再发行圈钱的程度，但这一横向指标不适合时间序列研究，因此本章用再融资与净利润的比值（SEO）作为隶属函数。序列见图 26 – 4（f）。

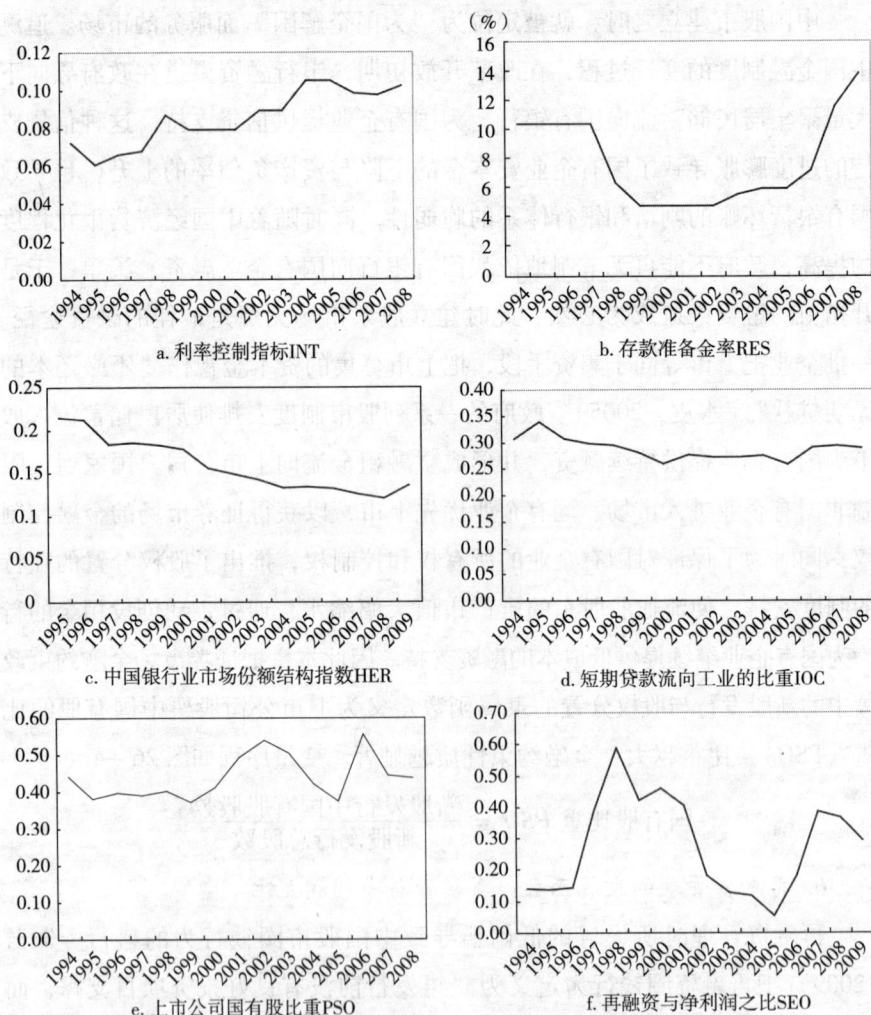

a. 利率控制指标INT

b. 存款准备金率RES

c. 中国银行业市场份额结构指数HER

d. 短期贷款流向工业的比重IOC

e. 上市公司国有股比重PSO

f. 再融资与净利润之比SEO

图 26 – 4　根据隶属函数计算得到的变量序列

资料来源：根据国泰安数据库、CEIC 数据库、万德数据库等数据计算得到。

$$再融资与净利润之比\ SEO\ =\ \frac{年度再融资总额}{年度净利润总值}$$

三、主成分分析及结果

主成分分析法可以解决模型中多个变量之间存在的多重共线性，通过投影的方法，实现数据的降维，将所有指标的信息转化为少数几个有代表意义的综合指标，在低维空间将信息分解为互不相关的部分，以获得更有意义的解释。根据各隶属函数计算得到的数据如表 26 – 5 所示。

表 26 – 5　构建金融约束指数所需的各变量序列

年份	INT	RES	HER	IOC	PSO	SEO
1994	0.07	13	0.21	0.31	0.44	0.14
1995	0.06	13	0.21	0.34	0.38	0.14
1996	0.07	13	0.18	0.31	0.4	0.14
1997	0.07	13	0.19	0.30	0.39	0.39
1998	0.09	8	0.18	0.29	0.4	0.59
1999	0.08	6	0.18	0.28	0.37	0.42
2000	0.08	6	0.16	0.26	0.41	0.46
2001	0.08	6	0.15	0.28	0.49	0.41
2002	0.09	6	0.14	0.27	0.54	0.18
2003	0.09	7	0.13	0.27	0.5	0.13
2004	0.11	7.5	0.13	0.28	0.42	0.12
2005	0.11	7.5	0.13	0.26	0.37	0.06
2006	0.1	9	0.13	0.29	0.56	0.18
2007	0.1	14.5	0.12	0.29	0.44	0.39
2008	0.1	15	0.14	0.29	0.44	0.37
2009	0.11	15	0.14	0.26	0.45	0.29

资料来源：作者计算。

表 26 – 5 所列六个变量代表的金融约束政策的效果、力度并不完全相同，其对指数的影响也必须分而视之。其中利率政策手段在金融约束的政

策中具有最重要的作用和效应，一方面，在银行融资市场上高度管制的利率政策直接创造租金；另一方面，在股票市场上低利率政策间接对流通股股东造成损害，因为低利率无法对企业进行筛选、降低了市场准入门槛；利率管制扭曲了资源配置、降低资本产出比率；利率管制还导致高溢价发行和配股（邱崇明等，2009）。因此我们为利率控制指标（INT）赋予的权重为 0.25，其他五个序列分别赋予 0.15 的权重，经过主成分分析得到的六个主要特征值如表 26 - 6 所示，碎石图如图 26 - 5 所示，表明前两个主成分的累积贡献度已近 70%，合适的主成分个数为 2。

表 26 - 6 主成分分析所得特征值

Eigenvalues：（Sum = 7，Average = 1）				Cumulative	Cumulative
Number	Value	Difference	Proportion	Value	Proportion
1	3.595636	2.379675	0.5137	3.595636	0.5137
2	1.215961	0.132832	0.1737	4.811597	0.6874
3	1.083129	0.334979	0.1547	5.894727	0.8421
4	0.748151	0.527324	0.1069	6.642877	0.9490
5	0.220827	0.084531	0.0315	6.863704	0.9805
6	0.136296	0.136296	0.0195	7.000000	1.0000

资料来源：作者计算。

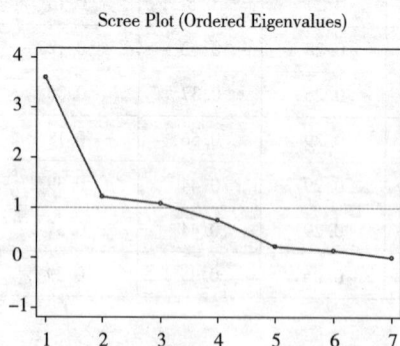

图 26 - 5 主成分分析所得碎石图

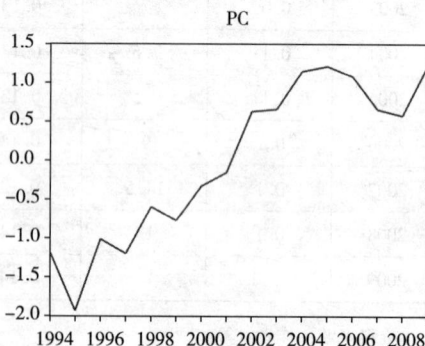

图 26 - 6 1994—2009 年中国金融
约束指数

资料来源：作者计算。

由主成分分析得到的两个主成分及其合成值序列如表 26 - 7 所示, 其中合成值的计算公式: PC = PC1 ×0. 5137 + PC2 ×0. 1737。此主成分分析的结果 PC 值就是我们所构建的中国金融约束指数, 对应于主成分曲线图, 见图 26 - 6。结果表明, 1994—2009 年间中国金融约束程度有所起伏, 但总体趋势呈现为逐年提高。

表 26 - 7 两个主成分及其合成值序列

年份	PC1	PC2	PC
1994	- 2. 63	0. 94	- 1. 19
1995	- 4. 15	1. 13	- 1. 94
1996	- 2. 28	0. 91	- 1. 01
1997	- 2. 25	- 0. 25	- 1. 20
1998	- 0. 62	- 1. 58	- 0. 59
1999	- 0. 90	- 1. 80	- 0. 77
2000	0. 09	- 2. 17	- 0. 33
2001	0. 19	- 1. 43	- 0. 15
2002	1. 31	- 0. 25	0. 63
2003	1. 27	0. 05	0. 66
2004	2. 09	0. 44	1. 15
2005	2. 29	0. 24	1. 22
2006	1. 79	0. 95	1. 08
2007	0. 98	0. 90	0. 66
2008	0. 81	0. 94	0. 58
2009	2. 03	0. 99	1. 22

资料来源: 作者计算。

第三节　金融约束指数影响居民消费增长
的实证检验

　　如图 26 - 7 所示，改革开放以来中国的国内生产总值（GDP）快速增长的同时，居民消费水平的增长却未尽人意，居民消费占 GDP 的比例（居民消费率）一路从 52% 下滑到 35%。如前文分析，对于这一现象的解释可以通过很多角度，本章尝试利用上文所得的综合性金融约束指数从金融约束角度验证它对居民消费水平的影响。

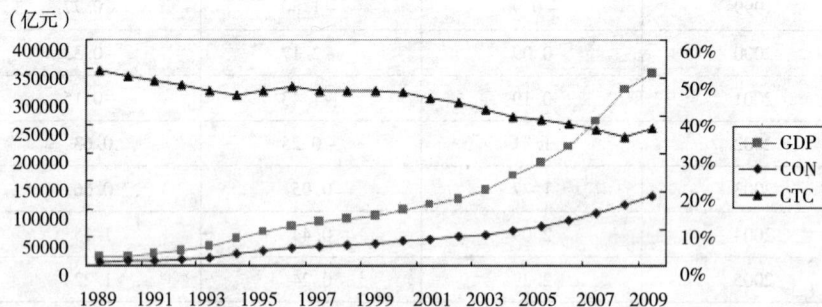

图 26 - 7　1989—2009 年中国居民消费水平、消费率及国内生产总值

注：GDP 为国内生产总值；CON 为居民消费水平；CTG 为居民消费率（CTG = CON/GDP）。

资料来源：《中国统计年鉴 2010》。

一、实证模型的选择：简要回顾

　　欲检验居民消费水平的主要影响因素，必须依据合适的消费函数、把政策因素合理量化引入该函数，以设定相应的实证模型，这是实证分析的主要技术支持。宏观经济学的发展历程可以说是消费理论和消费函数的发展过程，从凯恩斯的绝对收入假说到欧文·费雪的时际选择模型、莫迪利阿尼的生命周期假说、米尔顿·弗里德曼的持久收入假说乃至罗伯特·霍尔的随机游走假说，消费函数理论的演化越来越多地与经济计量学的运用紧密结合，对影响居民消费行为的因素的分析愈加深入。但它们都假定收入线性地决定消费，即假定收入和消费变量是平稳数列。而人们通过对有关变量时间序列自相关图的研究，发现它们的表现是非平稳的，导致普通最小二乘法容易产生"伪回归"。20 世纪 80 年代开始，罗素·戴维森（Russell Davidson）把协整分析引入消费函数，用收入与消费序列之间的协整组合产生的均衡误差对模型进行修正，解决了"伪回归"问题，这就是误差修正模型（ECM）方法。误差修正模型的优点在于把解释消费变量的长期与短期作用分离开来，既能说明变量的短期波动影响机制，也能把长期作用的动态均衡机制显示出来。尤其当一个内生因变量只被表示成同一时点的一个外生自变量的函数时，误差修正模型是最佳的选择。因此本章在完成变量序列的平稳性检验和协整关系检验的基础上，确定用误差修正模型来验证金融约束指数对居民消费水平的影响。

二、居民消费水平和金融约束指数的协整关系检验

对居民消费水平（CON_t）和金融约束指数（PC_t）[①] 的对数和分别进行单位根检验，发现两序列均含有一个单位根，一阶差分后是平稳的，即 $\ln(CON_t)$ 和 $\ln(PC_t)$ 均是一阶单整序列。首先建如下回归方程：

$$\ln(CON_t) = k_0 + k_1\ln(PC_t) + u_t \qquad (26-1)$$

对上式进行 OLS 估计后，用残差序列 u_t 进行单位根检验，结果表明 u_t 是平稳序列，意味着 $\ln(CON_t)$ 和 $\ln(PC_t)$ 之间存在协整关系，可进一步建立误差修正模型。

三、建立误差修正模型（ECM）

首先根据金融约束指数建立一个一般的动态消费函数模型：

---

① 因金融约束指数存在负数，不能用对数形式估计，故此处的 PC 值均在原金融约束指数上加 3，此操作不影响该变量的经济性质。

$$\ln(CON_t) = \beta_0 + \beta_1 \ln(CON_{t-1}) + \beta_2 \ln(PC_t) + \beta_3 \ln(PC_{t-1}) + \varepsilon_t$$

$$(26-2)$$

两边求期望可得：

$$\ln(CON)^* = \frac{\beta_0}{1-\beta_1} + \frac{\beta_2 + \beta_3}{1-\beta_1} \ln(PC_t)^* \stackrel{\text{记为}}{=\!=} k_0 + k_1 \ln(PC_t)^*$$

$$(26-3)$$

在（26-2）式两端减去 $\ln(CON_{t-1})$，在右边加、减同一项 $\beta_2 \ln(PC_{t-1})$，并依据（26-3）式中的系数关系，可得

$$\Delta\ln(CON_t) = \beta_0 + (\beta_1 - 1)[\ln(CON_{t-1}) - k_1 \ln(PC_{t-1})]$$
$$+ \beta_2 \Delta\ln(PC_t) + \varepsilon_t \qquad (26-4)$$

令 $\alpha = \beta_1 - 1$，误差修正项 $ECM_{t-1} = \ln(CON_{t-1}) - k_1 \ln(PC_{t-1}) = u_{t-1}$，可得

$$\Delta\ln(CON_t) = \beta_0 + \alpha ECM_{t-1} + \beta_2 \Delta\ln(PC_t) + \varepsilon_t \qquad (26-5)$$

（26-5）式即为本章所采用的误差修正模型。

四、基于 Engle 和 Granger 两步法估计的实证结果

对（26-1）式进行协整回归得到残差序列 u_t，用 u_{t-1} 替换（26-5）式中的 ECM_{t-1}，再用最小二乘法（OLS）方法估计其参数，得到：

$$\Delta\ln(CON_t) = 0.0559 + 0.1346 ECM_{t-1} - 0.1091 \Delta\ln(PC_t)$$
$$(9.44, 0.00) \quad (1.89, 0.08) \quad (-2.31, 0.04)$$
$$R^2 = 0.69, \ D.W. = 1.26 \qquad (26-6)$$

括号内前为 t 值，后为概率。

（26-6）式所示的误差修正模型中，影响居民消费短期变动的原因可以分解为两部分：（1）金融约束指数差分项的短期波动影响；（2）误差修正项的长期均衡调整力度。系数（-0.109）表明金融约束指数每增长1%，就会引致居民消费下降0.109%。系数（0.1346）表明当居民消费短期波动偏离长期均衡时，将以每年0.1346的调整力度将非均衡状态拉回到均衡状态。

第四节 主要结论与政策含义

本章对传统的金融约束理论进行了理论拓展，揭示其在中国股票市场的实质性表现，并根据银行融资市场和股票市场的金融约束政策变量包括利率控制变量、存款准备金率、市场进入限制、定向信贷政策、新股发行与股权分置政策以及再发行圈钱问题等，构建相应的隶属函数，运用主成分分析法对变量序列进行处理，得到1994—2009年度综合性的中国金融约束指数序列。该指数序列表明期间内中国金融约束程度有所起伏，但总体趋势呈现为逐年提高。究其原因，为应对近年来变数颇多的国际国内经济局面，央行对利率控制的实质程度不降反升是其主因，这一因素同时导致银行融资市场和股票市场的金融约束程度一起加重。同时，在过去十年戏剧性变化的中国股市中，对新股发行的政策导向、对股权分置改革时过低对价的默许、对再发行门槛的放松等政策设置，与银行融资市场政策双管齐下，创造大量租金从居民百姓手中流向国有银行、上市公司，导致金融约束程度总体趋势不断加重。

本章亦进一步运用时间序列的误差修正模型检验金融约束指数序列与居民消费水平之间的相关关系。在单整与协整关系检验基础上的误差修正模型证实，金融约束指数序列在5%显著性水平上对居民消费水平产生负影响。该模型把影响居民消费短期变动的原因分解为金融约束指数差分项的短期波动影响和误差修正项的长期均衡调整两部分，结果表明金融约束指数每增长1%，就会引致居民消费下降0.109%，而当居民消费短期波动偏离长期均衡时，误差修正项将以每年0.1346的调整力度将其拉回均衡状态。

本章的政策含义是显而易见的。不可否认，金融约束的理论思想在发展中国家经济发展的特殊时期起到过重要作用，但从根本上说，经济现状的改善和解除不是依赖于政府继续提供和增加租金，而是取决于国有银行和国有企业的真正市场化。在此过程中，政府的支持和必要的援助虽是不可缺少的，但金融约束的政策主张毫无疑问会使现有的状况继续维持下去，从而增加未来的改革成本。因而，从长期看这一做法并不是一个最优选择，甚至不是一个次优选择（程建伟，2002）。本章实证结果证实金融约束政策将通过掠夺租金、侵害居民财产性收入，进而影响居民消费水平的增长，极不利于经济的持续发展。因此，金融约束政策必须逐渐淡出金融市场，加速利率市场化进程，改革当前缺陷型的股市政策，加速股票市场的规范操作，力推公开、公正、公平的市场规则，加大力度保护投资者权益，方是立市之本。

参考文献

［1］金贤东：《提高居民收入扩大消费需求》，《宏观经济管理》2008年第1期。

［2］王少平、欧阳志刚：《中国城乡收入差距对实际经济增长的阈值效应》，《中国社会科学》2008年第2期。

［3］龚敏、李文溥：《论扩大内需政策与转变经济增长方式》，《东南学术》2009年第1期。

［4］吴晓求：《中国资本市场：股权分裂与流动性变革》，中国人民大学出版社2004年版。

［5］朱云：《基于因果链分析的再发行圈钱研究》，中国金融出版社2009年版。

［6］艾洪德、武志：《金融支持政策框架下的证券市场研究》，中国财政经济出版社2009年版。

［7］李辉文：《中美居民消费需求特征的经验分析：基于金融抑制的视角》，厦门大学金融系工作论文。

［8］刘毅、申洪沏：《中国金融市场化的度量分析》，《财经研究》2002年第9期。

［9］雷宏：《金融市场化进程的实证研究方法探讨》，《中国农业银行武汉培训学校学报》2007年第1期。

[10] Hellman, T., Stiglitz. J., "Financial Restraint: Towards a New Paradigm", Aoki, M., Okuno-Fujiwara, et al., *The Role of Government in East Asian Economic Development Comparative Institutional Analysis*, Oxford: Clarendon Press, 1997.

[11] Demetriades, Luintel, "The Direct Costs of Financial Repression-Evidence from India", *The Review of Economics and Statistics*, 79(2), 1997, pp. 311-320.

[12] Bandiera, O. et al., "Does Financial Reform Raise or Reduce Saving?", *The Review of Economics and Statistics*, 82(2), 2000, pp. 239-263.

第二十七章　中国城乡不同收入群体通胀差距对收入、消费的影响①

第一节　导　言

在食品及居住类价格推动下，2010 年我国居民消费价格指数（CPI）大幅上涨，侵蚀了城乡居民特别是低收入群体的实际收入，抑制了全社会居民消费需求扩张，使最终消费对经济增长贡献率持续下滑，转变经济发展方式面临更为艰巨的任务。

现有文献集中研究了我国城乡收入差距（income gap）的问题，但是对城乡间通胀差距（inflation gap）的研究却较少，更没有研究关注城乡不同收入群体之间的通胀差距。城乡以及城乡不同收入群体面临的通胀差异会扩大不同收入群体的实际收入差距，削弱我国居民对通胀的耐受力。同时，关注不同收入群体之间通胀差距还意味着当前不仅必须从总量上抑制通胀，而且要注重缩小城乡不同收入群体之间的通胀差距。

本章基于中国季度宏观经济模型（CQMM）实证分析了中国城乡不同收入群体所面临的通胀差距及其对城乡不同收入群体收入和消费的影响。通过构建城镇 7 个收入组别、农村 5 个收入组别的消费行为方程，模拟分析了一定幅度的总量 CPI 上涨对城乡以及城乡不同收入群体的 CPI 的影响

---

① 本章是中国季度宏观经济模型（CQMM）课题组的研究成果，本章执笔：龚敏、李文溥。

程度，进而分析通胀差距对不同收入群体收入及消费的影响。

本章首先分析我国城乡不同收入群体的收入增长与消费情况；其次，构建一个需求导向的结构式季度宏观经济计量模型，以此为基础模拟分析总量 CPI 的上涨对我国城乡及城乡不同收入群体的 CPI、收入增长及消费变化的影响；最后，提出抑制通胀并有效降低通胀的社会成本，不仅需要控制通胀的总量水平，而且需要缩小通胀在不同收入群体之间的差距。

第二节　中国城乡不同收入群体的
收入差距与通胀差距

一、中国城乡及城乡不同收入群体的收入差距

2001 年以来，我国经济在保持较快增长的同时，城乡收入差距逐渐拉大。城镇家庭人均可支配收入增长持续快于农村家庭人均实际纯收入的增长[①]（见图 27 - 1）。虽然 2010 年食品价格上涨大幅度提高了农村居民收入，其实际收入增速近十年来首次超过城镇居民，但两者之间差距仍然高达 3.2∶1。

与此同时，城乡不同收入群体的收入差距也呈扩大态势。如果把城镇居民分成低收入户、中等收入户和高收入户等 3 组，那么，近十年来，人均实际可支配收入呈"高收入高增长、低收入低增长"的态势：城镇高收入户人均可支配收入在 20 世纪 90 年代初对低收入户的比值是 2∶1，之后持续上升，2008 年达到 3.6∶1 左右；同期中等收入户对低收入户的比值也从 1.4∶1 扩大到 1.9∶1[②]。把农村家庭也分低收入户、中等收入户和高

---

① 分别以 2010 年城镇和农村居民消费价格指数（分别为 3.2% 和 3.6%）剔除价格变化的影响。

② 2010 年城镇家庭人均可支配收入为 19109 元。其中，低收入户收入为 9231.3 元，中等收入户收入为 17217.1 元，高收入户收入为 31196.7 元。

收入户 3 个组别，不同收入群体之间的收入差距也在不断扩大：农村高收入户人均纯收入对低收入户的比值自 2000 年起持续上升，2009 年到达 7.95 : 1，2010 年下降至 7.5 : 1；中等收入户对低收入户的比值保持在 2.8 : 1 的水平[1]。

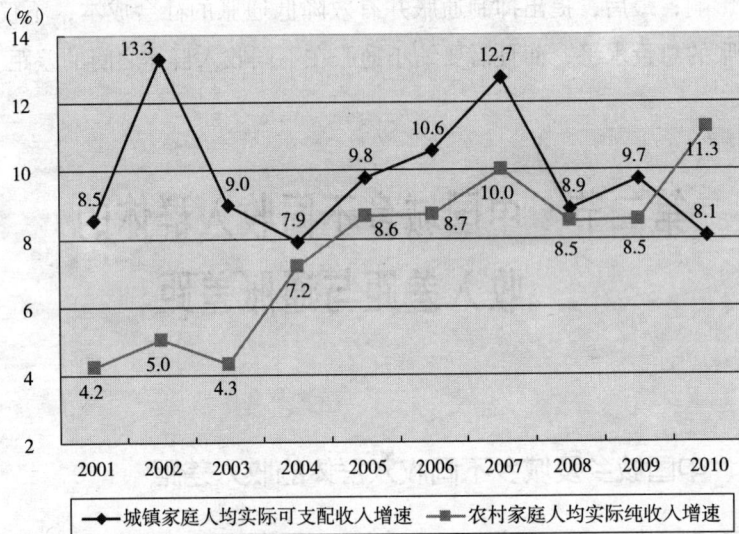

图 27 - 1 中国城乡居民实际收入增长情况（同比）

资料来源：CEIC 中国经济数据库。

计算城乡各收入群体人均收入对人均 GDP 增长的弹性，发现城镇低收入家庭人均收入每增长 0.71%，中等收入家庭增长 0.9%，高收入家庭则增长 1.08%[2]；农村低收入家庭人均纯收入每增长 0.47%，中等收入家庭增长 0.64%，高收入家庭增长 0.7%。农村高收入家庭的收入弹性甚至低于城镇低收入家庭。说明现阶段我国人均 GDP 的增长伴随着收入差距的不断扩大。在城镇高收入和最高收入家庭的收入增速一直都超过人均实际 GDP 的增速，其他收入群体则反之。

---

① 2010 年农村家庭人均纯收入为 5919 元，低收入户收入为 1870 元，中等收入户收入为 5222.4 元，高收入户收入为 14043.7 元。

② 若把城镇家庭分七个组别，那么，最低收入家庭人均收入对人均实际 GDP 的弹性仅为 0.56，最高收入家庭的收入增长弹性最高，为 1.26。

城乡间以及城乡不同收入群体间收入差距的扩大，直接抑制了消费需求的扩展，不利于改善民生，调整经济结构，转变发展方式。与世界其他经济体相比，中国居民消费占比是相当低的。同属"金砖四国"，巴西的居民消费占 GDP 的比重长期在 60% 以上，而我国仅占 36.5%[1]（李文溥和龚敏，2010）。

二、中国城乡间及城乡不同收入群体间的消费结构差距

不同收入群体消费行为的一个显著特征是，收入水平越低的家庭，收入及消费支出中用于食品的比例越高。城镇家庭中，1995 年低收入家庭食品支出占消费支出的比例为 58.1%，2000 年为 46.6%，2009 年依然高达 44.6%；1995 年高收入家庭食品支出占消费支出的比例为 45.6%，2000 年为 34.6%，2009 年进一步下降为 33%。在农村，2002 年低收入家庭食品支出占消费支出的比例为 55.9%，2005 年为 51.4%，2009 年依然高达 47%；2002 年高收入家庭食品支出的比例为 38.7%，2005 年为 39.4%，2009 年下降为 34.8%。

同样，2000 年城镇低收入家庭人均纯收入中用于食品消费的支出比例约 42%，高收入家庭为 26%；2009 年前者下降为 36.9%，后者下降为 22.4%。2005 年农村低收入家庭人均纯收入中用于食品消费的支出比例约 74.6%，高收入家庭为 23.3%；2009 年分别降为 71.4% 和 21.1%。城乡不同收入群体的边际消费倾向，城镇最低收入组为 0.87，低收入组为 0.75，中等收入组为 0.66，高收入组为 0.63，最高收入组为 0.58。

三、中国城乡间及城乡不同收入群体间的通胀差距

在城乡收入差距不断扩大的同时，城乡居民所面临的通胀差距也在不断扩大。比较城乡 CPI 的增长情况，一个显著特征是 2001 年之后，农村居民的 CPI 上涨普遍快于城镇居民的 CPI[2]（见图 27 - 2）。从经济发展过程

---

① 基于 Penn World Table 6.3 的数据计算，2007 年在 196 个国家和地区中按居民消费占 GDP 的比例由高到低进行排列，中国仅列第 166 位。

② 在 1994 年之前，城镇居民 CPI 涨幅一般都高于农村居民 CPI；但 1994 年之后农村居民 CPI 的上涨普遍快于城镇居民 CPI。

看，随着城乡市场一体化，农村居民 CPI 快速增长是城乡价格缺口缩小的一种体现。也有研究认为，农村交通基础设施、通讯设施以及医疗教育成本普遍高于城镇，是导致城乡通胀差距的主要原因（Chong，Zhang & Feng，2011）。

如果以 2000 年第二季度为基期计算城乡不同收入群体的通胀水平，城乡不同收入群体间通胀差距更为明显（见图 27-3、图 27-4）。一个显著特征是：自 2003 年开始，城乡不同收入群体之间通胀差距开始拉大；并呈现高收入家庭 CPI 持续低于低收入家庭 CPI 的状态。在城镇居民家庭中，2010 年低收入家庭的 CPI 比 2000 年上升了 34.6%，而高收入家庭的 CPI 仅上升了 26.3%；在农村家庭中，低收入家庭的 CPI 比 2000 年上升了 43.1%，高收入家庭的 CPI 仅上升 37%。城乡间以及城乡不同收入群体间通胀差距的存在并扩大是导致我国城乡不同收入群体间实际收入差距持续扩大的一个重要原因。

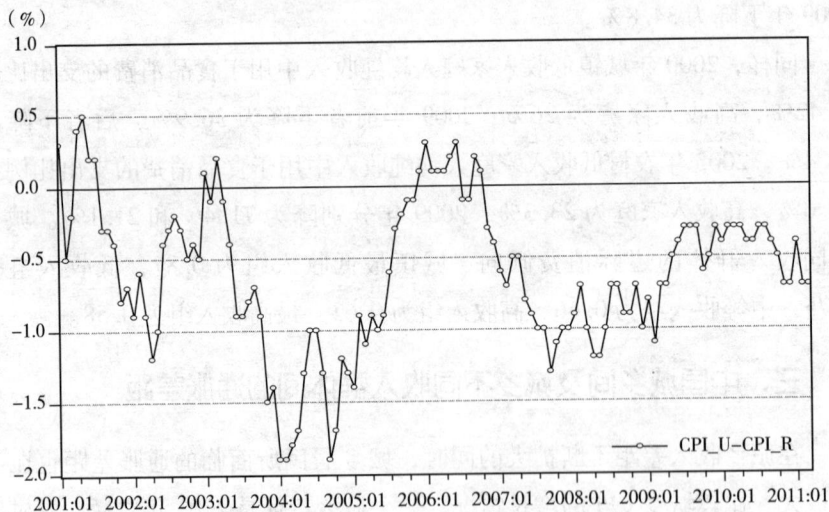

图 27-2　中国城乡居民通货膨胀差距

资料来源：CEIC 中国经济数据库。

2010 年食品价格上涨推动居民消费价格指数（CPI）上涨了 3.3%；其中，食品价格上涨 7.2%；居住价格上涨 4.5%；家庭设备用品及服务、娱乐教育文化用品及服务、服务项目价格基本保持稳定；衣着和交通通信价格轻微下降。在食品价格中，粮食与蔬菜价格涨幅居前，分别上涨了11.8%和18.7%。根据 CQMM 课题组的计算，以 2000 年第 2 季度为基期，2010 年的八大类商品 CPI 变化中，城镇居民所面临的食品价格上涨了70.5%，居住价格上涨35.2%；衣着、家庭设备及用品、交通通信价格均呈下降态势；医疗保健、娱乐教育和杂项价格分别上涨了 7.3%、10.8%和11.7%。农村居民所面临的食品价格上涨了 73.8%，居住价格上涨41.6%；衣着、交通通信价格均呈下降态势；家庭设备及用品、医疗保健、娱乐教育和杂项分别涨价0.15%、20.6%、19%和9.5%。

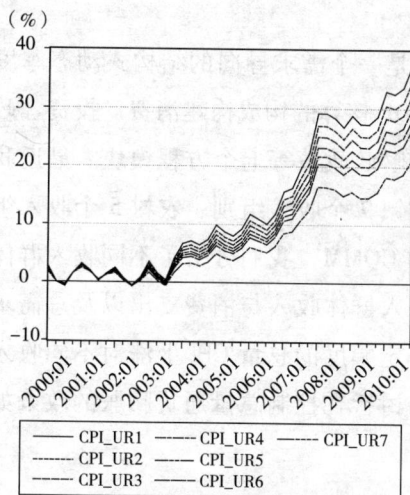

图 27 - 3　中国城镇家庭分七个组别的 CPI（2000Q2 = 100）

图 27 - 4　中国农村家庭分五个组别的 CPI（2000Q2 = 100）

资料来源：课题组计算。

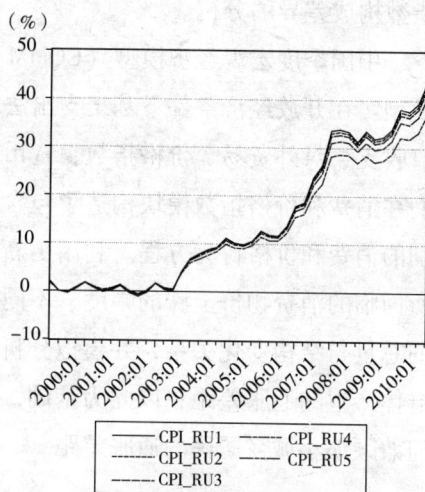

我国经济快速增长，居民收入水平提高的同时不仅城乡之间而且城乡不同收入群体间的收入差距在不断扩大。同时，城乡之间及城乡不同收入群体间的通胀差距也在不断扩大。通胀对不同收入家庭实际收入的侵蚀程度不同，进一步加剧了收入差距的扩大，不仅抑制了全社会居民消费需求扩张，使最终消费对经济增长贡献率持续下滑，而且削弱了中低收入群体

居民对通胀的耐受力，增加了通胀的社会问题。

目前已有大量文献研究中国城乡收入差距问题，主要从收入分配、区域发展失衡以及市场化进程等方面入手，定性、定量地研究了导致我国城乡间、地区间、行业间收入不平等的程度、变化趋势及其决定因素。认为城市化、人口构成、对外贸易及 FDI、国企改革、农业转型以及教育卫生事业发展等对收入差距具有重要影响。然而，对城乡通胀差距的研究却较少，更没有研究针对城乡不同收入群体间收入差距和通胀差距并存的局面展开分析。一个可能原因在于，缺少能把收入差距、通胀差距以及总需求决定统一在一起的分析工具。因此，现有研究在探讨收入差距时始终无法把通胀差距的影响考虑在内；而对通胀差距的分析也仅停留在对城乡价格指数构成差异的分析。

中国季度宏观经济模型（CQMM）是一个需求导向的结构式动态季度模型。在开放经济条件下基于支出法 GDP 核算的构成构建消费、投资、政府收支、对外贸易、价格指数、货币和财政政策等七个方程模块。最近我们在消费和价格指数模块构造了包含城镇 7 个收入组别、农村 5 个收入组别的消费和价格行为方程。利用更新的 CQMM，我们分析了不同收入群体所面临的消费物价上涨的幅度、不同收入群体收入与消费支出以及总需求的总量与结构变化关系，并模拟分析一定幅度的总量 CPI 上涨对不同收入群体产生的通胀差距；以此为基础，探讨旨在控制总量通货膨胀的政策如何兼顾缩小城乡居民的通胀差距。

第三节　中国季度宏观经济模型（CQMM）

CQMM 是结构式模型，长期以来我们致力于根据中国转型期的经济特征构建行为方程，使模型最大限度地体现现阶段中国经济结构特征。经过近五年的研发，目前 CQMM 包括 27 个行为方程、28 个内生变量和 25 个外生变量。应用 CQMM，可以模拟分析总量 CPI 的变化会如何影响城乡及城乡不同收入群体的 CPI 变化，并分析不同收入群体的 CPI 变化对不同收入群体实际收入水平的影响，进一步分析对不同收入群体消费支出水平的影响，模拟相关政策方案。

CQMM 主要由消费、投资、政府收支、对外贸易、工资和价格指数、货币和财政政策模块组成。图 27 – 5 给出了 CQMM 模型的结构图。

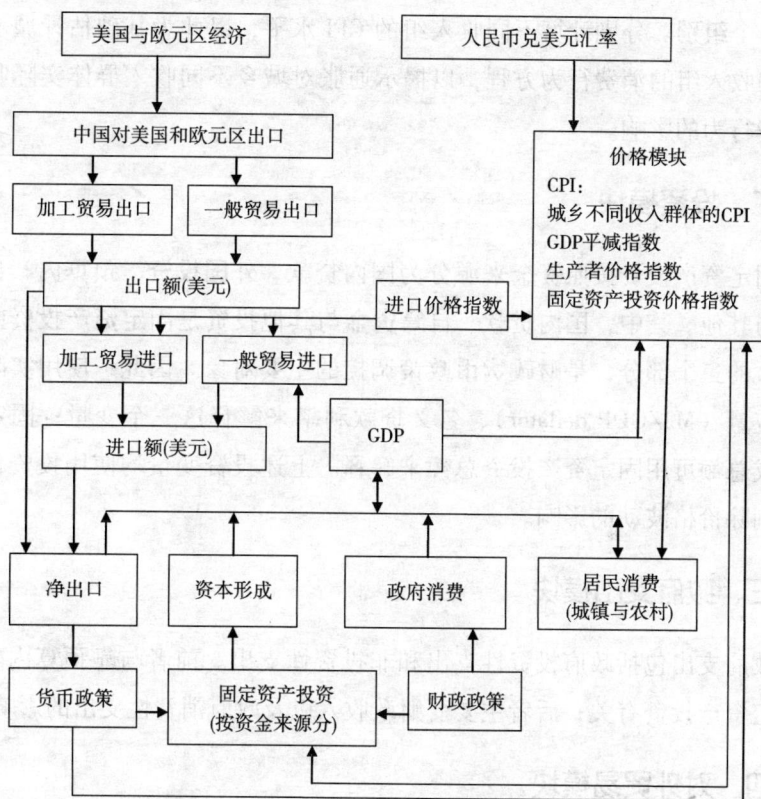

图 27 – 5　CQMM 的结构图

一、最终消费模块

最终消费分为居民消费与政府消费。其中，城镇居民人均消费用城镇人均可支配收入作为解释变量，人均实际 GDP 和制造业单位劳动成本决定城镇人均可支配收入。农村居民人均消费由农村家庭人均现金收入（包括工资收入和非工资收入）来解释。政府的公共消费支出是外生决定的，取决于财政收入（包括预算内和预算外收入）。对居民消费模块进行扩展以分析通胀对中国不同收入群体的影响。在原来区分城镇与农村消费模块的基础上，进一步把城镇居民按收入等级分为最低收入户、低收入户、中低收入户、中等收入户、中高收入户、高收入户和最高收入户7个组别；把农村居民划分为低收入户、中低收入户、中等收入户、中高收入户、高收入户5个组别。分别计算不同收入组的 CPI 水平，以此为基础估计城乡居民不同收入组的消费行为方程，以揭示通胀对城乡不同收入群体实际收入与消费行为的影响。

二、投资模块

固定资产投资按照资金来源分为国内贷款、外国投资、预算内、自筹资金与其他。其中，国内贷款、自筹资金与其他投资是固定资产投资中占比最大的三个部分，是财政货币政策调控的主要对象。因此，使用实际货币供应量（M2/GDP deflator）、名义贷款利率来解释这三个变量；固定资本形成总额可用固定资产投资总额来解释。上述投资变量均使用投资价格指数剔除价格波动的影响。

三、政府支出模块

政府支出包括政府投资性支出和非投资性支出。前者与靠预算内融资的固定资产投资有关；后者主要受财政收入以及政府消费性支出的影响。

四、对外贸易模块

按照中国对外贸易的特有模式，我们分别对加工贸易和一般贸易构建行为方程。选择美国和欧元区作为主要的贸易伙伴国，除美国和欧元区的经济增长指标外，出口方程中还加入制造业相对单位劳动成本作为中国与潜在贸易竞争国的制造业比较优势指标。加工贸易出口与一般贸易出口主要受美国和欧元区经济的影响；加工贸易进口由加工贸易出口和出口对进口的相对价格来解释；一般贸易进口由实际 GDP 和进口对国内消费品价格的相对价格来解释。

五、价格模块

GDP 平减指数的解释变量包括滞后 CPI、固定资产投资价格指数和进口价格指数；固定资产投资价格指数由 M2 的增长率和进口价格指数来解释；CPI 的解释变量包括固定资产投资价格指数和 M2 的增长率。

城乡不同收入群体所面临的 CPI 水平的计算方法是：首先，根据城镇和农村居民八大类消费品价格指数的同比及环比数据，以 2000 年 2 季度为基点，构建相同基期的城镇和农村的八大类季度消费价格指数。其次，根据城镇和农村居民不同收入群体对八大类消费品的支出数据，计算出这八大类商品分别在城镇及农村居民消费支出中所占据比重，并以此作为不同收入群体的消费权重。由于样本期间内，各年的消费权重差别不大，因而选用中点年份（2005 年）的权重作为整个样本期的权重。第三，将不同收入群体的八大类消费支出权重，与第一步获得的相同基期的城镇和农村八大类消费价格指数一一对应相乘并加总后，得到不同收入群体的居民消费价格指数。第四，对城镇及农村居民不同收入群体的收入和消费支出的年度数据插值成季度数据。其中，季度收入序列分别用城镇人均可支配收入和农村人均现金收入序列做引导序列；季度消费支出则分别用县级以上和以下的社会消费品零售总额做引导序列。最后，将不同收入群体的季度收支数据，用第三步得到的各组别相同基期的 CPI 序列进行平减，从而得到城乡不同收入群体可比价计算的收支序列。

六、货币模块

在现行汇率制度下，外汇储备的增加通过外汇占款转化为货币供应量的扩大。同时，M2 的变化会影响固定资产形成、固定资产投资价格指数和 CPI，但不影响利率水平。

在数据方面，我们使用季度数据估计 CQMM。由于国家统计局没有公布有关支出法 GDP 构成的季度数据，我们使用插值的方法通过年度数据来获得相关的季度数据（CQMM 课题组，2008—2010）。同时，用于模型估计的大部分时间序列数据均经过了季节性调整。用 Eviews 中的 x12 去除季节性。

第四节　通胀对不同收入群体收入及消费的影响

为了分析通胀对城乡不同收入群体的影响，课题组基于 CQMM，进行了样本区间内的模拟分析，并把模拟结果与基准模型的结果进行对比。假设 2006 年发生一次性的通胀冲击，使 2006 年 CPI 的涨幅比实际值（1.5%）提高了 3 个百分点，达到 4.5%。如果城乡居民的名义收入没有相应调整，其实际收入必然下降。通过 CQMM，我们能够定量测定在全国范围内 CPI 涨幅提高 3 个百分点后，城乡及城乡各收入群体所面临的 CPI 分别会有多大程度的上涨；以及城乡不同收入群体 CPI 的不同上涨幅度对其实际收入和消费支出的影响程度。

一、总量 CPI 上涨对城乡及城乡不同收入群体 CPI 的影响

CQMM 模拟结果表明，当 CPI 涨幅增加 3 个百分点后，城乡不同收入群体所面临的 CPI 上涨幅度各不相同，因而对各收入组的消费影响也不同。CQMM 的模拟结果显示：（1）2006 年如果 CPI 涨幅提高 3 个百分点，那么，与基准模拟相比，对农村居民 CPI 的影响高于对城镇居民 CPI 的影响。2006 年城镇居民 CPI 的涨幅因此提高了 2.89 个百分点，农村居民 CPI 的涨幅提高了 3.22 个百分点。

（2）与基准模拟相比，CPI 涨幅提高 3 个百分点，对城乡低收入群体的影响大于对高收入群体的影响。城镇 7 个等级收入群体所面临的 CPI 上升幅度随着收入水平的增加而减少。2006 年最低收入水平城镇户（第 1 组）CPI 的变化最大，提高了 4.05 个百分点；最高收入水平城镇户（第 7 组）的 CPI 仅增加了 2.51 个百分点，两者相差 1.54 个百分点（见图 27 - 6）。

农村家庭也按其收入水平划分为 5 个等级。2006 年 CPI 涨幅提高了 3 个百分点之后，各收入户所面临的 CPI 增幅随收入水平的增加而减少。农

村低收入户（第 1 组）的 CPI 提高了 4.81 个百分点，远远大于城镇低收入户的 CPI 增幅；农村高收入户（第 5 组）的 CPI 增加了 3.93 个百分点，与城镇最低收入户的 CPI 增幅相当（见图 27 - 6）。

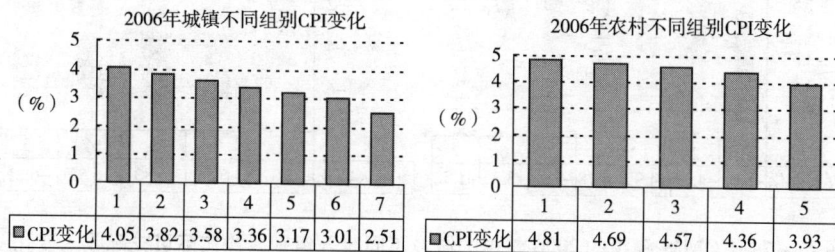

2006年城镇不同组别CPI变化

CPI变化	1	2	3	4	5	6	7
	4.05	3.82	3.58	3.36	3.17	3.01	2.51

2006年农村不同组别CPI变化

CPI变化	1	2	3	4	5
	4.81	4.69	4.57	4.36	3.93

图 27 - 6　CQMM 模拟的 2006 年中国城乡不同收入组别 CPI 变化

资料来源：CQMM 课题组计算。

因此，2006 年如果 CPI 涨幅比实际值提高了 3 个百分点，达到 4.5% 时，那么，城镇最高收入户的 CPI 将是 4%，而农村低收入户的 CPI 将是 6.3%。

二、总量 CPI 上涨对城乡及城乡不同收入群体实际收入的影响

由于城乡各收入群体所面临的 CPI 涨幅不同，导致各收入群体的实际收入变化也不同。模拟结果显示，CPI 涨幅提高 3 个百分点，与基准模型相比，2006 年当期城镇居民实际人均可支配收入将下降 3.70%，农村居民实际人均纯收入将下降 7.93%。

在城镇各收入群体之间，实际人均可支配收入的减少幅度随收入水平的提高而减少。2006 年城镇最低收入户（第 1 组）的人均实际可支配收入下降了 6.01%，最高收入户（第 7 组）的人均实际可支配收入下降了 1.52%（见图 27 - 7）。农村不同收入组别的人均实际纯收入下降幅度相对接近，除了低收入户外，其他组别的收入降幅均大于城镇最低收入组实际收入下降幅度。虽然农村低收入户人均实际纯收入下降的幅度（5.32%）相对不大，但他们是中国居民中收入最低的群体，收入下降的空间原本就

非常小，因此，实际收入下降对他们的影响将更加严重（见图 27 – 7）。

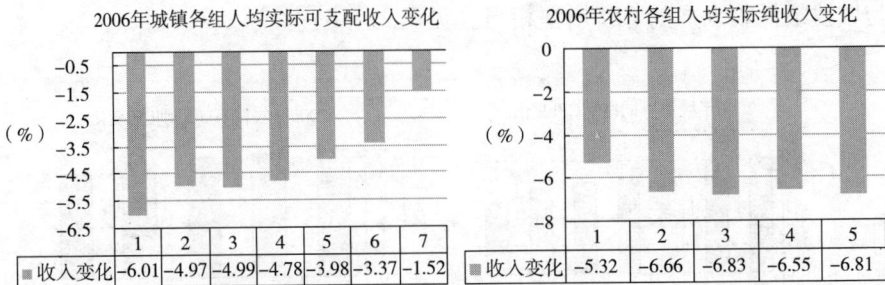

2006年城镇各组人均实际可支配收入变化　　　　　2006年农村各组人均实际纯收入变化

	1	2	3	4	5	6	7
■收入变化	-6.01	-4.97	-4.99	-4.78	-3.98	-3.37	-1.52

	1	2	3	4	5
■收入变化	-5.32	-6.66	-6.83	-6.55	-6.81

图 27 – 7　CQMM 模拟的 2006 年中国城乡不同收入组别人均实际可支配收入变化

资料来源：CQMM 课题组计算。

因此，如果 2006 年 CPI 从 1.5% 上升到 4.5%，将使农村低收入户的人均实际纯收入下降 5.32%，而城镇最高收入户的人均实际可支配收入仅下降 1.52%。

三、总量 CPI 上涨对城乡及城乡不同收入群体实际消费支出的影响

扣除价格波动后的实际收入是消费支出的主要决定因素。城乡居民实际收入下降必然导致人均消费支出下降。由于收入最低的群体边际消费倾向最高，恩格尔系数也最高，因而，CPI 上涨对农村居民消费的影响要远远大于对城镇居民的影响。

模拟结果显示，与基准模型相比，2006 年城镇居民人均消费支出减少 2.72%，农村居民人均实际消费 2006 年减少了 7.92%。农村居民实际消费下降的幅度在模拟期间均大于城镇居民。在各收入群体之间，2006 年人均实际消费下降的幅度随收入水平的上升而下降。其中，城镇居民从最低收入户到最高收入户的消费支出下降幅度从 – 5.38% 到 – 1.06%；农村居民从低收入户到高收入户的消费支出下降幅度从 – 7.27% 到 – 6.46%（见图 27 – 8）。

因此，CPI 上升将对低收入群体的消费支出影响最大。2006 年 CPI 涨

幅如果提高3个百分点,那么,农村低收入户的实际人均消费支出将可能下降7.27%,而城镇最高收入户的人均实际消费支出仅下降1.06%。

综上,CPI上涨对农村居民的冲击大于城镇居民,对低收入群体的冲击大于高收入群体;在时间上,各收入群体的消费支出在价格上涨当期受到的影响大于下一个时期。这意味着,给定中国城乡居民之间的收入不平衡状况,城镇与农村内部各自不同收入组居民收入差距将因通胀而不断扩大。2010年以食品价格上涨带动的CPI提高,无疑将侵蚀低收入群体的实际收入,压缩他们的消费支出,从而更强烈地抑制全社会居民消费需求的扩张。

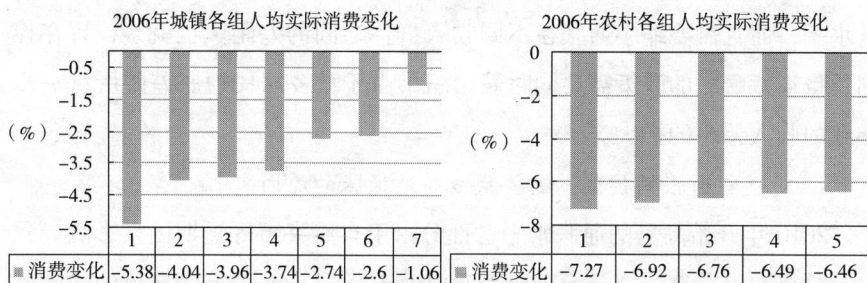

2006年城镇各组人均实际消费变化								2006年农村各组人均实际消费变化				
	1	2	3	4	5	6	7		1	2	3	4	5
消费变化	-5.38	-4.04	-3.96	-3.74	-2.74	-2.6	-1.06	消费变化	-7.27	-6.92	-6.76	-6.49	-6.46

图27-8 CQMM模拟的2006年中国城乡不同收入组别人均实际消费水平变化
资料来源:CQMM课题组计算。

第五节 结论与政策建议

在通胀威胁的背景下,2011年在实施积极的财政政策的同时,货币政策转向稳健,并确定了4%的通胀目标。但是,2011年作为"十二五"的开局之年,各级政府加快增长欲望强烈,信贷扩张压力很大。因此,2011年M2增速很可能突破目标水平。基于CQMM的预测结果表明,如果2011年各级政府的增长冲动从而投资规模无法得到有效控制,M2增速达到18%,2011年的GDP可能增长10.13%;但CPI将上涨5.4%,固定资产投资价格指数可能上涨至 7.92%，GDP 平减指数将提高到 8.55%。[①]

对总量 CPI 冲击所进行的效应模拟分析表明，如果 CPI 涨幅提高 3 个百分点，那么，农村居民 CPI 的上涨幅度将高于城镇居民 CPI 涨幅；城镇家庭实际人均可支配收入将因通货膨胀下降 3.7%，农村居民实际人均纯收入将下降 7.92%；城镇居民人均实际消费支出将减少 2.72%，农村居民人均实际消费支出将减少 7.93%。CPI 上涨对农村居民的冲击大于城镇居民，对低收入群体的冲击远远大于高收入群体。这意味着，2011 年如果不能有效控制 CPI 上涨，那么，我国城乡间以及城乡不同收入群体间的通胀差距还将进一步扩大，从而收入差距也将进一步扩大。

因此，抑制通胀并有效降低通胀的社会成本，不仅需要控制通胀的总量水平，而且需要缩小通胀在不同收入群体之间的差距。也就是，旨在控制总量通货膨胀的政策需要同时兼顾缩小由于城乡居民通胀差距所进一步导致的收入差距的扩大。

1. 对总量通胀的控制，需要找准导致通胀的原因。

2010 年开始高攀的通胀水平，部分由于自然灾害等短期因素影响导致食品价格快速上涨，部分源于弱美元以及国际形势不稳定而导致的输入性通胀，但是，究其根本原因，还在于现阶段我国经济发展方式以及宏观调控方式：2009 年的"保增长"是以政府主导的投资需求扩张来弥补外部需求萎缩；当外部需求开始复苏，政府为保增长而扩大的投资却未能或难以甚至不愿及时退出，导致政府投资与民间投资同时扩大，从而形成了通货膨胀的压力。之所以如此，根本原因在于我国宏观经济结构失衡，增长严重依赖"投资驱动和出口拉动"。货币政策在扩张与收缩上作用严重不对称：扩张时非常容易把信贷注入经济体，紧缩时作用却非常有限（龚敏、李文溥，2005）。尽管目前准备金率已提高到 20.5%，却难以收缩信贷[②]。加上地方政府奉行"GDP 主义"，投资热情一向高涨。因此，宏观调控政策需要：（1）在控制通胀与追求增长之间做出权衡。尽管 2010 年宏观经

---

① 厦门大学宏观经济研究中心 CQMM 课题组：《中国宏观经济预测与分析——2010 年春季报告》，2010 年 2 月。

② 此外，还有因外汇占款增加而导致的基础货币扩大，也是一个重要因素。

济政策方向已经明确，货币政策转向了"稳健"，并不断调高存款准备金率和利率。但是，各级地方政府"十二五"规划的速度目标普遍过高，转变经济发展方式措施却较弱。如果中央政府不采取切实有力措施抑制各地的增长冲动，4%的通胀控制目标将难以达到。因此，当前宏观经济决策必须在控制通胀与追求增长的数量组合上做出权衡。（2）坚决地将增长速度控制在9%。当前，投资需求过度扩张是通胀的主因。PPI涨幅高于CPI，预示着进一步通胀的压力。抑制投资需求过度扩张，必须控制增长速度。CQMM预测表明，如欲维持10%以上的增长速度，通胀率可能突破5%。如果希望将通胀控制在4%左右，就必须下决心将速度控制在9%。其有效措施是进一步紧缩货币政策，控制货币供应量，使其增速控制在14%左右。

2. 必须充分重视通货膨胀对不同收入阶层尤其是农村低收入阶层收入的影响，采取有力措施保障低收入阶层的收入增长，以有效抑制通胀差距所产生的社会成本

以食品及住房价格上涨为特征的通胀极大侵蚀了低收入群体的实际收入，进一步压缩了消费需求乃至总需求，增加了通胀的社会成本。因此，我们认为，需要继续提高最低工资标准，提高以制造业为主的劳工工资水平，以保障城乡低收入阶层的收入和消费水平。尽管自20世纪90年代中后期以来，我国工人的工资水平在逐步上升，但是，与此同时，工人的劳动生产率也在迅速上升，而且上升幅度明显超过劳动报酬增长速度。中国制造业单位劳动成本在劳动报酬提高的同时逐年下滑。通过计算并比较对中国出口产品最具潜在竞争力国家的相对单位劳动力成本，发现我国制造业与主要竞争对手国相比，至今仍有较强的人工成本优势（约为1：1.5）（CQMM课题组，2010；李文溥，2011）。此外，目前中国在基础设施、国内市场、产业配套等方面均优于主要竞争对手国，因此，今后一段时期里即便较大幅度地逐步提高劳工工资，使之与劳动生产率增长同步，不会丧失中国制造业的国际竞争优势，相反，有利于转变经济发展方式，促进技术进步。因此，应当进一步提高最低工资标准、制造业劳工工资水平，增强中低收入阶层抵御通胀侵蚀收入的能力。

参考文献

［1］李文溥、龚敏：《出口劳动密集型产品导向的粗放型增长与国民收入结构失衡》，《经济学动态》2010 年第 7 期。

［2］CQMM 课题组：《2010—2011 年中国季度宏观经济再展望》，《厦门大学学报（哲学社会科学版）》2010 年第 6 期。

［3］李文溥主编：《中国宏观经济分析与预测 2010：劳工工资：宏观经济视角的研究》，北京：经济科学出版社 2011 年版。

［4］龚敏、李文溥：《我国货币政策对总需求扩张的效应分析》，《厦门大学学报（哲学社会科学版）》2005 年第 5 期。

［5］Terence Tai-Leung Chong，Ning Zhang and Qu Feng，"Structural Changes and Regional Disparity in China's Inflation"，*Economics Bulletin*，Vol. 31，2011，Issue1.

图 表 索 引

第七章

第八章

第九章

第十章

第十一章

第十六章